U0949008

清季外交史料

4

王彦威 王亮 辑·编

李育民 刘利民
李传斌 伍成泉 点校整理

湖南师范大学出版社

分册目录

清季外交史料卷七十八　光绪十四年十一月至十二月 …………………………… 1608

清季外交史料卷六十八

光绪十二年七月至八月

滇督岑毓英奏英人屡被缅兵攻挫关外土司请内附折　附上谕

云贵总督岑毓英奏，为接据边报，英人屡被缅兵攻挫，现皆停战，关外土司恳乞内附情形事。

窃臣于光绪十二年五月初四日，曾将缅甸土司投递禀函各情奏陈在案。嗣据腾越边报：四月间，英人由缅都发兵六百名，往攻绞泽。缅甸命增王子新制木炮，安置轮车，四路埋伏。英兵前进攻扑，缅兵诈退，旋燃炮车，直冲英阵，英兵败退里许，两边炮车复发，共毙英兵百余名。其捧干一面，英亦添兵前往，野人预为埋伏。该地山深箐密，英人行二十里许，野人伏兵四起。英兵拼命冲击，伤毙四十余人，仅为得脱，野人竟无折损。所有前在漫睢、疆党英兵，现多退回新街。目下瘴疠时行，英、缅均各停兵未战。稳祚土司仍旧坚壁自守，缅境盗贼抢劫日甚等语。又据总兵丁槐、道员吴其桢禀称：四月二十三日，关外木邦土司钟文源，由猛卯前来求见。据称，该土司曾属中华，沦陷于缅，所管四十九猛，每猛烟户二三千家，按户摊派壮丁，可得众万余，缅国无主，决计来投，如蒙中华收恤，自当效力边陲等语。当经谕令候示办理各情前来。

臣查，英人占据缅邦，民心未服，其势骤难安辑。木邦为缅甸东路咽喉，与滇境遮枚土司边界，前明为羁縻土司，又改宣慰使司，后为缅甸所灭。国朝乾隆三十一年，其头目罕宋法率众内附，后仍沦于缅。目下中、英和好，若许该土司钟文源之请，恐启猜嫌。拒之不纳，又虑率众别投，转为边关之患。当饬该总兵丁槐、道员吴其桢，就近查明实在情形，相机设法维系其心，暂使不至外向。至应否准其内附，俾固藩篱之处，相应请旨饬遵办理。谨会同云南抚臣张凯嵩恭折具奏。谨奏。

光绪十二年七月初三日奉上谕：前因岑毓英奏稳祚土司请发兵救援一折，当将现在因应机宜谕知，令传谕该各土司，勿得渎请。兹据该督奏，木邦土司呈请内附等语。英人据有印度全境，滨海缅疆久经割据，今此蓄谋既发，其势不能中止。缅自都城沦陷，君虏臣降，间有土司等守旧不服，而力弱势分，恐亦崛强暂时，未能持久。前稳祚请发兵，今木邦求内附，所谓挺〔铤〕而走险，叛服无常。该督所陈，乾隆年间木邦内附，旋复沦入于缅，可为左验。既已饬总理衙门与英使订立新约，断无为一二土司另生枝节之理。而目前英尚未能定缅，滇缅之界务、商务议办亦尚需时，嗣后缅人再有吁请如上项情事，该督等务当懔遵前旨，谕以中、英和好有年，不肯轻开边衅，现因缅事商酌善后事宜，尚未定议，该土司幸勿再渎陈，抚以善言，羁縻勿绝。总之，驭远之道，因时变通，不拘一格，固不宜显示拒绝，亦不可轻议招怀〔抚〕。该督等务当统筹全局，随时体会此意，勿使办法自相矛盾，致贻口实，是为至要！

总署致李鸿章毋庸商减教堂偿款电

二十八日来函进呈，教堂款业经定议，毋庸商减，即令德电敦遵照。

七月初三日

礼部奏朝鲜与法国立约情形折 附咨文

礼部尚书延煦等奏，为据咨转奏事。

准北洋大臣咨送朝鲜国王递寄臣部咨文一件、钞册一本。臣等公同阅看，系因该国与法国订定条约、通商章程税则，并声明属国各节，咨请转奏等情。臣等查，朝鲜与各国通商以来，所有议定条约、章程，历经缮册备文，咨请臣部代为转奏在案。今该国与法国通商，将议定条约、章程税则及照会等件，钞录咨请转奏。除钞册二本应由臣部存案，并移咨总理衙门查照外，谨钞录该国王原咨，恭呈御览。谨奏。

光绪十二年七月初四日。

附朝鲜王与法国立约咨文

为咨会事。

照得本年四月初五日，法国全权大臣戈可当前来敝邦，要议立条约。当经饬派汉城府判尹金晚值为全权大臣，同协办内务府事德尼，于本年五月初三日，面与该使臣，按照英、德已有之约，订定条约、通商章程税则，并将声明属国一节，另行照会，以为凭信。此实由皇上绥靖藩服之恩，亦荷部堂大人暨北洋大臣经画远谟于敝邦交涉之谊，屡垂指示，为今日藉手之资，感颂纫佩，不知攸喻。谨将法国条约、通商章程税则及照会各一分，另行钞录附呈，庸备转奏在案。相应据实咨明，请烦部堂大人查照，转奏施行。

总署奏陈订定英约五条盖印画押日期折

总理各国事务庆亲王奕劻等奏，陈订定英约五条，盖印画押日期事。

光绪十二年六月十七日，臣等谨将与英使议订条约具奏，奉旨：依议。钦此。并奉旨派臣奕劻、臣孙毓汶盖印画押在案。当即函致英前署使欧格讷，定于本月二十三日，在臣衙门，将新定英约五条，公同盖印画押，以昭信守。除俟恭缮正本，呈请御笔批准，寄交出使大臣刘瑞芬，在伦敦互换外，理合恭折具陈。

光绪十二年七月初五日奉旨：知道了。

税司赫德致李鸿章趸船及设税司事澳督均允办电

停泊趸船、设立税务司二事，澳督约可允办。添设税关一事，搁置不议。仍在此处等候，约须二十日。

七月初五日

直督李鸿章致总署据赫德称洋药事澳督提出三节待商电

赫到澳，初见澳督，接待颇为礼貌。澳督极愿与中国相厚，惟云，有紧要三节，不可忘却：一、所拟办之事，若有万国公法及葡国律例特不准者，不能允从；一、所拟办之事，虽与香港无碍，若与澳门有碍，亦不允从；一、所应办条约内，若特拟专条，有碍澳门一切事宜，有何用处。

七月初六日

直督李鸿章致总署周德润行抵河口俟界务办有端倪再达电

周星使德润二十二日来电：润于六月十五日行抵河口，十八、九等日，率道员、司员等，与法使狄隆等往来会晤。俟会商界务后，办有端倪，再奉达。狄大臣人甚和平云。

七月初八日

直督李鸿章致总署小吕宋等处议设领事请令张荫桓与日廷妥商电

粤督电商南、北洋，派兵船一只，送王荣和等赴小吕宋等处，议设领事，保护南洋华商。来电虑事或龃龉，煤、粮等件恐难购济，无裨商务，有损国威，不如仍附商船前往，可无痕迹，似甚有见。查王荣和等本与各国言明，游历访查商务，不能与该埠洋官议事。小吕宋前经郑藻如迭与日国商设领事，未允。岂王荣和等乘一兵船，遂能议设领事，保护华商？该埠供给船费之说，尤不可信。北洋铁舰、快船，现均往海参崴，本无可派。南洋快船亦拟赴朝鲜操巡，应请饬王荣和等，仍附商轮往各处探查，并令张荫桓与日廷妥商保护。乞代奏。

七月初八日

使英刘瑞芬致总署报英国枢部调动电

相。敬电详悉。现英格相告退，沙力斯伯里复相，外部尚书换益德斯理。芬初十日赴俄。

七月初八日

勘界大臣周德润致总署报与法使查勘滇越界务电

六月初九日，由开化起程。十三，行抵南溪。岑督痢疾颇重，不能支持，暂驻南溪调治，该处距保胜五十里。一俟稍痊，即行驰往。德润于十五日已抵河口，十八、九日，率随员唐景崧、叶廷眷，司员张其濬、李庆云、关广槐，与法使狄隆及狄尔达鲁、倪思、海士往来会晤。俟开议后，办有端倪，请旨遵行，先祈代奏。

七月初九日

粤督张之洞致总署小吕宋华人被害请电张荫桓设法保护电　附旨

王荣和、余瓗将行，小吕宋华商又来公禀：六月内，该埠匪已滋事数次，连日在内埠加玛邻等处华人被害多名，焚劫财物共值二十万元。恳委员速往筹办，议设领事保护，并请乘官轮往，以壮观瞻，船费由该埠商人供给等语。查王荣和等以访查商务为名，近于游历，不能与该埠洋官交涉议事。今商情紧急，恳敕总署，告日国公使，一面电张大臣荫桓，言明王、余两员到彼，即兼商保护事，令该外部知照该埠总督，庶我委员可与晤商，使华商生业暂获安全，从容由张大臣筹议。粤无出海官轮，可否由南、北洋拨快船一艘来粤应用？八阅月可回。前数年南、北洋派扬武船游历南洋有案。伏候敕遵。此为保民救急起见，请代奏。

十二年七月初九日奉旨：张之洞电奏已悉。王荣和等既不能与洋官交涉议事，徒以官轮壮观，无济于事，转令该埠滋疑，殊属无谓，着仍附商轮前往。日国并无驻京公使，总署无从与商。所有议设领事保护华商事宜，着张荫桓与日廷妥为商办。

七月初九日

总署致赫德澳门办洋药税事应从长计议电

来电俱悉。税务四端内，澳外厘卡系征收各货厘金，不止洋药一项，碍难撤回。对面山至内港之中途，均系中国地方，葡国欲请驻扎管理，万不能行。总税司前电澳督所愿只居用澳门一语，今忽添此两端，均于中国有损，断难允准。总税司再与从长计议，倘彼仍执前说，只可暂行罢议。

七月初十日

直督李鸿章致总署据张荫桓称小吕宋设领事无专约电

张使初十复：佳电悉。派员小吕宋，日外部已回文。惟设领事无约，古巴系专案，能否援引，容抵日时妥商。遽派兵轮，转难成议，乞电署云。

七月十一日

谕刘秉璋游智开川省民教滋事着持平审结电　二件

上谕：总理衙门奏，核议游智开所奏渝城打毁教堂一节，暨罗措绅禀报滋事情形，请饬查复各折片，览奏均悉。此番应试武童，不遵地方官约束，恃众滋事，辄因美国在鹅项颈等处置地建堂，不协众心，逞强拆毁，兼及各国教堂，实属肆意妄为。此风断不可长！前经谕令刘秉璋确切查明，迅速了结。现在该督计已到任，即着详查严办，持平审结，不得稍涉偏袒，并将为首滋事之人严拿惩办，以儆将来。至宜昌镇总兵罗措绅探报各情，与游智开所奏轻重悬殊，所称东川綦江团勇开仗伤人，江北厅地方被教民烧毁铺屋四百余家，究竟有无其事？着刘秉璋电奏。

七月十四日

上谕：据游智开奏，遵查民教被伤人数及现办情形一折，览奏均悉。此案教首罗元义，因渝民蓄怨往寻，预纠痞匪乱殴，致渝民被伤二十二人，伤毙十一人，该教民自有应得之咎。惟察核起衅情节，该处民人倚仗公愤，首发难端，致有互殴之事，罗元义家亦伤八人，且远近闻风效尤，铜梁、大足两县亦有打教情事。此等肇衅首犯，若不严拿惩治，不独无以服罗元义之心，实与地方民风大有关系。着刘秉璋督领所属，务将王明堂、石开阳二犯严密查拿，与罗元义质证明确，持平办理，毋得专归咎于罗元义一人，致纵舍内奸，轻开外衅。是为至要！

七月二十四日

使美张荫桓奏陈旧金山戕害华工案办理情形片

张荫桓片。

再，臣钦奉三月二十八日电旨：洛士丙冷案尚未定议，张荫桓到后，着郑藻如暂留，会同经理，将从前各案议定善后章程，再行回华。钦此。适郑藻如甫登车就道，臣即恭录转电，钦遵办理。

臣伏查，美西各省地广人稀，数十年来开矿垦荒，修造铁路，渐成都市，金山大埠尤为蕃盛。当日工作，悉赖招致华工，为之力役。华人佣力为生，愈来愈众。又值广东曾遭土匪、客匪之乱，趁洋糊口者，新宁一县至六万余人，此外各州县多寡不一，散处各埠合计总在十万以上。华工月得工钱，寄以赡家。即日用饮食衣履，亦不甘囿于西族，于是华商贩运货物以供华工之用，故华商铺户亦自成市集。华工习勤耐苦，佣值且贱，美之富商大贾多喜招用，遂为埃利士党人所妒，积怨生衅，由来久矣！华人在美，既不肯入美籍，周年食米，且从粤中展转寄来。义冢枯骸，间岁必检运回粤。美国深谋远虑之辈，知华人非视美为安土，但藉美以营生，岁运回华之银以千万计。中国享无形之利，美国有潜耗之忧，美所得者只税关岁榷数百万而已。然此税款，虽出之华商，实取之华工。而华工之钱，则由美国所得者也。故厌恶华人之来，近且不特埃利士一党。至于赌博吸烟，为彼族所轻，尤其浅焉者，故外部曩有资遣之说，郑藻如未允，盖名为资遣，实类驱逐。自洛士丙冷闹事之后，美虽派兵保护，或亦迫于公义，不得已之所为，近已渐次遣撤。洛士丙冷之案，议院多议赔偿，而外部于办凶一事，尚多推诿。此外未结者，乌芦公司槐花园、姑力煤矿、阿路美煤矿、澳路非腦金坑①、的钦巴华店等

① 后文有“澳路非奴金坑”。

五案，郑藻如已照会外部，臣接任后，自应促其查理。此等案情层见迭出，窃虑华人在美，终不为其所容。若举此数十万华人被驱回籍，亦恐为地方之累，只可暂止华工之来，或潜消其忌嫉之见。臣在粤时，业与张之洞筹商及此，并告香港绅商，广为劝导。此一两月间，往者渐稀。然该国有限制华工章程，增修无已，华商窒滞。此时机局，要在保华人之生计，雪积案之滞冤，通华商之贸迁，固邦交之睦谊。臣骤膺艰巨，弥惕冰渊。容与郑藻如议定善后章程，再行陈奏。所有美国现在交涉情形，臣谨附片缕陈。谨奏。

光绪十二年七月十四日奉旨：知道了。

总署致许景澄澳门洋药税事可援西例辩驳电

和外部函，即可援西例辩驳矣。

七月十四日

直督李鸿章致总署法领事来商滇越勘界电

前四月十三日，法领事林椿来言，接越帅巴贝密信，如云速定通商设埠处所，则边界让改数十里，尚可酌商。鸿即密电周、岑，相机办理。顷，周钦使六月二十八日来电，连日会晤法使狄隆等，商定先勘保胜上游一二段，并公同酌拟全局办结之法，容即咨明。现在伏暑炎天，瘴疠正盛，山高路险，匪党横行，法使屡经面陈，实有惧心。惟四月间所奉电示，若能早定通商设埠处所，边界可酌改数十里一节，狄大臣似有其意，尚未言明。细绎改正在勘界之后，通商在改正之后，如将改正提前办理，使中国有益，自可将通商及早议定，使法国有益。望设法开导，令就范围，并恳赐复云云。查粤边勘界龃龉尚多，一时难定。法意注重云边设埠通商，故愿让改边界。若及早办结一路，粤边稍宕，尚无碍大局。乞代奏，请旨饬遵。连日水阻，今甫通电。

七月十四日

总署奏日本请修约章拟与酌议折

总理各国事务庆亲王奕劻等奏，为日本请修约章，拟由臣衙门先与酌议事。

窃溯查同治十年日本遣使吁请通商，当蒙钦派直隶总督李鸿章为全权大臣，与该国使臣伊达宗城，议定修好条规及通商章程，并载明：自互换之年起，至十年为限，彼此若愿重修，则先行知照，会商酌改等语，于同治十年七月画押，十二年四月奉御笔批准。截至光绪九年四月，已届十年限满。该国外务卿先期照会出使大臣黎庶昌，请议修改。是年春间，该国使臣榎本武扬亦来臣署议及，臣衙门以球案未结为词，拒而不允。旋值朝鲜有事，彼亦不复提及。本年四五月间，该国使臣盐田三郎屡至臣署，重申前请，云：伊国君主已派伊为全权，主议约事。臣等初未允许，继因中日原约既有十年重修之语，且据出使大臣徐承祖函称：日廷正与西洋各国一律议改旧约，中国亦未便始终拒之。惟该国使臣欲请钦派全权大臣与之商议，臣等查从前美、德等国续修条约，皆由臣衙门先与商定，然后请派全权大臣画押盖印。此次事同一律，拟请由臣衙门先与该使商酌。窥该国欲请修改之意，无非图占便宜。臣等必详细推敲，权衡利弊，如有与中国不便之处，坚持不允，断不稍涉迁就。其有关涉商情税务，为臣衙门所未能深悉者，并随时函商南、北洋大臣，以期周妥。一俟议有规模，再行请旨定夺。谨奏。

光绪十二年七月十四日奉旨：依议。

直督李鸿章致总署徐承祖报金玉均被押小笠原电

徐承祖十二亥电：金逆玉均前具限出境，因乏资逾限，经承祖商催井上，当拘押，业已派捕，押往太平洋中无人岛一名小笠原岛管押，较出境为妥。求转电总署云。

七月十五日

总署致李鸿章请转周德润改界设埠宜互相抵制电

愿电已进呈。前勘粤界，因先议改正，致有龃龉，岂可再蹈覆辙？周电所云改正在勘界之后，通商在改正之后，按约办理，必应如此。且林椿所述，狄隆并未明言，倘自我先发，必致贻以口实。况先议设埠，恐让地亦成画饼。此后伏暑向阑，仍宜速约法使，会同勘界。待彼将先办通商、情愿让地之说自行吐露，而后以改界设埠与之互相抵制，则我守定约，彼欲通融办法，易于就绪。至周电称先勘保胜上游一二段，果否勘毕？其公酌全局办结之法，要领何在？让地数十里，究指何处？设埠宜在何地？并分别询筹复奏，遵旨电达，并转电周大臣。

七月十五日

直督李鸿章致总署吴大澂报中俄界务勘毕回珲春电

吴清卿初九亥电：澂自三岔口回珲春，过海参崴，丁提督带六舰适至。丁与俄帅联络，俄海里〔部〕尚书巡阅到崴，亦往拜。丁初七送澂至摩阔崴，次日开赴长崎，进坞修理，留超武、扬威在海参崴等候。八月初，澂可回津云。

七月十五日

使美张荫桓致总署洛款久无消息请属田使确询电

洛款，外部坚许散议会前办结。顷，延搁，久无消息。乞属田使确询之，勿任但口惠。

七月十五日

芜湖道致总署华人求领事包庇运烟电

芜湖著名走私烟土之华人租屋，竟假洋行名。福已搜赃查封。现华人营求领事出头包庇，先电闻。祈回堂。

七月十七日

懿旨饬李鸿章整军严备朝鲜事变电

懿旨：李鸿章信函各件，均悉。此时情事未定，先以整军严备为主。李鸿章务将调兵事宜，赶紧预筹，为朝发夕至之计，先事宜审慎，不可大意，临事宜决，断不可游移。一面酌调兵轮赴朝鲜海面，不时操巡，以联声势。并电催陈允颐，询问之事，有无把握。刘瑞芬诘问外部等事情形，一有确复，电闻请旨办理。

七月十八日

总署致芜湖道查封私运烟土之洋行须见机妥办电

查封假洋行一事，洋人必出为包庇。务须见机妥办，勿致被其讹索。五年，恭道任内，旧案可鉴，遵堂谕电达。

七月十九日

护川督游智开等奏藏番阻英人入藏派喇嘛劝导折

护理四川总督游智开、驻藏大臣文硕奏，为臣文硕行次成都，会筹开导藏番，庶期事得就绪事。

窃臣文硕奉命驻藏办事，束装就道，途次自阻雨抱疾而外，依程于六月十五日行次成都，方拟遵案会议边防事宜。十六日，臣游智开适奉六月初六日传谕：英人入藏游历一事，现经总理衙门与该国驻京署公使欧格讷反复辩论，设法抵制。该使已允电告马科蕾，从缓入藏。惟据称，当时定议入藏探路，本为通商而设，并无他意。现在印藏交界之独脊岭地方，藏番早有与英人互相贸易之事。如果准令在印藏边界通商，即可永不入藏等语。洋人惟利是图，所称专主通商，尚属可信。入藏一议，载在《烟台条约》，现在若无转圜办法，该国决不肯废弃专条。虽此事在边界办理将来有无窒碍，未能悬定，然并此拒绝，则入藏一节，目前万难阻止等因。钦此。事关藏务，当与臣文硕一体会商。

臣等查，英人性情阴鸷深险，此番欧格讷慨然变计之言，有无诡谲，殊觉叵测。然彼既已自作转机，我应因势利导。无如藏番固执，即此能否相从，尚难预必。溯自去冬以来，派委开导之员，络绎于途，焦敝其口，乃该藏番等匪特毫无领悟，转至目为洋党，强行阻遏，每事防闲，一切布置，密不预闻，一切消息，不以实告。在彼居住，有若赘疣。迭接各该委员及诸粮务、章京历禀有案。臣等每于会议边防之余兼筹及此，窃谓该藏番等如此乖张背谬，论其迹殊失恭顺之礼，原其心或因言语不通，以致心情未洽。因思棍噶札勒参胡图克图嘉穆巴图多普，人尚明晰，能说汉话，前在北路军营打仗出力，蒙赏胡图克图名号，赐庙阿雷泰山。伊每提及，甚称感激。比在藏中，适遇巴勒有被劫之案，伊复协同料理，捐资出力。伊系喇嘛，藏番视之，自与委员不同。而伊与内地官员相处日久，其于天恩、国体以及控驭洋人必须随机应变、奇正相资之理，亦较藏番易于领会。是以前督臣丁宝桢曾与司道公商，拟俟其进京瞻觐后，奏调回川，以备委用，藉资得力。今臣等复商，拟请饬谕理藩院，传知该胡图克图迅速来川，责令进藏办理开导事宜。如蒙俞允，若令驰驿前来，适值伏秋大雨，山水不时暴发，蜀道崎岖，跋涉尤险，拟请变通，恳恩酌赏川资一千两，令其仍坐轮船，由宜昌陆路入川，庶可遄行无阻，而沿途驿站亦可以免供应之繁，将来进藏仍请令其驰驿前往。臣等为设法开导藏番起见，谨会同护理成都将军印务・副都统臣托克湍，合词具陈。谨奏。

光绪十二年七月二十二日。

总署致赫德澳门外厘卡俟洋药新章开办后再定电

让三澳外厘卡，系中国防弊之法，澳门不应干预，或留或撤，俟洋药新章开办后，由中国察看情形，自行酌定。倘与中国有损，即难裁撤。

七月二十四日

江督曾国荃致总署李鸿章商请派船往韩已照办电

接北洋电，商派船赴高，已饬吴安康，率琛、瑞、济、保四船，添备应用各件，准二十二日开往。并饬安康抵高后，一切事宜，就近禀请北洋示遵。

七月二十四日

税司赫德致总署澳督所拟洋药税办法请示复电　二件

澳督于二十一日起身。以下所问三节，请迅速答复：前于电报声明葡国允给与中国各节，拟议办法，若系妥协，中国允给与葡国何件？一、给与澳门位置一条，准葡萄国人永远驻扎管理，中国允否？二、将卡子撤回，中国允否？三、葡国按照合同办法办理时，将其对面山借其驻扎等事，中国允否？所问各节，能允者，答复可允，不能允者，请答复不可照办。澳督同总税务司或将拟议办法画押，作为以后应订条约之根源，或罢议。蚤〔趸〕积洋药一事，于香港会同办法，同时起办，不必等候条约订妥画押。

七月二十四日

十七号电信刚接到。澳督言，借对面山及关闭卡子，系必须办之事。

七月二十六日

直督李鸿章致总署韩求俄保护宜静以待动电 附懿旨

转送醇亲王：

顷，接袁世凯密禀：据闵泳翊称，朝王实有派人送文俄使求其保护之事。迨该守诘问朝臣，佥云系小人伪作。朝政府沈舜泽、外署徐相雨等各递印文辩诬。鸿电嘱刘瑞芬面询俄外部，既云无其事，又允倘有朝鲜伪文函来，可作废纸，是俄暂不至有变。闵泳翊不肯显作证据，似此事无从查办。陈允颐到汉城后，见该处中外人心惶惑，韩甚惧有兵至，李昰应势力已孤，不敢多事，遂即乘原船回津，并将张文宣小队撤回。而徐承祖电告，晤日本伊藤，云谣言无凭，勿激成真，似亦有见。此时似宜镇定勿扰，以静待动。请代奏。

光绪十二年七月二十六日奉懿旨：醇亲王奕譞进呈李鸿章信函等件，均悉。俄外部既称实无此事，韩廷已拿匪治罪，且允备文申叙，非国王政府所知，前文可作废纸等语。有此两节，此事即可不再穷究。惟朝鲜所备之文，必须明晰声叙，盖用国宝，方为确据。着李鸿章督饬妥办。至原文索还与否，可以置之不问。一面催询陈允颐到后若何情形，电闻请旨。

七月二十六日

勘界大臣周德润致总署报与法使议定勘界办法电

德润驰抵河口，与法使狄隆等会晤，业于养电陈明。自六月二十一日至七月初二等日，迭经与商勘界事宜，舌敝唇焦，始公同议定，先勘保胜上游一二段，并拟全局办法八条：

一、中、法两国勘界大臣等说明，所应勘之界，俱是现在之界。

一、勘现界后，或有改正之处，两国勘界大臣公同相酌。如彼此意见不合，各自请旨商办。

一、续开勘云、越交界，中国大臣等意欲一律勘完，所以照会法国请旨。

一、各大臣等商议，先由老街勘到龙膊河及龙膊河邻近地方后，回老街，再勘老街邻近地方。

一、勘老街至龙膊河之界，中、法绘图各官，从红江南岸归一路同走，中国绘图官归法国保护。自老街起，至龙膊河止，两国勘界大臣等各走云、越边界。

一、红河自北河岸之老鳌至南岸之龙膊河，以河中为界。

一、云、越交界，遇有以河为界，均以河中为界。如有全河现在归中国界者，仍归中国；全河现在归越南界者，仍归越南。

一、勘界时，随处开节略图说，均由两国大臣等画押。

以上节略，彼此画押遵守。

至大赌咒河及南中、都竜等处，业经反复辩论，该使坚持不允，以先勘现在之界为词，拟于勘原界后，商量改正。现法人据守昭晋，意在勾结猛梭，以窥十加〔州〕三猛，土目刁斗持①等聚兵守险，法人卒未得志。查各土司接壤之区，道途多梗，履勘恐亦不易。据狄隆云，现值伏暑炎天，云边瘴毒最大，狄塞尔、海士皆患病，且山高水险，游匪出没无常，两国办理界务人员应格外慎重等语。察其词意，颇有戒心。既恐彼族藉词逃遁，又虑界务日久宕延。惟有与岑督详慎函商，持平办理，以安边鄙而慰宸廑。乞代奏。

七月二十八日

总署致张之洞澳督欲撤澳外厘卡有无大损希复电

赫德在澳门商洋药事。葡人欲撤澳外厘卡，方允我在澳设税司。第恐撤卡便于走私，究竟澳无大损②，希详察速复。

七月二十八日

直督李鸿章致总署吴大澂报图们江口中国行船事宜电

吴钦差电：俟过巨文，与英将商议，再行电闻。图们江口中国行船一节，巴使未复。澂谓前议八条，皆边务应办事，与商务无涉。既列八条，必须办完，方可回京复命。且江东俄界，江西韩界。韩为华属，如何阻我行船？澂电请芝田，详告俄外部，并求吾师〔帅〕，恳俄博使，电告外部，此事不掣肘，十日内当可议定云云。鸿复电以俄使昨论松花江通商，鸿未便允。图们江口中国行船，固是情理。若与言，彼必以松花江事相抵。且署使权轻，巴专制，东海又边务应办之事，望再商催。芝田初三回英。

八月初一日

① 本卷《勘界大臣周德润等奏陈会议开勘滇越界务折》中为“刁文持”。

② 似为“究竟有无大损”。

直督李鸿章致总署据徐承祖电称崎案难即了电

徐承祖电：顷，井上来谈崎案，仍狡强，毫不认错，并云，将来恐致失和等语。已力驳。鄙意，日已知案将败，仍如此狡，我似宜先期准备，将兵轮分两大队，驻烟台及台、澎。承祖仍督担文等极力辩论等语。顷，电复以井上云将来恐致失和，自是恫喝。十一来函，谓青木现可作地方案，如不能在崎了结，即将全案送东京商办，彼此均应遵照。总署函亦欲善为结局，望权度轻重妥办。至密防沿海，及台、澎准备，似涉张皇。法事了后，沿海并未撤防，日岂能无故先开衅？兵轮两大队，目前力尚不足，饷亦奇绌，然不得因此不论是非曲直也。

八月初二日

直督李鸿章致总署俄使言中俄永不取朝鲜土地电

俄廷迭有电致拉使。顷，俄使来谈：外部欲结好于华，约明俄国以后永远不取朝鲜之地，中国亦不取其地，先互换照会为凭。如另立条约，俟新使到，仍按照会语意续订，亦可。拉谓：我两国既经约定，英、日必不敢生心，巨文亦当自退，并免旁人诳惑离间。意颇真切，此与英外部节略内各国会商担保稍异。但韩后虑实在俄、日，于他国无涉。俄既与我约明，日必缩手，无须与彼会商。鸿令拉使先将照会稿开阅，妥与商定，再电闻。又璧利南今早来询华尔身巨文、永兴作通商口岸之说，鸿直告以我可担保俄不占此岛，英须早退，若欲借通商为转场地步，则只论巨文，勿提永兴。璧云：华使不日将往朝鲜署内接晤，可否照此回答？又图们江口行船一节，俄使允告外部。据称，将来可在天津定议。祈代奏。

八月初二日

勘界大臣周德润等奏陈会议开勘滇越界务折

会办滇越勘界事宜·内阁学士周德润、云贵总督岑毓英奏，为会议开勘滇越界务大概情形事。

光绪十二年四月十三日，接准直隶督臣李鸿章电寄总署奉谕旨：勘界从保胜上游办起，未尝不可，惟应行改立处所，仍照桂边办法，会立标识等因。钦此。又于四月十八、二十一等日，接李鸿章电寄，法派副将狄塞尔率法国一大员，会勘云边定界；又电称法派大臣狄隆办理勘界之事；又电称越帅巴贝意欲速定设埠十处所，冀边界让改数十里，尚可酌商等因各在案。

五月二十三日，臣德润接准法使狄隆照会，已带同官员行抵老街，专候商办勘界。六月初一日，道员唐景崧、叶廷春先行驰赴河口。时值瘴雨连旬，山水骤发，道途艰阻，虑有耽延。臣等因即于初九日，自开化起程。臣毓英患痢正剧，力疾而行，十三日至南溪，益觉困惫。河口医药两难，暂留南溪调治。臣德润率司员张其濬、李庆云、关广槐于十五日行抵河口。所有开勘事宜，仍与臣毓英往来函商，悉心酌定。自六月二十一至七月初二等日，迭与狄隆、狄塞尔、达鲁、倪思、海士等会议，应遵旨开勘保胜上游地段。

查保胜与滇省河口汛地方，仅隔一小河，并无余地。由保胜南岸沿河而上百余里，至龙膊地方，地属越南，应从此路开勘，即将来通商设埠处所，亦应将此路指定，以符保胜以上之约。披图共阅，臣德润与唐景崧等因指大赌咒河、都竜各地系滇省旧界，应归改正。反复辩论，该使坚持不允，且指猛梭土司为越南之地。查该土司地系云南建水县属，历年完纳籽粮，载在省志。因与越南十州三猛逼近，该猛梭土司曾在越南出力建功，兼受越职，并管越地。其猛梭地面籽粮，历年仍赴建水县完缴。咸丰年滇乱，道路梗塞，停缴。厥后催办承袭，又为越南昭晋州知州阮文光把持。上年大兵出关，派员前往清厘，各疆土司均先后赴滇，照旧完纳籽粮，并具有甘结。该法使乃欲影射冒混，与之辩论，执意甚坚，势须勘定各界，始能定议。惟查现在北圻之义民、游勇各数千人，屯扎附近都竜、安隆、六安一带。越宗室阮福说亦至该处经营，与法抗拒。其与猛梭接壤之三猛十州，又有越臣阮光碧督同刁文持等困守。道路不通，该使实难往勘。阮文申等出扎兴化之锦溪、清波各处攻击。闻法人目下粮饷并缺，颇有戒心，犹复如此，种种刁难，诚恐藉词逃遁，有意宕延界务。臣毓英函商臣德润，诸事皆宜持平办理，但得先勘一二段，即设法催其结束全局，再行商订通商处所。因议定开勘节略八条，于初二日，臣德润与该使画押。日来该使又因狄塞尔、海士病重，托词迁延，屡次催促，尚未往勘。一俟勘毕各段，臣毓英当即力疾前往画押。其余为越兵所阻之界如何开勘，及应行改归滇省之界如何办理，俱俟勘明保胜上游之后，细与该使商榷，以杜狡谋而免枝节。除将会议各情及开勘节略电请总理衙门王大臣、北洋大臣李鸿章代奏外，谨会同云南巡抚臣张凯嵩合词具奏。

十二年八月初七日奉旨：知道了。

使日徐承祖致总署报向日商订购铜砖价目电　二件

近西商购铜甚多，价日涨。奉勘电，即与商议定买，惟该商坚欲每担较去年多七角，合库银约五钱，且止肯先定百五十万斤，五日内即须言定，过期则价又当照市。承祖已暂却之。访之我商，亦云目下价难平，俟至冬间，或可稍减。请转告户部酌定，如要即买，请速电复与订，定银亦请速酌拨。至数目，或可三四百万，价或可稍让，均未可定。铅非日产，沪买较贱。再，长崎兵捕互斗一案，想李相早经电闻。现经担文、会理参等正在确查，尚未开办。如何了结，尚难预定。细情已详信，余容续电北洋转闻。

八月初七日

户部元电敬悉。因恰值伦敦汇票价贵，铜价稍跌，乘机遵与日商议让，现允铜砖每担让银一钱四分零，较去年只涨三钱五。自东京运横滨，费仍照旧，约计每担运津十一两五。若运沪，又可省一二钱。斤数一百五十万，或三百万，均可先订，自十月起，按交三十万斤。究定若干？请即电复，以便立合同。如购三百万，约银三十五万两，请于九月拨十二万，余分两起，按三个月一拨。部文顷已奉到，容订后再咨复，统乞转户部。

八月十八日

芜湖道致总署私土事领事若转圜可迁就电

总署总办英约，既无准华人运私土、开假行明文，既未违约，领事若转圜，可迁就。

八月初八日

勘界大臣周德润致总署法派员会勘龙膊舟行被劫退回电

七月二十一日接佳电，奉旨：分界事宜，着妥与商办等因，敬悉懔遵。前于十三日，中、法派员会勘膊龙〔龙膊〕河一段，谓保胜上游行驶，按照节略所开，各走云、越边界，彼南岸，我北岸，扬帆前进。月之二十一巳刻，法船六只，行至南岸者兰地方，一名猛烘河，即中国田房之对岸，突遇越南匪党率众拦截，杀毙法兵十一名，兵官二员，焚船一只，余五只且战且走，驶回保胜。计自本月十六至二十等日，督率司员张其濬、李庆云迭次与狄隆商讥〔议〕结束全局之法，道员唐景崧亦力疾辩论界务，粗有端倪。忽于二十日晚，狄隆遣人告知，该国勘界船只业经退回。二十一日早间，派翻译哲美森前往询问，狄隆备述遭难情形，并云：能否再往会勘龙膊，一时尚难决定。午后接其照会，据称，渠愿商定通共前往，并请德润同去等语。当办给照复，可以商订同行。二十二日，道员叶廷眷、司员关广槐，于闻警后添派防勇，护送退塘河口。查红江南岸为越南苗猺杂处之区。前订第五条节略，勘界各大臣各走云、越边界，该使坚持不允，德润力争始定。原防其有意外之虞，中国不任保护之责。且闻越兵蜂起，警报纷传，彼族内有惧怯之心，外作崛强之状，往往讳言不去。如果重定会勘日期，拟率道员、司员等，由红江北岸山路前往，俟到龙膊后，再与彼会面商定界址。除函知岑督，并钞录来往照会，及哲美森节略，咨呈存查外，乞代奏。

八月初八日

直督李鸿章致总署滇缅边兵饷匮请催协济电

云督岑七月十九日来电：越、缅沿边未靖，滇省两路防营每月需饷在七万两外，前经奏减，各省欠饷专拨近省的饷，奉旨允行。并蒙严旨屡催，立限六月底解清。届期，计新旧各饷仅收到十五万两。屡向商号挪垫，商力又竭，不能再垫。望绝势危，仰求代奏，请旨饬部加催各省，迅速接济，不胜迫切之至云。请转奏。

八月初八日

直督李鸿章致总署法领来询滇边法兵被戕事电

袁世凯电：徐相雨等辩诬文已缮函钞寄巩使。今下午晤询云边勘界，戕法弁兵，林椿升来问，答以恐系越人所为。

八月初九日

税司赫德致总署办理澳门洋药税须裁撤卡子理由电

卡船不便宜之故列后：

一、于华船行驶之时，将其装载货物搭客阻留。

二、阻留之期不定。

三、其所查之货，非起下之货，系早经装妥包固之货。

四、所完纳之项，少有按则例定之税，而多有勒索无定之数，故常致口角刻待之事。

五、小民被损而国家不得利。因何欲关闭卡子，其故列后：

(一)[①] 中国允将卡子关闭，葡国方肯允中国在澳门征收洋药税银。

① 此处括号为校者所加，下同。

（二）若将卡子关闭，则利微之生意免受重累，而国家所亏甚轻。

（三）若不关闭卡子，敝总税司不能在澳门议定洋药办法，而因此香港办法亦不成。总署既不允腊吧一节，现此处无可办之端。而葡国如何允定，须在西历十一月内方知。故敝总税司拟告知香港，我等于十一月时，再行酌量澳门办法，此事可按现时所办地步，暂且置之。敝总税司即从容回京，总署允否？

八月初九日

直督李鸿章致总署与法使晤谈勘路法兵被戕事电

顷，法恭使来晤，以接越电，勘路弁兵被戕，系由云南方提督遣散之勇入境伺杀。鸿谓：越游勇多华人，华官碍难过问，且不能辨其为何营遣勇。该使催速勘定，庶无他变。鸿谓：宜劝巴贝让改边界若干，则竣事自速。恭允电商。除电知周、岑外，至续勘粤界边界，法尚未派人，恭拟即电催。

八月初九日

粤督张之洞致总署澳外不能撤卡电

澳外之卡，正为缉私，卡不止一处，所缉不独药私一端，所抽亦不仅赴澳之货，关系各口税厘大局，断难裁撤。药私，澳门最甚，税加则私愈多，彼既代我筹加税，何以又阻设卡？诡谋难测，望驳之。勘电昨日始到。

八月初十日①

直督李鸿章致总署据吴大澂报俄无占巨文岛意电

顷，来电甫通。吴钦差七月二十八日来电：二十六日，抵岩杵河，与巴使论巨文岛事。俄人实无占意，如英舰退出，澂保俄人必不效尤。事竣回津，过此岛时，可与英将一晤。英有弃志，无须立约，澂以一言为信等语。又袁世凯初八来电：韩廷因俄来催陆路通商，金允植甫回外署，未便远离，拟另派员赍咨云。

八月初十日②

① 原刊目录标为“初九日”。

② 原刊目录标为“初九日”。

总署致杨昌濬英使照称港督交出海盗解赴粤电　二件

英使照称：接港督电，张阿知一名已允交出。

八月初十日①

香港来电：盗犯张阿知，于十六日交闽委员，解赴粤省。合电闻。

八月十八日

直督李鸿章致总署云桂通商章程法使欲商改电

法使恭思当接晤数次，未提教务。据巴兰德云，彼向不以护教为然。闻新订云桂通商章程，法议院将驳。恭为议绅首，此行或欲商改。昨略言及，鸿答以我已画押，勿庸再议。恭于十二起程赴京。

八月初十日

勘界大臣周德润致总署游勇攻越并岑督法使皆染病电

法使被劫情形，业于漾电陈明。连日探报，越南硅摇游勇将分路攻龙鲁、文盘、大滩等处，保胜势甚岌岌。查法使五人，海士病重回河内，达鲁、倪思均有伤未愈，界务恐有耽延。顷，接岑督函称：历年积受瘴气，泄痢之证〔症〕，一时未能就痊。现值时势艰难，越、法战氛方炽，不敢乞假养疴，仍力疾布置边防，检校公牍，以酬高厚而效涓埃等语。祈代奏。

八月十五日

周德润岑毓英致总署与法使会议界务俟奉旨允准再行画押电　二件　附旨

法使自者兰被劫后，商请就图定界之意益坚。极力拒绝，又恐另生枝节。屡次会晤，略予转圜，或势不能勘，请与驻京法使会商展限等因，业于初一日电奏请旨。谨将

① 原刊目录标为“初九日”。

议明奉旨允准后再行画押之节略，撮要咨明：一、先于彼此图上比较现界。一、交界处所注明中、法文字。一、界限各段，意见相合、不相合，与改正之处分别清楚。一、意见相合界限，拟立节略绘图。一、彼此意见不合之处，边界梗阻，将来勘定。一、改正处所，商酌。以上六条，议明请旨允准后画押等情。中国请旨，拟至多四十五日有复电，法国约明住此四十五日。除另咨外，先此咨呈存查。

八月二十日

北圻边界，越兵蜂屯，游勇出没其间，狄隆颇有戒心。六月会议之说，经德润再三拒之。七月十八日，该使接巴黎复电，饰言译不成文，亟约彼此校图，并愿先与照会。适遇者兰失事，停议数日。二十五日，该使会议，只请就图勘界，面书节略相商议谓：图相符者，详核划定。偶有不符者，俟沿边安静后，再行补勘。但以者兰失事，颜面有关，不便再与照会。如办理妥协，拟自八月初一起，住四十五日，迟则必往广西云云。查条约内北圻沿边归法保护，者兰失事，法且不能自保，其势断难履勘，理应会商展限。第彼族被劫之后，讳言停勘。若不稍与转圜，或虑另生枝节。查云越交界之处，经毓英、德润派员履勘、测量、绘图，亦可谓不失尺寸。惟该使请按图定界，设法结束，究属从权，未敢擅许。理合奏闻，请旨遵行。抑或饬交总理衙门王大臣、李鸿章，与驻京法使妥速会议，展限数年，俟沿边肃清，由法照会总署，再行请旨派员会勘，伏候圣裁。乞代奏。

八月二十一日奉旨：二十、二十一日连接周德润等冬、东二电奏，法使因者兰被劫，界务亟求脱卸。周德润与之附订六条，暂为结束。又请展限数年，俟越界肃清，再由法照会续勘。其六条所订无庸改正之旧界，拟立节略绘图，应行改正而意见不同处所，记明俟后补勘，就此暂结，未为不可。但让地数十里设埠通商之说，彼始终不露一字。此次第六条但云改正处所商酌，并未言明何时，亦属含混之词。此节必须及时预筹。况桂界续勘办理亦须一律，着李鸿章统筹全局，详细酌度。应否照议暂缓，抑或另筹办法，饬令趁此并议之处，于日内电复，再降谕旨。

直督李鸿章致总署法使请展限再勘界乞代奏电

养电敬悉。法恭使前在津商催勘界，赶紧办结。鸿谓：中朝亦愿早结，但勘越界，并非法地，中、越早有定界，法何必代为计较，且边境越寇游勇甚多，本系不毛之土，费力无用，不如暂就图定界。其应改正处所，法即让出数十里，亦不要紧。恭允转电外部及越帅巴贝。今狄隆坚请就图定界，其意见不合处，将来勘定改正处商酌，似系拖宕之词。彼既未明允让地数十里，又未提及设埠通商，我正可藉此宕过。法不急在勘界，而急在通商，尤急在云边设埠。将来彼若催设埠，我即先令改正。若保胜以上界限相合，我不得不照约指定通商处所。其他边界，彼此仍可两浑，于我亦无所损。至桂界已勘而未定，粤界将勘，无甚关要。狄隆既约明四十五日必往广西，若电旨再令改议，计电到须十日后，亦难再改，似宜照议暂结。周德润请与驻京使议展限数年，俟肃清，再请派员会勘，转属蛇足。彼欲含糊了事，我亦乐得含糊。管见是否有当，伏候圣裁。乞代奏。

八月二十三日

总署致徐承祖准照价订购铜砖电

洽电已悉。铜砖价既较去年涨三钱五，即订百五十万斤。至续订若干，须照去年价，否则毋庸议。即复户部。

八月二十四日

直督李鸿章致总署朝鲜请俄保护寻出实据与徐相雨笔谈并函劝该国王书　附函咨及笔谈

密启者：

朝鲜近日情形，业于八月初八日函报。续接袁世凯电禀，均经转电奏闻。十九日，前办朝鲜外署徐相雨至津，赍呈该国王辩诬文，词意尚为周到。二十日，徐相雨来谒，姑先严词诘责，以儆将来。所有韩王来咨，及与徐相雨笔谈，照钞呈览。先是袁世凯密属闵咏翊在王宫内寻出实据，俾事后不得狡赖。咏翊贵戚，出入宫闱，因将政府致俄使函用国宝之副本窃出，交袁世凯寄津。咏翊至烟台，上敝处手禀，内称：所以密通，不顾欺君之罪，又不敢面诉我君事，故由烟逃罪各国等语，皆确证也。鸿章窃念俄韩既皆不认，中国原可不认。但恐彼族移时又复变计，故于徐相雨初见时，谓我有确据，隐约其词，以耸动之，使知中国伺察之严，复声明圣度如天，许以自新，以开其悔悟归诚之路。李应浚即日进京递奏。此案情节甚多，尚有奏牍不便明言之处，已于迭次函电内陈及，鸿章似无庸琐渎。徐相雨回时，当切致国王一函，劝其亲贤臣，远小人，惩前毖后，尽忠告之义耳！

专肃密布。

敬颂王爷、中堂大人钧福。

李鸿章谨启。

八月二十五日

附醇王奕譞致李鸿章嘱致函韩王文

此次袁世凯电称各节，与前者孟浪举动不同，颇为妥实。加以允植到津时，李相宣扬朝廷威德，俾归述该国，共知儆惕。似北洋亦须致韩王一函，痛陈利害，于此事结局方觉完固。泳翊赴沪，亦当查其究竟。

八月十一日

附李鸿章转吴大澂电言俄无占巨文岛意并闵妃病重文

吴钦差十三来电：韩事甚密，俄员佯为不知，惟矢口不占巨文。绘图各员甫回，俄成稿本，须半月画竣，中俄接电，请饬余道议筹。又袁世凯十七来电：闵妃受大惊，因众怨，半月来病甚沉重，腹肿，饮食不下，诸臣丧气。徐相雨到津，望严厉申饬，遗书规戒韩王，并骂闵泳翊中途逃遁，使彼回报，天如福韩，祸根可除云云。

八月十八日

附朝鲜国王咨李鸿章证明无请俄保护书

为咨会事。

照得敝邦服事天朝二百余年，恪守侯度，罔有间言。去月，忽有奸细，假造敝邦政府寄与俄国公使文书，内有请其保护等情。骤闻惊惶，莫省攸措。遣人赴俄馆，询其有如何文凭，婉询请缴。据俄使云，初无是事，反致诧异。广加查探，全无把握。窃念敝邦世蒙天朝恩庇，覆载高厚，山海崇深。至如近年以来，尤被恩造敝邦宗社几危复安者数矣！东土含生之伦，虽无知妇孺无不攒手祝天，北望归依，如婴儿之仰父母也。试想天朝之于敝邦，有何求之不应，何难之不救，何愿之不遂，而起此妄想哉？此不逞架祸之徒，为构间之计，虽暂售其奸究〔宄〕，莫掩其诈。俄人亦一词牢郤，绝不认有，其文凭之无实，亦可知矣！虽或有小人捏造，应永远作为废纸。敝邦君臣自闻此事以来，举怀栗栗，不遑宁处。刻已饬令外署，照会各国公使，前后如有此等不明之文凭，并无外署盖印，均作废纸。仍行钩核奸细，务期得实，锄除乱萌，狠暴危衷，庶不得立于天地之间。专差空圜局帮办李应浚赍咨前去。除咨总署、礼部外，相应备文咨会，请烦贵大臣查照，深原其故，以息浮嚣，仍乞转奏施行。

须至咨者。

八月十八日

附李鸿章与朝鲜徐相雨笔谈文

李：这回如何做出此事？究竟大臣内有何人预谋？卿既任外署，不得诿为不知，请以实告。

徐：国王不知，大臣百官未有知者。今兹之事，是梦想不到。俯询之下，不敢妄对，请洞烛原委焉！

李：汝不敢对，盖惧祸耳！若说百官不知，无人能信。国王亦明知之，事后矢口不认，汝更不能言。究竟出此谋者所为何事，汝当直陈，吾尚有法可以弥缝。

徐：惧祸者为一身也。岂有为人臣子，惧祸及己，妄以无而谓有。其祸将底于何处，国王明知有此，何敢发明于事情宣露之日也？万万无此事耳！

李：韩廷诸臣贤而明者畏祸，愚而暗者乱出主意。若不惧祸，何不直言极谏于先事？临事故惧祸之说，尚为贤者言之。此事岂真乌有？我已有确据，但事发而尚知悔改，或犹可勉为善耳！

徐：朝鲜僻在海隅，罕与人交，惟有事大一事可以有解于天下万世。而今日所遇，可谓罔极。中朝视朝同各外国，遽加疑怒，不任惶恐。但本邦初无可悔者，原无此事也。如有此事，密谋秘商无人可觉，而至及钧听，则岂非流传讹诬者乎？

李：中朝并未视韩与各外国同例，而韩竟欲自比于各外国，且欲藉外国以制中，韩何其梦梦？试看中国虽有与各国联和，究有何国敢于胁制中国耶？韩廷均系密谋秘商，岂知耳属于垣、声闻于外？我有确据，暂不宣示，且察汝国君臣后来举动行为。

徐：本邦臣民岂不知中国怀保小邦乎？壬午、甲申，恩洽再造，感激之不已，而行此理外之事乎？钧教确据二字，实所不晓，伏祈示知。

李：论天理、国法、人情，壬午、甲申之事，必应感激图报大皇帝覆庇之恩。吾亦谓行此理外之事，天必殛之。无如一班昏瞶，自取灭亡。幸早发觉忏悔，不然危矣！确据岂能与蒙蔽澳涊者商？但请贵国王内自省、真悔真改耳。

徐：当事之始，大臣、近臣无不叩质于国王，国王大加震惊，谓诸臣曰：三百年至诚服事父母之邦，何敢背叛，自促万世之业也。此必有思乱乐祸之类，间我两国也。于是乎，中外臣民无不知其为诬讹也。朝鲜人民思汉慕华，出于天性。唐帝幸蜀，罗使奔问。宋帝北狩，丽王通贡。至于明朝，辽沈路断，本邦贡使由海入朝。至今人民无不遵守中朝而攘外国，庶有钧烛。而今兹之事，实千万梦寐之外也。若真有机事，则当日袁观察怒气相加之地岂暂宽弛也？袁观察终知其诬，故有此小暇。至于驶轮西来，为此分疏耳。

李：国王震惊，殆不虞我之已知也。不震不惊，无此大胆。但震惊终须自怨自艾，仍至诚服事，勿再受小人愚弄蛊惑，是犹不幸中之幸也。圣度如天，原许自新之路。所引前朝事与今日时局不合，但服事之诚，常变如一，乃古今通义。

徐：国王不知有此事，可质彼苍。相雨以署务入陈之时，每承时局大变，外人来往，而吾邦之于中国，分义自别，亲近尤异，则虽小民贱类而不可冷视之教矣！今何可以说不成行不得之事攸尔萌心乎？常变如一，古今通义。东国君臣讲之有素，勿以道途流言，遽置疑怒之地，千万幸甚！皇恩天大，有此宽典，东土人民万万感戴。

李：贵国王暨大小臣工，切勿恃皇恩天大，误入迷途，自罹祸患。当事之始，吾即欲提水陆数万兵东下问罪。后闻贵君臣震惊悔悟，俄廷亦谓无其事，乃姑中止。自去冬以来，久未接国王书，方深疑讶。洎闻求俄保护，焉得不怒发上冲冠乎？

徐：中邦连陆，俄国隔海，求彼保护，有其理乎？近今俄求陆路通商，谓其地界毗〔毗〕连，强嘴也。即不能拒之者，果以时局之不能不如是，而因此求保，非理之大，东人虽迷，不欲为是耳！

李：金嘉镇、金鹤羽、赵存斗、金养默果发配何处？罪在不赦，勿再放还，致滋摇惑。

徐：此四人在罪名未明，有发配之论，而姑俟其著明，拟以重办也。配地俱在千里远耳！

李：四人事实罪状，国王心自明白。果诚事中朝，重办与否，当勿庇护。

徐：当发配之说起，而袁观察亦以为国王不知，大臣庶僚俱各不知，俄使亦云无是四人之罪，谁肯服之？所以俟有著显，即拟重典，何敢密有庇护之意也？

李：汝国自办内政，与俄使何干？彼又何得以无罪之言入？俟其降俄，则非汝国所能办。惩数人可儆千百人之效尤。然则发配尚宣言耶？

徐：东邦内政，谁而敢干？谁而敢许？此必无之理。金嘉镇未尝与俄使接面，云则彼不肯耶！而彼亦人类，岂或降俄，陷主于不义也？其余三人，相雨未知其为人如何，而似不至于降俄耳！彼若作孽，必非彰露，不待走俄，即行定罪，岂至于降耶？日色已暮，权且告退，请改日请谒。

八月二十日

附李鸿章致朝鲜王痛陈利害函

朝鲜大王殿下：

徐相雨来，接到大咨，敬悉一切。

方事之殷，道路藉藉，水陆军将竞请为度辽之师，而鸿章镇定不惊，且需后命，盖欲详加体察，亦深谅殿下素心不应如此也。洎闻贵国臣民震悚，俄廷亦未敢承。事既不行，亦何足辩。近年以来，敝处频申简牍，于事大之当诚，交邻之当慎，君子之当亲，小人之当远，谆谆哗哗，至再至三，非不知忠言之逆耳，烦数则见疏，而公义私情，迫不容已。又稔知殿下天性宽仁，可与为善，左右嬖倖，或有以苏秦、蒯通之邪说荧清听者，全赖中有主宰，庶谗谄面谀之辈不可妄干以私。夫中国之待藩属也，以礼维系，务从宽大，绝未尝少侵其权利。一旦有事，则救患恤灾，同于内服。贵国之事天朝，恪守旧章，已二百余载。壬午、甲申之变，全力相赴，未始言劳，名分所在，义不得不尔也。至于西国则不然，凡所保护之邦，终不能一律平行，其威胁势逼，有求为附庸而不可得者，不独国事显为所制，必且算其丁户，收其兵籍，操其黜陟，持其榷征，甚至仅予租税，侪于家人，虚拥名号，同于寓公。西国保护事例如此，殆不必远征印度、埃及诸邦，越南即殷鉴矣！诚不解今之为邪说者，乃欲殿下弃数千里尊荣自得之雄封而为东西之囚国也。朝鲜之于诸国，弱矣，微矣，而犹能抗衡宾礼，莫敢生心，正以臣事中国，载在盟书，鲁秉周礼，佗守汉法，虽强且大者，亦不能犯约信而首冒不韪耳！若一旦自离中国，则是铤险之鹿，人人得而逐之，岂复有自全之地？况邦交首重国号，贵国之统署，犹天朝之有总理衙门，各国之有外部也。与外国交涉，大小事件皆必有统署转行，此万国公法共由之道，孰能而违之？岂有宫闱出尺一之书，外署不及知，政府不过问，号令歧出，而可为天下之所信哉！往者金镛元私与俄约，犹云无文凭批准之实迹。金玉均之召日，则有用宝之书矣！前者日使来津争论，挟以为词，此当悬为万世戒律。诚未可自乱其例，一再尝试。果使宫府肃清，纲纪森植，宦官、宫妾自不能矫命以鬻国于强邻，而国之宝玉，亦岂可屡为盗假？今读来咨，去月忽有奸细文凭云云。鸿章亦颇有闻见，履霜坚冰，驯至于此，遂几陷殿下于不义，启敌国之兵端，亲贵疑谤，士庶归怨，可为寒心。倘不惩前毖后，力图振刷，四维不张，窃虑无以为国。中朝之于贵国，事同一家。但使隙有可弥，则春秋讳内恶，何尝不愿曲为掩盖，以全大体而毋贻诮于天下？若至事迹暴著，无可挽回，则大义所存，王章难替，亦无如何矣！自去冬以来，音书久阙，引领东望，时为忧危。兹因徐相雨归，敢以利害大端披沥奉告，其余琐琐未暇细陈，尚祈鉴其愚诚，并将前后所献诸言俯赐存览，勿惑异说，勿持两端，因此怵惊，藉加悚惕，择贤自辅，去邪勿疑，贵邦宗社之福，亦鄙人祷祀之求也。鸿章忝握兵符，受国重寄，东藩咫尺，责任所归，休戚相关，不容不告，是以竭尽忠赤，再渎高明。爱之深，则不觉言之戆，幸曲恕焉！李应浚克日赴都，来咨循例由部代奏。当蒙天鉴，不必忧疑。

专泐布颂秋祺，诸惟亮照不宣。

八月二十四日

使日徐承祖致李鸿章担文办理崎案颇得力请支律师费电

二件　附李鸿章与总署来往电

诚。崎案，律师各费实巨，待支，乞电饬沪道，拨三万两，交王松森，即汇二万，交长崎蔡理事收支，其一万，汇东京。顷，接户部敬电，谨悉。容遵订百五十万斤，余俟跌至去年价，再电闻。前电云三百万亦可者，系承祖托银行东开导日商，始勉允，非其本愿也。请转告。

八月二十六日

奉函属电奖律师担文，当电告徐。接徐电，担求电谢总署，无不尽心图报。又我水兵受伤，皆荷兰医生疗治，且该医为此案有用之证，乞赏宝星。鸿查可给四等，已电复允之。又丁汝昌长崎来电，办理颇得手，日虽狡而已畏，担谓若我政府作劲，更易赢云。李鸿章。

八月二十七日

前准函请拨款，已札沪关汇解一万两。兹电具悉。已续拨二万两，交王委员汇寄，前后共三万两。除公牍知照外，先此电复总署。

八月二十八日

直督李鸿章致总署法使电称并无侵界之意请告勘界大臣电

顷，法领事林椿译送狄隆来电：中国委员推辞，致该处匪党胆大，易由中界过越境，故有戕毙法弁兵之事。广西定界，乃两国委员同去勘定。现虽由两大臣议订，将地图互相观看比较，作为定界张本，然周大臣不看法国地图，惟将所著《地理志》为定界根据。究竟明白有识者以为不能照办，盖因其地里不准，且地方过大。又如中国一统志及该处地志等，如于中国有利益处，周即以为可。否则，不容辩论。查两国地图无甚相差，以此定界，未为不可。大概即照图分划，无须再延时日。所有地方，即可逐一指明，某处属中国，某处属越南，似于两国无甚碍事。盖此局势，中国数百年亦俱如此，未尝不足。若定欲撤换局面，非有数年工夫不能办定。我等不但未稍存侵占中国边界之意，即有零星事件俱易商办。乞速致周、岑，勿过拘执延宕等语。若谓一统志、地志等书所称旧边界及现在地图，自应参酌互商，狄既云两国地图无甚相差，周、岑当能斟酌妥定，惟若与我有益，与汝有损之处，汝当酌让若干里，则竣事更速云云。除电周、岑外，谨电闻。

八月二十九日

清季外交史料卷六十八终

清季外交史料卷六十九

光绪十二年九月至十二月

谕总署朝鲜致书通俄系奸人捏造着照会各使作为废纸

上谕：礼部奏，朝鲜国王李熙遣官赍咨赴部，恳请代奏，钞咨呈览一折，察核咨内所称，去年忽有奸细捏造文凭一事，必乐祸之徒为构间之计，应永远作为废纸。既已饬令外署将此意照会各国公使，仍严查奸细，销除匪萌；并于天朝恩庇覆载，披沥详陈，情词肫恳。朝鲜恪守侯度二百余年，罔有携贰。频岁以来，内忧不靖，外患未平，均经天朝派兵飞渡，护持弹压，危而复安。该国感恩怀德，断不应忽然变计，自外生成。此次文凭一节，如果实有其事，朝廷定即兴师问罪。今既查明实系小人捏造，一闻此事，举朝惶悚，具见真心服事之忱，深堪嘉许。惟自来立国之道，全在君臣同德，内政肃清，虽有小人，无从造言作伪。我朝优待属藩，事同一体。朝鲜密迩畿辅，尤与内地行省无异。民情之向背，政治之得失，一一难逃洞鉴。而整军经武，剔蠹除奸，尤属休戚相关，不容膜〔漠〕视。嗣后该国王务当屏斥邪佞，亲近贤臣，矢恪恭翼戴之实心，为长治久安之至计，庶几永靖疆圉，克保宗祊，用副中朝奠定藩服有加无已之至意！于该国王有厚望焉！

九月初二日

总署致李鸿章英议将巨文作为商埠请劝还朝鲜电

英议将巨文作为通商码头，本以防俄占据藉口。今俄既允立约，不取韩地，则英更无他虑。正可藉此转圜，应劝令速还朝鲜，以全睦谊。其通商码头一说，可作罢论。

九月初三日

总署致李鸿章转吴大澂在津商办图们江行船事电

图们江口行船一事，前电拉德仁云：可以在津定议。现在刘已回英京，俄又不令巴使与议。将来在津商办，自较顺手。希即电吴，酌商袁世凯。十款四条，到时录寄，以便进呈。

九月初六日

总署奏张之洞不见法领事致滋藉口请令接见折　附旨

总理各国事务庆亲王奕劻等奏，为奏闻请旨事。

窃臣衙门于本年四月十三日，准两广总督张之洞电称：法国现将另调领事白藻泰驻粤，恳敕总署先与法使议定，白到粤后，将战后教堂损失一事永远不准再提。彼如允许立案，则白藻泰到粤，立即接见。如彼不肯，惟有严加拒绝，断不与款接等语。当经照译进呈，钦奉谕旨：白藻泰赴粤，若必先与说定不提此事，方可接见，转若示之以怯，不如坦然相见，最为得体。倘彼再申前说，仍可严驳。钦此。遵即电达该督。旋于四月二十八日，准军机处钞交该督派署运司蒋泽春办理洋务片奏，奉旨：览奏，均悉。寻常交涉事件可由该督派员晤商，至事关紧要及领事初到请见，仍着该督与之面晤，免滋藉口。该衙门知道。钦此。嗣因法使以该督不见法领事，屡来饶舌，迭经臣衙门函牍知照，均未见复。现又据法使照称：本国驻粤领事，初系师克勤，嗣调法兰亭，现调白藻泰，历经照请，谆嘱粤督以礼接见。嗣准复称，业已行知粤督，乃粤督依然不见，实所不料。日前复经照会，并派汉文正使至贵衙门面谈此事，务令粤督即时接见。兹接照复，似乎仍无妥善之法。粤督如此固执，有伤我国体制。在我国亦不能听其永远如此，应请速筹妥善办法，缘我国外部电询此事，须俟再行知照后，以便转达等因前来。

查疆臣接见领事，系照约而行之事。如果接见时彼有非理之求，自可直言严驳，何必拒绝不见，致生枝节？前次遵旨电达，又续奉批旨，固已明白晓谕，即臣衙门屡次行咨，亦已再三商嘱，乃该督概置不复，始终未经接见。现据该使照称前因，语多激切，臣等实无辞致答，不得不备述各情，缮折奏闻。可否请旨饬令该督，照章接见法国领事，以符条约而免别生枝节。理合钞录法使照会，恭呈御览。谨奏。

光绪十二年九月初六日奉旨：据总理衙门奏，请饬粤督照章接见法领事一折，前经两次谕令张之洞与法领事相见，何以该督胶执己见，并不遵办？疆吏接见领事，载在条约。如有非礼要求，正可当面驳辩。倘坚拒不见，致该使哓哓有词，非特有伤国体，必致枝节横生。着张之洞懔遵谕旨，即行接见，仍将遵办情形电闻。

粤督张之洞奏钦州界务前未划清谨列证据以正幅员折　附证据单

两广总督兼署广东巡抚张之洞奏，为广东钦州界务勘办已将届期，所有该处中国老界从前未经划清界限，遵旨绘图列证，请旨饬令辨认，以正幅员而系人心事。

窃臣钦奉光绪十一年七月二十日寄谕：本日已降旨派周德润前往云南，邓承修前往广西，会同各该督抚，办理勘界事宜。即着岑毓英等各委明干之员，带同熟悉舆地之人，周历边境，详加履勘，绘具图说，以备考证等因。钦此。又奉十月初二日寄谕：目前分界自应以《会典》及《通志》所载图说为主，仍须履勘地势，详加斟酌。周德润、邓承修亲自履勘该处地形，了然在目，自可相机办理。岑毓英、李秉衡就近面商，务臻妥善。张之洞、张凯嵩、倪文蔚身任地方，如有所见，亦当详告，以资商榷等因。钦此。本年四月间，勘界大臣邓承修自桂返广，商询一切。该大臣面称，迭奉电旨，现在先辨认老界，自当钦遵办理。

查钦州接壤越南有三都、八峒地方，辖境甚广。自广西上思州沿边之十万大山起，历分茅岭，跨丈二河而下，南至旧街、新安州海口，迤东皆属中国地界。惟与越南广安各省紧接，中间分界之处，旧址漫漶，不可复识，与桂之镇南、滇之马白俨然设关戍守者不同。是以中越地势华离参错，民夷杂处，有既入越南界后行数十里，复得华界者；有前后皆华界，中间斗入一线，名为越界者；有衙署里社尚存华名，档案可据者；有钱粮赋税输缴本州，列名学册者；有田宅庐墓全属华人并无越民者。固由越为属藩，不甚考究，亦以边地荒远，地方官未能抚驭周密之故。今越归法保护，界务一定，边防因之。钦州距廉、琼甚近，若水陆形势险要尽为他族逼处，则他年贻患，悔不可追。且华民数万户，庐墓数百年，绅民老幼跪诉环求，亦断不能置之度外。近译法人所绘越南地图，其指为新界之处，竟将钦州西南一带划入越境，而我于老界再不切实辨认，必致内地转为侵占。此臣所以悚惶忧虑而不能已者也。

臣自上年八月委通判刘保林等，与督办钦廉防务・提督冯子材所派都司陶烈武等，就近密勘沿边形势。迭据五峒绅耆公禀，吁恳复参稽志乘，调查档案，并据该府州缕禀各节，所言皆符。当于上年十二月会同前抚臣倪文蔚，奏请电饬勘界大臣邓承修，与法使勘办辩论，并将草图、案据、呈禀各件咨送在案。嗣经添派知府尹恭保，带同绘图人员，前赴该峒边界，重加履勘，遍考旧闻，续查案据，复饬随同勘界督粮道王之春复加研核，益得其详。大抵该处中国老界，确凿可据之证共有十端，皆系原本本朝史馆官书、新安公牍刊本、省府县知州学官册档、印契、越南国王印文、峒长世传有印分单，正与前奉谕旨以《会典》《通志》为主之意相符，实应全行辨明认还，方昭公允，与滇桂边地新与法人商议改正者迥然不同。特恐法使无理狡执，出于意外，一时遽难定议。臣与王之春密加筹商，窃拟就图画为四线：第一线，中、越历来分疆旧址；第二线，将中国老界酌议先行认还一半，于边海大势尚不甚失；第三线，于老界之最切近者先行勘认数处，余再商办；第四线，即现界近内地方，乃近年来中朝涵容藩服未经详办确认之界也。总之，第一线乃中华旧壤，土应我属，民应我护，并非格外争多。即万不得已，第二、第三两线亦当力辩坚持，方不致弃所固有。如此，则自远而近，较有层次。届时当相机辩议，随时请旨办理。彼虽贪狡，当亦有就我范围之处。且即老界尚待勘明，现界亦不至于更从剥削。谨绘图分线，并将十证缮单呈览。相应请旨饬下总理衙门暨勘界大臣邓承修、北洋大臣李鸿章，查照图证界址，与驻京法使暨勘界法使逐条勘论，务使旧界得以辨认收还，不至全行沦弃。海疆幸甚！边氓幸甚！谨奏。

光绪十二年九月初六日奉旨：该衙门知道。单、图并发。

谨将钦州与越南接壤地方查系中国老界列证十则缮单呈览

第一证，分茅岭为中国界。分茅岭在州西南三百六十里，属贴浪都古森峒地，为汉将军马援、唐节度使马聪①立铜柱之所。铜柱在新安州。相传山脊生茅，南北异向，乃中国与交趾分界处。见历代史书图经及一统志、省府州志。

第二证，三不要地为中国界。三不要地在分茅岭北，与十万大山接。雍正五年，户部议准广东总督孔毓珣奏：广东廉州府钦州西北地名三不要，与广西之上思州、安南之河口接壤，与广东龙门协相近，请归并钦州，以便就近抚绥。而该地有三村，曰白鸡、白鸽、白滩，又有土名曰北仑，最为险要，请于龙门协派拨千总、兵丁，设汛防守，巡游弹压。从之。见《东华续录》。

第三证，十万大山以南，循丈二河两岸，南抵新安州，滨临大海，皆为中国界。十万大山在州西北，丈二河在州西南，至新安州入海。乾隆二年，巡抚杨文乾批饬：钦州啼鸡、松径等村，夷人历来未有征输。澌凛、罗浮等八峒，因山冈硗瘠，岁只纳丁银四十两。前人立法深得抚绥羁縻之道，毋庸报垦升科等语。查八峒即包分茅、丈二、万宁、新安在内，河东之峒中、永安、雁慕、潭下、河桧，河西之新安、旧街，直抵海口，皆属贴浪峒境，是该处皆为钦州完纳丁赋之地。见《广州府志·事纪门》。

第四证，新安州江口为中国界。新安州，今土人称为先安，在州西南。其江发源于十万大山，沿丈二河而下，入于海，有云屯海镇，在新安府云屯县之云屯岩。凡海中番舶舟船，多聚于此。永乐中，设市舶提举司。见《方舆纪要》及《廉州府志·经政中》。

第五证，思兴水西岸，潭下、河桧、六虎村一带为中国界。潭下、河桧、六虎村均在州西南，思兴水之西，新安江口之东。潭下又名大潭，河桧又名下街，六虎村又名驮

① 有时作“骢”。

六村，属贴浪都，今越人私称为万宁州，其地士子多入钦州学籍，及保奖、捐输、议叙、职员，累世庐墓在此。见明三十八年峒长分单及钦州学册、五峒绅耆廪贡生王永儒等禀。

第六证，古森港海口为中国界。古森河今名古森港，在州西南，距东兴十余里。明宣德间钦州峒地入安南。嘉靖二十一年壬寅，莫登庸纳款还侵地，遣指挥王相滋、知州刘文章、经历姚明相画定疆界。思勒以澶鳞溪为界，河州以芒溪江为界，澌凛以三歧江为界，古森以古森河为界。见《廉州府志·建置·乡都门》及疆域图。

第七证，澌凛峒、三歧江海口为中国界。三歧江在州西南，源自思兴水，水东南流出东兴口，分为三道：一绕芒街之后，一经岳山、万注之北，一南行，出古森港，入海。查明嘉靖间收回侵地澌凛，以三歧江为界，又澌凛峒南至大河为界，即指此。见《廉州府志》及明嘉靖十一年峒长分单。

第八证，芒街为中国界。芒街在州西南，与东兴仅隔一小溪，为佛淘泾巡司地。明宣德间，黄金广等以澌凛、罗浮、沂州、古森、思勒五峒佛淘泾巡司地附黎氏，嘉靖壬寅归还。今芒街五里，有佛淘〈泾〉巡检旧署、水驿遗址，近年越人始私称海宁府。按《一统志》，钦州西南二百四十里有宁海废州旧址，唐属陆州，萧梁曰海宁郡，以在海南有陆路通海北，故名，正与今东兴与芒街一衣带水之隔相符。越之海宁府，本于萧梁之海宁郡，已无疑义。再，芒街之北，有山名长山，山下有村名长山村，属罗浮峒地，与松柏隘相接。见明万历三十八年峒长分单暨《一统志》《廉州府志·建置·乡都门》《钦州志·古迹门》。

第九证，江平、黄竹为中国界。江平、黄竹在州西南，距思勒十里，距防城三十余里，去州城约一日程。明崇祯间，潘土目将田土私卖与越民为业，并无文官书案据。见峒长后裔黄辅文等公禀。江平为钦州安良社地，今犹名安良街。见明万历三十八年峒长分单，街门刻字尚存。江平五方杂处，漳、泉、惠、潮人最多。乾隆二十年，知府周硕勋请移州判署于思勒，以稽察江平。见《廉州府志·艺文门》。江平民人何殿举卖与熊昌屋契，乾隆间经钦州州判判断。见钦州州判署档案，现经委员调验此契，与原案同。

第十证，海面快子笼、青梅头以南至九头山附近诸岛，皆为中国界。诸岛皆在州西南，为大洋中越相接之处。所居皆系华人，并无越官越兵驻扎。查九头山即狗头山。同治九年十二月，前两广总督瑞麟，因钦州洋面邻接亚婆潇、狗头山等处向为洋盗窝聚之所，除派兵剿办外，照会越南国王，派兵会剿。旋接该国王呈复：下国广安海分原无亚婆潇、狗头山等名号，现派工部署参知阮文邃等，管带师船，往广安省之白籐江，按截等候等语。是白籐江口以外海中诸岛并非越境所辖，其为华界无疑。见同治十年正月二十一日越南国王呈复，原文现存两广督署有案。

谨按：钦州边越之地有三都、八峒，曰如昔都、时罗都、贴浪都、如昔峒、时罗峒、贴浪峒、思勒峒、河洲峒、罗浮峒、澌凛峒、古森峒是也。三都可统八峒，故有称都不称峒者，要皆历向中国纳赋、听讼、应试之地。其西北之分茅岭属古森峒，为汉唐立铜柱之所。其西南之新安州属贴浪都，为前明设市舶司之所。三歧江等处属澌凛峒，芒街等处属时罗都，为明设佛淘泾巡司之所。江平、黄竹等处属思勒峒，为乾隆间议移设州判之所。自明宣德间，黄金广擅以五峒佛淘泾巡司附黎氏，嘉靖壬寅莫登庸纳款还侵地，而江平、黄竹复为潘土目所私卖，官吏未及深究。国初以迁海之禁，近海居人较稀，越民渐多杂处。雍正五年，始正三不要、北仑之界，华民渐复，故居江平一隅，闽广人尤伙，故乾隆间有移东兴州判于思勒以稽察江平之案。近年越人私设土目，因萧梁海宁郡之称，设海宁府，又设万宁州等名号，并无明文。至边越峒地，虽间有纳税于越者。据乾隆二年巡抚杨文乾批牍，则指明八峒皆为钦属，岁共纳丁银四十两，毋庸招垦升科，尤为明白无疑。查北起十万大山，南循丈二河两岸，直抵大海，西包新安州，皆在八峒之内。即古森、贴浪、澌凛、河洲诸峒之境土民，人人皆知我朝免其履亩升科，而令其统纳丁银，不过体恤边氓，并非弃之度外。嗣后峒民自垦，间纳越税，乃系越人之误。不得因越之违法私征，遂谓钦州历有丁银之地应入于越也。故丈二河东之河桧、潭下等处，河西之新、旧街等处，华民十居其九，或取入州学，或奖叙、职员、学册、部照、庐墓、契券，历历可据。至九头山，越人自谓非其所有，现有该国王呈文足据。综此十证，确为中国老界无疑。今勘认中国老界，自新安州以东，皆应辨明认还。若分茅古岭及岳山、万注以东，芒街、江平、黄竹、石角、句冬山脚等处，插入腹地，图藉案卷，炳然可稽，则辨认尤不容稍有含糊者也。

窃拟将钦越交界地图分为四线：第一线，西北起十万大山、三不要地、分茅岭，跨丈二河两岸，历东岸之峒中、永安、雁慕、平寮两岸之旧街、新安州，至新安江口入海，海中包鸡头山、台山诸岛，至大洋止；第二线，西北亦起十万大山、三不要地、分茅岭，历峒中、丈二，沿思兴水之西里火、马头山脚、六虎必那大峰、大小茅山、下棠、潭下、河桧，海中包快子笼、青梅头、副大门、九头山诸岛，至大洋止；第三线，西北亦起十万大山、三不要地、分茅岭，历峒中，横抵思兴小水，沿思兴水之东，循河而下，出三歧江口，包石夹、岳山、万注、芒街、竹山、江平、万尾、黄竹、石角、句冬山脚，海中亦包快子笼、青梅头、九头山诸岛，至大洋止；第四线，则近年中越接壤，未经详办确认之界也。即使第一线地界暂未能遽行划还，其第二、第三两线西北犹收十万大山、三不要地在内。东南远则包潭下、河桧，近犹包芒街、江平在内，洋面犹包快子笼、青梅头、副大门、九头山在内，尚存旧日水陆险要界限，亦较分明，与雍正年间部案，乾隆、道光、同治以来地方赋税、学籍各案，亦尚相符。其应如何勘认之处，伏候圣裁。

总署致周德润岑毓英中越勘界应通融办理电

前议六条，奉旨允行，业经电达。第六条之改正处所商议，昨恭使到署面谈，意在及时办结，并云：越本中朝属国，但使与中有益，与法无损，即稍让地界，亦无不可。当告以让界数十里之说，发自巴贝，但狄隆在滇总未明言，恭使既有此意，总须电告狄隆，令其照办。恭允即日发电。此事彼既肯通融速了，我于越南界内之地亦可不必过争。彼此凑合，便易就绪。至万难通融之处，可电知，以便与恭使商酌。

九月初六日

勘界大臣邓承修致总署法使拟穷历粤边请派员偕往电

两粤边界迂远，法使务在穷历。派员需人，请署派一人赴粤。

九月初六日

直督李鸿章致总署苏元春电越藩举兵高平省颇有杀害已安抚百姓电　二件

苏元春初七电：顷，据牧马禀，上月二十日，越藩丙叔来至坑哈地方，高省各官出迎，惟范布政闭城，据署自守。丙叔愤恨加兵，与苏连胜攻城，数日不下，饬开地道，城内惊慌。二十九，范布政亲到连胜营服罪，遂于九月朔将范布政解送藩署处，不知下落等语。藩署现在联络游勇，欲回守牧马云。

初八日

苏元春电：据牧马探禀，初二，苏连胜将高平布政范诚解阮宗后，梁俊秀亦出就阮宗议事。惟越兵趁范出之日扒城而进，并将拒守之商办阮柄、教头倪恩拿解。初三，阮宗即将阮柄、范诚、倪恩三人杀害，安抚百姓，尚未入城驻扎云。

九月初九日

直督李鸿章致总署报与俄使英领商巨文岛事函

敬启者：

连日与俄署使拉海仁商叙照会稿大略情形，昨已电陈在案。九月初四日，该使送来照会法文底〈稿〉。令委员译出，词意含混，枝节颇多。鸿章面告该使，以朝鲜系我属邦，向来自有办法，与俄仅邻境通商，大有区别。汝意或为韦贝所耸动，欲以牵制中国，万不能准行，必须另改。初九日，该使复另换三条送阅，虽较前稿稍为明净，亦间有语病。彼意第三节为防范日后他国或有侵夺韩境之事，欲隐指日本，又不肯说明，恐有窒碍。初十日下午，该使来署辩论至晚，鸿章属令另拟简明照会，专以第二条俄国日后不取朝鲜土地为正义。其余枝节，均应删除，免致后来轇轕。该使允可照办。俟其送稿商定后，并将照复稿大意再行电呈，请旨核定，以便互换。兹先将俄使两次送来照会稿译寄备查。英领事璧利南初九日来言，华尔身接彼转致信后，巨文岛作通商口岸之说，可作罢论。因代拟贵署致该使照会英文底稿，属即密寄尊处酌办。彼谓恐措词过于严峻，使英廷不能转场，故但叙前后原委，照催伊即电请该国回示，冀早日退出巨文岛，共敦睦谊。鸿章与译员详细推敲该使原稿，于英外部前给曾侯节略要语未提，后于鸿章与俄使议商各节有过火语，因照译出，酌加删润。是否有当？谨将英使洋文底〈稿〉并译稿，奉呈核办。璧领事谓，华使拟旬日内起程往朝鲜。鸿章属其转致稍缓，巨文非与中朝议办，难得妥协。请俟此事定后再行，未知果否？想钧署须待俄使照会互送，方能照催英使也。再，前致朝鲜王函，交徐相雨赍回。谨钞函稿奉阅。

专肃缕布，敬颂钧福！

李鸿章谨启。

九月十一日

桂抚李秉衡致总署预筹桂越通商应在谅山以北电

接北洋咨，与法会议云桂边界通商第一条，谅山以北，本年内择定通商处所。是通商应在何处，必须预筹。查谅山以北，自应在谅山北之驱驴、文渊等处。况奉二月初六日电旨：通商在谅山以北，新约业已订明，法国岂能违约妄索，径议入龙通商。尤当钦遵办理。龙州汇越南各水，顺流邕、浔、梧，直达广东，实两粤形要，全边堂奥。法人屡请买物龙州，均经理阻。议者或以沿海、沿江城镇久已通商，桂何必独多过虑？不知江海口岸，各国均有商务，互相牵制，莫敢发难，今则通商独法，情形不同。使得阑入，势据上游，边防落后。彼既一无顾虑，尤为难备未然，是关系龙州，实系两粤安危，必应严其限制，遵旨据约力持不移，尤不能不先事预筹也。乞代奏。

九月十四日

直督李鸿章致总署袁世凯劝韩王仍隶中朝电

袁世凯电云：作韩大局论，以贻韩王，痛言背向中华利害。顷，接韩王复，篇幅甚长，无非感激客气之语。如上谕宸诲，先后奉行，或可从此天良复见，固依中朝，则大局幸甚！徐相雨、李应浚即日附兵轮东还。

九月十四日

直督李鸿章致总署韩事照会俄使不肯改稿电 附旨及懿旨

俄使惑于浮议，虑我将来更改朝鲜为郡县，或派大员监国，故历拟照会稿，皆力持并不改变之说。韩为我属邦，俄乃通商邻邦，即系现在情形，似彼无保护意在内。前已电属，将此语删去，彼坚不允。此系彼之照会稿也。鸿拟于我照复稿内声明：朝鲜为中国属藩，历来办法皆为保护平安，兹来文云云，与中国历来办法相符，似已补足正义。将来措置属国，若改郡县、派监国两层，恐办不到。其他平乱等事，宜当无掣肘。是否有当？祈酌核代奏。查电局报，拉使旬余无电，昨忽电俄廷三百四十九字，必系此事。俟其持复电来商，再遵旨商定，删去不改变情形一语。能否照办，再电闻。

九月十四日奉旨：李鸿章酉电悉。俄使拟改照会，有两国政府约明不改变朝鲜现在情形之语，仍是隐寓保护之意，于将来措置属国事宜，恐多牵制，必须删去此语，方妥。所有拟改照会字句，着李鸿章详加斟酌，勿令一字含混。仍录稿请旨，再与定议。

懿旨：本日据军机大臣呈递醇亲王信函，内称，中、俄因韩立约，原恐俄怀他意，若因此被俄牵制，不如不约为愈。盖俄不侵韩，乃其本分应尔，安能与我为上国者相提并论？设牵就立约，无论郡县、监国，本不欲办，亦办不到，恐如此次责问之款，亦做不到矣！得巨文一时之虚名，失全韩日后之通局，履霜冰至，谅公议亦同此情。法之于越，英之于缅，日之于球，皆自彼发难。中国多事之秋，兴灭继绝，力有未逮，尚不足以为耻。若俄约则无中生有，自我发端，而乃堕其术中，自贻伊戚，岂不贻后人訾笑乎？无已，或酌添数语，大致谓，韩〈为〉华属，保全周至，苟非干名犯义，断不别有措置，俄与韩通商修睦，亦断无侵扰之心云云，似名分、疆界尚觉清楚等语。所论切中窾要，着李鸿章详审酌度，照此定议，免滋后患。

九月十七日

总署致李鸿章图们江行船事请转吴大澂速办电

图们江事，系界务，非商务。持论极确！俄既可商，及今一气订定，全局俱了。若从缓议，将来便难再争一篑之功，力持为要！即电吴钦差可也。

九月十六日

直督李鸿章致总署据吴大澂报俄准图们江行船电

吴钦差电：巴使接俄使、外部电称，总督廓尔伏详述图们江事，均已明白，图们江口，中国船只出入，俄国必不拦阻。今日廓米萨尔照会依副〈都〉统，行知各卡伦。惟应议一条，或由俄京，或由中国总署，议立对换。请中国定夺，不归巴使议办，乞转电总署。大澂十八准行云。

九月十八日

直督李鸿章致总署与俄使商不占据朝鲜土地函

密启者：

前奉九月初五日电示：袁世凯十款四条到时录寄，以便进呈等因。顷，据袁世凯来禀，将八月十一日以后情形办理各节，九月初二日上朝鲜国王书譬喻时弊各条款，及是日与国王笔谈，十二日国王复书，并示韩臣筹拟朝鲜大局论，共钞五折，谨将原折转寄察核。应否另缮进呈，恭候酌裁。又奉十四日电旨后，即派译员罗丰禄往俄署使处，告以必须删去不改变朝鲜现在情形一语。拉使谓：俄廷复电，若专提不占据土地字样，本无此心，而凭空出此甘结，如人本不为盗贼，必要具一文结，有伤大国体面，且所谓不改变者，系约明不改两国于朝鲜现在名分也，俄实无干预朝鲜政权之意。断断力持不允。今已旬日，该使不再来商，鸿章亦置不问。昨知该使又密电俄国，俟其明谈若何情形，再当电闻。英使顷遗〔遣〕禧东明来询，何时可给照会。鸿章谓：如俄有照会，自当请总署备文，催退巨文。否则，我必据俄面允不占据朝鲜土地之说，咨请总署，转行照会。禧云：亦可行。华使专候此文电达本国。又伍廷芳拟议长崎兵捕互斗案办法，颇有条理，已钞寄徐公使酌办。

专肃密布，敬颂勋祺！

九月二十五日

直督李鸿章致总署据袁世凯电图们江界韩廷自知有误电

袁世凯电称：白头山勘界一案，屡奉札谕，前与金允植据图细核。韩前拟由土门发源入松花江为界，实大误。顷，又按图细核，图们有暗流四十里，至红土山，水入图们大池，与红河画界一说相去甚近。近至流民或求借地安置，韩廷已知前事之误，允植云：似不必派员会勘等语。凯属其具文照会，转详候核，可否照办，请示。

九月二十七日

直督李鸿章致总署俄允不占韩地并催英退巨文电

前奉十四电旨，令删去不改变朝鲜现在情形之语，当即传知俄使。据称，电告该国，电复以此语无碍中国办法，俄日后亦不致干预保护，与下文两句一气，必不允删。拉使昨来辞行，谓：虽不遽换照会，而所已说明者，均系传达俄国家之意，绝无更改。鸿章奉十七密旨，饬酌添数语，俾较原文更清楚。但原文既不肯改，即不再商。现拟据俄使面允不占据朝鲜土地之说，咨请总署，照会英使，催退巨文岛，以完此案。拉使即日回京，云：新疆交涉案积压太多，须赶办。

九月二十八日

勘界大臣周德润致总署滇越界务定议画押电

前月奏请据图定界之后，九月初六日得旨，允行。当经设法力催，幸得次第定议，二十二日彼此画押。所有进呈界图、节略及改正一切详细情形，谨拟旋开化后，由驿驰奏，以慰宸廑。祈代奏。

十月初四日

直督李鸿章致总署苏元春电越南游勇败窜电

苏元春本日电：探报，河内法元帅带兵三百，并教民六七百，初四攻牧马。游勇苏连胜不战溃败，阮宗留越官赵德林、黄云光、黄福茂守三州险隘，阮宗与梁俊秀藏保乐。法元帅饬四画官带兵守牧马，自回河内。西防界宽路歧，恐游勇内窜，春饬马盛治带两营前往弹压云。

十月十三日

粤督张之洞致总署法兵攻据东兴之长村请照会法使禁止电

王之春十四到东兴。初七、八，法兵攻距东兴最近之长村。该村民来诉，该道奖慰之，谕以界未定，暂勿斗。芒街等处民纷递呈词，求归附，亦嘱静候。十四日，法兵又来攻长山，该道函诘海士。海士佯称画图人，有兵二十余保护，不认过华界。该道往答拜，属以后画图亦不可到长山。海士云：狄隆现在河内养病，得该道信即来。查长山在东兴后，攻该村必经我界。法人不候两国勘定，辄动兵越界妄攻，实属荒谬违约。恳敕总署，照会法使，禁海士，静候会勘。邓大臣十六自港行，十九日到北海。请代奏。

十月二十一日

直督李鸿章致总署据徐承祖电崎案日本意存延宕请示电

徐使今午电：接长崎理事电，云，十四日证已审完，日又行续添新证。至十六日，担文拟限，至多五十人，日又不肯，意在了结无期。照此情形，原可属担文，将日无理，图延宕，见案输，当堂宣告停审。惟如此，恐事必决裂。昨日令井上来署商结。承祖极力商办，兹将拟结大意电闻：彼此因审结无期，均不愿拖延，有疏友谊。日允拿凶，并饬裁判所讯究在场警察员捕，我亦允拿凶，并请海军署讯究在场兵弁，并另立水手登岸章程，以防将来等语。窃思此案重大，若如此了结，虽可将就下台，惟恐愈长日骄。祈转电总署，请示云。

十月二十一日

总署致李鸿章崎案日本空言搪塞请另筹办法电

前日徐使来函，与伍廷芳所拟办法层次略同。昨来电与井上所议，又与前函大异。日允拿凶，及究讯员捕，而不及抚恤，是为空言搪塞。我本无凶可拿，尤不能以此相抵。徐谓将就长骄，信然。刻下案既难结，伍廷芳之论是否可行？尊见如别有办法，希电复。

十月二十三日

滇督岑毓英致总署英攻缅甸滇防吃紧回省镇摄电

界务据图画押竣事，该使已于前月二十五赴粤。英与周德润已回开化，南路防营布置周密。近接西路边报，英兵攻打捧干，边关盗贼蠢动，缅防吃重。英驻扎开化，距西路太远，呼应甚难。云藩出缺，云抚张凯嵩又于本月初七出缺，省城空虚，人心摇动。英拟即回省，居中镇摄，兼顾西南两面防务。如果何路有警，即驰往督防。

十月二十三日

总署致李鸿章据袁世凯电拟允韩水陆税则一律电

袁世凯电：顷，金允植称，中韩陆路章程税则，值百抽五，俄力欲援照。德尼亦云，不能不均沾。韩王命允植商凯，可否能改？中韩陆路税则本较水路税轻，倘韩欲水路一律，除红参值百抽十，系专章外，余均可行。候韩王咨商，即复准之。

十月二十三日

使法许景澄致总署据佛来言与华商改税则新约电

佛来面告，现又与华改商运盐、运土药、身税等事。新约暂缓核定，月初已函达，情形小变，候再酌示。

二月二十四日

总署致李鸿章崎案悬而不办彼当自作转圜电

醇亲王信：北洋电复，此案日捕先逞凶，我兵抵御致伤，无凶可拿。水手放假登岸，本照各国水师章程，无可另立，似难将就了结。请将全案供招带至东京，与井上据理力辩。俟彼此意见不合，再公请驻日西使，或公请驻沪英臬司连尼，由徐与井上议商云云。窃思井上如不允提案，徐亦应不允添证，且直告以总、海两署均不愿将就了结，必按公法断清，始见两国友谊，并合华洋公论。倘彼坚执如初，英臬之举，似可力办。盖水手放假，闻系琅威里向丁汝昌商定，担文又未能据理辩诘。琅与担皆英人，虽徐使善于辞令，施以权术，谅连尼未有不护其同类尽力于我者。设彼又以恐致失和相吓，徐即可告以立电总署候示，悬案不办。计彼当自作转圜矣！

十月二十五日

直督李鸿章致总署徐承祖电崎案日人狡逞拟言撤使冀有转圜电

徐使电：顷，遵与井力辩。惟井坚云，十四日证必要添。十六日证尚无定数，难限日。盖日意既欲造证抵我，冀我负，又欲拖延时日，冀案不了，则不输；并云，纵提至东京，亦与在崎办法无异；且不肯请西官评断。其种种狡展，断非口舌所能争。现长崎因我员不准添，并要限十六日证数，日员不允，相持停审多日。承祖昨拟与井商彼此抚恤伤亡。我兵毙数多，恤款较重，似可下台。倘日再不从，非与明言撤回使臣，彼此断绝通商，恐不足以动彼。彼时日或自请转圜。若任日狡延，案悬不办，似更不成事体。请示。

十月二十六日

川督刘秉璋等奏筹商英藏交涉折

四川总督刘秉璋、驻藏大臣文硕奏，为会同筹议，胪款复陈事。

窃臣等承准军机大臣字奇，奉本年七月二十七日上谕：游智开、文硕奏，会议举办边防，并声明酌增兵数缘由各折片，览奏均悉。所有一切事宜，务当妥慎筹画，加意抚绥，切勿稍涉张皇，致生枝节，是为至要等因。钦此。时臣文硕已将原奏折、片各稿，并先期摘录卷宗，专弁函致臣秉璋行次阅看。臣秉璋现既抵任，与臣文硕面相商酌，谨依训谕事理，揆度时宜，分别缓急，筹拟办理，胪款复陈如左：

一、开导通商一节。臣等查，《烟台条约》议定十年英人进藏游历，屡被番众阻格。今该国已自作转圜，无论情伪叵测何如，就事论事，在我先须迎机利导。无如藏番性情愚拗，始而固执，既而怀疑，竟敢拦挡委员，讥讽大吏，顽抗之情，公然形之禀牍。去冬，四川遵旨派往委员，竟至迹滞中途，不能前进一步。即此看来，若仍恃口舌之诤，而不别筹转圜之法，无论委员劝之难收实效，即臣文硕亲往开释，而甫经莅任，恩信未孚，威望未著，亦恐急切弗能化诲。臣等再四筹思，殆非姑缓一步，设法行权不可。行权若何，不外以僧化僧之术。是以臣文硕前有拟调棍噶札勒参·胡图克图嘉穆巴图多普协同开导之请。奉旨：留中，钦此。兹臣等复加参酌，计殆无出其右者，不揣冒昧，合词恳恩，仍准饬下理藩院，传令该胡图克图迅速进藏，相助为理。如蒙俞允，此时航海难行，由驿转，恐迟滞，仍恳天恩，赏给川资，令其取道陆路来川，以利遄行，而免沿途供应。其由川入藏，仍请准其驰驿前往。

一、查办藏番有无与英人在独脊岭私相货〔贸〕易一节。臣文硕抵川以来，凡关藏务番情，莫不虚衷延访。闻得此节实有其事，而首先作俑则是内地奸蠹，而非起自藏番。容臣文硕到任后，遵旨确切查明酌办，据实复奏。

一、新约议在印藏交界之独脊岭地方开办通商一节。臣等查，原任大学士·前驻藏大臣·工部尚书松筠所纂《西招图略》，内绘藏地边外为廓尔喀、哲孟雄、布鲁克巴诸部，自此而外，至甲噶尔，即阿咱喇、噶哩噶达等处，方为印度交界。其独脊岭地名，原图略而未详。当传曾任赴藏番务较熟之候补知县稽志文、秀荫二员，面加考订。据称：独脊岭在哲孟雄部，地势险要，为印度入藏门户，内距帕克里三四日程，外去印度甚远，详细里数无考。往昔行人皆需二十余宿。近自英人开修铁路，由噶哩噶达火车往来，是整一昼夜十二时辰乃到，据此计之，约在三千里上下等语。是英人铁路先已修至独脊岭，而新约又称议在印度交界地方，意存朦混，已可概见。臣等读游智开奉到六月初六日廷寄，即有虽此事在边界办理，将来有无窒碍，未能悬揣之谕。臣等商酌，将来如果开办通商，详细章程内须声明，议在哲孟雄部之独脊岭地方，作为通商埠口，以此为断，不得再向内移。其新约印藏交界地方六字，应为删除更正，请交总理衙门立案存记，以杜朦混隐占之弊。

一、预备边防一节。臣等查，此举先是前督丁葆桢钦奉上年十一月二十九日寄谕，以李鸿章接据法国教士说帖，备陈英人积虑窥滇情形，饬令岑毓英、张凯嵩暨丁葆桢，一体筹备边防等因。遵拟于巴、里二塘驻师三千，藉防三岩野番为名，以作先事不虞之备。奏蒙俞允，钦遵在案。嗣臣文硕抵蜀，以藏地经制，换防兵额本少，近年营伍废驰，且每有兵缺，因去原营过远，例外变通，就地募补，虽为权宜简便，而积久流弊甚深，故拟于到任后，检核军实，认真操练，汰除老弱，额缺即以口外防军拨补。惟恐调拨之后，防军或有单弱之虞，故有添调一千名之请。蒙垂问，口外究竟驻师若干名，四川财力能否供应，吴奇忠统领多营能否得力各节。臣秉璋窃思，现在并无战事，诚如圣谕，防勇本不必多。况里塘去巴塘六站，巴塘去察木多十四站，察木多至前藏二十五站。即使巴塘、里塘驻兵，与西藏似无大益，而川省财力久绌，实难供应，谅蒙洞鉴。臣甫经视事，不敢率尔操觚，且届隆冬，亦非行军出口时会，恳恩容臣随时体察斟酌，奏明办理。其吴奇忠才略短长，亦请留省试用查察。此项防军，既经议缓，臣文硕前请拨勇补兵，系为整顿营伍，剔除积弊起见。查有本年三月，丁葆桢札饬吴奇忠，调到滇黔旧部官弁勇丁约百员名，为数无多，筹款尚易，应即作为亲随，以备到藏训练教习之用。仍令该管带官·副将衔·补用参将周宗林为管带约束，以专责成。到藏后，遇有弁兵缺额，随时酌补。未补以前，口粮、盐菜、另项由臣秉璋饬交筹饷局司道筹给。将次补完之时，由驻藏大臣咨会川督，再于绿营防营，拣选得力兵勇二三十名，派往听差。其就地募补章程，流弊太甚，应即停止。

以上四则，臣谨遵圣谕垂询事理，胪款复陈。此后一切事宜，臣等随时筹办。总之，川藏相距虽远，固须联为一气，犹之台湾之于福建，甘肃之于新疆，事同一体，畛域难分。现如抚绥番众，劝导通商，臣文硕自应恪遵圣谕，加意为之，以期仰纾宸廑。惟英人性成阴鸷，其专意通商之说，目下虽说可信，将来有无叵测诡谲，臣等不敢预必。且俄人之窥藏，亦复非一朝夕。将来边务设有变迁，臣文硕身膺阃寄，固属责无旁贷，而筹饷筹兵，向来倚重四川，臣秉璋亦必力任仔肩，断不敢稍存膜〔漠〕视，致负鸿慈。谨奏。

光绪十二年十月二十七日奉旨：该衙门知道。

直督李鸿章致总署徐使电崎案日本狡赖拟移京再核请示电　附旨

徐使来电云：井上言，既重邦交，何不各自抚恤？无耻之甚！非绝交，无别法。且再审不徒迟延费帑，我反恐致输，鄙意决不再审云云。且井上言，虽使审完，仍各执各是，则审亦无益，请就现议将就了结。鸿思兵捕互斗，各口常事。我兵伤亡较多，理亦较直。但日既狡赖，未可因此开衅，贻庙堂忧。可否电徐停审，辞担文等，将全案钞送来京，再核。案悬一日，则日疑一日，藉以牵制中止，此急脉缓受之法。请示。

十一月初一日奉旨：李鸿章歌电悉。长崎一案，徐承祖与该外部屡议不合，谅难在彼完结，着照李鸿章所议，电饬停审，将已审两造供证全案钞送来京，由总理衙门详核，仍交李鸿章承办。

粤督张之洞致总署法越相攻越人愿内附请代奏电　二件　附上谕

接王之春电：二十九日，越游勇义民相结攻海宁，未破，劫芒街海士行馆，海奔入城，法教多死。该道饬营严防北门，禁游勇北渡。本月初一夜，下街、新安等处游勇百余人，初二，攻克海宁城，杀法兵二十余、教民无数，法兵逃者又被游勇截杀，海士无下落。缘法政苛淫，越民恨之刺骨，揭竿四起。现闻下街、新安、分茅岭揭竿啸聚不下万人。法画图人在攀隘被游勇截杀不少。该道饬营官并民团分扼要口，防窜入等语。如此情形，界务更无了期，似宜照会法使，暂勿恃强用武，他处万勿轻动。俟勘明议定后，或由法人自办，或仿云南办法，据图定界，以免枝节。恳敕总署、北洋妥筹，与法使商议速竣之法，免因他事扰扰界务。请代奏。

十一月初六日

同日又来电，据防营参将周天意报，十月初七，法轮七由白龙尾来泊竹排池口及榕树潭，放炮击长山村，又击分茅各庄。查白龙尾系龙门协水师汛地，竹排、榕树系现在内地，分茅各庄系中国老界，尚未勘定。法人越界屯船攻击，悖谬之至。越民纷纷呈诉，到王之春营奉献酒食者日十数起。法人违约酿祸，必反诿咎中国。请敕总署、北洋，切诘法使，令将各船驶离华界，弭兵息事，不然激成事端，我不任咎也。请代奏。

十一月初八日奉旨：歌、阳两电均悉。长山本越地，分茅非现界，越既攻法，岂能劝法弭兵？云南按图定界，由法自请。若自我发端，彼必狡执。越民反复无常，计穷走险。一经受其迎献，加以抚慰，彼必自附华民。法使昨至总署，谓越之攻海宁，由粤主使。虽经严切辩驳，彼意总不释然。职此之故，现惟当守定现界，一切按约和平办理。

界外法、越相攻，宜置不问，勿得妄加收抚，致法藉口。倘固执成见，遂致激变，惟该督是问！慎之！白龙新筑炮台，有无其事，即电奏。余详寄谕。

同日奉上谕：张之洞连次电奏法越攻击情形，均悉。本日已将现在机宜电谕该督矣！中越勘界，尚未定局。目前总以现在中国界内华民居住之地为断。若据前史及志乘所载，如分茅岭之以汉铜柱为凭，概欲划归中国。彼之狡执不允，实在意计之中。此次王之春到彼，正值法、越互斗，该处号称义民，大半游勇，纷纷向该道呈诉，只宜告以界尚未定，遣之使去，一经奖慰，并有向隶版图，安忍弃之之语。该游民等难保不假借中国旗鼓，益滋衅端。昨法使至总署饶舌，已有越攻海宁，由粤主使之语。倘竟藉口称兵，意外生变，势成骑虎，不可收拾，咎将谁归？现在办法，法、越相争，只有听其自然，中华不必过问。如有越民至营申诉，断不可受其酒食馈献，转致贻为口实，枝节横生。我兵驻扎，只须认定现在中国界内之地坚守勿移。其余边荒瘠苦之区，无论一时无从议及，即使划归于我，费饷需人，水土失宜，瘴疠时作，将来种种窒碍，不可枚举。自强之道，全不在此。切勿徒骛虚名，不求实际也。慎之！懔之！

粤督张之洞致总署奉旨法越相攻置之不问当恪遵电

初八日电旨恭悉。现界外法、越相攻，置之不问，按约和平办理，宸谟明切，谨当恪遵，已电邓承修、王之春妥办，勿令藉口。白龙口筑炮台太无影响，该处荒远，从无此议。至粤主使妄说，乃西人无聊惯技。洞前奏上图，正以西例最重在证，故欲专持证据辩论，以四线相机操纵，临时请旨。若越民决裂，法必报复力取。西例，兵力所得之地不以让人。待其攻下设守，必不再容置议，则从前考图集证无数心力前功尽弃矣！故骤闻越乱，深为恨惜，盖惜其有碍勘议也。且主使越斗，必助其声势。洞奏派冯督办子材全军渡琼办黎，留东兴止二百五十人，粤不主使，甚明。至王之春遇事稳细，保其决不卤莽。前慰答边民，皆系设法开导，力劝息事语，略言界未定，宜静俟，勿斗狠，再来攻，宜暂避等语，并未敢承揽收置。请代奏。

十一月十一日

总署致李鸿章添派分勘员一节俟法使复到再办电

接歌电，已函询恭使，电询狄隆，尚未复信。现在西界高平等处，游匪扰乱，与东界同添派分勘之议，未可自我而发，应由署再催问法使，如何作速分界，候复到电知照办。遵旨电达，即特电邓大臣。

十一月十一日

直督李鸿章致总署俄使拟定永远不占韩地照会电

俄使顷送来拟改照会，内要语云：中、俄两国愿朝鲜实在平静，并为捐除误会起见，两国政府约明，不改变朝鲜现在情形，并永远不占据朝鲜境内土地。其余各条枝节，均允删去，似尚简明。是否可行，代奏请旨。拉使亦谓：须电俄廷请示云。

十一月十一日

总署奏议复印藏通商事宜折　附旨

总理各国事务庆亲王奕劻等奏，为遵旨议奏事。

光绪十二年十月二十七日，四川总督臣刘秉璋、驻藏大臣臣文硕会奏西藏事宜一折，奉旨：该衙门议奏。钦此。钦遵核议。窃维前、后两藏地方，南边逼近印度，仅有布鲁克巴、哲孟雄、廓尔喀三部为之屏蔽，而该三部又日即衰微，藩篱难恃。英人倚印度为外府，经营茶桑之利，火车铁路直抵大吉岭，其欲入藏通商，蓄谋已久，风会所趋，气机所达，天时、人事，今昔不同，几有不可遏抑之势。《烟台条约》既有游历入藏专条，今年英员马科蕾复欲携兵由印入藏。会臣等与该国公使议订缅约，斟酌利害，至再至三，遂许其通缅之请，杜其入藏之谋。反复辩论，两相抵制，英使乃允停止入藏，只在藏印边界通商，仍由中国体察情形，再行妥议，订立新约。奏蒙俞允，钦遵在案。诚以英人志在扩充商务，目前似尚无他图。彼溪壑之欲，譬如洪水，无以防之，固属泛滥堪虞，无以导之，亦恐横决立见。今拒其游历入藏者，所以防之于腹地，而番俗不致惊疑。许其通商界外者，所以导之于边陲，而外情转可帖服。我朝乾隆中开恰克图市场，以羁縻俄人，历二百余年，烽燧不惊，市易不变。道光以后，海疆多事，亦由未悉外情所致。然自各口通商以来，关税所入，颇于国课有裨。然则通商互市，亦安边之权术也。伏读本年七月间谕旨：英人入藏游历一事，现经订立新约，允即停止，惟须在藏印边界议办通商，应由中国体察情形，设法劝导。如果开办有成，即可永不入藏，是目前紧要关键，仍以开导番众，于边界通商为主等因。钦此。仰见圣谟广大，张驰权衡，无微勿烛。该大臣等身膺边寄，于一切操纵机宜，自当仰禀睿裁，勿胶成见，首务抚绥开导，未可操切张皇。臣等遵旨悉心核议，谨就原奏所筹各节，熟权利害，复陈如左：

一、原折内称，开导藏众，不外以僧化僧，因请奏调呼图克图一节。查本年六月间，臣衙门接准理藩院咨称：据棍噶札拉参呼图克图①呈请缴销印信，请假回甘肃巩昌

---

① 有时为“棍噶札勒参胡图克图”。

府洮州原籍等语。臣衙门以该呼图克图于同治年间曾经带兵剿回，立功西北，蒙赏封号，准在科、塔交界之承化寺居住。现据请将徒众移归塔城安插，有无窒碍，及应否必须该呼图克图管领徒众，抑可听其回籍之处，业经咨行伊犁将军、科布多塔尔巴哈台参赞大臣，酌夺办理，迄今未据声复。又溯查光绪七年，据清安等奏，该呼图克图在乌梁海大彦淖尔地方，有擅杀哈萨克头目及勒索马匹羊只情事，钦奉谕旨，令锡纶查参，一面饬令回籍，此案未见奏结。窃思该呼图克图曾在塔尔巴哈台带兵剿贼，于西北边情自较熟悉。今因藏印通商一事，欲其开导番众，情事与带兵不同。虽该呼图克图近年曾赴西藏，究竟与藏番是否浃洽，亦未能深悉。应否调往之处，臣等未敢擅拟，伏候圣裁。

一、原奏内称，访闻藏番实有与英人在独脊岭私相贸易，由于内地奸蠹，并非起自藏番一节。恭译本年七月间谕旨：前因印藏交界之独脊岭地方，藏番早有与英人互相贸易之事，已谕色楞额等密查具奏。着文硕于到任后，确切查明。如果实有其事，正可因势利导，切实劝谕，将来开办，自无阻阂等因。钦此。是导其将来，并非追其既往。盖与其奸商私相贸易，易启衅端，不若名正言顺，择地开办互市，藏、印苟两得饶益，内地转可相庇而安，英人贪得扩充商货之利，构廛建埔，阛阓云连，必不复萌他衅，各口通商即其明验。应请饬下文硕，仍遵前奉谕旨，察看该处情形，因势利导，设法开办。

一、原奏称，独脊岭距藏远近详细里数无考，又称，将新章内印藏交界地方六字删除更正，须声明在哲孟雄部之独脊岭地方，作为通商埠口一节。查该大臣所据《西招图略》，绘述藏边情形，系故大学士松筠所著。其时，驻藏大吏巡阅足迹仅至两藏塘汛，于边外情形略而弗详。查独脊岭，一名大吉岭，以近人图说考之，由前所属之江孜汛南行三站至帕克里，逾岭即布鲁克巴境，又三程至塔西苏营，转西南三程即至大吉岭。其地方圆约百余里，西界廓尔喀，北界哲孟雄，东界布鲁克巴，为由印入藏孔道，本有土酋，久已降附于英。英人驻领事一员，其孟加拉大员，每岁夏、秋两季，亦移扎于此，是该处久为英国属地。原奏所称在哲孟雄部内者，似系传闻之误。至新约载明：《烟台条约》另议专条，派员入藏一事，现因中国察看情形，诸多窒碍，英国允即停止，至英国欲在藏印边界议办通商，应由中国体察情形，设法劝导，振兴商务，如果可行，再行妥议章程等语。所云藏印边界，原未指定地方，必须察看地势番情，酌定设埔之处，此时尚难预计。已定之约，忽欲更改，亦属碍难办理，所请应无庸议。

一、原奏称，预备边防一节。查目前两藏地势敌情，俄远而纡，英近而迫。幸有通商新约羁縻联络，外侮暂可无虞。而藏俗自囿方隅，近年以来，渐形顽梗，驻藏大臣虚尊徒拥，几成尾大不掉之势。文硕前拟添军驻藏，意在壮兵卫，以慑番情。惟是蠢兹苾蒭，易惑难晓。前者川员赴藏，竟被阻拦，今复骤见多兵，难保不众骇群疑，横生枝节。此次刘秉璋仅以百兵付文硕，似亦虑及于此。夫积重之势，必须逐渐转移，措置之方，尤贵躬亲阅历。原奏所请拨兵补勇、整顿营伍一节，应请饬下该大臣，于到任后，随时体察情形，妥慎办理，不必遽露更张之迹，致群情疑畏，别滋事端，是为至要！

以上各节，臣等再四筹商，就原奏四条，逐层分别酌议，恭折复陈，伏乞圣鉴。谨奏。

光绪十二年十一月二十一日奉旨：寄文硕、升泰。据总理衙门奏，遵议印藏通商事宜一折。棍噶扎拉参着毋庸调往。英藏私相贸易，由来已久，即着仍遵前旨，设法开办，藉为安边之计。将来通商，既不能预指地方，亦何能将定约更改？至藏地边防，着文硕到任后，妥慎办理，勿稍操切。

总署致李鸿章狄隆电称定期勘界请转邓承修电 二件

恭使来告：得狄隆电，称已由河内起程，二十六、七准到海宁，请邓大臣即往，会商界务。即转电邓大臣。

十一月二十三日

昨，恭使来告：接狄隆电，请照云南办法，按图划界。此议发之自彼，可照行，相机操纵为要。

十一月二十五日

勘界大臣邓承修奏如期赴界会勘折

会办中越勘界事宜・鸿胪寺卿邓承修奏，为如期赴界会勘，并陈东、西两界大略情形事。

窃臣于光绪十二年二月十五日，在广西镇南关，会同护抚臣李秉衡，钦遵二月初六日电旨，会商法使浦理燮等，议定由南关起勘，东至隘店隘止，西至平而关止，逐段绘图立约，互押存据。惟时该使以春深瘴盛，雨泞径没，病困不前，始议彼此暂行停办离开，约定中历十月初间，均到海宁，从新勘起。当经会衔电奏，三月十六日钦奉电旨：既与法使约明秋末赴钦勘界。邓承修前曾给假省亲，着准其率同随员暂回广东，届期前往钦州起办等因。钦此。遵即由龙州启程，四月初十日行抵广州，十一日谨电奏陈，就近归省。伏念臣边关待罪，曲荷矜容，仰高厚之鸿仁，遂乌私于万一，融融爱日，况瘁几忘。惟是界务烦重，甫有端倪，苟不先事预筹接办，如何措手。里居匝月，旋驻省垣，与督抚臣随时会商办法。所有东界之钦州，已经督臣张之洞迭次委员详密复勘。据称，自广西上思州毗连之十万大山起，历分茅岭，跨丈二河而下，南至新安海口迤东，俱属中国版图，志乘、档案，灼有明证。其中华民万户，服畴食德，近数百年。搢绅父老纷纷呈恳，惟恐沉沦异域，永外幈幪。即不能改正新疆，亦何忍没其旧壤？并据督臣画分四线，列证绘图，于八月初十日专折具奏在案，并将图说咨送前来。此东界届时不能不婉商辨认之情形也。

至西界，春间所勘，袤延合计不过三百余里，未及全界五分之一。崎岖折辩，舌口已疲。义民、越团，处处荆棘。八、九月间，迭接护抚臣李秉衡、广西提督臣苏元春函电：牧马、保乐一带，为越旧藩宗室某及其将刘焕棠等所据等语，迹其远大自强或不足，而目前肆扰牵制则有余。逐段履勘，难保不无窒碍。此西界将来辨认费手之情形也。

臣又查，滇界今夏起办，法使初甚坚持，不肯假益尺寸，总以虔刘阻遏，始恳我使据图定押，勉就范围。滇、粤情形各别，东界尚属平静，应俟临时斟酌办理。惟昨据总理衙门电称：法派狄隆办毕云南，即往桂边，狄已派海士迎迓。又据滇电称，狄隆等九月二十三日起程赴粤云云。臣等当饬道员王之春由高赴钦，先与海士接晤外，一面由督臣定雇商轮船，克期于十五日，率道员李兴锐、司员杨宜治、廖锡恩暨委员、供事人等，陆续由北海驰赴钦界。俟晤法使开议后，再随时咨商督抚臣，电请训示，断不敢预存成见，有碍事机。所有微臣赴界日期，并东、西两界大略情形，谨先专折驰陈。谨奏。

光绪十二年十二月初六日奉旨：该衙门知道。

总署奏英人退还朝鲜巨文岛片　附照会

奕劻等片。

再，英人占据朝鲜巨文岛一事，迭经臣等与英国前署使臣欧格讷，并由臣曾纪泽与英外部辩论经年，迄无成议。本年三月间，臣曾纪泽复派英文参赞马格里，与英之外部侍郎克蕾，往返筹商。旋准函复，并缮具节略，声称：据守该岛，系属暂时之举，并无图损中国及属邦体制、权利之意。英廷亦不欲久占此岛，但恐他国来占，则损中、英两国之利，欲请中国担保，或请中国与俄、日各国会商订约，不取朝鲜土地，英愿立即退出等语。其言虽似近情，但订立公约，岂易就我范围？且以中国属邦，必赖各国公保，立言亦难得体。是其藉词延宕，意已显露。因函致北洋大臣李鸿章，并钞寄马格里与克蕾谈论各节，密属其随时妥筹办法，藉可转圜。嗣于本年九月间，先后准李鸿章函电，内称：俄国使臣拉德仁面称，伊外部欲结好于华，约明俄国以后永远不取朝鲜之地，中国亦不取其地，先互换照会为凭。旋准该使臣送来照会底稿，词意含混，枝节颇多。再四驳改，嘱其另具简明照会，声明日后不取朝鲜土地一语已足，其余枝节，概可删除。乃该使臣电告伊国外部，坚持不允删去不改朝鲜现在情形之语。若另议添改，牵制愈多，自不如暂缓互换照会。至日后不占据朝鲜土地一节，在彼现已切实应允，自可据此一语，照催英国，退出巨文岛，似更直截了当各等因。业经臣等随时恭呈御览，并于本年十月间，照会英国驻京使臣华尔身，转达英国政府，即饬兵船退出巨文岛，以敦睦谊。去后，兹于十一月二十九日，准英国使臣华尔身来署面称：现接本国电信，巨文岛事，允即退让。并面交照会一件，片附钞致朝鲜公文一件。臣等公同检阅，文内语意亦尚明晰，除密致北洋大臣妥为办理外，谨钞录往来照会各一件、该使臣致朝鲜公文一件，恭呈御览。谨奏。

光绪十二年十二月初十日奉旨：知道了。

附英使华尔身致朝鲜通商衙门督办照会稿

为照会事。

照得前准光绪十二年六月初三日来文，论及暂行据守巨文岛一事，当由本大臣照属，将文内各节，逐一转咨我国查核，并于七月初六日先行照复在案。兹准咨复，以当日据守该岛非常之故，幸已无存。我国现可按照原意，将据居巨文岛之事停止等语。理合遵嘱，即行奉达。查此事现经中国公行担保别国不取巨文岛及贵国他处土地之语，是本国退出巨文岛之意，藉以益固。如本大臣能将此事面向贵督办陈述，方惬素心。奈因时令已晚，未克如愿，惟有将亲赴贵国之行展至明春为是。至退出巨文岛之期，应俟本国水师军门将撤船时日，转本国驻扎贵国总领事官，自行奉布，合并声明。为此照会。

须至照会者。

勘界大臣邓承修致总署狄使以江平黄竹为越地电

法围江平、黄竹地方，开炮警众，弹及思勒。王道语狄，狄云：江平、黄竹系越地，故轰驱游勇。十一辰，翻译等赴彼，校译约稿，归言：狄隆竟以江、黄为越地，殊深诧异。查现在廉郡钦州等志图及说，系道光壬辰、甲午所刊载，中越界在古森磊海口之东，江平、黄竹、白龙尾一带皆内地，有图可据。又查《越南志》，海宁辖下无江、黄等名目，其为我界无疑。内地不同藩壤，由列圣经营，尺寸岂可沦弃？探闻，法听该处变匪及奸民吴贵唆使，恐将来辨认地界，藉此为争执之端。使我不允，必危词阴耸恭使向署饶舌。先电闻。并将州郡志由驿驰陈，以备查核。境壤虽微，关系甚大。彼使来署妄渎，即可据此辩驳。

十二月十二日

粤督张之洞致总署日人以兵轮失踪为词拟派舰来粤寻访电

日外部文称：由法新造之亩傍兵轮船日久未到，现派明治、长门两舰前往汕头各港访寻，请电粤。如该二船入口时，勿视为商船云云。巨舰不比纤芥，何须寻访？言语支离，必不怀好意。现粤电复云：长崎杀戮华兵案，华民愤极，粤民尤甚，日舰来粤，恐难保其无事。崎案正在商办，大局攸关，彼此均须加意。如果来粤各港口，当即电闻，切不必派舰来寻等语。狡谋伺隙，是否有合？

十二月十三日

直督李鸿章致总署与法领事私议中法对越事电

林椿屡求鸿，曾以私意相告：领事可缓而不可免；土药可商，食盐及改税则断不能行，但法须以免身税、越照章进贡相抵。林谓：外部与恭意，可免身税，进贡恐议院不允，须缓图之。然彼此说明是私议，听总署裁夺。尊处似不妨稍作步骤，最要先与议定云边码头，其余当易就范。

十二月十七日

闽督杨昌濬致总署日领知照不派兵舰到闽寻船电

日本领事知照：亩傍兵船，已查明于冬月八日由新加坡开行，至台湾之东边洋面失事沉没。所派明治、长门两舰，不到闽湾访寻云。

十二月二十二日

总署致各省督抚通告洋药税开办日期电

洋药并征，现定各省厘局截至新正初八为止，初九起，一律归洋关开办。除公牍外，先电达。其香港附近六厂，因税司赶办不及，暂由各该委员照新定一百一十两分别征收税厘，三月初九起，统由海关并征。

十二月二十二日

勘界大臣邓承修致总署狄使愿不据旧图划界电

二十一日，在芒街会议，狄言我志图不足凭，手出一纸，云系钞我志说内由安南沐平入海之语。答以安南沐平并举，两界显然。既约校图，当就图辨。因再出赫政所藏英法十年前所绘中越界图，刊印精细，图线由白龙尾横过东兴，沿海皆广东界，线外西南芒街、海宁为越界，与我图志不谋而合。狄置该图不论，谓查不足据。折以画图出售其人，岂知后日会勘事，遂预为中国地步？且郡志不足凭，则中国户册、学册、讼牍、税契等，何止数十种，新图更多，不胜举矣！反复折辩，终不应。狄约往履勘，允订期再议。

十二月二十四日

总署致邓承修询安南沐平是否江平即复电

由安南沐平入海，查地图无沐平，是否江平？即电复。

十二月二十五日

总署致张之洞法使言粤法领署武弁窃木请查究电

法使来言：广州领事署内有兵役跟护，现因武弁偷窃木植，请饬惩办。粤督不允，并欲将兵役撤回云云。武弁有无不合，理应查究，未可袒护。若因此并将兵役撤回，不为保护，设有别故，转费口舌。希电复。

十二月二十八日

直督李鸿章致总署袁世凯电日使来探巨文岛事告以英退还华不代守电

袁世凯二十七电：英总领事昨来汉城。据金允植函称，英送文外署，言明巨文岛中国担保他国不占，故退还，至水师撤期，候再告之。日使来探巨文事，告以由英退还，华不代守。盖有人谣言华允代守，日颇惊疑云云。

十二月二十八日

沪道龚照瑗致李鸿章万年青轮船在吴淞被美船撞沉请议赔电

台湾万年青轮船，廿七早，在吴淞口外铜沙，被美公司船撞沉，殁员弁七十余，一面安顿救出百余人。此案急须控理，得人质证，该公使必赔。张道鸿禄在该船目见情形，拟请饬其备质，延担文为律师。乞电总署。

十〈二〉月三十日

清季外交史料卷六十九终

清季外交史料卷七十

光绪十三年正月至三月

总署致许景澄洋药税事请知照比廷电

新药税厘并缴，定正月初九开办，知照驻京各使。接维使照复，此事先未会商，与比利时无涉。本署复以此照烟台约章，本未与各国会商，惟先时漏，未知照，既各国皆允，仍望电达贵国相助，一体照办。如比廷询及，希即照此答复。

正月初一日

使美张荫桓致总署美日秘六署遵示减薪电

传电悉。美、日、秘六署五十一员，俸薪已减，月仍万六百零，仆役在外。遵示再减，除电项、川资，闰月另计，岁限增两万，始敷用。册截除夕，后另案。

正月初二日

直督李鸿章致总署请厘定洋药税缉私办法电

江海关龚道电称，税厘并征章程，总税司已寄沪税司，初九开办。税司与瑗商定，整箱分运，单盖关印、税司印。本地分销零包，印花由道刊江海关洋药税厘并征之关防，与税司印并用。惟查沪现提栈私药，已约有三千箱，若不照常缉私，必尽销私药，计四五月始可销尽，则关上必至四五个月税厘无着。若开办之始缉私加严，计应完厘之药月余当可销尽。以后销趸船之药，税厘可期畅旺。既已出示，令存提栈药送局完厘，补贴印花，究不能遵，巡缉之役似更不能撤。税司知此情形，而以未奉缉私明文且无经费为辞。乞电总署，饬总税司，电各税司。应如何办理，候示遵照云云。似应饬税司、与该道妥商缉私之法，各关原有缉私员役，应令会商，撙节开支。是否？乞酌示。

正月初三日

直督李鸿章致总署徐承祖办结崎案似可准行电 附旨

徐使电称：去腊，德使来询，崎案因何未结？当即详告，德使颇责日不是。今早德使来，云：日廷已愿遵伤多恤重之旨了结。承祖因赴伊署，与日外部侃郎青木先行三面私议，兹言定彼此互给抚恤，在东议给。德使并云：如中国能照前旨了结，数目则易商妥云云。窃思崎案既由日先自转圜，遵旨了结，似尚得体。且时近亲政吉辰，足为万邦协和之兆。其数目，承祖拟并及捕头每恤七千元，兵捕每五千元，兵捕因伤成废每三千元。按此核计，日应十六万元，我应十二万一千元。其余费用，彼此自认。应否仍须彼此拿凶惩办及定水师登岸章程之处，统求酌夺定奏。如蒙俞允，求逐细电示，并可否代请给承祖全权，以便遵示，与日全权议结云云。鸿章查上年十月二十八日署电，崎案照徐使伤多恤重之议归结，尚不失体。今日自转圜，数似可准行。至彼此拿凶惩办，是面子话。水师登岸，本照西国通行章程，似毋庸另议。请示。

正月初四日奉旨电李鸿章：崎案既经德使转圜，日外部愿遵伤多恤重之议归结，尚不失体，事属可行。如别无翻复，另添枝节，即着徐承祖与之妥慎定议，先行电复，再降全权谕旨，以便画押结案。徐承祖承办此事，务须步步详慎，不可稍涉轻忽。拿凶本属空言，水师登岸已有西例，两层均毋庸置议。德使何名？兵捕因伤成废各有几人？着一并复奏。

勘界大臣邓承修致总署力争江平白龙尾地法使意已稍转电 四件

江平、白龙尾一段，我据郡图辩论八次，彼终不肯认为中国现界，然亦不照约请示朝廷，已于艳电敬陈。惟此界内，法于未开议时，因防游勇，先已扎兵数百，屡诘不撤，故岁首连日辩论，仍劝其先撤已驻之兵，然后请示。伊执未定之界，我不能专阻前往。约明未奉旨以前，且勿置议。此外，广东、安南之界，彼此不得另派兵及官员前往，冀杜将来。约定续陈：第一条、由北市至竹山，彼此据图，意见相合。二、由竹山至白龙尾，盖未定之地，彼此较图意见不合，应可请示本国，未奉到朝旨以前，此未定之界，法国已有兵及官员，今彼此约明，照现在情形，中国且不置议。彼此并验图注明未定之界所在。三、除此处未定之界外，如广东、安南有别处较图意见不合未定之界，今约明彼此请示，未奉到朝旨之前，均不另派兵及官员前往。以上意见，系由中、法使臣各饬官员知照云云。乞代奏。

正月初八日

约文由竹山至白龙尾意见不合，本指中间而言。竹山至白龙皆我界，语意分明。昨彼此校图，狄随将白龙尾画入未定之界，与约不符，当力争，不能画押。

正月十五日

去腊二十四、五等日晤，狄复我词，直难通融。以白龙尾中划一线，右归越，左归华。答以此我正辖会哨之地，何得通融？修意白龙尾全归我，而失江平，犹虑失险，况得半乎？查江平一带，居万数千人。白龙尾东南插入海中，东兴五峒货食，皆由钦廉海运，绕白龙至江平入口。无龙尾则江平失障，弃江平则龙尾孤峡，势如唇齿。府志绘明，我界自白龙东过竹山，包络江平，并无越地交错，兼有旧法但平前所绘两图，一府图，无丝毫异，足为确据。昨总署新得法海部越图，白龙属华界，则江平显非越界，势难迁就画押。总当相机力辩也。请代奏。

正月十六日

连日与狄隆会晤，执约驳图，力辩白龙尾系中国会哨之地，不得混入未定界内。狄意稍转，而不肯明言，只允用颜色在图上分别，尚须驳正。至钦西地属荒僻极边，均有旧界可稽，大约无甚参差，似易了结。

正月二十一日

粤督张之洞致总署江平白龙尾确系华地法虽威胁不能放弃请代奏示遵电　三件[①]　附旨二件

顷，北海镇王孝祺、高廉道王之春等电称：江平、黄竹、白龙尾等村绅耆数百人禀称，法官示，华民入越地者，须有华官执照，若再迟延，虽有照不准居住，否则用枪射毙。民等祖居数百年，田园、庐墓均在其中。今被法占据焚杀，无家可归，为流民则无依，为游勇则不敢，进退一死。各宪为国筹画，亦应为民请命，迫求安置云云，现尚未散。除东兴迤西外，约计边氓一万二千有奇，其暗回原地剥薯、斫蔗被法兵枪毙者无数云云。邓电情形亦如此，且云：地方官无可如何。法既难以理商，使臣又无力阻止等语。查江平等村，据图志则为华界，即如狄言，亦称为未定之界。逞兵虐民，实非条约所有。且查津约第一款云：中国侨居人民及散勇，在越南安分守业者，无论农工商贾，其身家、产业均得安稳等语。是确为越地，于侨居华民尚应优待，况此未勘未定之界，不匪不勇之民乎？窃惟此项边民实与越人及游勇不同，安置则无此旷地巨资，禁拒难施，坐视不忍。惟有将各地收回，则无此窒碍。如能与法恭使议明，暂将兵撤退，将来议定后，属华则安堵如故，属越则再筹妥策，庶纾眉急。此非为争界计。所有边民转入内地应如何办理，请代奏遵行。

正月初十日

① 原书目录与正文标题均标为“二件”，但实际为三件。

目前边事岌岌，非令法暂撤江平等处之兵，更无善策。欲与议撤兵，非揣彼所忌，权词挟制不可。熟察法情，畏强欺善，情愿履勘速了，似即可就此胁之。或与议云：江平等处本华界，若不凭图据，强占杂蹂，则界议无从议办，须允撤此兵，再议他处，否则，校亦空校，勘无从勘，界务迁延，非我之咎；或云：法荼毒华民如此，中国皆愤，粤尤甚，恐在华法民不安难护；或云：法兵横逼，边民数万内迁，我地方文武防营职守所在，我不能不弹压保护，设有枝节，殊伤和谊；或云：若未定之界不便用兵强占，则我只可派兵分往他处守界，未免彼此不便。此四条皆中国决不肯为之事，不过姑为权词，或可就范。邓去腊二十四往议，狄屏〔摒〕从人，使枪队守门，拍案威胁，邓怒斥之，立转和婉，洋情可见。又上年未开议时，恭使先提称粤兵三千，由海宁赴东京、白龙尾修炮台云云，正忌我有兵，尤易见。此事钧署自有操纵至计，特察知敌情，谨陈备考。请酌之。

正月初十日①

本日总署电称：鱼电三条照办，余与恭使晤商，电知等语。何敢再渎？惟邓约所称，注明法兵照现在情形之地，即有白龙尾在内。邓鱼电早已声明，且屡电均言：法兵分屯白龙尾。狄将白龙尾图上划一线，左归华，右归越等语。查该县系龙门协水师汛地，载在现行营制册，总督、藩司、水师提督案牍炳然。每岁具题，兵部有案。国家旧制，军民皆知。此乃广东现界，从无属越之说，与江平等处中越交错者尤不同。前奏图上填作黄色，尚可复按。该处近钦远越，正接钦州防城汛河口门户。防城乃钦廉水陆要冲，由钦赴东兴之总道。东兴现设有州判、守备。白龙尾属我，则筑台设守，可以退瞰海宁，敌窥钦廉，必顾其后。若为敌据，岂惟东兴、思勒、那梭诸汛地被陷，抑且防城难保。此岛甚狭而长，若中分一线，彼既筑台，我将安守？法人狡横，驻兵即是占地，向来惯技如此。设因狄隆蒙混要胁，姑与含糊立约，以后断难改正。洞职在守土，此时若不详切奏明，异日边防贻害，必将追论蹙边弃险之由，不惟疆臣重咎难当，朝廷亦将返悔，仰恳圣明，熟察赐览。前闻电饬邓大臣，将约内白龙尾一处抽出，万万不可许其驻兵，我疆我土，即法国其将何词？且仅此一隅，更无难于驳斥。至约内法兵照现在情形，中国且不置议二语，万不得已，亦宜于照字、不字之上，均添入暂字，或可留为后图。洞为疆土紧要起见，迫切上陈，请代奏。

正月十三日奉旨：文电已悉。查图内白龙尾系填黄色，白龙之西至江平一段皆白色，邓承修电但称竹山至白龙尾一段意见不合，而于白龙尾驻兵及分划一线，左归华，右归越，均未明晰声叙。既据该督奏称确系中国现界，则约内亟应抽出，以免含糊狡赖。着即转电遵办。昨饬总理衙门，以未定之界，不应驻兵，出示恭使面议，嘱其电狄阻止。渠云：界务系狄专主，渠当发电询问。恭于江平等近事茫无所知，似狄并未电

① 原书目录标为“初八日”。

告。狄专界权，恭词涉推诿，恐难为力。姑候其复信，再电知。

又奉旨：勘界一事，原以各清界限为正办。前岁初议展宽瓯脱，乃因闻法廷议弃北圻，特命邓承修等相机与言，藉以安插越众。迨该大臣与浦理燮议久不合，势将决裂，而法外部电称，兵力所得，断不轻弃，从此瓯脱之说无从再议。故自上年正月以后，屡次严电该大臣，先勘旧界，再商改正。因时进退，具有权衡。然所谓旧界者，指中越现界而言，并非举历代越地曾入中国版图者一概阑入其内。乃张之洞因邓承修有先勘老界之说，遂博考载籍，绘图贴说，凡前史旧闻一二可作证据者，无不搜集，实亦煞费苦心。但查图中指出地段，大率越南现界。以二百余年未经辩论之地，今欲于归法保护之后，悉数划还于我，法之狡执不允，朝廷早经逆料。故于王之春初到时，抚慰越民有本隶版图之语，特申诰戒，恐因缘内附，别滋事端，并将拓地之无益，后患之宜防，反复周详电旨之外，加以寄谕。乃该督等接奉此旨，并无一字复奏，朝廷深意不知细心仰体，仍复胶执成见，以致江平开勘又复屡议不成，反启彼族白龙尾一段之狡赖。盖我若于越南现界中强思多划，彼即于中国现界中妄肆贪求，倒戈反唇，正未有艾。邓承修鱼电三条，凡有意见不合处所，声明请示本国。此虽滇界办法，然彼尚仅一二处。今按粤东图证，所欲多划者，江平一条之外，尚余其九。从此西连桂界，直抵保乐，延袤之广，地段之繁，若尽归之请示，是以该大臣等现在履勘所不能了者悉诿之朝廷，需诸异日，又何赖此疆臣、专使为耶？况西例最重全权，凡全权所不允者，后此断难改议，请示二字，不过空言。倘罢议各归之后，彼竟于请示未定之界驻兵筑台，又将何以处之？总之，大臣谋国，当深思远虑，通筹全局。若广发难端，不能收束，力求见好，贻患将来。现在开勘伊始，业已大致可观。若再不思通变，则龃龉讵有了期耶？兹特明白申谕，嗣后分界大要，除中国现界不得丝毫假借外，其向在越界、华离交错处所，或归于我，或归于彼，均当和平商酌，即时定议，不必归入请示。凡越界无益于我者，与间有前代证据，而今已久沦越地者，均不必强争。无论新旧各界，一经分定，一律校图画线，使目前各有遵守，总期速勘速了，免致别生枝节。至勘江平一段，既已约明请示，未便更改，将来断非空言所能得，须饬总署设法与商。倘请示之处过多，则直无从设法，该大臣等勿再骛此虚文矣！此旨到后，邓承修、张之洞当熟思审处，将如何遵办之处，即日电复。

正月十五日

总署致张之洞新得法海部越图白龙尾属华电

本署新得法海部辛巳所刻越图，白龙尾属华，倘有争论，可持此立意。

正月十四日

旨寄李鸿章转徐承祖着全权办结崎案电　二件　附徐承祖电

旨：元电已悉。长崎结案，所议各节，均尚妥协，即着依议行。本日已谕徐承祖为全权大臣，就近画押，着李鸿章即行转电饬遵。

正月十五日

奉旨，谕臣为全权大臣，当即望阙叩谢，并知照井上。顷，已照前议了结印押矣！臣徐承祖。

正月十八日

旨：崎案理曲在彼，会审辩驳，久无成说。今因德使调处，照伤多恤重之议，将就了结。在事之人，无劳可纪。如日本奖励德使，我可从同。至所请伊井各宝星及在事各员择尤保奖之处，着无庸议。所有全案供招，仍钞送总署存案。

正月十九日

总署致李鸿章重庆教案了结请转川督电

法使知罗元义已斩，请免枭示，本处已允。乞电川督照办。

正月二十二日

直督李鸿章致总署伦敦电教皇派员赴京议教务电

伦敦电：教皇派员赴北京商议教务，又中国与法议密约。

正月二十六日

直督李鸿章致总署请勿令法工人阅视旅顺炮台电

德璀琳电：顷，赫信云，中法分界事，外洋消息不佳，恐仍肇衅，请加意旅顺炮台，勿令法工人阅视；又澳门事，或行或止，本礼拜定夺云云。

正月二十七日

直督李鸿章致总署万年青船撞沉美按察使断赔电

万年青船，美按察使堂断，美公司你泊而船撞沉万年青船，令估船价，恤钱议赔。

二月初一日

使美张荫桓奏筹设古巴各埠学堂折

出使美、日、秘大臣张荫桓奏，为筹设古巴学堂，谨陈现办情形事。

窃于光绪十一年十月十一日，附片陈请，就美、日、秘各埠华童，择其资质秀实、年力精壮者，酌设中西学堂，略仿曾国藩、李鸿章奏议选派聪颖幼童出洋学习之意，肄业有成，备拨沿海水师及各机器局之用。本日奉旨：览奏已悉。即着察看情形，认真办理，务期实有功效，毋得徒托空言。该衙门知道。钦此。

臣抵美后，即博访金山各埠情形，华人生聚，众寡不一。美国水师自南北花旗交战后，垂三十年，从未开拓，现有战船尚不敌中国之雄壮伟大，而其水师学堂且不愿他国人就学。其所恃以为固者，铁路之四达旁通，电线之无远弗届，一有边警，民兵顷刻而集，故于水师一道不甚推求。臣之愚虑，窃以水师为急，拟习西学，原分武备、制造、算法、律例四门。美之水师现既无可取法，其律例又朝令暮更，无裨交涉。惟制造、算法两门，尚有巧思。金山华童，不忘中学，蒙馆咿唔，相望于道。臣已饬总领事官遵照奏案，酌设中西学堂。秘鲁所属，亦已檄行参赞官察度情形，及时举办。俟规模既定，再行陈奏。惟古巴一岛，孳生渐蕃，习闻习见，若不泽以诗书，久将流为异类。既廑储材待用之思，亦无积重难返之虑。第延师、假馆、书籍、衣食之费，从前曾国藩、李鸿章所派出洋学童，以三十人为一班，每人岁需六七百金。此时经费支绌，似难岁糜巨款。臣现定二十人为一班，饬令古巴总领事官妥筹办理，逐渐扩充，分延中西塾师，教习中文、日文。既能成诵，进习法文。文字既通，即分门学习武备、制造、算学、律例等事。法国律例，环球各国每援为依据，总理衙门亦专译刊本，于交涉各事，较美律为有用。但视学生资禀相近者诱掖之，或当各有成就。据报，于十一月十五日开馆，一切用度，极力撙节，就地为教，所省实多。暂由古巴、马丹萨两领事官及该埠商董捐办。每届奖励时，由臣酌量给奖，随案具报。筹办伊始，毋须特请专款。美、日、秘各埠情形，势难齐一。将来金山、秘鲁等处学堂，次第开设。臣仍当随时督饬参赞、领事各官，认真经理，不存因陋就简之心，期收拔十得五之效。谨将现办章程，缮单恭呈御览。除分咨外，理合恭折具陈。谨奏。

光绪十三年二月初二日奉朱批：着照所请，该衙门知道。

总署奏出使人员薪俸酌量裁减片

奕劻等片。

再，臣衙门光绪三年十一月初一日片奏，东西洋出使一切经费，各按其每年应用款项若干，再行酌中定额，奏明办理，奉旨允准，通行在案。查出使各国大臣，及参赞、翻译、随员等官，支给薪水，分别等差，每年由出使大臣册报臣衙门核销，历经办理，亦在案。现在经费支绌，出使各员俸薪，尚可酌量裁减。臣等公同商酌，出使东西洋各国大臣俸薪，拟减十成之二。其西洋参赞、领事、翻译、随员等，均照现支银数，各减十成之二。东洋参赞等官，本已减数支领，应照现支银数再减十分之一。此外一切公用，核实撙节，作正开销，仍照章册报臣衙门核办。至出使大臣所带员弁人等，有所裁减之处，应由各该大臣自行酌定，以节冗费。如蒙俞允，即由臣衙门行知各出使大臣，遵照办理。谨奏。

光绪十三年二月初二日奉朱批：依议。

总署致粤督及粤关监督询港澳各厂货厘数目电

香港四厂、澳门两厂百货厘金，每岁各实收若干，希速复。

二月初二日

使美张荫桓致总署洛案赔款收足转发并订善后约款电 二件

洛案赔款十四万七千零，昨美总统批准照办。

二月初四日

洛款收足十四万七千七百四十八元，转发金山，按伤给领。善后约款草拟，申明自禁，责以保护。清积案，交逃犯，减米税，俟彼款亦拟就，始能互订，寄署核定。赴丹船期，准四月朔。请代奏。

二月初八日

总署致邓承修法使盼界务速了请先勘无争辩处电

恭使来署言：急盼界务速了，以免边界肇衅，请将白龙尾及江平、黄竹暂从缓议，两国勘界大臣先自钦而至桂省全界，彼此不争论之处，一律作速勘画。或有争论不决者，随后由伊与署和平商酌。伊已电请本国，给予全权，并知照狄隆等语。意在藉此转圜。当与言明：白龙尾虽从缓议，而中国认为我界，决无游移。至江、黄未定之界，可归入后议，不决处所，一并在京商定。顷，得谕旨，饬署电达，希晤询狄使。如接恭电相符，即会同照办，仍随时电复，以慰宸廑。

二月初五日

勘界大臣邓承修致总署与狄使勘钦西界意稍转电

近与狄使会议，以署所得该国海部图与府志合，应早退兵，以安百姓。狄意稍转，云：我并不敢谓中国官书不足凭，但我亦有所据，若说定是中国界，即行撤兵，我无此权，此段请俟我朝廷定准。彼此遂入校钦西及桂界，大致不差。百姓常千百人拥入行馆声诉，请为设法。现既多死亡，若春耕不归，尽成饿殍。狄适来，见此情形，意颇悔。可否据情告知公使，转达法外部，冀得转圜。

二月初五日

粤督张之洞致总署附近香港五厂请勿裁撤电

附近香港五厂，本抽药厘。近因奸商绕越内地厘卡，每由汲水门、马留洲等处分运，厘收日短。去年六月，姑在该五厂试办补抽，收数尚旺，通年约可抽百货厘十数万金。藉此数厂，补内地之绌。若裁撤，则内私多，关系太巨。该处系华界，非洋界，与条约无碍，与洋药税厘亦无涉，且该处与香、澳均隔海，仅相近耳，非即香、澳也。洋人影射干预，意图以此朦混，不可不防，恳驳斥之。

二月初六日

直督李鸿章奏前在英德定造快船派员驾驶回华折

直隶总督李鸿章奏，为前在英国、德国定造快船四只，将届工竣，预派员弁出洋验收，驾驶回华事。

窃臣于光绪十一年遵奉谕旨，电商出使大臣曾纪泽、许景澄，在英国阿模士庄厂、德国伏耳铿厂，订造快船各二号。迭经往返电商，照原订济远船式酌加增损，合于西国最新之式，命名致远、靖远、经远、来远，将于今年春夏间工成来华。查从前在英造成超武、扬威两快船，派提督丁汝昌、总教习英员葛雷森带领弁兵出洋驶回，经理尚未妥协，曾经奏明在案。上届在德造成定远三舰，适值海上有警，借用德国商旗，由伏耳铿厂雇定员役，包送到津，人数既多，账目轇轕，刁难需索，缠扰累月。此次造成之舰，自应援照超武、扬威成案，派拨员弁出洋接收，驾驶回华。既无雇募资遣之烦，复得沿途练习之益。查有提督衔英员琅威理，现在北洋会同丁汝昌操演水师，精通船学，又与弁兵情谊相孚，堪以派充总理接船事宜。副将衔·参将邓世昌，前随丁汝昌出洋，充当管驾，情形熟悉，应令随同前往，凡关涉中国文报、银钱等事，责令一手经理，兼管带第一号快船，偕同派定二、三、四号快船管驾官都司叶祖珪、林永升、守备邱宝仁及弁兵、舵手人等四百余员，于二月杪，由津起程。琅威理先于正月初搭船前往英、德两厂验视，并候邓世昌等四船弁兵乘坐招商局轮船，于四月间抵英，接收新船。琅威理仍带两船弁兵，乘商局原船赴德厂，一律验收，升换中国龙旗，在英会齐回华。一面咨会出使大臣刘瑞芬、许景澄，督同照料。船中紧要职事，惟管驾管轮最重。前于伏耳铿厂订明，将来正、副管轮由彼保荐，管驾如彼此合意，则两船回津能任保固等语。近德使巴兰德亦以雇用德员为请。现在华员管驾业经派定，惟各船回洋，沿途操练，与各国兵船巡游各埠无异，派出官弁本尚不敷，应令琅威理酌量商雇西员精于管驾及帮同管驶者，每船至多不得过八人，薪资按照在本国月俸核加。德船添雇德人，英船添雇英人，既资便利，亦昭平允。此次前赴两国接收四船，调往员弁、水手至四百余人之多，往返起程至六七个月之久，比之前次人船俱加一倍，经费较为繁巨，统计盘费、物料等项约须二十二万余两，均系查照旧章，核实估计，途中或有意外，缓急费用尚不在内。前经咨请海军衙门，会商户部，并无存款可拨。员弁克日成行，需用紧急，应先由臣设法借垫应付，即于部库续收展捐项下如数拨还。俟四船接带回国，该员弁着有劳绩，拟恳按照出使各国人员例案，择尤请旨给奖，以示鼓励。谨奏。

光绪十三年二月初八日奉朱批：着照所请，该衙门知道。

勘界大臣邓承修致总署遵旨续勘钦西地界电

初六，奉歌电，谨当遵办。连日续校桂东隘店隘至钦西一段，相合。次当校平而关以西。查恭使致狄之电，俟晤询狄使后再电陈，请代奏。

二月初八日

总署致张之洞香港各厂巡缉抽收事宜交税司代办葡已允行电

税厘并缴，已遵旨通行开办。此事筹议数月，赫一力承担。果能杜绝私漏，岁增至七八百万，海军衙门专待增款应用。缉私一节，以附近香港设税司巡船为第一要着。英、葡互相推诿，半年饶舌，葡坚以撤卡为请，余皆就我范围。现与赫定议，所有香港各厂巡缉抽收事宜，统交税司代办，葡已允行。来电所云补抽货厘十数万，即由该税司经收，不至无着。总之，中国不允撤卡，葡、英即不允缉私。漏卮既不能除，巨款终成画饼。此时事在必行，势不能顾惜一隅，摇动全局。赫已派定税司，本月二十前后到粤面谒，请领税则章程。届时即希发给，勿存疑虑，详细情形，专函另达。

二月初九日

粤督张之洞致总署江黄流民恐将生变派勇弹压电

据钦州李牧受彤称：江、黄流民，春耕无望，恐将生变，禀商王道，移防勇三哨，驻扎思勒纯山头弹压。此山距法营十余里，中隔一河，不致生事。昨日狄与王道面谈，狄亦了无疑虑。现王道已派李牧常川驻彼，并闻百姓亦陆续归耕矣！

二月初十日

勘界大臣邓承修致总署边民失业恐致攀辕肇衅电

巧电敬悉，自应遵旨办理。惟会议之初，即执志图暨英、法各图与法使辩论。查约文，立标应在更正之后。此次江平等处既未定议，而先定立标，归华归越，修未敢妄测。但归华则有江河现界，毋庸立标。若议归越南，则百姓万数千人失业嗷嗷，势必攀辕挠阻。若胁以兵威，则会办督抚臣既未在差次，使臣又无此权力，万一激成事变，使臣挫辱，有关国体，且恐因而与法为难。请饬总署与恭使妥商，令界务速了，以免肇衅。请代奏。

二月二十日

总署致邓承修中越未定之界本署当设法力争电

效电已进呈。前巧电言，候京中议定，即可就近立标，正合约文立标在更正之后。来电云未定议而先定立标，似是误会。此后纵令江、黄归我，与越界之芒街、海宁等处，应如何划线定标，及江名地名何处起讫，图记标识均须详细明确，方昭信守。来电谓，江海为界，尚觉笼统。此事务须两国勘界大臣在彼静候办结，非本署所能悬断。现拟与恭使议，除由白龙尾决无游移外，其江、黄等处，拟于商务中略予通融，为抵换之计。成否，尚难预决。专待贵处勘毕桂界，复信到日，即与开议。总之，未定之界，贵处与狄议，既成龃龉，本署无不设法力争。祈勿为虑。

二月二十一日

总署致张之洞赫德申称派定港澳税司电

赫德申称，香港税司派马根，由本处照会英使，澳门税司派法来格，请由贵处知照澳督。

二月二十一日

勘界大臣邓承修致总署狄使议划海界请代奏电

初五日，划清约后，历次会议，狄均以辨认岛界为言。答以津约所无，现未奉旨议海界，当照约议改正。狄云：海界总宜先认，可否拟由竹山划一直线，迤西新安附近之九头山、亚婆湾两岛均划归越？答以海界自应照线划勘，惟交错处犹陆地，亦须辨认。九头山昔为盗薮，中国以兵力克之，越之不认为属地，有咨文可据。狄言：附近越地，不得以曾经巡哨，便谓华地，津约已不及海界，止可请示法廷定之。修意彼此请示。九头山已有旧案，钧署亦可相机为江平等处作抵。请代奏。

二月二十三日

军机处奏试办天津等处铁路以便商贾而利军用折

醇亲王奕譞等奏，为天津等处拟试办铁路，以便调兵运械，兼筹利益商贾事。

窃查，铁路之设，历有年所，毁誉纷纷，莫衷一是。臣奕譞向亦习闻陈言，尝持偏论，自经前岁战事，复亲历北洋海口，始悉局外空谈与局中实济〔际〕判然两途，当与臣李鸿章、臣善庆巡阅之际，屡经讲求；臣奕劻管理总理衙门事务，见闻亲切，思补时艰；臣曾纪泽出使八年，亲见西洋各国轮车铁路，于调兵、运饷、利商、便民诸大端，为益甚多，而于边疆之防务、小民之生计，实无危险窒碍之处，近在总理衙门行走，于此事更加留意。探询所闻相同，现在公同酌核。华洋规制，自古不同，铁路利益虽多，若如外洋之遍地安设，纵横如织，不惟经费难筹，抑亦成何景象。至调兵运械，贵在便捷，自当择要而图，未可执一而论。

正商榷间，据天津司道、营员连衔禀称：直隶海岸七百余里，虽多浅滩沙碛，然小舟可处处登岸。轮船可以泊岸之处，除大沽、北塘两口外，其余山海关至天津河口一带，占百数十里，无不水深浪阔。大沽口距山海关约五百里，夏秋海滨水阻泥淖，炮车日行不过二三十里，且有旱道不通之处，猝然有警，深虞缓不济急。且南北防营太远，势难随机援应，不得不择要害，各宿重兵，先据必争之地，以张国家阃外之威。然近畿海岸，自大沽、北塘迤北五百余里之间，防营太少，究嫌空虚。若铁道相通，遇警则朝发夕至。此一路之兵，足抵数路之用，而养兵之费亦因之节省。今开平矿务局于光绪七年创造铁道二十里，后因兵船运煤不便，复接造铁路六十五里，南抵蓟运河边阎庄为止，此即北塘至山海关中段三路运兵必经之地。若将此铁路南接至大沽北岸，北接至山海关，则提督周盛波所部盛字军万人，在此数百里间驰骋援应，不啻数万人之用。若虑工程浩大，集资不易，请将阎庄至大沽北岸八十余里铁路先行接造，再将由大沽至天津百余里之铁路逐渐兴办。若集款百余万两，自可分起告成。津沽铁路办妥，再将开平迤北至山海关之路接续筹办。此等有关海防要工，即或商股一时不能多集，不妨官为筹措，并调兵勇帮同作工，以期速成。且北洋兵船用煤，全恃开平矿产，尤为各师命脉所系。开平铁路若接至大沽北岸，则出矿之煤半日可上兵船。若将铁路由大沽接至天津，商人运货最便，可收取洋商运货之资，藉充养铁路之费。如蒙奏准，拟归开平铁路公司一手经理，以期价廉工省，并请奏派公正大员，主持其事等情，会商前来。

臣等查，核该司道、营员等所请，由阎庄接修铁路至大沽北岸八十余里，约在大沽北塘之后，距海岸尚数十里，实无失险之虑。惟须筹出养路经费，庶可持久。所请由大沽至天津百余里之铁路，逐渐兴造，洵为挹注良法，于军旅、商贾两有裨益。平日藉资拱卫，遇事便于援应。即战阵偶不得力，只须收回轮车，拆断铁路，埋伏火器，自不虑其冲突。臣等公同商酌，拟请依照该司道、营局各员所请举办，仍交开平铁路公司一手经理，并拟派前福建布政使沈葆靖、署长芦盐运使·直隶津海关道周馥，督率官商，妥为办理。计今夏英、德两国订造战舰可以来华，臣奕谖明年当再赴海口，与臣鸿章等编立海军第一枝，即就便查看铁路。设合用无弊，拟将京外开矿各处均次第仿照兴办。谨奏。

光绪十三年二月二十二日①。

总署奏澳门屡经议约未成拟办洋药税以一事权折

总理各国事务庆亲王奕劻等奏，为澳门久为葡萄牙国居住，屡经议约未成，现拟于洋药税厘并征案内设法筹办，以一事权而免隔阂事。

窃查，洋药自印药贩运来华，聚于香港、澳门，分赴各口销售，必须英、葡两国订立专章，相助稽查，方可杜偷漏绕越之弊，是以臣等于上年正月间，议办洋药税厘并征之初，奏请钦派邵友濂，会同总税务司赫德，前往香港，与英官会商办法。旋与英官商定，九龙山为自港至粤陆路要道，今欲堵截私土，必应添设税司驻扎。此山北面附近香、澳六厂，亦归税司经理，驻港洋官即允派员会同稽查。并经查知，港地虽为扼要，尚须与澳门会办，始能得力。迭经电达臣衙门恭录，由军机处呈览在案。

查澳门自前明嘉靖时即经葡国占据，岁输税课二万金。迨至国初，知该处被占已久，难以收回，遂改税课为地租，仅令输银五百两，按年完缴。自道光二十九年以后，并此项租银亦未交纳。近年该国屡求订约通商，因澳门之事争论未定，辄作罢论。刻下因洋药税厘并征一案，非与葡国商量办法，则澳门偷漏无从巡缉，是以臣等于上年十二月间，开办洋药税厘并征之后，即密饬赫德，派税务司金登干，就近前往葡国，徐图办法。兹据赫德申称，现准葡国外部电称：一、派使来华，拟议通商条约；二、葡国永驻澳门，管理一切；三、葡国不让其地于他国；四、香港所允办法，澳门亦类推办法。以上四层，现值香、澳税务开办在即，请臣衙门奏明，由金登干在彼画押为据，一面照会英国使臣，转致葡国派使来华议约，并饬驻澳洋官即日照议开办各等语。

臣等查，香港、澳门六厂抽收厘金，带征洋药正税，自同治十年前督臣瑞麟等奏请开办以来，每年征收税数十六七万两，而用费亦在十五六万两，仍于帑项无裨。现既设立税司，议在海关并征，六厂本无药厘可收，至每年抽收百货厘金十余万两，应统由税司经理，以省糜费而一事权。至葡国永远居住澳门及来华议约各节，查澳门久为彼国盘据，今纵不准永远居住，亦属虚文，徒于税务多添窒碍，并无收回该地之实据。即欲再

① 原刊目录此折标为“二十三日”。

令补缴欠纳之地租，仍征以后之地租，虽费唇舌，亦恐无成。查道光年间，前督臣徐广缙等创以商制夷之策，移税口于黄浦，所有澳门贸易日见萧索，而地方亦不复过问。其流弊所至，若偷漏税课，招纳亡命，拐骗丁口，及作奸犯科等事，难以枚举。葡国为无约之国，中国更无从措手。同治元年，该国挽法国先容请立和约。自元年至三年，先后奉旨派蒋焕、崇厚等会同办理。所有约中应列各款，均有成议。独于澳门设官一节，未经商妥，迄今约仍未换。今既设税司经理，倘能议约有成，则权有专归，事无隔阂。向之偷漏税课者，今可设关。向之招纳叛亡者，今可缉逐。向之拐骗丁口者，今可安插稽查。而且与新加坡等埠邻近，藉可通达消息，尤为得力，不仅稽征洋药事宜可归统一也。再查，葡国贫困且甚，如德、美、俄、法各国皆有财力，无不垂涎澳门，冀以巨款购得其地为驻兵之所。设令所议竟成，中国禁之不能，听之不可，尤为可虑。是不让其地于他国一层，尤应于议约之先，切实声明，杜绝觊觎。臣等公同商酌，所议各节，似宜照准，以示羁縻而防后患。如蒙俞允，相应请旨饬下两广督臣遵办，并由臣衙门札饬总税务司，饬金登干先行画押，俾得香、澳一律开办。至同治年间原定未换条约各款，今昔情形不同，所有应增应删各节，应俟该国使臣到华，再由臣等详细核议，随时另片请旨办理。谨奏。

光绪十三年二月二十三日奉朱批：依议。

总署奏港澳分关定名为九龙关拱北关片

奕劻等片。

再，香港、澳门两处，现既创设粤海分关，应定新关之名。查附近香港设关在九龙湾，拟即名为九龙关。附近澳门设关于对面山，在澳门之南拱北湾，拟即名曰拱北关，仍归粤海关监督兼辖。现据总税务司申请，定期于三月初九日开办。该关税厘并征事宜，应由臣衙门札饬，赶紧派定税务司前往驻扎，以期办理妥速。谨奏。

光绪十三年二月二十三日奉朱批：依议。

勘界大臣邓承修致总署狄使允我展拓钦界电　二件

桂界早望校竣，稍有展拓。惟钦界南自嘉隆河，北抵北仑、十万山、分茅岭，西至峒中、墟北两河，包络土泉、沃美，纵横数百里。我若弃之，百姓无所安顿，实又江、黄之续，以故争持日久。与狄使在芒街会议，自午至戌，狄见我终不能夺，始允归我。现界自竹山起至云界，即晚已立草约，彼此画押。全界既定，修等当遵旨在差次静候，谨先电陈。乞代奏。

二月二十六日

郡志计已达署，现赶绘清图，定下月初立清约。前扎兵恩勒，遥瞰江、黄，有建瓴之势。法驻兵无多，未敢迭出肆掠。句冬、芒角等处百姓，趁我兵威，渐次归耕。修与法使原议，系以白龙尾及西南所包之珍珠墩、西觐沙、万尾西至竹山为界，请声明备查。

二月二十六日

张之洞吴大澂周德润致总署港澳撤卡重课私盐及税厘并征各节均有窒碍请代奏电 三件 附旨

昨日新税司马根、法来格到粤，来议附近香港六厂代征百货税厘。据云：拟在香港对岸之深水埔设关，六厂俱有原屋，吏役亦不更改，收银存汇丰，再分拨。索厘则、税则，又问收私盐之厘缴何署等语。至如何办法，章程未据，备文申陈。洞、澂、润等公同筹议，此事流弊颇多，现议又与钧署原电不符，不敢不缕陈。

查洋药税厘并征，久经奉旨，粤省自正月已遵办。至百货常税厘金，与洋药截然两事，何以必欲撤我厘卡，干预税厘内政？明系攘夺中国利权。上年八月初十，本年二月初五，洞两次电署，力言洋人影射干预，不可不防，力请驳斥。本月钧署佳电云：中国不允撤卡，英、葡即不允缉私。上年八月勘电云：葡人欲撤澳外厘卡，方允我在澳设税务司等语。果使香、澳可以设关要挟，犹为有说。今马根云，香港不允中国设关，故只能设于深水埔。法来格话尤含糊。窃思署允撤卡，原因欲在香港抽收。今深水埔乃九龙司巡检属地，设关仍在华界，与原议不符。

查洋药并征，英廷已允，自可抽收。香、澳洋官既不允设关，彼固无法干预我在我界收税厘、缉私贩。即不撤卡，彼亦何从挟制？至代收流弊，巡船专归税司，中国巡缉兵轮，不能抵港，捕匪缉枭，将皆束手，门户直为两国所扼，一也。洋人与民船素多扞格，且礼拜停关，申正封关，香、澳民船向系昼夜来往，稽留龃龉，恐滋事端，二也。税司住香港，征银存汇丰，皆在英界。设有阻挠，渡海提银，必多阻碍，与英人相处，尤多牵制，三也。西国合谋，久欲免内地厘金，此举逐渐推广，必思将各省各口百货一概并征。熟察各关税司，洋人已成坚据不移之势，不肯参用华人，则外海内地税厘财源统归洋员，实不能无过虑，四也。钧署佳电云：货厘十数万，税司经收，不致无着。洞等何惮不为，惟外国心计甚深，后患甚巨。初意欲我撤卡，或为便于香、澳商务。今则并非撤厘，不过撤收厘税之华官耳！若自损利权，骤改旧制，设事成害见，返悔无从。粤省疆臣、监督首开此端，难当重咎。事关华洋界限，不仅税厘一端，且大局利害，亦不仅广东一省，现已具折详奏。伏思代收一事，迟早不争数旬，可否暂缓改章？俟奏到后，仰恳圣裁详察，交部会议，如确无窒碍，再当请旨遵行。至私盐归税司抽厘，窒碍尤甚。另电详陈，请代奏。

三月初二日

文电悉。赫德拟令税厘帮缉私盐、加重抽厘一节，饬司详议，事多窒碍，界限不清。查官盐例有引地，按引征课。私盐向以香港为薮，四出充斥，洋官因以为利，专庇私枭。若抽其厘，便成官盐，各处可销。官引被占，正课无出，商必不从。且洋人不得干预盐法，约有明文。请告赫停此议。

三月初二日

三十日，马根等到关，据称：办理洋药并百货厘税并征等语。洋药厘税并征，既已开办，即应移交接办。查百货厘税一节，厘务为地方官经理，税务为本关经理，均系抽之华人华船，与洋关抽收货船不同。若百货厘金、百货税卡归洋人经理，窒碍之至。税务司虽为我用，终以彼族为疑。且渡船来往，无论早夜，随到随验。洋人则过申刻不查，须俟明日午刻。若汲水门等处，浪急水涌，万难停顿，商民不便。且附近港澳各厂所过华船，虽经领有税单者，路过该处，查验放行，俱不重征，其未领税单，就近代大关补征。此后如统交洋人厘税并征，是粤海大关之咽喉全归洋人掌握，其弊不可胜言，似应缓办。

三月初三日奉旨：张之洞等朔、东、先等电，均悉。香港六厂岁收为数无几，该委员等卖放侵渔，利归私囊，葡国以商民不便为词，初议坚请撤卡。总理衙门虑与货厘有碍，饬赫德与葡国再三辩论，统归税司代收，该国始允照香港帮助缉私章程，一体遵办。其助缉办法，凡由印度到港之洋药，何船、何人、若干数目，由港官逐日知照税司。及出口时，凡移存何栈、转附何船、运售何口，又一一知照税司，会同稽察。税司全数了然，线索在手。设关密迩，消息常通，港澳内外，更无殊别。此事往返辩驳经年之久，始克定议，并非改变前说。该督等于此中曲折并未知悉，何得谓与原议不符？海军创始，筹饷万难，有此办法，冀可岁增巨款。纵令六厂区区十余万之数全行蠲弃，亦无所顾惜。况经税司代收，此款并不致无着。是此举非但与各省税厘无涉，并与广东厘税无损。所不便者，不过厂员利薮一空，未免浮言胥动耳！该督等于朝廷全局通筹之意毫无体察，辄挟持偏见，故作危词，竟似六厂员弁一撤，从此天下利权悉入洋人之手。殊不思税司由我而设，洋税自我而收。现在海关岁入增至一千五百余万，业已明效可睹。即使并征之议此后办理设有窒碍，尽可随时变通，复归旧制，岂外海内地税厘财源统归彼族耶？事关筹饷大计，特旨允行。又与外洋交涉，断不能朝令夕改。该督等接奉此旨，当凛遵办理。所有该六厂补抽税厘章程，即日交付两税司，毋准再有延误，致干重咎。其抽收时刻一节，业经总理衙门传询赫德，渠允遵筹办法，礼拜不停关，随到随验。至代缉私盐一节，前议加倍抽收，重罚以困之，正为杜私起见。来电谓官引被占，亦属隔膜之说。惟现据赫德声称，新置巡船太少，不敷兼缉之用，请仍归运船巡缉等语。所有助缉私盐之议，着暂作罢论。

粤督张之洞致总署六厂已交税司接办电

已饬六厂补抽委员依期交该两税司接办，厘则亦饬发交。

三月初五日

江督曾国荃致总署询新章未定以前沪存洋药办法电　二件

顷，据龚道禀：上海药厘归关并征以前，仅完洋税。提栈之药约有三千余箱，迭令补完厘银，至今未报一箱。派员饬查，仅存二千余箱。其余存在租界内各烟馆私销，恐日久厘金无着。与华商再四熟商，据复，洋栈之货，每箱比华船贵四十两。如再纳厘八十两，成本过重，万难销卖。若蒙减厘四十两，则向买出卖不致亏本，尚可勉办等语。该道云：若不通融办理，任其日久私销，饷需销磨无形，殊属可惜。此项洋药系新章以前完税提栈，均饬华商购回，减折完厘，于新章亦无窒碍。密商好税司，亦以为然。已电总税司，尚未接复。电商钧署前来，伏乞裁核。

三月十二日

此次洋药系新章以前完税存栈，至洋栈费巨之故，因租界烟馆向其私购，可漏八十两之厘，故洋人每箱增价四十两，然较之购卖封存趸船之药须完厘八十两者，共可便宜四十两。商人惟利是趋，纷纷向其私购，遂致官中无厘可收。龚道所请，名虽减收，实则化私为官。与其全归无着，不如减收，尚可得半。细情已详前牍，仍乞再商总税司，电示遵行。

三月十三日

总署致曾国荃规定洋药土膏税厘办法电　二件

尤电悉。按专条，系趸船、栈房并举，若照来电通融，恐各口存栈尚多，皆援例减厘，洋栈何以如此费巨？查洋药专条，不言厘金八十，而言厘金不过八十，可作通融之根。龚既称此项洋药系新章前完税提栈，减折完厘，于章无碍等语，即可一面允其通融办理，一面查洋栈费巨细情，由函牍报本署可也。

三月十三日

洋、土药一经熬膏，无以分别。希饬各关，不论未熬以前曾否缴课，每膏百斤收税三十七两五钱，厘一百两，进口时一并交纳。至出口之膏，俟再商定。

三月十五日

粤督张之洞致总署请预防偷漏私膏电

洋药并征一事，闻洋商不允不开箱之说，港例尚须更改，拟改之法，似不及不开箱简要。再，凡土药一斤，成膏八两，质轻筒小，最易匿漏。开办之始，不漏私土，必漏私膏。香港向有膏商，每年缴饷十八万于港官。现在膏价贵，内地走漏故少。将来洋药既厘税并征，内地膏价必更贵于港，港之膏商包揽图利，由港煮膏偷运各处，必致港官之膏饷日增，内地之药征日绌。似应与总税司变议此项定例，应加一条，如何稽察膏商，倘有弊端，如何重罚，乘此改章未定之时筹办。候酌裁。

三月十五日

总署致张之洞药膏照八折核计电

所论药膏，本署正饬赫议。现即照八折核计，每膏百斤收税三十七两五钱、厘一百两，进口时一并完纳，给予执照，到内地不再缴。未成膏以前，曾否缴课，皆置不论。至出口之膏，稍从缓定。赫议另牍驰递。洋商不允开箱，赫云亦有所闻，俟港官议如何再酌。

三月十六日

总署致邓承修海岛划界何故未便画押电

图说约何时可到，除江、黄、白龙尾归京议，此外有无未定之界，速电复。恭使称，划界海岛一事，均有端倪。而尊示云，未便画押，究因何故？乞复。

三月二十一日

勘界大臣邓承修致总署与法使争议界址电

草约画后，初一即遣员携图趋往北京，以备考问。初五，清约已竣，狄始及海界，拟由竹山之西中越交界处，自北至南，划一直线，以西归越。修即言，以东归华。狄以江平未定以东各岛宜并归恭使处定议。而九头山、亚婆湾两岛先划归越。修以九头山粤署有案，且津约未及岛界，江平未定，故不允划。至江平、白龙尾等处，不独有郡志及英、法两凭，峒民有钱粮，钦州有学额，有词讼，有税契，俱令狄看。狄无一实据，无可置喙。只因法兵已扎江平，始终狡赖。白龙尾亦归入请示后始筑台驻兵为要胁地，而其意总欲将竹山以西各岛为越界，而以江平未定，又不遽定竹山以东为华界。延搁稽时，可否商令恭使，电狄与修速议此余波。请示。

三月二十四日

清季外交史料卷七十终

清季外交史料卷七十一

光绪十三年四月至五月

粤督张之洞等致总署请勿许法在龙州通商电

闻法恭使请以白龙、江、黄与商务抵换，必系欲在龙州通商。此事有损边防，其害甚巨，断不可许。龙州设埠，镇南关之险全失矣！窃思九头山非越有，原案可据。若以九头山与之作抵，尚不吃亏，或别筹抵制。事关广西边防，会商意见相同，不敢不沥陈。请代奏。

四月初四日

直督李鸿章致总署大东大北公司要挟接线请归津议电

大北、大东电报公司，闻华公司议将与越南法线、恰克图俄线相接，虑侵伊等海线之利，来津多方要挟把持，鸿置不理。若彼求俄、英使向署哓舌，请推至敝处理论。

四月初四日

总署致李鸿章英使所请通商税则可否允行希复电

前议洋货仍五分减一，土货五分减二，英使力争。现拟洋货十分减三，土货仍五分减二等，意如行，希复。仍斟酌与言，如税可通融，即易定议。

四月十四日

直督李鸿章致总署通商税则似可允行电

洋货十分减三，土货五分减二，似彼此均不失算，可允行。

四月十四日

闽督杨昌濬致总署药膏若不抽厘便宜洋商电

药膏抽厘，为整顿土药而起。因药既成膏，洋、土无由分别，故有责成商家总抽之议，迄未能定。膏厘尚未行，自应遵照停止。惟洋药膏半多参用土药，以销内地，若不抽厘，徒便宜洋商，土药厘亦难起色。

四月十五日

沪道龚照瑗致总署存栈补半厘洋药可否照税司办法乞示电

存栈补半厘洋药，总税司电饬沪关税司，用旧局印花运单，与新章划分界限，且只在苏省行销。如令补足八十，始粘印给单，恐销路阻滞，仍归租界私销。可否照总税司办法？乞示。

四月二十三日

总署致龚照瑗完税存栈洋药照新章办理电

完税存栈之药，前准补厘四十，惟不得照章粘印给单。如商人愿照新章，仍须补交八十两，以示区别。该关所出告示，未能分晰，有碍新章，易资藉口。速即分明晓示为要。

四月二十三日

直督李鸿章致总署袁电俄韩近议陆路通商章程电

袁世凯电：俄陆约已成草本，通商处改在交界上之庆兴。前各国约内地各处均准通商，故俄陆约未能限定通商之路。据允植云，咸镜多山，虽不限路，亦只一路可通。韩民入俄籍，已商另照会允许发还流民，俄韦坚不允，惟俄韩民寄居两国，均随其愿。回抽五税，俄韦嘱列入照会，如将来他国改议陆税，俄亦照准。前据法尼自称，拿交事，可商各国，均准互相拿交，俄拿交条姑不必定，韩廷欲试议，凯度以韩力恐未易商，姑属允植，将拿交事先于照会内声明，将来另立专条，待德尼自平壤回，当嘱试办。韩廷惑于众议，毫无主意，虽议经年，不能力持。至凯前所拟各条，多未能照办，虽无大害，究亦未能周匝。然俄韩不敌，势难两得其平云。

四月二十六日

总署奏出使兼驻之国宜令附近分隶折

总理各国事务庆亲王奕劻等奏，为出使大臣兼驻之国宜令附近分隶，并酌复旧式，以便往来而期周妥事。

窃臣衙门自拟定出使章程以来，凡遇应请派往何国及兼充何国之员，历经奏陈在案。各西国既遣使来华，咸愿中国亦有使臣驻其国都，以为光宠。溯查光绪元年，侍郎郭嵩焘始奉使英之命；三年，刘锡鸿使法；四年，崇厚使俄；是年，郭嵩焘兼充使法。嗣以换约之国日多，势难遍遣专使，致增糜费。其商务稀简而素鲜交涉者，如意、荷、奥、比等国，即令出使英、法大臣就近兼充，亦足以示联属邦交之意。除日本别在东瀛，美利坚又自居一洲外，现在出使泰西之国，英、俄共派一员。至英之兼俄，系因当年臣曾纪泽由英伦奉命赴俄，办理交收伊犁之案，迨议约有成，即曾兼充使职；德之兼法，亦系暂局，循行未改，皆以事势所值，不得不计出权宜。惟英国商务繁多，俄国边界绵长，驻扎该二国之使臣，甚关紧要。英、俄相距遥远，设有缓急，使臣分身两地，常恐贻误事机。德厂近年订购船炮，使臣驻阅时多，法都仅能偶到，虽派参赞一员在彼权摄，而法之与德仇憾未消，难免疑我使臣有亲疏之迹，即相待有厚薄之心，似不如量与变通，慰其觖望。查英、法两国虽隔一海峡，然道路不远，火轮舟车仅行八点钟之久，即可由法国都城至英国都城。俄国都城之距德，虽较英之距法稍远，然较之英、俄相距之路程，则不过三分之一。拟请嗣后出使英国之员，仍酌复郭嵩焘、曾纪泽出使时之旧式，令其兼充驻法使臣，而以义、比两国附之。出使俄国之员，兼充驻德使臣，而以奥、荷两国附之。如此一转移间，既便来往，亦形周妥，于经费并无出入，于公事较有裨益。倘蒙俞允，所有该大臣等所奉敕书，应有增减换给事宜，容再分别办理。谨奏。

光绪十三年四月二十六日奉朱批：依议。

总署奏拟订出洋游历人员章程折　附条款

总理各国事务庆亲王奕劻等奏，为遵拟出洋游历人员章程事。

窃于上年十二年初十日奉谕旨：前据谢祖源奏，请饬保荐出洋人员，经总理衙门议复，请由翰林院、六部核实保荐，现在几及两年，尚未据保荐有人，着该衙门传知翰林院、六部，迅即查明，有无可以保荐之员，限三个月内咨复。该衙门勿再迟延。钦此。钦遵恭录，行知各部院，遵照办理。去讫，查臣等前奏内称：翰、詹部属中如实有制器、通算、测地、知兵之选，坚朴耐劳，志节超迈，可备出洋游历者，请旨饬下各衙门核实保荐，咨送臣衙门考核，再行奏请，发往各国游历。应需出洋薪装，届时由臣衙门酌定数目，在出使经费项下发给等因。现在各该衙门正在陆续保送，俟送齐后，再由臣衙门考核去取，厘定员数，请旨遵行。至游历人员应定年限及薪水数目，并一切考核课程，必须示明定章，俾资遵守。臣等公同商酌，谨拟章程十四条，开单恭呈御览。此外或有未尽事宜，容当随时酌核，奏明办理。谨奏。

光绪十三年四月二十六日奉朱批：依议。

谨拟出洋游历章程条款缮呈御览

一、选派人员出洋游历，当视经费之赢绌，以定员数之多寡。刻下设法节省出使经费，计省出之数，每年不过四万余两，以供派员出洋游历之费，不为充裕，势不得不限定人数。臣等公同商酌，此次派出之员，除翻译人员之外，当以十员或十二员为定额。

一、各衙门人员之愿出洋者，固不乏有志有才之士，然其中志大才疏，于洋务一道难以体贴者，亦恐难免。除翰林衙门人员由其本衙门先试以纪载之笔，再行咨送外，其各衙门人员，俟保送名单汇齐之后，拟由臣衙门定期传集考试，以定去取。其考试所取，专以长于纪载、叙事有条理者入选。

一、游历至久者，以二年为限。往来程途，均在限内。其有过二年者，即作为自备资斧之游历，停支薪水。过一年半后先归者，听。至于各员出洋，或经奉旨派留西洋，或中国外省另有差使，以及经出使大臣、各省督抚奏留、咨留，另有差委者，自无须由臣衙门催其如限回京。

一、京官实缺四品以上人员，及在京有紧要职事者，虽于单内自注愿行，臣等未敢擅便，届时应由臣衙门奏闻，请旨方定行止。五品以下人员，每月拟给薪水银二百两，伙食、仆役一概在内。每员准雇请翻译生一名，月支薪水银五十两，其翻译准在臣衙门同文馆及上海广方言馆、福建船政局、广东同文馆各处选择。其在他处另雇者，听。

一、往返船价及在各国游历火车车价，准其开支公项。京官五品以下，游历官及翻译生均准每人用二等船舱一位。每游历官一员，准带仆役一名。仆役工价，该员自备。仆役用三等船舱一位，准由该员开报，作正开销。至游历官、翻译官、翻译生及游历官所携之仆役，在西洋游历时，搭坐火轮车，其章程等第亦照搭坐轮船等第乘坐。惟火车有不设三等坐〔座〕位之处，准其临时酌升等第。所有雇船、雇火车之事，责成文报局及驻洋使署、领事署为之经理。

一、各员准预支薪水银六个月，公项银一千两，以备应用。其或不敷，准在各使署暂行借支，仍由本衙门拨还。但借支之数不得越于该员应支薪水之数。

一、船价、车价由各员自行造册报销，分为两次开报，第一年满时开报一次，第二年回国时开报一次。除总数报销之外，仍须另单开列细账，如某月某日自某国某处至某处，或某国某处至某国某处船票、车票价值，共用某国某种钱若干，合中国银若干，均须逐日细载，无许含混，以杜浮冒。

一、各国可游地方若干处，应支车费若干两，可于使署、领事署预先询问明白，以免虚糜。

一、游历之时，应将各处地形之要隘，防守之大势，以及远近里数、风俗、政治、水师、炮台、制造厂局、火轮舟车、水雷、炮弹详细纪载，以备考查。

一、各国语言、文字、天文、算学、化学、重学、光学及一切测量之学、格致之学，各该员如有曾经留意，及出游之后，能于性情相近者，选择学习，亦可以所写手册，录交臣衙门，以备参考。

一、各员游历回华，将所学习何业、所精何器、所著何书呈明臣衙门之后，应否由臣衙门择其才识卓著之员奏请给奖之处，伏候圣裁。

一、出洋游历人员，由臣衙门给与文牍护照，写明由驻扎各国出使大臣、领事官随时照料。

一、各员领得臣衙门文牍护照之后，尽可先后具报起程，即行出洋，不必齐帮同行，免致游戏征逐，耽误公事。臣衙门又得藉以分考各员之勤惰，分验各员之见闻。

一、游历各员，经各衙门保送之后，如因父母老病，不愿出洋者，仍准其向臣衙门呈明，免其成行。至该员业已出洋，倘有闻讣丁忧者，俟游历期满回华后，准其回籍补行守制。其有在途、在洋遭遇他项事故者，一切均照臣衙门出使章程办理。

使英刘瑞芬致总署据报苏彝士河作为局外之地电

伦敦初二日电报：现已订定专条，明认苏彝士河为局外之地，不论承平及有干戈时，均可来往自如无阻云。

闰四月初三日

直督李鸿章致总署中韩划界各派员确勘江源电

袁世凯电：金允植函送勘界使李重夏报称，吉林秦委员欲以小白山之红丹水为界，李执以白头山之图们江为界，相持不解，已于四月十七日各派员确勘江源云云。

闰四月初四日

总署致粤关监督增润六厂常税交税司接办电 二件

六厂常税交税司总办，已与英、葡定议，得旨允行，不容再有异议。赫德申称，照伊办法，岁可得五十万，较来函岁收四十五六万之数有赢无绌。嗣后税司所收百货常税，仍解关署。所有传办事件，洋债近款，及一切用项，均敷开销。该监督应将税则、厂务即日交税司接办。

闰四月初九日

六厂华船税，自本月十一归税司开办。希贵处先期示谕商人、船户知悉，免致歧误，并饬税司遵照勿迟。

五月初三日

粤督张之洞致总署请勿许洋药自越入口乞钧酌电

土药出口入越，应收税厘若干，当行司局。据详，土药出产无多，向不收税。行销内地，厘金系照百货，每千两抽银六两，并无出口抽厘章程。惟前年条约，土药不准出口，洋药不准入口。今土药准出，尚无大损。若洋药准入，则深受其害，请万勿允许，此系实情，请钧酌。

闰四月十三日①

勘界大臣邓承修致总署桂边疫盛请暂移驻钦廉电

东兴地僻，少医药，久雨瘴起，从官、兵役多病，李兴锐病尚未起，王之春亦病，修亦久病。若界务尚缓，可否仰恳天恩，暂准移驻钦廉。芒街时疫流行，法兵多死，倪患病将归。

闰四月十九日

① 原刊目录标为“十五日”。

粤督张之洞致总署粤借洋款应还请饬税司赶办电

本省借洋款已成，约八十万两内外。去年奏准，指动药厘专款。今春复奏明，请在税司并征项下，每年照拨八十万，专资抵还。本年正、二两月，应还银四十余万数千〔千〕两，商包时即可提前催缴。今因税司初办无收，不得已挪要款垫付。今五、六两月应还银十八万数千两，又将届期。税司丝毫尚未解到，粤省无法再为筹垫，束手无策，请钧署飞饬税司，赶紧清解，以归垫款而免误期。如税司收数无多，应如何筹款之处，伏候示遵。

闰四月十九日

使美日秘张荫桓奏兼使日国起程日期折

出使美、日、秘国大臣张荫桓奏，为恭报兼使日国起程日期事。

窃臣钦奉简命出使美、日、秘三国，当将抵美任事各情形随时奏报，各在案。现在洛士丙冷一案已结，善后事宜粗有端倪。臣应驰赴日国，亲递国书，勉循使职。谨拟四月初一日，附搭法公司船名波安，渡大西洋，至哈画埠登岸，乘火车，越巴黎斯少憩，行李直指日国马得利都城，驻节中华使馆。随带三等参赞瑞沅、随员钱广涛、英文翻译梁诚、日文翻译谭乾初、差弁陈吉胜，带跟役三名，自华盛顿起程，至纽约海口登舟。所有美国使事，檄委二等参赞·候选道徐寿朋代办，照章刊给关防，以资钤用。该道事理详明，条约精熟，前在郑藻如任内迭充代办，洞中机宜。臣此行远越欧洲，而美国使事亦殊繁杂，酌派该道代办，臣尢跋疐之虑，庶可奉宣德音。谨奏。

光绪十三年闰四月二十日奉朱批：知道了。

使美日秘张荫桓奏小吕宋议设领事电

张荫桓片。

再，臣钦奉上年七月初九日电寄谕旨：小吕宋议设领事，保护华商事宜，着张荫桓与日妥为商办等因。钦此。臣钦遵电复，并即转饬驻日参赞延龄，先与日外部商有端绪。因中日条约并无详载中国在日属设官明文，古巴系专案，能否援据，尚烦笔舌。前此陈兰彬与商不果，郑藻如审慎未发。然出使通例，使臣有选派领事之权。若奉使之国不能设官，则此例直同虚设。况小吕宋华商贸易，本有专条，臣仍有词可措。特该岛距美都、日都均远，轮帆迢递，声息纡迟。臣上年二月与张之洞会奏南洋群岛情形，曾声请将该岛领事应办事宜归粤督臣兼顾。诚以南洋群岛商务悉从粤港枝分，广东形胜，近控六洋，得督臣就近经营，似可照顾周到。张之洞忠荩素著，亦愿覃思毅力，宏此远谟，迭与晤商，始定前稿。该岛所设领事，应由张之洞酌定其人，咨臣照会外部，索取准照。至经费所需，张之洞与臣原奏拟由公帑发给。续经查岛委员王荣和、余瓗禀复，有该岛华商自愿筹费之说，而仍请酌拨公款，以符体制。此与光绪五年新加坡设领事，先拟筹费，卒请拨款，情事略同。臣已详查成案，证以古巴近状，专咨张之洞暨南、北洋大臣，并汇咨总理衙门察酌在案。兹当经费支绌之时，如何筹给，应候总理衙门核示。而领事之选，则非张之洞酌定，难期呼应灵捷。臣奉使三国，分设六署，用人本多，第得力者不能远离，生疏者不敢遽派，故须以此事累张之洞也。谨奏。

光绪十三年闰四月二十日奉朱批：该衙门知道。

粤督张之洞奏葡国永租广东澳门请审慎立约折

两广总督张之洞奏，为广东澳门租地改归葡国永远居住，立约尚宜妥议缓定，以求无弊事。

窃臣于光绪十三年三月二十日，承准总理衙门咨称，洋药税厘并征新章，香港与澳门会办各节，于二月二十三日奏奉朱批：依议。钦此。恭录咨行到粤。

查原奏内称：窃查洋药有由印度贩运来华，聚于香港、澳门，分赴各口销售，必须英、葡两国相助稽查，方可杜偷漏绕越之弊。上年正月间，奏请钦派邵友濂，会同总税务〈司〉赫德，前往香港，与英官会商办法。查知香港地虽扼要，尚须与澳门会办，始能得力。澳门自前明嘉靖时，即经葡国占居，岁输税课二万金。迨至国初，知该处被占已久，难以收回，遂改税课为地租，仅令输银五百两，按年完缴。自道光二十九年以后，并此项租银亦未交纳。近年该国屡求订约通商，因澳门之事争论未定，辄作罢论。刻下因洋药税厘并征一案，非与葡国商办，则澳门之偷漏无从巡缉，是以上年十二月间开办并征之后，即密饬赫德，派税务司金登干，就近前往葡国，徐图办法。兹据赫德申称，现准葡国外部电称：一、派使来华拟议通商条约。二、葡国永驻澳门，管理一切。三、葡国不让其地于他国。四、香港所允办法，澳门亦类推办理。以上四层，现值港澳税务开办在即，由金登干在彼画押为据，一面照会英国使臣，转致葡国派使来华议约，并饬驻澳洋官即日照议开办各等语。查澳门久为彼国盘据，今纵不准其永远居住，亦属虚文，徒于税务多添窒碍，并无收回该地之实际。倘能议约有成，则权有专归，事无隔阂。向之偷漏税课者，今可设关。向之招纳叛亡者，今可缉匪。向之拐骗丁口者，今可安插稽查。而且与新加坡等埠邻近，藉可通达消息，尤为得力。再查，葡国贫困日甚，如法、美、俄、德各国皆有财力，无不垂涎澳门，冀以巨款购得其地，为驻兵之所，是不让其地于他国一层，尤应于议约之先，切实声明，杜绝觊觎。所议各节，似宜照行，请旨饬下两广督臣遵办，并札饬总税务司，饬金登干先行画押。至同治年间原奏所定未换条约各款，今昔情形不同，所有应增应删各节，应俟该国使臣到华，详细核议，随时另行请旨办理等语。

臣惟葡人僦居澳门，历有年所。总署因其久假不归，且虑他国垂涎，阳资其榷税缉奸之力，阴禁其并吞授受之谋，原所以曲示羁縻，裨益国计。此举臣初见港报，尚觉将信将疑。未几，接到总署来文，知成局已定，焦灼傍徨，不可言喻。频月以来，通筹利害，窃恐羁縻之意虽善，滋长之患方多。兹事体大，有不得不沥陈于圣主之前者。

查澳门为香山县辖，距省城二百余里，陆路可通，实为广东滨海门户，非如琼州之孤悬海外，亦非如香港之矗立海中。葡人虽盘据多年，不交租银，不守界址，然亦幸中国之不屑与较。至絜权量力，我之可以逼葡，葡之不足病我，事理甚明。今若因一事之要求，曲徇其请，迁就立约，在葡人固始愿不及，即他国亦相顾惊疑。夫因练军而始筹饷，乃因筹饷而先损权，可虑一也。

葡之驻澳，本以围墙为界，墙外民田户籍悉隶香山，葡人逐渐越占，近向界外村民勒收田房租钞。迭据望厦村绅民联禀赴诉，经臣先后委员会勘，照会葡官，查禁在案。名为租界，犹得加以诘问，立其堤防。若竟畀以管理一切之权，是此后土地人民尽归葡属，以及水界附岛，皆将视若固有。是其政令既行于澳中，管辖将及于澳外，界限混淆，潜滋暗长，可虑二也。

中国滨海各省，租界林立，一切管辖办理权利章程，幸有公法可循，条约可守，虽暂无退还之举，亦莫不生觊觎之心。今有澳门为例，则日后诸强国乘机伺便，接踵效尤。拒之则有厚薄之嫌，应之则成滋蔓之势。且此次英、葡同一帮缉，英人倡议主事，德色尤深，葡则成效未见，已先施办。若名利兼收，能无厚报？可虑三也。

粤民侨寓澳门人数众多，良莠互异。南、番、香、顺等县，商民往来省澳者，何止数万，往往两地置产，两地行商，无从限断。至于民间，滥匪往来如织，尤无底止。西例，凡生长于某国之地，即以隶籍为某国之民，领取属民票据，恃为护身之符，遇有犯事，地方官不能以华法治之。即如光绪十一年，南海县民何回生走私一案。何回生现隶民籍，家有职官，人所共知。乃英领事来文，以其久居香港，冒入英籍，公然指为英国属民，前车可鉴。查英国稽核严明，犹不能无冒滥给票之弊。葡国贪鄙陋劣，若以澳门归其管辖，奸民将取冒籍，四出作奸，葡官必渔利扛帮，纷纷移索。民无定籍，官法不行，可虑四也。

澳门薮盗庇奸，由来已久。臣到任后，所有照会葡官提取要犯，虽不无往返驳诘，亦均陆续交出，以视港官之扣留员弁，勒请讼师，糜费旷日，或交或否，听凭洋官讯断，往往始终不交者，难易较殊。租界与属地办法不同，确有明验。今若改归管辖，以后不独拐骗人口难于过问，即缉匪一节，亦将藉口洋例，如香港之节节刁难，彼之事权愈专，我之隔阂愈甚，可虑五也。

葡据澳门，得之无名，未立条约，利益不能与各国同沾，葡人犯事可归地方官审办。通商以来，未闻有葡人游历传教之事，非不愿来，实不便来也。今若与之立约，必有游历传教之条，彼族将藉此事为营私之计。将来交涉教案，必有欧洲各国之人所不屑为者，葡人则优为之，可虑六也。

葡人贫困日甚，各国垂涎澳门，诚如总署所云，冀以巨款购得，为驻兵之所。然名为租界，环瀛共知，犹未敢公然取求，显干名义。今改归葡辖，我纵能禁葡人之不得转让，岂能保各国之不以力争？设竟效并越吞缅之故智，不取之于我，而取之于葡。葡人为自主之国，而无可求援。中国为局外之观，而无从庇护。澳虽蕞尔，逼近省垣，此后水陆筹防，均难措手，实为肘腋之患，非特唇齿之忧，可虑七也。

有此数弊，虽药征得效，利害兼权，似亦不能无鳃鳃之过虑。

特是草约已定，势难中止。微臣愚陋，窃思今日挽回补救之策，约有五条：

一曰细订详约。查简约虽经金登干画押，而详细条约应删应增，仍须俟葡使到华，会同总署核议，请旨办理。其永驻澳门一条，原因协办药征，格外允让租银，非划地为葡者可比，且约有不能转让他国之文，可见澳门系中国让与葡国居住，仍系中国疆土，应声明澳门让与葡国永远居住，免其租银，不准租为葡国属地。其不让与他国一条，应声明澳门仍系中国疆土，葡国不能转让与他国。如此，则我有让地之名，而无损权之实，于原约之义，毫不相背，既可关葡人之口，亦不致生他国之心。

一曰划清界限。有陆界，有水界。何谓陆界？东北枕山，西南滨海，是为澳门其原立之三巴门、水坑门、新开门，旧址具在，志乘可征。所筑炮台、马路、兵房均属格外侵占，应于立约时，坚持围场为界，不使尺寸有逾。彼所重在租界，界外之地，本属可有可无。我让则彼取，我争则彼弃，断不致因此遂废前议。何谓水界？公法载，地主有管辖水界之权，以炮子能及之处为止；若两国土地毗连，中隔小河，则以中流为界。此系指各国自有之地，及征伐所得者而言。澳门本系中国之地，不过准其永远居住，葡人只能管辖所住之地。宜明立条款，所有水道，准其船只往来，不得援引公法，兼管水界。

一曰陆界由外定。准葡住澳，免其租银，水界仍是中国所有，自无水界之可分。陆界至旧有围墙为止。葡人于同治初年，将围墙拆卸，希图灭迹。然墙可拆，旧址终不可没。将来约有成议，似应由粤省督抚臣就近派员，会同葡使，亲往勘验，详查旧址，公同立界，俾免影射逾越。

一曰核对洋文。查赫德申称所订草约四条，与澳门洋报所载者，文义轻重悬殊。第一条，派使来华，拟议通商条约。洋文内加须有利益均沾字样。第二条，葡国永驻澳门，管理一切。洋文内加以与葡国别处属地无异字样。草约内澳门字样，凡三见洋文，皆作澳门及澳门附地。查附地二字，意极含糊，不惟将围墙外至望厦村隐括在内，即附近小岛，毗连村落，皆可作附地观。至谓与葡国别处属地无异一语，措词亦谬。虽洋报所载，未尽可信。要其有意朦混，藉图侵占，传说必非无由。既与总署奏案不符，亦非奉旨准其永驻之本意。应请饬下总署，先将草约汉、洋文详细校对，以防狡混，而免侵越。

一曰暂缓批准。立约虽有成议，批准权在朝廷，此各国之通例。英国《烟台条约》，光绪二年所立，有未经批准三条，直至上年始行议定。成案可援，自应明与之约定，约后须俟税厘款项大增，拐骗逃亡随提随解，诸事均有明效可征，两国始行批准互换，庶彼不得终售其欺。

以上五条，皆就原约之中力筹万全，其间自必有总署所已经计及者，亦容有澳门情形总署所有未能深悉者，皆谨竭愚见所及，以备挽救之资。

窃思葡人至贫至弱，素为各国所轻。食用则仰资粤产，贸迁则专仗粤商，其与粤商尚不能无所顾忌。今既允与立约，并准其永驻澳门，港报所译，又有利益均沾之条，是葡人所获已多。即此次详约有所删增，亦足餍其愿望。况所陈各端，就草约立论，未尝有所变更。应请饬下总理衙门，于该使来华时，就臣所陈，细与辩论，极力坚持。彼能就我范围，自可照此立约。如其不从，则弃约出自葡国，草约自可任作罢论。香港征税章程，仍前举行，而于拱北关多设巡船，前山厂多设巡丁，水陆截缉，漏私当亦无多，而葡人必大有所不便。利害相形，不数年间，彼终不能不就所议来求立约。如此，则所损于税厘者少，所全于大局者多矣！臣职在守土，利害之大，不敢不详筹沥陈。谨奏。

光绪十三年闰四月二十一日奉朱批：该衙门知道。

总署奏中法界务商务续经议定折

附界务商务专条及附章各一件　照会上谕各二件

总理各国事务庆亲王奕劻等奏，为中法新约续经议定界务、商务各条，谨将先后办法缕晰详陈，伏候钦定，并请旨派员画押事。

窃自法人议立津约以来，其最要者，不外勘界、通商两端。先于光绪十一年七月，蒙钦派周德润、邓承修前往云南、广西、广东会勘边界，并于八月间命李鸿章为全权大臣，与法国使臣戈可当会议越南边界通商章程十九款，上年三月画押后，由李鸿章奏陈在案。嗣闻法国议院以戈可当所议章程条款尚须商改数端，是以未即批准互换。维时，云南界务，周德润会商岑毓英后，出关与法使狄隆各按地图校证，除意见未合之大小赌咒河、猛梭、猛赖两段，各请示本国另议外，计将滇越边界划分五段。其历次电陈各节，均经上达宸聪。至于粤东、粤西界务，邓承修与张之洞、李秉衡等会同商办。法初派勘界之使为浦理燮，狡执百端，仅由镇南关起，勘至平而关止，东西不过三百余里。适值春深瘴盛，难再履勘，姑先就此逐段绘图立约。浦理燮旋因病回国，遂暂停议。上年十二月，法改派狄隆，由滇赴粤，邓承修即赴钦州之东兴地方，先与狄隆议勘东界。该法使不惟于中国人民流寓聚居向隶越南之江平、黄竹等处尺寸不肯划让，即粤兵按年巡哨向不隶属越南之白龙尾一处，亦靳不肯归我，彼此争持，久而未定。会法国所派驻华使臣恭思当，本系该国议院之员，于商务特为注意，上年秋间到京，即露求改商约之请。臣等以界务方殷，且商约既画押，何能议改，一面严词拒复，一面将所递节略密与李鸿章往复函商。李鸿章谓：开通商口二处，本津约所有；请我缓设领事，亦可暂纾经费；至运土药出口，近年私贩已多，若许之而量收税课，未始非计；惟运盐之条，断不可行。臣等公同商酌，李鸿章所筹不为无见。本年正月以后，恭思当来署，迭申前请，并以商务苟可通融，界务亦可稍让，称已奉其本国议院准令，在京与臣衙门商办。臣等查，狄隆系法派专办界务之员，邓承修久与相持，彼必自护前说，难以降心就范。恭思当即意在转圜，不如即由臣衙门与之面议，计口舌文牍往来争辩于今数月，恭思当始允中国广东边界，除现在勘界大臣划定之外，所有白龙尾及江平、黄竹一带地方，并云南边界前归另议之南丹山以北，西至狗头寨至清水河一带地方，均归中国管辖。凡此各处，除白龙尾外，皆系将归隶越南之地收归中国。此续订桂界条约之情形也。

津约原议开设通商二口，外间议论，有谓宜在越南境内，或谓宜在边境如镇南关、河口汛者。此臣等屡与恭思当商论，既难就范，且荒远瘴疠，控驭非宜，难以驻扎关道，于我亦实有不便。查岑毓英前奏布置边防折，内有蒙自为通商要津之语。张之洞、李秉衡上年筹议边隘添设镇道一折，有龙州开关通商等语。就设关所在形势而论，只可许以龙州、蒙自两地。蛮耗为保胜赴蒙自水道必由之路，准蒙自领事官派属下一员驻彼，将来分设税司，亦于彼此商务有裨。恭思当求于南宁府再开一口，经臣等力争，遂作罢论。至减税一层，《俄国通商章程》办有成案，滇桂边界皆为陆路，不能不酌定减税章程，以归平允。现经议定，进口税减十分之三，出口税减十分之四。缘出口系我土货，隐寓宽恤华商之意也。滇之士〔土〕药，每百斤该省征收税厘银不及十两，为数甚微。现定为每百斤税厘各二十两，必完过厘者方准法商完税接买，将来于课项不无裨益。且不准法越商人迳入内地贩运，似亦可防流弊而益华商。高平、谅山往来之船只，虽免征税，仍纳船钞。此续订商务条约之情形也。

其先，法使所开节略，要求运贩食盐，接办铁路，及越南与滇粤通商进口出口税则均请减半，运中国土货往中国各海口税则减三分之一各节，经臣等坚持峻拒，悉归删除。计现今所议订者，商务续约十条，界务续约四条，又缓设领事互相抵制，及彼在龙、蒙等处之领事等官，不得设立租界三端，另备照会存案，与约并行。臣等通盘熟计，因彼肯让界务，我亦允于商务少为通融。设关本津约所有，减税与俄约略同，土药系彼此得利之事，而前后展拓新界不下千余里，皆该督、该大臣等所称险要膏腴之实地，及将来未经批准之商务，争持不决之界务，从此一律清结，似尚不为失算。兹谨将续约二分、照会一分，缮呈御览。如蒙俞允，应查照各西国修约成案，恭请钦派王大臣，与法使恭思当先行画押，再候谕旨。应否先与画押？恭候钦定。谨奏。

光绪十三年五月初三日奉朱批：另有旨。

谨将续议界务专条四款缮呈御览

按照光绪十一年四月二十七日，由大清国大皇帝，及大法民主国大伯理玺天德，各派官员，赴中国与北圻交界处所，会同勘定界限，业经两国大臣亲自复勘竣事，现经大清国大皇帝特派管理总理各国事务衙门·多罗庆郡王、总理各国事务衙门大臣·工部左侍郎孙，大法民主国大伯理玺天德特派钦差大臣·下议院国会参议·曾任吏部尚书·驻扎中国京都总理本国事务恭，将该处界务会商定议，永远遵守。所有商定办法，开列如左：

一、将两国勘界大臣之节略并所绘界图均亲自画押者，现在互相校阅，各无异议。

一、其间有两国勘界大臣意见不合之处，及光绪十一年四月二十七日和约第三款末节所载改正之处，照以下所开三条办理。

一、广东界务，现经两国勘界大臣勘定，边界之外，芒街以东及东北一带所有商论未定之处，均归中国管辖。至于海中各岛，照两国勘界大臣所画红线，向南接画。此线正过茶古社东边山头，即以该线为界。茶古社汉文名万注，在芒街以南，竹山西南。该线以东海中各岛归中国，该线以西海中九头山越名格多及各小岛归越南。若有中国人民犯法逃往九头等山，按照光绪十二年三月二十二日和约第十七款，由法国地方官访查严拿交出。

一、滇越边界第二段，从小赌咒河南岸狗头寨，照图上甲字起，由狗头寨自西直抵东，计五十余里。北边聚义社即聚姜社，聚美社，姜肥社即义肥社，归中国。南边有朋社归越南。至图上乙字处，从乙字至丙字，亦由西抵东，中越边界路经二河，其二河并归一河，入大赌咒河，又名黑河。从丙字往东南约十五里，至丁字以北之南丹山地方，全归中国。从丁字往东北至猛筒①下村，即图上戊字处，按图上所画，从丁字至戊字，界线其南之南灯河、漫美、猛筒上村、猛筒中村、猛筒下村全归越南，其北全归中国。从猛筒下村戊字起，经清水河入大河之处，即图上已字，以河中为界，从已字至庚字，以大河中为界。河西之船头归中国，河东之偏马寨归越南。从庚字往北至辛字，经老隘坎至白石崖，老隘坎、白石崖，中、越各有一半。白石崖、老隘坎以东归越南，以西归中国。由辛字往北，顺偏保卡、北保卡中间，入大河之小河东岸，直往北至高平、马白，

① 下文《谨将续议商务专条十款缮呈御览》作“猛峒”。

即图上壬字，即接第三段勘界大臣所画定之处。

一、滇越边界第五段，自龙膊寨越南、云南边界，经龙膊河，到清水河入龙膊河之处为止。此处图上甲字，由此界自东北往西南，至绵水湾，入赛江河之处为止，即图上乙字。按现画界，则清水河、绵水湾河归中国。自乙字由东直抵西，过籐条江，在大树脚以南为止，此段界线以南归越南，以北归中国，图上［字］丙字。自丙字处起，到金子河入籐条江之处为止，以河中为界，图上丁字。从丁字起，经金子河，计程三十余里，又由东至西，抵图上戊字处。此界遇在猛蚌渡以东，入黑江之小河，图上已字。从戊字至已，以河中为界。从已字往西，以黑江之河中为界。照两国勘界大臣画定界图，并照以上所画界线，由大清国地方官及大法民主国钦差驻越大臣遴派官员，前往会同办理，安设界牌事宜。

现画定界图二分，每分三张，乃两国钦差大臣画押用印者。图上新界以红线为界，云南界图，并注有法国阿等字、中国甲等字，以便易于识认。

光绪十三年五月初六日，西历一千八百八十七年六月二十六日。

谨将续议商务专条十款缮呈御览

大清国大皇帝，大法民主国大伯理玺天德，彼此欲令两国通商来往倍加兴盛，又欲将光绪十二年三月二十二日天津所定和约彼此保固，切实施行，酌定续约，商改数款。为此，两国特派全权大臣会同办理。大清国大皇帝特派管理各国事务衙门·多罗庆郡王、总理各国事务衙门大臣·工部左侍郎孙，大法民主国大伯理玺天德特派全权大臣·下议院国会参议·曾任吏部尚书·驻扎中国京都总理本国事务恭，各将所奉全权文凭互相校阅妥协，立定条约如左：

第一条　除今约所改之款外，光绪十二年三月二十二日在天津所定之和约，换约后，仍即逐款切实施行。

第二条　按照光绪十二年三月二十二日所定和约第一款，两国指定通商处所，广西则开龙州，云南则开蒙自。缘因蛮耗系保胜至蒙自水道必由之处，所以中国允开该处通商，与龙州、蒙自无异。又允法国任派在蒙自法国领事官属下一员，在蛮耗驻扎。

第三条　现因中国、北圻来往商务必须设法作速振兴，所有光绪十二年三月二十二日和约第六、七款内所订税则，今暂行改定。凡由北圻入中国滇粤通商处所之洋货，即按照中国通商海关税则减十分之四，收纳正税。其出口至北圻之中国土货，即按照中国通商海关税则，减十分之四，收纳正税。

第四条　中国土货，按照光绪十二年三月二十二日和约十一款第一节，完纳进口税后，过北圻到越南海口者，除中国之外，如系前往他国，则出口之时，应照法越税则，纳出口之税。

第五条　中国允准，中国土药由陆路边界出口入北圻，此土药应完纳出口正税银二十两一担即一百斤。法国人及法国保护之人，只能在龙州、蒙自、蛮耗三处，可以购买此项土药。中国商人所应纳内地厘金等费，亦不过二十两一担即一百斤之数。中国商人由内地运土药者，将此土药交与所买之人时，即与收厘凭单。而所买土药之人，完纳出口税时，将凭单到关呈验缴销。再，此项土药，不许由陆路边界、通商海口再入中国，作为复进口之物。

第六条　除兵船及运载兵丁、军械之船外，所有法国及北圻船只，从谅山至高平，复由高平至谅山，经过龙州至高平，并高平至龙州之河此二河一名松吉江，一名高平河，此项船只，每次路过，即每吨纳钞银五分。惟船内所载货物，一概免税。运入中国货物，可由此二河，其货物并可由陆路及谅山至龙州之官道。俟中国在边界设关之时，此项经过陆路之货物，在龙州必须完税后，方准销售。

第七条　日后若中国因中国南境、西南境之事，与最优待之友国立定通商交涉之和约、条款、章程等类，所有无论何等益处及所有通商利益施于该友国，此等约一经施行，则法国无庸再议，无不一体照办。

第八条　右各条经会同商定后，大清国钦派王大臣及大法民主国钦派大臣，将此约条款原文译出汉字，画押用印二分。

第九条　此项续约，并光绪十二年三月二十二日通商和约，经两国钦差王大臣互换后，此续约与该通商和约并载，一体施行。

第十条　此约现由大清国大皇帝批准，及大法民主国大伯理玺天德批准后，即在中国京城互换。

光绪十三年五月初六日，西历一千八百八十七年六日〔月〕二十六日。

谨将续议界务专条附章缮呈御览

两国前派勘明中国与北圻边界末段，自红江至湄江，现已竣事，经大清国大皇帝钦差全权大臣·管理总理各国事务衙门·和硕庆亲王、总理各国事务衙门大臣·军机大臣·吏部左待〔侍〕郎徐，大法民主国大伯理玺天德钦差全权大臣·赏给佩带四等荣光宝星·黑山国自主大星·日国嘎罗斯第三大星·义国冠冕大星·出使中国全权大臣施，各执所奉全权文凭，互相校阅，均属妥协，并代各本国，将光绪十三年五月初六日，即一千八百八十七年六月二十六日，互订《续议界务专条》更正修全。除两国委员互立画押之节略、界图各件均行定准外，彼此商定办法，开列如左：

一、滇越边界第二段，自丁字处起，至戊字处止，界线改绘如下：

界线自丁字处起，向东北至漫美止，又自漫美向东至清水河之南纳止。漫美归越南。猛峒上村、猛峒山、猛峒中村及下村各地归中国。

二、滇越边界第五段，自龙膊寨起，至黑江止，界线改绘如下：

自龙膊寨，云南、越南第五段界线，溯龙膊河，至红崖河入龙膊河之处，即图上甲字处为止。自甲字处向西北偏北，顺分水岭至平河发源处，又顺平河、木起河，至木起河注打保河之处，又顺打保河，至打保河注南拱河之处，又顺南拱河，至南拱河注南那河之处为止。又界线溯八宝河，至八宝河与广思河合流之处，又溯广思河，即顺分水岭，以至南辣比与南辣河相注之处，又顺南辣河，至南辣河注黑江之处，又从黑江中心至南马河即南纳河为止。

三、滇越边界，自黑江与南马河相注之处起，至湄江止，绘定如下：

自南马河注黑江之处，界线顺南马河，至河源处止，又向西南，又向西，顺分水岭，至南杆河、南乌江两水发源处，又自南乌江发源处，界线顺南乌江与南腊河并各支河中间之分水岭，其西边之漫乃、倚邦、易武、六大茶山等处归中国。其东边之猛乌、乌得、化邦、哈当、贺联、盟猛地①各处归越南。又界线以南北向，东南向，至南峨河发源处，又顺分水岭以西北偏西向，绕南峨河及注南腊河南岸诸水发源之山，以至南腊河注湄江在于猛猕西北之处而止。其猛莽、猛润之地归中国。至八盐泉一名坝发砦之地仍归越南。

四、将来两国各派官员前往，遵照勘界委员所绘签押各图，及此次界务附章所载，会同办理安设界牌事宜。

五、中、法两国前立勘界各件，除由现议更改外，其余仍应一体遵守。至此次专条附章，并光绪十三年五月初六日《续议界务专条》，现由大清国大皇帝批准，俟大法民主国大伯理玺天德批准后，即在中国京都互换。

照录给法国恭使照会

为照会事。

现值本大臣与贵大臣，将光绪十二年三月二十二日会议《中越边界通商章程》十九款，并光绪十一年四月二十七日议立《中法新约》十款，公同商酌，所有约章内有未尽事宜及稍须修改之处，业经彼此详商，意见相合，续订《商务专条》十款、《界务专条》四款，即将择期画押。尚有彼此应声明者三端，特为陈列：一、按照前约，中国可在北圻各大城镇设立领事官，现经彼此商酌，中国允许，此等领事官目前暂从缓设，应俟两国查看该处地方情形，再行设立。一、俟中国在河内、海防两处设立领事之时，法国始可于滇、桂两省城设立领事。一、中国所允法国于龙州、蒙自两处设立之领事官及蛮耗设立之领事官属下一员，系属陆路通商处所，不可仿照上海等处通商口岸设立租界。以上三端，彼此言明，虽未列入续约专条，与约文所载遵行无异。用特备文照会，应请贵大臣照复存案可也。

① 此处地名有几种划法。本书根据《新纂云南通志》《云南史料丛刊》等划定。

照录法国恭使照会

为照复事。

于光绪十三年五月初三日，接准贵王大臣照会，内称：尚有续约内未载者三端，拟定：一、按照前约，中国可在北圻各大城镇设立领事官，现经彼此商酌，中国允许，此等领事官目前暂从缓设，应俟两国查看该处地方情形再行设立。一、俟中国在河内、海防两处设立领事之时，法国始可于滇、桂两省城设立领事。一、中国所允法国于龙州、蒙自两处设立领事官及蛮耗设立领事官属下一员，系属陆路通商处所，不可仿照上海等处通商口岸设立租界。以上三端，彼此言明，虽未列入续约专条，与约文所载遵行无异等因前来。本大臣查，彼此商议之时，所商定各事，今照会妥洽为凭。以上三端，在本大臣同贵大臣无不意见相符也。为此照复。

须至照会者。

上谕：中法续订界务、商务，已令总理衙门王大臣与法使恭思当画押，业经电谕该督抚知悉。此次所定粤省界务，将勘界大臣意见不合归入请示之白龙尾、江平、黄竹等处，一律划归中国。江平、黄竹向为华民聚居，白龙尾地方向只巡哨一及。此后，各该处善后事宜，应如何设官分汛，妥筹布置，该督抚务当悉心会商，奏明办理。龙州应设领事官，经总理衙门与法使议定，将来何时设立，必于数月之前先期照会。张之洞、李秉衡前奏龙州开关通商、添设道员各节，业据吏部于上年会议准行。新设之太平归顺道，办理中外交沙〔涉〕事宜，关系紧要，应作为何项缺分，并查照该部所议，体察情形，即行具奏。

五月初十日

上谕：中法续定界务、商务条约，已令总理衙门与法使恭思当画押。所有条约、照会各件，不日由总理衙门咨行该督抚，查照办理。滇省界务，周德润与法使狄隆会勘时，意见未合归入请示者两段，此次定议，经总理衙门与周德润按图面商，据称，猛梭、猛赖一段，荒远瘴疠，弃之不足惜。岑毓英所见亦同。至我所必争者，南丹山以北，马白关以南，其中山川险峻，田畴沃美，如能画归中国，既可固我疆圉，亦可兼收地利。当经总理衙门王大臣与恭思当反复辩论，将猛梭、猛赖一段准归越界，其南丹山以北，西至狗头寨，东至清水河一带地方，均归中国管辖，约计收回各地段不下方圆四百余里。此事煞费唇舌，始克就我范围。所有各该处界址，应照约按图，由地方官会同驻越之法员，申划清楚，设立界牌。其余善后各事宜，屯田应如何兴办，防兵应如何分戍，该督抚务当详细筹商，次第经理。界务既定，即须接办商务。岑毓英前奏布置边防折内，有蒙自为通商要津之语。既准蒙自设立领事，开办通商，正相吻合。至蛮耗系保胜至蒙自水道必由之路，准其分设领事属员，与中国分设之税司互相稽查。现经议定，蒙自设立领事官时，必于数月之前先期照会，以便驻扎关道，安设税司。粤省以龙州开关请设太平归顺道一员，云南事同一律，着该督抚趁此尚未开办之时，悉心布置，奏明办理。至滇之土药厘金，向来缴收甚微，现定每百斤税厘各收银二十两，必须完过厘银后，方准法商完税接买，将来于课项亦有裨益。总之，界务、商务，总理王大臣所定条约，挈其大纲，此外节目周详，施行尽利，全在该督抚随时规画，用人得当。一切慎之于始，免致别生枝节，是为至要！

五月初十日

谕洪钧刘瑞芬充出使欧洲各国使臣

上谕：内阁学士洪钧，着充出使俄国、德国、奥国、和国钦差大臣。大理寺卿刘瑞芬，着充出使英国、法国、义国、比国钦差大臣。

五月初三日

勘界大臣邓承修致总署遵旨与狄隆改正图线电　附旨

个电恭录，照会狄隆。修遵旨回钦养病。二十九日，率道员王之春、司员杨宜治、廖锡恩等起程。道员李兴锐遵旨入都。二十六，赴览东西界详图清册，暨三月间与狄隆议改正图线，并于本日由驿咨递总署，请代奏。

五月初四日奉旨：《中法续订界务商务条约》已派王大臣与法使画押，所有照绘钦州界图，及照录条约各件，即日由总理衙门发交委员马复贲赍回。其设立界牌事宜，照约由地方官会同驻越法员办理。邓承修着即驰驿回京。

五月初七日

伊犁将军锡纶等奏议复承化寺僧众迁回塔城折

伊犁将军锡纶、春满奏，为遵议承化寺僧众迁回塔城有无窒碍各等因，谨陈前后一切情形事。

窃奴才等前奉上谕：沙克都林札布等奏，请收回科属乌梁海游牧，安插蒙哈一折等因。钦此。钦遵在案。旋承准总理衙门咨开：转准理藩院咨，据棍噶札拉参呼图克图呈称，阿勒泰山为俄人垂涎之地，呼图克图为彼族忌恨之人。现在新界逼近该寺，三面当敌，请将所领徒众移归塔城一案。查此项僧众，若仍居阿勒泰山是否相宜？移归塔城有无窒碍？咨令详细妥议复奏各等因。具见总理衙门已洞悉其中诸多隐情，非由外拟议，不能为一劳永逸之计。窃查沙克都林札布莅任未久，于该处地方情形或未周知。其还地归科一折，自系检查旧案，前任办理未竣，理应接办，并非该处确有蒙哈尚待安插也。至棍噶札拉参所呈，亦系因其现拟求回原籍，为息事安人起见。总理衙门接准棍噶札拉参所呈，虑及承化寺僧借地修建是否相宜，久假不归，恐多碍窒，因咨行塔城等处，令妥议具奏，理应知无不言，言无不尽，以备采择。奴才锡纶前在布伦托海塔城参赞大臣任内，来往巡阅，实于新疆一切各路情形较为熟习，谨详陈之。

伏查，阿勒泰山之阳，旧系杜尔伯特游牧之地。迨杜尔伯特请迁乌兰固木后，始属乌梁海部。该部本在阿勒泰山之北，畏热恋寒，习惯已久，专以射猎为生，间有逾山为冬月避雪之计，地旷人稀，不善稼穑，遂至积渐微弱。兵荒以来，更形户口凋零。现在该处山北隙地尚未住满。查科属哈萨克部，向在乌科克卡伦之外，与阿勒泰山两不相涉，既居阿勒泰山迤南隙地之阿萨克，向属塔城所辖之公爵柯勒依哈萨克十二鄂柘克，在斋桑淖尔西北至阿雅古斯一带游牧，因西北卡外边境被俄人蚕食殆尽，所有部众大半人随地归外属者多。独该部感恋朝廷厚恩，避俄而东潜，抵阿勒泰山之南，已二十余年。后因棍噶札拉参在该处招集僧徒，营建庙宇，声势颇壮，足以詟服强邻，遂藉为翼覆。始迁之时，乌梁海部尚罔觉知。迄今所管人户不下万余，蒙业相安，耦俱无猜。公爵承袭事宜，均呈由塔城参赞大臣照例办理。如果科城乌梁海尚有未就安插之蒙哈，前乌里雅苏台将军麟兴、前布伦托海大臣李云麟，岂能以科城要需之地借之塔城？此科城乌梁海并蒙哈人众尚待安插之实在情形也。

至棍噶札拉参以方外之人，值多难之际，招集徒众，效力戎行，虽未能悉合机宜，间有蹉跌而百折不回，功在边陲。嗣蒙赐以寺名，赏以封号，遂斩棘披荆，营修庙宇，及住屋数百楹，以为僧众栖身之所。又开渠垦地，教令耕种，以供僧众口食。经营十余年，竟与俄人边界俨若敌国。前参赞大臣升泰勘分地界，俄人希图在哈巴河以东朦混侵占，舌敝唇焦，迄未定议，奴才锡伦①派令委员刘宽帮同辩论，言迤东系呼图克图棍噶札拉参庙宇界址，即不敢龃龉，照议定界。现虽棍噶札拉参赴藏入都，回寺无期，而数年之久，俄人不敢意图窥伺，并见其先声余威，实能消患未萌。承化寺之在阿勒泰山，实为科、布、塔屏蔽，不仅为该寺僧栖止已也。上年抚臣刘锦棠在伊犁时，奴才锡纶与之揆时度势，悉心筹画，拟在哈巴河酌建小城，又于额敉勒河亦建城，以联科、塔两城声势，抚臣亦颇首肯。因诸务均需以次清厘，尚未举办，刻下若将承化寺僧众迁回塔城，则前建庙宇房屋究应如何办理？若概令拆毁迁移，则前功尽弃，殊属可惜。若责令

① 有时为“锡纶”。

乌梁海部缴还原资，势必有所不能。该寺僧众数百人，柯勒依部哈萨克万余户，收回塔城实无安置之法。种种窒碍，难以枚举。兼查乌梁海部，若将地收回，该部人众在彼游牧，户口寥寥，势必专恃卡伦一座、侍卫一员、蒙兵数十名弹压，则威望未孚，稽查难周。诚恐俄人将阴遂垂涎之计，边防有自坏长城之忧，所关甚巨。奴才等受恩深重，实不敢缄默苟安，有误大局。以奴才等愚见，似宜将承化寺僧众暨在塔附住之哈萨克部，一概毋庸纷更，劳民伤财，容俟疆务大定，再议归还，以符旧制。抑或即将隙地拨归塔城，俾该僧众永远居住，以收驾轻就熟之效。相应请旨饬下总理衙门、理藩院妥议具奏，奴才等听候议复奏准，再行遵照办理。至于呼图克图棍噶札拉参回寺情形，另片密陈。除咨呈总理衙门、理藩院外，谨奏。

光绪十三年五月十二日奉朱批：另有旨。

伊犁将军锡纶奏俄人严惮棍噶札拉参请准照旧住居于疆务有益片

锡纶等片。

再，承化寺建于阿勒泰山之南，蒙御赐寺名，为棍噶札拉参焚修之所。该处为科、塔咽喉要地，俄人垂涎已久。自棍噶札拉参建寺之后，俄人不敢东向牧马。近日以来，该呼图克图虽赴藏入都，久未回寺，俄人仍不敢畔援歆羡，实系严惮棍噶札拉参之归也。如蒙俞允，该处僧众照旧住居耕种，不必纷更。拟请将棍噶札拉参或准回原籍，不归阿勒泰山之处，均毋庸宣示，以免俄人另生枝节，实于疆务不无裨益。谨奏。

光绪十三年五月十二日。

礼部奏朝鲜与法国订约折　附咨文

礼部尚书奎润等奏，为据咨转奏事。

准总理衙门文称：准北洋大臣咨称，朝鲜国王递到咨文一角，钞本一件，请就近转送礼部，应将原咨钞件送部，查照办理等因前来。臣等公同阅看，朝鲜国王来咨，系因该国与法国于光绪十二年五月订定条约通商章程税则，本年闰四月，接到法国国书，将所订条约批准互换，交际事件幸臻妥完，咨请臣部代为转奏等情。臣等查，朝鲜国与各国通商以来，所有议定条约章程及往来国书，历经缮册咨明臣部，代为转奏在案。今该国与法国订定条约，批准互换，将照会一件钞录，咨请转奏。除钞册应由臣部存案外，谨钞录该国王原咨，恭呈御览。为此，谨具奏闻。

光绪十三年五月三十日。

附朝鲜王与法国订约致礼部咨文

为咨会事。

照得光绪十二年五月初三日，敝邦与法国全权大臣戈可当订定条约通商章程税则各件，画押钤印，互相凭据之由，已经咨明。而本年闰四月初八日，法国使臣葛林德赍其国书，来到敝邦京城，与督办交涉通商事务金允植，将上年所订条约批准互换，交际事件幸臻妥完，实由皇上绥靖之恩，亦荷部堂大人暨北洋大臣经画远谟，维持局面。谨与一国臣庶北望赞颂，无任感纫。兹将该国国书钞录附呈，用备鉴谅。请烦转奏天陛，以表小邦无事不达之忱。为此，合行移咨，请照验施行。

礼部奏朝鲜因英国还巨文岛奉表称谢并贺亲政折

礼部尚书奎润等奏，为据咨转奏事。

朝鲜国王庆贺皇上亲政，特遣正、副使臣等进表文、方物，于本年五月二十六日到京，附赍咨文一件。臣等查阅来咨，系因该国巨文岛前被英人占据三载，蒙天朝理责，今乃师舰言旋，场屋载〔裁〕撤。该国王感激天恩，咨请臣部代为转奏等情。臣等查，朝鲜国遇有与各国交涉事件，均咨明臣部，代为转奏，历经办理在案。今该国收复巨文岛，移咨到部。谨钞录该国王原咨，恭呈御览。至原咨内称，篚厥土宜，奉表叩谢等语，臣等检查，并未附入此次所进表文、方物之内，应俟将来到京后，由臣部另行办理。为此，谨具奏闻。

光绪十三年五月三十日。

清季外交史料卷七十一终

清季外交史料卷七十二

光绪十三年六月至七月

沪道龚照瑗致总署英人棒毙华人英官只定监禁二年请示电

英人棒击华人一案，英臬定监禁两年作苦，县官与英领事辩驳，领事总以同治十二年焦褚福枪毙周钦二成案比例，且未经剖验为辞。现县通详，由道辩驳，恐难议抵。如何办理，现已禀南洋，请钧署示遵。

六月初六日

总署致张之洞询关闸以内华民词讼是否归地方官审理电

关闸两处以内居住华民，近年词讼案件是否仍归地方官审理。旺厦村等处钱粮，每年实征若干，归葡收租者若干，迅速电复。

六月初八日

直督李鸿章致总署袁世凯报韩闵咏翊逃沪电　二件

袁世凯电：朝鲜王戚闵咏翊①乘俄船逃去后，或曰翊引俄占巨文岛，或翊曰〔曰翊〕奉君命赴俄，求保护，驻韩西人疑议纷起，凯密探王意，盛怒翊逃，已嘱各近臣劝之削去翊职，以息众议。翊此次回朝，举止多异于前，然其性僻浅多疑，亦无能为云。

六月十三日

袁世凯今日又电：顷，接闵咏翊电，已至烟台，将赴沪住，则近日引俄、入俄等语均谣言。翊以时艰积闷若狂，终不能安详稳固云。

六月十三日

① “闵咏翊”与“闵泳翊”均有出现，保留不变，下同。

总署致李鸿章闵咏翊潜逃事希确探并令袁谨慎电

两电均悉。咏翊之归，乃袁招之。今忽潜逃，袁因西人浮议，劝王削闵职。旋接闵电，始悟为谣。是非独朝鲜政乱可忧，而袁之轻躁浮动亦殊可虑。此事早系廑筹，应如何派员确探，饬袁镇静，并允植因何获咎，咏翊赴沪究欲何为，均速电复。

六月十六日①

直督李鸿章致总署韩臣假王命借日债并咏翊事电

外部协办卞元圭，假王命借日债五千元，并假命用外署印。事发，令卞配恶岛，金允植见欺，亦配近地。咏翊谏王及妃，除群小，并谏妇人干政，妃怙恶，乃悻悻，袁劝削闵职，亦未行。王尚欲招闵回，闵必不回。袁未与闵洽，劝削职，或劝令归耶?

六月十四日

直督李鸿章致总署据盛宣怀报闵咏翊来烟台电　二件

烟台盛道来电：顷，俄领事云，俄船十一日送闵咏翊来烟，仍回仁川，闵当在烟俟韩王电，再定行止。

六月十五日

盛道电：顷，晤闵咏翊云，俄、韩并无密约，恐又将内乱，不愿为官。袁挽留，故不能乘华船而坐俄船来烟，请中堂勿疑，如有疑，或令住烟、住津，均可，但不愿即回国。宣盛宣怀属其候信，再定行止等语。已令盛密招来津，面询一切云。

六月十六日

总署致李鸿章请召闵咏翊来津详询电

闵咏翊到烟，可否由尊处密招来津，详询近事，当得其实。

六月十六日

① 原刊目录标为“十四日”。

总署致张之洞据赫德言六厂税则与新章不符电

昨据赫德钞呈监督示谕，有与新章不符数端。查章程内称：凡通商口岸，香澳贸易，华船须赴税司处领牌验货，与税司经理他项船只，一律办理等语。是粤、潮、琼、廉四关，凡往来香澳者，应照向来海关办法，税司验货发单，监督银号收税。所收之银，税司并不经手。凡不往来香澳之船，统归监督委员经理。宥电言之甚详。俟香澳装货回船，应在六厂完纳正税，亦见前电。更不得有预报单名目，致起商人沿途弊混，均即查照出示更正。至请领船牌，税司并无丝毫使费，且往来香澳者，始请领此项船牌，正可分别是否赴香澳贸易，应否归税司经理，该电亦已详言。已饬赫照发，以清界限。至原领地方官牌照，仍饬照旧办理。查广、潮、琼、廉均有地方官所发船照，或分装货之若干，或分初领续领，照费则有七十三元至四十六元、一百两至三十两不等。翰电所云粤省向无此例，船户必然抗阻，似非确论。又据赫函称，六厂税则六月初六日始行交到，潮海常关税则至今未到。应即日将税则交税司接收开办，切勿再延。

六月十六日

粤督张之洞致总署六厂征税重费累民请代奏电

六厂税务出示后，应由监督与税司妥商交割。惟关税司钞送赫德章程二十五条，有必不可行者三：华船土货皆照洋税［司］征收，洋税重，常税轻，一也。不通商口岸之土货，在本口已经完税，今过六厂，又令照洋税例完子口半税，无故加征，二也。通省民船皆令领船牌、纳船钞，无牌之船尽行拿办，粤省向无此例，船户必然抗阻，三也。改洋税，加半税，增船钞，似此重费累民，必致纷扰生事。即使不致滋事，然商民力不能支，在朝廷亦必不忍。此项税务应交何处办理，朝廷自有权衡。惟该总税司以六厂牵混各口，又复蒙混加征，实属节外生枝。洞等职在地方，不敢不据实上陈。请代奏。

六月十六日

总署致张之洞据赫德言六厂征税不致累商电

翰电已进呈。当传赫德至署，将来电三条逐加询问。据称：华洋税则互有重轻，但六厂征收向无定数，故照洋数办理，以归划一。今饬即电两税司，此数日内仍照旧常税数目征收，俟海关交到之税则寄京，再由本署与赫德酌核，作为定章。至不通商口岸已完税者，船到香澳，并不加征，但必须将本口地方官完过税厘若干之凭据呈验留下，即免征放行。无凭据者，应照常税则纳税，以杜漏私，即不照章程内纳子口半税。至领船牌一节，专指通商口岸赴香澳之船而言，并非通省民船。此项船数不多，可以约计。今饬领船牌，以便本口分别应否归税司办理，又以便香澳税司分别此船照是否由通商口岸而来，缘粤省民船不往来香澳者甚多，税司无庸过问。其领牌者并无丝毫使费，不致累商。船钞之税，现在并不收纳，将来查明再定。已令赫德，电税司遵办。

六月十八日

粤督张之洞等致总署新税恐牵动通省全局电

屡次钧电只言六厂常税交税司，当已出示交办。今阅赫德章程税函，竟将粤海大关、潮海、琼海、北海四关及各口尽行网罗侵占。各关口只管查舱货，发准单，无税可收，未免牵动通省全局。粤系海邦，全省商税皆以出入海口为大宗。洋货无论，即所有民船土货，省西省北之货，自广州出口者，东至惠、潮，西至高、廉、雷、琼，皆必经六厂。惠、潮与高、廉、雷、琼东西往来，暨此六府赴广州省城，又过省城而西而北，亦必经六厂，实为粤省商贾咽喉，此外零星涓滴而已。今赫章无论出入来往何口，皆告六厂完税给单放行，则各关皆同虚设。甚至非口岸之土货已完税者，亦加抽半税。尽驱民船，改由商岸，绝流而渔。至改洋税，加子税，增船钞，无牌之船即行拿办，累商扰民，必生巨患，已另电奏陈。伏思朝廷令税司兼办常税，自系筹饷要政，不得已之举。窃有管见，敢以奉陈。查粤海关积习，用人杂滥，胥吏中饱，若责成督抚会同监督，实力稽收，厘定章程，尽改向来总办名目弊端，添派委员经收，剔除中饱，痛裁縻费，每年全省必可征至八十万以外，应解正饷、贡品、本关洋款传办各件及一切经费，核实开报，所余尚多，候旨拨用，无须改则加征税项，自能增益。六厂虽归税司，应令其仍照旧章抽收，不得牵动各口。除所收若干拨补内省收数外，总期凑足八十万之数。赫德专以洋药例征有碍为词，牵混要挟，日增月益，将来何所底止？此乃通省民船常税，与洋药无涉，与香港无涉，且与六厂常税旧章亦无涉。洞等为靖商民、裕税课起见，是否可采？伏候钧裁。

六月二十日

桂抚李秉衡致总署界务竣事派员筹办界牌电

接邓大臣电，界务、商务已画押，即遵旨驰驿回京。秉衡到龙州已及三年，省中司道均非本班。现在界务已竣，所有返省事宜，似须衡回省切实统筹。至商务，亦须先筹委员办理。查新授臬司张联桂不久到粤，拟请委该司前来办理，而以候补道蔡希邠帮办。至设立界牌事宜，即责令该司督同地方官妥办。秉衡患病久，亦拟回省调理，此又未敢遽陈君父之前者。请代奏遵行。

六月二十日

中丹英三国会订电报齐价摊分详细合同

中国电报总局，丹国大北公司，英国大东公司，会议订立。

此合同订于光绪十三年六月二十一日，即西历一千八百八十七年八月十号。中国电报公司，即于合同中称为电报局，丹国大北电报公司以及英国大东电报有限公司，即称为两公司。

一、因电报局欲将中国电线与欧洲电线相通之邻国相接。

一、因两公司以直路水线一经俄国，一经印度，已与欧洲相接。

一、因电报局及两公司于一千八百八十七年七月七号在烟台妥订合同九款，以免互相争夺生意，庶固友谊而敦和协，今已定有章程，以成此举。

一、因议定将妥订合同之九款删并，以新订合同补正，执守为凭。

一、因议定电报局、两公司遵照以下各款，特将各款意义译成合同，以便电局、两公司至诚固守。

以上所载各事合行议订合同条款列左：

一、凡电报除沪、福、厦三口之外，不论中国何处与欧洲以及欧洲过去诸国来往者俄国不在其内，从电报局旱线传递，或经陆路边陲，或经两公司水线，均归电报局得，款内注明电报生意，电局须定价每字五法郎克半，归电报局得。

二、凡电报香港、上海、福州、厦门与欧洲以及欧洲过去诸国来往者俄国不在其内，以电报局旱线传递，经陆路边陲，电报局须定价每字五法郎克半，归两公司得。须照第四款，分与电报局一百分之十分。

三、凡电报香港、上海、福州、厦门与欧洲以及欧洲过去诸国来往者俄国不在其内，从两公司直路水线传递，或经俄国西卑里亚，或经印度，两公司须定应得之报费，每字五法郎克半，归两公司得。须照第四款，分与电报局一百分之十分。

四、凡电报香港、上海、福州、厦门与欧洲以及欧洲过去诸国来往者俄国不在其内，不论由公司水线，或电报局旱线传递，该项报费归两公司得。两公司将上海、福州、厦门与欧洲以及欧洲过去诸国来往应得之报费俄国不在其内，分与电报局一百分之十分。

五、电报局旱线断坏，西历一年内，如不出六十日之外，第一款内注明之电报由两公司水线传递，不得取费。如电报局旱线断〈坏〉，一年内，出六十日之外，其余线断之日，由两公司水线传递，则电报局应给还两公司每字四法郎克零二分五。

六、两公司水线断坏，西历一年内，如不出六十日之外，第四款内注明之电报由电报局旱线传递，不得取费。如两公司水线断坏，一年内，出六十日之外，其余线断之日，由电报局旱线传递，除上海至吴淞以及福州至川石山两旱线之外，报费每字五法郎克半，归电报局得。

七、所有电报欧洲并欧洲过去诸国与他国来往，经过电报局旱线者，电报局须定价每字五法郎克半。

八、以上各款，于中国官报无涉。中国官报如走旱线，均全归电报局。如水线传递，仍出全费归两公司，无须分与电报局一百分之十分。此项官报，系指海军衙门、总理衙门、各督抚、将军、钦差大臣、出使大臣、海军提督、出使领事各官报，必须各署盖印方可。

九、第一款至第八款所定电费，并应分之数，不得更改。如若更改，须电报局、两公司允准方可。

十、第五、六款内注明一节，电报局旱线、两公司水线，每二十四点钟内，须发验电电报至上海。一、电报局由边陲各局，从旱线与欧洲电线相通之邻国相接者寄发。一、两公司水线，无论由海参崴、马打拉斯、兰观等三处寄发。各电报局该水旱线，或两公司该水线，无论何日，不能达传验电电报，即以该日为断线之日。倘验电之报，在传递时偶失耽搁，他报仍得照常寄递，则旱线、水线不能以失传验电电报之误作为断线日。

十一、第一款至第八款所注明电报生意，电报局、两公司须在沪、福、厦、港四处登记帐〔账〕薄。其钞录之帐〔账〕，接西历月分，每月一结，以逾月二十一天之内，电报局、两公司之司事人在该四处彼此查阅核对。再二十一天，须将前项月帐〔账〕归上海用鹰洋分划清结。电报局、两公司收取报费，算结月帐〔账〕，定以四法郎克零二分五合作鹰洋一元，不能更改。如有更改，须电报局、两公司允准方可。

十二、电报局、两公司于沪、福、厦、港四处之电局，彼此应着司事人查阅钞记帐〔账〕目。其第一款至第八款内注明电报之日流薄，并一切帐〔账〕薄，概可任司事人查阅。

十三、第一款至第八款所注明电报生意，电报局、两公司总应竭力处理，阻止他人取巧寄报，并他人开设经手店，专收直寄电报，用贱价转寄，［并他人开设经手店，专收直寄电报，用贱价转寄］，致损三家权利。再于此合同中所载之电报生意，电报局、两公司不得与其他旱线或水线公司另有干涉，或订立合同并各章程，以致有损电报局或两公司之权利。其别项电报生意，此合同未曾列入者，则电报局、两公司或定价，或另订合同并各章程，皆可任意定夺。

十四、现在海边沪、福、厦、港本地电报价目，须电报局、两公司允准方能更改。

今将每字来往价目列左：

上海至福州，洋报三角三分，华报一角五分。

上海至厦门，洋报三角三分，华报一角五分。

上海至香港，洋报四角四分，华报一角九分。

福州至厦门，洋报三角三分，华报一角正。

福州至香港，洋报三角三分，华报一角三分。

厦门至香港，洋报三角三分，华报一角二分。

十五、现在电报局所收两公司之上海吴淞、福州〈川〉石山之过线费，以及大东电报公司所收电报局香港九龙之过线费，一概除去，以此合同期满日止。至该水旱线，并该线相接之线，电报局、两公司仍照旧，各自固守。

十六、两公司除吴淞、川石山、鼓浪屿、釜山四处海线已设之处，非电报局允准，再不能推广海线过该四处之外，至中国、高丽各处，惟此合同于该四处水线头行至海岸，已准之利益，仍无关碍。

十七、除此合同所订明条款之外，其电报局、两公司议定未满期之合同，仍不更改。

十八、此合同俟电报局旱线与欧洲电线相连之邻国接线之日，即可施行，至西历一千九百零三年五月十九日期满为止。期未满之前，现在以及将来之中国官商各电局暨两公司以及将来接替两公司者，均须遵照办理。再，中国、高丽所有电线，或系该官商电局所设，抑或该官商电局兼理，亦须照此合同，应由电报局详送中国北洋大臣，咨明总理衙门，核准备案。两公司并应呈送驻京英、丹两钦差，核准备案。

十九、此合同字义并各款一切之事，如电报局、两公司各事争执之处，则将该事交之公正官详论。一为北洋大臣，或为别位中国大宪，归电报局请。一为驻京丹国钦差，或为英国钦差，如肯俯允相就，归两公司请。其第三公正官，在事未详论之前，须由两公正官公举。其二公正官，或三公正官之公断，均可听从，作为定议，两造遵照。

二十、此合同照样三分，电报局、两公司各报〔执〕一分存照。

光绪十三年六月二十一日，即西历一千八百八十七年八月十号。

大清钦命总办电报事宜·山东东海关道盛。大丹大北电报公司经理总办恒宁生。大英大东电报公司经理总办直德。

总署奏与法使商定蚕池口教堂提前迁移并画押折

总理各国事务庆亲王奕劻等奏，为蚕池口教堂议令从速迁移，现与法国使臣商定办法，互送照会，并饬教士画押立案事。

窃查，上年五月间，经北洋大臣李鸿章奏称：现饬津关税务司德璀琳与驻京教士樊国梁订立合同，蚕池口教堂，自光绪十三年正月初一日起，以二年为限，凡北堂仁慈堂地基、房屋，均于限内交出。又上年十一月间，复经李鸿章奏称：续与罗马教皇商议办法三条，西什库街南有小庙一座，车辆出进不便，可将该庙移于他处。倘不能移，请设法另辟通车之路。并于折内声明：拟饬德璀琳来京，禀商总理衙门酌办等语各在案。臣等遵于上年十一月，率同税务司德璀琳及臣衙门章京、步军统领衙门司员，前往履勘。查得西什库迤南小庙正当冲途，有碍车路。该教堂所购大木，计长五丈，并未运进，有误兴工。是西什库教堂不能速成，则蚕池口教堂不能速让。惟有议拆小庙，开通车路，庶不致教士有所藉口。正在商办间，适接李鸿章文称：派候补知府胡濙赴京，与该寺尼僧商购庙基，将该庙拆移至西直门南草厂。该僧教等均已议有成说，工价银五千五百余两，亦已如数交清。是该大臣所办，与臣衙门意见相同。惟是文内所称地由委员胡濙购买，原恐教士任意修建，有碍民居。在该大臣杜渐防微，具有深意。然庙价实由教士自出，则修造悉听于人，不如将庙价由臣署还清，庶操纵可以在我。现在法使恭思当新换商界续约，蒙赏给宝星，感激天恩，极思图报。臣等因商诸恭思当，嘱其告知诸教士，从速迁移。如照限早六个月腾交，其尼庵之价即由臣署给还。如再早交一个月，即再加银二千两，以次递算。现经恭思当与该教士再三商议，情愿遵照旧限，提前一年，定于本年十二月三十日移去。连地价在内，共给银二万两。臣等公同商酌，以该教士遵议提前搬让，情词极为恭顺，未便泯其急公奉上之忱，应请如议办理。并据恭思当照称：该教士于本年除夕之期尚愿提前腾出。臣等念其情殷报效，拟如早一个月再加给银五千两，按月核算。如在一月零十余日，则按日核算。已与恭思当将以上各节议定五条，各立照会，互换为据。如蒙俞允，即由臣衙门筹款，届期照付。至西什库庙基已由臣衙门议定，两个月内交与教士收领，以便运木兴工。庙基东西各留二丈，作为公路。其地基只准种树建门，不准盖造房屋，与李鸿章开辟车路、不准建屋原议亦属相符。委员胡濙系原经手之人，现已饬令来京，妥为赶办，并将原立契约令胡濙改编，交臣衙门存案。谨钞录与法使恭思当往来照会，并画押原函，西什库地基图说，一并恭呈御览。谨奏。

光绪十三年六月二十二日奉朱批：依议。

直督李鸿章致总署据浙关电赫德定药税专袒沪关致宁关同虚设请准嘉湖设稽征局电

浙海关薛道电称：浙关药厘，津饷共拨十一万，赫德船费四万，又拨海署二十万。揆之常理，通岁似可余足。乃赫德定章，专袒沪关。宁郡向有洋药栈十三家，今已九家迁沪，余四家亦难久住，宁关恐同虚设，焦急殊深。闻沪药由嘉湖入浙者，半在沪完厘税，半系影射走私，是在浙有大损，而在沪无小益。浙关恃此以解各饷。月前详请在嘉湖设稽查局，稍杜冒沪走私之弊，既不背新章，而在浙则稍资补救，拟求核准。大局幸甚！除设法招谕药商回宁外，但望药厘有收，津饷当源源先解云云。应求核准，设局稽私。

六月二十二日①

总署复李鸿章浙关准予设局稽私电

浙关设局稽私，户部核准，本署即咨复浙抚云。

六月二十三日

直督李鸿章致总署浙省洋药税稍有转机电

漾电已转浙。顷，宁波薛道电：昨派员招回徙沪之洋货栈，许以体恤，稍有转机。今得此信，更有把握。然以百七结，较去年百三结，已少到洋药一千二百余箱云。

六月二十四日

总署致张之洞六厂税务无碍粤省现在办法电

筱、洽两电均悉。向来各海关收税章程，税司验货后，应征税银，均由该商自赴监督银号交纳。现在赫章第三条，一律办理之语，即系照海关向章，凡粤、潮、琼、北四关所收常税银两，仍交监督银号收纳，税司并不经手。其四关进口常税，凡不由香澳来者，亦系监督委员照旧征银，税司更不过问。至不通商口岸之船，凡在本口完过税银者，但持有完税凭据，过厂即验单放行，惟凭据内必须将完银数目、货色、名目写明。其无此写明银数、货数之凭据者，须在六厂照常税补纳。是此办法，与当初设厂补抽之意适符。除由香澳载货之回船，六厂照常税数目收一正税，此外四关进口、出口之船均照旧归各关收税，是四关大宗常税仍令归监督稽征。来电谓四关各口尽行侵占，无税可收，此层误会，关系非小。盖此番改章，专为裕饷起见，本署绝无偏倚。又因粤关用款太繁，曲为保护。凡新税司所收，统交监督应用。果能中外同心，一无掣肘，监督严稽四口常税，新〈税〉司严杜六厂偷漏，将来尽收尽解，一年统算，恐尚不止来电七八十万之数。倘意见纷歧，处处稽留挠阻，非徒香澳新章难期实效，而无税可收一语既已倡

① 原刊目录标为“二十三日”。

之自上，自此四关司事藉口侵吞，恐监督自收大宗之正税亦全归中饱。此目前必至之患，不可不预防者也。又广州出虎门口，东往惠、潮，西往琼、廉贸易者，任便放洋，皆可不过香澳。惟赴香澳贸易载货，仍必经六厂一隅之地，不得指为全省咽喉。其筱电拟自办，洽电拟会办，均系以六厂仍归税司，而自行整理四关之税务，与现在办法全无妨碍。但督抚会办，事关改章，似尚未可轻议。再，六厂常收税则，监督望电云于十一日交讫，而法来格十九来电云尚未接到，不知何故？希即转巡抚、监督。

六月二十六日

滇督岑毓英等奏陈滇省界务商务防务大概情形折

云贵总督岑毓英、云南巡抚谭钧培奏，为遵旨复陈滇省界务、商务及防务大概情形事。

窃臣等于光绪十三年五月三十日，承准军机大臣字寄，光绪十三年五月初十日奉上谕：《中法续订界务商务条约》已令总理衙门王大臣与法使恭思当画押。所有条约、照会各件，不日由总理衙门咨行该督抚，查照办理等因。钦此。并承准总理衙门将续议条约、照会、界图各件咨行到滇。

臣等伏查，滇省界务，自上年正月，法人驶至保胜，因兵微势弱，屡为越民所阻。延至六月，法使狄隆始间关来至保胜。比因越人不靖，屡欲愆期，冀待削平乱党。经臣毓英与内阁学士臣周德润设法开导，加以者兰之变，彼族悚惕，始听校图定界之议。彼时虽幸集事，而沦于越地之猛梭即丰收堡、马白关之都竜、南丹，系雍正年间恩赐越藩之地，此二段犹相持未决。今经总理衙门王大臣与法国驻京公使仍然校图画定，俾全案得以结束。所有各该处界址，将猛梭、猛赖一段准归越南。其南丹山以北，西至狗头寨，东至清水河一带，均归中国管辖。约计收回各地段，不下方四百余里。此次新定各界址，应俟驻越法员何时请勘，臣等即当派委妥员，会同地方官申划清楚，重立界牌。

其余善后事宜，如屯田、戍兵各节。查滇越接壤之地，虽迤逦二三千里，然皆瘴疠荒远，非两广人不能久居。臣毓英前曾饬令驻扎河口之调补云南普洱镇总兵覃修纲，督饬所部粤勇，于操防之暇，择有可以耕种地面，试栽棉花、杂粮。嗣据该总兵复称：遍阅沿边之地，俱是山深箐密，绝少旷土，大凡可以种植之地，皆为土民世业者，外实难开垦等语。至分戍防兵，臣毓英前于光绪十一年九月二十一日，遵旨筹议布防边隘，酌移总兵镇守折内，请以临元镇总兵移驻蒙自县，开化镇总兵移驻马白关，以新添临元镇游击常驻蒙自县，以临元镇右营都司移驻窑头水田，以临元镇右营守备移驻蒿枝地，以临元镇左营都司暨双水塘同知移驻个旧厂，以开元镇中营游击移驻马白关，以开化镇左营都司移驻交趾城，以开化镇右营都司移驻古林箐，并移一守备于长岭冈。现据该镇等禀报，所有应行移驻各将领兵丁，及各处关隘筑立营碉各事，均已布置完密。惟河口与保胜相望，中间仅隔小河一道，是以另派总兵覃修纲所部粤勇各营驻扎，并分驻沿河之南西、漫莪、南屏各要隘，其南西以上普园木厂桥头各处，在在皆与越境毗连，已派永北营参将李德涉带兵分扎。而马白关外现经改归中国各地，有开化镇总兵蔡标所部安边各营粤勇、义字各营土勇分屯驻守。而蛮耗、新街、石头汛、斗姥阁、大石了等处，均系红江沿岸要口，路路可通内地，加以逢春岭、金子河、王布田各地，皆十州三猛扼要之区。上年已派记名总兵·云南抚标中军参将岑有富分统战兵，招募土勇，节节分布。

至通商埠头，臣毓英于上年七月十三日，会同内阁学士臣周德润，曾经奏明，以龙膊之东、红江南岸越地为宜，适符保胜以上之约。今仰蒙天恩，不置两国官商于边荒瘴疠之地，俯顺法人之请，准于内地蒙自县开关，并于蛮耗分设税司，蒙自驻扎关道。惟此次陈请通商，凡事均属创办。伏读圣谕，饬令臣等随时规画，用人得当，一切慎之于始，免致另生枝节等因。查滇省向无交涉事件，在省各员中亦无办过洋务之人，合无仰恳天恩，俯念边地需员，敕下总理衙门，于向办洋务堪以专派之员，预期开单，请旨简放来滇，将来即以之补授关道，庶几求才于事前，始能收效于日后。至滇省汉夷杂处，民情素称顽悍，一见洋人入关，难免不疑惧生事。臣等惟有仰体圣意，督饬地方各官，竭力开导，使晓然于国家怀远之仁，以副朝廷绥边固圉之至意。其土药一项，每百斤厘税各抽银二十两，应俟开关后，即当遵照办理。其余未尽事宜，容臣等随时规画，会商具奏。

光绪十三年六〔七〕月初五日。

滇督岑毓英等奏请于蛮耗地方试办防务片

岑毓英等片。

再，滇省地处极边，西南要隘在开化、蒙自两处地方。此次总理衙门王大臣与法使定界，于开化一面，将南丹山以北，西至狗头寨，东至清水河一带，均归中国管辖，收回地段方四百余里，开化得以有险可扼，不惟仅收地利，并足以固疆圉。至蒙自一面，将猛梭、猛赖一段准归越界，荒远瘴疠之地，诚不足惜，于滇境亦无大损。谨恪遵圣训，按图由地方官会同驻越法员申划清楚，设立界牌。并由臣等详细规画屯田、分戍事宜，次第经理，以期上纾宸廑。至于商务，经王大臣议定，准由蒙自设立领事，开办通商，蛮耗准其分设领事属员，与中国分设之税司互相稽察一节。惟其间有益于商务，不免有碍于防务。臣等职司疆吏，于地方形势知之最详，当此尚未开办之时，宜懔遵圣训，悉心布置，方免后患。查蒙自虽距蛮耗一百六十余里，而中隔大山数重，山深林密，石坡险峻，有一夫当关、万夫莫上之势。臣毓英前请将临元镇移驻蒙自，添设游击、都司分守，即以蒙自为由越入滇之咽喉要隘也。现在均设有防营，棋布星罗，越南游匪虽多，不敢偷越进犯，此诚天之所以限中外也。今若在蒙自通商，计入内地水陆途程已三百余里。设防在外，通商在内，险要已失。如仍置外防，则虚糜饷项。如竟撤外防，则边要难守。反复推求，在在堪虞。且蒙自到个旧铜厂仅七十里，该处向为建水、石屏、蒙自三属，猓夷无业，砂丁、炉户皆若辈充当，犷悍难驯。前经臣毓英奏请，移设同知、都司驻防厂地。近犹时有互斗。若法人到蒙，恐猓夷疑虑，别生枝节。伏查法人之意，不过以经营越南费尽无限财力，亟欲将商务举办，藉以夸耀于邻邦。不知越地义民，至今尚有数十起，日事争杀，富商巨贾岂肯挟赀涉险？即使通商，仍恐贸易寥寥，于商务仍无裨益。仰恳敕下总理衙门王大臣，与该使再行熟商，如能先在蛮耗试行开办，俟数年之后，北圻平靖，中外人民可以畅行滇边，汉夷尽释嫌隙，然后再到蒙自办理，似与该国照会内缓设领事一条意亦相符。谨奏。

光绪十三年七月初五日奉朱批：该衙门知道。

总署奏议复张之洞新香六厂补抽税厘预防流弊折

总理各国事务庆亲王奕劻等奏，为遵旨会议具奏事。

光绪十三年闰四月二十四日，军机处钞交两广总督张之洞、广东巡抚吴大澂奏，新香六厂补抽税厘，移交税司接办，预防流弊，请筹妥善章程一折。二十三日，奉朱批：该衙门议奏，片、图并发。钦此。

查原奏内称：代抽税厘一节，隐患不可不杜，流弊不可不防。此后窒碍各节，曰逾险，曰混界，曰侵权，曰扰民，曰有碍海防，曰虚诳不实，曰要挟无已。为今之计，宜熟筹尽利，防弊之法，约有数端，恳敕下总理衙门、户部详核妥议等语。

臣等公同详阅，窃以饷需所出，利弊原易于相因。政令既颁，朝暮亦难于屡改。洋药并征办法，筹议逾十年之久，节节推求，知非在香澳附近地方设关不能扼缉私之要，非将六厂货厘华税并交新设二关经理不能括缉私之全。上年请敕派邵友濂与总税务司赫德，前赴香港会议，并沿途体访一切情形，并征之议始定。旋因开办在即，香澳既已新设税司，所有该处原设六厂每年抽收华商百货厘金，应统由税司经理，以省糜费而一事权，于本年二月具片附陈在案。后因货厘、货税地在一隅，办宜一律，而又稔闻吏胥之积习，商贩之图私，影射颇多，稽查非易，并据赫德申称，若饬税司经理，收数必有起色，是以通盘筹计，不若将经过该厂华船应完之税厘两次，均责成该关税司代收，仍令将所收各款尽数分解总督、监督，以供该省向来待用之需，冀可有增无减。一面饬赫德拟议章程，一面与粤省函电询商各节，迭经随时上达宸听，仰蒙俞允。此代收税厘一事，臣等审度再三，初非敢轻率办理之原委也。

今该督等所举窒碍及筹办诸条，思患预防，语长心重。该督等身任地方，诚有当言之责，然远虑不可稍疏，而成见亦不容预设。臣等谨就原奏所陈，悉心商酌，逐条复议。

其熟筹办法诸条，大致以试办限期一年、各厂添设华官、巡船管带管驾仍用中国员弁为最要。查华船货税并交税司带收，初议本令试办一年，再行定章。而赫德以为事关创办，一切难以遽定，坚请三年为期。三年中，某年减少无效，即仍归监督经理等语。臣等窃思初办之年，商情不无观望，防弊或未周密，必待历时稍久，乃能确有规模。况赫德既称三年内，某年无效，即可改图，本非一成不变之局。若限以试办一年，为期较促。应于二三年间随时察度情形，以为操纵，无庸先与议定。添设华官一节，赫德之意，以为非虚糜薪费，即恐多所掣肘。但查广东之潮海、琼海、北海三关，洋务〔税〕归税司经理，常税归总督、监督会委之员经理。九龙、拱北两关，虽系新设，而常税、洋税并收，酌派委员一人，未始不可与税司相助为理，且可责成该委员将收项随时分别报解。应令该省总督会商监督，酌委贤员前往，妥实办理。除应得薪水外，不得有丝毫需索。巡船管带管驾，该督谓宜用中国员弁，由粤省派委，归总税司申报，总督随时撤参更换。据赫德禀称，广东巡船向闻有走私保私等弊，恐新章开办之初，员弁设不得力，撤参更换，贻误已多，莫若由伊派委，可专责成。臣查，此项新设巡轮，北自牛庄，南至琼州，东自台湾，西至宜昌，均与各该口监督、税司会同防缉，关系匪轻，应令总税司选择妥确可靠之管带管驾，不拘华人、洋人，均报明该口监督，会衔委派，知照各关，庶税司无揽权之嫌，而亦不得以任用非人藉口。他如声明代收内地税厘，所办系民船华商之事，此六厂地方，照旧归督抚兼辖；又新设两关，遇有晓谕商民事件，税司不得径自单衔出示；又体制文移，照各海关通例，申报总督，照会监督；以及九龙、拱北直称粤地，不得称香澳附地；又新设海口防私巡缉税务司，令删去江海防字样，称为管带缉私船税务司等节；或循守旧章，或改定名目，与现在办法无碍，应饬税司遵照。至谓征银不宜交香港银行，税司住屋必用中国旧房，或他处税厘不得援例推广，则尚未知新香新设之关，左近并无官设银号，款虽随收随解，非有暂存之所，何从安放？税司所居属洋或华，或任听其便，各关向不查问。他处税厘援照与否，其权在我，税司何得妄干？此皆不免为过虑之词，非尽平情之论也。其所指隐患各端，除药膏税厘应较药土加重一节，现查土药价值，各省不同，已饬赫德另议妥章，务使土之与膏，成本相当，不致畸重畸轻，以杜商民趋避，俟有定议，即通行各关照办外，余如逾险、混界、侵权、扰民各节，大率防微杜渐，用意甚深，而揆之情势，不甚切合，应请毋庸置议。

另片请令税司将六厂代收之项尽数尽解，按月解交，臣等早已札饬遵行。至谓此项并非闲款可以存储，恳请饬部毋庸提拨，所收棉纱等五项系应归入省城坐之款，巡缉经费更系另案商捐，奏明专款待支之项等语。户部查，该省六厂补抽货厘，及另收之棉纱等五项厘金，从前并未报部有案，无凭查核。今据声称，六厂货厘，自上年六七月间，先后开办，八个月内收银约十万两，此后岁收或能增至二十万两以外。所收棉纱等五项，系抵补省城坐价〔贾〕厘金，自应由该督抚知照税务司照旧抽收，均应另存候拨。其未交税务司代办之前，究竟抽收若干，应令补行造报，再由户部核定。至巡缉经费一项，上年六月间，据两广总督等奏，劝令各行量力捐助巡缉经费，省城设立公所，派员督同绅董筹办等因，并未指明六厂抽收之款。兹称该厂代抽商捐货物数种究系何项货物？每年可收银两若干？亦应详细查明，专案报部，以凭稽核。

总之，臣等身际时艰，心殷国计，睹度支之告匮，期涓滴之归公，不得已而筹洋药并征，不得已而计及于代收六厂厘税，无非冀除一分中饱，即增一滴饷源。劳怨固所弗辞，意见亦何敢偏执？追溯同治初年创设洋关之始，闻亦浮议纷腾，谓授权外人，弊多利少。迨后税数逐渐加增，乃无异议。今并征所入，与夫六厂代收厘税，究竟统数能增几何，原亦未能逆料，惟既迭经筹议，上秉圣裁，自无中止之理。设或试办期内不拘何时觉有弊端，果形窒碍，即当恪遵前奉谕旨，立图通变之方，不蹈因循之习，亦不得徒以复归旧制为言，致蹈从前积弊。再，此折系总署主稿，会同户部办理。谨奏。

光绪十三年七月初十日奉朱批：依议。

总署奏六厂收税应于凭单注明银数免致偷漏片

奕劻等片。

再，香澳六厂之设，本为该省港路纷歧，商船易于绕越，是以就此设厂补收，其已完厘之货过厂，自可验单放行，不再重征，以纾商力。近闻新税司接办后，遇有由香澳购运回货进口之船，省城厘局预发护照，俾到厂亦得免征。此项护照系先行给领，未预缴厘金，难保过厂以后，商人不沿途卸卖，到局以多报少，甚或以有为无，殊难防范。嗣后应令已完厘者，于凭单内注明收清银数及贩货数，过厂验单放行，勿庸补收，即将凭单留存厂中，按期汇送，藉资稽核。若仅持预给之护照，并未注明收清应完银数，则经过各该厂时，仍令按则征收，与无护照之货一体办理，免致偷漏。除札知总税司外，应请饬下该督等转行厘局遵照，以杜弊混。谨奏。

光绪十三年七月初十日奉朱批：依议。

总署奏酌议滇省设立关道筹办通商折

总理各国事务庆亲王奕劻等奏，为酌议滇省设立关道，并开办通商情形事。

窃光绪十三年七月初五日，准军机处钞交云贵总督岑毓英复陈商务、防务大概情形各折片，奉朱批：该衙门知道。钦此。

查原奏内称：蒙自驻扎关道，滇省鲜办过洋务之人，仰恳饬下总理衙门，于向办洋务堪以专派之员，预期开单，请旨简放来滇，将来即以之补授关道等语。臣等查，滇省向非通商省分，开办伊始，诚如该督所奏，民情素称顽悍，一见洋人入关，难免不疑惧生事，非有实任监司大员，不足以资镇慑。惟该督既奏请设立临安开广道缺，复拟由臣衙门请旨派员，预期赴滇，将来再以补授斯缺，臣衙门向无办过如此成案，碍难照准。应请俟部议奏准后，即由军机处查照成案，开单请旨简放。

又片称：蒙自开办通商，有益于商务，不免有碍于防务，请饬下总理衙门，再行熟商，如能先在蛮耗试办，俟数年之后，再到蒙自等语。臣等查，商务、防务判然两途，未可相提并论。自中外交涉以来，沿江、沿海与西北各口，无处不与通商，亦无处不办防务，并行不悖，历有年所。盖彼族惟利是图，决不肯妄生事端，自挠通商之利益。即如天津去大沽百余里，天津通商，大沽何尝不办防务？近畿与边省，孰重孰轻？此不待烦言而解也。现在广西龙州去镇南百余里，张之洞等已于上年三月奏设太平归顺道，驻扎该处，办理通商事宜。今蒙自与龙州，事同一律办理，自未便两歧。且该督前奏布置边防折内，原有蒙自为通商要津之语。嗣经臣衙门迭次奏明，与法国使臣恭思当画押定议，碍难更改。请饬下该督，仍遵前议，在蒙自开办商务，毋得再有异议。至于稽查税务，晓谕居民，全在该地方官弹压保护，以靖边圉。应令该督督饬新任关道，持平办理，不得另生枝节，致滋贻误。谨奏。

光绪十三年七月初十日奉朱批：依议。

使英刘瑞芬报缅约互换日期电

缅约六月十三寄到，现于七月初七在外部互换，即派员送呈。

七月初十日

总署致张之洞法兵退出白龙尾请派员办理善后电

现据署法使照会，准驻越大臣毕电称，白龙尾法兵已于七月初二尽数撤退，请转电广督等语。希即派员前往，办理善后，仍电复。

七月十一日

张之洞吴大澂等致总署拱北关设在我地征税与葡无涉电

澳门事，委员暨香山县、广州府等查复。围墙内为租界，围墙外关闸内为民地。历年葡人渐图混占墙外地，至今居民相持不从。闸内七村，旺厦村有田四顷，另赴县完粮三十余两。余龙田、龙环、塔石、砧冈、新桥、梨头六村，依山杂居，无田无粮，葡人沿街设灯捐、灯费，又编列门牌，勒收地租，或交或否。旺厦全村灯费、租钞均不交纳，至词讼仍归香山县管理。即租界内口角、钱财细故，葡人就近处息。人命及各重案，或县票差赴澳传讯，或由葡官送归香山县讯办，有案可稽。民闻属葡，多不愿。旺厦民众丁多，尤不甘，请参酌。并据各员禀：详查海道商情，洋药向由外洋专运香港，由港分运各口，澳门与各口同，从无洋船径装至澳门拆卸者。港若认真，各埠各口均无偷漏，与葡无涉。港若漏私，葡亦无能为力。拱北关设在我地，并非租界，其稽征与葡无涉云云。查前议本为葡人协查药税，今确查此事利弊全在香港，葡人于药税并无为力之处，此约窃谓宜缓定。地界等事，一切悉仍其旧。年余后，体察彼收旺否，协查真有功否，再议较稳。外洋议约，往往数年始定，烟台约可证。大澂拟日内赴澳门一带，确查界址、民情，并洋药行销实数，再奉达。

七月十一日

粤督张之洞致总署九龙税司收火油捐请饬停抽电

粤省上年开办巡辑〔缉〕经费，奏准归商人自抽自缴。有未经议妥者，暂由各厘厂带抽，另款报解，专款支用，原与厘金两不相涉。本年海口六厂货厘归税司代收，曾将此情奏明在案。兹有火油巡费一项，已据商人奏请承办包缴，无庸再由厘厂代抽，拱北税司法来格已遵停抽，惟九龙税司马根未照办，据称，未奉总税司文等语。查巡费一项，本非厘厂应收之款，由商人承办，系奏定章程，收支皆另为一事。请转饬赫税司，迅电马根，即日停抽，免致办法两歧，重滋商累。

七月十七日

总署致张之洞火油捐由商缴捐请奏咨饬遵电

贵处前奏，棉花、棉纱、豆子、火柴、火［水］油五项并交税司带收。现在户部复准，另存候拨。今议将火油一项改交商缴，应由贵督奏咨，以便饬遵。

七月十八日

桂抚李秉衡致总署法兵船违约至龙州请告法公使理阻电

去冬今夏，法兵乘船抵平而、水口两关，欲顺流到龙州，均严饬照约理阻而退。请照会法公使，照约法兵不得入中界，我兵亦不入越界。

七月十八日

粤督张之洞奏香港解匪办法请与英使妥商并量开河道口门以资抵制折

两广总督张之洞奏，为粤省缉匪紧要，香港诸多阻碍，拟与英使妥商交解办法，量开河道口门，以资抵制事。

查广东省由黄浦出省，有水路两支，北曰鱼珠，南曰沙路。上年办理海防，用船石撍桩将南支塞断，船只出入统由北支。全力防此，简要易施。自防务解严后，各国使臣、领事屡请开通沙路，迭经臣奏请，敕下总理衙门立案，不予曲从，诚以粤防攸关，不得不守此成局，以冀游沙渐增，用固吾圉也。九年来，在粤领事仍纷纷陈请，各国使臣亦向总署哓渎，以洋船不能直达省河，洋商受累为辞，务请开通沙路，以利船商。经总理衙门与臣内外坚持，频年以来，极费唇舌，不与通融，而彼族仍纷呶不已。上年七月，接总署来咨，深以两年内之饶舌不能置之不理为虑，自是深思熟计之意。本年四月，经臣详细声复，并以体察情形，统筹全局，如别有善法，再当筹议举办等情，函达总署在案。诚恐将来难保不藉端要求，将不可不筹一抵制办法，以为量予变通之计。

查河路拦沙共有三处：一在四沙尾，一在长洲后，一在海心冈。三者以长洲之桥为最固，计长二百五十余丈，纯用大洋木筑成，开之尤未易易。必不得已，将来拟择中央水深处，开通口门十五丈，两傍加桩各两排，中纳石块。日久沙淤，当可渐臻巩固。至于有事时，填塞口门，应俟临时相机料理。其余四沙尾、海心冈两处，亦可仿此办法。惟是当日拦截河道，费尽心力，工料不赀，始克办成。今为利便洋船，许其开通，则彼亦必有利便于我者相与交换，方昭公允。查年来粤省严缉盗匪，所有着〔著〕名大憝，群以香港为逋逃薮。向来到港提犯，诸多为难，须有事主眼证，到堂质讯情节，口供偶有参差，犯之状师即为开脱，每提一犯，须用状师等费数千金，犹不能必其交解，实为条约所无。近日匿匪愈多，窒碍尤甚。拟请旨敕下总理衙门，与英使妥商，议立专条，嗣后交犯，务以两广督臣公文为凭，文到即行交解，无须事主质证，不得藉端刁难。彼如允从，即许以从权，暂将沙路开通，彼得便利英商之益，而我收澄清盗薮之功，似尚可以相敌。曾于河道一节，勉从其请，略加变通，于目前戢匪安民事宜不无裨益。理合缮折奏陈。谨奏。

光绪十三年七月二十三日奉朱批：该衙门知道。

粤督张之洞致总署请催税司解交洋药厘税电

粤省商包药厘八十万两，奏明为归还本省洋款专款，嗣税厘并征，改归税司，复奏明照拨，经贵署会同户部议复，准暂在洋药税厘项下支拨在案。乃届期无款解到，迭次饬催，仅准粤海关转解到十一万九千余两，又解一万八千余两，计司局先后挪动要款，垫还本年洋款，已有六十八万九千余两之多，税司所解不过五分之一。八月十四日应还第三期，连闰息银一十一万一千余两，无从指付。祈饬税司，迅将所收药厘解交监督，转交善后局。应支其前垫银两，一并归还无误。各项解京要款，倘药厘不敷，应在月款筹还，亦祈速电该税司办理。迫切之至！

二〔七〕月二十三日

总署致张之洞粤省各关药厘已饬税司解交备用电

此款，现饬税司，即将粤省各关一百六、七两结暨八月初一日八结期内征存药厘，并九、拱两关至百八结期满止，征存洋药、百货税厘，一并尽数分别解交备用。其垫款作何弥补，即行咨复。

七月二十五日

总署通告驻外使臣与朝鲜驻外使臣公文程式电

朝鲜现派使分驻各国，如与中国使臣往来公事交涉，用呈文，用衔帖，我用朱笔照会，以符属国体制。除由北洋大臣知照朝鲜外，特电达。

七月二十五日

邓承修张之洞吴大澂李秉衡奏粤桂边界已与法国划定折　附界址清单二件

会办广西勘界事宜·鸿胪寺卿邓承修、两广总督张之洞、广东巡抚吴大澂、护理广西巡抚李秉衡奏，为东、西两省边界一律校勘划定，谨陈历年办理情形事。

窃自光绪十一年七月，臣承修恭膺简命，循驿出关。臣之洞、臣秉衡等，钦奉谕旨，会商办理。十月一日，臣承修至镇南关，会同臣秉衡，与法国使臣浦理燮，执据津约，反复折辩。因该使再三坚持，延至十二年二月，春深瘴起，经该国使臣电请驻京公使，商由总理衙门奏准，暂行停勘。其时，臣承修、臣秉衡，仅会同该使由镇南关起勘，东至隘店隘，西至平而关，计程三百余里。虽其中如邱契山、红门隘以及关前各要地稍有展拓，而办理窒碍情形，屡经专电咨陈，并于臣承修秋末起勘折内详细具奏。由驿递回原折，后开军机大臣奉旨：知道了。钦此。十月初一日，臣承修复与随同办理勘界道员及司员等，先后驰赴东兴。适因越境海宁变乱，法国改派使臣狄隆，迟延不进。臣之洞于十一月二十七日，钦奉十一月初八日寄谕，当经恭录，飞咨臣承修钦遵，并随时电致臣承修，暨电饬沿边地方文武、防营将弁，懔遵指示机宜办理，约束兵勇，镇静防范，不准越界生事，严禁流民游匪，藉端拦入。十二月初三日，接总理衙门电称：该使已电请驻京公使恭斯当，由署商恳，照云南划界，当经奏奉俞允等语。狄隆旋亦到界，与臣承修等往返会议。查东界与西界情形不同，西界则居民鲜少，办理较易。东界则华越交错，归越则华民失业而无依，归华则法使坚持而不允。且因海宁之变，边氓多被法人残虐，又皆实系华民，深恐沦于异域，于是扶老携幼，纷纷内徙。远者逃至钦廉，近者栖踪原野，日环使馆，朝夕啼号者以万千计。加以奸民游勇，乘机麇集，界上谣讹四起，一夕数惊。此际激之则变生，听之则不忍。若不妥筹安插，设或挺〔铤〕而走险，必至〔致〕多生枝节，上系宸廑。当由臣之洞立即筹措恤边经费银一万两，驰解东兴，饬令道员王之春、北海镇总兵王孝祺、署钦州知州李受彤，择得竹山一带浮滩官地二十余里，筑成围堤，以工代账〔赈〕，营勇合作，一则为目前糊口之资，一则为日后垦田之计。复屡次电饬地方官百计弹压开谕，总令静候勘定，不准稍生事端。并筹拨经费，于东兴街上赶造屋舍铺户数百余间，栖止流民，招徕商贾。边氓感戴皇仁，渐有生理，民情稍就安帖。复经钦奉本年正月十五日电旨：嗣后分界大臣，除中国现界不得丝毫假借外，其向在越界华离交错处所，或归于我，或归于彼，均与和平商酌，即时定议，不必归于请示。凡越界中无益于我者，与虽有前代证据而今已久沦越地者，均不必强争。无论新旧各界，一经分定，一律校图划线，使目前各有遵守，总期速勘速了，免致别生枝节等因。钦此。臣等均即钦遵商办，当即由电复奏。臣大澂去年奉命抚粤以后，即经臣之洞钞录奏案，委员赍至上海迎交，筹商办理。抵粤后，亦经随时会同电商，并饬地方官妥筹安辑。臣秉衡委来原派查界之文武两员赍带图证，随驻东兴，以备询考辨析。复随时与臣承修函电往来，商酌定议。至臣承修与法使计会议十七次，迟至十三年三月，该使始允将钦州西界之嘉隆、八庄、三不要地、十万〈大〉山以及分茅岭等处，划归于我。查分茅岭距钦州三百六十余里，与舆图志乘所载道里远近吻合。其山后连北仑，前抵嘉隆，跨地甚广。最高之岭，横亘特出，中高旁低，即所谓分茅岭，亦名伏羲岭。北六里有南碑村，旧传有碑迹。岭东二里为老邦隘，有伏波庙旧址现存。此岭特高而多茅，岭面平数十亩。西南俯峒中、平寮、新安，东北关障重重，为八庄门户，板蒙、康历等十五村环岭而处。地饶民悍，军械最多。若不收归我境，将来屯聚勾结，无论扰华扰越，皆为边患。经派员亲往体察复勘，隘口极为险要。其岭脊为诸水分流之所，东北一支，历仪水，经八庄、北仑、嘉隆、那良，流二百七十余里，为古森河，出东兴入海；西南一支，出板兴，汇坤琅水，经峒中、平寮，流百余里，入越南新安州之新安江。此岭之西，分界似属明显清晰。法使屡次反复折辩半月而始定，遂将广东界，东起竹山，西讫〔迄〕板兴，至峒中之北三里；广西界，东起派迁山，西讫〔迄〕各达村，接滇界，即日绘图书约，彼此画押，先后联衔电奏各在案。此广西全界、广东钦州西界历年办理之详细情形也。

至白龙尾一处，本无游移。江平、黄竹等处，插入内地，阻我兴汛后路，又梗我珍珠墩海口。在我则利害切近，而在彼则欲含混久居。惟辩议经时，迄难就绪。二月初一日，接总理衙门电称：恭斯当接伊外部电，请由伊与署商议办理。钦派王大臣与该使会商，辩论白龙尾一处，并据伊外部力争，向属中国，决无游移。笔舌操纵，相持三月之久。臣承修亦即派员赴京，将各该处舆图，并法国所刊图赍署备考。四月间，奉电旨：界事即日立约，邓承修等准其暂回钦州候旨。五月初八日，奉电旨：界务续立条约，已派王大臣与法使画押。应行设立界牌事宜，由地方官会同驻越法官办理。邓承修即驰驿回京。钦此。臣承修遵即率同各员等，由钦州取道南宁，乘船东下。二十八日抵广州，接臣之洞转咨总理衙门奏准咨行折稿钞约各件折，内开：白龙尾及江平、黄竹一带地方，均归中国管辖。条约内载：红线向南接划越界，茶古社以东海中各岛，均归中国等语。六月十七日，委员马复贲赍回总理衙门遵旨发交照绘钦州海界图，照录条约各件。臣等恭同校阅无异，即饬绘员遵依图线，合并钦州西界、广西全界各图，总绘全图，清缮全约，恭呈御览。至先后画押图约统咨送总理衙门，由总理衙门进呈。

综计广东钦州界之西境分茅岭、嘉隆、八庄一带，展界至嘉隆河，南北计一百数十里，东西三百余里。州西南境江平、黄竹一带，由恩勒高岭以南，展界至海，南北计四十余里，东西六十余里。广西全边界址迤长而曲，依尺截计，中路镇南关左右十段，于山形险要，逼近处所，皆有展拓收入。其东界旧在米强山，今拓至派迁山，计展五十余里。西界各口，向至俸村隘，其地为龙州后脊，展界约二十里，由长斜线迤西北行，接于滇界，凡村庄参差曲折之处，一律收入，约计展宽二十里至四五十里不等，皆系有关边防形势之区。凡兹寸天尺地之来归，无非禹甸周原之旧壤。皇猷圣泽，覃被遐荒，臣等仰奉圣谟，尤深歉悚。臣之洞、臣大澂、臣秉衡于二月内先后钦奉五月初十日寄谕：江平、黄竹向为华民聚居，白龙尾地方岁只巡哨一及，此后各该处善后事宜，应如何设官分汛，妥筹布置，该督抚务当悉心会商，奏明办理等因。钦此。以后设立界牌、官设防汛诸事宜，臣之洞等自当会同督饬地方文武，详细筹办，另行陈奏。臣承修于拜折后，即当率同司员、供事等，遵旨北上，随同办理之广东督粮道·署高廉道王之春，即日销差。谨奏。

十三年七月二十八日奉朱批：该衙门知道。单二件并发。

谨将光绪十二年二三月承修等在广西镇南关与法使议定关外界址由隘店隘起至平而关止先后画押清约缮单呈览

光绪十二年二月十五、六两日，中、法勘界使臣会集镇南关，辨认界限，彼此勘得南关前三十余丈外之处有小沟，此处即南关到文渊之途，与沟相连，所在实为中、越交界处所。同时并辨认得南关东北丘契山之峰，亦为交界处所。峰高百余丈，有华营扎高山之岭者，在其北，介于丘契山峰及关前已定处所之间，中国使臣谓，界限实在图上蓝线所在，法使臣则谓红线为界。既因彼此未能商定一线为界，故仅辨认得丘契山峰及关前已定处所为定界。

二月十七日，中、法勘界使臣由文渊动身，自丘契山起勘，向闸门隘，彼此辨认得，自丘契山起，界向东北，经那柸山脊，又向东北，到讷郎高峰。峰之巅有华营，即图内丙字处所。此营实在中国界内。再由营址之南，绕道稍向正东，到图上乙字华营旧址，复折而向甲营，到闸门隘。甲、乙两营及闸门隘皆在中国界内。此项文件，共应两分，均由各使臣画押，彼此各执一分，附图一分，以显明此文之意。

光绪十二年二月二十日在罗隘押并书。

光绪十二年二月十八、九日，中、法勘界使臣由闸门隘外栅勘向东南，到图上丙字处所，越村名本贝者在其南，甲为板票隘外栅，乙为高峰。界限经此而过，由丙字起，界向东，经丁、戊二峰，到己字峰顶，介于戊、己字间，则以相联属之各尖峰为界。到己峰后，界复折回东南，循高山之峰，到扣山隘外栅，即图上庚字处所。此项文件中、法文字各两分，盖照本月十五、六、七日文件之例，彼此各执中、法文各一分，附图一分，以显明此文之意。

光绪十二年二月二十三日在那支隘内那冈村押并书。

光绪十二年二月二十、二十一、二十二等日，中、法勘界使臣由扣山隘外栅起，即第一图甲字处所，勘向正南，到乙字处所，界之形如钩，复向正南，到乙字处所，遂折向正东，到柏镜村外栅。村名柏镜者，在栅之北，属中国；名枯秧者，属越，在栅之南。自柏镜村外栅起，界向东北，至丙字峰顶，折向东南，过丙字处所，阮利村实在其北。由丙一起，界复向北，到板宙隘外栅，经丁字峰，丁界迤南形亦如钩。自丁字起，界向东北，经那雷洞户外栅后，稍向正东，到馗夏外栅，折向东南，到那支隘外栅，即第二图内戊字处所。二十三、二十四、二十五等日，由那支隘外栅起，即第二图内戊字处所，勘向南，到己字峰顶，折向西南，到庚字处所，介于己、庚之间，有瀑泉。界在瀑泉之高峰。自庚字起，界向东南，到隘店隘，界实经庚一峰而过，庚一峰盖在辛营之西。自〈辛字〉起，界循排栅及红线，即图上壬字处所，绕癸营旧址之南而过，复向子峰，到丑峰。此项文件照前例，彼此各执中、法文一分，附图一分。

光绪十二年二月二十六日在隘店隘押并书。

光绪十二年三月初四日，中、法勘界使臣由南关前三十余丈已定之小桥桥即沟与南关到文渊之途相连所在勘向西路，现界实由桥起，西上到石壁之巅，巅有华营，即附图上甲字处所。到甲营后，以石壁壁顶外边为界，界只一线，线之西尽属中国。循界南到乙字处所，由甲到乙之界，盖实在南关到文渊之途，西傍石壁之上乙字处所，为南关到文渊途内向石壁进弄窖村小径。所经之处，自乙字起，现界即由石壁山坳循此径，到弄窖村外栅。到栅后，现界复循回，绕弄窖村外之石山峰巅，到丙字处所。由丙字起，界向西到几打隘外栅。初五日，由几打隘外栅勘向西北，界由丁字峰巅，哺介外栅、红门隘外栅，转向北，循高山之峰，经戊字处所己、庚华营，营之外，将那楼、那轩、那卧、那瓦四村归越。由庚起，界折向西北，经辛字华营旧址、山子心村外栅，北到岜口隘华营，即壬字处所，营归中国。岜口隘即越语叫祖也。初六、初七、初八等日，由岜口隘会勘向北，经杨村隘外栅，复向西北，到癸字处所，经板绢隘外栅。由癸字起，界折向东北，经子字华营旧址，外向淇江，至丑字华营处所。到丑后，界向淇江之流经寅字处所，到寅以后，即以淇江之流为界，到卯字处所，左近界形如曲肘也。此项文件中、法文字各两分，彼此分执一分，附图一分。

光绪十二年三月初十日在平而关押并书。

光绪十二年三月初十日，中、法勘界使臣既将镇南关、平而关一带现界勘明立约，附图画押完竣。因春瘴大起，山水陡发，雨多路滑，兵役多病，虽欲照约勘往水口关，实属万难，故彼此意见相合，愿且离开，待至秋末，西历本年十月十五以外，十一月初一以内，彼此会集海宁，再行起勘。于西历十月初，彼此先由总理衙门及法国驻京公使互相知会，以便彼此于本年西历十月、十一月之间均到海宁，不致先到者或候过久。至此次所勘之界，如有华人田园、庐舍之在界外附近地方，自应仍归华人管业，越人之田园、庐舍之在界内附近地方，亦一律办理。此项文约，彼此使臣均经画押。

光绪十二年三月初十日在平而关押并书。

谨将光绪十三年三月臣承修在广东钦州东兴与法使议定界址由竹山起至广西各达村云南交界止画押清约缮单呈览

中、法勘界使臣，辨认得自竹山起竹山系中国地，界系循河，自东向西，到东兴、芒街，此段河中作为界限，分别中国之罗浮冈、东兴等等处，越南之伍任、芒街等等处。自东兴、芒街起，到北市、加隆即嘉隆，界形稍曲，系由东向西北稍偏北，盖界限自东兴界街起，循河中到北市、加隆，分别中国之那芝、加隆等等处，越南之托领、南里、北市等等处。

自北市、加隆起，界循加隆河之中，此河系北市江西边之枝河，其河流约长三十里每里合法国五百六十一密达，即五百六十一法尺，而自此三十里之外起，界线系直向峒中村旧墟起之正北三里即第一图甲字处所，而将岭怀、披劳、板兴，板兴之东南有一山，靠边界，名分茅岭，此等〈等〉处归中国，而将那阳、峒中等等处归越南。

自甲字处所起，界向派迁山北峒隘，此地离越南之平寮村扯直线，约长三十里，分别中国之那光卡、板吞卡等〈等〉处，越南之那阳、呈祥社等等处。

自派迁山、北峒隘至板邦隘口，界向西北，稍偏西，由对念隘、邱歌隘、葵麻隘及埇邕山、叫号山、枯华山各山巅经过，分别中国之九特卡、叫荒隘、弄叮卡等等处，越南之同心社、地坤、仲笞、坚木社、板桔等〈等〉处。自板邦隘口至隘店隘口即峙马隘，界线稍向西北，由马隘口、那河隘口、寻崩隘口、那窝隘口经过，分别中国之那马卡、派衣卡、碛溪卡等等处，越南之板竜地、林歌地、橘溪社地、板阳地、板欲地、板派地、派站地等等处。

此项文约经中、法使臣画押，计中、法文各两分，彼此各执中、法文各一分，并各附辨认界线图一分。

中、法勘界使臣辨认得，介于平而关此关在淇澇江之上及越南那烂村之东北即第二图甲字处所，越南高平江流于中国之处也，界由平而关口到咟咘隘口，系向西北稍偏北，而将咟咘卡等等处归中国。由咟咘隘口至第二图丙字处所，界由东向西，而将歌良社地等等处归越南。由第二图丙字起，界复自东向西北，而将在北之扣冒卡等等处归中国，而将南之板桔村等等处归越南。由敢门隘口起，界向南，作肘形后，复向西北稍偏北，到第二图乙字处所，界由谷南隘经过，而将本探地等等处归越南，枯城卡等等处归中国。由乙字起，到越南那女村相近之峺花隘口，界线由东向北形式如图，复上向北，而将东边允怀卡、荷亮卡等等处归中国，西边那凭、婆罗总、淰盈、布象等等处归越南。自峺花隘口起，界线稍向西，于中国之陇魔卡，越南之北咘村相对之间，复由南向北至第二图甲字处所，即越南那烂村之东北界。盖由邱常隘、那乱隘经过，那乱隘即在越南那烂村相对所在。此项文约，经中、法使臣画押，计中、法文各两分，彼此各执中、法文各一分，并各附辨认界线图一分。

中、法勘界使臣辨认得，第一段界由第二图甲字处所起，此甲字离水口关八里，在[illegible]江之上。水口关系在博望江、泸〔瀘〕江合流之处，瀘江即由高平流入中国之江也。界由甲字起，向东北，而将俸村隘等等处归中国，而将那通村、弄茈寨、弗迷社等等处归越南。第二段由此弗迷社相对所在起，界形向北稍曲，界系循博望江中到斗奥隘口，而将叫钦卡、斗奥隘口等等处归中国，而将弄凌、贲河堡等等处归越南。第三段由斗奥隘口起，界离博望江向东北，至第三图甲字处所，即界线与坦荡江相遇之处，而将合石隘、平俸隘此隘即在界上、痛村隘、闭村、淰多、陇茈隘、下俱隘此隘即在界上等等处归中国，而将杏坛社、玉山社、挥儿社等等处归越南。第四段由第三图甲字处所起，至与越南弄茈寨相近之第三图乙字处所，界线系在坦荡江中。第五段由第三图乙字处所起，到越南泡溪社相近之第三图丙字处所，界作弧形，其凸处向东，而将咘透卡归中国。界由枯架卡隘口经过，又将枯架卡、崾汉卡等等处归中国，而将坦荡江之介于乙、丙处所者，及弄芘寨、隴楼社、范溪社等等处归越南。第六段由第三图丙字起，即坦荡江入越南之处也，界向西北至庚贵隘，而将打凌隘、壬庄卡、打逻卡、龙邦隘等等处归中国，而将隴知村、灵贴社、陇札村地、岂米村等等处归越南。第七段由庚贵隘起，界线直向西南，至第三图丁字处所后，复折向北，至戊字处所。第八段由第三图戊字处所起，到己字，即第三图上桥隘，界形稍曲，先向西北稍偏西，后向西北稍偏北，其凸处在越南，而将四邦溢〔隘〕、那岭卡、岂赖卡等等处归中国，而将博边社、弄村、六渠村地等等处归越南。此项文约，经中法使臣画押，计中、法文各两分，彼此各执中、法文各一分，并各附辨认界线图一分。

中法勘界使臣辨认得第三图己字处所起，即上桥隘到隴凤隘此隘在界上即第四图甲字所在，界线向西北稍偏西，而将凌望卡、荣劳隘等等处归中国。由浪旷隘经过，到隴凤隘即第四图甲字所在，而将浍生村地、中安总、春农社等等处归越南。由隴凤隘即第四图甲字所在到平孟隘口，界线作弧形，其凸处向越南，其最凸处适与中国出来之河流相切，而此河流即在平孟隘隘口山道之东，界由平孟隘隘口山道如图所绘经过，而将弄逢卡等等处归中国，而将朔红墟，安隴社等等处归越南。由平孟隘口起，到枯文隘即第四图丁字处所，界线向西，而将波利卡、魁来卡等等处归中国，而将安阳社、通农社等等处归越南。由枯支隘起即第四图乙字处所，到布山隘即第四图丙字处所，界向西北稍偏西，而将峒隆隘、波脚卡等等处归中国，而将安广村、巴根村等等处归越南。由布山隘起即第四图丙字处所，到巴须隘即第四图丁字处所，界向北，而将上隆卡等等处归中国，而将干隘、恩光社等等处隘〔归〕越南。由巴须隘起即第四图丁字处所，界立折而向西，至第四图戊字处所，即广西、云南交界之处，而将上下盖隘、剥堪隘等等处归中国。界由供隘经过此隘在界上，又将百怀大隘及百怀子隘西之那波卡等等处归中国，而将安郎社、魔邦寨、东光社等等处归越南。戊字处所即中国各达村、越南龙兰街相对之间也。

此项文约，经中、法使臣画押，计中、法文各两分，彼此各执中、法文各一分，并各附辨认界线图一分。

中、法勘界使臣彼此约明，自竹山起，至云南，所有辨认之界，如有华人田园、庐舍之在华界外附近地方，自应仍归华人掌业。越人田园、庐舍之在越界外附近地方者，亦一律办理。查以上约文，系照去年中、法使臣所定东自隘店隘、西至平而关之约文即此节约文办法。此项文约，经中、法使臣画押，计中、法文各两分，彼此各执中、法文各一分。

光绪十三年三月初五日在芒街押。

清季外交史料卷七丨二终

清季外交史料卷七十三

光绪十三年八月至九月

总署致张之洞粤边开办商务法已派领事电

粤边开办商务，法已派领事。太平道定为调缺，吏部已经议复，希即拣调具奏，一面电知本署。

八月初一日

直督李鸿章致总署据袁世凯电韩派全权大臣各国不以为然电 三件

袁世凯朔电：连日晤日使，英、德总领事，均不以韩派全权大臣为然。英、德言：大妨中国体面，何不禁止？英并密云：此举西人均不谓然，中国宜禁止其派往。如往，西人即谓非华属，在泰西以等次属国相处甚难，何中国名为属邦，毫不相关？如中立其间，将为安南之续。凯云：或他国所劝。英云：似无此事，闵泳翊①主持。如中国禁派，何干他国等语。凯前恐挑衅各国，故未敢妄论。既西人多不谓然，可否祈电谕凯，曰：韩交涉大端，向与本大臣先商，近闻分派全权，并未预商，即将前往各国，并无朝鲜商民，何故派往，徒益债累。该员往办何事，有何定见，望即照知韩政府查报等谕，似宜直责韩，西人无辞可措，且王近疑心已动，诸小渐疏，有此一举，当可中止云云。鸿姑照来意电袁照询，俟复再报。

八月初二日

袁电：昨夜韩廷派近臣来称，不先商请，擅派全权，殊深罪悚，姑停派往，求凯设法了结，并云，王命领议政日间来凯处谢罪。凯属其仍具照复公文，以凭转禀，伊允遵办。查美国全权本定初七日启行，今必中止。近见王与泳翊电商派使事甚多，此必泳翊主之。有此一举，王疑悔交集。凯密属近臣，并力谏泳翊，计必瓦解。凯再开导，可无他虞。

---

① 有的卷内为“闵咏翊”。此处保持原貌，为“闵泳翊”。

八月初四日

袁电：昨闻王电诘闵泳翊。昨夜，闵由沪电复称：清素畏洋，我派使结洋，清必畏我，北洋电必虚吓，计断无虑，乞决大计，婉据清，仍速派使结洋，清无奈何，臣以死保云云。似此煽惑，王必乐闻，必渐变卦云。

八月初六日

总署致李鸿章韩派使臣须先请示以符体制电

中国已允韩与各国通商，今派使亦同一律，但必须先行请示，俟允准后，再分赴各国，方合体制。现在自仍以停止派赴为正办，留请示一层为转圜地步。遵旨电达。

八月初七日

直督李鸿章致总署袁电韩已派驻美使臣请示电　二件

袁电：今早朴齐纯来称，赴美使臣于昨夜出城，无可奈何，乞代禀，转请电奏，奉准即行云云。凯责以三罪，朴曰：使出城，在未见旨以前。凯曰：嗣后见旨，例应追回，一面派员赍奏内渡，并谢罪，俟允准，再定行期。朴无言而去。

八月初九日

袁电：韩派员来称，已派赍奏咨员正郎尹泰驷，于今夜行，派轮船送赴烟台等语。此即请示派使之文，可否转商总署。如允其派使，或请于批旨内申明：韩员赴泰西，凡一切交涉大端，仍应就近先商请于中国驻西各大臣核办，免致错误，贻笑大方等语，庶维持藩封名义，尤为周密，亦杜渐防微之一法。伏候钧裁云云。

八月十一日

直督李鸿章致总署袁世凯电韩改派赍奏官并商阻韩派使电　二件

袁电：赍奏咨昨夜已改派礼宾寺主簿尹奎燮赴津京，此系译官。据云，向有译员充此差，故援例派往，既经遵旨，故未苛求，明日乘韩舶开烟云。

八月十二日

袁电：顷，闻往来各国之小人连夜入宫密议，曰：华要虚体面，我可应之，姑使人请之，华恐失和西国，断无不允之理？我不过稍迟，再派何妨。群小煽惑，王竟听之。如华遽允，适中小人之计，而王信愈切。如不允，他国或有饶舌。可否乞转商总署，电属驻各国华使，商于各国政府。据韩奏称，因各国所请，将派使赴诸国。而韩贫弱无力，道远费多，为我属邦，不得不怜之，特商问各政府意，果已请韩派而必须派耶？抑未请而不必派耶云云。俄、美、英、德、法、义必有言。未请不必派者，即请批旨驳斥之，庶出群小意料之外，尤见中朝驭属之权。是否有当云云。前奉虞电，以停止派赴为正办。此事实由韩小人勾通各驻使嗾王，谓派使即可自主，与中国平行。又假称各国请派，若速令我使询各政府，有言未请者，即据以折之，免饶舌。乞核办。

八月十二日

总署致李鸿章韩照约派使俟其奏到再办电

韩与各国立约，均在〔有〕派使互驻之条。现在日已派去，美又将行，俄又电告，若遍询各国政府，而此三国皆以应派答复，纵有一二国不以为可，而既有条约在前，安能请旨罢斥？况前议韩使与中使往来，用中国体制，彼已钦遵。交涉大端，先行呈核一议，谅彼亦无他说。该国此举患在不自量力，然却系照约行事。劝止之，或冀转圜，强禁之，必添枝节。似应候其赍奏到京，请旨开示，较为得体。袁十二日电，尹奎燮次早赴烟，究竟已否成行，速饬电复。

八月十五日

直督李鸿章致总署袁世凯商韩王派使泰西照属邦制已允遵办电　三件

翰电，拟议极妥。查各国华使皆系二等，若韩派全权互驻，与我国派使相同，恐有难处。可否届时请旨饬派驻扎公使勿用全权字样，照西例，应列三等，庶不碍我使体面。袁电，赍奏官十四申刻开船赴烟。

八月十六日

顷，发袁世凯电，云：接电述韩王咨，前派全权公使赴泰西各国，已知照各国使臣，报其政府，未便另改使号，使人见疑。拟饬该使前往，将报聘事竣调回，以参赞代理，节省经费。并饬该使至西国后，与中朝大臣仍恪遵旧制，惟事恭谨云云。辞意逊顺，本大臣自可曲为体谅。惟钦奉上谕：派驻之后，体制、交涉务归两全。所有派往各国之员与中国往来，均用属邦体制。其未尽事宜仍着随时通问筹商，务臻妥洽等因。本大臣亟应务为声明有三端：一、韩使初至各国，应先赴中国使馆具报，请由中国钦差挈同赴外部，以后即不拘定。一、遇有朝会、公宴、酬酢、交际，韩国应随中国钦差之后。一、交涉大事，关系紧要者，韩使应先密商中国钦差核示。此皆属邦分内应行之体制，与各国无干，各国不能过问，即谕旨未尽事宜，筹商妥协之意。中国与朝鲜休戚相关，各钦差皆以名卿出使，必能推诚优待。应先照知外署，转达国王，务饬使臣遵办。俟咨到，再复云云。

九月二十四日

袁电：二十四复电照知韩政府，韩王极感谢。朴径赴美，赵先赴意大利，请各国钦差遇事照料云。

九月二十六日

总署致李鸿章英使照称西藏驻兵西金请咨驻藏大臣撤回电

英使照称：印度大臣以藏兵越界守西金，中国如不饬令退回，即调兵驱逐等语。此事恐启兵端，希飞咨驻藏大臣，速令撤回藏境，勿任坚执贻患。西金地方，向归何属？译音系属何字？即电复。

八月二十日①

总署致岑毓英据英使言中英已定约缅边不宜添兵电

英使言：缅约已互换，俟到京后，即当开办。求云督饬华员驻新街者，先将中、英业已定约之说晓谕该处民人，以释众疑。再，闻滇边添兵，恐缅民因而生事，请饬阻止等语。英约既定，即应部署通商，不宜添兵，致滋疑虑。希即妥办。

八月二十七日

直督李鸿章致总署言西金或是隆吐山附近地名电

川督刘电：奉钧电，适色将军赴任过此，面询，谓藏番于后藏帕克里迤南隆吐山设卡，约距藏边一百余里，自是哲孟雄境。西金或是隆吐山附近城地名云。

二十九日

① 原刊目录标为“二十七日”。

滇督岑毓英致总署缅边并未添兵电

华员并无驻新街者，容当将中、英定约各情檄饬腾越镇厅，晓谕边民，以释群疑。近滇缅边亦未添兵。近日仅派兵剿办黑夷。此事曾于夏间奏明，秋后进剿。该处距缅远，无由生事。

八月二十九日

粤督张之洞奏澳界轇轕太多澳约宜缓定折 附清单

两广总督张之洞奏，为查明澳门葡人旧租之界及新占之界，轇轕太多，请旨妥办事。

窃中国与葡国议立新约一事，臣于三月内承准总理衙门来咨，当经臣暨抚臣吴大澂各抒所见，奏请从缓定约。奉朱批：该衙门知道。钦此。六月间，迭准总署来电，查询澳地关闸以内华民词讼案件，是否仍归地方官审理；旺厦村等处田粮，每年实征若干，归葡人收租者若干等因。当经密委广州府知府孙楫、候补知府富纯、香山县知县张文瀚、署香山县知县萧丙堃、候补知县蔡国桢等分别确查。旋据查明，七村讼案、钱粮仍归香山县管理。并查明，洋药来华分运，实与澳门无涉。业经据禀电复，并分别咨达、函达总署，商办在案。抚臣于七月十六、七、八等日，亲赴澳门水陆一带履勘，目击情形。旋省后与臣反复筹商，大率澳门一带有葡人原租之界，有三十余年久占之界，有十余年新占之界，有近数年图占未得之界，区别甚多，实非一致。现当立约之际，彼必将含混贪求。若使稍不详审，则远虑近忧，处处棘手。除将前奏所陈可虑七条之外，谨再缕晰陈之。

查旺厦一村，岁完有粮银、粮米共银三十余两，其余沙冈、新桥、沙梨头、龙环、龙田、塔石等六村依山而居，并无田粮。葡人先于各处强设路灯，藉收灯费。渐向各村强编门牌，勒收地租。旺厦村全不交纳，龙环、塔石两村不缴者十之六。至词讼案件，其口角、钱债细故，或由葡人就近处理，若人命重案，仍归香山县控告办理。甚至围墙以内，遇有重案，往往由洋官照会香山县归案审办。此皆咸丰、同治、光绪年间之案，均有案牍可稽。是澳门一岛，墙内土地、人民，历年并未专归葡人管辖，墙外可知。屡次绅民呈词，深以入洋籍、输洋赋为耻，情词愤激，不约而同。上年葡人勒收租钱，旺厦村民鸣锣拒之，立即遁去。强者因抗不完交，弱者亦从违各半。此次抚臣到澳，接见各村、各岛居民，男妇老幼万余人相率环观，咸颂皇仁，吹呼感泣。察此情形，若明归葡属，各村、各岛断不甘心。此民不服葡，一也。

关闸乃前明所设，以其地势险仄，设守于此，国朝因之。关闸以南、围墙以北七村，仍是我疆，并非将闸南之地皆予葡人。道光季年以来，逐渐混占，修路筑台，直抵关闸。且藉设灯、救火诸事，勒向海中诸岛收缴灯费、地租，建造洋房数间，于大拔岛迤西之山尾当十字门内筑一炮台，又在澳西隔海湾仔、银坑等处勒收船租、地租，民拒不缴。今若立约，彼必将关闸内七村及潭仔、过路环诸岛攘为己有，甚至隔海湾仔、银坑一带皆生希冀。此贪得无厌，二也。

澳门之南，山岛对列，内外两层，名为十字门。内层，左山名大拔岛，其有村落可泊船处名潭仔，右山名小横琴岛。外层，左山名九澳，右山名大横琴岛，其有村处名过路环，其岛大于澳门六倍，潭仔居民约二百户，渔船极多，丁口四千余，过路环居民约百户，丁口二千余，两岛居民甚少。查高、廉、雷、琼四府民船来往之路，正在澳门之南，潭仔、过路环之北。其过路环之外，即系大洋轮船可行，民船难行。若澳门属葡，彼必兼索两岛。两岛属葡，则粤省西四府民船皆须穿过葡境，是将西路自行阻塞。此海道有碍，三也。

澳门北面陆路一线，与内地相连，长约二里，宽仅百步，名曰莲花茎，恰肖其形，关闸即扼其上。葡人久蓄诡谋，欲将莲花茎西面一带填平，直接前山寨同知治所岸外，计向澳门西北展出之地长约九里半，宽约二里半。如此，则所占更出关闸以外，不惟贪婪无理，而且险要全失。此次抚臣到彼，税司法来格呈出一图，画有红线，纵横数十道，皆葡人现拟填占之界，实可骇异。此夺我险要，四也。

朝廷所以允以澳予葡者，为其地可查洋药税厘也。今据委员等确查禀称，洋药自海外入中华，皆径到香港，分运各口，从无经运澳门卸货之船，是稽察之关键在港，不在澳。葡人即包揽走私，澳门一隅，所销有限，尚可于澳外水陆两途分防严缉。查英国助我稽查洋药，现属试办，并非一定不易之法。万一三数年后，章程变改，香港不能严查，澳更无能为功。此得之无名，五也。

不惟此也，税司法来格问①委员知府蔡锡勇言：现因潭仔、过路环两处及十字门一带海面，葡人妄谓系葡之海界，以致我之缉私诸多不便等语。现在已经妄占作梗，若立约属葡，其阻碍自必更甚。不惟无补于缉私，且正有害于缉私。此求益反损，六也。

英国图澳之意已久，嘉庆十三年曾有兵船占据澳门炮台、谋夺葡利之案，经奉旨用兵，驱逐而后去。英得香港后，此意乃息。今若以澳予葡，他国已难免觊觎。且此议倡自英人，恐英尤必设法攘之。查葡欠外国借款，现已五千三百余万磅〔镑〕，将来或折债抵换，或通融借用，俱在意中。港澳通连，水陆受敌，粤省海防何堪设想？此徒资强敌，七也。

---

① 疑为“向”字。

从前商口未开，洋舶入华，皆在澳门停泊。葡人独据互市之利，曾奏准设立商船二十五只。自英得香港，立为码头，澳门贸易顿减，商船并无一至。租界内之洋房，大半现皆卖与华绅、华商为业。近数年，澳门既失闱姓之利，葡人益形贫窘，每年入不敷出，养兵止四百名，各台皆系前膛旧炮，经费犹患不足，于是勒索附近华民钞费、华船渔租，民多不从。若视为属地，强行制缚苛敛，旺厦诸村及潭仔诸岛居民必与葡人为难，葡人必受重创，一经决裂，转难收拾。此别生枝节，八也。

伏查，澳门一区，久为粤省肘腋之患。自道光、咸丰以来，洋务纷纭，内患未靖，无暇议及，彼遂蒙混多占，得步进步。乃历来无人禁制，非果葡之强盛不能禁制也。臣到粤后，即首将闱姓之利收回。上年春间，臣据旺厦村绅民呈禀，即经密札印委各员迭次密查，一面照会葡官禁阻，一面绘具地图，考核葡人虚实，兵食商务情形，并每年粤省接济澳门米谷若干，经由何道，以为清理防遏之计。并于紫泥关卡稽查走私蚕茧，以免土丝之利归入澳门。迭经咨关行司饬局筹议，然非筹定办法，奏奉谕旨，不敢轻易发难。其时以东、西两省越边界务未竣，未便同时并举。拟俟越界既定，即当奏陈。先已于本年三月内咨达总署，密筹办法。嗣接到立约明文，随即通筹利害，条列具奏。今复加详查，民情之愤、后患之深如彼，于药征之无益有害又如此。窃思详约总宜缓定，俟年余后体察药征旺淡究竟若何，再行请旨定夺。如彼非理要求，或竟作为罢论。

七月十三日，复准总署来电，虑及此后更有侵占及转属他国两节，令熟筹杜防之法，所虑诚关紧要。臣熟加筹度，若杜绝侵占一节，其围墙以外，关闸以内，葡人所有已成之马路、洋坟、花园，似可听其自然，不必拆毁。至于墙外闸内之兵房、炮台，如能收回固善，即听其存留，亦尚无大碍。至于七村民居田产，总当划清界址，竖立牌石。已占者仍作为租界，既经免其租银，或作为借居之界。未占者作为官界，不得逾越。其澳门本岛以外之潭仔、过路环两处，必与理论。虽有修成炮台、洋房、石路、塔灯等工，或酌给修费与之赎回，或已占者准其暂行租居，酌定年限。独近逼潭仔，正当十字门之炮台，必应归我。未占者，我亦安营设汛，以资钳制。应俟临时相机妥筹，断不容其占有诸岛。其湾仔、银坑一带，与澳门隔海，与香山县土地相连，断不准其觊觎。至莲花茎以西填地，远过关闸，直接前山之诡谋，则预为揭明禁止，绝其妄想。青洲一墩，自前明已建洋寺，为地甚小，应议明不准填地连接。总之，除原租围墙以内之地仍旧听其居住，已侵占者明示限制，察其于我无大碍，分别租给、收回。未侵占者，力为划清，严加防范。其海面，按照公法，与之议明，不容擅占。以后须责成地方文武，随时认真稽查，并派兵轮常往巡哨，督抚、提臣每季出巡，即不致再有侵占。倘蒙朝廷主持，总署定之于内，疆臣必当守之于外。即如俄、法强国边界，既经勘定，亦必期永远循守，何况于葡？盖清理从前之侵占，须分别酌办，若杜绝以后之再加侵占，粤省之力尚可办到，亦断不至因此致生衅端者也。

至转属他国一节，既已属葡，则彼可自主。若仍为华地，即与沿海各省地面无异。

中国威力远胜葡人，他国非有意外开衅，决不能凭空盗据，似可布告各国，声明免其租银，借以永远居住，以示地主有属。譬如赁屋假馆之客，固不敢转赠他人，即他人亦不能强行占买，防维较易为力。若既已正推解之名，又欲施控制之计，窃恐更费周折矣！是欲杜转属之弊，尚不如仍旧之为愈也。

总之，澳无田地，其米粮皆系由香山县石岐等处接济，并违禁私运出洋，澳贩恃为大利。若米船数日不到，立形困窘。葡无商利，专恃勒抽华民，以资用度，入不敷出，每年仅解缴该国银二万余两，已形竭蹶。葡无驻澳兵船，仅有租来他国兵船一号，泊于海中，余有小巡轮数只而已。其陆路炮台兵单，迥非他国洋兵之比。以彼贫弱如此，我并不加驱逐。彼租者听其安居，久占者量加区别，新占者设法办理，未占者明文杜绝，彼方当深感圣朝怙冒之仁，断不至与中国启衅。窃维此次药征改章，赫德所自任者，不过岁增二百万。澳门一路，协助之益已属无多。若澳为葡有，已属得不偿失，况协助未必得力乎？总署来电，虑葡使坐待一节。该使之意，盖恐非常之惠，迟则生悔。又恐中国察知洋药之效于彼无功，则事将中变，以故亟于请盟。彼利在急，我利在缓可知。烟台之约迟十年而后行，澳门之约岂能一月而遽定？伏望圣明垂察，将臣前奏并此次所奏各节，敕下总理衙门妥筹详议，缓与立约，免致民情梗阻，别生枝节。粤省幸甚！谨列澳门一带讼案、钱粮、葡人租银数目列清单，并绘具澳门附近水陆详图，照绘葡人意图填占原线，恭呈御览。谨奏。

光绪十三年八月二十九日奉朱批：该衙门知道。单并发。

谨将澳门词讼田粮数目葡人租占人数缮单呈览

词讼：

一、咸丰十一年十月，西洋理事官获解致死邹亚倖凶犯陆亚梆，移请审办一案。

一、同治元年七月，西洋理事官解获〔获解〕致死有孕媳妇及孙二命凶犯冼开和，移请审办一案；又西洋理事官获解将其养女推压入海淹毙犯妇樊苏氏，移请审办一案。

一、光绪八年十月，黄祺呈控吴逊如贪租背约一案；又梁腾芳呈控萧启琛抄枪〔抢〕货物一案。

一、光绪十二年八月，吴逢昌呈控郭宏章串通抄抢一案；又黄朝辉呈控何怡翰私顶串跳一案。

田粮：

一、仁一图末甲僧建城共税三顷七十七亩八分五厘一毫内税一项五亩在旺夏村，余在界涌左右，额征银一十二两三钱三分，米一石八斗六升八合；又增庆寿共税六亩三分零九毫，额征银二钱八分，米三升三合。

一、番一图末甲张保和共税七十五亩零二厘二毫内税三十余亩在旺厦村，额征银一两零四分，米一斗一升八合，补升银一两五钱六分，米六斗一升四合；又胡徐亮共税三十六亩一分九厘一毫，额征银一两零八分，米一斗四升。

一、良二图八甲李承荫共税五十五亩零二厘五毫俱在旺厦村，额征银一两六钱二分，米一斗五升二合。

一、良五图一甲沈大任共税三十八亩二分九厘，额征银一两二钱五分，米一斗八升。

一、良七图四甲何大昌共税一顷四十二亩三分九厘九毫，额征银三两六钱八分，米四斗四升八合。

以上七柱，共征银二十二两八钱四分，米三石五斗五升三合，银米合计共银三十余两。

一、旺厦村铺户、民居、蓬屋大小四百余间，壮丁千余人，四顷零不缴租钞，此外各村概无田亩。

一、龙田村铺户、民居大小七八十家，壮丁百余人。龙环村铺户、民居大小三四十家，壮丁七八十人，约半缴租钞，每户自半元起，至三元止不等。

一、水坑尾除进教围外铺户、民居、蓬屋七十余家，壮丁二三十人，塔石村除进教围外铺户、民居、蓬屋四五十家，壮丁七八十人，每年约缴公钞及街灯费，共银三百元。

一、沙梨头村铺户二十余家，民居三百余家，壮丁四五百人，每年约缴公钞及绿衣、街灯等费，共银一千余元。

一、沙冈村铺户、船厂、灰炉六十余家，民居、蓬屋三百余家，壮丁百余人，每年约缴公钞及绿衣、街灯费，共银一千余元。

一、新桥村铺户二十余家，民居二百余家，壮丁二三百人，每年约缴公钞及录〔绿〕衣、街灯等费，共银一千余元。

一、三巴门外石墙街铺户三十余家，民居一百余家，每年约缴公钞、街灯等费，共银一千余元。

一、潭仔铺户、船厂六十余家，民居、蓬屋一百余家，壮丁二三千人，每年约缴绿衣、街灯等费，共银一千余元。葡人勒收地租、丁口租，每人半元，遇有红白事，又勒缴租银，该处迄未照缴。

一、过路环铺户、船厂四十余家，民居百余家，每年约缴绿衣、街灯等费，共银一千余元，未缴租钞。

又潭仔、过路环约有拖船八百余只，每只寄泊一次，收银二元三角半，每年约银二千余元。葡人于此二处，派有陆路绿衣兵三十四名潭仔二十名，过路环十四名，又小轮渡船两只。

查全澳铺户、民居并附近各村，每年约共公钞银二万四千余元，地租银一万二千余元。计澳门各村各岛丁壮约千余人，男妇老幼合计约一万数千人。

又查葡人不及千名，兵丁不过四百名，唐人绿衣不及百名，兵船只一艘，另教民约二百名。

总署致李鸿章转盛宣怀电约订期太久不便遽允电

由刘道带来节略及顷致刘电具悉。电约利弊未可知，而订十六年之久，译署实不敢允。闻公司不肯缩年限，尤可疑。约如不公，限短则为害较轻，署中犹可强允。希酌办。

八月二十九日

粤抚吴大澂奏查明澳门占界及将占界拟即清厘折

广东巡抚吴大澂奏，为查明澳门占界及将占之界，拟与葡人及早清厘事。

窃准两广督臣张之洞咨行总理衙门来咨：现与葡国外部电商，派使来华，拟议通商条约等因。臣因事关大局，不能不虑远谋深，敬陈管见，缮折奏陈在案。旋准总署来电：澳门关闸以内居住华民近年词讼案件是否仍归地方官审理，旺厦村等处田粮每年实征若干，归葡收租若干？迅行查复等语。当经督臣张之洞会同臣派员确查，电复总署，并据广州府知府孙楫、候补知府富纯、署香山县知县张文瀚等禀复情形，详细咨明总署各在案。

臣窃思葡人居住澳门，原有租界岁缴租银五百两。自道光二十三年以后，求免租银，屡经前督抚臣照章驳斥。其越界修路、越界盖房之案，民间呈控，亦经备文照会禁阻，葡官辄置不理。督臣张之洞未到任以前数十年中，公家未筹一切实办法，葡人以为粤省不甚爱惜之地，毅然在租界以外各村各岛，先贴门牌，继设路灯，先收灯费，继索地租。葡国官民所住中国之地，既不向中国缴清租价，中国民人所住中国之地，反令向葡国完纳租银。揆之情理，实系非情非理之端。索其凭据，亦属无凭无据之事。臣于七月十六日，亲赴澳门旺厦各村各岛查勘界址，与驻澳西洋大臣高士达面加诘问，且告以划清租界之意，隐示管回占地之图。并晓谕该处居民，勿因从前受欺受侮，与葡人口角争殴，致生枝节。各村父老感念国家深仁厚泽，鼓舞欢欣，如拨云雾而见天日。臣于十九日旋省，与督臣张之洞妥筹办法，有与葡人亟须议明者十条：

一、水坑尾门、三巴门两处，门墙久已拆毁，仍须议明，补筑完好，以复旧界。

一、租界以围墙为限。围墙以外向不准洋人盖房修筑，历有案据可查。今水坑尾外门、三巴门外所修马路，所盖洋房，皆系侵占官地、民地，应如何清理之处，必当妥议办法。或就已盖洋房之地，作为葡国租界，标立界石，以后不准于界石之外再侵尺地，似亦通融办法。

一、沙梨头村、新桥村、沙冈村三村毗连，皆在租界之外。沙梨头村之西南，有围墙旧界，尚有残缺石墙一段，仍应补筑坚固，以免与租界通连。

一、沙冈、新桥、沙梨头及旺厦、龙环、龙田、塔石等七村，皆系中国民人聚居村落，所耕田地，历年在香山县完纳钱粮，本非葡人所能受理。统计该数村铺户居民，约有万余人。自葡官按户收租，或缴或不缴，众情汹汹，各怀愤懑。旺厦一村，始终未缴分文，葡人亦无如何。若令归入租界以内，被其苛敛，民不甘心，必致激生事端，亦非葡人之福。应即禁止葡官，不准向该数村擅贴门牌，收地租，以期彼此相安。

一、莲花茎原有关闸，系前明万历年间创建，年久毁废。近年葡人改设牌坊一座，四无围墙，非关非闸，似应由粤省派员，择地重修关闸，以资控制。该处有葡人所设兵房电线，议令撤去，归中国派兵看守。

一、连花峰炮台皆在租界以外，本非葡人所当兴筑。且近来葡人水陆练兵，不满四百人，生计日蹙，贫不能自给，必致有台无炮，有炮无兵，不如酌给经费，令将三处炮台归粤省另派弁拨兵看守，筹款兴修。即一时未能应允，将来葡人穷困无聊，养兵费缺，始终必为中国管理。

一、租界内旧有海关监督行台、香山县丞衙门，闻于道光二十九年为葡人拆毁，又越十余年，卖与中国商人，改造民房。臣亲自查勘，在显荣里一带，土人尚能确指其地。应俟设法购回，仍照章改建官房。或香山县丞未便在租界内建署，亦应于旺厦村左近隙地重建县丞衙门，将该县丞移设关闸以内，俾复旧制。

一、澳门西北有小岛，名曰青凡，与澳门本不相连，葡人在此山擅盖洋房，据为己有，亦应设法与之辩论。

一、澳门西面各码头，对岸为湾仔，有华民二百余家。湾仔迤南五六里，曰银坑，有华民数十家，居住已久，近为葡人勒收地租，民不堪扰。现在尚未起造洋房，此为将占未占之地。与督臣商议，当饬该管地方官，不时前往巡察。若置不问，再越数年，则公然认为葡地矣！

一、澳门之南十字门以内，东有大拨岛，西有大横琴二岛。大拨岛之北鹿〔有?〕潭仔村，大横琴岛北面山坡有过路湾，皆与澳门不相连属。潭仔有铺户居民一百二三十家，过路湾有铺户居民百余家。臣查阅各岛，见有葡人设立兵房，殊堪诧异。询之民户，近年按户勒收地租，竟以该岛为葡人管辖之地，尤须据理与之辩论。大抵海外荒岛，多有私枭、洋盗匿迹其间，葡人庇护之，因以为利。查该岛一带，本系缉私船只时常往来之路。臣当与督臣即饬缉私员弁，认真巡缉，稽查户口，免致莠民潜匿该岛，自非葡人所得拦阻。

以上十条，拟请饬下总理衙门，与葡使逐条理论。向归中国管辖之地，显系历年侵占，并无归葡管业之明文，想葡使亦无从强辩。即日前议约，未能遽定，似不访〔妨〕藉词推宕，以绝觊觎之谋。察度澳门居住葡人，官无善政，商无善贾，工无善艺，惟藉赌馆、娼寮、包私、庇匪收受陋规为自然之利。自督臣张之洞奏明，闱姓弛禁，缴费充公，澳门葡官每年少收洋银四五十万圆，此外更无大宗出息。闻上年葡官高士达接管后，费用支绌有入不敷出之虞，故专以刻剥商民为事。向有渔船数百号停泊澳门，因葡人勒收重税，避至他岛，并无渔税可收。华界居民，久被葡人勒缴地租。以后划清租界，大势不能予取予求。葡国既无商船来往，澳门别无地利可图，市面萧条，人情涣散，其坐困情形可立而待。租界以内所盖洋房洋楼，大半卖与中国商人。不数年间，其地尽为华商所有，力不能与中国相抗，必求中国为之保护。事有必至，理有固然。臣愚昧之见，拟请暂缓订约，或竟作为罢论。葡使若有要求，请饬总理衙门，商令葡使，暂回澳门，与臣等清理地界，似亦急脉缓受之一法。臣与督臣张之洞妥为商办，当于控驭之中默寓笼络之意，断不致激而生变，此可仰慰宸廑者也。臣为要地被占，亟应〈设〉法清厘起见，谨恭折奏陈。

光绪十三年八月二十九日奉朱批：该衙门知道。

直督李鸿章致总署岑毓英电保乐一带并无滇兵电

接粤电，当即询岑，复云：保乐即越南襄安府，缘知府侬雄福上年为越中散勇所杀，据有其地，迄今未退，非云之兵。云省防兵，均驻云边，实未闻入保乐镇、安德社两处地方。

九月初一日

礼部奏朝鲜国王咨报派使西国请示折　附上谕及表咨

礼部尚书奎润奏，为据咨转奏事。

光绪十三年八月二十二日，朝鲜国王李熙特遣赍奏官尹奎燮恭赍奏本、咨文等件到部，系因该国王奉到总理衙门电寄，奉旨：朝鲜派使西国，必须先行请示，俟允准后再往，方合属邦体制等因。钦此。该国王因与泰西各国换约以来，先经美国派员来驻该国都城，该国亦遣使报聘。至各国则报聘而未遑，各国使臣屡以遣使互驻为请。该国王念切时局，思践盟约，拟遣陪臣等分往各国，先修报聘，仍行驻扎，妥办敦睦事宜，据实奏明，咨请转奏等情。除将该赍奏官尹奎燮等安置会同四译馆居住，所有例赏筵宴事宜，应由臣部照例办理外，谨钞录该国王原奏、原咨，恭呈御览。

光绪十三年九月初三日奉上谕：礼部奏，朝鲜国派使西国，先行请示，呈进奏章一折。披阅奏章内所称各节，情词恭顺，具见悃忱。朝鲜与各国立约，既有派使互驻之条，现在遴员前往，自无不可。惟中国之于朝鲜，推诚相与，休戚与同。该国物产无多，商务未旺，加以频年多故，国用日繁，若再派使分驻各国，并无应办之事，而从此常年顿添巨款。嗣后若因经费不继，竟行中辍，或勉力筹措，债负日增，既与国计无裨，转致远方腾笑。朝廷代为区画，殊属非计。该国王务当仰体中朝覆庇保全之意，将此事详筹终始，审慎而行。至于派驻之后，体制、交涉务归两全。奏章所陈，深为得体。所有派往各国之员，与中国使臣往来，均用属邦体制。前经李鸿章电奏，该国已遵章办理。其余未尽事宜，仍着李鸿章随时通问筹商，务臻妥协。将此谕知礼部、李鸿章，并由该部传谕朝鲜国王知之。

附朝鲜国王请示派使西国表

朝鲜国王臣李熙谨奏，为派使西国，先行请示，仰冀允准，以便前往事。

本年八月初七日，据议政府领议政沈舜泽状启，本日准驻扎朝鲜总理交涉通商事宜袁世凯照会，奉大学士李鸿章电开，总署来电，奉旨：朝鲜派使西国，必须先行请示，俟允准后再往，方合属邦体制。钦此。速照知韩政府钦遵等因。奉此，相应照会贵政府，请烦查照钦遵等因。理合禀请，钦遵办理等情。窃念小邦世蒙天朝恩施，覆载高厚，山海崇深，无事不达，有求必应。至于外交一事，特蒙我皇帝陛下眷念藩服，力图维持，特允与美国首先通好，而派员襄办，妥订条约，并先行照会声明：朝鲜为中国属邦，而内治、外交向来均得自主等语，使小邦恪守侯度，而在各国平行相待，体制、交涉务归两全。嗣后泰西各国相率而至，续定和约，亦皆以美约为张本，克臻妥善，均经奏准在案。美国于换约之后，按照原约，派全权大臣来驻都城，而小邦曾遣使报聘而还。至泰西各国，则并与报聘而未遑，是以各国使臣屡以遣使互驻为请。小邦念切时局，思践盟约，现派陪臣朴定阳为全权大臣，拟令前往美国驻扎；继派陪臣赵臣熙为全权大臣，拟令前往英、德、意、俄、法等五国，先修报聘，仍行驻扎，妥办敦睦事宜。理合据实奏明。倘蒙格外天恩，仍准该陪臣等前往，以完使事，而符原约。再查向例，朝贡、典礼等事宜咨由礼部转奏，通商、交际等事由总理衙门王大臣、北洋大臣李鸿章转奏，非有极大事件，不得辄有所奏。此次电宣谕旨，臣跪聆之下，感悚难名。兹敢不避渎亵，冒陈披沥之忱。臣无任战怵待命之至！缘系派使西国，先行请示，仰冀允准，以便前往事理。为此，谨具奏闻。

附朝鲜国王咨礼部拟派员使美及英德意俄法等国文

为咨会事。

本年八月初七日，据议政府领议政沈舜泽状启，本日准驻扎朝鲜总理交涉通商事宜袁世凯照会，奉大学士李鸿章电开，总署来电，奉旨：朝鲜派使西国，必须先行请示，俟允准后再往，方合属邦体制。速照知韩政府钦遵等因。奉此，相应照会贵政府，请烦查照钦遵等因。理合禀请，钦遵办理等情。窃念小邦世蒙天朝洪庇，覆载高厚，山海崇深，无事不达，有求必应。至于外交一事，特赖我皇帝陛下眷顾绥靖之恩，亦荷部堂大人暨北洋大臣体恤经远之谟，代为筹画，力与维持，特允与美国首先通好，而派员襄办，妥订条约，并先行照会声明：朝鲜为中国属邦，而内治、外交向来均得自主等语，使小邦恪守侯度，而在各国平行相待，体制、交涉务归两全。嗣后泰西各国，相率而至，续定和约，亦皆以美约为张本，克臻妥善，均经奏准在案。美国于换约之后，按照原约派全权大臣来驻都城，而小邦曾遣使报聘而还。至泰西各国，则并与报聘而未遑，是以各国使臣屡以遣使互驻为请。小邦念切时局，思践盟约，现派陪臣朴定阳为全权大臣，拟令前往美国驻扎；继派陪臣赵臣熙为全权大臣，拟令前往英、德、意、俄、法等五国，先修报聘，仍行驻扎，妥办敦睦事宜。理合据实咨请礼部查照，仍即转奏天陛，获准该陪臣等前往，以完使事而符原约，实为德便。特差礼宾寺主簿尹奎燮，奉咨前去。为此咨会，请烦礼部照验施行。

总署致盛宣怀电务合同须缩短年限电

速电询电务办法，并云：俟两公司委员往烟斟酌办理云云。查此等难以核准之处，并非专言文理，另有要事数端，必须查明：一、丹约不定，俄不肯接线之说，俄所执者何理？如云俄、丹有约，必须将该约钞阅，不可虚言有约以骗中国。一、电务机窍最多，中国与公司订立合同只可试办数年，岂可连定十六年之久？且合同如公允，试办后仍可接订。公司不肯缩限，即令人疑其不公。一、俄允水线上岸，岁收税三百万卢布。中国允两公司上岸，前未收税，恩惠甚大。来电称合同不定，岁失十万。若责其纳税，岁入可不止十万。不纳税则我有截断水线之权，岂可因前允水线登岸，反为公司所缚？两公司合同及中俄电约必须同时商定，同候核准，不可先与公司定议。一、合同中不公之处颇多，但能缩短年限，本衙门姑可预允。否则，不可贪每年十万之利，损我事权，情愿不订合同。

九月十三日

直督李鸿章致总署苏元春报越人求抚拟办情形电

苏提元春电：前月二十八出巡水口关，探悉法兵进图三州，恐游众势穷内窜，因饬李、黄两分统抽调七营，来西路镇压。法进下琅、广渊，游众不战，弃三州，奔郊坛、茶岭、马伏更等处，共二千余人，逼近我西防壬庄、陇邦、新墟等隘。初六春至下雷，游目莫家模等叩关求抚，饬照资遣章程，先缴军装，分别给资回籍。据称，其众无家可归，能妥为安置，方能全出。已电商香帅，筹画万全，给以内地防营薪粮，支持半年。俟其心定，然后令各营汰弱分补，未知款可筹否？如能筹，可使全出，免后患。西省饷绌，未及与李护院相商云。鸿复以如粤款难筹，宜设法资遣，交各原籍官管束。

九月十三日

总署致李鸿章希转苏元春勿收抚游众电

新收游众，迅即妥筹资遣，嗣后勿得擅行收抚，糜饷开衅。

九月十四日

总署致张之洞法使照称横模系越地请撤寨希复电

法使照称：钦州派兵抵横模社，据地立牌筑寨。横模系越广安地，在北岩、北冈二隘之南，归法管辖，有图可稽，请电致速撤云云。查新立界图，北冈隘系越境。若在北冈南立牌筑寨，与约不符，希即电复。

九月十四日

粤督张之洞致总署请订九龙拱北两关办事章程电

九龙、拱北两关，业令监督派员。惟薪水、局费及一切委员、税司会同办事章程，祈饬总税司赫德妥议速办。此举须为将来规复旧章之地，委员必宜诸事与闻，已剀切戒饬，断不至掣税司之肘。至薪水一节，税司薪费甚重，若中国官员过薄，相形之下，于体制有碍。此并非为委员计较薪水。望裁酌！

九月十四日

粤督张之洞致总署报钦州并无立牌筑寨等事电

据署钦州李受彤查复电称：横模社甚远，并未紧接钦界。该牧巡历钦属新收各界，早已回钦，并无派兵在横模立牌筑寨等事云云。

九月十七日

使美张荫桓致总署韩使至美应由华使挈晤外部电

朝使至友邦，应由华使挈晤外部，此西例也，非争虚文。恐日诱导，则大损。北洋应否补咨，预杜要结，并令具报职名？乞酌。

九月二十二日

使英刘瑞芬奏在伦敦互换缅约并派员赍呈折

出使英国大臣・大理寺卿刘瑞芬奏，为遵旨在伦敦互换缅约，并派员赍呈事。

窃臣于本年五月十三日，准总理衙门咨开：上年与英国议订缅约五款，于本年二月初二日缮就正本，奏请批准。兹已将缅约正本请用御宝讫，相应恭录谕旨，钞录原奏，并缅约正本一分，咨送收存。俟英国君主批准，即在伦敦订期互换等因。嗣于六月十三日，据英国公司轮船送到封固木箱，内储钦奉批准请用御宝之缅约正本一分，遵即敬谨收存。一面知照英国外部，订期互换。于七月初四日，准外部照会，所备缅约已经英国君主批准，定于七月初七日互换。届期臣亲赍前项缅约正本，率领二等参赞・分省补用知府李经方、英文参赞马格里等，赴英外部衙门，会同外部尚书・侯爵沙力斯伯里，互相校阅后，各立互换文凭，画押，连同缅约正本，彼此互换。臣即将换到英国君主盖印画押之缅约正本亲赍回署，饬派随员工部主事余思贻赍至京师，呈请总理衙门验收。谨奏。

光绪十三年九月二十六日奉朱批：知道了。

总署奏葡约现有成议谨陈办理情形折　附续议详约两款

总理各国事务庆亲王奕劻等奏，为葡约现有成议，谨陈办理情形事。

窃查，广东香山县属澳门地方，自前明为葡人占据，今已三百余年。万历年间，设局、设关闸于莲花茎，岁输租课，设官治理。自道光二十九年，夷目哑吗嘞为澳民戕杀，藉端寻衅，始则钉关逐役，抗租不交，继则屯兵建台，编号勒税，于是澳地关闸以内悉被侵占，粤省大吏亦遂置之不问。上年因开办洋药税厘并征新章，臣衙门奏请饬派邵友濂会同总税务司赫德，前往香港，会商办法。查知洋药自印度来华，香、澳为总汇之区，奸商市侩倚之为逋逃薮，必须英、葡两国一律会办，始能得力。乃葡为无约之国，遽与商说，渐有端倪，拟定草约四条，派税务司金登干在彼国画押，并允其派使来华，拟议详细条约。所有筹办情形，前经臣等于本年二月二十三日缕晰具奏，本日奉朱批：依议。钦此。钦遵在案。

该国使臣罗沙旋于五月间到京，迭次来臣衙门会晤，开呈节略、地图各件。查节略所开通商各款，与同治元年议而未换之约大致无甚悬殊。惟阅其图内，与现在葡人所居之地界址不清。恐其意在朦混多占，经臣等反复辩驳，将原图交还。一面电询粤省督抚臣，并密与北洋大臣李鸿章往复函商，派员赴澳确查该处实在情形，以凭办理。去后，嗣于八月二十九日，准军机处抄出督臣张之洞、抚臣吴大澂具奏澳界轇轕太多，条约尚宜缓定，界址宜早清厘各一折。同日奉朱批：该衙门知道。钦此。

查原奏内称：澳门水陆一带，大抵有葡人原租之界，有新占之界，有图占未得之界。除原有围墙以内仍旧听其居住外，已占者明示限制，未占者力为划清。并称：洋药来华，皆经由香港分运各口，从无径运澳门之船，是稽查之关键在香港，不在澳门等语。臣等查，上年邵友濂前往香港会商办法，香港英官曾有澳门若不缉私，香港亦不允办等语，是洋药并征之举，非香、澳合办襄助，势必不成。然此犹其后也。向者曾闻葡国日渐贫困，西洋诸大国如法、如俄、如英、如德皆有财力，无不垂涎澳门，希冀以银购得此地，为泊船驻兵之所。若果为他国所得，其害尤甚。以故从前总理衙门两次商办此事，一议通商订约，一议给价收回，奈事机不偶，迄无成说。迨光绪十一年间，两江总督曾国荃函称：葡国领事贾贵禄以该国与中国未换和约，可以不守局外之例。彼时法事方殷，若由澳引之入寇，亦颇可虑。经该督饬令江海关道婉词羁縻，至津约既成，葡之狡谋乃息。今因洋药缉私一事，允其重申前议，并以澳门地方我既不能收回，即乘此机会与之约定，不得让与他国，方可永杜后患，此为约中第一要义。惟界址一层，从前久经含混，刻下若欲与之划清，势必彼此争执，终归罢议，更恐激之生变，阴结强国为助，一旦竟由他国办理，转致棘手。臣等熟权利害，固不敢轻徇其请，亦未便拒之过峻，不得不为急脉缓受之策。因与葡使罗沙迭次磋磨，于约内言明：澳门界址，俟勘明再定。并声明：未经定界以前，不得有增减改变之事。似此办法，目前既不至龃龉，即或一时未能勘定，亦不至再被多占。仍将不得让与他国一层专立一条，永昭信守，庶免各国觊觎。该使臣初犹狡执，经臣等力持前说，始得就范，允即电达本国，照此定议。

正在筹办间，续接李鸿章函称：粤省督抚臣分别原租、久占、未占、新占四层办法。所谓久占者不知何年，新占者亦在咸丰、同治以后，但使各屋可拆毁，租钱可革除，岂不甚善？细审事势，必难办到。委员程左衡在津面与讨论，查围墙以内为原租，关闸以内皆所久占，潭仔、过路环则为新占，此皆已占者也。关闸以北，直达前山澳对岸湾〈仔〉、银坑各处，远及东南各岛，皆欲占而未占者也。亟宜趁此议约之时，与以固有之利，绝其窥伺之萌等语。所论极为详尽，应俟将来派员勘界时斟酌办理。谨将续议详约二条照录，恭呈御览。如蒙俞允，再由臣等将通商缉私各款与该使臣妥筹，另行具奏。谨奏。

光绪十三年九月二十七日奉朱批：依议。

谨将现议葡约照录第二第三款先行恭呈御览

第二款　前在大西洋国京都理斯波阿所订预立节略内，大西洋国永居管理澳门之第二款，大清国仍允无异。惟现经商定，俟两国派员妥为会订界址，再行特立专约。其未经定界以前，一切事宜，俱照依现时情形勿动，彼此均不得有增减改变之事。

第三款　大西洋国京都理斯波阿所预立节略内，大西洋国允准，未经大清国首肯，则大西洋国永不得将澳门让与他国之第三款，大西洋国仍允无异。

总署奏葡人于前明占居澳门与租界异各国自不得援以为例片

奕劻等片。

再，本年八月初四日，准军机处钞交广东抚臣吴大澂奏，为各省洋人租地，仍当存租界名目，以杜后患一折。奉朱批：该衙门议奏。钦此。查原折内称：中国与东西各国所立条约，必有利益均沾一语。然他国之利益，中国未必能据以相争。中国所许之利益，各国无不援以为例。自中外通商立约以来，各省沿江、沿海通商口岸，每处所建洋房、洋栈，或给官地，或买民居。凡洋官、洋商聚处之所，名曰租地。租地以内，各国皆有限制，谓之租界。若以租地界址，许其永远管业，则各国必执利益均沾之说，纷纷渎请，适启西人无厌之求，于中外交涉大有关碍。拟请饬下总理衙门，凡各省通商口岸及不通商口岸，所有洋人租地，仍当存租地名目，概不准有永远管业字样，混为自主之业，以杜后患等语。臣等查，泰西各国自通商以来，教堂、使馆均出价买，沿江、沿海各省通商口岸，皆有租界，虽无管业之名，实则界内诸事皆听洋人所为，地方官无从过问，即与管业无异。至吴大澂此次所奏，自系隐指广东澳门而言。惟澳门地方，自前明以来，久为葡萄牙国占居。近因洋药税厘并征，葡国允在澳门帮同缉私，并请换约通商。中国以其帮同出力，允与立约，并因葡国之在澳门已历三百余年，久已视为固有，是以草约内，有允其永居管理之语，此与通商口岸之租界迥不相同，各国自不得援以为例，可无庸过虑也。谨奏。

光绪十三年九月二十七日奉朱批：依议。

清季外交史料卷七十三终

清季外交史料卷七十四

光绪十三年十月至十二月

直督李鸿章致总署交犯一节葡廷请另议乞核复电

顷，税司送阅赫德洋信：葡约诸已订妥，惟交犯一节，中西律法不同，从前巴西约、上年法越商约均未成议，葡廷决不允从。罗沙欲于两三日内趁未封河即行回国。因小失大，可惜。求电署，暂虚此条，候他日另议，赶将条约办定云云。鸿未知其详，但西例视交犯极重，能否作宕笔？乞核复。

十月十一日

总署致李鸿章请转咨驻藏大臣速撤越界驻兵电

来示悉。英使又称：藏番越界，驻兵隆吐山，梗阻大路，藏官承认，有据。接印度大臣电诘，不容番兵在彼守冬，迟即驱逐云云。此事再缓，必生衅。飞咨文大臣速办。

十月十一日

总署奏葡约现已议成请派员画押折 附通商条款会议草约及洋药缉私专约

总理各国事务庆亲王奕劻等奏，为葡约现已议成，请旨派员画押事。

窃葡国遣使臣罗沙，于本年五月间来京，商订详细条约。经臣等迭次与之会晤商办，业将续议大概情形于九月二十六日恭折具陈，并于折内声明，再由臣等将通商缉私各款与该使臣妥筹议订，另行具奏在案。嗣经臣等与该使往复晤商，按照开送条款，详加考核。其与同治元年议而未换之约，无甚悬殊者，当即议定。此外有应拒绝者、有应添改者数条，与之口舌文函，逐一辩驳，始行商订妥协。内惟交犯一条，该使臣请照英国条约载明：华人犯罪，逃至澳门者，查明实系犯罪，交出。盖西国通例，此国罪犯逃至彼国，应由彼国查讯所犯何罪，分别交与不交。因之节节刁难，遂为逋逃之薮。臣等有鉴于此，坚拒不允，告以必须载明，一经两广总督照会，澳门官员即行查获交出。该使臣又谓，并无庇护罪人之意，但如此措辞，有似勒令交出，既与西例悬殊，且亦有妨体面，因此执意不从。查本年闰四月间张之洞奏折，内称：该督到任后，所有照会葡官提取要犯，虽不无驳诘，亦均陆续交出，以视港官之扣留员弁，勒请讼师，糜费旷日，或交或否，听洋官讯断，往往始终不交者，难易迥殊，恐换约以后，缉匪一节，亦将藉口洋例，隔阂愈甚等语。臣等因与再四磋磨，于约内添改华民犯案逃往澳门地方潜匿者，由两广总督照会澳门官员，即由澳门官员仍照向来办法查获交出，以杜其援照西例袒庇逃匪之弊。又稽查洋药一事，全在澳门出口时立法严密，方免偷漏，复于专约内添写，所有澳门前往中国各海口之洋药，必须由督理洋药之洋员给发准照公函，由该洋员将转运出口之准照转致拱北关税务司办理。以上两端，皆为紧要关键。经臣等反复辩论，始得定议。其余各款，悉心斟酌，均尚妥善。兹将续议葡国详细条约五十四款，及缉私专约三款，另缮清单，恭呈御览。如蒙俞允，应查照各西国修约成案，恭请钦派王大臣与葡使罗沙先行画押，再候批准，择期在津互换。谨奏。

光绪十三年十月十五日奉旨：着派奕劻、孙毓汶为全权大臣，与葡萄牙国使臣画押。

谨将臣等与葡国使臣罗沙议定通商条款缮呈御览

大清国大皇帝，大西洋国大君主，两国彼此友睦，历有三百余年，因愿倍敦友睦，俾永相安，曾于光绪十三年三月初二日，在大西洋国京都理斯波阿，两国派员会议节略四条，兹欲订立通商和好条约，彼此遵守，是以大清国大皇帝，大西洋国大君主，特派大臣，各将所奉便宜行事之上谕公同校阅，俱属妥善，特将议定条款开列于后：

第一款　一、大清国大皇帝，大西洋国大君主，两国仍旧永远敦笃，友谊和好，并两国商民人等，彼此侨居，皆全获保护身家。

第二款　一、前在大西洋国京都理斯波阿所订预立节略内，大西洋国永居管理澳门之第二款，大清国仍允无异。惟现经商定，俟两国派员妥为会订界址，再行特立专约。其未经定界以前，一切事宜，俱照依现时情形勿动，彼此均不得有增减改变之事。

第三款　一、前在大西洋国京都理斯波阿所订预立节略内，大西洋国允准，未经大清国首肯，则大西洋国永不得将澳门让与他国之第三款，大西洋国仍允无异。

第四款　一、大西洋国坚允，在澳门协助中国征收由澳门出口运往中国各海口洋药之税厘。其如何设法协助，并助理久长，一如英国在香港协助中国征收由香港出口运往中国各海口洋药之税厘无异。其应议协助章程之大旨，今另定专约，附于本约之后，与本约一律遵行。

第五款　一、大西洋国大君主可派钦差大臣各等员诣大清国京都驻扎，其钦差大臣各等员并随员、眷属人等，可在大清国京都或常行居住，或随时往来，抑或在准别国钦差大臣所寓之处居住，皆候奉本国谕旨遵行。大清国亦可派钦差大臣驻扎大西洋京都理斯波阿，或随时到京，亦钦候本国之旨。

第六款　一、大清国、大西洋国所派钦差大臣各等员，于居住之处，无不按照情理，以礼优待。所有身家、公所与各来往公文、书信等件，皆不得被人擅动。

第七款　一、大西洋国官员有公文照会大清国官员，均用大西洋国字样缮写，并翻译汉文，相连配送，各以其本国之字为凭。

第八款　一、将来两国官员办公人等因公往来，各随名位高下，准用平行之礼。大西洋国大宪与大清国无论京内外各大宪公文往来，俱用照会。大西洋国二等官员与大清国省中大宪公文往来用申陈，大清国大宪用札行。两国平等官员则照相并之礼，其商人及无爵位者，赴诉俱用禀呈字样。

第九款　一、大西洋国大君主可设立总领事官、领事官、副领事官、委办领事官，驻扎大清国通商各口地方，并如准别国在他处设立领事官，亦准大西洋国设立该领事官，职分权柄，皆与别国领事官所操行者无异。无论何时，与别国领事官享获优先利益，及防损种种恩施，大西洋国领事官，亦如大清国相待最优之国领事官，一律无异。大清国地方官于该领事等官均应以礼相待，文移往来，均用平行之礼。凡领事官、署领事官与道员同品，副领事官、署副领事官、委办领事官及翻译官，与知府同品。至所派之员，必须西国真正职官，不得派商人作领事官，一面又兼贸易。但不拘何口，大西洋国若未便设立领事官，可暂请别国领事官代为料理，大清国亦听其便。

第十款　一、所有中国恩施、防损，或关涉通商行船之利益，无论减少船钞、出口入口税项、内地税项与及各种取益之处，业经准给别国人民，或将来准给者，当立准大西洋国人民。惟中国如有与他国之益，彼此立有如何施行专章，大西洋国既欲援他国之益，使其人民同沾，亦允于所议专章一体遵守。

第十一款　一、所有大清国通商口岸均准大西洋国商民人等眷属居住、贸易、工作，平安无碍，船只随时往来通商，常川不辍。其应得利益，均与大清国相待最优之国无异。

第十二款　一、大西洋国商人起卸货物，纳税俱照咸丰八年各国税则为额，不能较他国有彼免此输之别，以昭平允而免偏枯。

第十三款　一、游行往来、卸货上货，任从大西洋国商人自雇小船拨运。不论各项艇只，雇价银两若干，听大西洋国商人与船户自议，不必官为经理，亦不得派定船数。其船及挑夫人等，亦不准人包揽运送。倘有走私漏税情弊查出，该犯自应照律惩办。

第十四款　一、大西洋国商民居住通商口岸，任便雇觅诸色华工，在中国襄执分内工艺，大清国官宪毫无限制禁阻。唯不得违例雇觅，前往外洋。

第十五款　一、大西洋国人民在中国地方，如有被人欺凌扰害，大清国官宪自必时加保护，令其身家、财产得以安全。倘或被人抢夺，放火烧毁房屋，抢劫财物者，地方官即行设法派拨兵役，弹压查追，并将焚抢匪徒按照律例严办。大清国人在大西洋国所属地方，如有被人欺凌扰害，大西洋国官员亦照此一体办理。

第十六款　一、大西洋国商民在通商各口地方买地、租地或租房为建造房屋，设立栈房、礼拜堂、医院、坟墓，均按民价，公平定议照给。惟须由业主报明地方官，查明无碍民居方向，由业主报明地方官者，方可交易，不得互相勒措。至于内地各处，并非通商口岸，均议定不得设立行栈。

第十七款　一、大西洋国商人运货赴通商口岸贸易，其单照等件均照各国章程，由各关监督发给。其并不携带货物之民人，专为持往内地游历，执照由领事官发给，由地方官盖印。经过地方，如饬交出执照，应可随时呈验，无讹放行，雇船、雇人装运行李货物，均不得拦阻。如无执照，或其中有讹误，以及有不法情事，可就近送交领事官惩办。沿途只可拘禁，不可凌虐。如通商各口有出外游玩者，地在百里，期在五日内，毋庸请照。惟水手、船上人等，不在此例，应由地方官会同领事官另定章程。

第十八款　一、大西洋国船只，在大清国辖下海洋地方，有被强盗抢劫者，地方官一经闻报，即行设法查追拿办。如能追得赃物，交领事官给还原主。

第十九款　一、大西洋船只，有在大清国沿海地方，碰坏搁浅或遭风等事，该口地方官查知，即设法妥为照料护送，交就近领事官查照，以昭睦谊。

第二十款　一、大西洋国商船，应纳钞课，各按船牌所载若干吨而纳。一百五十吨以上，每吨纳钞银四钱。一百五十吨整，及一百五十吨以下，每吨纳钞银一钱。既纳钞后，监督官给发执照，开明船钞完纳。

第二十一款　一、输税期候，进口货于起载时，出口货于落货时，各行按纳。

第二十二款　一、大西洋国船主一进通商各口，欲将货物在该口但卸几分，即以所卸多寡，照数纳税。其余货物，欲往别口卸者，其税亦在别口输纳。

第二十三款　一、大西洋国货船进口，并未开舱，欲行他往者，限二日之内出口，即不征收船钞。倘逾二日之限，即须全数输纳。此外，船只出进口时，并无应交费项。凡船进口，一到之时，即应报明，以备查核。如于二日时刻内漏报，照例罚办。

第二十四款　一、大西洋国商人，在各口，自用艇只运带客人行李、书信、食物及例不纳税之物，毋庸完钞。倘带例应完税之货，则每四个月一次，完钞每吨一钱。

第二十五款　一、大西洋国船只，欲进各口，听其雇觅引水之人。完清税务之后，又可雇觅引水之人，带其出口。

第二十六款　一、大西洋国船只进口，监督官派员弁、丁役看守，或在西洋船，或在本艇，随便居住。其需用经费，由关支发。惟于船主并该管船商处，不得私受毫厘。倘有收受，查出分别所取之数多寡惩治。

第二十七款　一、大西洋国船只进口，限一日内，该船主将船牌、舱口单各件交领事官，即于次日通知监督官，并将船名及押载吨数、装何项货物之处，照会监督官，以凭查验。如过限期，该船主并未报明领事官，每日罚银五十两。惟所罚之数，总不逾二百两以外。至其舱口单内，须将所载货物详细开明。如有漏报、捏报者，船主应罚银五百两。倘系笔误，即于递货单之日改正者，可不罚银。

第二十八款　一、监督官接到领事官详细照会后，即发开舱单。倘船主未领开舱单，擅行下货，即罚银五百两，并将所下货物全行入官。

第二十九款　一、大西洋国商人上货下货，总须先领监督官准单。如违，即将货物全行入官。

第三十款　一、各船不准私行拨货。如有互相拨货者，必须先由监督官处发给准单，方准动拨。违者，即将该货全行入官。

第三十一款　一、各船完清税饷之后，方准发给红单。领事官接到红单，始行发回船牌等件，准其出口。

第三十二款　一、至税则所载，按价若干，抽税若干。倘海关验货人役与大西洋国商人不能平定其价，即须各邀客商二三人前往验货，客商内有愿出价银若干买此货者，即以所开最高之价，为此货之价式，免致收税不公。

第三十三款　一、凡纳税，实按斤两秤计，先除皮包粉饰等料，以净货轻重为准。至有连皮过秤、除皮核算之货，即若茶叶一项，倘海关人役与大西洋国商人意见不同，即于每百箱内，听关役拣出若干箱，大西洋商人亦拣出若干箱，先以一箱连皮过秤，得若干斤，再秤其皮，得若干斤，除皮算之，即可得每箱实在斤数。其余货物，凡系有包皮者，均可准此类推。倘再理论不明，大西洋国商人赴领事官报知情节，由领事官通知监督官，商量酌办。惟必于此日禀报，迟则不为办理。此项尚未论定之货，监督官暂缓填簿，免致后难更易。须俟秉公核断明晰，再为登填。

第三十四款　一、大西洋国货物如因受潮湿以致价低减者，应行按价减税。倘大西洋国商人与官吏理论价值未定，则照按价抽税条内之法办理。

第三十五款　一、大西洋国商人运洋货进口，既经纳清税课者，凡欲改运别口售卖，须禀明领事官，转报监督官，委员验明实系原包原货，查与底簿相符，并未拆动抽换，即照数填入牌照，发给该商收执，一面行文别口海关查照，仍俟该船进口，查验符合，即准开舱出售，免其重纳税课。如查有影射夹带情事，货罚入官。至或欲将该货运外国，亦应一律声禀海关监督验明，发给存票一纸，他日不论进口、出口之货，均可持作已纳税饷之据。至于外国所产粮食，大西洋国船装载进口，未经起卸，仍欲运赴他处，概无禁阻。

第三十六款　一、大清国各口收税官员，凡有严防偷漏之法，均应相度机宜，随时便宜，设法办理，以杜弊端。

第三十七款　一、凡约内载明大西洋国商民何者当罚，何者充公入官等项，均系归于大清国充公，与别国无涉。

第三十八款　一、大西洋国货物，在通商不论何口，既已按例输纳进口正税，倘欲自入内地贩运者，应照各国现定章程办理。其在内地买土货贩运出口，或前赴长江各口，或欲运往外国，亦俱照各国现定章程办理。大清国各关书役人等，如有不遵条例，诈取规费者，由大清国照例究治。倘有多收税饷，查明实系误收者，由大清国随时酌办。

第三十九款　一、通商各口分设浮桩、号船、塔表、望楼，由领事官与地方官会同酌视建造。

第四十款　一、税课银两，由大西洋国商人交官设银号，或纹银，或洋钱，按照道光二十三年在广东所定各样成色交纳。

第四十一款　一、秤码丈尺，均按照粤海关部颁定式，或由各监督在各口送交领事官，以昭划一。

第四十二款　一、大西洋国船只准在通商各口处所出入贸易，除第十九款所议未防范之事外，如有在别处沿海地方入口，或私行买卖者，即将船货一并入官。

第四十三款　一、凡船只由通商各口，前往别口，并澳门地方，该船主禀明海关监督，给发执照。自是日起，以四阅月为期，勿庸输纳船钞。

第四十四款　一、大西洋国商船如查有走私情弊，即将该走私之货，无论何项何价，全数查抄入官。仍俟该商船账目清楚后，严行驱逐，不准在港口贸易。

第四十五款　一、大清国、大西洋国交犯一节，除中国犯罪民人有逃至澳门地方潜匿者，由两广总督照会澳门总督，即由澳门总督仍照向来办法，查获交出外，其通商各口岸，有犯罪华民逃匿大西洋国寓所及船上者，一经中国地方官照会领事官，即行查获交出。其大西洋国犯罪之人，有逃匿中国地方者，一经大西洋国官员照会，中国地方官亦即查获交出，均不得迟延袒庇。

第四十六款　一、此次新定税则并通商各款，日后彼此两国再欲重修，以十年为限。期满时，于六个月之前，先行知照，酌量更改。若彼此未曾先期声明更改，则税课仍照前章完纳。复俟十年，再行更改。以后均照此限此式办理，永行弗替。

第四十七款　一、在大清国地方，所有大西洋国属民互控案件，不论人产，皆归大西洋国官审办。

第四十八款　一、大清国人如有欺凌扰害大西洋国人者，由大西洋国官知照大清地方官，按大清国律例，自行惩办。大西洋国人如有欺凌扰害大清国人者，亦由大清国官知照大西洋国领事官，按大西洋国律例惩办。

第四十九款　大清国人有欠大西洋国人债务不偿，或潜行逃避者，中国官必须认真严行查拿。如果系证据确凿，力能赔缴者，务须追缴。大西洋人有欠大清国人债务不偿者，大西洋国领事官亦一体追缴。但不论是何情形，两国均不保偿民人欠项。

第五十款　一、大西洋国人每有赴诉地方官，其禀呈皆由领事官转递，领事官即将禀由情词查核适理妥当，随即转递，否则更正，或发还。大清国人有禀赴领事官呈递，亦先报地方官，一体办理。

第五十一款　一、大西洋国民人如有控告大清国民人事件，应先赴领事官衙门递禀，领事官查核其情节，须力为劝和息讼。大清国民人如有赴领事官衙门控告大西洋国人者，领事官亦应查核其情节，力为劝息。若有不能劝息，应由大清国地方官与领事官会同审办，各按本国之律例，公平讯断。

第五十二款　一、天主圣教，原以劝人行善为本。自后凡有传授习学者，一体全获保护。其安分无过者，大清国官不得苛待禁阻。

第五十三款　一、各国议立和约，原系汉文字。惟因欲预防嗣后有辩论之处，兹查英国文字中，外人多熟悉，是以此项所定之和约，以及本和约所附之专约，均以中国文、大西洋国文暨英国文三国文字译出，缮写画押六纸，每国文字二纸，均属同意。倘遇有大西洋国文与中国文有未妥协之处，则以英文解明所有之疑。

第五十四款　一、所有现定之和约，并所附之专约，俟大清国大皇帝、大西洋国大君主两国御笔批准，则在天津彼此互换后，再行刊刻通行，使两国官民咸知遵守。现经两国钦派大臣将英、汉、西洋文条约章程各二分校对无讹，亲笔画押，钤用关防，以昭信守。

谨将中葡会议草约四条缮呈御览

大清国、大葡国彼此相敦和睦已有三百余年，今愿重修旧好，俾永相安，是以大清国税务司金登干，大葡外部大臣巴罗果美，因各奉有旨，将会议之件画押为据。现将会议商订条款开列于左：

一、定准在中国北京，即议互换修好通商条约，此约内亦有一体均沾之条。

一、定准由中国坚准葡国永驻管理澳门以及属澳之地，与葡国治理他处无异。

一、定准由葡国坚允，若未经中国首肯，则葡国永不得将澳地让与他国。

一、定准由葡国坚允，洋药税征事宜，应如何会同各节，凡英国在香港施办之件，则葡国在澳类推办理。

光绪十三年三月初二日，西历一千八百八十七年三月二十六日，在葡国京都画押。

金登干之押。

巴罗果美之押。

谨将与葡国使臣议定缉私条款开呈御览

大清国大皇帝，大西洋国大君主，特派大臣，议立专约。现因于光绪十三年三月二日，经已议定和好通商条约第四款载明，彼此必须议立专约，以便略定如何设法协助中国征收由澳门出口运往中国各海口洋药之税厘，是以两国便宜行事大臣，互相定议专约三款，胪列于左：

第一款　大西洋国应允颁行律例一条，以为饬令澳门洋药生意，必须遵循后列之规例：

一、除洋药装满箱之外，其余零星碎件，不准运入澳门。

二、大西洋国应派官员一员，在澳门以为督理，查缉出口、入口之洋药。所有载运洋药入口，一经到澳，须立即报知督理官衙门。

三、所有运入澳门之洋药，如欲由此船过彼船，或由船而起上岸，抑或运入栈房，或由此栈而搬至彼栈，又或将该洋药转运出口，均须先报知督理官衙门，领取准照，方准搬运。

四、所有澳门出口、入口洋药之商人，应有登记簿。而该簿之格式，系由官酌定发给。其所有运入口之洋药，应照依官给予之格式，将该洋药卖出若干箱，或卖与何人，抑或运往何处，以及在铺内存有若干箱，均须据实逐一注明簿内。

五、除承充澳门洋药之商人，及领牌照售卖零星洋药之商人外，无论何人，均不准收存不足一箱之生洋药。

六、此律例颁行之后，必须详细定立章程，俾令各人在澳门遵守。至于该章程，应与香港办理此项之章程相同。

第二款　所有澳门出口前往中国各海口之洋药，必须到督理洋药衙门领取准照，一面由该衙门官员立将转运出口之准照转致拱北关税务司办理。

第三款　大清国与大西洋国嗣后如欲将此专约之条款更改，必须两国会议允行，方可随时删改。

川督刘秉璋致总署请饬驻藏大臣升泰赴藏电　附旨

刘秉璋电：升大臣到川，人甚明白。藏事甚急，请旨饬催赴任。

十月十六日奉旨寄刘秉璋：升泰现已到川，着迅饬赴任，会同文硕，速筹边界通商事宜，慎勿延缓。又英使云，日纳岭为西藏边界，向有藏兵驻守，英人决不犯此界。其自日纳行至隆吐山，相距数十里，英人修有大路。今藏番横建兵房于此，各不退回，定即驱逐云云。藏番越界驻兵，本属另生枝节。倘再迁延不撤，开衅即在目前，此时事机万紧，总署已允从速办妥。着即飞咨驻藏大臣，将隆吐兵速即撤回。

直督李鸿章致总署伦敦电法举沙的加纳为总统电

伦敦电：法总统格辣斐退位，沙的加纳公举为新总统。

十月二十一日

总署致刘瑞芬西藏边界事开导需时请英外部转印督勿孟浪以全睦谊电

华使屡称：日纳岭为西藏边界，向有藏兵驻守，英人决不犯此界。其自日纳以至隆吐山，相距数十里，英人修有大路，今藏番横建兵房于此。藏兵出境驻西金隆吐山，阻塞商路，印督欲用兵驱逐，决不容该兵在彼守冬。本处电川督，咨驻藏大臣，迅饬撤兵。川督复已飞咨，惟公牍迟慢，又开导需时，比即照知华使，令电印督，第恐印督不肯久待。仍希尊处与外部指陈利害，切电印督，切勿孟浪，以全睦谊。

十月二十二日

使英刘瑞芬致总署已告英外部请印督勿孟浪电

已详告外部，电印督，勿孟浪。外部允即电达。

十月二十三日

总署奏接收蚕池口教堂折

总理各国事务庆亲王奕劻等奏，为蚕池口教堂定期接收事。

窃臣衙门于本年六月二十二日具奏，蚕池口教堂议令从速迁移，商定办法一折。奉朱批：钦此。钦遵在案。兹据法国使臣李梅照称：订于光绪十三年十月三十日，将蚕池口北教堂、仁慈堂两处交收等因前来。除由臣衙门届期派员前往接收，并将前议提前腾出应给教堂银两，按月核算拨付外，其收回之蚕池口教堂房屋及什物等件，可否交奉宸苑派员接收之处，请旨遵行。谨奏。

光绪十三年十月二十三日奉朱批：依议。

使英刘瑞芬致总署印督已允展期派兵电

奉电，告外部，已允电印督，勿孟浪。顷，接印督复电，已允派兵一节，展期至西历明年三月十五号。请饬驻藏大臣早日撤兵。

十一月初五日

总署致刘秉璋请咨驻藏大臣如期撤兵电

印督初意不许藏兵在隆吐过冬，本署婉商英外部，允展至明年正月底止。希飞咨藏中，如期撤兵，缓必生事。

十一月初七日

总署致刘瑞芬大东大北两公司水线上岸合同可准惟须输水线上岸税速复电

电报局与大东、大北两公司现订合同，本署可准。惟须两公司岁输水线上岸之税，英语所云音匹力亚力梯也。即向东公司总办、北公司驻英总办商议税数，速复。

十一月初七日

川督刘秉璋致总署隆吐在日纳之内并非印界电　附旨

准文大臣咨：藏番设卡，系在热纳地方以内之隆吐山。查热字即日字译音之异，日纳在藏属哲孟雄界内。钧电内开英使之日纳岭为西藏边界，是藏番设卡，当在界内。不知英使何所据，而谓隆吐在藏界外耶？隆吐实在日纳之内，英使既认日纳为藏边，许其驻兵，不犯此界，何又越日纳而必撤隆吐之卡，或道里荒远有讹？希约略示复。升大臣于十三到川，人甚明白。事已急，请电催速赴任，容有转机云。

十一月初八日奉旨：刘秉璋阳、庚两电均悉。向来哲孟雄自为部落，在后藏界外，不入舆图，且久已暗附于英。今该卡既在哲境之隆吐山，即不谓之西藏界内。况英国正议边界通商，而藏众反设卡禁绝通商之路，是显与定约背驰。英为与国，于停止入藏一节，尚知通情退让。藏为中国属地，乃竟不知恭顺朝廷，将来设有不虞，国家亦何能于此等顽梗之徒曲施保护耶？着刘秉璋飞咨文硕、升泰，传齐各番官，将此旨严切宣示，饬令迅将卡兵撤回，慎毋再事迁延，自贻罪悔。并着文硕等，将遵办情形迅速复奏。

直督李鸿章奏遵旨与朝鲜国王筹商派使各国酌拟三端准咨照办折

直隶总督李鸿章奏，为遵旨与朝鲜国王筹商派使各国，未尽事宜，酌拟三端，现准咨复照办事。

窃臣钦奉九月初三日寄谕：朝鲜派使各国，体制、交涉，务为求全。其未尽事宜，仍着李鸿章随时通问筹商，务臻妥协等因。钦此。遵即电饬驻扎朝鲜办理交涉通商事宜·补用知府袁世凯，转商该国，应查驻扎公使不必用全权字样。旋于九月二十三日，接据袁世凯电禀：准朝鲜外署照称，奉国王传教，前派国使久已束装，如候由咨文往返筹商，恐须时日，请先电达北洋大臣筹复。并据该国王咨称，近年泰西各国屡请派使修聘，诸国幅员、权力十倍朝鲜，不可不派大使。惟派使之初，未谙体制，未先商请中朝。于派定后，即饬外署知照各国，以备接待。兹忽改派，深恐见疑，仍请准派全权公使前往，待报聘事竣调回，或以参赞等员代理，庶可节省经费，并饬该使至西国后，与中国大臣仍恪遵旧制，惟事恭谨等语，辞意尚为逊顺。

臣复加筹度，更将有关体制者，先与约定三端：一、韩使初至各国，应请由中国大臣挈赴外部。〈一〉、遇有宴会、交涉，应随中国大臣之后。一、交接内大事关系紧要者，先密商中国大臣核示，并声明此系属邦分内之体制，与各国无干，各国不得过问。当即电饬袁世凯，转达该国王照办。兹复准该国王咨称：十月杪，饬驻美公使朴定阳与驻英、法、俄、意、德公使赵臣熙先后往驻。所定三端，并饬遵行。咨称据情转奏前来。

臣查，朝鲜派使往驻泰西，本系无益虚名，徒糜国用。前奉谕旨开示，至为精详。惟该国因原约有遣使互驻之条，遂未先商请中朝，遽以全权公使报闻各国，此时虑以改派失信，自是实情。既称遣使后与中国使臣往来恪遵旧制，臣所定拟三端又经遵行，于属邦事例并无违碍。至所称报聘等事，或以参赞等员代理，以期节省经费，亦系遵奉谕旨，审度预筹。谨将该国王咨文一道缮单，恭呈御览。除分咨总理衙门、礼部暨公使、各国大臣外，理合恭折具陈。

光绪十三年十一月十四日奉朱批：该衙门知道。单并发。

闽督杨昌濬致总署报福安县民教不和毁教堂电

福安县穆洋乡因改造教堂，民教不和，城乡教堂被毁数处，已饬查办。

十一月十五日

使日徐承祖致总署日皇赠宝星应否收受请示电

我国出使大臣，各国赠以宝星，不知贵署有无奏定章程。顷，日皇赠以宝星，承祖未敢擅便，请示。

十一月十五日

驻藏大臣文硕致总署商上复称卡房距英界甚远电

据商上复称：客春建置卡房，留官稽察隘口，是恐边民私出交易，致贻口实，地在藏属隆吐山，距哲孟雄北界尚隔一草场，更何论于英境耶？不可信彼砌词耸听，西金名未闻，无从查考。

十一月二十二日

总署致文硕边隘设卡违旨背约应谕番民撤卡电

英国边界通商，乃允停止入藏。中国因该处向有私出交易，正可藉此开导通商，始与定约。今反在边隘设卡，并向来贸易亦行禁止，是显然违旨背约，不关界内界外尺寸之地也。驻藏大臣应谕番民懔遵前旨，赶紧撤卡，勿助番民空言辩界，致衅端一开，不可收拾。慎之！

十一月二十二日

直督李鸿章致总署袁世凯电韩人焚毙华民案拟令缉犯不受恤电

袁世凯电：前华商焚毙一案，屡催缉犯无着。昨外署奉韩王命，每命送恤钱五十元。查韩为华属，如索厚恤，恐贻笑外人。如受其薄恤，不但难慰商情，且恐徒成例案。当告以中、韩一家，该三命已由中国抚恤，应免国王惠恤，惟宜从速缉犯。凯拟倡捐廉并行筹款，每命恤一百元，仍督缉犯，庶两得其平云。

十一月二十七日

直督李鸿章致总署韩使美人员不来见华使已令袁世凯询韩廷惟深引咎电　五件

张大臣电：顷，晤外部，为韩使先容外部谓，韩为中属，美与立约，亦承中意，务推爱相待。将告田使，达署云，韩使明日往谒，商递国书，当免枘凿。我尽我道，原非市恩。该使迄未来见，殊骄。推此以应外交，恐误事。乞电谕韩廷，并达署云云。已转袁，询韩政府。

十二月初三日

张大臣电：韩使二十六日到，桓照会外部，准照复，朔日接见，韩使托病未来。顷，派员诘问，只允衔帖呈文、朱笔、照会三事，另约三端，据称，知有来电，惟政府须与袁妥议，未奉明文云。已否电袁询韩政府，照前议三端办理?

十二月初三日

袁电：遵即照会，请韩廷迅即发电饬遵。惟该使未行前，已由韩王咨复照办，外署亦复凯照办。该使临行，凯以续定三端详细告谕，何得以未奉明文托辞狡展?必由韩廷授意云。

十二月初四日

袁电：顷，国王派近臣郑秉夏来称，朴违定章，已饬外署从速电饬朴。凯属将电语详告凯知。

十二月初五日

袁电：今日派员催问外署，云电禀送宫，尚未发出。即属其议政府派员赴宫，催王速发，该督办惟深咎朴，并自陈教训无状云云。查朴此举，必韩廷授意，故踌躇不能遽决云。

十二月初六日

使俄洪钧致总署韩遣全权至俄与属邦体制不合电

西国不准属邦遣使，故无带见之例。西人唆朝鲜自主，今不但遣使，而且全权。倘我欲声明属邦，彼将巧词以拒。俄之觊觎，情辞已露。即肃详函。芬已行，钧在俄。谨复一号函，以洋字母代华码发电，不能行，只作罢论。

十二月初十日

直督李鸿章致总署袁世凯电派使各条韩王欲删改先谒华使一端电

袁世凯电：韩王派近臣密称：中、韩一家，天下共知，凡难事无不荷优容。此次派使议准三端内，先谒华使请挈往一端，恐各国拒其国书，不以敌体相待。赵使尚在香港，如至西国，恐亦难遵，请删第一端，俯全国体云云。袁谓：王欲删改，何不早商？今既违章，乃商，成何事体？鸿复以王既请饬转奏定案，何得反复？但至西国应先谒华钦差商办，如华使谓可无庸挈同赴外部，或准通融。闻驻韩俄使附和群小，煽惑韩王，使阳奉阴违。该外部恐拒我带见，似另有务作活笔。仍令先谒华使，以存体制。

十二月初十日

粤督张之洞奏访查南洋华民情形拟设小吕宋总领事以资保护折

两广总督张之洞奏，为派员访查南洋华民商务情形，拟在小吕宋先设总领事，以资保护，并筹计一切经费事。

窃臣于光绪十二年二月二十五日，遵旨会同出使大臣张荫桓，具奏筹议外洋各埠捐船护商情形，当经奏派两江尽先副将王荣和、候选知府余瓗，先赴南洋有名诸岛，详慎周历，饬将设官、造船两事，一并密加商度，以凭筹定切实办法等因。奉旨：该衙门知道。钦此。当经总理衙门电致驻英、荷、日使臣，转告该国外部查复。该委员王荣和等，于上年七月二十七日由粤起程，先后往查各岛埠情形，均经随时禀报，颇为详尽。本年七月内各回粤，臣复面加考询，大抵设立领事一节，甚为切要，势亦可行，谨撮其大要陈之。

查该委员等所历南洋计二十余埠，先至小吕宋，为日斯巴尼亚国属。次新嘉坡、次麻六甲、次槟榔屿、次仰光，皆英国属。次日里各附埠，次加拉巴，次加拉巴各附埠，次三宝垅，次三宝垅各附埠，次泗里末，皆荷兰国属。次新金山之钵打稳，次雪梨，次美利滨，次亚都律省各附埠，次衮司伦，次衮司伦各附埠，皆英国属。

其抵小吕宋也，华民分诉日人虐待情形，恳请派官保护，自筹经费。该处华民五万余人，贸易最盛，受害亦最深。该委员等详查被害各案，或挟嫌故杀，或图抢故烧，甚至官长徇私，巡差讹诈，暴敛横征，显违条约，当经择要照会日官查办。时值土人联名拟逐内洋华工，该委员等到吕，其议遂寝。综核情形，非设总领事不可。其分设正、副各领事，暨驻扎处所，由领事因地制宜，择员禀委，以期妥洽。

其抵新嘉坡地，与原设领事左秉隆往见坡督各官，礼意尚洽。该处华民十五万人，富甲各埠。除衙舍公产外，所有实业，华人居其八，洋人仅得其二。每年往来华工又最多，英设华民政务司专理其事，立法尚称公允，惟不向中国领事衙门报名，情意既不联络，而目击招工、客馆作奸欺瞒，无从禁止，亦失保护之旨，似应兼由中国领事稽查，以重事权而免流弊。

至麻六甲、槟榔屿两处，与新嘉坡相连，华商居多，生意繁盛。又附属石郎阿国之吉隆埠、卑力国之罅埠，均尚知保护华工。华人开采锡矿者十余万众，富至百万者数人。服饰、礼仪，一如故乡，无敢改换。槟榔屿一埠，人才聪敏，为诸埠之冠，宜添设副领事一员，与驻坡领事相助为理，益可以收后效。

抵缅甸之仰光也，该处人三万余众，设有宁阳会馆及各公司。该员遍加访察，出产以米为大宗，玉石、牛皮之款次之。自英据其地，收饷设戍，密迩腾越，为中国隐患。此处宜设领事，联络商情，必于边事有益。

其抵日里也，该处为原奏所未及，华工六万余众，来自汕头等处。先由客带至新嘉坡、槟榔屿，经英官查过，自愿佣工者，订立华文合同，往日里为佣。所业种烟扎烟，勤奋者，年中可余番银百余元，否则不足糊口。工头以赌倾其资也，继以称贷，第二年复须留工，则返乡无日。查荷官洋文章程，内载：工人有过，准园主送官讯办，不得私自鞭挞，做工不得过三年之限。限满后，无论有无亏欠，园主皆应给予川资，不得再留等语。而该园主阳奉阴违，于华文合同内并不叙明，任意虐待。经该委员等告知荷官，始允为设法整顿。此处宜设副领事，以资保护。

其抵加拉巴也，该处华民七万余众，荷人捐税繁多，赌风尤炽，甚至迫令入彼国籍。其附近之波歌内埠、各丁内埠，皆有华人聚处。又有三宝垅埠与疏罗，及麦里芬，及泗里末，及噶加等处，皆荷兰国属地，华人二十余万众，荷官横肆暴虐。该委员等接见华商，备言其苦。中国如筹保护，小吕宋而外，当以加拉巴为先，该处宜设总领事，兼办三宝垅等处事，于荷属各埠华人加以恩义，数十万之众皆可内附。其分设副领事，一切与小吕宋同。

其抵新金山之钵打稳埠也，华工三千余众，雪梨附近华人万余众。美利滨埠、旺加拉打埠、必治活埠、叭辣埠、纽加土埠、市丹塔埠，均属新金山外埠。惟庇厘市滨埠，系衮司伦之省城。又有汤市喊路埠、波得忌刊士埠，及谷当埠，每处华人自数百至千余不等，该委员皆勤加抚慰。查金山即英属澳士地利，为五大洲之一，地方辽阔，物产繁富，多五金矿产。华人至此颇多，英颇阻之，创立收人税之法，每人纳英金十磅〔镑〕，方准登岸，间有收至三十磅〔镑〕者。似可援照美国总领事章程，在雪梨大埠派设总领事一员，总理雪梨及美利滨、亚都律、衮司伦各埠，兼纽诗兰岛华人商务，则华工得可倚庇，谋生益觉有资。其各埠副领事，可即令商人兼办，无须发给薪费。此该委员等先后禀报筹办及回粤后面加询考之大略情形也。

臣查，委员王荣和等，于南洋海程五万余里，各埠商民睹汉官之威仪，仰尧天之覆帱，莫不欢呼迎谒，感颂皇仁，其恳求保护之情，至为迫切！查出洋华民，财逾百万，中国生齿日繁，藉此消纳不少。近年各国渐知妒忌，苛虐驱迫，接踵效尤。若海外者不安其居，返归内地，沿海骤增此无数游民，何以处之？故保护之举，实所以弭近忧而非以勤远略也。倘蒙朝廷设立领事，加以抚循，则人心自然固结，南洋无形之保障，所益匪浅。该委员等所到之处，各该国洋官款接照料，礼意甚优，英属尤为周至。商及保护等事，亦俱和平接见。其议设领事一节，英属最为欣然，力劝速办，俾资约束。荷、日限于公法，亦皆无辞相拒。

查小吕宋距中国最近，华民望切倒悬，必须先设总领事，驻扎其地，以收远迩之心，以伸华商之气。经臣电商张荫桓，拟派两江尽先补用副将王荣和，为驻扎小吕宋总领事。缘该处闽人最多，王荣和籍隶福建，稳练精详，究心洋务，素为闽人所信服，此次出差南洋，亲历小吕宋各埠，熟习情形，深得窾要，以之充当总领事，人地实属相宜。应由该大臣先向日国商定发给凭照事宜，再行奏明办理。随准该大臣咨称，业经照会外部，概允照办。而藩部以土人龁龁为词，惧设官之后，喧宾夺主，碍其滥征，是以至今延宕。臣查各国通例，凡立约通使之后，即可派领事驻扎其地，保护商人。况古巴等处，中国早经设官。小吕宋同为日属，何独不可？应请旨敕下总理衙门，与日使妥商，催领〔令〕该国速发凭照，不容推宕。一面由臣咨会张荫桓，催促外部速办。此外商务较繁之埠，应如何添设正、副领事，应俟小吕宋办有规模，再行推广。

至英、荷各属，或苛待华工，或暴征身税，亦应次第设官，与之申理。容俟般鸟各岛一律访查后，由臣分别咨商驻英、荷、法使臣，酌度奏明办理。所有总领事、翻译、随员等官薪俸，前经奏明，请由中朝筹给。本年六月十二日，承总理衙门咨开：此次小吕宋新设领事，薪俸经费应由何项拨给，应给若干，由臣妥筹办法等因。臣体察所禀情形，各该岛甚愿自行筹办，将来小吕宋总领事派定后，应在出使经费项下，将第一年经费先行核给，较为得体。并照总理衙门奏复新嘉坡成案，饬令该领事将岁收册照各费报明抵还。第二年后，便不可〔可不〕费公帑，余者作为造船公款，禀俟拨用。其总领事等署中一切办公杂用，应准于所收册照等费内动支开报，毋庸另请公款。一年后禀报，核定数目。其设领事之处，就其余款酌拨若干，量设书院一所，亦先从小吕宋办起，由臣捐资倡助，并购置经书，发给存储。令各该领事等选择流寓儒士以为之师，随时为华人子弟讲授，使其习闻圣人之教，中国礼义彝伦之正，则聪明志气之用得以扩充，而愈开水源木本之思益将深固而不解。从此展转传播，凡有血气，未必无观感之思。查各埠入款，以每年注册及进出口船牌之费，最为名正言顺。诚使事机顺利，不致别有阻碍，默计该埠两款所入不少。除抵支领事公费外，尚可逐渐积存一款，以备购置护商兵船之用。一切收拨章程，应俟设官之后，再行饬令核拟。如所收册照、船牌等费不敷开支，拟恳恩准由粤省劝谕各该埠商董量力捐资，奖以虚衔，封典翎枝，专充领事经费，永不提用。各埠旺淡不等，挹彼注兹，必可敷用。谨奏。

光绪十三年十二月十一日奉朱批：该衙门议奏。

总署致李鸿章派使三端既经议定即电韩王遵办电

三端既经议定，岂容轻易更张？着即电知该国王遵议办理。

十二月十一日

直督李鸿章致总署韩使因美斥退国书冒罪违章电

顷，接袁电：据朴使电称，前定三端，本不敢违，惟至美后，查探西情，则美廷有意斥退国书，故冒罪违章，姑全使命云云。今承函示，逐条诘责，实深悚仄。姑待该使反〔返〕命之日，敝政府当示诚言，希贵总理特垂恕谅云云。

十二月十八日

总署致刘秉璋转咨驻藏大臣速撤藏兵电

驻藏大臣来文，执隆吐为藏境，不即撤兵。昨向英使辩论，据云：藏中向驻兵于热勒巴拉山岭，不准英人过界。印度续修大路，自隆吐至此岭而止，往来已久。今藏兵出守隆吐，阻其来路，不难驱逐。因顾睦谊，故展至正月底止。本署告以道远信迟，恐难如期。希再飞咨藏中，无论是否藏境，速将隆吐兵房撤退，仍守旧处。如再固执肇衅，咎将谁执？

十二月二八十〔二十八〕日

清季外交史料卷七十四终

清季外交史料卷七十五

光绪十四年正月至三月

广西提督苏元春致枢垣报法兵攻越败归情形电

北宁法兵进攻怀光，黄廷经、山寨经率众伏于三沙江截击，打伤四画一人，毙法兵十余名，法兵败归。又谅山四画率兵进攻左州，疤头梁三众被攻散云。

正月初二日

直督李鸿章致总署刘洪两使电询韩遣使至欧洲钧署曾否知照各西使电

刘、洪两使电称：韩使何日来欧洲，先至何国，三端之约曾否复遵，前二条曾否由署知照各西使，以立根据？乞转署请示等语。鸿电复：韩使顷当由香港行，未知先至何国，三端已复允请奏。樵野前电，印度王子经英使带见，故首端令挈赴外部。嗣韩使至美，未先谒张，鸿责以违约。韩王诡言，恐拒其国书，不以敌体待，请删此条。旨饬仍遵前议办理，为下转语曰：该使至西国，应先谒华使，如华使谓可无庸挈带赴外部，或准通融，第二条必须照办。请公等临时相机，似未便由署知照西使，恐昵韩，多反复。闵咏翊赴西，尤狡黠，留心驾驭之。盖韩廷既面从心违，洪前电又谓西国无带见之例，是在伊等临时酌办。若必由署知照西使，徒多饶舌。想钧意亦谓然。

正月初五日

驻藏大臣文硕奏藏番并未越界戍守英使请饬藏番抽撤卡伦实为无理折

驻藏大臣文硕奏，为据咨奏闻事。

光绪十三年十一月二十四日，接准四川总督刘秉璋会同城〔成〕都将军岐元咨开：

准北洋大臣李、准总理衙门电开，英使云，日纳岭为西藏边界，向有藏兵驻守，英人决不犯此界。其自日纳以至隆吐山，相距数十里，英人修有大路。今藏番横建兵房于此，若不退回旧界，定即驱逐，不能久待等语。藏兵越界驻兵，本属另生枝节，授人以柄。倘再迁延不撤，开衅即在目前。此时事机万紧，总署已允从速办妥。着飞咨驻藏大臣，将隆吐山之兵速即查撤，逐回藏境驻守，并将办理情形速复，遵旨电达，即转饬川督等因。奉此，合亟咨请查照，转饬撤回藏界，并祈见复施行等因到藏。先是九月二十一、十月十一、十九、十一月十九等日，四接四川转行总理衙门、李鸿章电信，暨径来公函、照钞往来照会，皆为英使数言藏番越界戍守，务须令速撤事理。节经奴才译行代办商上事务·第穆呼图克图阿旺洛桑称勒拉普结，并屡次传见噶布伦、总堪布等僧俗番官，当面晓谕，反复驳诘，随时译其声复大旨，陆续咨达总理衙门，间抒蠡测，附便咨商。又因藏番屡次指天誓日力辩，只在藏治东路隆吐山隘口设卡自守，委无越界情事，言之凿凿，矢口不移。于是向索详明确据，以凭答复英使。十一月二十七日，译据商上备文，申送藏南舆图，暨附总叙一纸，阖藏僧俗公禀一件，当于二十八日，由六百里咨送总理衙门查核酌办，一面将此次电音译行商上。

去后，兹该呼图克图阿旺洛桑称勒拉普结援据众情申复，内称：遵查原文内述英使言藏界日纳岭一节，即是藏南帕克里外东南边境，与所属之哲孟雄、布鲁克巴东西北三面互相接界之热纳地方。缘热、日两音相近，故汉人有说本音热纳者，亦有说转音日纳者，由来已久，汉番人所共知。英国既已明知藏治疆界是此热纳地方，且言决不犯此藏界，然则我唐古特在治界热纳迤北之隆吐山隘口设卡自守与彼何干？而自去年冬季屡变其说，砌词耸听，藉以阻挠者，何也？前后印证，矛盾显然可见。上天垂鉴，终不藏奸，使其自言败露。至其所称自日纳至隆吐山彼曾修路数十里一节，是捻纳山，亦非日纳岭。捻纳更在隆吐山北，缘前数年英国曾招雇游民，作为乡〔向〕导，私逾隆吐山隘口，潜来窥探路径形势。其时东路隘口一带地方，居民较少，空旷地多，是以初未另设专官兵役。洋人探路，是由该处本地村目人等觉悟其奸，查照向规，报明兼管之帕克里营官，由该营官层次转报噶厦，商上于是始知其事，赶紧派人前往婉言劝阻。该洋人经劝之后，亦即退出境外，并无口角争竞。惟自该处村目查报，至噶厦派人劝阻，往返之间，为日不少，以是该洋人有暇得将隆吐山至捻纳山一段道路崎岖险仄处平垫开宽，此其所谓修路也。我唐古特初无防彼行同狗盗之心，自此始知戒饬。适去年春夏之交，麻克雷有带兵强自进藏之说，我唐古特是以拨兵设防，而英国又有欲往郭布盖房之意，我唐古特是以添建东路巡卡，皆因英国叵测居心，以致不得不为多方设备，然亦只图自守疆界，谨饬将来而已。至其以前私入隘口、潜修山路等事，伊等既已因劝折回，已往之事，可以不必深究，是以此节未经禀明驻藏大臣，不意英国转以容让之心援为口实。试问捻、日两音相去何远，安能牵混？此其险诈无良，昭然若揭。况其偷修之路，专是藏治东边门户，不惟无碍印度、廓尔喀相通之路，且与哲孟雄、布鲁克巴路径无涉。英国既言不犯藏界，而于东路隘口门户要区，又复数数争执者，何也？试思疆域门户，谁肯让人。此其蚕食地土，意更显然。溯查英国自占度印〔印度〕地方，即已垂涎藏境，以便东窥四川、云南，北窃西宁、青海，水陆交冲，蚕食我大清边境，蓄志虽久，愿总未偿。光绪二年，适云南有杀马嘉理一案，烟台议和，乘机窜入来藏通商一款。其时钦差大臣李既未身经藏地，又未先查有无窒碍情形，仓卒允许，奏明之后，节奉历任驻藏大臣札饬，以钦奉谕旨，饬令与彼通商。卑唐古特大众僧俗以英国人性阴鸷，教道不同，且见其与他处部落并闻其与缅甸诸国皆是先以甘言利诱到手，蹂躏不堪，屡鉴前车，恐蹈覆辙，至妨佛门黄教，并误大皇帝屏翰边疆，是以缕述下情，屡请转奏大皇帝圣鉴，暨咨总理衙门查核。惟我唐古特语言直质，其委曲苦衷，能否备达天听，则不可知。但后数年事情，似缓迨十一年钦差大臣侯爵曾驻英之际，该国复理前说，于是边情复紧。复奉札谕，并派委员开导。我唐古特复以前情照前恳请奏咨，历经办理在案。今英国自觉通商伎俩不行，又诬我唐古特越界戍守，屡向总理衙门砌词耸听，其实屡变其说，前后不符。揣其处心积虑，无非欲凭中国之威，挟我唐古特以不得不从之势耳！窃思卑唐古特，自前明末世，因其国政日非，遥望东方有大圣人出。其时不约而同，内外蒙古招徕书至，于是远道输诚，投归我曼殊师利菩萨太宗文皇帝。自崇德七年以后，历蒙列圣隆恩稠叠，御灾捍患，乃得乐业安居。三百年来，阖藏僧俗大众莫不顶戴鸿慈，有同天地高厚。凡有敕谕，罔敢不遵。独此英国所请通商、撤卡二事，委实后患良深，不得不为斟酌详慎。仰维大皇帝所以饬令通商之故，原为兵凶战危，恐致有伤生灵，不如姑示俯从，消弭祸患之意。无如英国阴鸷性成，志在地土，断非边外通商遂能相安无事。其垂涎藏境，于其砌词耸听，妄请撤卡一节，证据益明。此而尚不坚持力拒，必致贻患将来，转非所以仰体三百年来列圣暨今大皇帝抚育番民、振兴黄教之至意。且卑唐古特受恩深重，明知必误边疆，隐忍不言，更是天良澌泯，是故不得不将英国所请通商、撤卡两事断难允许情形再行缕细陈明，伏祈转奏大皇帝圣明慈鉴，暨咨总理衙门查核办理。边疆幸甚！黄教幸甚！等情前来。

奴才查，英人之窥我西藏，蓄志匪一朝夕，积久未发。至光绪二年，乘机于议马嘉理被杀善后条约，始得列入游历通商一款。当时奏蒙俯允，亦急则治标，势有不得已也。而十余年来，藏番始终坚拒，英人愿仍未遂。兹复藉口藏番越界戍守，数以请饬裁撤为言，此则边境门户攸关，更非边外通商可比。藏番不允其所求，尤为情理所必至。议者或谓事机万紧，总理衙门来电，既有逐回藏界一言，意已显露，似不妨示以威严，庶期就范。殊不知自我国初以来，唐古特虽隶屏藩已久，而历蒙列圣鸿慈，俯念内外蒙古皆崇黄教，一切制治，大率从俗，以是颁朔之典初未推行，控驭之方于兹可溯。而去年六月，为饬边外通商，钦奉寄谕，内亦提及此事。在边界办理将来有无窒碍，未能悬定一节，并免噶布伦等应得处分，更足仰见绥柔抚育，先后同揆。现在英使请饬藏番抽撤卡伦之事，较之边外通商，尤为紧要。商上绘图呈验，盖为证明疆界，俾以答复英人。奴才详查所绘界址，证以往昔书籍，所谓未曾越界之说殊觉可信。况西藏之与印度，中隔哲孟雄、布鲁克巴两部落，初非土壤相接。而该两部落向为西藏附庸，同一风俗、文字。今核唐古特建卡隆吐山，更在该二部落以内，是为藏境东路门户。而英使数数阻挠建卡，殊属无理渎陈。夫以英使无理托词，而欲威胁藏番以撤卡，藏番安肯心服就范？甚或挺〔铤〕而走险，岂非敌情未洽，边患先滋，徒失三百年藩服之心，转伤朝廷政体，而益烦西顾之勤乎？夫致英人之藉端构衅，与激藏番之挺〔铤〕而走险，同一棘手非策。顾势不得已，二者相衡，则藏番之变，较英人之来，其得失是非，判然远矣！所有辗转电来，威示藏番，逐回藏境一说，实有窒碍难行。且藏界即是隆吐山迤南之热纳宗营官寨，卡伦犹在热纳之北，地既藏境，人即藏民，撤亦无从再撤也。至于英人之刁悍要挟，折冲固非易易，然而既以和好托名，彼亦不能不说正理。比二三十年来，朝廷之所以俯从和议者，原为息事安民，故多曲从迁就。若或舆情不顺，强我自拂吾民，则固势所难行者。况今藏番未尝越界，图绘历历昭然，而英使屡次陈词，先后殊涉矛盾，据此推勘，虚实可辨，执此立论，不患无词。奴才前接总理衙门九月初一日公信，原为行查卡伦所在，毕竟有无越界，以为应否驻兵之据。八月二十六日，照复英使文内亦已如此明言，立论持平，极中肯棨〔綮〕。奴才当即传谕，藏番莫不心服感悦。兹既查明界址，绘图贴说，考据详明，藏番既无越界戍守，且其地专是藏中门户，并与印度、廓尔喀往来道路无涉，藏番自固疆域，理难勒令撤卡。据此答复，想英使当亦无如理何也①。至此次电中已允速办一说，盖在查复未到以前之事。西藏距京穹远，往来文报不克迅速，或总理衙门待查之际，采访人言，亦有误谓藏番越界者，是以允为速办。今既查明确实界址，自应以此为据，前此传闻无稽之谈，应毋庸议。此事节经奴才备具公文、电略、公启，咨明总理衙门在案。因此次电信中有遵旨电饬之语，合将奉到情形据实复奏。且此次商上申文内显露疑团，惟恐其所陈不能备达天听。边情事务，控驭攸关，奴才尤不敢壅于上闻。谨奏。

光绪十四年正月十七日奉朱批：该衙门知道。片并发。

驻藏大臣文硕奏藏界舛误请推诚与英人交涉折

驻藏大臣文硕奏，为附陈管见事。

窃查，西藏交涉洋务十余年来，节节棘手，固由英人谲诈，藏众固执，而平心推论，初不尽然。其病盖自定约至今，每事由我中国办事诸臣急欲图成，不暇详考，以致骑虎势成，动多窒碍。藩服、敌情，两难融洽。即如隆吐山，本在藏界热纳宗以内，只

---

① 似是“想英使当亦无如何，理也”。

因色楞额在川省闲谈，一时记忆舛误，谓地是哲孟雄境，于是辗转讹传，致英人谓我藏官承认有据，而李鸿章不复深考，遂谓英人考据界址精当无疑，总理衙门初欲详细考核，以凭定断，后亦信此一言，遂允速为办妥，以致藏番心不输服，迭次申辩。即此类推，余可概见。奴才愚以为维今之计，必应先向英人开诚布公，说明以前所以致碍之由，既欲共敦和好，理宜从容商榷，务将其中窒碍舛误诸处一一说明更正，庶几使其无疑。彼亦泰西大国，若我不自文过，推诚与彼言之，当无彰明狡诈之理。谨奏。

光绪十四年正月十七日奉朱批：览。

桂抚沈秉成致总署越人截法款恐商务骤难开办电

苏提督电：越南之怀勒街总黄廷经率二百余人伏于谷松地方，抢得法洋银十五扛，约三万，击毙法兵十余名，斩五画一〈名〉。去年取三州，复进攻保乐。新街游众常出，断路不甚通，恐商务骤难开办。

正月十八日

川督刘秉璋致总署文硕电称隆吐山实在藏境藏人不愿让地电

文大臣电：总署电悉。当传番官面谕，令其审度酌量，勿贻后悔。顷据禀复：隆吐山实在藏境，热纳即日纳宗营官寨以内。春来迭次申明，门户要区，自守疆域，并未越界滋事，英人何得阻挠？十余年来，迭禀抑勒通商，我等屡诉苦衷，未蒙申理。今令撤卡让地，更非独脊岭通商可比。就使目下即有莫大祸患，我等藏众亦决不甘心以地让人。前既呈验地图，我两家曲直是非，务求京外各大臣持平公断云云。其地图已由六百里咨送矣！

正月十八日

总署致刘瑞芬奉旨文硕撤回可告英外部令印督勿再限期驱逐藏番并速复电

现在文硕不能开导藏番，速了隆吐之事，奉旨撤回。英廷宜体此意，饬印督勿再定限驱逐。新驻藏大臣长庚未到以前，藏事仍由升泰速办。外部云何？速复。

正月二十二日

直督李鸿章致总署袁电俄韩陆路税则未押印电

袁电：去年四月，曾商外署，照会俄使称：陆路通商税姑定抽五，如将来韩与他国陆路税则有议增处，俄亦允增云云。近将订期印押，而俄使不复此文，故相诘持，印押又无期云。

正月二十六日

旨寄刘秉璋升泰着晓谕藏番撤兵并查哲藏边界电

旨：上年英人麻葛蕾①拟带兵入藏，情势岌岌可危。朝廷悯念番众愚顽，特饬总署与英使订约，停止入藏，其边界通商一节，英人亦不催问。当时办理此事，不知几费唇舌。倘藏众安分自守，不生枝节，从此便可相安无事。是朝廷保护藏番，委曲成全，何等周详妥协。乃蠢兹苾刍，不量己力，越疆置卡，肇衅生端，因有新约通商，反欲断绝商路。文硕受事以后，不能体朝廷保全该番之意，剀切劝谕，近复畏难取巧，反欲藉拒英护藏为名，谓地为藏地，撤无可撤，连章累牍，哓辩不休。推其执谬之见，虽兴兵构怨，有所不恤，而于藏界尺寸之争，不应骚动天下，番众自挑之衅，不能败坏全局，徒手寡弱之众，万难捍御强敌，彼兵深入之后，势更无所收束，一切危急窒碍情形，悉置不顾，匪但不能开导愚蒙，转为愚蒙煽其昏焰，其迷误为何如耶？本应治以应得之咎，因藏事未定，先行撤回。新任长庚未到之前，升泰责无旁贷。前已有旨饬催赴藏，着于抵任后即传齐番官，谕以上年与英人订议缓设通商之约，永免入藏之患，正朝廷扶持黄教、覆庇藏番、代筹一永保全安之至计。但令赶速撤卡，印督已言明，彼决不越藏中定界热勒巴山岭一步。盖英人顾念和约，其视西藏尚与布、哲有殊。此时印兵未来，藏卡先撤，固属甚好。即印兵已到卡，众亦应善退，勿与交锋。盖彼此未经接仗，无论此界属藏属哲，将来尚可徐徐辩明。若彼兵争所得，此后断不再让，且恐所失更多。与其男尽女绝，曷若相安无事？如此反复开解，冀其万一之悟。倘再执迷不改，则是甘蹈覆灭，自外生成，朝廷断难再施补救矣！现经总署与英使议展限期，伊已电达印督，并令刘瑞芬面商外部，均尚无复音，殊不可必。此旨着刘秉璋飞递升泰，懔遵速办，勿踵文硕迂谬之见，自贻罪戾也。勉之！慎之！

正月二十六日

① 有时为“马高蕾”、“马科蕾”，译音不同，保留原貌。

总署致张之洞各国轮船纳钞章程期满可否仍照行速复电

各国公司轮船纳钞章程将届五年期满，巴使请仍照行，如无甚关碍，本署拟即允准。速复。

正月二十七日

总署致张之洞更换法领署弁兵法使袒护领事电

粤奏更换法领事署弁兵，本署告知法使，彼甚袒护领事，且云如改旧章，显形薄待，请仍照旧，并恐粤省传布原折，有伤体面，所有前派弁兵，望勿更换，原奏亦切勿宣布，俟详文另达。

正月二十七日

直督李鸿章致总署伦敦电德皇逝世太子即位电　二件

西历三月初九，即中国正月二十七，德皇已于本早薨逝。

正月二十八日

伦敦电：德国太子即位，是为富德身第三，现已抵柏林。俄国新报馆已预料欧洲有变局云。

二月初五日

闽将军善庆致总署报领事索赔所毁教堂银数电

福州教堂，据报，获犯缪木森十七名。领事索赔四万四千余元，由县切实勘估，共值七千余元。再三辩论，领事称被毁各物，须赔一万四千余元，房屋由官代造。虽似暗减，数尚不定云。

二十九日

驻藏大臣文硕奏藏番驻兵情形并陈商上申复各情折 附上谕

驻藏大臣文硕奏，为奉到电传谕旨，恭折驰述，并陈商上申复情形，请旨交议，以昭详慎事。

窃光绪十三年十二月十五日，准四川总督刘秉璋会同将军岐元咨，会十一月初十日接李鸿章转行初九日接总理衙门电开，本日奉旨：刘秉璋、长庚两电均悉。向来哲孟雄自为部落，在后藏界外，不入舆图，且久已暗附于英。今设卡既在哲境之隆吐山，即不得谓之西藏界内。况英国正议边界通商，而藏众反设卡禁绝通商之路，是显与定约背驰。英为与国，于停止入藏一节，尚知通情退让，藏为中国属地，乃藐不知恭顺朝廷，将来设有不虞，国家亦何能与此等顽梗之徒曲施保护耶？着刘秉璋飞咨文硕、升泰，传齐各番官，将此旨严加宣示，饬令迅将卡兵撤回，慎勿再有迟延，自贻罪悔。着文硕等将遵办情形，迅速复奏。钦此。又该督咨称：西藏为中国属地，朝廷百余年来，厚泽深仁，藏番涵濡已久，自应恪遵办理。现在事机紧迫，隆吐山之卡，无论在藏界之外，抑在藏界之内，既为哲孟雄属境，即可藉此撤回，不准任听浮言，仍前梗阻，致开兵衅，自取祸殃等因到藏。恭读谕旨严切，自应全行恭录，译饬钦遵。

惟此事自九月二十二日后，节经奴才将实在情形咨明总理衙门暨四川总督。十二月初五日，复由六百里驰陈，奏祈圣鉴，并因开导藏番一法，万难济事，若不别图计较，终恐无补时局，于十二月初五日、十四日，两具丹笺驰上宣宗皇七子和硕醇亲王，附手肃密启，筹议将才，以为缓急之备。昨接刘秉璋来咨，知奴才九月二十二日初次飞咨，至十一月初三日始得到省，则以后各件到京更迟，皆在十一月初九日以后，恐前奏未蒙乙览，不知隆吐山是在日纳即热纳宗以内，实系藏治本境，非哲孟雄地之下情，是以降此严切谕旨。且藏番虽云愚昧，而其立言则每谓朝廷慎重边疆，较之乾隆年间班禅额尔德尼之弟喇嘛沙玛尔巴，因事肇衅，招侮自残者，迥不相侔。彼时该喇嘛等孽由自作，尚蒙逾格鸿慈，出师保护。今其立言慎重边疆，而弃之过甚，似亦未尽合宜，是以未敢即时全行宣示。踌躇再四，不得已敬谨节去将来设有不虞，国家亦何能于此等顽梗之徒曲施保护耶三句，及上文为与国三字，并将阳、庚两电四字照刘秉璋来函指明，初七、初八两日电音，于十七日救护礼成即各番官在署之际，当面宣示。当据回称：钦奉严旨，安敢不遵？惟撤卡有同弃地，事极重大，总求稍宽时日，容禀明达赖喇嘛、商上呼图克图公商妥实，再行禀复。

兹据代办商上事务・第穆呼图克图阿旺洛桑称勒拉普结复称：钦奉传宣严旨，切责卑唐古特不知恭顺朝廷，自达赖喇嘛以次，敬聆之下，莫不惶恐无地，继之以伤感悲凄。伏思卑唐古特自前明天启、崇祯之际，因其纲纪凌夷，断难托付，是以远道输诚，投归我曼殊师利菩萨太宗文皇帝。自是三百年来，渥荷列圣厚恩，御灾捍患，方得乐业安居，更蒙高宗纯皇帝恩准，请来圣容佛像，供奉布达拉札什伦布，俾阖藏叩拜瞻依，永叨天庥福祉。如此鸿慈，有同天地，何敢不恭顺？何忍不恭顺？惟是英吉利性既阴鸷，心尤叵测，去年声言带兵进藏，且复潜来窥探道路，偷窃开宽，以是阖藏公商，不得不于隆吐山巡防门户，自守疆域。初非越界设卡，隆吐山实是藏治本境者，与哲孟雄、布鲁克巴两部落东西北三面交界之日纳即热纳宗营官寨以内，此乾隆五十九年，前藏师琳和大臣，派游击张志林及噶布伦丹津那木结等，与各该部长立定之界，曾经奏明有案，不能虚捏。又嘉庆初年，第八辈达赖喇嘛，因彼时哲孟雄部长人极恭顺，尊崇黄教，赏准将热纳宗草厂一段拨给该部民通融住牧，并令该部长代办热纳宗营官事。该部长领有商上印照为执。地虽赏准通融住牧，仍是藏中之地。而隆吐山更在此地迤北，是为藏地确切不移凭据。乃自今春以来，英吉利砌词耸听，屡变其说，任情捏造，先说设卡之地距独脊岭甚近，意在阻止通商，继而变说越守西金之内，又说横截廓尔喀东通印度之路。查通商事须两相情愿，不能一面强为。况独脊岭是哲孟雄之南境，隆吐山是藏地东路隘口，相去何远？至西金名目，从来未闻，显系捏造，欺蒙总理衙门王大臣，以为砌词狡赖地步。若夫横截大路之说，更是奇谈。廓尔喀在哲孟雄之西，印度在廓尔喀、哲孟雄之南，彼自有路可通，何关藏之东路隘口？即此种种看来，孰有确据，孰为虚实，是非曲直，无难断矣！至于英人通情退让一节，不过永不入藏一言耳！查英吉利原与西藏远隔重邻，不相闻问。道光末年以后，彼欲窥窃四川、西宁等处，故以西藏为进步阶梯，蓄意多年，托名互市通商，以为潜移渐化之计。比见伎俩不行，故又别图狡诈，而明作人情，不复进藏。彼即永不进藏，与彼原自无损，此情固然易知。若隆吐山为藏中门户，倘一退让，势如开门揖盗。自古及今，可有以疆域门户让人之理乎？此情自然难信。况英吉利之作事亦空言耳！其实仍是舞智弄愚，漫使阴毒之计。不然，既曰永不进藏，又曰决不犯藏界，而明知藏界是在热纳宗，乃又影射其词，欲越此地，隐侵隆吐山门户要路为何居乎？且其计亦巧矣！影射其词，危言耸听，盖欲凭大皇帝之威，挟卑唐古特以不得不从之势耳！夫朝廷敕谕，曷敢不遵？然明知彼英奸计，不惟有损于西藏，亦且无益于边疆，亦复何敢隐忍不言？若以此为负恩违背，则逢迎欺隐者为效忠、直言不讳者为不敬乎？而今竟至多年恭顺之诚无由上达，以是卑唐古特实在难以为情，可悲可泣。惟有大众恭诣圣容佛像前表白此心，叩求灵贶耳！抑思大皇帝圣德虚衷，遇事自必延访执政大臣，而京外办理洋务各大臣，或因远隔万里，不悉下情，且迩来洋人强悍，动辄要挟。无论隆吐山一隅之地无足重轻，即以全藏而论，亦较畿辅悬殊。但是四肢受病，天君终致不能泰然。大概割地求全之谋，终恐不能久恃，或执政大臣未暇思耳！总之，通商本多后患，而让地尤属无此情理。所有卑唐古特万万不敢违背朝廷、然亦断断不甘任从英吉利之苦衷下情，即求转奏。若蒙备达天听，固所深幸！倘有窒碍，亦祈明示，以便我等另自为计。专人赍呈达赖喇嘛表文，送理藩院或都察院代进，仰恳天恩赐鉴等情前来。

奴才窃维此次谕旨，自因英人藉口成约，数来取闹，事机紧迫，故饬严切宣示，俾藏番警而就范，势盖出于不得已也。第详核事实，藏番并无越界，勒令撤卡让地，较之开导边外通商，尤难措置。少失严急，必致激而生变。奴才非敢畏事，要知藏众之鼓噪，与英人之犯境，事正相等，英人之恶劣更有甚焉！奴才何所用其规避，不过激变旧藩，奴才不敢举其事，朝廷亦且不可居其名，是藏番既不能以言语导，又不可以威令行。其英人一面，若有转圜，固属甚善。否则，番兵既未可尽恃，此外则藏地兵单饷绌。奴才既才庸智拙，即升泰、岐元亦恐不娴军旅，刘秉璋又是腹省之人，恐其不谙番情边务，以是奴才前于寄京笺公信中一再言之。今事情愈紧而所关甚大，究应如何区处，非可以一二人之见臆度率陈。相应请旨，交王大臣、大学士、六部九卿、翰詹科道妥速会议具奏，以昭详慎。抑再有陈者，英人虽云蛮悍，但既托名和好，彼亦不能不说情理。但事在人为，非人无效。查现在京外大臣驾驭洋人最为熟悉者，莫如李鸿章，虽遇事不无迁就过甚之处，而似此有理之事，其力当能挽回。此非奴才臆度之言，近接刘秉璋来信，亦曾见及于此。苟无端绪，刘秉璋决不肯漫为此言。是或一法。谨奏。

光绪十四年正月三十日奉旨：文硕着即来京，升泰赏加副都统衔，作为驻藏大臣，迅速驰往。

同日奉上谕：文硕奏商上申复情形，请饬会议，并附陈管见节略，前奉谕旨各折片，览奏均悉。隆吐山设卡一事，前经迭谕文硕，令其开导藏番，赶紧撤卡，以为保全该番之计。朝廷于此事权衡利害，度势审机，筹之至熟。前寄升泰电旨，业经详谕。文硕于此事筹及军旅，殊属昧于事情，不顾大局。所请会议之处，着毋庸议。目下事机紧迫，无论隆吐属藏属哲，将来自可辩明，现在总以撤卡为第一要议。升泰未到以前，文硕责无旁贷，仍饬懔遵迭次谕旨，剀切劝谕，迅速撤卡。即令印兵已到，强弱势殊，藏中番兵不可与之接仗。至我兵驻藏无几，尤宜严加约束，毋得稍有干涉，致生枝节，免将来难于转圜。升泰现在行抵何处，着即星速前进。文硕俟升泰到任后，即行来京，不准迁延。

驻藏大臣文硕奏转陈藏官申述下情片　附谕

文硕片。

再，据商上另文申称：钦奉宣旨，业将种种苦衷下情恳请转奏大皇帝鸿慈垂鉴在案。内有漏叙者，是哲孟雄另为部落，久已暗附英人一节。查藏地接壤之哲孟雄暨迤东之布鲁克巴、西面之作木朗洛敏诸小部落，向来未得径行朝贡，而教道、风俗、文字、衣冠与唐古特多同，互相联姻，事所时有。每年各部专派大头人进藏，叩谒驻藏大臣，在达赖喇嘛前瞻礼，呈递哈达、土仪，各有例赏。偶遇偏灾等事，商上更有赈贷。而各部长若有因事出力之处，驻藏大臣亦曾尝给翎顶，并有奏明之案。据此情形，是为藏中属部。若哲孟雄暗附英人一节，藏中初不确知，但知英吉利初租独脊岭一隅之地，侨居过夏。后渐侜张，恃强开广，哲孟雄后悔无及而已。因思现在江海各口岸，闻得皆有洋行租界，岂各地之民皆已暗附洋人乎？是此说未必确切，如果确切，即此便知通商有后患，尤宜坚持杜绝，不可迁就之凭据。至藏地接壤诸界址，是乾隆五十九年立定奏明之后，历久遵循。本年三月，奉查设卡之地，当以地在藏界热纳之隆吐山，据实申复。查隆吐山是一地名，热纳宗是一地名，原是两处，然而必说藏界热纳以内之隆吐山者，为乾隆年间奏明立界，藏地与哲孟雄、布鲁克巴三面交界处，是热纳宗营官寨。今其地草厂一段，虽赏准哲孟雄民通融住牧，该部长代办营官，地仍藏治。况设卡之隆吐山，更在热纳宗以内，极言并未越界之意。其隆吐山是在哲孟雄境一语，不过色将军在省与刘制台闲谈偶然记舛之言。若蒙诘问，当即详细禀复。今川督部堂来文谓，无论在藏界以内以外，既曰在哲孟雄境，即可藉此撤回等语。夫既在藏界以内，何以又谓是在哲孟雄境？此言太觉笼统，难于适从。此次谕旨中，既将哲孟雄部落弃之版图以外，而热纳宗即日纳宗营官寨，实是乾隆五十九年奏明藏界之地，卑唐古特誓不暗附英人，热纳宗地必应恪遵五十九年奏案，收之版图以内，未可任彼英人耸听欺饰，呜呼！英吉利昔亦表贡之国，极其恭顺，今竟敢于掉头反噬，肆意猖狂，抚今追昔，良堪浩叹！所有遵案收留热纳宗地一节，最关紧要，谨专文呈请，一并奏明大皇帝圣鉴等语。理合奏闻，除藏南舆图加说附送军机处存查，并分咨各该衙门外，谨附片具奏。

十四年正月三十日奉旨：向来西藏图说，藏地与哲、布分界处，东西一线相齐。藏境中并无隆吐、日纳之名。今文硕寄来新图，隆吐、日纳在藏南突出一块，插入哲、布两界之内。而哲、藏分界之处，恰在捻纳修路东西一线之北。新图以黄色为藏界，而日纳营官寨之地，注明数十年前喇嘛给与哲孟雄，现仍画黄色，正与隆吐山相连，难保非藏人多画此一段，饰称藏中现界也。并着升泰详细确查，究竟隆吐山属哲属藏，据实复奏，毋得稍有捏饰。

总署奏遵议南洋各埠拟先在小吕宋设立总领事折

总理各国事务庆亲王奕劻等奏，为遵议南洋各国商埠，议先在小吕宋设立总领事馆，筹计经费各情，通筹利病事。

窃上年十二月十二日，准军机处钞交两广总督张之洞奏，派员访查南洋华民商务情形，拟在小吕宋先设总领事，以资保护，并筹计经费一折，奉朱批：该衙门议奏。钦此。查筹计外洋各埠华民捐船护商，设领事分驻，十二年二月，曾经该督会同出使大臣张荫桓遵旨复奏，并遴派副将王荣和、知府余瓗访查南洋各岛情形。又臣衙门于十二年五月，议复海军衙门折内声明，俟该督查有端绪，再由出使大臣察看情形，相机利导，并由臣衙门分电驻英、荷、日出使大臣，转告各该国外部，以利进行在案。嗣后迭接各出使大臣与该督先后咨报情形，臣等随时参稽博访其中利害节目，殊非一端可尽。兹据原奏内称：该委员等所历南洋计二十余埠，日斯巴尼亚国所属之小吕宋埠，英属之新嘉坡等四埠，荷兰属之加拉巴等埠，又远至英属新金山之雪梨等埠，皆拟分设总、副领事，请先妥商日国公使，催设小吕宋领事。其余各埠，俟小吕宋办有规模，次第推广。并筹计领事、翻译、随员等官薪俸，及倡助书院经费，渐购护商兵轮等语。

臣查，闽粤生齿最繁，率倚外海为衣食，散在各国属埠。在古巴、新旧金山、新嘉坡、西贡、暹罗、缅甸海口等处经商佣工，何止百万。节经臣衙门与南北洋大臣、出使大臣商度累年，舌敝唇焦，择其尤为紧要之区，次第奏设领事于古巴、旧金山、新嘉坡等埠，以资保护华民，免为他族凌虐。该领事等均归出使大臣管辖，以专责成。此次该督所奏，自系为广树藩篱、结联众志起见。惟其中商埠形势，设官枢纽，实与历办已设领事之成案有不能概论者。通筹利病，约有数难。何以言之？该委员王荣和等之赴荷国属岛也，该国以系彼久辖之境，不允访查，经前出使大臣许景澄向荷外部再三缓颊，以游历为名，彼始允行。上年五月，接许景澄密函，称：加拉巴议设领事一节，查兵舰巨款，非商力所能凑办，设官之说，揆彼族猜忌为心，难保不从中掣肘，且势必先与荷外部订立保护专条，并建驻荷使馆，否则，笔舌空言，终归无补云云。又上年秋间，迭准兼使日国大臣张荫桓密称：小吕宋议设领事一节，面商日国外部，始而慨允，既而以藩部龂龁不允为辞。该大臣责其苛虐滥征，该国颇允革除，而设官一层，绝不松口。臣等维此议创始于张荫桓，乃该大臣亦已心知其难，迭次函牍，未敢固执前说，此发端之难也。

又原奏内称：各岛国华商愿自筹领事等薪俸经费，俟派定后，请在出使大臣经费项下，将第一年经费先行核给，第二年后，便可不费公帑等语。臣查，各埠苟设华官，事事索之商民，亦滋流弊。且该埠可收之身格、船费能否充裕，尚无把握。若亦如古巴领事署之始而踊跃输纳，继而群情涣懈，岁收日绌，遂至不敷支用，又将奈何？又查光绪四年，新嘉坡请设领事时，前出使大臣郭嵩焘亦请只给开办经费，以后一切自筹，嗣因入款不敷，复请发给。历年出使销册，新加坡每年入款只数百两，而支销至七八千两之多。今之所请，亦恐类此。设然事已举行，势难中止。现在使费支绌万分，何以应之，此筹费之难也。

小吕宋于闽粤较近，然已远隔重溟。至新金山，地分三省，雪梨等埠，往返动须三四月。在他国荒远之地，治为人服役之民，该国既非情愿照设，将事事妒忌掣肘。倘设官而权不我操，被凌虐者如故，该领事远既不能呼吁出使大臣，近亦难以咨禀粤中大吏，势成孤立，与不设同。此管辖稽查之难也。

尤可虑者，华商屡诉洋官甲必丹苛敛，不恤商情，然粤省鞭长莫及，既于领事一举一动，耳目难周，倘有不肖人员，习染外洋服食居处之奢靡，动以领事署经费为名，事事苛派无度，是使华民重受其困，反为国家敛怨。转不如饬下使臣，查问外部，申明约束，尚不失保护之意。此恤商除弊之难也。

臣等计此数端，不能不长虑隙顾。相度目前事势，不宜发之太急，收束为难。况缅、暹、南掌、西贡等处，腹内之地，已虞他人鼾睡，而我转图羁縻此腹外零星之小岛，窃恐未获实济，先启嫌疑。该督于此事规画经年，此次奏称先行试办一处，余俟次第推广，请由臣衙门转商日使，催发凭照，诚欲务为其难，而不肯遽寝其议。惟是日廷既未允从，而该国驻京使臣向无遥制外部之权，纵今日与之磋磨，亦属于事无济。臣等公同商酌，应仍请旨饬下出使大臣张荫桓，再与日国外部申理前议，切实妥商。如能确有把握，再行酌核开办，以免窒碍而慎事机。至各埠华民，动招侵侮，现仍由出使大臣力持定约，随时商之外部，严禁土人滋扰，保护商民。并就各处本有会馆，公举绅董，随时禀商该大臣核办，以资联络。其原奏所陈设官一年以后就地筹款举办各节，究竟能否持久，源源接济，应俟议办有期，再由该督会同出使大臣，详为区画，妥定章程，奏明办理。谨奏。

光绪十四年二月初二日奉旨：依议。

川督刘秉璋致总署据文硕电称英人果重商情无恶意应免撤卡电

两示敬悉。藏番私出交易，先无其事，光绪十年、十一年之际乃有之，然亦小本边氓偕内地汉民私往独脊岭数次，并未遵例请照，汉番官弁初皆未觉察。迨十二年奉查之后，藏众公商，惟恐日久或有拖欠不清及斗殴等事，致生事端，始严行阻止。此实在情形，非为藏番辩也。界外独脊岭通商一节，文硕自夏徂秋，再三因事提撕，乃转机，犹无把握。藏番观望游移，正在趋向未决之间，而英人数以越界戍守为言，严饬撤卡。函电频传，于是藏番疑英人志在得地，故尔多方欺饰耸听。色大臣又误记隆吐山在哲孟雄境，藏番更疑节使左袒英人，尤虑卡伦一毁，并隆吐山热纳宗一带地方亦为英人骗去。此时不但不肯撤卡，即界外通商，亦致激而愈紧，此文硕前后办理开导情形也。

文硕窃谓界外独脊岭通商与隆吐山设卡，原是两事，毫不相碍。现在所以转无交易者，实由藏众未悟，不准商民仍前私往，大众齐心，互相访察，初不专系隆吐山一处之设卡否也。假使藏番终能醒悟，肯于界外通商，则门户隘口，势亦不能不议设卡巡察，弹压匪棍。现在红海口岸，无处无关隘，无处无巡防，隆吐山既云奏定热纳宗藏界以内，而独不准藏番设卡巡察，弹压匪棍，揆情度理，殊难措词。设激而成变，不更失体非计乎？此撤卡之所以难于勒令也。

文硕窃以为英人如果重商情，实无恶意，则撤卡一节宜作罢论。其界外通商，亦可徐图开悟，务使藏番心果释然，庶几可以挽回执拗。此非支吾之言，情势非此不办也。盖番藏之所以忧惧者，虑英人阴谋耳！

二月初四日

总署致盛宣怀大东等电线公司应报效全价之半电

自亚至欧美，电线不尽隶两公司。公司如藉他公司须给全价为词，仍将报效之半价有所扣减，则我所获无几。宜与言明，报效全电价之半，乃可允之。

二月初五日

津电局致总署宫内南海装安铁道已将火车运京电

德威呢火车，去年运京，试过合用。坐车尚未到口，电催二次，傅相五日到津，明日禀明。拟先派员役进京，安南海铁道，坐车到，再运京，安于道上，有火车两轮，相距尺寸可以不差，轮船水手亦并禀明调送。

二月初八日

闽督杨昌濬等致总署报福安教案办结电

福安教堂案办结，毁失银物赔一万四千五百余元，房屋由县起盖，共四处，需八千元，民间追缴不足，只可官为筹补。建钟楼、易地基各节，力与商妥，以杜后衅。

二月初九日

旨寄刘秉璋英兵攻隆吐着转升泰令藏番撤兵电

旨：英兵于初八日攻毁隆吐兵房，番藏自行退去。英使来信：印督饬约其兵，但使藏兵不越界出门，彼兵不过隆吐山，以后一切照旧等语。藏番昏愚已极，违旨背约，此次辱由自取，朝廷早在意中。现在卡房既毁，若藏兵不再出，英兵亦必撤回，仍可相安如旧。着升泰迅谕藏官，勿再执迷不悟，为出界复仇之举，或俟英退后，又复前往设卡，以致引敌深入，求如现在情形而不可得，则噬脐无及矣！除饬总理衙门，促英使，电催印督，及早撤兵外，刘秉璋接奉此旨，即飞咨升泰钦遵办理，迅速奏复。

二月十六日

总署致李鸿章英法德等使言台湾系通商口岸希停收洋厘电

英、法、德等使屡言：台湾系通商口岸，非比内地，洋商不应领单，亦不应完厘，中国征收洋厘，系属违约。迭经本署辩论，彼以延宕日久，不能再待，声称：即饬洋商不令完厘，倘因此扣留货物，即须索赔，中国任咎云云。情势甚迫，断难再争，希即停抽洋商厘金，免致反受讹索。至本省如何征收落地税厘，另行设法办理。望速复。

二月二十二日

粤督张之洞致总署法领署殴弁事请商法使速了电　附旨

法署锯树殴弁事，去年吴中丞初到，未悉原委。适白领事言及，故以排解语答之，并无公牍往来。此案并未完结，仅以该领事认错，似不为过。改派弁勇保护，亦于彼体面无损。此事中外体制所系，绿营士气所关，务望总署切商该使，设法了事，筹永远相安之道方妥。

二月二十四日奉旨：本日据总理衙门奏，广东法领事署派兵保护，勿容更换练勇一折，又据钞呈张之洞二十二日电信一件，法领事署锯树殴弁一案，事本细微，经吴大澂致信排解，一切照旧，即系已了之事。乃张之洞并未知照总署，忽于数月之后，奏请饬命该衙门向法使理论，殊属非是。此项弁兵，派拨有年，自上年四月后，循旧不改，亦相安无事。乃该督此次电信，犹谓体制所系，士气所关，措词亦属过当。况现有该抚信函，彼即执为确据，岂能以并无公牍与之强辩耶？总之，此等细故，外省督抚随宜商办，得结即结。若已有定议，尤应即时知照总署，俾内外办理不致两歧，方为和衷共济之道。此事经吴大澂排解完结，并无不合，亦断难再改。张之洞所请切商该使设法了事之处，着勿庸议。

总署奏台湾抽收洋商厘金与约不符请旨遵办折　附旨

总理各国事务庆亲王奕劻等奏，为台湾设局抽收洋商厘金，与约不符，请旨遵办事。

查台湾初设行省，需款浩繁，前经抚臣刘铭传奏请，于台湾城外设局，抽收百货厘金，无论中外商人，俱令一体完纳，洋商或完子口半税，或照内地一律抽厘，业于十二年三月间开办。嗣接德国驻京使臣巴兰德函称：据台湾德商禀称，近来该处厘局欲将货物抽捐，因令该商等先行出结存海关，暂行停抽，俟订妥后，再行办理，勿得勒抽等语。当经钞函行查该抚，随据复称：台地抽收百货厘金，系照内地一律办理，洋商应完子口半税，亦系仿照内地土货出口成案，并非勒抽等因。经臣衙门照复该使在案。迨上年十二月间，各国驻京使臣先后照会臣衙门，皆以台湾抽收洋商厘金，系属违例。台湾为通商口岸，载在约章，洋商在通商口岸运货，非入内地可比，除完出口正税外，不应另纳他项税厘、出口正税各等语。又经臣衙门坚持驳复。本年二月初三日，英、德、法三国使臣约齐来署，复提前事。臣等以税厘为该省饷项所关，力与辩论，谓：台湾建署伊始，土货出产之处距海口甚近，只收此一道厘金，与他省出产之在内地者不同，是以不得不如此办理。今各国使臣既称洋商不愿抽厘，或由臣衙门函致该抚另筹办法。乃本月二十一日，英、德、法三国使臣又至臣衙门晤称：台湾抽收洋商厘金，实属违约，业经商办经年，不能再待，当即饬该商等不令完厘，倘因此扣留货物，即须索赔本利，中国任咎等语。情势迫切，臣等虽舌敝唇焦，与之力争，终难折服。

窃思洋商应否完纳子税，或完厘金，自以该处是否通商口岸为断。洋商于通商口岸，运货出口，与入内地运货，必须请领联单，完纳子口税者，办法本自不同。台湾为通商口岸，本系载在约章，该使臣等指抽厘为违约，亦非漫无依据。察其情形，断难强令遵从。倘因其不纳厘金，竟将货物扣留，彼若藉此索赔，实在意中，办理转多棘手。除将大略情形电知该抚外，相应请旨饬下台湾巡抚，将抽收洋商厘金一事即行停止，以杜口实而符约章。至该省应如何征收落地税厘，以济要需之处，应由该抚另行设法办理，只应征之于华商，不能征之于洋商，彼自无所藉口矣！谨奏。

光绪十四年二月二十五日奉旨：据总理衙门奏，台湾设局，抽收洋商厘金，与约不符，请旨遵办一折。台湾为通商口岸，洋商应完出口正税，向不抽厘。既据该使臣等屡次据约陈请，着刘铭传将抽收洋商厘金一事即行停止。至该省应如何征收落地税厘，着另行设法办理，总应征之华商，彼自无所藉口。

直督李鸿章致总署刘铭传电称台湾洋商完税请补叙府城口并半税二节电　二件

台抚刘铭传电复：台湾现办章程，洋商完子口半税，并无洋厘名目。现在各使既在总署无理取闹，只可就华商另行设法。至全台除沪、打二口外，不能皆作通商口岸。洋商入内地买土货，并无不应领三联单之约。台湾采办樟脑，向章有三联单。此二层应请总署坚持成约，不可游移，致碍大局。出口半税，必得照约完纳。赫德屡次来商，要将全台厘卡撤去，华洋商人统归新关完纳出进子口半税，以事关大局，不敢擅允。洋商既不肯完出口半税，何以又肯完进出口两税？情形可疑。台南洋商完税两年，并无异言。自赫德来商后，忽有阻挠，恐系赫德鼓惑。除钞赫德章程，详复总署，先此电复云。

二月二十六日

台抚刘电：通商口岸系指台湾府城口而言，此口字确有界限，非仅府城二字所能浑括。且恭绎谕旨，府城口三字俱无，又专提正税，未将领单半税一层带叙，恐洋商藉为口实，应请总署〈照〉会各使时，将府城口并半税二节，分晰补叙，免致争端。

二月二十八日

总署致李鸿章转刘铭传洋商入内地不领单则抽厘电

洋商入内地运货，应领联单，纳子税，不领单则抽厘。各国所云违约者，以台湾系通商口岸，在该处运货出口，不应领单完税，亦不完厘，此言专指府城而言。若入台湾内地，及他处向不通商口岸，仍应照约办理。至樟脑出在台湾内地，自应领单完税。但彼欲援向章，阻我官厂，尚当与之力辩。即转电台抚。

二月二十八日

直督李鸿章致总署葡使到津换约请将约本发下电

津关税务司来言，葡使罗沙准于三月初五日到津换约。可否由署奏明，将约本发下，以便定期互换？

二月二十七日①

总署致李鸿章转刘铭传通商口岸无论城镇皆为口岸电

凡通商口岸之处，无论是城是镇，皆为口岸。通商口岸抽华商厘金，原与洋商无涉。若货入洋商手后，只应完一出口正税。至领联单，系指往内地贩运土货而言。所云内地者，约内指明口岸外皆是也。来电似误会，即转台抚。

三月初二日

---

① 原刊目录标为“二十八日”。

直督李鸿章致总署台湾府城口字样本属牵混电

冬电已转台抚。惟查原约台湾府城口字样，本属牵混。开办时，又未将口岸划定，以致误认府城为口岸。然如登州、潮州、琼州、天津有府城字样，究各另有通商口岸也。烟台会议第三端，英使声明，准以各口租界作为免收洋货厘金之处，可知租界之外，洋货厘金、土货半税皆可分别征收。台湾府城内并无租界之名，请酌辩论。

三月初二日

直督李鸿章致总署刘铭传电台湾无租界可免电　二件

刘电：台湾城与准予洋商贸易之安平口，相距八里，是府城系在指明口岸之外。譬之上海，计口岸距县二里，未闻县地亦作通商口岸。现在专就华厘设法，并不拟在台湾府城向洋商抽收半税，而口岸不可不划清者，恐笼统作为通商口岸，该处华商冒充洋商包揽，于华厘大有窒碍。至租界免厘一层，台湾无租界可免云。

三月初四日

台抚刘电：台南糖为大宗，糖灶逼近府城，洋商皆预发赀本，交华商代办。若将府城统作通商口岸，则土货出处，洋商必皆指为已经入手，华厘概不能征。辩明口字，非欲于府城抽半税，实顾全华厘也。

三月初五日

直督李鸿章致总署报韩遣使至俄设馆驻扎电

袁电：韩遣使拟本月二十日左右由香港起行，先赴意大利，经英、德、法，至俄，设馆驻扎。

三月初四日

直督李鸿章致总署袁电韩派李金夏勘吉林界电

袁电：顷，外署督办来称，吉林定界安民，仍派曾会勘之李金夏前往办理，以资熟手。

三月初十日

总署奏与葡国议定条约请批准折　附旨

总理各国事务庆亲王奕劻等奏，为上年与葡国议定条约五十四款，缉私专约三款，请将原订约本批准事。

窃查，上年十月间，与葡国使臣罗沙议定条约，经臣等缮折恭呈御览，奉旨：着派奕劻、孙毓汶与葡国使臣画押。钦此。旋于十七日遵旨，由臣奕劻、臣孙毓汶与葡国使臣在臣衙门公同画押盖印，亦经恭折具奏，并声明，俟葡国批准后，由臣衙门恭缮正本，请用御宝，寄交北洋大臣李鸿章，在津互换。十月十八日，奉朱批：知道了。钦此。各在案。兹据李鸿章电称：据津海关税务司禀报，葡国使臣罗沙准于三月初五日来津换约，请将约本发下，以便定期互换。正在核办间，又据总税务司赫德禀称：现接罗沙电云，本国应换之条约已到，系用原本批准，贵衙门亦宜以原文备换为是，无庸另缮正本等因。臣等公同商酌，该国既用画押原约作为正本，自应照办，以归一律。恭候命下，即由臣等咨送军机处，请用御宝，作为批准发下，并请简派大臣，即在天津定期互换，以昭信守。谨奏。

光绪十四年三月十二日奉旨：着派李鸿章作为全权大臣，与葡国使臣互换条约。

桂抚沈秉成奏龙州设洋务局办理通商事宜折

广西巡抚沈秉成奏，为设立洋务局，经理通商事宜事。

窃广西龙州地方办理商务，经前护抚臣李秉衡请，责成现署太平归顺道拟补是缺之道员蔡希邠专办，并将应支监督税务司公费、委员薪水、缉私勇兵口粮、书役工食、纸张、一切杂费，咨呈总理衙门并户部筹拨，先后附片奏明在案。臣维龙州既办通商，中外交涉事件必较繁杂，应于省城设立洋务局，以资提挈。当与藩、臬两司筹商，即于本年正月初十日，在臣署西偏公廨设局，委员经理。查臬司张联桂，人极干练，熟悉洋务，并派令督办。其委员薪水、书役工食等项，饬令司局撙节核计，应需若干，一律咨请户部拨给，以资办公。谨奏。

光绪十四年三月十一日①。

① 原刊目录标为“十二日”。

直督李鸿章致总署刘电免厘事请辩明约章口字电

刘电：台湾府城向不准洋商设栈开行，只领事租住民房。凡洋商建设行栈，均在安平，如上海之通商码头。由安平运货到港口，约水程十余里，如上海之吴淞口。上海县城非通商口岸，台湾府城亦不能笼统作通商口岸。请总署抱定约章口字辩明云。

三月十二日

川督刘秉璋致总署文硕电称隆吐藏番撤兵情形电

文电：据商上复，大旨谓，帕克里外向来未曾驻兵。前年因麻克雷既有强自进藏之说，又派人潜入隙口探路，于是商上始议于藏界日纳宗入隆吐山拨兵设卡。英人所云向驻藏兵，已是传闻失实，而云热勒巴拉山，更无其地，与前此西金同一闻所未闻。至所云续修大路，即是潜来探路之役，雇募乡〔向〕导，兼充工匠，略事加宽，并未大施工作。此亦前年之事，一经劝转，未据续报前来。今言往来既久之说，殊非事实。至迅速撤卡之谕，非敢执拗不遵。但撤卡之后，日纳宗至捻纳岭一带地方应归谁属？英人贪得无厌，设再内侵一步，又将何以处之？恳请总署明白指示。若肇衅归咎，则应究诘祸首。我唐古特自光绪二年以来，久已历陈其不可。今事势至此，万一边疆致扰，方虞波及屈抑之不暇，更何甘认其咎耶云云。窃查前奉电示，藏番已于二月初八日撤退隆吐之兵。文大臣处初九电，似尚未接撤兵之信。惟既接其电，理合转呈。

三月十五日

总署致李鸿章转刘铭传准洋商采买樟脑电

樟脑一事，同治年间，因官厂价贵，英商私运。经官截留，领事请兵要挟，嗣还价赔银，始得了事。并议定裁撤官厂，听其采买，完交正、子税，立有章程五条，遵行已久。现又设官厂，彼之争论不为无理。虽照来函力与辩论，各使坚持，无论新辟、旧有，总在台湾境内，断难两样办理。彼已电知领事，仍令洋商自行采买，如截留，即索赔。此事势难再商，只好听洋商领单完税，自行采买。至内地如何征收税厘，另行设法办理。此次各使屡来忿争，若不及时变通，即生枝节。希速照办，并电复，转电台抚。

三月十九日

总署致张之洞法使照称请将越南盘村华兵撤退电

法使照称：越南横模社以北，有村名盘村，现有华兵驻扎，并安设界标。中国边界划明，由北市至北岩隘，复由北岩隘至北冈隘，其北冈隘之南，与越之峒中邻近，盘村又在其南。请将华兵撤退，勿再私设界标，俟两国派员，再行会办云云。查原图，峒中确在界线之南，华兵自不应越界驻扎，希查明撤回，并电复。

三月二十日①

台抚刘铭传奏洋商应完子口半税申明约章折

台湾巡抚刘铭传奏，为洋商应完子口半税，亟应申明约章，划清界限，以示限制，而免觊觎事。

本年二月二十七日，准北洋大臣李鸿章电开，总理衙门奏，奉谕旨：台湾为通商口岸，洋商向不抽厘。现据该使臣等屡次据约陈请，着将抽收洋商厘金一事即行停止。至该省应如何征收落地税厘，着另行设法办理等因。钦此。

伏查，台湾停止船货厘金，改抽百货厘金，经臣于光绪十三年四月间附片陈明在案。开办以来，华商照章完厘，凡洋商入内地买土货，领有三联单者，完纳子口半税，如未领三联单者，饬令补完内地税项，均系按照约章办理，数目持平，各商称便。间有无耻之华商串通洋人，不领单，亦不完厘，希图偷漏。经臣严饬局卡委员，设法抽收，奸商计无可施，遂怂恿各该使臣，屡次向总理衙门言及台湾系通商口岸，非比内地，洋商不应领单，亦不应完厘，中国征收洋厘，系属违约等语，由北洋大臣李鸿章转电前来。该使臣等所谓台湾为通商口岸者，殆指英国条约十一款内开台湾府城口准其买卖而言。夫仅准其买卖，原不能据此为通商口岸。今即略予通融，而以府城口岸为通商口岸，亦不过滨海一隅之地。凡府城口以外之地，皆属内地。既入内地，即应领单。倘不领单，即与华商无异，应照华商一律完厘。又所谓不应领单，亦不应完厘者，系指就通商口岸购买土货而言。夫购买未经完厘之土货，照约本宜补完内地税项。今即稍为放松，而于通商口岸不令完厘，此外非通商口岸即应领完半税，不完半税，则应完厘。又所谓征收洋厘，系属违约者，盖明知我征收子口税，照章本无不合，而故创此洋厘名目，以相为抵制。据台湾沪尾口税务司三次来商，并持饬送总税务司赫德条约各款，有

① 原刊目录此电标为“二十一日”。

华船、洋船进出子口半税，由新关并征，谅各公使可以允行之说。当以事关大局，未便轻许。然同此口岸，同此半税，何以在我仅取其一已觉其难，在彼兼收其二转形其易？此中狡诡情形，自难逃圣明洞鉴之中，臣亦何庸渎辩？顾臣所窃虑者，台湾土货以糖与茶为大宗。茶在台北，商家包办厘金，相安已久。台南之糖，有洋人发本交华人代办者，有华商诡托洋人购买者，互相影射，真伪莫辨。臣既钦遵训示，于落地税厘设法，自应添设局卡，多方堵截。洋商无利可图，未必不别生诡计。况洋人于文牍字句往往断章取义，惟利是视。此次恭绎谕旨，于体恤洋商之中，仍寓声明约章之意，明白晓畅，何至误会？转恐得步进步，故意假借，以为既云台湾系通商口岸，即不能专指府城一处为词。现仅云洋商应完正税，即不能再以子口半税为词，从此入内地概不领单，出口概不完子口税，将来华商势必尽冒洋商，厘金胥归乌有。台地需费浩繁，若再失此巨款，何以自立？谨将赫德条约钞呈总署，请旨饬下总署，照会各国公使，将府城口岸通商暨内地子口半税之事声叙明白，以示限制而绝觊觎。谨奏。

光绪十四年三月二十一日奉朱批：该衙门知道。片并发。

台抚刘铭传奏辩明内地土货厘金片

刘铭传片。

再，正在缮折拜发间，准北洋大臣李鸿章转达总理衙门电开：凡通商之处，无论是城是镇，皆为口岸，抽华商厘金，原与洋商无涉，至领联单、纳半税，系指往内地贩运土货而论。所谓内地者，虽约内指明口岸以外皆是等因。伏查，英约内载台湾府城口，除指府城所属之港口，即洋商贸易之安平口。府城与安平口陆路相距八里，其轮船运货之处且远至十余里。即如潮州之汕头口、登州之芝罘口，虽均隶府城，约内与台湾同款，列作府城口，未闻登州、潮州府城皆作为口岸。若谓通商之处，无论是城是镇，皆作为口岸，考之约章，英约内载广州等五处，领事等官均居城邑，而通商则指明港口。又英约内载各港口市镇居住贸易一语，市即他约内所指之市埠，与城不同。此外未见有城镇作通商口岸之明文，不识总理衙门是否另有所本？臣所以亟亟辩明者，台南以糖为大宗，糖厂多半逼近府城。若非就府城堵截，此外无要可扼。且洋商买糖，率系上年预发资本，交华商代办。一旦将府城笼统作为通商口岸，则土货出处，洋商必皆指为已经入口，华厘从何征起？臣初非欲于府城抽收洋商之半税，实为顾全土货出处之华厘。况英约内明明载定府城口，据定口字立论，洋商并不能违约置辩。为此附片陈明。谨奏。

光绪十四年三月二十一日奉朱批：览。

直督李鸿章奏与葡国换约竣事折　附中葡换约清单

直隶总督李鸿章奏，为葡萄牙国换约已竣事。

窃查，葡萄牙国，即大西洋国，上年十月间，经总理衙门王大臣与葡国使臣罗沙议定通商条约五十四款，洋药缉私专约三款，当即奏明画押。本年三月初，据津海关税务司禀报，该使罗沙由沪赴津换约。罗沙旋于初九日来谒，请期互换。臣电商总理衙门，奏请简派换约大臣，将原约请用御宝，作为批准，发下遵办。初十日奉旨：着派李鸿章会同葡国使臣互换条约等因。钦此。并将画押原本派弁赍送前来。臣即择定三月十八日，在天津水师公所，公同互换。届期，臣率同津海关道及天津府通商随员等，该使罗沙亦絜〔挈〕同该国领事、翻译等，一并齐集。罗沙将葡国批准条约画押原本交臣验收，臣即将总理衙门发下恭用御宝条约原本交该使祗领。彼此核对无讹，仍公立换约文凭，华、洋文一样二分，画押盖印，各执一分，附钉原约之后，以昭信守。至原约第二款称，澳门地方，现经商定，俟两国派员妥为会定界址，再行特立专约，其未经定界以前，一切事宜，俱照现在情形勿动，彼此均不得有增减改变之事等语。臣面询罗沙，据云，澳门定界，拟俟该国续派使臣驻华，另行商办。该使于换约后即起程回国。除将条约原本并换约文凭委员赍送总理衙门查收备案外，谨将译录葡国批准和约原文及臣与葡使换约文凭照缮清单，恭呈御览，并分咨总理衙门暨南洋通商大臣、两广督臣知照。谨奏。

光绪十四年三月二十一日奉朱批：该衙门知道。单二件并发。

谨将与葡使互换条约文凭照缮清单恭呈御览

大清国大皇帝特派钦差大臣・太子太傅・文华殿大学士・北洋通商大臣・会办海军事务・直隶总督・一等肃毅伯爵李，大西洋国大君主特派钦差驻扎中国便宜行事大臣罗沙，为公立文凭事。

案照于光绪十三年十月十七日两国大臣在北京议定画押和好通商条约，并另定专约附于本约之后，论及如何设法协助征收洋药税项一节等款，经已彼此奏明，钦奉御笔批准，特派钦差大臣，彼此互换。今日两国钦差大臣在天津公所会晤，各将所奉上谕公同校阅，俱属妥善。特将该通商和好条约及附专约原本，公同较〔校〕阅明晰，互相交换。即将两国以英文、汉文、西洋文誊录之文凭六分，每文二分，画押盖印，各执一分存据，俾昭信守。

须至文凭者。

大清国光绪十四年三月十八日，西历一千八百八十八年四月二十八日。

大清国特派钦差大臣李。

大西洋国特派钦差大臣罗沙。

谨将译录葡国批准和约原文照缮清单恭呈御览

大西洋国大君主，为批准通商和好条约事。

因于西历一千八百八十七年十二月初一日，即光绪十三年十月十七日，两国钦差大臣各奉本国便宜行事之上谕，经已定立通商和好条约，以便两国彼此遵守。并另定专条，附于本约之后，论及如何设法协助征收洋药税项一节。查该和约及附专约各款，载明原本列后。兹阅悉，该和约及附专约等款，与本国议政院业已允准，在大西洋国理斯波阿京都两国前议预立节略相符。又按照一千八百八十七年七月十三日之条律内第二款，今将所有该通商和好条约及附专约各款逐一批准，并允许均皆遵守，着一体按照办理。是以将该和约及附专约画押用宝，以昭信守。

右在大西洋国〈理〉斯波阿公立。

大清光绪十三年十二月二十日，西历一千八百八十八年二月初一日。

大西洋国大君主画押钤玺。

尚书巴路斯额美司画押。

直督李鸿章致总署刘铭传电称洋商采买樟脑不得深入番社电

刘电：官办樟脑，并无不准洋商领单采买。惟逼近内山番社地方，须遵执照，不能深入，须先言明云。

三月二十三日

总署致李鸿章天津洋税办法请告知台抚参酌电

洋商在台湾运土货，拟照津章，告知巴使，似可就范，望先将天津办法电知台抚，以便参酌。

三月二十五日

直督李鸿章致总署盛电大东大北公司缴价数目电

盛道来电：东、北两公司前允报效半价，在津禀商后，派员赴沪传宪谕熟商，寄欧美官报，由水线递，须全扣东欧线价每字五法郎半。现接恒直回信，云：本公司等前曾拒绝此议，今再四相商，当勉强照允，惟吃亏更多，应以此议为止，不能再让丝毫。否则，此议亦作罢论云云。乞转电总署，如可俯允，再行上详。

三月二十五日

桂抚沈秉成致总署法谅山公使函称派文员代武员治民事电

顷，接法国谅山公使函难人名译音函，称：本国派来职系文员，充领谅山公使，以代武员之权，兼领治民之文事。凡事可以和衷相商，切愿贵大臣倘能开通商贾之路，使两国之民各得往来贸易云云。查前接北洋信，恭思当督越整顿商务，法兰亭充领事，未闻有函难其人。且指定通商处所，陆自镇南关，水自平而、水口关达龙州以外，断不可放松一步。米粮、妇女不准出界，例禁至严。彼族之意，欲由内运米，并欲由龙州顺流以赴东省，尚未启口。而先以开通商路试探，不待法商到齐，先行入界。今拟复称：前接北洋大臣知会，商务系贵国恭大臣来办，事有专责，俟其到后再酌，未便与贵公使先商等语复之。是否？乞电复遵办。

三月二十六日

总署致沈秉成恭思当辞越督商约俟领事到再办电

闻恭思当已辞越督，回巴黎，未知接任何人。函难或系专治谅山者。商约尚未互换，似应复以俟换约后，派有领事到龙，再行商办云。

三月二十七日

使美张荫桓致总署美议院议定华工须领新照电

美约本二月初二日咨呈到否？顷，美议院议定第一款，加现已回籍华工，虽领旧照，无新约，亦在禁例；第二款，如华工回美，水陆均须新照，余概不驳，均与正文不背。如钧意谓然，当与外部彼此加附照会。乞电遵。

三月三十日

清季外交史料卷七十五终

清季外交史料卷七十六

光绪十四年四月至七月上

旨寄刘秉璋转升泰文硕通商办法着晓谕藏番电

旨：文硕二月十七日、二十三日两奏均悉。印藏通商一事，英人约定并不催办，倘非隆吐设卡妄生枝节，尽可相安无事。此次开衅，与通商绝无干涉。文硕办理此事，始终不明机括，于撤卡一节，不但不竭力开导，反代为哓辩力争。一旦兵败卡毁，束手无策，乃欲借通商为转圜，而于藏番自行商办，又不拦阻，种种乖谬，深堪痛恨！殊不思藏为中国属地，断无听其自主之理。且以藏番之愚蠢，岂知西国体例？倘受其愚弄，非藏番吃亏，即中国失体，后患何可不防？今宜为挽回之计，着升泰、文硕接奉此旨，即传齐番官，谕以通商事例非尔等所能知晓，一经堕其术中，追悔无及。如议有条款，伊等不可遽允，总须禀明驻藏大臣具奏，由总理衙门核定，候旨遵办。若并未定议，更可由中朝与英国从容商办。但令该番从此不自添枝节，印兵必不再进，却不可因惶惑改图，又增亏辱也。此旨着刘秉璋飞咨升泰、文硕遵办。

四月初五日

使美日秘张荫桓奏与美外部议订华侨善后事宜折

出使美、日、秘大臣张荫桓奏，为遵旨筹议寓美华人善后事宜，谨将现订约款撮具大略，仰祈圣鉴事。

窃臣于遵收美国赔款折内，附陈议订保护限制条款，草议就绪，咨呈总理衙门核政，请旨遵行，以昭信守。光绪十三年闰四月二十日，奉朱批：该衙门知道。钦此。嗣与美外部臣柏夏将互订各款厘为六条：首阐总理衙门自禁华工赴美之议，酌以年限；次及寓美华人有眷属、财产者，任便往来，即往赴他国之华人，亦准假道；其最要则明定保护华人身命、财产之款。就光绪六年续约而引伸之一切利益，与相待最优之国同，但声明不入美籍而已。至华人前此损失，如槐花园等五案，亦经索偿足数，并抚恤残害身命之家属，美共赔偿银二十七万六千六百一十九元七角五仙，期以一年清交，并着于约未订明他日订换之期。此其大略也。臣悉心筹画，与前年七月初四日总理衙门给美使臣田贝照会事理无遗。华工逐渐不来，未必别无谋生之路。其现寓美岛华人，得所保护，或不致复遭凌侮。且欧洲工人，美近亦限禁，固非专限华工。当于正月二十九日，先行电达总理衙门，二月初一日与美外部彼此画押。中、西文字，究有繁简转注之殊，然意义尚无出入。外部遵交议院，如不驳难，或免重烦笔舌。臣一面将约本咨呈总理衙门核政，设有增删，仍可咨商办理。拟俟美议院核定后，臣再电达总理衙门，请旨批行，谨缮折上陈。谨奏。

光绪十四年四月初八日奉朱批：该衙门知道。

使俄德奥和洪钧奏赴奥呈递国书并唁德皇折

出使俄、德、奥、和国大臣洪钧奏，为恭报赴奥呈递国书事竣，并遵旨致唁德君事。

窃臣于上年冬杪自俄返德，即将应办公牍及各省采办军火尾余之案赶紧清厘。本年正月十七日，自德起程，前赴奥都，适奥主尚驻马加，相距五百余里。臣未敢久羁，商诸外部，于二十二日驰赴马加。二十三日，谒奥主，于行宫面陈颂词，奥主接受国书，以礼酬答。即夕在宫设宴，奥主亲临。所有颂答各词，另录恭呈御览。二十四日，仍回奥都，遍拜各部大臣、各国公使。往来未毕，适接德君薨逝电音，即夕登车于二十八日驰回柏林。三十日，承准总署传电：奉旨：洪钧勘电已悉。即着传旨吊唁，国书续寄等因。钦此。臣比即恭译谕旨，行文外部，请其奏闻。西国丧礼，成殓发引，不逾旬日。臣奉使是邦，谊应恭往执绋。此间事毕，即应前赴和兰。惟高丽使人西来，踪迹至今未得端倪，西报有谓其径赴俄国者。高人蓄谋正狡，斯举自在意中。然未得确音，亦难遽定。臣已密加探访，以期赶在彼前，未审事机能否凑手，故此后赴和、赴俄不能预定，合并陈明。谨奏。

光绪十四年四月初八日奉朱批：该衙门知道。

粤督张之洞致总署冯子材报并无华兵越界电

冯督办申：土语盘邦村即板邦村，在峒中西南百余里，深入越地，并无华兵至此，亦未安设界标。查立界在冷峒社山，以小沟水分中为界，建延社、板姒村在界内，东北方横模社、峒中在界外，西南方华军分驻建延社，在板姒村筑垒，离界约七里，距峒中法营十三里，并无华兵过界立标。又据古森上峒八团乡正陆奇湘等禀，同前情云云。

四月十九日

户部致粤关监督长有将本年药厘尽数划归粤督电

粤省待用药厘归还洋款，可将本年现存药厘之款尽应划之数拨足，余候部拨。

四月十九日

谕张之洞吴大澂钦州越南交界划定后善后事宜着筹议具奏电

上谕：钦州与越南交界划定后，曾于上年五月间，谕令张之洞，将该处善后事宜妥筹布置。现尚未据奏复。钦州地方辽阔，此次定界，将白龙尾、江平、黄竹等处一律划归中国。此后扼险设防，极关紧要。其十万大山一带，田亩膏腴，惟久隶边荒，素有匪徒出没，既经划入内地，其如何安民靖盗，尤应切实图维。着张之洞、吴大澂悉心会商，将新定各界设官分汛一切善后事宜，妥速筹议，奏明办理，毋再延缓。

四月二十日

使英刘瑞芬致总署报藏番攻印兵营卡电

印度来电：昨黎明时，藏番约三千人来攻英印兵纽束营卡，战至十点钟，藏兵败退，两边互有伤亡。

四月二十日

直督李鸿章奏朝鲜电线经费短绌情形片

李鸿章片。

再，据办理朝鲜交涉通商事宜·补用知府袁世凯禀称：朝鲜陆路电线，前由中国筹议，借款建设，自奉天、凤凰、边门，经该国义州、平壤、汉城，而达仁川，沿途设立四局，归中国电局代管，以期中韩气脉灵通，遇事便于调拨。惟该国商务初兴，中西商报无几，每月所收报费只敷零星杂用。所有四局委员、司事、华洋工匠、通事、测量、值报、翻译各生、巡线弁兵、送报夫役薪工，暨油蜡、纸张、房租等项，每月除朝鲜贴银四百余两，实计尚短银七百余两，盖因朝鲜各物皆贵，银价极贱，虽竭力节省，仍较中国电局费用为多。此外岁修及随时添置物件，并需用川资，尚不在其内。前于设线余款项下，暂行挪借。现在余款告罄，该国本甚贫弱，月贴四百余金，已于本年二月后停止，请另行筹发经费等情。经臣札饬总办电线·东海关道盛宣怀，会同天津支应局司道，妥实核计。兹据复称：袁世凯所禀皆系实情。日本前设海线，至朝鲜釜山口，今于汉城另设陆线一局。西报悉归釜线，不由仁川陆线递寄，仅收华商报费，为数益微。朝鲜月贴之款，又已停止，养线经费无出。袁世凯驻扎朝鲜国，因公寄华电报，照章计价，每年约合银一万余元。今请自光绪十四年三月起，每月拨给银七百两，照出使各国往来报资之例，按月由上海电局，在江海关出使经费项下，具领转发，督饬撙节支用，按年造报。然此系除朝鲜赔〔贴〕款就下短之数酌拨，若朝鲜贴款从此竟停，则仍短缺，应由袁世凯设法催收，以资贴补等情前来。

臣查，朝鲜陆路电线，前于光绪十一年遵旨筹议，借款建设，原因该国为辽沈屏藩，毗连俄、日边境，内患外侮，在在堪虞。中国控制保护，必有电线以通消息，否则机务阻滞，事事尽落人后，是以借给款项，饬电局代为管理。其常年所需用巡费等项，本拟由朝鲜筹贴，但该国力不能逮，前仅月贴四百余金，今且停止。西报又悉归釜山口日本海线，所收华商报费益微，仁川、汉城、平壤、义州四局，养线经费无出，仰体朝廷字小之义，势难漠置不问。况借款设线，既已曲成于前，尤不得不维持于后。袁世凯驻韩经理交涉通商，事关重要，与出使外洋事同一律，其因公电报，亦与公使大臣电报应行给费者无殊。既据盛宣怀等酌议，自本年三月起，每月于沪关出使经费项下拨给银七百两，再设法催收朝鲜贴款，以为此线常年用项，所费尚属无多，而遇事赴机迅速，实与中、韩大局有裨。谨奏。

光绪十四年四月三十日奉朱批：该衙门知道。

直督李鸿章致总署韩违约遣使欧洲酌拟办法函

敬密复者：

前奉三月二十日公函，以朝鲜遣使欧洲，于前约三端阳奉阴违，应如何设法补救等因。查洪钧钞寄各件，《伦敦新报》论事向多抑扬，其词无足深辩。至驻俄英使出示该外部钞文，欲请告知各国，韩地为俄垂涎，望中国锐意挞伐，收入版图，英国甚喜，明是从旁挑衅之意。且谓华使预先辩论，则不接待韩使，似与光绪八年《英韩和约》第二款不符。窃疑英人故欲见好中华，实则依违两可。洪钧既称英、德尚肯助我，想已与刘瑞芬先事力争。无论有益与否，自系使臣应尽之职。但英函谓：只要中国决意不许接待韩使，声明属邦之义，俄亦无可如何。此则断办不到耳！中朝之待属国，向不管其政事，与泰西属邦情形迥异，似难援西例相绳。朝鲜于二月间与日本立约，声明为自主特立之邦，其意显令背华，则日可渐次蚕食。光绪八年，美国派使与韩议约，先赴天津，鸿章告知，首条须提明朝鲜系中国属邦。美使坚拒，请援照日本成式。相持月余，乃议明，由韩王另给照会，声明属邦，而内治、外交，向来均由朝鲜自主，固系调停之意，似亦纪实之词。厥后各国均照此约为蓝本，日人吞韩阴谋亦遂牵制阻退。鸿章非不知西例属国体制，然中国办法向有不同。若自我锐意变更，能发而不能收，咎将谁属？今韩使若显违三端办法，我仍可随时责问。然谓从此显附自主之列，适堕俄人之计。愚见似不尽然，盖西国即认韩自主，决不能显令韩非我属，更不能强令中国不认韩为我属邦。如果韩王夜郎自大，朝贡不至，我可抗议执言，兴师问罪，似未便因此小事，遽与决裂。前俄领事宝德林来谒鸿章，因外间谣言甚多，令其密询库使，该国于韩事如何办理。顷，宝自京旋来告，库满云，俄廷实无他意，仍照拉德仁十二年九月在津密议，两国政府均不改变朝鲜现在情形。果尔，则韩使即到俄，旁有华使牵制，谅亦无甚作为。连接袁世凯密电，五国使赵臣熙仍在香港，韩王拟派美人德尼往充副使，赵不谓然，似其君臣尚疑忌不和，一片阴霾，直可听客所为。俟有端倪，再商办法。尚祈卓裁。

五月初六日

使德俄奥和洪钧致总署报德新君又逝新皇维廉第一将赴比得堡电

德新君又逝，新德皇维廉第一，将于西七月中旬，赴比得堡云。

五月初七日

旨着升泰晓谕藏番勿得称兵复仇电

旨：前据刘瑞芬电，报四月十三日藏番出攻印兵营卡，又复败退。当经总署电询，近据英使两次到署云，接印督电称，近又函达藏官，但令藏众退回原界，仍守二年以前情形，不在隆吐山扎兵，以后便可照旧办理，绝不欲侵入藏地，致碍两国和好等语。此电在十三日藏印再战之后，印督犹作此语，无非顾念中英和约，留一转圜地步。惟伊所云原界，即从前所指修路至热勒巴拉山岭而止，绝不越此岭一步，按之藏中所绘新图，即捻纳修路之地也。捻纳以南，隆吐以北，边荒废弃，藏人久置不理，故日纳宗营哲布捻纳修路，亦不阻拦。迨修路已成，此一段地方，英人早已视为保护境内。纵令先期撤卡，已难以口舌相争。况今已迭次交绥，兵争所得，更不再让。此皆前谕，屡次明白开示，而藏众冥顽不悟，以致此时万难置辩者也。为今之计，印督既有不进原界之语，藏兵却不可有再出捻纳复仇之事，但令安分不动，以后一切均可商量。向来藏务事归商上，闻第穆呼图克图素日人尚和平晓事，现在掌办商上，责有专归，着升泰于奉旨后传谕第穆，加以策励，即专委该呼图克图将此事妥为了结。倘能深维终始，仰体朝廷覆庇深恩，保安全藏，定当优加褒赏。若惑于众论，不顾全局，以后交兵无已，自速败亡，求如现在转圜，尚可完守捻纳定界而不可得，亦惟该呼图克图是问。总之，及时自守，尚可藉此收帆。自非心如石顽，当能言下顿悟也。

五月初九日

使英刘瑞芬致总署乞饬升泰开导藏番勿再进攻电

印度来电，藏兵在热纳巴拉岭外修筑石垒，约长一里，为堵御计。英兵于西六月二十日退回大脊岭，留印度兵八百并炮队在纳东，筑营驻守。似此相持不下，终非了局。乞饬升大臣，开导藏番，勿再进攻，为息事安边之计。如寻仇不已，势恐难支，转贻后患，致难收拾。

五月十五日

直督李鸿章致总署韩人仇教我国及各国均派兵船保护电

朝鲜前有民间失孩，谣称天主教所为，致仇视洋人，各国均有兵船前往保护。现已平靖，兵船间有退回。北洋派超勇、扬威二船赴仁川，少缓乃撤。

五月二十二日

驻藏大臣升泰奏请饬总署嘱英使早撤隆吐英兵折

驻藏帮办大臣升泰奏，为恭折复陈事。

窃奴才前奉电旨：英兵二月初八日攻毁隆吐兵房一案，着升泰速谕藏官，勿再执迷不悟，为出界复仇之举。除饬总署，促英使电催印督，及早撤兵。刘秉璋接奉此旨，即飞咨升泰，钦遵办理，迅速复奏等因。钦此。当即遵札饬令驻藏员外郎裕刚等，刻即钦遵。先行传谕商上番官，毋再妄思复仇出兵设卡，自贻祸殃等情，于二月二十七日具奏在案。兹于四月初九日，奴才途次洛家宗地方，接据司员裕刚、粮务黄绍勋禀称：司员等奉到二月二十五日由打箭炉限行六百里飞札，未敢刻延，当即译行照会商上噶厦公所噶布伦、总堪布等，令其一面禀明掌办商上事务・第穆呼图克图，一面通谕僧俗大众，一体遵照。适噶布伦公爵伊喜洛布汪曲差次江孜，居中以来，该司员等又恐由商上转行或致延误，复将敕书照译一件，径行照会该噶布伦公爵，立即遵照转谕随同赴防之仔璋、戴璋大小番官兵丁等，务须静候升大臣莅藏，酌核定夺，切毋得轻举妄动，自惹兵戈，致失机宜，无可挽回。然又恐大众未能周知，司员等复再筹商，传知公所，按照奉发札谕，逐字逐句面述详细，俾昭周密。当约期二十一日，齐集司员等，带同通译，前赴距藏二十余里之布赉绷寺，因达赖喇嘛于本年三月初六日，亲往布赉绷寺念经熬茶，所有噶布伦、总堪布，凡大小僧俗番官头目，莫不护卫在此。是以司员等同赴该寺，传集大众，剀切详明，告以保护恩德。随据各拉章领袖堪布，及大小当事头目面禀：披楞狡诈，言行不符，前在总理衙门言，藏兵不出，英兵不过隆吐，现接边报，英兵自占隆吐之后，移营纳荡、对巴等处，挖修墙壁，大有节节为营，近逼藏境仁青杠[①]地方仅半站之遥，诚恐英兵进攻，万难束手受敌。所称不过藏界，无非掩饰欺哄而已。我藏番自应遵照示谕，将现今实在情形具复，请转禀升大臣鉴阅，迅赐奏咨该英兵等先期撤回，藏番又何敢寻衅进兵？于二十二日接到禀复，司员等随译钞呈，祈请鉴阅等情前来。

除再严行批饬遵照外，奴才窃查，藏番僧俗等尚属遵旨，恪遵开导，惟此时印督是否将英兵撤回，尚无确音。既据该番众等公禀，英兵自占隆吐之后，迄今尚未撤回。奴才详阅藏番僧俗出具图记、公禀，大意谓：英兵先期撤回，又何敢寻衅进兵？倘再恃强至藏境，阖藏人等万难受此屈抑，与面禀大略相同。奴才再四思维，惟有据情吁恳天恩，请旨饬下总理衙门，谆嘱英使，转催印督，及早撤兵，庶昭大信，而藏番之心，亦可相安，不致过生疑虑矣！奴才抵任后，竭尽心力，妥为办理，不畏事，亦不喜事，不粉饰，亦不张皇，诸凡审慎而行，以仰体我圣主眷顾西陲之至意。惟奴才自二月十七日，由打箭炉出口，屈计四月底可抵藏任。不意入春以来，雨雪颇多，道路难行，各处纷纷驰报大雪封山。奴才每过大山，积雪厚几盈丈，且多遇风雨，奴才虽未敢刻延，然边草未茂，马不宿饱，催趱亦颇不易。虽据沿途众番民佥称，近数年春雨少缺，今春雨雪极为沾足，边外地亩多种青稞，间有麦豆，一望青葱，民情尚属安谧，番民勤于耕作，妇女纺毛线，织氆氇，男耕女织，与内地景象无殊。奴才奖励数语，咸欣欣然有喜色。僧俗之明白晓事者，佥称番民享升平之福久矣！深虑番兵未经战阵，非可冒昧御敌。现在唐古特虽四路征调，咸以无事为幸。可见唐古特前言人人死敌之语，亦多失实。奴才拜折后，即行西进，兼程星驰。五月中旬，必可受事。复一面迭札藏番，切勿妄动，当不致再有疏虞，堪以上纾宸廑也。谨奏。

光绪十四年五月二十五日奉朱批：另有旨。

① 有的地方为“仁进岗”，或“仁进杠”，保持原貌。

驻藏大臣升泰奏请转电印督勿再进兵片　附旨

升泰片。

再，密陈者：

奴才初不悉藏务情形，到川之后，由省垣而至炉、里、巴、察各台，虚心咨访，始知藏番于洋务事宜，禀白藏使，每不以实。该藏番初以洋人不过虚声恫喝，未必有为，漫不为意，诚如圣谕，昏愚已极。继则四路征调，全藏骚然。自隆吐一战，始觉望洋增叹。察看番情，刻亦势成骑虎。即此次具禀，印兵节节为营，近逼藏境仁青杠仅半站之遥，亦似有语病，界址尚觉含浑。且传闻藏番云集，前禀静候之语，恐未足深信。又闻英人已将隆吐炮台，就其地势，改为北向，安设巨炮。又复进兵纳荡、对巴等处，则其意亦属叵测，是以吁恳天恩，严饬转电印督，万勿再行进兵。奴才于五月中旬受事后，揆度情形，相机办理，或须亲至帕隘以外，与英官面议一切，或派委妥员，率同能事藏番一同前往。仍一面竭力设法开导商上，总期藏番不得驱其不教之民，以与洋人从事，而洋人不得因藏番聚兵藉口，遂得逞其奸谋。至以后事宜，则必先解战争之后，再当陆续驰陈。谨奏。

光绪十四年五月二十五日奉旨：升泰奏折、片均悉。所论英藏各情，均尚中肯。惟该大臣具奏时，尚未知四月十三日，藏番又有出攻印兵营卡之事，且在热纳巴拉岭外修筑石垒，是藏众复仇之意未息。此时欲令印兵先撤，虽费尽口舌，亦办不到。该大臣折内先解战争一语，甚属扼要。印兵之不入藏地，英人屡为此语。但令从此不自生枝节，印兵必不再进，毋庸过生疑虑。若必固执成见，希冀争回隆吐山地方，再与寻衅，则兵连祸结，势必不可收拾。五月初九日，电饬该大臣传谕第穆呼图克图，将此事了结。其筑垒一节，并经总署电询，着遵照迭次谕旨所指各节，迅速办理。该大臣到任后，应否亲往与英官面议，抑派员前往，并着相机妥办。至传谕第穆后情形如何，即行奏复。

使美日秘张荫桓奏陈兼使秘鲁所至情形折

出使美、日、秘国大臣张荫桓奏，为微臣兼使秘鲁情形，恭折仰祈圣鉴事。

窃臣四月初十日自美奏报起程，五月十一日抵秘，十八日敬递国书。念途路荒僻，文报迢递，恐劳圣廑，当电达北洋大臣，转电总理衙门代奏在案。秘鲁被兵以后，国势日蹙，而于外交一道，尚不苟简。臣自入秘境以迄秘都，均有秘官迎劳。赍递国书之日，该国备官车、兵卫、音乐，迎送如礼。秘总统复书一函，由外部交臣，请转呈御览。臣译其文义，无非遥戴声教，永以为好之意。当咨交总理衙门代奏。至臣于秘总统诵答之词，仍照章钞呈总理衙门备案。惟寓秘华人散处各埠，数逾六万，交涉之事，亦复不少。参赞刘亮沅，代办使事两年，不激不随，洞中机窍。臣历将经办文牍咨呈总理衙门备查，大约重要不及美而烦杂过之。三年来，华人生计，华商贸迁稍绌，华工尚绝无鬻身之事，均得去住自由。臣于去年特偕翻译林怡、游镇藩，会同秘国武员爰司高罢，分赴各埠糖寮华工力役之区，穷数月之劳，详查一遍，皆能相安。臣此行忆自朵国以南，日或一二泊，每泊一岛，时有华人间关来见。礁多浪涌，小舟不能紧靠，则縋木桶以登。及抵利马，华商杂遝迎谒。臣详询近状，较未设官以前，苦乐顿异，诸华人感荷覆帱，无远弗届。臣接晤之下，惟有广宣德意，振其尊亲之本，勗以安分为业，亦各欢欣鼓舞。此间距中国约六万里，寒暑急易，终岁无雷无雨。视美欧诸洲，似成别一世界。臣奉命兼使，仍当少驻征轺，聊慰华人因依跂望之心，略酬该国仰慕中朝之意。谨奏。

光绪十四年五月二十五日。

直督李鸿章致总署闻德尼劝韩自主电

穆麟德于四月初鸿出海后，请假赴韩游历，似希冀韩复用。嗣令袁招回，昨已回津。据称：德尼劝韩自主，恐复用穆。韩王又疑敝处派往密探，颇疏远之。穆尚知尊华，巴与有夙嫌，难尽信。

六月初六日

总署致张之洞据德使照称广东违约抽厘电

德使照称：五月二十日，广州厘局将德商出口货运上船者，在途中扣留，并勒令指出卖货华商姓名，又在通商地方，将所有买土货上船者，在途中抽厘一次，殊属违约。实由擅堵河口，致货不能在广州口岸上船，必用小艇运到大船，将德人在华贸易章程种种废弃。务请电嘱，毋令属员再有违约之举。至德商因厘局违约亏累，应向中国请赔云云。厘金只可征之华商，若洋人不进内地，即在通商口岸买土货只完正税。近因台湾安平设立厘局，各国公使皆来争论。德使尤狡执，且索赔款。现已裁撤厘局，设法另征落地税，即与洋商无涉。广州厘局究竟设于何时？倘非向来所有，势难我行我法，亟宜变通办法，毋令藉口违约，致为要挟。

六月初七日

直督李鸿章致总署美新约禁华工往请缓订电

闽粤穷民出洋，佣工极多，借以弭内乱，广生计。张新使续订新约，禁华工往美，限二十年为期，较光绪六年续约内称并非禁止前往者大异。闻各口谤怨沸腾，遍布说帖，舆论甚哗，皆盼此约不批准互换。查美君臣皆欲禁华工新党。九、十月另易总统，则外部、议院均多更换，必另一党。可否设法批驳，暂缓互换，庶免外洋各国各岛争起援引饶舌？乞妥酌。

六月十五日

粤督张之洞致总署洋商包庇华商漏税当详查妥办电

省河补抽厘局，开办年余，抽华商，不抽洋商，恪遵条约，界在疑似，不能不加考核。确系洋商者立即放行，既未抽厘，亦未扣留。间有问明华店者，原以辨别华洋。查洋商包庇华货，粤省积弊，买办及小洋行优为之。上年六月，有华商勾串德商图漏颜料厘金一案，经该局查确充公。彼先亦扛帮，继遂折服。此后当饬局员详查妥办。凡洋商所买土货，有税单可凭者，决不留滞，不至再有藉口。其确查有包庇可据者，不能不向领事诘问。

六月十六日

使美日秘张荫桓致总署中美立约系旧约不用宝电　二件

文电：商添一层，甚周匝，惟在外部复准，美廷决无更改，之后刻难措词。且议约时曾商及外部，谓换约需时，此项华工总能先期返美。因电查金山领事，据复，此项约一万五千人，六个月内可全返，大致既协，不商添为得体。乞酌！旧约不用宝，实据美馆查禀，既光绪七年约用宝，贵署有案，应请照办。

六月十六日

详查七年旧约汉文本用宝，汉、洋合写本不用宝。美廷现令备洋文本，总统盖印候换。

六月十七日

总署致张之洞美约因众怨不能奏请批准电

续订新约禁华工入美，限二十年，较庚辰约称并非禁止前往者迥异。闻各口众怨沸腾，本署暂不能奏请批准。

六月十七日

直督李鸿章致总署伦敦报新金山暂不禁止华工又厦门洋药进口渐少缘改由洋关并征电

伦敦报，新金山前禁华人入境，经该按察司查各国律书，无载明禁止华工入境之例，故船载华人，暂准登岸，续到者酌给回费。又厦门洋药进口渐少，再几年恐印度洋药销路愈滞，缘改为由洋关并征，严缉偷漏云。

六月二十二日

总署致李鸿章拟设广梧商轮有无利弊望速复电

商局轮船，由西江驶行梧州，费轻利旺，可分法人河内、谅山铁路之利。前经函致台端，会商香帅，定章试办，是否有利无弊？望速复。

六月二十二日

总署奏洪钧电称俄欲在新疆贩卖土货反谓苛待请饬抚臣按约迅办折　附照会

总理各国事务庆亲王奕劻奏，为请旨事。

窃自西洋各国通商以来，交涉之事日繁，而俄罗斯国壤地与中国毗连，轇轕尤甚。臣衙门于本年四月间，接准出使俄、德与和国大臣洪钧电，称：俄来文云：镇迪虐待俄人，违约取税，囚禁商人，兵勇强劫等事，先电告等语。当经臣等函致新疆抚臣刘锦棠，嘱其迅速确查，并饬属凡遇交涉事务，须按约办理，及早了解〔结〕在案。现尚未据复信，兹于六月初五日，又接准出使大臣洪钧函称：三月杪，晤俄外部总办奇诺野甫，提及新疆之事，词气愤激，坚称彼处官弁蛮悍无理。后晤外部嘎尔斯，云：我国最重商务，彼处情形如此，必须中国善为区处，两国边境庶可相安等语，并将俄外部来文节略译录前来。臣等阅其来文节略，历诉新疆镇迪等处苛待俄商，不遵条约各情形。

臣等查，中俄条约载明：天山南北两路各城贸易，暂不纳税；又云：以上所载中国各处，准俄民出入贩运各国货物，其买卖货物或用现钱，或以货物相易，俱可等语。所云各国货物，自系专指洋货而言。其或以洋货易土货，亦应比照土货章程，只准出口回国，不准沿途销售。乃彼欲在新疆各城贩卖土货，反谓地方官妄解条约，实属狡狯。此节拟由臣衙门函知洪钧，就近与俄外部辩论。惟中外通商，照约理应保护，以敦睦谊。查阅节略所开种种虐待俄商，系凭俄官所报一面之词，或不免言之过甚。但新疆地方官于商务约章未必尽能熟悉，遇事处置，或至轻重失宜，积久生嫌，为患匪细。臣等窃思睦邻不外守约，弭衅先贵审机。查近年来新疆地方中俄交涉未了之案，积压甚多，亟宜持平办结，理直者固不可迁就，理曲者亦不可回护。俄外部所开节略，事必有因，必应确切查明，以凭照复。臣等拟请饬下新疆抚臣刘锦棠，迅即查明。新疆地方，凡有中俄商民交涉未了各案，务须按约设法，迅为清结；凡俄商贸易之处，必须妥为保护，不得稍有歧视；其征收厘金一事，务宜与洋商不相干涉，方不至以违约为口实，致生枝节。如蒙俞允，即由臣衙门将历年新疆地方未结各案钞单知照外，谨将出使大臣洪钧译录俄外部来文节略一并照录，恭呈御览。谨奏。

十四年六月二十三日奉朱批：依议。

照译俄外部照会

为照会事。

前闻新疆地方虐待俄商，镇迪尤甚。比经驻京大臣遣派翻译官倭格维治，前往该处访查虚实。现据该员查明，虐待俄商系属实在情形，禀报前来。相应摘录原禀，开一节略，咨送贵大臣查阅。本大臣查，俄商在镇迪地方，人货均难保全，缘地方官不知尚有条约，任听华民扰害俄商，不但不为保护，反致任意苛待，显有拒绝俄商之意。似此情形，实属难堪，不得不知照贵大臣，请将节略所开大概情形，电报贵国，务请悉心查核，妥为办理。其一切详细情形，当由该翻译官在京向总署大臣就近陈述。本大臣以中、俄两国素敦睦谊，想贵国既知此事有碍条约，势难姑容，自必设法革除，归复俄商应得利权。本大臣一面咨请驻京公使，与总署大臣商议办法，将一切虐待情事速行遏禁，并饬该处地方官遵守条约，厚待友国之民，切勿延宕，致使咎归国家也。为此，照会贵大臣，请烦查照。

总署奏请添设俄法英德文翻译官片

奕劻等片。

再，臣衙门同文馆奏定章程，遴选学生通晓洋文者，作为七、八、九品翻译官，原以资谙习各国语言文字，储为舌人之选。比年该翻译等学有成效者，颇不乏人，或调往边界，或奏带出洋，均能奉差无误，俾疆吏、使臣各收指臂之益。至臣衙门办理交涉事务甚繁，翻译尤为紧要，必须于外洋情形阅历较深者，方资得力。臣等公同商酌，拟添设俄、法、英、布文①翻译官，正、副各一员，于曾经出洋充当参赞、翻译差满回京者拣选派充。如人数不敷拣选，任缺无滥。此项翻译官遇有各国使臣到署会晤时，即令随同传宣问答之词，兼充翻订〔译〕华、洋文字之职。如无遣〔遗〕误，仍照章每届三年给予奖励一次。至该翻译等逐日趋公，亦应量给俸薪，再由臣衙门随时酌核定数发给。理合附片陈明。谨奏。

光绪十四年六月二十三日奉朱批：依议。

旨着升泰商办印藏退兵事宜电

旨：五月初九、二十五两次电谕升泰，开导藏番，勿再构衅，并责成第穆妥为了事。现尚未据该大臣奏报，殊深廑系。昨英使照会总署，据称，接印督电信，藏番现又添兵，并有攀阻该大臣不赴边界之语。此说未可遽信。藏番虽蠢愚，谅不敢阻留钦使。但添兵再出之事，难保必无。印督此次电信中有不能久待一语，如果藏兵再出，印兵亦必再进，深恐兵连祸结，并现界亦不可保。该大臣务当守定先解战争四字，传谕第穆，切实办理。前奏有与英官面议之意，目前事机紧要，如亲至边界商办，先令印、藏彼此退兵，再明定彼此界址，使此后不相侵犯，自较派员前往，更为妥协。此时但使藏兵不再出稔纳之外，印兵自不再进。英人屡屡言之，亦决不至失信。该大臣现已到任，一切情形着即迅速奏闻。

六月二十四日

川督刘秉璋致总署文硕未阻藏番自与英人议和当令遇事禀核电

文电：奉四月初五电旨，实深惶悚！未阻藏番，自与英人议和，实系文硕糊涂。惟此事关键，要以曾否定有条约为主。藏信是三月初二、三日递至颇当喇嘛处。昨询番官，迄无准信。藏番亦无期望必成之意。当谕自今以后，不拘何时，无论何事，凡关交涉，均须禀候核夺，不准私自主张。竹珊现抵距藏十程之拉锵，拟五月二十七日接印。

① 即“德文”。

除移交复核，并具公启奉呈云。

六月二十八日

总署致张之洞海安厘局告示措词失当希饬撤销电

密。德署钞送海安厘局告示，有土货出洋，先捐后售等语，指为违约。查土货出产处征收落地税项，各省皆然，洋人从无异说。惟此事不宜着迹。海安告示，明定土货出洋先捐后售，措词失当，自贻口实。希即饬局将前示撤销更正办法，迅即电复。

七月初一日

直督李鸿章致总署袁报俄韩议陆路通商约款电

密。袁世凯电：韩外署赵已除咸镜道，须月余始赴任，未赴任前，仍摄外务，尚未定代替。再，顷，赵遣告，韦贝函约督理边界大臣马速尼，初三日三点钟赴外署谒谈，王昨命赵速议陆路约，务于赵赴任前定云。

七月初二日

直督李鸿章致总署韩王拟更外部督办及左右相电

袁世凯电：闻王欲于南廷哲、沈履泽中择一外部督办。查南尚明白，沈乃卑鄙小人，如派充，必误事。王又欲以闵应灵为左相，金永春为右相，然二人俱庸软，必无能为。惟王内外调动，意莫可知云。

七月初二日

直督李鸿章致总署印度电藏兵攻英英增兵往战电

密。印度电：现藏兵有万余来攻，英亦增兵二千，并调炮队往战。兹商请外部，迅告印督，切无〔勿〕侵犯藏界。外部云：交兵即难保不犯，现未知升大臣如何办理，有无确信？乞示知。

七月十四日

直督李鸿章致总署袁世凯电俄员至韩议边务电

袁世凯电：据赵云，晤俄员马，据称，系管理边务官，俄廷派探陆约已否定议，稍住即回。初九，马已乘俄船赴津云。

七月十五日①

粤督张之洞致总署德商违章未验报单请告德使电

庚电悉。德使言领单土货在北海纳厘一事，已电饬该厂查复，据禀：森宝洋行运糖二百余担，过钦州分厂，托华商厚昌代报，未将三联单呈验。该厂见华商来报，又无联单，不能不收厘。经洋商呈验过照，随已给还厘银等情。查联单尚不收厘，惟定章须验明单货相符。此次森宝单不随货，乃洋商自违定章，非该厂误收，亦非中国背约，请转告德国使。

七月十五日

台抚刘铭传致总署后山番变已相机剿办请代奏电

奉十六日电旨：后山番变，因何启衅？现办情形若何？详悉电奏等因。遵查，后山吕家望社凶番杀人，防营总兵张兆连拿办凶首二人。该社不服，潜约大庄化番叛乱，众约二千余人，于六月二十五日戕杀委员、防勇，二十八日围攻卑南大营。旱道阻隔，音信不通，张兆连孤营苦守半月。本月十四日，台湾万国本带勇，乘伏波先到，提督李定明率三营并炮队，乘飞捷等船续至，即日解围。现派澎湖镇吴宏洛，并万国本、李定明三军，共十营五成队伍，相机剿办。已将详细情形具奏。请代奏。

七月十五日

直督李鸿章致总署据伦敦电德奥义攻守同盟电

伦敦电：意大利外部尚书布理美，会晤德国宰相毕士马，约明意、德、奥三国，无

① 原刊目录标为“十四日”。

论何国，如受人攻击，纵使敌兵尚未入境，其余两国均出援师相助云。

七月二十一日

粤督张之洞致总署海安厘局抽税告示已撤销电

海安告示谬引本未通行旧案，实属错误，已由电严饬撤销。据禀，已遵办。至该厂厘金，向系抽自华商行户，本非落地税办法，亦从未抽及洋商，开办十余年，相安无异。似应照旧办理，已饬该厂格外慎重，勿令洋商藉口。

七月二十一日

直督李鸿章致总署刘铭传报快船已到台电

台抚刘二十电：快船十九日到基隆。丁本日来见，即刻回基，开往卑南。将来一泊澎湖，一泊基隆，从此信息常通，声威亦壮云。

七月二十四日

总署致刘瑞芬据升泰奏印藏边务各扼守未动电

升大臣奏，五月到任，印藏边务，自四月十二日后，各扼守未动，现赶紧开导，陆续奏闻。

七月二十四日

直督李鸿章致总署据英报载中国批驳禁止华人赴美条约电①

伦敦来电：《泰晤士时报》内云：中国政府现批驳与美国所定禁止华人赴美条约。

法国海部尚书宣言，近日法船游弋洋面，本无生衅之意，惟法国海军，随时可用，殊足夸耀云。

十〔七〕月二十五日

① 实有两电文。

直督李鸿章致总署韩调朴定阳回外部督办任电

袁世凯电：韩廷今派金恩辙充驻美参赞，从速启行。闻金至美，即调朴定阳回任外务督办。赵秉式日内赴葛扫墓，即赴新任。闻将派新授外协办事李重七署理。李系泳翊密友，迂腐乖僻，不知外务，恐难胜任云。

七月二十五日

直督李鸿章致总署英电称美定新例华民离美不准复回电

伦敦来电：美国政院现定一新例，所有华民离美国者，不准复回，即将其凭票作为废纸云。

七月二十六日

总署致刘瑞芬酌拟华民在澳洲居住往来条例电

密。澳洲禁止华民一节，仅以空言辩驳，恐难挽回。澳侨以免身税、定吨数为请，本处与北洋函商，酌拟六条：一、华人在澳，无论何项，永免身税。一、已在澳者，优待保护，听其居住往来。一、贸易、游历、跟役三项，不在数内。一、新赴澳者，三百吨准搭一人。一、新章五年为限。一、作为澳地专章，他埠不得援照。该使已电外部，尚无回信。来文接到稍迟，势难更改。彼如再加吨数，我必不允。外部论及，照此答之。

七月二十七日

使美日秘张荫桓致总署闻美廷拟禁止华工再来电

议院未散，英新闻云：中国不准美新约。议绅大哗。下议院立例，凡回华工人，概不准再来。上议院急问总统准驳确耗，如驳，即日行此例。田贝电复美廷，不知消息。金山华商来电，甚悚急。此约原从贵署照会田贝，自禁三等而来。乞将暂不能奏之故仍告田贝，达外部云。

七月二十八日

清季外交史料卷七十六终

清季外交史料卷七十七

光绪十四年八月至十月

黑龙江将军恭镗等奏黑龙江左岸原设卡伦封堆碍难派兵查放折

黑龙江将军恭镗、副都统托克湍奏，为黑龙江左岸原设卡伦、封堆碍难派兵查放事。

窃照黑龙江左岸地方，在咸丰八年以前，原以外兴安岭为中俄大界，内有精奇里、苏楚纳二卡伦，每年由黑龙江副都统轮转官兵坐放；又有精奇里河、托克河、英肯河、西力木迪河、牛曼河、西勒莫德河六封堆，每年由布特哈总管轮派官兵巡查，均为防俄窥边而设，历由乾隆三十年至道光二年，陆续奏明，遵照办理在案。兹据黑龙江副都统禄彭、布特哈总管巴彦孟库等禀称：上年遵例查放江左卡伦、封堆各处，经海兰泡城，俄酋派兵河口拦截官兵，不允前进。当由前任副都统成庆照会理论，答以精奇里河等处，均系江左俄属，按照条约，毋庸中国官兵查放等语。兹值轮应查放之期，俄酋既有前言，应请酌核示办等情前来。

奴才等伏查，咸丰八年中、俄使臣在爱珲议定和约，载明：黑龙江、松花江左岸，由额尔吉〔古〕讷河至松花江海口，作为俄国所属之地；右岸顺江流至乌苏里河，作为中国所属之地。是凡属黑龙江左岸地方，应归俄属。所有原设精奇里〈河〉等处卡伦、封堆，悉在其中。海兰泡城，俄酋阻止官兵查放，似非有意寻衅。若仍守前章，实恐无以昭示国家大信。且黑龙江水陆各路，俄人轮船车马往来路绎，或由边界官探讯缘由，或经卡伦官兵护送，并随时呈报奴才等衙门，转咨总理衙门查考，于防边情事最为重要，卡伦、封堆之查放与否，并无损益。第事关中外交涉，奴才等未敢擅定行止，惟有据实上陈，仰恳圣明垂察，饬下总理衙门王大臣，核议施行。谨奏。

光绪十四年八月初三日奉朱批：该衙门议奏。

粤督张之洞致总署美教士医馆被毁索赔请据约力拒电

丙戌四月，广西桂平县美教士富利惇医馆被毁一案，领事捏称兵勇抢物，索赔五千余元。据富氏自称：荷官派兵弹压，将家属护送，县署资助火食，赁船送回东省，万幸之至，失物不多云云。美约只准在口岸开设医馆，各国条约亦无在内地准设医馆明文。富到桂平，所领系游历执照，不应设馆。令饬教士以后勿往内地设馆，愿从，则富案或可量为抚恤办结，不从，则彼自冒险，固无赔偿，且难保护。领事复称，俟商教士。越月余，来文援引利益均沾之条，哓哓置辩，大约以内地购地为教堂公产，应行保护，至开设医馆一层，莫能自解，以为领事未经奉权，应由国内大宪善为核办，已禀美使等语。谨陈颠末，以备驳复。内地教案烦琐已极，无端又增一馆案，滋事愈多，望按约力拒。

八月初六日

总署致张荫桓美定华工新例请力辩电

美约因众说纷纷，故未遽准。月朔，田使来问，答以新约与六年续约不符，尚须斟酌，一时未能定夺。想已电答，彼国尚无续信。新约不过暂缓批准，彼遽另立新例，殊属违约背好，无此办法，尊处应与力辩。

八月初七日

直督李鸿章致总署盛宣怀电法欲电线减价电

盛道电禀：林椿持西贡电司条款来议接线，欲请华线减价，可允者已允之，有碍三公司合同者已驳之。总署原议指龙州一处，现并求北海、蒙自三处相接，拟俟条款议定再行请示。恒宁生亦在此，四达尔祚福助俄多索利益，能盼林椿先定较易云。

八月十二日

使美日秘张荫桓致总署美议院议禁华工新约请定准驳电

昨院例已进呈总统，驻美参赞晤外部，云：总统甚顾邦交，院例亦不速批云云。似尚知敬仰，特议权太重，事机甚促，院例既呈总统，若十日不批，作为已准，此向章也。新约准驳，均宜早决，以占先着。并乞请旨后，摘庚约不符处，明告田贝达美。

八月十五日

总署致张荫桓商华工新约美使已电美外部电

美使问，新约准否？答以三端：一、此约虽两国意见略同，而百姓不服。如能酌减年限，稍慰其心，办法更顺手。限满，两国以为不必更动，尽可展期。一、第二条大致妥协，惟订约以前回华之工，如有眷产，亦可禀报中国领事，补给凭批回美。一、回华工人，在美财产不及千元者，作何办法，亦应商及。已电外部，未复。

八月十九日

直督李鸿章致总署法国电线条款候核准再签押电

盛道电：林椿议法国接线条款，西贡总督与彼电局总办已电允。候条款寄回，即可画押。惟伊求东兴、蒙自一年内亦须接线，应否先由李梅向总署商请，抑可一面由电局详宪咨署，一面由李梅径商总署。候核准，再签押。乞裁示。

八月二十四日

直督李鸿章致总署据漠河金矿局李金镛禀报锅炉机器被扣请照会俄使电伯力验放电

李金镛购锅炉等件，由黑龙江往漠河应用。顷，据电禀：二批锅炉，伯力俄官扣留四十二件。查条约内，锅炉机器并不犯禁。三批将到，亦虑被留。一再电请恭将军照会，蒙批：事系创始，未与交涉，恐行文无济，仅能照会海兰泡俄官。窃恐此处照催无效，已留月余，时将冰冻，误公〔工〕半年。乞电请总署，照会俄公使，电致伯力将军验放，嗣后物件常有过往，勿再阻云。祈核办。

八月二十四日

直督李鸿章致总署袁电日兵轮由韩开往海参崴电

袁世凯电：顷，据元山吴妙熙禀称，日兵船六只，十四日至元山。伊藤、西乡、伊东乘来，次日赴永兴历阅。十七日，开往海参崴。闻法水师提督亦在崴等语。

八月二十五日

直督李鸿章致总署盛宣怀电俄人拟订接线条款电

密。盛道电：库满来电，欲改派员进京订接线约。四达尔祚福面称，可缓。造恰线，而欲分我所得水线公司五利，拟暂搁。恒宁生云，只须法国接线，其合同可允与我五利，即可照办。但恐俄欲阻挠，法议已密告林椿，勿使俄知。签押后，即不怕摇惑云。

八月二十八日

使英刘瑞芬致总署藏印交兵请告英使电印督勿犯藏境电

现英游击克拉哈玛带印兵在热勒巴拉山岭与藏兵交战，藏兵伤亡数百，印兵追入微毕山岔。查微毕系西藏边境。兹已照会英外部，速禁印兵再入藏境，免损交谊。一俟复到，即行电陈。即乞钧署速告驻京英使，电致印督，勿犯藏境，以践丙年该使照称印度政府亦慎守不犯藏界之言。

九月初一日

直督李鸿章致总署法国接线条款核准后再商电

林椿议法国接线条款，即由电局上详咨署，俟核准后，再商。

九月初四日

总署致刘瑞芬俄拟与华订约同保韩请探英人议论电

俄屡拟与华订约，同保朝鲜，本署未允。英人于此事议论如何，请闲谈密探，切勿露俄欲订约之说。

九月初六日

刘秉璋升泰致总署藏哲界址前和大臣奏设鄂博原案已注明电

前日电传谕旨，饬令第穆专办藏印交涉一案。又前奉寄谕，查明隆吐属藏属哲，勿许稍有捏饰，先后钦遵办理。第穆于奉旨后，经藏使派员兵详告，虽有遵办之意，而僧俗中尚有刁健阻挠者。正在开导间，忽又接后藏文武印禀，英人现又添兵运炮。商上复探得廓尔喀前王出奔，印度王子由印带兵到营助战。印兵两次挑敌，为雨阻回。藏番早欲出战，因遵谕旨，暂行静候英人举动，故不敢撤兵，以致暂时停战之语未上，窃恐复有战争。藏使因兵未撤回，不使委员前往，乞请旨饬下总理衙门，转电印督，约期撤兵，以便严饬藏番遵办。将来派员系与英官何人会议，请先知照遵行。藏哲界址，已查得乾隆五十九年前大臣和奏设鄂博原案，注明藏界系在雅纳、支木两山。原案另图无隆吐、日纳之名。查阅新图，雅纳已在隆吐之北。已由驿驰奏，图卷亦咨呈。谨先电闻。

九月初七日

总署奏查放黑龙江左岸卡伦应饬熟思审处勿遽迁就折

总理各国事务庆亲王奕劻等奏，为遵旨议奏事。

光绪十四年八月初三日，军机处钞交黑龙江将军恭镗等具奏，黑龙江左岸原设卡伦、封堆，碍难派兵查放，谨陈实在情形一折。奉朱批：该衙门议奏。钦此。

臣等查，同治元年四月间，准黑龙江将军咨钞，咸丰十一年十月奏准巡查边界事宜，拟改照新定界址，赴额尔古纳河口巡查。其布特哈官兵向应查至精奇里、西方〔力〕木迪、牛曼等三处河道，仍饬照旧巡查，以符条约等因。嗣后同治十年、光绪三年、五年三次由黑龙江将军将巡察情形咨明理藩院，转行知照臣衙门查核。自光绪五年迄今，未准理藩院转咨，亦未据黑龙江将军续报有案。兹据该将军等奏：江左均系俄属，俄人阻止查放，似非有意寻衅等语。查咸丰十一年，前署黑龙江将军特普钦所称精奇里等三处河道仍照旧巡查，系奏准遵行之案。且咸丰八年定约以后，至光绪五年，曾经三次巡查，何以俄国并未阻拦？而光绪五年以后，何以该历任将军又无续报？应请饬下将军查明奏复，再行核办。又查爱珲约第一条载：黑龙江左岸，由精奇里河以南，至豁尔莫勒津屯，原住之满洲人等，照旧准其永远居住，仍着满洲国大臣官员管理，俄国人等和好，不得侵犯等语。是当初立约之时，江左精奇里河一带，地虽划分俄境，民则仍归该将军管理。近年该将军督同黑龙江城副都统，屡与俄官辩驳，挖沟为界，保护该处旗屯，并知照臣衙门，照会俄驻京公使，申明约章，不得侵占，是原住旗屯既应照约管辖，则查放旧章亦不妨藉为维系。应请饬下该将军熟思审处，详悉复陈，未可遽尔迁就，以致有废莫举也。谨奏。

十四年九月初九日奉朱批：依议。

直督李鸿章致总署俄人商议电报接线电

俄议接线，已电盛道，并钞函给阅。顷，接盛道电：库满因闻法议将成，还京另议，但恐要令华局吃亏，已派博来进京，与库面议。俟钞函寄到，再电恒宁生来烟面商。

九月初十日

使美日秘张荫桓致总署报自秘抵美电

顷，自秘抵美，乞代奏。差期将满，并求署先期奏奖。

九月初十日

直督李鸿章致总署袁世凯报日本二大臣至崴与俄大将密商电

袁世凯电：顷，据元山吴县丞禀，接海参崴信，称，日二大臣至崴，晤拜俄大将，颇亲密。俄、日将弁亦甚接洽，迥异于他国。闻日员此来，系俄员请商要事，甚密。日员停四日，即回云。

九月十二日

总署致洪钧保韩约俟接本署函再议电

保韩约，俟接本署函件再议，刻下请勿落边际。

九月十二日

直督李鸿章致总署俄法电线接线条款请先准法约画押电

盛道电禀：函件谨悉。俄拟接线节略，第一、三、四、六、七条均可酌议。第二条，照英丹合同，中国得五佛郎半，去我一佛郎以归俄，是剥我也，难允。第五条，各国与中国接线，应与俄先商，是俄缚我也，难允。其欲改英丹合同第一、二款，因欲制我之故。删第九、第十三款，因欲缚我之故。若不允，则自不改不删。已电令博来与库使商酌。林椿来电，已接准画押之权，约九月二十日来烟。乞函请总署先核准法约，画押后，俄约必易就范。否则，俄必执第五条，欲我与俄先商，则法约必阻，恐无合龙之望云。鸿电，法约已咨送，乞核准。

九月十三日

使英刘瑞芬致总署英外部云印兵退回望边事速了电

顷，接英国外部照复，云：藏兵来攻纳东英营，统领克拉哈吗〔玛〕已遵印度政府之谕，不可占据藏地，故返入微毕后，立即退回。并接印督来信，云：中国驻藏大臣拟于西十月初三日由拉萨起程赴边界，印督遵派政事官保尔前往边界会晤；并云：既有驻藏大臣调处，甚望边界之事速行了结云。

九月十五日

粤督张之洞致总署梧州通轮系德使为自利计请坚持勿允电

元。密函，谨悉。谅山开路，乃分他国之利，非夺中国之利。梧州行轮，乃欲漏广东之厘，非为便中国之商。德为自利起见，诚如尊论。查越通铁路，但增云贵外出之土货，不能减向销广东出粤海之土货，或分粤海、廉海进口之洋货，为镇南关进口之洋货，于两广全局尚无大损。即使有损，商人视何路税厘重轻为趋避。既经开关减税，无可如何，亦非梧州通轮所能救。若尽裁西江厘税，粤岂能支？即使能裁能救，粤民不愿，亦万不能行。屡询地方官民，佥称：渡夫失业太多，必然生事，万难允从。德使极言厘弊，其意专在通轮以后广行联单，尽逃全地厘税耳。因忌法商税轻利厚，故欲比较进步求益。其所云为中、德计，为商局计，皆谬说也。即云为德商受亏计，亦饰说也。总之，民情难拂为第一义，饷源难弃为第二义，此事断无办法，应照钧函坚持勿允。平心体察，云、黔、桂境地僻，土货无多，从前路运艰难，销流不旺。若越路省便，只此三省商务较繁，他省销路仍在。譬如俄在西北口通商，自是另销一路。德固利矣！他国未尝有害也。似可以此开导德使，并函致北洋。

九月十五日

总署致沈秉成越废王在华境招兵购械请探复电

法使得南圻电，称：越废王称咸宜年号者，及其前兵部尚书某，在钦廉一带及附近谅山之中国界上招兵购械，欲扰北圻。法使托署电询，希探复。

九月十六日

使美张荫桓致总署奏美废新约宜乘机结束请照会美使电

美既废新约，宜乘机结束，乞照会田贝，以约款不厌详慎，兹美不允再商废约立例，且不照庚约条款，然则中国自禁犹难，全夙好恤商民。前年照会三端，应作罢论。俟议院前遵庚约所定十年禁限满日，或另订约，或别立善章。现寓美华人望保护，毋再焚杀。新约违理处，另布，希达外部云云。似此，则国体、民情、公法尚能兼顾也。钧夺电复，当查照办去。

九月十八日

总署致李鸿章接线事饬盛宣怀在烟台签押电

应改处均改妥，可饬盛道在烟与林签押。

九月十八日

使英刘瑞芬致总署英不愿俄得志东方并俄与韩立约电 二件

已密探外部意，英极不愿俄得志东方，并望华自保韩，不可令俄干领。

九月十八日

英外部告知：顷，接驻俄英使电称，俄现与朝鲜立约，俄允保护朝鲜，朝鲜允予俄利益云云。既有此信，希钧处诘问朝鲜。

九月十九日

驻藏大臣升泰奏遵旨妥办藏印交涉并藏哲界址折　附上谕

驻藏大臣升泰奏，为遵旨传谕第穆呼图克图，妥办藏印交涉事件，现据禀复，并奴才到藏以后，查明藏哲界址，及开导情形事。

奴才于五月二十六日抵藏，曾将接印日期具报。旋据掌办商上事务·第穆呼图克图及商上大小番官、僧俗公同递具夷禀，译其情词，与历年所陈语言并无稍别。商上前已催调多兵，远者数千里，近或数百里，均在怕〔帕〕克哩①取齐，寻仇之念似属甚坚。当将所陈夷禀逐层驳诘，复添派委员委婉开导。查该番众来禀，总以隆吐之南日纳宗为藏界，伊等设卡系在境内，英人无端恃强动兵侵地，哓辩不休。奴才途次奉到谕旨，亦饬查明隆吐究竟属藏属哲，毋得稍有捏饰。是确查边界，实为此案紧要关键。据藏中官吏佥称：前大臣文硕任内，亦曾饬查档案，实未寻得等语。

奴才窃思，经界为地方要政，从前岂无案据，必因年久，夹入案丛，未能即时觅得所致。当派员将所有新陈各案卷概行检阅，始于多年未经调阅案堆中，寻出乾隆五十九年前大臣工部尚书和琳、内阁学士和瑛任内所奏鄂博原案卷，注明藏南界址系东距帕克哩三站之雅纳、支木两山，设有鄂博。又有春丕、日纳宗两处，上年虽系藏界，因乾隆五十三年廓番用兵，将哲孟雄追过藏曲大河，哲番穷蹙，经达赖喇嘛将〈日〉纳宗地方赏给哲孟雄管理。原派委员西藏游击张志林原禀，即声叙日纳宗不应作为藏界，只在雅纳、支木两山设立鄂博。商上尺寸开单详载禀词，甚属明晰，此卷界图惜已抽失。又于工房觅得旧图一张，并注明纳荡地方系是哲孟雄边境。藏图南面极边界线之上，亦绘有雅纳山，是雅纳山即系藏属南界，事无疑义。至藏番设卡之隆吐山，以旧图考之，实无隆吐之名。新图考之，雅纳实在隆吐之北。以英人所云，日纳宗在隆吐之北数十里，而藏番新图则日纳又在隆吐之南。藏人多绘此图，饰称藏界，实难逃圣明洞鉴也。奴才既经考查明确，当将原卷旧图发交开导委员等，转给藏番阅看，令其明白禀复。该番等虽有愧色，总以日纳本系藏境，从前虽经赏给，近因哲夷私通英人，应即收回自管，狡辩不已。

正在开导间，旋于本月初九日电传寄谕，饬令专交第穆一人办理。奴才即恭录译用汉夷双文合璧，委员赍交第穆祗领钦遵。旋闻第穆传齐大众，集议数日，亦复众口哓哓，多日不能议复。奴才恪遵训示，加以策励，又复委员赴罗布林岗，面见第穆，晓以大义，说以利害，并切嘱其毋得惑于众论，责在该呼图克图一人。据委员回称：开导之际，第穆亦甚着急，无如僧众繁多，必须集议，又须降神问卜，再行禀复。奴才深虑第

① 文内有“帕克哩”和“帕克里”两种，保留原貌。

穆胸无把握，复将该呼图克图约至署中，谆谆面谕，授以机宜，告以如能自主办理妥协，固属甚善，倘有为难不决，无防酌拟数条，奴才当为之代定一策。若虑番众僧俗退有后言，即作为系出自驻藏大臣之意。奴才亦不辞受怨，更嘱其将兵先行撤入帕克哩。洋人若在藏兵撤后再行进兵，则是违约在彼，纵属失地，不难索回。若藏兵先出，则以后事机万难办理。与之切嘱再三，并许由奴才札饬布鲁克巴、哲孟雄两部长，就近亲赴英营，云藏番因畏其进逼，碍难先撤，印兵亦宜克践前言，早为彼此约期同日撤退，仍由奴才致信英官，促其速撤。该第穆颇以为然，愿与大众开导遵行。讵有刁健僧俗数人，仍固执梗阻，其间第穆亦觉无法制止。忽又接后藏粮务・试用知县秀荫，会同署都司包映桂会衔递禀：据探差报称，英人于六月二十八日添兵九百余名，又运来大炮六门等语。第穆旋以呈禀，云：前奉特旨，亟宜敬谨遵办。近因接来边报，六月十二、十五等日，我兵在营遵谕静俟，洋人忽来，略拉燃炮七门，出队一百余人，来扑我营。正拟迎敌，忽值大雨，昏雾四塞，英人旋即折回。近又接报，云洋人添兵运炮，七月初八、九等日，亦欲前来挑战，我兵严备以待，旋即中止。又探得廓尔喀前王出奔，印度王子果尔杂捻由印度带兵五百余名之多，业已行过独脊岭，督兵将哲境所有道路概行修治，并不日即来前敌助战，哲逆颇当喇嘛康萨卓尼尔本在敌人前营，近日又复折回大萨海营中，不知商议何事，是以众情疑虑。他日接到边务有何确实信音，再当陈禀等情前来。奴才前谕一切，第穆及噶布伦等虽有遵从之心，而僧俗中尚有梗议者，今又因洋人添兵运炮种种情形，以致停战之语忽允忽翻，迟疑不定，延候二十余日，令人日夜焦灼。

查藏地僻在山陬，人少知识，然其赋性狡险，言行反复无定。奴才初到此地，恩信未孚，凡事固未敢操之过急，亦未敢稍涉因循。初以该番等不任越界之咎，遍查旧卷，至匝月始得确据，原拟催促将兵撤回一并奏陈，差可上纾宸廑，不意藏番如此昏谬梗顽，办理实属不易。七月初十、十五等日，藏番本欲出攻英营，均因奉到谕旨，奴才告诫至再，始行静候一月之久。近又因洋人两次扑营，添兵运炮，藏番更得有所藉词。奴才若不早上闻，实恐再有战争，难辞疏忽之咎。用敢据实先行缕陈，仍设法再行尽力开导，并严饬后藏文武，派丁严密侦探。复由藏密派员弁确查情形，伏乞饬下总理衙门，详告英使，转电印督，约期撤兵，并嘱严饬印兵，毋得再动，或先行撤过隆吐，以便此间严饬藏番遵办。若印兵所行与英使所言不符，则奴才在此无论如何办理，终不能见信藏番，于事恐属无补。此后印兵再出，藏番必不能束手待毙，将来英人纵不谓为战争，然又须费无限唇舌也。谨将乾隆五十九年奏设鄂博原卷方图，咨送军机处查核。谨奏。

光绪十四年九月十九日奉批：另有旨。

驻藏大臣升泰奏哲布系藏地属藩片 附上谕

升泰片。

再，查藏番自作不靖，肇起兵戈。所有隆吐山南北，本皆哲孟雄地方，在英人虽视为保护境内，其实哲孟雄、布鲁克巴皆西藏属藩。每届年底，两部长必与驻藏大臣呈递贺禀，驻藏大臣厚加赏赉，以抚绥之。在唐古特，则自达赖喇嘛以次，均有额定礼物，商上亦回赏缎匹银茶。与两部回信稿底，均呈送驻藏大臣查核批准，照缮始行回复。哲、布两部，遇有争讼，亦禀由藏酌派汉番办理。此哲、布系是藏地属藩之实在情形也。

查布鲁克巴、哲孟雄两部长，于光绪丙子等年，曾经各递夷禀，以洋人有窥藏之心，迭请早为设法办理。虽经前西藏粮员·四望关通判周溱，带同戴琫札喜达结往办，该员等略给赏需，只取哲孟雄空结一纸，数〔敷〕衍了事，不问事之是否可靠，亦不妥筹善后，惟图粉饰目前，贻误边疆，其贻祸实自此始。嗣后哲夷知藏番并无远虑，始放胆与洋人交接，又复贪利取租，以致洋人修路直至稔纳，迄今仍系租界。此又藏中自失藩篱之根由也。

藏番既不知优待边藩，遇有哲孟雄受人欺凌，亦不为之伸理。斯时渐觉洋人有逼己之心，忽又攘夺哲孟雄之地，以为己有，更扬言哲夷私结英人，屡议起兵攻伐，以至夷哲内不自安，不免勾结，直使英人虽不愿多事而不能，藏番实自速其祸。此又藏印交兵之由来也。

刻下藏番自四月十三日战败之后，不思设法弭患，犹复添调各路土兵，分由小道调至帕克里一带，人无宁息。此时兵尚未撤，委员不便前往，且委员赴彼办理查界事宜，系与英官何人会议，未知究竟。应请饬询英使，由总理衙门知照藏中，俾后日得以遵办，庶无隔阂。至近年，藏番异常刁险，刻因自启兵戈，远沐圣慈，设法保卫，尚不自知感悟。即此次接奉特旨，第穆及噶布伦中一二人，其意极愿遵旨速行撤兵，乃有僧俗数人，敢于出头阻挠，因而附会者实繁有徒，竟至语侵第穆，实属狂悖，似难姑容。第藏卫距川太远，饷绌兵单，当此边荒多故之时，无事不形掣肘。奴才当出之审慎，筹虑万全，是以受事两月以来，虽中情日夜焦灼，终不敢操之过急，转启藏番无限要挟之求，惟有相机驾驭，期其渐就范围，不致另生枝节，以冀上纾四顾之忧耳！谨奏。

光绪十四年九月十九日奉上谕：升泰奏，遵旨传谕第穆呼图克图，并查明藏哲界址，开导情形各折片，明晰周详，动中肯棨〔綮〕。现据总理衙门转奏刘瑞芬八月二十六日电信，内称：印兵在热勒巴拉山近处与藏兵交战，藏兵伤亡数百，印兵返入微毕山岔等语。九月十五日电称：接英外部照复云，藏兵来攻纳东英营，统领克拉哈马〔玛〕已遵印度政府之谕，不可占据西藏之地，故返入微毕山后，立即退回；并接印督来信云，驻藏大臣拟于西十月初三由拉萨起程，赴边界，印督已派政事官保尔前往会晤；并云现有驻藏大臣调处，甚望边界之事速行了解等语。与该大臣片奏所称非再搏一战，难望转机之言，情形吻合。该大臣想已与保尔会晤，藏哲界址既已查明，印度又有甚望速了之语，着即熟商妥办，一面严饬藏番，勿得再出滋事。即将会商情形，随时飞咨刘秉璋，迅速电奏，以慰廑念。

直督李鸿章致总署报韩派李金夏为大婚陈贺使电

袁电：朝鲜冬至两使已派李金夏、金秉秀。明年大婚陈贺使，由李、金兼差，定十一月初四日启行云。

九月二十日

川督刘秉璋致总署据升泰报办理英藏交涉情形电

顷，接藏使电：奉六月二十七日谕旨，饬令守定先解战争，亲赴边境。复接边报，印兵日见增多，刻又百方开导，藏番仍难先撤，只允停战候办。现在奏明，亲赴两敌之中，先解战争，再勘界址。复饬江孜守备及统领番军噶布伦，严束藏兵，不准妄动。一面奏请敕下贵衙门转电印督，或亲来前敌，彼此面议，或由印廷另派大员，会商妥办。惟因藏地用兵，差烦民困，藏使酌带员弁、兵丁，催传夫马，均非易事。俟有定期，即当奏报，藏番必无阻留之举云。

九月二十日

桂抚沈秉成致总署苏电越废王招兵系谣言电

苏提督复电：越废王招兵之事，查系谣传，谅山一带无事云。

九月二十日

使美日秘张荫桓致总署美禁华工案请乘机结束电

美废新约，不再商。八月二十六日，议院谕文寄回转呈，明不允再商意。此间亦接外部复文，现华人入境假道均窒。尚烦诘问贵署，自禁照会，西报久播，故请乘机结束。乞酌示。

九月二十二日

直督李鸿章致总署中俄接线事请仍照前议电

盛道电：接线事，派博来在京屡与库使再面商，库允恰线分六年造，二年造至张家口，四年造至库伦，六年造至恰克图。又所索一法郎，允为酌减。宜复以总署前饬改订北、东合同，因嫌中国分利太少，今转欲损我以益俄，应令北、东增补，方能请署核准。至恰线不难一年造成，但须沪、福、庆三口海线贴我十分者，改作五十分，库使对博来云：盛道台难商量，拟再与总署言之。此事祈电总署，仍照前法，始终推归局议。候法线核准后，恒宁生病愈来烟，即可会议。乞复，庶不过离范围云。

九月二十五日

总署致卞宝第各省长官到任与领事交际办法电

前此子心到任，先拜领事，厚斋未先拜俄官，各使至今哓哓。顷，议华大宪函请拜各领事，领事辞不敢当，仍先拜大宪，大宪于七天以内回拜。如领事后到任，不致函，即先拜大宪，亦于七天内回拜等语。似尚近情，本署尚未与各使定议通行，因阁下到任未久，先电知。

九月二十八日

闽督卞宝第致总署大宪先拜领事有亵国体电

外国公使大臣与中国大臣平行，犹可谓之敌体。条约，领事职同道府，未有大宪到任先拜道府者。即等之比文职藩司，武职总兵，皆中国二品大员，亦必先谒大宪，而后答拜。彼云：华大宪到任，函请拜各领事，辞不敢当，仍先拜大宪。设有领事夜郎自大，竟弗辞不敢当，则我函已达，不拜谓之失信，拜则督抚、将军系全省之望，到即先拜职同道府之领事，国体似觉有亵，为僚属士民所轻。彼既谓领事辞不敢当，仍先拜大宪，可谕以中国待外国以诚，何必作此虚文转折？不如待领事来拜，七日以内回拜可也。领事后到，行拜大宪，六七日内回拜，事属可行。外人得步进步，敬希钧酌为幸。

九月三十日

驻藏大臣升泰奏英藏罢兵业经妥办折 附上谕

驻藏大臣升泰奏，为开导藏番，现已具禀停战，奴才遵旨驰赴藏哲边境，督饬撤兵，妥办交涉事。

窃奴才前于八月初五日，曾将传谕第穆妥办边务，及洋人增兵运炮，藏番疑虑弗释，未肯遽行撤兵，恳请饬下总理衙门，转电印督，彼此约期撤退，暨藏中实在情形，驰奏在案。近日以来，迭接边报，印兵日见增多，屡次前来挑敌。奴才窃思，英人既云不越热勒巴拉岭一步，然藏番聚兵筑垒，为久远据守之计。该处本边荒废地，向无界址。洋人或随意指地一段，以为藏人越入哲界，遂狡而思逞，是诚不可不防。当即飞札江孜守备萧占先，就近驰赴前敌，力阻藏番，不准妄动，复严檄统领番军之公爵噶布伦伊喜济布旺曲，责令只准防守，务须按兵不动。如违节制，立即严参。一面仍督饬委员，设法开导商上，告以如恪遵谕旨，即不为背约，将来诸事，均可商量，若必好勇斗很〔狠〕，倘再败挫，求保守现界而不能，纵或万一侥幸得胜，试思尔藏番以蕞尔小邦，失去隆吐尤思忿争，况印度系属强邻，雄视海滨，纵使偶然失利，又岂能遽罢兵戈？恐仇怨愈深，从此兵争无已。唯赖我朝庇荫，不至竟底灭亡，亦不免元气大伤，全藏虚耗，尔等宜当熟思。万语千言，譬喻百端，唇焦舌敝，该番等始稍有警悟，同递图记公禀，云：藏番本拟七月初十、十五等日，出兵复仇，因奉有大皇帝特旨，又蒙大人迭次檄谕，委员再三开导，始行延至今日。兹复谆谆告诫，无一事不替唐古特设想，并事事推诚相待，我藏番岂无人心？惟有恪遵谕旨，停战静候委员查办。旋又接第穆呼图克图并阖藏僧俗呈递图记公禀到案。据称：洋人如能撤兵，一切照旧，藏番亦必遵旨，不敢越界滋事。如洋人必欲据哲孟雄地以为己有，则藏番仍难任彼横行。乞奴才代陈愚悃等情前来。

查藏番因固执成性，自有洋务以来，先后开导不下数年，往复译行，迭据陈禀，所言无非誓死相拒，矢口不移。刻蒙皇上指示机宜，奴才竭力导谕，该番等稍启昏蒙，始得有此一线办法。正拟委员前往，旋奉六月二十七日电信训示，以奴才前有亲往帕隘之议，宜亲赴边界商办，自较委员更为妥协。圣虑周详，跪聆之下，感悚难名！奴才前议，本亟欲赶紧亲往，无如藏番满腹猜疑，冒昧前进，恐多窒碍。又闻该处地方民户本稀，近日逃亡已尽，百物均须由藏采办，卓木一带，并无房屋，露宿野栖，随行官兵，必须自备锅帐。藏番土兵，万有数千，一朝遣撤，驻藏大臣既在彼处，不能不酌给赏需，是以拟派员前往办理，藉省糜费。今印督既有不能久待一语，恐边情变于俄顷，委员无力阻遏，印兵再出，则藏番疑虑丛生，必至前功尽弃，川防难撤，所费又不仅赏需而已。再四斟酌重轻，自应遵旨驰往，以冀早靖边事。奴才现已选带妥员，酌调达木八旗官兵小队数百，驰赴两敌之中驻扎。在藏番固不敢再出生事，即英人亦不能越奴才行营而扑藏垒。但使战争先息，即当赶紧设法查明界址，再行妥筹善后。应请饬下总理衙门，转电印督，或亲至英营前敌，与奴才面议，或由英廷另简明练大员办理，庶几早得蒇事，藏兵可陆续分起遣归矣！再，藏中自用兵以来，当差番民因差繁赋重，十室九空，逃亡不少，藏库早经支绌，近又议减。奴才驰赴边境，无事不形掣肘，以致就道未敢迅速，藏番尚无阻留之举，合并陈明。谨奏。

十四年十月初二日奉朱批：览奏均悉。该大臣甫经到任，即能尽心开导，藏事已有转机，深堪嘉许！刻下想已驰抵边境，即懔遵前旨，熟商妥办，以副委任。并随时将办理情形速咨刘秉璋，由电奏闻。该衙门知道。

直督李鸿章致总署美举夏理顺为总统电

伦敦电：夏理顺业已公举为美国总统云。

十月初六日

直督李鸿章至总署刘秉璋电升泰与英使商藏印罢兵电

川督刘阳电。西藏委员稽志文九月初十禀：藏兵八月十九、二十两日，在捻都山交战，藏兵全溃。署江尉汛守备①萧占先竖立汉字旗帜，径晤英官，告以现在奉委取兵结阻战，请印兵退出藏界。藏僧暂议聚兵，而战败之众全行解败。升大臣与英官函约面议，饬传夫马，九月中旬可以动身云云。

十月初八日

直督李鸿章致总署伦敦电英议行用金银钱币电

伦敦电：英国派有金银价值涨落事宜人员条陈，请英国政府会同德、美、义、日各国，行用金银二品洋钱。此议若行，则金价必落，银价必涨，中国所借金债，大占便宜云。

十月初八日

① 似为“江孜守备”。

直督李鸿章致总署接线事法领事请在烟台签约电

盛道宣怀禀：林椿到烟，将署咨饬改第十款法郎增改，已照删去。第四款亦改妥字面。入会，法所深喜，愿入即入，与此约无干，不必添列，转为所挟。林椿出示签约全权凭据，欲即在烟签定。按署咨仍须禀复宪台核定，林不肯，又不肯再来。细阅似无可更改。可否电饬准即在烟台签定？仍候示遵云。拟即电饬签押。

十月十五日

直督李鸿章致总署闻法国将改朝制电

法国拟改朝制，现已议定将政院并总统废去云。

十月十五日

粤关监督长有致总署英国轮船违约入内地讯明充公不服请示电

今有英国加阑①小轮船擅入内地，不符约章。经过开平县属水口关，直赴长沙、获海各埠，出入不服盘问，被洋关扣留。照会讯章程，委员会同英领事、惠税司当堂讯明，见证确凿，按照条约四十七款，应将该船入官。惟加阑船主不服，除另文呈请外，应如何办理，请示！

十月十八日

驻藏大臣升泰奏藏番具结停战后私犯敌营致败折 附上谕

驻藏大臣升泰奏，为藏番具结停战，忽又私犯敌营，以致全师败溃，奴才委弁力阻印兵，收回失地，应将不能约束僧俗番兵第穆及带兵噶布伦据实参处，缕陈情形事。

窃奴才前于八月十八日，将开导藏番，具禀停战，亲赴边境情形，驰奏在案。奴才正在筹备启程，忽迭接边报，云：印兵于八月初八日，出队二百余人，前来捻纳、都纳等山放炮挑敌。藏番又遣人于夜间绕过敌营，偷取电线，印营游哨之兵复将藏番取柴番

① 又译为“加兰”。

卒捉去数人，矛伤一人，于是两营均有争战之心。奴才前委署江孜守备驰往劝导，恐其以一武员难于钤束番官，复委后藏粮务·知县秀荫，赶紧驰赴前敌，会同力谕藏番。讵八月十七日，印兵出队将哲孟雄地土全行攻取。十八日，藏番以捻纳、都纳印兵时来山顶施放枪炮，实距番营太近，即于夜间分队赴捻、都两山扎营，连夜修筑战墙，为防守计。十九日天明，洋兵见藏兵扼扎两山，亦不便于己，遂出队直冲，藏兵力不能支，败回姑布凉曲原营。洋人跟踪来扑，两营不守，狂追逐北，藏番连夜奔逃，以致咱利、亚东、朗热等隘同日失去。印兵又复分股包抄，所有藏营番兵一万数千全行败溃，枪刀器械、锅帐什物，弃置满道。印兵追逐，统带噶布伦公爵伊喜洛布旺曲，于二十日败回仁进杠。适遇奴才委署江孜守备萧占先奉饬阻战到彼，正遇该噶布伦狼狈奔逃。伊喜洛布旺曲仓皇面告萧占先，云：洋兵大炮甚利，万难抵敌，赶紧迅速同走逃命。为是言语之间，枪声不断，旋踵而至。萧占先回告云：我奉驻藏大臣饬札阻战而来，不料尔等又复多事，以致败北。如果英人力追，势必全军俱没，帕隘不保。我系汉官，究与汝等有间，惟有在此力阻。如洋人顾念和约，或可旋师。倘不能听，亦尽人事。伊喜洛布旺曲见洋兵已近，飞窜逃去。萧占先旋即竖红凤旗一杆，上有汉字，印兵远处望见，旋即止枪。萧占先遣人往告奉委前来阻战之故，印洋统带官兵名巴巴色优，又称萨海者，当云：既有汉官，应即停战。即约相见，萧占先告以原委，并阻其追杀。英官允诺，始未穷追，面许静候办理，惟云天气已寒，不能久待，务请奴才速办等语。该洋官当拟将掠得藏番积存火药轰烧仁进杠所有民舍，当经萧占先告以此乃我大清地土良番，因藏番违旨用兵，已受累非浅，小民何辜，受此荼毒？该洋官当云：既系如此，我们仰体大清国皇帝恩德，断不焚烧。仍退旧处扎营，只将藏番所存火药尽弃河中，于二十二日撤退。印兵仍扎对邦原营，并云尚有信函致驻藏大臣，嘱萧占先派一通事随往取信。萧占先见印兵业已扎还旧处，藏兵一败涂地，暂无战事，当将逃窜山谷之民招回安抚。然较之平时，已十少七八。旗民人等无不感泣，共称：我等全赖大皇帝恩德，如唐古特仍欲用兵，我等惟有逃走一法。萧占先安抚既毕，旋即折回，以免藏番生疑。行至帕克里，得与粮务·知县秀荫相遇。此藏番战败溃散，委弁阻回印兵，收回失地之实在情形也。

奴才查，藏番狡险昏顽，实为世所罕有。奴才到任以来，极力开导，恨不能剖心以示。无如该番等别具肺肝，不知度德量力，惟知问卜降神。即如前次多方开导，该第穆以至僧俗番官、各处寺院大众百姓，均已各出图记，遵旨停战，听候办理。乃有僧俗数人，诚恐将来查办不利于己，贿嘱吹忠，从中播弄。忽边界印藏两营彼此挑衅，军情变于俄顷，又复战争，以致全师溃败。除在哲境扎营处所全失不计外，即确系藏界亦失去不下百有余里。幸蒙朝廷福荫，英官讲信修睦，凭委弁之数语，竟将争战所得之地全行退出，仍扎对邦。此皆仰赖圣德，感化强邻，实非奴才等微力所能捍御。该藏番应如何感激遵旨，及早自谋挽救，讵该藏番以为此役系印洋失信，乘藏番已无战志，突然猛扑，以致溃败，近具公禀，诉其委屈，仍意在复仇。百般解说，从否尚在未定。更有以此番战败系因遵旨所误，昧心之言，不堪入耳！奴才前已致信英官，云藏番业已停战，许以赴边办理。兹藏番新败，沿途百姓逃亡，心急如焚，不但诸务掣肘，又恐失信英人。且察看藏番之心，欲候驻藏大臣到彼，尚有无限要挟之求，意在索要哲孟雄、布鲁克巴全土。此等意愿，匪特奴才力所不能，即前奉谕旨，亦云此一段地方，英人早已视为保护境内，纵令先期撤卡，已难以口舌相争，况今已迭次交锋，兵争所得，决不再让。圣训煌煌，敢无领会，此奴才之所以必先将藏番妄念全消，然后可以往办，以免进退维谷。今则事机紧迫，惟有竭力设法前往，以图挽救。至此次商上僧俗战败丧师，自应将办理不善之第穆呼图克图，及不遵节制败溃失地之公爵噶布伦伊喜洛〈布〉旺曲，照律参处。惟刻下各呼图克图均未及岁，接办无人，藏事亦未定局，伊喜洛布旺曲尚在帕隘招集散败之兵，可否仰邀圣恩，俟将来事定之后，再行分别功过办理，抑先交该衙门议处之处，出自逾格鸿慈。奴才抚绥无状，倍切悚惶，惟有再行尽力设法，相机妥办，并随时侦探开导，以冀转圜。谨奏。

光绪十四年十月二十二日奉上谕：升泰奏，印藏挑衅交战，藏兵溃败情形，并沥陈棘手实情各折片，览奏均悉。藏番此次私犯敌营，又致大败，顽梗昏愚，可为痛恨！若非萧占先临机应变，阻遏英兵，藏中情形，几同瓦解。该守备胆识可嘉，着先传旨奖励，事定后，从优保奏。第穆呼图克图办理不善，噶布伦伊喜洛布旺曲不遵节度，均有应得之咎，姑念藏事尚未定局，着先传旨申饬，仍责令约束番众，如再滋生事端，定即从重惩办。升泰布置一切，均尚中肯。目前印藏情形，非该大臣驰赴边界与英官面议，终难定局，且事机亦万难再缓。据英使华尔身告知总署，有该大臣于十月十二日起程之说。着即懔遵迭次谕旨，熟商妥办。该大臣务当勉为其难，竭力开导，绥靖边疆，以副委任。

直督李鸿章致总署美立苛约禁华工进境请设法拯救电

香港华安公司商人禀：中美新约，幸蒙力争，尚未画押，全粤戴德。惟美廷现因中朝不允画押，敢背前约。复中美条约克期，自立苛例，尽禁华人工商进境，连日轮船到者，均令回香港。如此禁阻，粤人谋生路断，请速设法拯救。

十月二十四日

兵部侍郎曾纪泽致华安公司请美廷挽回新例甚难电

不允画押不难，责美廷挽回新例甚难。

十月二十五日

总署奏请准奥亲王瞻仰天坛以敦睦谊折

总理各国事务庆亲王奕劻等奏，为请旨事。

臣衙门于十月十五日，接准德国使臣巴兰德函称：奥国尔布伯纳亲王，现称得巴尔的伯爵，到京，欲至天坛瞻仰等因。臣等伏查，光绪五年四月间，美国前伯理玺天德格兰忒来京，瞻仰天坛，曾经臣衙门知照太常寺，除殿门勿开外，其余各处，均勿拦阻等因在案。本年七月间，俄国亚里山德尼科赖威亲王援案函请前往瞻仰，复经臣衙门知照太常寺查照办理。乃届期，该俄国亲王行至坛门，被执事人等阻拦，该国亲王及使署官员未免觖望。现在奥国亲王援案请往，臣衙门照案知照太常寺办理。乃旋据太常寺复称：十一月十九日冬至大祀，选牲演礼，事务殷繁，奔走人众，碍难允准等因。臣等伏思冬至大祀，相距尚有一月之久，而奥国亲王前往瞻仰，亦系景慕之意，既有成案在先，未便阻止于后。相应请旨饬下太常寺，援照前案，俟臣衙门定期，带同该国亲王前往瞻仰，以敦睦谊而重邦交。谨奏。

光绪〈十四年〉十月二十五日。

清季外交史料卷七十七终

清季外交史料卷七十八

光绪十四年十一月至十二月

总署致张之洞北海厘局将德商货入官希照章会讯电

北海厘局将德商货入官，迭经德使援同治七年、光绪八年章程，应会讯办理，并已电知领事，转请照办，限七日内声复。如不允会讯，即须赔偿。查洋商违章应罚，原有会讯之条。若不照章会讯，彼反索赔有辞矣！

十一月初一日

粤督张之洞致总署英小轮入内地营业请令照章船货入官电

上年，有英商在省出租小轮拖渡入内地，经粤省严饬查拿，并照会英领事，照章示禁。前日又有小轮名加兰，由香港装客货前往新宁县之长沙、荻海各埠，回至省河，被粤关拿获。照章会讯，证据确凿。又有本月十三日，在新会县属之外海乡地方，拿获洋轮士的芬多密麻一船，擅入内地，照约均应入官。讵英领事偏袒不服，藉口系游历之船，并无私做买卖确据，详英使与钧署核断。查英约四十七款之英商船只，如到别处沿海地方私做买卖，即将船货一并入官。译阅洋文，则言英商船只，除已准通商口岸之外，不得违例到中国别处口岸，亦不得在沿海地方私做买卖，违者船货〈一〉并入官。又五十款之汉、英文不符，以英文作为正义等语。自应照英文，凡到中国别处各口岸，即应船货入官，固不论其私做买卖与否。且遍贴招牌字启，载客收银，即是商船确据，何容强辩？中外船路限制，此端万不可开。请坚持责令充公，勿容狡饰，以儆效尤。再，外海乡乃地名，系深入内河之地，非海面也。

十一月初三日

粤督张之洞致总署德商运货入内地不照章报验拟饬充公并允领事会审电

北海德商二次运货入内地，不照向章报厘厂查验，及被拿获，货单不符，故批饬充公。领事以洋货无厘，以后概不报验。查北海四通八达，专恃厘厂严查，以杜走漏。敝处坚持与辩，领事始允仍前报验。此事本可无庸会讯，惟领事既肯转圜报验，姑准会讯，以免藉口。

十一月初四日

驻藏大臣升泰奏为藏事紧急据实缕陈折　附上谕

驻藏大臣升泰奏，为藏事紧急，据实缕陈事。

窃奴才前于八月初五、十八、九月初十等日，先后将藏番情形驰奏在案。迩来自八二十日战败之后，该番初次闻信，颇有着急之心。及闻萧占先阻回印兵，仍扎原处，其狡玩〔顽〕之态，依旧复萌，日来连派三大寺喇嘛僧众，前往帕隘防堵。委员等百计开导，第穆呼图克图竟无法阻止。又接边报，谓前月战事，被枪炮死者约五六百人，被驱逐落水者亦数百人。藏番各路土兵，共一万四千有零，兹闻收集败残，仅五六千人，其余概行逃散。番官派人往追，即有变乱之势。奴才复接洋官来信，谓天寒不能再候，而该番等仍然四路调兵。又以噶布伦中一二人意在言和，有坏黄教，群议欲抛之藏江。又迭恳奴才务必为之向洋人索还哲、布全土。种种要挟，出乎情理。奴才前据阖藏僧俗各具禀停战，统兵公爵噶布伦亦具有遵谕之结，不料变生意外，两营彼此寻衅，藏番一败涂地，犹幸印兵阻回，否则帕隘、江孜均属不保。该番等宜如何猛省悔罪，以不负朝廷覆庇鸿恩。乃有权党十余人阻挠其间，藉三大寺人众为名以抗官，藉降神为名以抗旨，意在使驻藏大臣极力婉说，以遂其索取哲、布全境之谋。并敢言此番战败系因遵旨所误，昧良丧心，莫此为甚。况两藏番兵，心胆已寒，人无斗志，一闻权党仍议用兵，无不背地詈骂，私议逃亡。假使另行派兵，仍可期其必败。奴才因自行到边，是以饬令后藏粮务·知县秀荫回台，料理俄国官尼游历等事。藏番因其续调之兵未到，竟将秀荫留于前敌，借以堵御洋人，居心险恶，乃至如是。奴才必须将藏番撤兵议妥，始可与洋官商办。今藏番贪愚若此，虽不欲冒昧前进，又觉边事之不可再延，实虑洋人以天寒不能久待，再行进兵，而败残之兵，迫于饥寒，更恐其内乱将作。兹于九月二十八日，复接秀荫、萧占先迭次飞禀，云洋人又提营进扎姑布。又据哲孟雄头人禀报，洋人已遍发铅弹，又派兵修路，意欲分兵四路扑藏，军情万分吃紧。再四思维，如必待藏番将前禀要挟之求概行改悔，然后启行，窃恐洋人以久待不至翻悔前议，则贻误非浅。欲速出，而藏番因此一败，四路征调，百姓闻风回避，夫马雇觅不易，行粮亦采办未齐，徒使人日夜焦急。刻不得已，先派妥弁，致信英官，告以藏使必来会办，并劝其顾念和约，务须克践前言，万不可以妄动。奴才一面催促速行，到界妥办。第藏番能否消尽妄念，实未可知。边情如此，不敢不先行驰奏。数日内能即就道，再当奏报启程日期，尚冀圣明洞察，指示机宜。谨奏。

光绪十四年十一月十一日奉上谕：升泰奏，边事紧急，据实缕陈，并密陈印藏情形各折片，览奏均悉。藏番执迷日甚，该大臣所陈办理棘手情形，朝廷早经洞照。至因川藏边防，筹及西宁、青海，亦具有深意。但此时欲解藏危，舍该大臣即日赴边，罢兵定界，更无别法。至开导一事，虽万难措手，亦必须竭尽心力做去，以冀挽此败局。该大臣先派妥弁，函止印兵不动，一面自备夫马，速行到界，所办均合机宜，即着妥筹办理。所请饬总理衙门预告英使各节，该衙门已屡与华尔身切实言之。但藏兵不撤，印兵必进，亦断非空言所能阻止。此事关系重大，朝廷正切纡筹。该大臣到界后，务将办理情形，迅速驰奏。

粤督张之洞致总署越旧臣因法国税苛构兵电

苏元春电：越废王旧臣在钦廉一带及附近谅山之中界招兵，欲拦入北圻云云。又越官曾任高平省平原县员梁德和报：有李亚二等约千人，由州巧与法战，毙其一画。板底村民截杀法人之事，冯提督电：越民常与法构兵，离东兴三百里即有一股屯聚，近日芒街、海宁常有游民屯聚抢掠，传闻西贡亦不靖，由法重抽人税苛政所致，饬营严防游民，断不敢扰云云。已电饬各营，实力巡防，严禁游匪闯入我界。

十一月十二日

总署致龚照瑗询上海发给洋人租照是否有永租字样电

德国租汕头地建署，欲援上海所发契照式，注明永远租赁字样。向来道署发洋人租照是否一律有永租字样？租界内地与他处所租有无区别？即电复。

十一月十四日

直督李鸿章致总署据张之洞请转商法使令于领事留粤电

粤督电：法署领事于雅乐函称，改调龙州，白藻泰月底仍回粤省。于和平文正，遇事可商。白浮躁横悍，性好生事，必多枝节。请设法转商法使，调白留于，彼此有益。可否婉达总署云。

十一月十五日

粤督张之洞致总署中法接越边电线有害无利电

前盛道宣怀禀，筹议广西电线，接通法线，当饬两广电报局严立章程，会同筹办，并转行司局核议在案。是尚须定章筹议，粤省并未遽诺。今尚未据该道议定章程，昨又电奏催接东兴北圻之线，此事该道议接，北洋允准，自系为有利无害起见。惟现据司道禀称：博来说帖内云，英国原有大东水线可通各国，旱路虽接，仍须由水线转寄，价虽少廉，迟速迥异，且多周折，时须修理，将来旱线之报，未必能多等语。然则此时接线，仍不能分利，于彼不能分利，于我即无益矣！东兴、镇南关皆与法接壤，设电之意，原欲使我之电报速过于人。如法亦可用，则可与法共其利，且为法占其利矣。至有事断线一节，线既连接，一日不失和，一日不能断。西省太平府下思州、东省钦廉等处，皆多教堂教民。龙州系商务总会之区，尤逼近肘腋。万一有事，虚实机宜，彼即可顷刻电知，避长攻短，尽泄机谋。至决裂而断线，则战守之先机早失矣。此事无事接线不能收利，有事断线，先已受害，益彼损我，实不能行。且前因勘界，故广东线至东兴，广西线至南关，界务竣后，即已撤至凭祥。现因经费重，巡修难，拟修至钦州、龙州而止。钦、龙距越界，或百数十里，或二百余里，断无为敌人特造远线、待彼来接之理。中越隔绝，欲接无由等语。查所论均系实在情形，紧要关键。北洋、盛道非不周详，但于越边情形尚未深悉。昨电商北洋，未复。此事关系两粤边防利害，又并非钧署之意，务祈主持转圜，力寝其议，告以中线仅至钦、龙两界，隔远暂不能接。彼当无词。倘难于驳复，拟由粤详悉〔晰〕奏陈，尊处即以粤省官民不愿办理为词。祈电示复。

十一月十五日

直督李鸿章奏中法电报接线议定章程折 附章程

直隶总督李鸿章奏，为滇粤边界，中国电线与越南北圻法线相接，藉收越南、暹、缅、印度等处商报之利，现已议定章程事。

窃于光绪十二年十月，准总理衙门咨开：据法国公使照会称，广西边界，中国电线距越南东京法国电线甚近，若彼此接连，受益不浅，咨查有无窒碍等因。饬据总理电报事宜·东海关道盛宣怀禀称：法国陆路电线，由镇南关边外起，以达越南东京，至西贡，并通越南各内地，由西贡接通英线，至暹罗之都城彭高地方，且绕出缅甸，至印度等处。中国陆路线如与接连，则价目较海线便宜。以上各处电报，暂可由此线转递获利，诚于中国有益。中国电线既与英丹海线接连，法线事同一律。只电线章程严密，中国界内，不准该国陆路线侵越尺寸地步，亦不准该国设有电局。无事时不妨接线，以收利益，有事时仍可断线，以示隔绝，自无窒碍等情。业经咨商总理衙门核准，照复法国公使，允其接连在案。

臣即分咨粤省督抚臣查照，一面饬盛宣怀会商粤电局妥办。旋据盛宣怀禀称：奉两广督臣张之洞批示，以只限中国界内，不准该国陆线侵越为关键。今年七月，法国驻津领事林椿奉其本国之命，前至烟台，会同该道，拟就广西之镇南关电线与越南北圻之同登地方法线相接事宜十一条，并另加专条，大致以设局造线，彼此各至分界处所为止，不准侵越边界尺寸地步。其余系传报章程及报费数目。惟第二条内该国拟请广东边界之东兴电线与北圻之芒街即蒙开法线相接，又云南边界之蒙自电线与北圻之保胜即老开法线相接，虽均为初议所未及，但东兴、蒙自两处边线并无商报，其费皆出自公家，若准连接，亦可藉收商报，于养线经费不无裨助，且与镇南关情事相同。经臣照录所拟章程，咨准总理衙门复称：议接东兴、蒙自两线，核与接线原议事属一律。详阅各条，尚无窒碍难行，应如所议办理。并拟入万国电报公会，及第十条法郎兑价随时增减之说，稍欠分晓，应更正等因。复饬据盛宣怀禀称：万国电报公会，愿入即入，与此约无干，不必添列。至第十条，法郎增减，遵已更正。并将前次翻译文字稍有未符之处，妥细核对准确，连专条妥订为十二条。林椿以时届封河，即须回津，请即在烟台画押，并请奏明遵行。该道遂电请臣与总理衙门复准，即于十月二十八日，将所订章程与林椿画押盖印。订明：镇南关一线，俟中国奏准，即行接连；东兴、蒙自两线，俟奏准后十八个月内再接。计缮汉文、法文章程各四分，法国应执两分，中国电报总局存留一分，其余一分禀送前来。

臣查，外洋各国电线彼此相接，以通平日商报而资养线经费，各国均无禁止接线之例。即如法、德邻邦世仇，日相窥伺，而电报仍往来如织。盖有事时明断其线，暗阻通信，我可作主，并无窒碍。中国电线久与英丹两线相接，藉通中外消息，甚于大局有裨。再与法线接连，藉收六国电报之利，有事时断线阻信，仍可操纵由我。除饬盛宣怀随时会商滇、粤电局，妥慎办理，并将印押汉、洋文章程一分咨送总理衙门备案，暨分咨滇、粤督抚臣查照布遵外，理合照录章程，恭折具奏。

光绪十四年十一月十五日奉朱批：着照所请。该衙门知道。单并发。

谨将东海关道盛宣怀与法国驻津领事林椿议定滇粤边界中国电线与越南北圻法线相接章程缮单呈览

第一款　中国、法国在中国与北圻边界相接电线，以通条款内所注明之所有一切电报。

第二款　中法电线订明在三处相接：

一、法国在北圻之同登地方电局与中国广西省之镇南关电局互相接线。

二、法国在北圻之芒街即蒙开地方电局与中国广东省之东兴电局互相接线。

三、法国在北圻之保胜即老开地方电局与中国云南省之蒙自电局互相接线。

此条款俟奏明中国国家批准之后，镇南关与同登两局迅速接线。至于东兴与蒙开，并蒙自与老开两处，订明条款，批准后十八个月之内接线。

第三款　中、法两电报总局，所应办之边界相连接线，及保护修理电线，并设局管理电线。以上各项，两国彼此在本界限内，各自出资办理，约明均不侵越边界尺寸地步。两电局互相接线之后，即用此线传递电报。

第四款　所有电报，由中法相接之旱线收发传递者，均照万国公例所定欧州〔洲〕以外电报章程办理。至于中国与北圻、越南西贡、真腊来往电报，算字一节，照万国公例所定欧州〔洲〕以内电报章程办理。

第五款　所有电报，经过中法两电局旱线者，以两国界限为止，各自定价收资。惟两局约明，照此条款之第六款注明价目取资。条款年限以内，不得再有加增。如须减价，各随其便。

第六款　照第二款议定接线之后，传递电报价目，每字取费若干，列明于左：

一、中国电报局于中国全境各局与他国来往电报，每字取资价目：

越南北圻、西贡、真腊、暹罗等处电报，由中国与北圻边界相接之线传递，与中国之广东、广西、云南各局来往者，每字七十五生丁。

所有各局，在长江以及长江以南来往者，每字一法郎二十五生丁。

除朝鲜外，所有各局在长江以及江北来往者，每字二法郎二十五生丁。

朝鲜各局来往者，每字二法郎五十生丁。

二、所有中国全境各局与欧洲并欧洲过去各国来往，由中国北圻边界相接之线传递者，每字五法郎五十生丁。

三、所有他国电报，由中国北圻边界相接之线，与中国广东、广西、云南各局来往者，每字一法郎。所有各局，在长江以及长江以南来往者，每字一法郎五十生丁。除朝鲜外，所有各局，在长江以及长江以北来往者，每字二法郎二十五生丁。朝鲜各局来往者，每字二法郎五十生丁。

四、所有电报，欧洲并欧洲过去诸国，由中国北圻边界相接之线传递，经过中国全线，至中国各处边界转递来往者，每字五法郎五十生丁。

五、所有电报，由中国北圻边界相接之线传递，与香港来往者，每字七十五生丁。厦门、福州、上海来往者，每字一法郎二十五生丁。中国各处边陲转递来往者，每字二法郎五十生丁。

法国电报价目：

一、所有电报，由中国边界旱线传递，与北圻来往者，每字十五生丁。与越南来往者，每字三十生丁。与西贡、真腊来往者，每字四十五生丁。

二、所有电报，由中国边界经过法线，与他国来往者，每字五十生丁。与海防上岸之水线来往者，每字二十五生丁。与越南京城顺化上岸之水线来往者，每字三十生丁。与西贡上岸之水线来生者，每字五十生丁。

第七款　上款注明之中、法两电局，所有各电报分局地名，另行钞录一纸，粘于条款之后。

第八款　寄报之人如不注明由何路传递，中、法两电局议定，如中法相接之旱线价目较别路便宜，此等不注明何路传递之报，全归中法相接旱线寄发。如中法相接之旱线价目与别路一样，此等不注明何路传递之报，最少一半须归中法旱线寄发。

第九款　中、法两电局边界接线之两分局，每日须将来往电报之字数对清。所有账目须于每月月底结算清楚。账目数尾应归法电局者，即交付西贡之法国电报总局。应归华电局者，即交付上海之中国电报总局。须不得过每月结账后十日之外，一律付清。所有算账付账电报，均作二等公报，月分日期均照西历。

第十款　算付账目，全用洋银，每法郎作洋银二角六分。

第十一款　此条款画押，即行奏请中国国家批准，之后便可照办。并约明，画押之后，以十五年为期限。期满之后，不论何时，或中或法，如欲将此条款停止，以及更改，应于六个月前预先知照。如不于六个月以前知照，要停止或要更改，则仍行照前办理。惟中、法两电报局订定，将来中国与欧洲，以及欧洲以外诸国，来往电报价目，照现在中国电报局与东、北两海线公司签定者，如有所更改，则法国电报局亦得照样改减。

第十二款　云南蒙自与北圻老开相连电线，因上款言明，十八个月方能接线。今约明，蒙自、老开两分局，未接线之前，如有电报，由中法别处相接之线传递，与云南来往者，仍照各局在长江以及长江以南者，第六款所定报价，一律取资。

光绪十四年十月二十八日，西历一千八百八十八年十二月初一日。

沪道龚照瑗致总署外人租沪地均有永租字样电

洋人租沪地，向由道给契，均有永租字样，每年每亩缴租钱一千五百，作抵粮赋，界内外无区别。

十一月十五日

川督刘秉璋致总署升泰报赴边妥办英藏事宜电

升大臣电：印营于九月底派兵修路，已至咱利山。英官面告探丁云：钦使未必能来，不日我们提营进扎仁进岗等语。升泰当即专弁驰信洋营，许以必来，一面百计驾驭，始将藏番已经派往之三寺僧阻回，又设法购得两月行粮，在所辖递木游地方，雇得夫马，商上亦竭力凑集，已于十月十六日，由藏带印赴边妥办。详细情形，亦经于本月十二日，由六百里奏报。惟藏番反复无信，到边后，事机如何，再当续陈云。

十一月十五日

总署致张之洞询汕头德领事所置地是否价买电

德使言：汕头德领事所置地系属价买。如其言确，则本署可函复德使，允作永远租业。速查复。

十一月十七日

总署致刘秉璋准单尚可缓行所虑各层可令委员于会议防碰章程时声明电

准单已允给，尚可缓行。来咨所虑各层，可令委员于会议防碰章程时，力持声明。章程未定，虽有准单，不准上驶。

十一月二十日

总署致张之洞钦龙接线已与法领画押并奏准难中止电

元电悉。电线向归北洋专管。钦、龙接线，业由北洋派盛道于十月二十八日与法领事画押，并已奏准在来电之前，碍难中止。除将来电函商北洋外，先电复。

十一月二十日

使美张荫桓致总署美案赔款外部照请收发乞代奏电

美案赔款，外部照请收发，谨援案请旨。乞代奏，电遵。

十一月二十日

总署致张荫桓美约未批准何以请收赔款电

美赔款，是否即系新约第五款二十七万余元？约未批准，美廷何以忽请收发？祈查复。

十一月二十三日

乌里雅苏台办事大臣祥麟等奏唐努乌梁海边地俄人采金拟清界限固疆圉折

乌里雅苏台办事大臣祥麟、车林多尔济、杜嘎尔奏，为敬陈管见，查外边，清界限，固疆圉事。

窃乌里雅苏台所属唐努乌梁海外边，自柏郭苏克西北至沙滨达巴罕，中国设立界牌八处。每年夏间，派员会同俄官，逐牌查阅，历经办理在案。其岭一东一南，至乌里雅苏台，即岭之左归中国属辖，载在条约，久为证据。乃俄人得步进步，竟至沙滨达罕迤东，霍呢音达巴罕迤西，唐努乌梁海所属车尔里克、萨布塔尔、都木达果勒、毕德里克、荆格等五处河岸附近地方。前经查验，近俄人任意挖取金沙，共有四十五处。至今仍在萨布塔尔、车尔里克两处附近河岸，俄人挖出金沙，将河岸两边刨挖甚多，又在乌梁海所属乌克、多伦两河岸地方，俄人明囤赖等任意开垦地亩三块，长一千三百余尺，宽八百二十余尺。又在乌梁海所属萨拉搭木、博木额奇、布拉克、多伦、乌克、车尔里克、托勒博勒、萨斯多克、察岗噜、勒札库勒、哈达努额奇、依斯克木、阿玛阿克河口、吉尔噶噶琥河口、吉尔札拉克①等十五处，俄人雅固尔等建造房屋，南入俄境至数百里之多。该总管等屡次呈报，均随时咨明总理衙门，示复遵办。并承准该衙门复文，饬属禁止在案。近年又因中、俄交涉命盗案件层见迭出，是以咨呈该衙门，咨行驻库伦俄官，两国各派官员，择期定地，会同办理。旋准该衙门暨驻库伦俄官咨复，定于本年八月初七日，在乌梁海吉尔札里克地方会办。本处即派佐领荣昌等，先期前往会办。嗣据该员等呈称：窃职等遵即会晤俄官，商议俄人在乌梁海所属地方挖金、开地、盖房各案，惟据俄官称，以盖房一事，系奉本国驻京使臣与贵国大臣商妥，准俄人在乌梁海地面建盖房屋。至创挖金沙、开垦地亩两事，均经本国东锡毕尔大臣发给执照，系在本国地面挖金、种地等语。职等复思俄人在乌梁海地面建盖房屋一节，虽总理衙门咨有明文，是其暂盖寄货行栈。现在俄人藉此盘据乌梁海，建盖坚固房屋至十数处之多，且又骚扰该处游牧。按此情形，实与该处蒙众生计大有窒碍。再，挖金、开地两节，详询地势，实在本属乌梁海地面。若不及时逐撵，势恐贻患将来。职等遂向俄官辩论，然俄官一味支吾。复经质辩，情词尤为闪烁。此关两国交涉之大事，微末员弁曷敢擅专？除将办结各案另禀拟报外，所有挖金、盖房、种地三案，俄官执意不办各情形具禀呈递。并将俄文二纸及将乌梁海地方绘图贴说，随禀呈请办理等情禀复前来。除将该俄官等出具文结咨送总理衙门逐件查明，示复照办。至荣昌等此次会办案件，不激不随，尚不失体。惟俄人贪得无厌，狡诈性成，我国家一视同仁，久昭宽大，该俄人不知感戴，反以为得计也。至唐努乌梁海西北八处界牌，自原任满洲参赞大臣荣全于同治八年间与俄人定约以来，迄今十有九年，虽每年夏间中、俄会查一次，然若无大员亲历往查，殊非慎重边疆之道。此次可否钦派大员，从河〔沙〕滨达巴罕迤东至恰克图原界，应如何照依总图红线，加建界牌，以清界限？其河名、山名、地名，俄官以清文、蒙文书写，音义率多不符，平淡视之，虽殊泛泛，恐日久以讹传讹，将生轇轕。宜如何划一之处，均请旨饬下总理衙门妥议章程，奏明办理。谨奏。

光绪十四年十一月二十三日奉朱批：该衙门议奏。图并发。

乌里雅苏台办事大臣祥麟等奏查勘金山卡伦并无偷挖情弊折

乌里雅苏台办事大臣祥麟、车林多尔济、杜嘎尔奏，为援案派员查勘金山卡伦并无偷挖情弊事。

窃查，乌里雅苏台所属三札两盟游牧，西南界内有金山、翁滚山二处，出有矿沙，

① “吉尔札拉克”与“吉尔札里克”似为同一地点。

向设卡伦二十二处，由该两盟分派官兵驻巡，并由该两盟轮派札萨克一员经管。每年秋季，由奴才等派员往查有无偷挖矿沙情弊，据实陈奏，屡经遵办在案。今届查勘之期，臣等派笔帖式萨克什纳等往查。去后，旋据禀称：遵派会同管卡札萨克巴拉丹，查得金山、翁滚山二处，并无偷挖矿沙情弊，及各卡官兵数目亦各相符。随即按卡取具甘结各一纸，禀复核办前来。除檄饬三札两盟盟长等，转饬该管严加梭巡，勿任疏懈，致滋事端外，理合恭折具奏。

光绪十四年十一月二十三日奉朱批：知道了。

鄂督裕禄致总署准单缓给仍催川员来宜会议电

来文领悉。已派员赴宜昌，额领事议章准单暂从缓给，仍催川员来宜会议。

十一月二十三日

直督李鸿章致总署盛电英丹接线法领云须奏明方妥请酌复电

盛道电禀：林椿接李梅电称，特派字样，盛拟不双抬，可照办，惟盛所奉之权与林所奉不是一样，该条款须中国国家核准，应请中国应允画定后，即当出奏云。宣告以英丹接线均系总署核准，未奏。林云：此系两国事，奏明妥当，祈电署复之，望酌复。

十一月二十三日

使俄洪钧致总署俄报力辩未与韩订保护新约电

俄报力辩，与韩订新约，归俄保护，并无此约，惟订海陆新约，刻将刊布云。

十一月二十三日

直督李鸿章致总署据粤商禀美背约禁华人入境乞拯救电

香港粤商电禀：中美新约，幸蒙力争，尚未画押，全粤戴德。惟美廷现因中朝不允画押，擅敢背前后中美条约，克期自立苛例，尽禁华人工商进境。近日连期轮船到彼，均被截阻，迫将华人载回香港。粤垣业金山生理商人忧愤困急，惨苦无状。如任彼禁阻，粤人谋生之路断绝。今呼诉无门，急电禀，请速转电美廷，责其不候两国朝廷商妥，遽行强禁，违公法而背和约。并哀恳始终设法维持，请朝廷决计不与画押，不准其强行禁阻，拯救大局。粤商数十万人，感德无量。粤商华安公司等叩禀云。

十一月二十四日

使美张荫桓致总署中美新约无可再商电　附旨

新约无可再商，各案赔款二十七万，美究难赖。新约废后，经议院另案议准，外部九月即照请收发，虑其翻复，故缓之又缓，华民亦怨。昨，议院复集，美廷重申赔款照缴之说。因答以援案请旨再复。

十一月二十五日奉旨：电已悉。美缴赔款，着照所请行。

驻藏大臣升泰奏报由藏起程赴边日期折

驻藏大臣升泰奏，为赴边办理印藏交涉事件，由藏起程日期事。

窃奴才前于九月三十日，曾将边务紧急情形奏报在案。旋据探丁禀报，该丁在附近洋营地方哨探，被洋官知觉，唤入营中，当面告知该丁云：驻藏大臣恐未必能来，现在对邦地方天气大冷，我等不日即当提营进扎仁进岗等语。查仁进岗本系藏境，在雅纳、支木、咱里等山之北，即前日印兵追逐公爵噶布伦〈伊〉喜洛布旺曲之处。今若印兵扎营彼地，则藏番又有藉词。当由奴才专弁，不分星夜，致信洋营，嘱其切勿妄动，驻藏大臣必来边境会办。复经督饬委员等夙夜设法开导藏番，百计晓谕利害，复访查明白晓事之达赖喇嘛伊喜批冲，援案令其暂署额外噶布伦，期其能箝束僧众。汉番连日妥议，始将该番等索要哲布全境之念渐消，只云恳求奴才为之极力办理，仍照近年向章，又将业已成军之三寺僧兵阻回。复经西藏粮务设法购得两月行粮，达木游牧与商上会同凑集夫马，奴才即于十月十六日，由藏带印起程，驰赴前敌妥办，务期彼此先行撤兵，再议界址。惟藏番最易反复，俟行抵该处，如何情形，再行续陈。谨奏。

光绪十四年十一月二十五日奉朱批：另有旨。

川督刘秉璋致总署据升泰报藏番不撤兵不能到界与英官面议电

升泰本拟九月十二日起程，无如藏番因此一败，又复添派僧兵，百姓畏差逃亡，夫马不备。又因布鲁克巴百姓避兵，商贩裹足，藏番兵米无可采办，兼之藏番未允撤兵，到边亦难与英官商办，是以未行。近接边报，洋人又复提兵进扎姑布，又有分股入藏之说。洋官昨日来函，尚有专候办理之言。无如藏番总不就范，官兵亦不能枵腹到彼。现已专弁致信洋营，嘱其仍照前议，万勿妄动。一面赶紧设法启程，惟事务均多掣肘，电报不能详尽，已于本日驰奏。

十一月二十九日

总署致升泰荐赫政帮办英藏交涉电

现有税务司赫政，系赫总税司之弟，在华年久，熟悉汉洋语言文字，曾随邓星使勘办越界，甚为得力。尊处现与印督议办一切，翻译需人，特派其由印度前往纳东谒见。此时藏番谅不至有所疑忌，贵大臣可即留用，以资臂助。此信即交赫税司带呈，税司由香港前往，半月可到。

十二月初一日交总税司电赫政带呈

伊犁将军色楞额奏俄人殴毙中国兵民并陈时局窒碍情形折

伊犁将军色楞额奏，为俄人殴毙中国兵民，俄官抗不会验，几肇衅端，谨陈时局窒碍情形事。

窃伊犁自光绪八年三月收还，次年二月俄兵出境，厥后新界次第划定，而中俄通商之贸易亭尚未能照约建置，于是俄领事官仍住我宁远城，管理商务，以至于今。宁远城旧名固尔札，俗呼金顶寺，今为县治，去惠远大城一百五里，去绥定城一百二十里，东与精河山路相通，西距俄界卡伦较远，南负冰岭，北极平原，为伊犁东三城之一，实近边之腹地也。乱后汉民绝少，所有者不过蒙回缠哈。远近种夷，语言重译而互通，性情渐摩以相近。俄之官商厕居其间，固亦耦俱无猜，防维有限。收复以来，原任将军金顺设中俄局于绥定，专办两国交涉事宜；置理事同知于宁远，藉作中外枢纽关键。初未尝填扎防营，不仅为外地边要也，良亦有深意存焉！前后数载，仰赖德威远播境宇，数年间如有违言，率归斯牙孜会销灭无痕。此奴才到任，再三审慎，与其置戍而使之思备，不若守旧而与之两忘，同一以纵为擒之愚见也。

乃自本年入夏，添设道县，新疆又派驻勇营，而后文告加密，号令一新，始则人骇非常之原，愚者怨疑，而黠者悖慢，遂致夷有思逞之志，阳则侮弄，而阴则煽摇。奴才每当风闻，辄深隐虑，特以事属创始，绳墨难拘，亦惟有勖属下以廉明，待彼族以诚信，使其心志渐孚，庶几化成久道。讵于本月初一日，竟有俄人殴毙兵民三命之事。先是新疆营勇恃众欺侮俄人，该夷乃鸣于匡苏勒，即俄领事官吴司本也。该领事素性刁狡，藉事生端，曾向旗官萧拱照执约诘询。萧拱照责勇谢罪，而彼犹不释然。迨九月初一日，于俄领事附近荒园，寻获已死亲兵冉青云、李盖南尸身，查系被殴殒命，又得伤而未死之汉民孙四生供，确指饱俄毒手，惜其旋即伤故，不能稍待分明，虽质证有人，情节可信，而该领事狡推不认，便觉难以捉摸。但观其致奴才之函，突称中国兵丁欲杀俄人，抢掠俄货，不言衅起何因，亦不提及前事，则其巧为地步，愈足见仇杀之所由来，特不能执此向异族穷究耳！此案即在内地，尚觉其难，况在中外交涉，尤属棘手。前此数月之间，屠伊塔道英林以人命至重，俄官不理，兵怒民怨，恐激成事端，就近连番禀报。俄领事吴司本则谓，中国兵民无端见害，已补派马队护卫。先后飞函前来。奴才正在据情裁答，轮发侦探，适军标统领·记名提督马玉崑亦报称：霍尔果斯河西，俄卡添兵，并有七十余骑开来宁远之说。核与连日所探，大略相同。且道途谣传，顷刻万变。奴才身膺重任，既未便躬亲驰往，过事张皇，又不便特派委员，徒添纷扰，深恐衅端或启，有碍边机。惟赖禀探灵通，得以分头布置，迭次函属吴司本，切勿多疑。谕以利害，令将马队迅速〈撤〉回。密饬马玉崑，暗侦俄卡动静，加意巡防，如遇外兵拦入，相机阻止。一面飞檄英林，分饬营县，严束兵民，查禁谣传，勿贻彼族口实。人命案件，终须照约会商办理，不得意气用事，致偾大局。并将全案先后咨呈总理衙门，飞咨新疆抚臣刘锦棠查办在案。该道英林尚能遵照妥办。旋饬中俄局会县自行验报，禀经奴才分别批饬，密访确据，按照条约持平办理。俄领事亦允撤马队回国。现在谣言已息，地方安静如常，堪以上纾宸廑。此后并当益加详慎，时授机宜，以待总理衙门会筹，新疆抚臣妥办。奴才仍不敢稍存推诿，袖手旁观。惟履霜坚冰，默念已往之忧劳，弥切未来之顾虑，而胶柱鼓瑟，既成之事局，实多窒碍之情形，有不能安于缄默者，为我圣主陈之。

窃维天下之治行省也，大端有三：曰土地、人民、政事。古今之筹边防也，要务有四：慎地势、料边情、习威猛、一事权。

伊犁周围数千里，除划归俄属外，十分中，砂矿斥卤居其四，湖山草茅居其三，仅附近九城地面尚称膏腴。兵燹以来，田畴半旷，沟洫多湮，尽利乘时，得不偿失。现在旗绿兵制已具规模，但将应屯段落照旧拨给，配搭已难均匀。此外硗确，谁乐耕种，骤语升科，弊同暴敛，是无土地也。伊犁九城，向所赖以繁庶者，内而旗绿兵口，生齿日繁，外而布哈缠回，互市云集。若汉民则往来贸迁，流寓无定。兵燹之后，汉民逃亡殆尽，种夷大半归俄。今虽极力招徕，应之者终属寥寥，是无人民也。伊犁以化外而归版图，时届承平，尚重军府之制。官僚治事，戎服佩刀，税敛轻微，禁纲疏阔，近宣威信，远示羁縻而已。兵燹以来，土地荒芜，人民稀少，刑钱赋税，尚按科条，有名无实，当非设官本意。十羊九牧，宁为出治常经。即此以观，是又无政事也。三者俱无，尚得谓之郡县乎？此奴才甫至甘肃，即有到任体察之奏。继晤抚臣，又以从缓委缺私商。乃接篆未几而两县来，未几而伊塔道来，又未几而巡检、典史来，伊犁府知府不日亦当踵至。中间填扎宁远马步各队又阻之不可，告之不听，所以前陈兵制疏内，复有窒碍尤多之妄议也。盖边计攸关，不妨立异，职分所在，未敢隐情。且前曾与督抚臣会奏，裁参赞，留领队，改标营，自信毫无成见，则当事理显著，亦何敢固执己意，回护前言，仅请毕其筹边之说，用证以上三端之不可。

古者，设险卫国，重门待暴，后世置戍，乃事防秋，大抵明斥堠，严巡徼，皆宜扼要而居。伊犁昔设卡伦，今悉改变。然东、南、北三面尚据形胜，措置若当，敌骑未易骤驰。惟霍尔果斯河在伊犁全境，形同箕口，东西仅一水限之，可涉而过。诚愿慎守门户，舍此安归？宁远设道置兵，何殊延敌堂奥？我知备，人亦知备，是无事徒堕士气，有事先召戎机，则地势不可不审也。先王之待戎狄也，因其地不易其俗，故知彼与知己同操胜算。伊犁种族纷纭，教化难一，列圣洞悉虏情，但令各率其属，惮我声灵足矣！纵有时弱肉强食，亦等诸禽兽而不深究，是犹取狐兔而饲鹰犬，欲其供我指挥，不生攫噬，不望其充我编户，溥以大同也。今既易军府，而郡县一切政令迥异，曩时若辈将何所措其手足？爵〔雀?〕鱼之驱，可为深惧！至家喻户晓，相见以心，民尚不可使知，况有异于民者乎？则边情不可不料也。西域为自古用武之地，至我朝始获戡平。然必远调满蒙，近征陇镇之兵，以实塞下者，亦因穷边极苦，虏骑骁强，非此材质刚劲，厚重少文，不足以责镇慑。承平尚尔，乱后可知富教之功谈何容易。盖斯民之在内地，尝忧其愚鲁，惟在边地，不欲其聪明；在内地，尝忧其恣睢，惟在边地，不欲其柔缓。郡县之治，有类军府，所系非轻，则威猛不可不习也。自来分职设官，大臣切戒专擅，而独于边吏，每假便宜，盖以地远事殊，不得不隆其阃外之任。伊犁将军特加总统，胥是道也。今伊塔各官，在在统辖于道员，遥遥委任于巡抚，归将军节制，而兵、农、刑、钱各有专司，其人果皆贤欤？幸而地方无事，寻常公牍，只存通报虚文。不幸而地方有事，禀承军抚，动患意见参差。若或不肖，无事则偷安取巧，决不能因小眚而遽予参劾，致近刁难，是整顿之方穷于申饬矣！有事则反当调护，又未便弃大局而蹈愆尤，妄生推诿，将驱遣之术加于上司矣！边防至重，在奴才原不应有旗绿之分，而用舍所关，在属吏亦难保无轻重亲疏之别。新疆伊塔三处，计里互叹鞭长，而谓法制相维，骨节灵通，实为愚昧所难解。即如此次中、俄肇衅起灭，只争呼吸，使专候抚臣之批，则至今尚未见到，能无遗误事机乎？千里待报者，不足与审几，两端郤顾者，难期其济事，则事权不可不一也。凡此狂瞽之敷陈，皆数月来躬亲体验，口计心维，敬考成规，博采舆论，近因事故，远虑边疆，有激而发。明知成事不说，窥探有戮，但以身为世仆，受国厚恩，知而不言，厥罪滋大，用敢披沥冒渎，以备宵旰之采择。至宁远一案，关系兵民之命。俄领事居心狡赖，违背约章，有乖两国和好之道。应请旨敕下总理衙门，照会驻京俄使，严饬该领事，会同中国官员，妥商办理，以平众怒而弭衅端。谨奏。

十四年十二月初五日奉朱批：另有旨。

粤督张之洞致总署德领买地由县销契改租照电

德领事在汕置地，敝处无案，即经电汕查复，地系鲁麟洋行所置，将二十年秋间德领事转承，拟建公署，经澄海县查明，皆有契据，将契调销，改作租地执照，按年照纳地租。德使所指应系何地，至条约准予租地，并无永远字样，旧约往往有此二字，殊欠斟酌。因价买概作永远租业，近来冲要口岸，蔓延日广，贻害甚巨，于商务、防务均有妨碍。前抚吴中丞上年七月疏陈甚详，似宜及早筹一限制区别之法，统候裁酌。

十二月初六日

粤督张之洞致总署法领强华船领照请向法使抗议电

北海法领事藉口华船常到海防拐有人口，照请示谕船户，须向领事领照，方得到海防等处，无照即将船扣留。经廉州府印委各员禀请示遵，当以条约章程无此办法，海防地方各国船只任便往来，何独华船须领执照？果有拐抢情事，当为拿办，无许越界骚扰，彼谋甚狡，意在侵我海面之权。领事发照，万不可行。分晰批饬，一面电查有无藉端需索，阴谋留难情弊，立即奏办。现据禀，该领事已遍贴告示，收取船规，每船输银自数元至数十元不等。委员诘责，称系法使所定。似此违约妄为，越权收费，实属不成事体。请照会法使，迅饬领事，停止收规，免滋事端。除咨呈外，先电达。

十二月十二日

总署致刘秉璋英使催办洋船上驶川省电

英使催办轮船上驶川省，委员应饬速到宜昌会议，嗣后委员禀商妥件，可由电达，更为迅速。何时到？宜速复。

十二月十五日

川督刘秉璋致总署报升泰到边与英官交涉并开导藏番电　二件

升大臣冬月十四到边，英官保尔约十九日在纳荡会晤。

十二月二十日

升大臣本月二十三日已到对邦，去英营半里。印官保尔见面，先索兵费，以理折之，而其意仍重通商。藏僧噶布伦等随往者三十余员，均止住仁进岗。拟将通商一层设法开导。设藏僧固执，恐印兵难退云。

十二月二十四日

直督李鸿章致总署洪钧报俄君守和局韩约缓议电

洪使二十一日电：韩约缓议。据云，始恐他国有事于韩，现似无虞，俄君愿守太平，不改现局，只要两国言明，即可谈及。韩使告以三条，似尚可行。

十二月二十三日

台抚刘铭传致总署德商樟脑事不肯在台商办请知照德使电

瑞兴洋行樟脑事，先经饬据道府详陈，领事不肯在台商办。顷，奉钧电，已饬台南道府就近商办。应请知照德使，电饬领事，就台和衷议结。

十二月二十四日

总署致裕禄英使请派税司会议轮船免碰章程电

英使请派宜昌税务司帮同会议轮船免碰章程，是否相宜？希酌复。

十二月二十五日

直督李鸿章致总署报英京议捐款赈济中国水灾电

伦敦电：伦敦京兆尹请众捐款，以为赈济中国各省水灾之用。

十二月二十五日

鄂督裕禄致总署会议碰船章程不宜派税司请商酌电

电悉。税司虽系在关办事之人，惟与领事及英商立德均属洋人，均相识。若议章之初，派该税司同川鄂委员与领事会议，恐民不能相信，似不相宜，祈酌之。

十二月二十六日

清季外交史料卷七十八终

清季外交史料卷七十九

光绪十五年正月至二月

总署致张之洞法使言芒街官兵背约庇匪希查复电

法使照称：十月二十八，芒街法兵追匪至北市大河，匪渡河回华界，中国官兵迎收庇护，法官兵在河上亲见，实属背约，请查明惩办等语。事关庇匪背约，如果属实，大有关系。查明电复。

正月初一日

江督曾国荃致总署镇江印捕殴毙华人众怒毁房已妥为弹压电

顷，镇江电报：该处租界，因洋捕殴毙平民，激成众怒，致有烧毁洋房之事。现已拨营派员，会同地方官妥为弹压料理，不致再滋事端。

正月初六日

总署致曾国荃英使称镇江焚领署请弹压并见复电

英使云：接电信，镇江百姓滋事，领事署被焚，乞派兵船弹压等语。此事谅必属实，即希赶紧设法弹压，免酿大案，并将起衅及滋事情形先行电复。

正月初七日

新抚刘锦棠奏报清结中俄积案并陈交涉情形折

甘肃新疆巡抚刘锦棠奏，为遵旨清结中俄历年积案，并具陈交涉情形事。

窃臣于上年八月初九日，承准总理衙门咨奏新疆与俄境历年积案应迅为清理一折，奉旨：依议。钦此。钞录奏稿，并译录俄外部来文节略，与历年未结各案钞单，咨行到臣。当查内有伊犁塔尔巴哈台事件，系在未设伊塔道以前，臣处并无案可稽，业经分别咨由将军臣色额楞〔色楞额〕、署参赞臣额尔庆额饬属清结，径咨呈总理衙门查照。其余新疆未结各案，由臣分饬各地方官遵办。去后，兹据各属先后具复前来。

臣查，俄文内称，镇迪虐待俄人，兵勇强劫等语，镇迪各属并无其事，惟南路入籍安回贸易各埠，娶妻置产，一经犯事，地方官不得不按法讯究，以示惩儆，而领事辄认为俄民被官凌虐；又喀什噶尔兵丁赴市买马，与俄商口角，领事遂指为兵勇抢劫。种种不实情形，前已缕晰咨呈总理衙门各在案。至囚禁商人一节，大约指哈密监禁米尔开里木及其子米尔乌巴二犯。查该犯系在喀什噶尔生长，居住有年，变逆怕夏牙胡普扰乱南疆，该犯相从，为逆充当首领，残杀多人，缠民饮恨极深。官兵恢复各城，该犯逃匿。光绪十年，经布鲁特拿获，解送前帮办军务臣张曜，转解前来，当饬哈密厅监禁讯办，并咨呈总理衙门在案。上年，俄国使臣库满坚请开释，迭经据理照复，彼亦无词。或因计不得逞，遂向俄外部捏词耸听，殆未可知。又称中国违约征税，查上年俄使由总理衙门钞送溪东县等处税票七张，核计税银仅一百八十余两，票内并未注有俄商字样，且无中俄执照。臣查，俄商每年出入货物约计二百余万两，如果违约征收，则所收之税不应只此百数十两。果系俄商，何无中俄执照？显有包庇影射情弊。即如此次来文，欲于新疆各城贩卖土货，其故违约章，已可概见。臣维新疆袤延万里，紧与俄邻，交涉事繁，动形轇轕。应请旨饬下总理衙门，照会该国公使，转饬各领事，嗣后务须遵照约章办理。臣亦当督饬各属，遇事持平，不敢以委靡误公，亦不敢以矫激生事。谨奏。

光绪十五年正月初七日奉朱批：该衙门知道。

驻藏大臣升泰奏报由藏到边日期并边隘情形折

驻藏大臣升泰奏，为陈报由藏到边日期，并沿途边隘情形事。

窃奴才自十月十六日奏报起程后，即刻出藏。二十三日，行抵江孜。沿途迭接洋人来信，既云派兵修路，又云现欲移营。奴才探得印兵修路，直至咱里山，距仁进岗仅三十里。又云欲移营稍暖之地，甚恐彼族移营藏境，则藏番又有藉词。当遣江孜守备萧占先，星驰前赴洋营，察其举止。奴才旋即由江孜卸换夫马，取道南行。此路为向来驻藏大臣不经之地，民户寥落，地冷山荒，乱山中有噶朗错海，气候冱寒。沿海而行，怪风竟日，沙气迷天，并无居民。夜则插帐海边，汉兵郭宗阳、周明岐、马登科均在行帐相继冻毙，随行官兵面无人色。雪花如掌，每过大山深处，动辄丈余，行者罔不惕慄。雪峰遥峙，势若连城，即泰西所称天下第一高峰喜马拉雅山之枝干也。沿途因缺换夫马处所，致有延候。于十一月初十日，已驰出帕克里隘外三站之仁进岗，藏兵尚有万人驻扎于此。奴才饬令速撤，该番官等回称，以驻藏大臣尚未与洋官晤面，事在未定，弗敢遽行撤回，惟有遵谕退扎数十里之灵马汤地方，以观动静。当将带来土兵扎于仁进岗，即在印藏两营之中，距洋营前哨仅四十余里。闻英官保尔于十三日到营，已遣通事前来，约期相见。奴才约彼十九日在纳荡地方相晤，熟商妥议。一俟稍有端倪，即赶紧设法饬令藏兵分起遣归，以仰副圣主决策绥疆之至意。惟闻洋营印兵现在换班，暗中似有增添；又闻有新到象只驮运大炮。而哲孟雄部长匿处扛多只遣其弟来称，本欲来见，却为印兵禁阻等语。察其隐衷，无非首鼠两端之意，且一面之词，必须与英官会晤后始能识其真伪。如何情形，再当陆续驰奏。另行择要遵旨飞咨刘秉璋，先行电陈，以冀上纾宸廑。谨奏。

光绪十五年正月初七日奉朱批：知道了。

直督李鸿章致总署镇江电印捕殴华人激变焚毁英美领署并电江督筹商办法电　二件

镇江电局初七电：上年添设红头巡捕，禁令颇严。昨申时，红头捕打华人，踢伤肾囊，众人不服，旋聚数万，领事、防营均弹压不住。小孩子先打坍巡捕房，阖界洋人逃上江裕行轮。先烧洋行洋房，美、英领事署均烧毁，烧至子初火熄。常参将带一红头巡捕进城，人始散。获到抢匪六人，均楚音。道府均在苏省丹徒县下乡赈勘，戌刻回城，保护不及。今日租界安堵无哗，各防营均驻守。踢伤之华人难救云。

正月初八日

密。昨闻镇江聚众焚闹之信，电致南洋：宜抚慰洋官，查拿首犯，妥议赔修官房。顷，接沅帅来电：承电指示，谨当遵办。徐守寅已饬赴镇，会商杨道，妥为抚慰洋官，并分电各关，遇有镇江逃往洋人，一体周恤。此案查明后，乞预商总署与各公使，总期持平议办云。

正月初八日

直督李鸿章致总署袁世凯报韩京日商失火疑韩人复仇电

密。袁世凯本日电：昨夜，日商被火延烧，焚十二家。凯即分派员弁，助同扑救，日出始熄。前日，日商殴毙一韩兵，或谓韩人纵火复仇，然无形迹证据。顷，日使遣员来谢派员弁携水龙扑火，并云焚损货物约值五十万云。

正月初八日

粤督张之洞致总署法兵焚杀那沙捏称官兵庇匪电

初二晚，奉朔电，未到钦州之先，已接冯提督初一、初二等日电，称：据古森上峒乡正及驻防各员弁报称，腊月二十四，那沙墟严姓打死黄姓一人，尸亲黄汝秀带族众抬尸赴那沙，与严姓理论。法遥见人众，疑是游匪，陡率兵二百余，围剿那沙墟，焚劫一空，毙男妇三四十名。分防前哨闻报赴救，法兵已回。那沙离峒中法营一里余，离防营十余里，赴救不及，是以法越界焚杀。现闻五画到峒中，将三画锁押，责其妄为，掳捉妇女多放回，人给洋一元、米数包等情。

顷，据冯初七日电，称：初五日奉沃电，谨悉。北市、加隆对面，离芒街、东兴均百余里，并无防勇汛兵驻扎，亦无法人到此。至东兴近处缉匪甚严，岂有过河入华之理？且早经示禁，军民毋许往来，犯者重办，何敢庇匪？既系十月二十八日事，法何不早说？想因腊月二十四日，背约越界，焚劫那沙，故图抵赖等语。

查法使并不查询事情，遽行背约越界，枉杀数十命，掳劫一村财物俱空，情知理屈，凭空结撰，捏称官兵在北市庇匪，以为先发制人之计，实属狡猾可恶！岂有十月二十八日事至正月始来照会之理？虚谬显然！事关背约纵兵，焚杀惨毒，边民愤激，岂给银所能私了？应请钧署照会法使，严饬驻越兵头交出三画惩办，并估计所劫财物，照数赔偿，以平众怒而弭边衅。彼既锁押该三画，自知理屈。若向严诘，当不致硬赖强庇。若此案办不透彻，以后边事难办至祷。

正月初八日

川督刘秉璋致总署升泰报英人欲在帕克里通商电

密。顷，接升大臣钞咨腊月初十日在对邦所发奏稿，大要言：印官要挟甚多、其通商处所已驳退两层，彼犹欲在帕克里，均坚未允许。察看洋人，心不忘藏。拒之过力，祸结难解。然遽从其请，不独后患难言，即藏番亦必梗命。英以藏番无能，极为藐玩，所望甚奢，惟有平心静气，婉与商量等语。并属先行电奏，理合撮要电呈，乞酌核代奏。

正月十二日

直督李鸿章致总署袁世凯报韩派专贺使李应浚诈称行贿中国冀免派电

密。袁世凯电：去冬，韩派贡使兼各项陈贺使。昨，该使自京城电称，礼部令派专使，贺三月崇上徽号庆典，而韩王前为李应浚所愚，谓已行贿二万余金，礼部允免派专使，今忽改议，韩无预备。今复遣应浚星夜赴京，设法请止。诸老成咸谓，同治年间曾派专使，今须依例照准。惟应浚等时以行贿为名，误君蠹财，玷华名德，殊可恨云。

正月十三日

江督曾国荃致总署镇江案请转英美使令驻镇领事在外议结电

顷，镇关杨道等电禀：镇江租界滋事案，英、美领事佥允官商均欲在外议结，惟未奉驻京大臣授权，不便径商。求电钧署，转致英、美驻京大臣，令驻镇领事就近会议了结等情。案在镇江，自应就镇开议。可否先向商饬驻镇领事，持平商议之处，伏乞钧裁。

正月十六日

驻藏大臣升泰奏与英官会议边界情形折

驻藏大臣升泰奏，为连日会议边界情形事。

窃奴才于光绪十五〔四〕年十一月二十三日，曾将初见英官情形驰奏在案。计自会议以来，印度又到有英官一员，云系印度外部尚书鸠兰德，比保尔官职较崇。次日即来奴才行营会晤，自言系因游历而至，然于印藏之事亦可议论。自此每遇交涉之件，遇事阻挠。奴才委随员拉里、粮员稽志文、总兵张腾蛟前赴隆吐以南，查阅藏番所指各界，即多方为难，递去说帖，每不回复。时奴才及委员等与之论事，诘彼词穷，则又云此事应与保尔相商，非渠所知。恭查前奉寄谕，饬令奴才系与保尔熟商妥办，并无鸠兰德之名，是以奴才每交说帖，均送保尔营中，嘱其先议撤兵。讵英官战胜而骄，必须将要说七事议妥，始行允议及撤退。现议哲孟雄事不下十次，该英官必欲将哲孟雄注明条约，属于英国，划界咱利拉山，即历次来文所谓冀热勒巴拉山岭是也。奴才议以本年印督曾云：但令藏众退回原界，仍守二年以前情形，不在隆吐山扎兵，以后便可照旧办理，绝不欲侵入藏地，致碍两国和好等语。

查哲孟雄全部，藏番本不干预地方事宜，惟在西藏商上向有年节礼物，及驻藏大臣贺禀而已。其向来是何礼节，均照旧章；而英国向来如何保护，亦可仍旧。该英官等以此语系八月未战之先，既战之后，自当别论。再四驳议，似以为可。旋又添出无限语言，必欲书入约内。察其所云，伏意甚深，将来难免又生枝节，奴才未敢允许。又通商一条，开来款内，英人直欲到藏贸易，委员等复词以拒，百计辩说，始言退至江孜，仍答以万不能行，刻又意在帕克里。奴才查，帕隘乃藏南门户，其险要全在山腰之格林卡一带。至若帕克里已在高原，为廓尔喀、布鲁克巴、哲孟雄三部通衢，纵使试办商务，万不可使。甫经交接，印洋人萃聚于此。且开导藏番，通商必宜界外，始可期其遵从，是以坚未允许，英官意甚拂然。

奴才伏思，此行原为绥靖边疆而来，察看英人心不忘藏，每露于口角之间，诚知拒之过力，祸结难消。然事贵妥办，倘不审慎于前，遽从其请，不特后患难言，即藏番亦必梗命。第英官每以藏番无能，语言极为藐玩，所望甚奢，并且词多反复。奴才亦惟有平心静气，婉与商量，冀解目前之急，以仰副圣主筹虑西陲之至意！但奴才行营扎于隆吐、咱利两大山之间，插帐暂驻，转瞬雪积，粮运梗阻，百事艰难。应请饬下总理衙门，迅商英使，转电印督，饬令各英官，速为议结，勿过与奴才为难。曷胜幸甚！谨奏。

光绪十五年正月二十一日奉朱批：该衙门知道。

驻藏大臣升泰奏英人窥藏筑路请饬妥商英使片

升泰片。

再，密陈者。奴才自到边后，既将在边之兵撤退两站，又复严札商上，速筹遣撤。昨据掌办商务①·第穆呼图克图禀称：奉饬遣撤防兵，正在筹办。忽接藏属翠南营官禀报，该属在南一隅，与布鲁克巴所属之阿麻打纳及藏属门巴地方相近，近日洋人派人修路，声称曾领中国护照，准其入藏等语；又布鲁克巴栋桑地方，及后藏干坝等处，亦有洋人修路，纷纷具报到藏，只得预为禀请作主等语前来。奴才查，此次与英官会议，要求之事甚多，稍不如意，则云此地不能议成，俟来年三月到藏再议，情近恫喝。奴才惟当以情理与之辩论，不敢以意气用事。兹据商上禀报，各处修路，其为洋人故作此举，以期如愿而偿；抑商上见洋人兵尚未退，故意张大其事，藉此留兵驻防，均未可知。但

① 一般为“掌办商上事务”。

英人窥藏之心形于词色，修路之举，不敢谓其必无。除派员再行详细查探外，应请饬下总理衙门，一并妥商英使，免致两藏人心摇惑不定。再，闻得印督业已更换，缅甸亦复多事，合并陈明。谨奏。

光绪十五年正月二十一日奉朱批：该衙门知道。

粤督张之洞奏两广电线不宜与法线接连请补救折

两广总督张之洞奏，为两广官局电线不宜与法线接连，利少害多，亟宜分别补救阻止事。

窃准北洋大臣李鸿章来咨，法国旱线自镇南关边外达东京、西贡各处，中国旱线如与该线相接，则以上各处电报自可接转。已准总理衙门咨，允其接连，咨臣转饬两广官电局遵办等因。臣当时即虑其窒碍甚多，然来咨既云总署允准，只可照转。嗣据登莱青道盛宣怀禀，同前事，其时已在北洋批允接连、总署复准之后，其准驳之权已不属之于粤。准固无所用其准，驳亦无从施其驳，并非由臣批准而后定议也。嗣后，未据盛宣怀将章程禀送。近据十月二十一日该道电禀，始知又有广东东兴与越南芒街接线之议。臣见此事愈推愈广，流弊愈多，即将其中窒碍及万不可准情形，详悉电达总署及李鸿章查照。随接李鸿章复电，云业经画押，似难翻悔。兹准李鸿章来咨，已具奏钞录折稿、章程，咨行到臣。

伏查，接线之议，发之于法公司，惟所接乃两广地方之官线，所关乃两广地方之利害，而创议之初，并未与两广督抚臣一商，迨已有成说，而后咨臣接办，及定议之时，亦无函电咨会，迨臣电既发，而云已画押在先。李鸿章之批准，盛宣怀之筹议，无非为中国受益起见，所言有利无害各节，谓各国未闻以电线相连为害，原非绝无所见。但于两粤情形未能深悉，且中外相交，与外洋各国相交，亦难一致。臣责在粤疆，固不敢好为辩论，亦何敢缄默依违。查洋参赞博来说帖，内云：英国原有大东水线，可达各国。中国旱线虽接，仍须由水线转寄，价虽稍廉，迟速迥异，且多周折，时须修理，将来线报未必能多等语。是接线并无大益，明矣！东兴、南关皆邻越境，中国设电，本欲我之军报速过于人。如法亦可用，则与法共其利，且为法占其利矣！至有事断线之说，一日不失和，一日不能断。广西太平府上思州、广东钦廉等处，皆多教堂教民，龙州系商务总汇之区，尤逼肘腋。万一有事，虚实机宜，彼皆顷刻可达。避长攻短，尽泄密谋。及决裂断线，战守之先机已失矣！或谓教民到处皆有，龙州即不接线，彼亦可由香港、海防转寄。然紧急呼吸之际，一迂一直，利钝即殊。教民固随处有之，然边关险要之区，电线军情所系，与寻常内地情形似难并论。然则无事接线，收利甚微；有事断线，受累已迫。此东、西两省电线万不可与法接之实在情形也。

凡此种种利不敌害情形，臣皆已详电总署及李鸿章。无如臣事先未得与谋，无从阻止，业已画押，致难挽回。查镇南关官局电线，前年早已撤至凭祥，拟逐渐修至龙州。其东兴官局电线，原为勘界而设。界务既竣，即拟修至钦州而止。经费既属难筹，巡修尤为不易。东兴地僻报稀，更非南关可比。南关、东兴之线既撤，龙州、钦州之距越界或百数十里，或二百余里，断无为法国特造远线待其来接之理。且东兴一带人情浮动，边民杂处，时思与法相仇，倘知此线系为法人来接而设，难保不聚集多人生事毁拆，文武官弁相距较远，恐弹压照料不周，转多枝节。此又东兴电线尤不可与法接之实在情形也。

不特此也。我代洋人传报，后累实多。溯查光绪十二年八月间，臣接领事费里德照称：准香港水师总兵移称，本月十八日下午两点钟零五十分，本总兵发电报与琼州英领事官，讵是晚九点钟始到，似此耽搁，已非一次，中国电局如此任意，将官报耽延，实于该国家事务大有关碍等语，当经臣严词驳斥在案。其由广至琼，仅逾三时，中国电报之所常有，此不过平日无甚关系之报，彼已公然行文诘责，视同彼之邮传迟误公文者，然可谓谬妄无理之至。英且如此，何况于极暴极横之法乎？夫未与接连之线，洋人尚敢无理挑剔，如其既与接连，彼此相共，或迟或误，彼更有词。假使两电并须即发，先此后彼，必致相争；后我先人，亦无此理。且香港局大人多，尚有迟误，南关地僻人少，更不免雷雨梗阻、停待舛错之虞，势必致各路电局委员、报生为接递洋报之故，奔命不遑，救过不暇。领事查询，公使渎扰，谴责辩析，唇舌滋多。不知中国自设电局，本无一事，何苦而为此也。夫商局获利而受累，犹可说也；官局无故而自扰，不可解也。现在南关之线，北洋已允接连，应如何严防流弊及密行补救之处，可否敕下总理衙门密筹酌办。至东兴之线，昨据李鸿章来电云，或可推延中止，届期由粤酌量议奏等语，应请敕下总理衙门，查核存记。如法人得步进步，再来渎陈，即以粤省官民不愿办理为词，严拒其请。地方幸甚！谨奏。

光绪十五年正月二十三日奉朱批：该衙门知道。

礼部奏遵旨密查朝鲜行贿免使情形折

礼部尚书奎润等奏，为遵旨密查事。

本年正月十五日，军机大臣奉上谕：据李鸿章电，袁世凯称，去冬，韩派贡使兼各项陈贺使，昨该使自京电称，礼部令派专使，贺三月崇上徽号庆典，而韩王前为李应浚所愚，谓已行贿二万余金，礼部允免专使，昨忽歧议，韩无预备，今复遣应浚星夜赴京，设法请止等语。殊堪诧异！朝鲜派使进京庆贺，自有定例。去年九月间，李鸿章电报有冬至两使即兼大婚陈贺使，不另派员之说。究竟该国来文有无并兼庆贺崇上徽号之语，该部曾否令派专使，李应浚现在是否来京，所称行贿等情从何而来？着礼部堂官确切密查，据实复奏。将此密谕知之。钦此。遵旨寄信前来。

臣等查，例开：朝鲜国恭遇庆典，具方物文表等语。又查，恭遇庆典，应进表文，向由内阁撰拟式样，奏交臣部刊刷，移咨该国王，遵照缮写，遣使恭进。本年正月，皇上大婚礼成。二月，恭上皇太后徽号，又举行归政庆典。三月，恭上皇太后徽号。所有各项庆贺表文，准内阁撰式，分别奏交到部，经臣部照例刊刷，先后咨送该国王。去后，嗣于上年十二月二十七日，接准朝鲜国王李熙咨，称：遣陪臣李谆翼、金绮秀恭赍三大节及年贡表状十通，又谢恩表文二通，又恭贺大婚表状四通，咨请具奏。并据该使臣于翌日诣臣部，递表行礼。臣等接收后，即于是日送交内阁，届期恭进，并于上年十二月二十八日、本年正月初五日两次奏闻各在案。

今据李鸿章电，袁世凯电称各节，钦奉谕旨饬查。臣等当即遴派司员桂斌、詹鸿谟，密传四译馆通官大使及书役人等，分别讯究。据通官等称：此次朝鲜国差来正、副使李谆翼、金绮秀，仅据赍有三大节及年贡兼谢恩、并庆贺大婚表文，到京后，次日即呈递礼部堂官，觌面接收。其庆贺崇上徽号表文，该使臣并未赍到，该国王咨文内亦未叙及。至李应浚向充该国大通官，屡次来京，上年九月间，因求免参税，赍奏前来，安置馆内，于十一月初二日回国，现在并未来京等语。提讯书吏蒋韶廷、缪鸿照再三研诘，供亦相同。臣等以该官吏所言均系一面之词，难以遽信，复饬该司员密赴四译馆，面晤正使李谆翼、副使金绮秀，以纸笔与之问答。询以三月庆贺徽号，有无遣使？据答，庆贺徽号，当有别使，前已发电，请国王派使，因伊等来京日久，拟俟二月随班庆贺后即回国，此事至今未据复电。复诘以行贿免使等事，该使臣坚称不知。至李应浚行止，伊等均不相闻，其来京与否，亦无消息。质之该国通事，亦称委系未知此事，馆中通官、书役，平日非有公事，不能与使臣相见各等语。由该司员等将连日讯究情形，并取具供结，禀复前来。

臣窃思此事之虚实，惟以李应浚来京与否为紧要关键。现在李应浚既未来京，则所称行贿免使各节无从根究。惟现就该司员等研讯供词及使臣问答，详加推勘，既无礼部令派专使之说，亦无该国求允免使之事，是袁世凯所称该国王为李应浚所愚，不为无因。相应请旨饬下北洋大臣李鸿章，电知袁世凯，就近问朝鲜国王，务将李应浚所称，令其确切指明何人得贿，何人允免遣使，其中果有牵涉四译馆及臣部司员、书役之处，即由袁世凯据实电复，以凭究办。倘未能指实，即系李应浚影射营私，亦应由该国王从严惩办，以雪污蔑而杜奸谋。谨奏。

光绪十五年正月二十三日。

直督李鸿章致总署报英商船入川事议办情形电

川督二十三日来电：轮船赴重庆一案，现经委员在宜昌与立德辩论，迄无成说。因设法议买其船栈，价共十三万，船值八万，栈值数千，实吃亏四万余。议明七年后，立德筹出保护盐船之法，川省开导百姓明白，再行上驶。盖立德商人无注销条约来重庆之力，只好含糊其辞。然说定由领事报英公使，则此后难再行轮之意，想已明白晓畅。惟事关交涉，又不知有无反复，不敢擅专。密商总署，如可允行，轮船归商局承买，认去数万，楚省无论承认若干，余皆由川承认筹款，仍不动正款。立候示复，始敢批允云。立德既自愿卖船止驶，定议后由领事报公使，似无反复。惟据称吃亏四万余，难保以后他商不图效尤，似应令领事与委员会商定约，较有把握。是否？乞速核示。

正月二十六日

直督李鸿章致总署伦敦电英国筹办海防保商事宜电

伦敦二十五电：英国现开议政院，君主谕云：现在欧洲各国皆作战备，所有英国海防，并保护商务事宜，自不能不小心筹办。各国现在虽与英国和睦，恐难保其无变局云。

正月二十六日

直督李鸿章致总署袁世凯报皇上大婚庆典韩王及西人均来贺宴电

袁世凯念七日电：今日恭率僚属，望阙叩头后，韩王派中使、内外署督办，并各国使员等，均来庆贺。定今晚设彩筵，请韩、西员六十余人宴。韩耆民持灯件来贺者，四百余人，均以酒食酬答云。

正月二十七日

直督李鸿章致总署俄东海总督复特准漠河挖金机器过卡电

前因李金镛机器被黑龙江俄卡截留不放，电商俄东海总督廓尔孚，请放行。顷，接该督正月二十九日电复：机器过卡一节，本爵承电属，当即奏闻，兹蒙大皇帝批谕，内开：现时已在黑龙江之机器，此次自应特准过卡，以为与中堂敦好之凭据等因，理应复闻，并申仰止之意云。

正月三十日

岐元刘秉璋致总署升泰电称英藏交涉情形电

顷，接升大臣钞示腊月二十八日奏稿，嘱为择要电呈，内开：藏兵已退入帕隘，洋兵未退。因积雪封山，粮运阻隔，暂回扎仁进岗，就近开导藏番。番官知驻藏大臣力争哲事，怀疑顿释，只因洋人要挟，积愤难平，谕以降心忍耐，均尚唯唯。洋翻译马姓甚狡，今得总署另派翻译，可期两情无阂。一俟到边，即当与英官妥商定议云云。

二月初一日

总署致张之洞法使文称那沙不在中国界内与来电迥殊请查复电

密。顷，法使文称：据驻越法官电称，那沙墟不在中国界内，实在北圻横模社对面，先安河北岸，与板邦相近，实无越界情事。查署存画押原图，并无那沙墟之名。中越界址分明，法使所云，与来电迥殊，必须按图查明速复，以便与之辩论。又法使称去冬官兵收剿败匪，系指离芒街八里之宁阳大庙对面大河北岸而言，亦希查明速复。凡交涉事总须确查真情，方可酌办。若稍有不实，不独转贻口实已也。

二月初一日

总署致曾国荃镇江教案由外间议结署不遥制电

镇江案，由外间徐与磋磨议结，惩犯赔款，总署均不遥制。

二月初六日

直督李鸿章致总署盛电俄使请改烟约与接线已邀俄官来烟会商电

盛宣怀来电：去年九月，总署函钞库满请改烟约与接线俄约，一同核准。前因俄挟造恰克图线，并欲多索转报费，因禀先接法线再议。兹粤督奏阻越线，只得仍与俄使议。已电库使，照原议，邀北、东总督办来烟会商，核改妥协，再行禀请宪台，函复总署。应否先请电署云。

二月初六日

总署致张荫桓庆典赐物请商美外部电美使收受电

归政、大婚庆典，奉懿旨，宴各使，并给如意、缎匹、针黹，以示睦邻旷典。各使领赐，而田贝拘泥国律，将物缴来。此次圣恩，因其国，非因其人，该使即不敢受，美廷何妨收置博物院中。请询外部，如何变通，不负中国好意，即电田使遵行。

二月初九日

直督李鸿章致总署英船来烟护商并无兵哄事电

烟台盛道电：英领事宝士德请其提督派一兵船来烟保护，以致京、沪遍传兵哄。顷，晤领事，责其燥妄。宝允电京，说明无事云。

二月初九日

总署奏议复俄据蒙边挖金垦地建房并添建界牌折

总理各国事务庆亲王奕劻等奏，为遵旨议奏事。

光绪十四年十一月二十三日，定边左副将军杜嘎尔等奏，乌里雅苏台所辖唐努乌梁海属地俄人盖房、挖金、垦地情形，并每年会查界牌，请旨饬下妥议章程一折，本日奉朱批：该衙门议奏，图并发。钦此。臣等详查同治八年中俄约载：乌里雅苏台西北，自萨留格穆山岭之柏郭苏克山至沙滨达巴哈①，中国设立界牌八处。自同治八年五月起，每年中俄派员会同查阅，永远遵行，俾免界牌迁移损坏，至今十有九年，每年均由定边左副将军派员，会同俄官查勘。历据咨称，并无稍有损坏，亦无挪界侵占。惟光绪六年、十三年两次会查之期，俄官爽期未至，仍由该将军于次年派员会勘各在案。

光绪五年十月间，准乌里雅苏台将军、会查边界委员，及奇木齐克河总管等呈报：勘得俄商在唐努乌梁海属内建盖行栈数处。又于光绪五年十月间，准乌里雅〈苏〉台将军咨：本年春季以来，有俄人或三五十人，或八九十人不等，在奇木齐克河北一带中唐努山内，刨挖金砂，例应禁止。当经照会俄国前署使臣凯阳德，转饬边界官，查明禁止。旋据凯阳德照复：俄人挖金，如果在中国境内，自必禁止。乌梁海地方，除几处有人久住之地外，余皆往来游牧，时有迁移，俄商在彼毋须建盖坚固房屋，空费资本，然必暂设堆货之草棚土屋，以防潮湿，而杜失窃等语。当经行知定边左副将军及乌里雅苏台参赞大臣，随时防范，毋稍疏忽。又于光绪七年五月，准定边左副将军等咨：俄人在萨尔鲁克地方居住，扎立木棚十处，其附近挖过金砂大小一百余处，恐生事端，当即照会驻库领事，迅饬边界官严行禁止等因。此原折所称，随时报知臣衙门，并咨复查禁之情形也。

又于光绪十三年八月初七日，准军机处钞交杜嘎尔等奏：乌里雅苏台所属津吉里克等沿边各卡，及西北两路军台，例应三年将军亲往查阅一次。同治九年以来，各部落频年灾沴，每遇查阅时，均经历任将军等奏明展限。各部落现既灾消时转，雨水调和，拟请随带员弁，亲往查阅，以固疆圉而免怠玩等因。奉原批：着照所请，该衙门知道。钦此。所谓沿边各卡，即括西北八处界牌在内而言。

此次该将军等所奏，以俄人盖房、挖金、开地为三大端。臣等悉心体察，东西悉毕尔部乌木斯科等处，本逼近土谢图、乌梁海等地面。其国苦寒，边民渐徙向南，去寒就暖，致拦入乌梁海地面搭盖房屋。始则以暂搭草棚聊避潮湿为词，地方官只与空言辩论，该将军又未能亲履穷边，弹压禁阻，俄情狡狯，遂至逐渐盖造坚固房屋十数处之

① 今为“沙滨达巴罕”。

多。其群聚数处，偷挖金砂，开垦地亩，固由彼族贪图小利，亦难保无蒙部奸民勾引匪徒，串卖地亩。此时欲杜外占，应先严缉内奸。惟地方穹远，该处侵占情形已非一日，臣衙门鞭长莫及，究未能遥为臆断。应仍请旨饬下该将军等，详勘界限，研究根由，援据久定之约章，与该俄官竭力理论，倘彼坚执，或应知照驻俄使臣，严请外部妥筹办法，或即估给盖房之费，令其从速迁徙，以免饶舌，均由该将军等就近相机筹定，奏明办理。至所议加建界牌，并河名、地名、山名，清蒙文书写意义恒有不符，应筹划一之处，并请饬下该将军等，遴派熟悉边务之妥员，从沙滨达巴罕迤东，至恰克图原界，援照光绪九年新疆科城勘分详细界牌鄂博成案，按照总图红限，从某处加添起，至某处止，共添设若干牌，先行绘图贴说，咨报臣衙门查核，奏请奉旨允准后，再会同俄国边界官，以次添设，俾清界限。清蒙文既有歧异，自应仍就旧名，或加汉文，即在添立界牌上用清、蒙、汉三种字体，精书深刻，庶易于印证，不至再有舛错。谨奏。

光绪十五年二月初十日奉朱批：依议。

直督李鸿章奏查明朝鲜并无行贿免使各情折

直隶总督李鸿章奏，为查明朝鲜并无行贿免使各情事。

窃臣钦奉正月二十三日寄谕：前据李鸿章电，袁世凯电称，朝鲜国王为李应浚所愚，谓已行贿二万余金，礼部允免专使等语，当谕令礼部确查复奏。兹据该部奏称，派员面询，该使臣等坚称，不知有行贿免使等事，李应浚来京，亦无消息等语。此事虚实，惟以李应浚来京与否为紧要关键，既未来京，无凭根究。着李鸿章电饬袁世凯，就近询问该国王，将李应浚所称各节，令其确切指明何人得贿，何人允免遣使，有无牵涉四译馆及礼部司员、书吏情节。俟袁世凯电复后，该督即行据实具奏等因。钦此。

当即电饬袁世凯遵照。旋据复称：前电系闻之朝鲜译员李应相，该译员即李应浚族兄。兹又向其密询，据云，李应浚本无行贿实事，更无中国司员等得贿之理，明系李应浚欺王骗财，袁世凯因与反复论诘，李应相自生疑惧，反为支吾，求勿明言，否则该译员必获重罪。袁世凯素知该国王亲昵小人，多受愚弄，是以该员发电有李应浚等以行贿为名，误君蠹财之语，原谓其借端蒙骗，并非实有行贿之事也。惟此事本由李应相密告，若不指明李应相，而凭空询问，该政府势必多方掩饰。如指明李应相，则群小必深恨，使李应相罪至不测，而仍不肯吐实。此后有关中国之事，无人敢言。我既无所见闻，彼益肆无忌惮。此中关系颇大，惟有由该员作为访闻，告知该国。再，查李应浚已于正月初十日启行晋京等情前来。

臣查，李应浚系着名奸诈小人，朝鲜国王素所亲信，屡次派令赍奏赴京。袁世凯驻扎朝鲜，原为访察交涉事件，是以有闻必报，以便随时预筹。前据电称，李应浚行贿免使，臣料知决无其事。惟因关系中国抚驭属藩声名，一面转电总理衙门，一面仍饬袁世凯认真查访。今据复称，李应浚欺王骗财，本无行贿实事，自与四译馆司员、书吏均不相涉。李应浚骗财营私，本应根究。或于该员抵京时，由礼部密饬司员，作为风闻，严加申斥，不准回国造谣生事，应稍丧胆敛迹。至袁世凯所称各节，确系实情。朝廷抚驭属藩，素尚宽大。该国君臣正怀疑贰，尤宜善为羁縻，似不必因此深求，转生枝节。臣已饬袁世凯，知照该国政府，转告国王，以访闻朝鲜有人指中国员吏得贿为由，欺王骗财，实属谬妄，应即禁办等因。如此，则虽不明言诘责，而彼知真情既露，益当感戴天朝涵宏之德，自应摄〔慑〕服无词矣。谨奏。

光绪十五年二月初十日奉朱批：该衙门知道。

驻藏大臣升泰奏为会议边事并移驻仁进岗开导藏番折

驻藏大臣升泰奏，为会议边事，藏番仍多梗顽，由纳荡对邦折回仁进岗，开导藏番事。

窃奴才于光绪十四年十二月初十日，曾将边务情形专折详陈，并钞录奏稿，飞咨四川督臣刘秉璋，由电先行奏报各在案。

惟查印藏边务，迭商英官，总以先行撤兵为主。无如英人必待如愿而后乃肯议撤。藏番自十月以来，虽属不免狡展，然将业经成军之三寺僧兵全行阻回，到边之后，又将仁进岗驻扎之番兵万人撤退两站，近日复以数千撤入帕隘，亦觉渐就范围。乃因洋官鸠兰德必欲将哲孟雄事不照旧章，多方挑剔，弗依奴才所议，以致保尔开来七款，行知商上，该藏番逐款顶复，竟鲜遵从，又言藏中已遵谕旨退兵，洋人营中惟闻添兵运炮，不见退扎一步，哓哓禀渎不休。奴才日夜焦急，再四与英官熟商，而洋营语多反复，忽允忽翻。据英翻译云，前议照旧章，亦非难事。但英官不肯明明写出，列入条约，则是彼族是何居心？且公事亦无此办法。又据马翻译官云，欲求哲事照旧，本无不可，然必得在帕克哩一带通商，事乃可行。奴才既未敢深信马翻译官之言，又虑贸然允许，而藏番固执不遵，反贻笑柄。其藏中番官随才奴〔奴才〕到边者，噶布纶〔伦〕三员，随带四、五品番官不下数十员，又有三大寺派来领袖僧官十余员，因不便扎近洋营，均屯扎于仁进岗地方。且对邦正在隆吐之顶，每一积雪，动辄数尺，咱利封山后，路即阻隔，粮运无处可来，是以奴才移营暂回仁进岗，一切事宜，督饬委员等与藏番逐件议妥，始可斟酌损益，应许洋人。否则，徒托空言，于事无补。正拟于十七日移营，十六日夜亥时，英官伊履仕亲来行营，云：总理衙门有电到营，须暂缓折回。次日午后复来，据称：总理衙门已派有翻译柯穆士·赫政，由粤航海至，即来营，先行转电奴才，不可回藏等语。当即仍托英官电复，并非回藏，只赴仁进岗，开导藏番。适委员等已由洋营后路勘查藏界折回，奴才仍于十二月十八日移营仁进岗。藏番各官来见，据称：驻藏大臣及各委员驰驱风雪，屡与洋人力争哲事，我等亦有所闻，我藏番受制强邻，惟有仰赖大皇帝恩德覆庇，此外别无他望。察看语言词色，似于驻藏官员怀疑顿释，只以洋人勒兵要挟，积愤难平。奴才谕以降心忍耐，先解急难，再图自强，均尚唯唯。至洋营翻译官马姓，性狡而汉语不清，令人常以为虑。今得总署另派翻译，必能据实翻传，可期两情均无隔阂，实深幸甚！惟有严饬委员等竭力设法，切实开导藏番。一俟赫政到边，即当再与英官妥商定议，力图早靖边事，以期上慰宸廑，万不敢畏难延误，有负高厚深恩。谨奏。

光绪十五年二月十一日奉旨。

驻藏大臣升泰奏哲孟雄愿属我国请照旧羁縻片　附旨

升泰片。

再，密陈者。

印藏边务，奴才现已折回仁进岗，竭力设法将藏番之兵陆续迅筹议撤，该番亦已集议，不久当可分起遵办。所难者，惟分界、通商两大端耳！通商一事，本已开导数年，因该番始终固执，历任办理，迄无成效。刻又严饬委员，无论如何导谕，期在必行。该委员等不辞劳怨，夙夜在公。藏番冥顽不灵，舌敝唇焦，开导实非易事。

至哲孟雄事，奴才到后，即据部长之母率其亲族头目迭次具禀云，英官当年立约，曾经议明，无论如何不得过日喜曲河，即此番委员查勘之处。又云，哲孟雄租地与英，每年应收洋钱万二千元，英人倚其国势，多年不给，本年印藏构衅，以致洋人兴师，殃及池鱼。伊部长母子、亲族实不愿投归英人，千万乞奴才勿将哲境划出圣朝版图之外。其禀仍由藏番转呈前来。

奴才查，哲孟雄本属小部，密迩强邻，地在极边。本年印藏用兵，被英人将哲地掠取全土，复将部长押赴噶伦绷安置，又用重兵将部长向驻之扛多地方据守。该部长流离转徙，情亦可矜，皆由藏番昏愚，平日失于抚驭，以致刻下无法挽救。现据查界委员稽志文、张腾蛟等禀称：洋营后路隆吐山上下，洋人分段扎营五处，波拣尚有大营，约计有兵数千。又将隆吐道路修改，用费颇巨。哲境以内，招来印度及廓尔喀游民，开地垦荒，不遗余力。该部首鼠两端，亦势不由己。据禀各情，如必照该部所请办理，恐洋人以用兵之后，断难拱手相让，空费数十年窥伺阴谋，边事必遽难结局。倘竟弃若敝屣，弗与英人计较，不但藏番中情不服，亦觉启各番部私相勾结之风。是以此番会议只许其保护，而必争照旧两字，亦不过留此名色，使藏番不至因奴才办理边事失去属藩，即可以捏造蜚语，并可藉此羁縻布鲁克巴，以为亡羊补牢之计，此奴才力争照旧二字之苦心也。

至布鲁克巴，地大物博，民俗强悍，其地数倍于哲孟雄，实为前藏屏蔽，西人呼为布丹国。该部上年曾经入贡，既而免去。其部长向无印信，亦无封号。此番奴才到边，该部长派兵千七百人来营效力。奴才正饬番兵遣撤，岂可留此多人，致贻藏、洋口实？是以重给赏需，勉以大义，饬其速回，许以事后当为之代恳天恩。该部长欢忻鼓舞，仍留头目数人在此听候，并以其部逼近印度，若无印信，难昭信守。奴才饬彼详具该地情形，呈禀查核，一面派人查勘该处隘口，再为辨〔办〕理。容俟续陈。谨奏。

光绪十五年二月十一日奉旨：升泰奏，移营仁进岗，开导藏番，布置诸务，暨请刊用关防各折片，览奏均悉。哲孟雄与英国立约租地，事属已成，无可挽救。该国本在版图之外，现在势穷力竭，愿求内附，若照所请办理，英人窥伺已久，必不相让，殊于藏事无益有害。该大臣许其保护，而争照旧二字，所见甚是！布鲁克巴派兵来营效力，该大臣犒赏，饬其速回，所办亦中肯綮。总之，此时惟有就事论事，将藏案妥筹完结。若别生枝节，必致贻误大局。谅该大臣必能体会此意也。长庚到任后，着暂缓赴边，即由升泰知照该大臣知悉。升泰于此事情形已熟，即着责成一手经理。该大臣务当勉为其难，与英官细细磋磨，一面督饬委员，开导藏番，使之渐就范围，用副委任。总理衙门所派翻译官赫政，系赫德之弟，声称年内可抵仁进岗。复因大雪封山，未能即行前进，现天气渐和，想可渐到，可以与之和衷商酌也。

直督李鸿章致总署俄拟在韩元山釜山划地储煤电

袁世凯灰电：日前闻俄人谋占韩地方，确查，适昨夜赵秉稷来谈，韦贝迭来称，俄船局将派商船，由海参崴，历元山、釜山，往来日沪，欲于元山华日租界中间傍海空地，设局储煤，并釜山之对岸绝影岛西首夹口处，亦划地设储等因。凯查所请元山空地尚无大妨。至釜山之绝影岛，犹威海之刘公岛，实釜山港锁钥。日人曾于六年前租该岛居中空地，建水师煤厂。凯频请韩外署商退之，未果行。今俄人又欲于该岛西首设厂，意似不仅在商务。凯以有关大局，不敢畏避嫌怨，因告以此议有关亚洲全局，务力拒之。赵云：俄欲引日故事。凯云：或商俄另择他处，惟该岛西夹口不可设厂，特未知王意如何？赵云：群小播弄多端，想王无定见。凯云：汝宜力持，或商诸老成力讦，免陷误国罪。赵许诺云。

二月十三日

使美张荫桓致总署赠美使物已由外部电属领收电

美新政忙甚，顷始晤商外部，电田贝，钦赐物寄回美廷。外部欣逢旷典，以田拘泥为歉。

二月十三日

直督李鸿章致总署袁电韩拒俄租绝影岛又拒法在韩传教电 二件

袁世凯寒电称：据赵秉稷遣告，俄租绝影岛西口事，迭经坚拒，当可罢论，拟在华日租界中间商定云。凯查该处当无大妨，已嘱其照办。再，据云：麻浦新章已收回，照凯嘱各节删改，另送云。

二月十五日

袁世凯电：顷，据赵秉稷来谈，已与俄使商明，绝影岛事作罢论，另由外署札饬釜山韩港官，会同俄船局员，在华日租界中间空地妥商择定云。再，去冬，法使请赵发给护照，准天主教师往内地设堂传教。赵旋来商，凯嘱其持约拒之，相诘，经数月，赵云：昨亦商定，不准法人在内地设堂，只发给游历护照等语。

二月十八日

使日黎庶昌致总署日廷拟将大婚谢电刻入官报词太简可否另答数言电

外务来言，大婚谢电，彼将刻入官报，似嫌太简，又非亲答之词，可否奏明，另答数言，以为荣宠。

二月十八日

川督刘秉璋致总署收买宜昌船栈请与英使接洽电

宜昌船栈，经委员与立德议明，价十二万，并以十年为限，将与领事议立合同条款。伊又电请英使示能否允准，再行定议。窃恐英使或有与贵署议论处，用特密陈。

二月十九日

总署致驻外各使各国国主致贺大婚请传旨致谢电

各国公使均以其国主致贺大婚，照请入奏，本署一律电知出使大臣，传旨致谢，即与亲答无异。各国文字不同，词取达意，无用繁文，贵处可酌量措词，善为转达也。

二月二十日

直督李鸿章致总署法公达银行改为国家银行电

伦敦电：法国公达银行，现已重整。本银四千万佛郎，国家复助四千万，共成八千万佛郎，改为国家银行云。

二月二十二日

直督李鸿章致总署伦敦电称英添募水师电

伦敦电：英国议院欲添募水师。有一绅士，名克里麻，意欲议减，不必添募。其户部大臣则谓，英国水师倘再加增，即欧洲各国可无事云。

二月二十七日

直督李鸿章致总署刘电川江行轮绅民阻止拟由领事曲达公使电

川督刘俭电：敝处电复委员，川江万难行轮，官商情愿吃亏，勉凑十二万，买其船栈。明知立德赚银不少，实属万分周旋，姑求十年无事。今谓十年之约，与他人无干，则他商效尤，可以立待。惟有抱定船货全赔、分日行走两条，与之辩议。彼欲议免碰章程，无非牵混其词，为破碎不赔之地，无如川民看定，万难免碰。官虽欲姑且含糊，怎奈百姓不肯含糊。此为天理人情，非法令所能禁。似可将此情由领事曲达公使，以全睦谊云云。

二月二十九日

使美张荫桓奏美约中辍请设法补救并述前使草约及美国新约折

附前使郑藻如议略草议未成约稿及美国现行新例

出使美、日、秘国大臣张荫桓奏，为美约中辍，善后无期，请旨饬筹补救事。

窃臣遵旨，妥筹善后，互订保护限制约章，当经奏奉朱批：该衙门知道。钦此。九月初九日，臣自秘返美，承准总理衙门函开，新约正在具奏。适北洋大臣李鸿章电称，各口怨谤沸腾，布为说帖，旋咨送商禀到署。九月十九日，承准总理衙门函开，准军机处钞交两广督臣张之洞折奏，另附《商务刍言》一本，转发到美，并告臣以英方订议，俟英议定后，知照办理，较有依傍各等因。其时，美廷已刊布国中，废此新约，自行禁例，臣议、民谣皆成画饼。向来中西订约，局外刍言，每极切至，特于废约之后，如何布置，罕有筹及者，不自今日始矣！臣维自禁之议倡于郑藻如，总理衙门嘉纳照行，所以远祸机而保生命，原非冒昧轻发也。金山华人曾于前年正月电致粤港，劝阻华人勿来美。臣正在香港放洋，此境此情，宛然心目。及臣抵美后，事机稍顺，洛案办结，工商蒙业而安，顿忘前此焚逐之苦，惟以往来窒滞为忧矣！

重绎自禁三端：第一端，未经赴美者，禁勿往。此美于光绪八年续约后，即立例不准，郑藻如之议，固于华人不加损也。第二端，自美回华者，禁勿再往，惟有眷属、财产者，仍准往来。郑藻如盖逆料美将改例，故为曲突徙薪之策。工少则价增，且免闲散，华商就现有之华工运供货物，酌量多寡，亦免赖帐〔账〕倒盘之虞，似于寓美华工、正业华商均无妨碍，特不利于包揽华工出洋之辈耳！盖庚辰续约以后，华工赴美，依然络绎不断。因美例，凡立约立例以前，寓美者凭税关执照，仍得往来。于是关照一纸，遂为确凭。华商亦降格以请，一年之间，足敷周转。贪劣关吏，又时发空白照，寄售香港。即映相亦可临时互易，移花接木，随意为之。纵或人照不符，提讯公堂，但有证人，或发誓，或铺户担保，便贸然入境。美俗最重者，发誓、见证、保单三事，华人均能以巧胜。发誓则中西语殊，洋官但见其喃喃，不辨何说。保单则系华字店铺，赀本不盈百，动可担保数万金。事败究查，则卷逃去矣！见证则包揽华人会党时常结纳，千百到堂，一证人贿两圆。美国至重至要之事，均难出华人智计之中，几无所谓例也。若但华商雇用伙伴及人照相符之人岁常结束，则中美有违，尚不致如是抵牾。美族每以政令不克申行于国内，积愤既深，始而诟詈，继而焚杀，终之以一切禁绝，此事势所必然。郑藻如逆料及此，特标明有眷属、财产始准往来，聊杜彼族轻藐华工之见，非如前所云某年来美者随口指认之为活。彼族因不满意，而华人之怨，已根于此。不便自暴其私，特托为商务放言高论，以期耸听耳！缘香港、澳门贩鬻人口之风根株未绝，每有无赖洋人纠合华人，在香港设立行店，包揽出洋。其送至美国者，每人一百七十元，除大舱水脚五十元外，余皆包揽者之利，每年至少以五千人计之，岁得五十余万金。与金山华人会党串通分润，岁留公积银一成，以备一切费用，七八年于兹积成巨款。金山华商之狃于目前者，谓揽载多而生理畅，咸与结纳，其稍存远虑之华商，纵不仰其鼻息，亦莫敢颉颃，狂焰日炽。所包华人抵岸后，有工与否，焚毁、驱逐与否，愁急、自尽与否，皆不及计也。今春新约甫定，所有香港赴金山轮船大舱位，均经包揽人预定，自三月至七月，以为垄断之私。若不经其揽载，不易觅一舱位。此数月间来美者五千余人，提审候讯，轇轕之甚。年来出洋华工每年无虑千万，实只两项人，非至愚，则至黠。闻出洋可以获利，遂百计典质，凑足百七十金，交香港包揽人，领取一照，授以口供，即便前行，从未睹条约禁章，方谓往来任便，故新约一立，几疑臣擅为厉禁，以自绝华民生计，怨毒遂兴，而香港包揽出洋之人，坐失重利，尤为百计阻止。粤督署翻译官邝其照，托名公愤，借事敛财，分致中外各埠书函，联约禀阻，且有从中主持，先登日报之语。所谓各口怨谤沸腾者，实只一人作祟，金山中华会馆曾将来函寄阅，其意在阻约，语多偏杂，甚至以臣索偿巨款亦为加虐华人之具，尚复有黑白哉！此时新约已废，美廷赔款仍缴。悠悠之口，徒挠政权，不足凭信，此其显然者也。

所著《商务刍言》，刊本单行，遍布中外，几若华人舍美无以为活，自损已甚。此中略有关系者，则中美新约一行，英属南洋各岛相率效尤之说。臣当议约之初，美外部曾立一款，请总理衙门照会英国行哥林卑亚属土，无令华工潜入美境。臣驳以中美立约，无与英事，毅然将此款删除。约成后，英驻美公使威士忒来晤，云：奉英廷饬询，自禁办法，是否出自中国本意，抑美廷所请。当答以此系中国自顾民生起见，岂美廷所能相强？又问：英属各岛禁否？答以美国有焚杀华人之案，自禁乃出于不得已，英属华人最多，流寓亦久，土客可以相安，固无虑中国之自禁也。英使唯唯而去。

查美国限禁华工，光绪六年中美专订续约，既已准其立章限制，美议院增修苛虐，层出不穷。若不与互订约款，彼亦何难自立禁章？郑藻如倡议时早见及此，且非续约在前，总理衙门又岂肯轻以自禁章程照会美使臣田贝？中美交涉情形，固非中英之比，非南洋各岛所能仿办。现此约且废，造言者更无所庸其比拟也。其言华工在洋之利，铢两乘除，又言岁运回华银洋千万，适足坚人禁止之志。其最误者，则缕言中国地狭人稠，无业游民穷则滥乱，借鉴发捻，非藉外洋消纳，则贻害地方。其公禀且直言，华工越国，多非安分之民，亦既痛切言之矣！徒骋词锋，转滋流弊。现美、英两方，刻意禁阻华工。闻有译作西文者，设授壑邻之义以请禁，臣等固不能谓必驱无赖亡命寄佣他人之国以为合理，即总理衙门综核外交，亦难代圆其说。美例已然之事，英议未定之文，恐从此又增一番轇轕。此种说帖，何关典要？然既达之当道，则各国观听系之矣！现新约已废，美例自行，凡华工入境、假道均窒。臣诘问外部，语多枘凿，已深焦愤！金山华民，又不候臣返美，遽以新例讼之美官。彼族立法之初，即经驳煞，事机愈迫，当时美民多方阻挠，或未预料及此也。

臣详查，美国立例之故，聚讼经年，几于牢不可破。此次新约，原期预遏其谋。约成，而美西各省诋毁外部，绘为画报，甚于华报之诋臣，盖以华工有经手帐〔账〕目千金仍得往来，以为浮泛，此美民之故智也。美议院则以旧例纷如，莫杜华工机巧，授权关吏，而假照浸多，授权驻华领事，而含混不免，又不便自鸣其短，因一意归恶华人，不顾旧约，不候再商，悍然立例禁绝，此美绅之心计也。适当总统举代之际，现任总统俯合众情，遽尔批准。明年二月，新总统接任，此项新例，美国西省议绅蓄意已久，一旦得遂其志，势必以全力持之。能否转圜，诚不敢必。臣内与总理衙门商办，外与美廷辩争，固责无旁贷，亦并函电津、粤筹商办法，窃维此约原起，臣迭经奏报，并函商总理衙门，约成而后，总理衙门亦谓大致妥协。乃因包揽会党刍言摇惑，太阿倒持，臣甚惜之！揆今情势，机局日坏，实非一人一言所能维挽。相应请旨，饬下北洋大臣李鸿章、两广总督臣张之洞妥筹善后，以资补救，拓威棱于龃龉之余，拯工商于废约之后。臣一接咨函，当相机办理，断不敢以差期将满，稍懈初心。似此中外合力通筹，或于殊域侨氓较有实益。谨录郑藻如自禁节略、中美草议未成之约及美国废约后现行禁例，恭呈御览。谨奏。

光绪十五年二月二十九日奉朱批：该衙门知道，单并发。

谨将前使臣郑藻如咨总署自禁华工来美节略恭呈御览

美国前因华人来美日众，土人未能相安，故于续修条约之中，特设限制一法，平争弭患，意甚善也。当未修约之前，金山土人数千，思与华人寻衅。其时，中国甫设金山领事，几无措手。幸赖兵力弹压，其祸始息。及后其国遵约自议限制新章，适因总统批驳未行，而金山一带，辄复哗然不靖。其俗之横，几成习惯矣！然斯时明理官绅尚知顾存公道，故新章虽竟颁行，犹从约中设法遇事补救。无如土人之嫉华工日甚一日，而其中之贪图公举者，复借此以取媚于众，由是凶焰益张，绅富畏祸箝口。此美国西境滨临太平洋各邦之情形也。

寓美华人，以西境为最多，贸易亦最盛。藻如私忧窃计，恒恐土人一旦有事，华人定必先遭其祸，故檀香山、墨西哥、巴拿玛诸处屡谋以次疏通，藉为逐渐迁徙地步。即如秘鲁、古巴两境，不欲华民由中土私往者，未尝不欲其由金山等埠迁往。盖留此而自贻日后之忧，不如去此而暂受目前之苦也。乃自本年七月以后，迄今未满半年，而焚杀驱逐之祸竟已层见迭出，如火燎原，扑不胜扑。其尤险者，金山会党制造炸药，谋先杀本地官绅，后杀华民。倘非先事破露，阖埠已不堪问矣！窃维现在情势，各处杀机陆续萌动。纵一时暂能遏抑，而终久必难保全；纵别境可望相安，而西境必难无事。况其国法律太宽，地方官之权不尽能〔能尽〕行于百姓，朝廷之权又不能尽行于地方官。诚恐今日各案不过先示其端，异日祸患更难测矣！至于华工之由美国回籍或他往者，自己虽不再来，或将执照卖于年貌相若之人，顶名而来；或并无执照，而串通关役行贿而来；或由英属之域多利边界偷越而来，故自举行限制之后，去者虽不乏人，而为数不见其减。此又招疑取怨未尽出于无因者也。

为今之计，欲免华工后祸，似非先杜来源不可。欲杜来源，似非中国自禁不可。谨冒昧而陈其说：

一曰：先正自禁之名。华工之由美国回籍者，皆系向居美国，例应往来自便之人，其再往也听之，其不往也听之，本不宜禁也。惟今日正因回而复往，络绎不绝，以致顶名、行贿诸弊日起。美民见华民愈众，仇恨益深，而祸益愈亟。今日拟禁，非为美民助虐，实为吾民救灾耳！但此种华民，美国尚未禁其再来，我国乃先禁其再往，似类于自弃条约，故必显揭美国未能保护之咎，历叙华人迭次受害之惨，申明不得不急筹拯救之故，然后吾之自禁乃为有名。拟请贵衙门行文美国驻京公使，其意若曰：华工向居美国者，按约应得往来自便，以及一切保护优待之益，其回籍暨他往者，美国均给以复来照据，亦未尝非循约办理之意。但近来焚杀驱逐，巨案迭出，地方官既不防维于先，又不严办于后，是中国之待美民皆奉条约为依归，美国之待华民视条约为虚设。今我国议将华工之既回本籍者，禁其勿再来美，以免复履危机。此外华工由美他往，并非回籍者，不入我国自禁之例。至于现在尚未离美之华工，以及条约所载，应听往来自便，务期永远照约办理。望咨美外部查照施行云云。似此仗义执言，情理兼尽。在其国，方将自省，未必复设苛法，以重招万国之议；在他国，亦鉴吾心，未必议为曲意循人而别作效尤之想。至顶名、行贿、偷越诸弊，似可一概勿提，庶免示人以瑕。或曰：美国以此项华工若不给以复来执照，则来源自清，何必中国自禁？不知美国非不欲停发复来照据，其现在不为者，虑各国议其显背约章，待人太甚，故避恶名而不居也。然美为自计则得矣，其如华人，终受大祸。何且他日万一悍然不顾，竟禁华工再来，是又禁止之权在人，于我无预，更不若由我自禁之为愈矣！

一曰：实筹施禁之法。华民受害情形，业于金山、香港等处痛切布告，劝令未归者速回，已归者勿往。但恐诫谕之文，若辈未必尽知，即知未必尽听，若由官府示禁，亦恐视为具文。惟有拟请贵衙门，商托英国驻京公使，转请英廷，饬令香港英督，无论何国轮帆船只，凡有香港开往美国各埠者，一概不许搭载华工，庶有实在把握。仍将此议照请美使照行。

一曰：分别应禁、不应禁之人。此次所拟禁者，只系华工一种，其余条约应准往来自便人等一切不禁。然载客船只何由辨其是否华工？香港英官亦何由定其是否华工？是不可无分别之据也。查美国举行新章，初拟中国自发华商来美执照，后因华工冒领者众，于是议令美国驻港领事将中国所发执照归其稽核，以定准驳。我国又因有碍体制，遂将执照停止不发。去年，其国又议准令驻港领事自发华商执照，此举却是意在便商。乃今秋，户部又以不合而除之，盖章程已经数变矣！藻如现拟两法，商诸外部：一、请美国仍准驻港领事自发华商执照；一、则凡有华人欲来美国贸易者，拟令金山各埠华商开具其人姓名、年貌，禀由金山总领事，缮发印照，寄给本人，携交港中美领事复验，以凭登舟。盖因在港商人，皆与在美华商通气也。目下须交议院公议，乃能定所适从。既拟禁华工续来，必先筹及华商来美凭据。拟请贵衙门行文美使时，并催其转达美廷，速定华商领照之法，庶与华工有所分别，可以在港验明登舟耳！

总而言之，拟禁华工，其义有五：愚民自投陷阱，而我设法以闭之，事属保民，筹办宜急，一也。西人轻藐华民，谓非来洋无以养命，今我自禁，以示无求于彼，可争体面，二也。我国毅然自禁，隐示不相甘服之情，美国君相或者翻然力图整顿，则留美华人皆受其益，三也。美民闻我自禁，怨毒亦可稍平，四也。华商财产、身家皆在美国，非收盘不能旋里，而收盘之法，必须以渐而退，否则大伤。今华工不来，则美民之因华工而并恶华商者，或可稍释，五也。藻如目击近情，思为清源之法。谨献刍荛，是否有当，伏候察酌。

再，华民或由中国往别国，或由别国回中国，或由各国互相往还，有须经过美国行走者，当初美国不许假道，嗣经辩明，得以往来无阻。如将来禁止华工一事，可以议办，请贵衙门于照会美使文内带叙，请美廷于假道事仍前办理，庶免彼国又或藉口改章。

十一年十二月十六日函呈总署

谨将前使臣郑藻如咨总署草约未成约稿恭呈御览

第一款　兹彼此议定，以此约批准互换之日起，计限二十年为期，除后开章程所订外，禁止华工前往美国。

此款美议院拟增：现已自美回籍华工，无论曾否领过仍准回美执照，新约施行，亦在限禁之例等语。

第二款　寓美华工，或有父母、正妻、儿女，或有产业值银一千圆，或有经手帐〔账〕目一千元未清，而欲自美回华，由华回美者，不入第一款限禁之例。但华工于未离美境之前，须先在离境口岸，详细缕列名下眷属、产业、帐〔账〕目各情，报明该处税务司，以备回美之据。该税务司须遵现时之例，或自后所立之例，发给该华工按此约章应得回美执照。但所立之例，不得与此约款相悖。倘查出所报各情属伪，则该执照所准回寓美国之权利尽失。又例准回美之权利，限以一年为期，以离美之日起计。倘有疾病，或别有要事，不能在限期内回美国者，则可再展一年之期，但该华工须将缘由禀报离境口岸中国领事官，给与凭批，作为妥据，以期取信于该华工登岸处之税务司。

此款美议院拟增：此项华工，或由陆路，或由水程回美，如无此款所订回美执照呈关查验，不准入境等语。

第三款　此约所定限制章程，专为华工而设，不与传教、学习、贸易、游历诸华人等现时享受来寓美国利益有所妨碍。此项华人，倘欲自行申明例准来美之利益，可将中国官员或出口处他国官员所给执照，并经出口处美国领事官签名者呈验，作为以上所叙例准来美之据。华人假道，照章准行。

第四款　查光绪六年十月十五日，中、美在北京所立华人来美续约第三款，本已叙明，兹复会订，在美华工，或别项华人，无论常居，或暂住，为保护其生命、财产起见，除不准入美国籍外，其余应得尽享美国律例所准之利益，与待各国人最优者一体相待无异。兹美廷仍允按照第三款所订，尽用权力，保护在美华人身命、财产。

第五款　中国属民前在美国荒僻之境被恶党不法之徒戕害身命，损失财物，事出意外，在美廷例不应赔，在中国亦不愿有如此等案件，索此赔款。今者美廷惋惜其事，顾念两国多年友谊，两国均愿笃固邦交，薄纾该华人所遭惨虐，虽美廷按例不应赔偿，姑勿深论，兹美廷应允准于一千八百八十九年三月一号以前，将银二十七万六千六百一十九元七角五仙，在华盛顿都城，缴送大清钦差大臣，代政府核收，作为清偿，以上所叙损失各款，并分派受害之华人及其家属。

第六款　此约彼此互须遵守，以二十年为期。敬俟大清国大皇帝、大美国大伯理玺天德批准互换之日起，计至限期届满。倘于六个月以前，彼此并不将停止限禁之意行文知照，则限禁再展二十年为期。

十四年二月初三日咨呈总署

谨将美国现行新例恭呈御览

一、此新例系续补一千八百八十二年五月六号所准，按约为华人而立之新例。此例准行后，凡华工无论前曾在美，或现时，或将来，一离美境，均不准复来居住。其或新例未行之前回华，尚未回美者，概不准复来。违者，照犯例章办理。

二、前例第四、第五两款，所准给发执照，作为回美之据者，嗣后概不发给。即前经按例发给者，今亦作为废纸。凡华工欲藉此项执照复来美国者，概不允准。

三、此新例各款中之办法，仍须按照前例第二、第十、第十一、第十二各款所载究罚充公并官员办理之权各章而行。

四、从前一切例款，设与此项新例有轩轾者，概行注销。

此例美总统于光绪十四年八月二十六日批行美国。

清季外交史料卷七十九终

清季外交史料卷八十

光绪十五年三月至四月

直督李鸿章致总署英电美国派驻英驻阿公使及法派员查公达银行电

伦敦来电：美国朝廷已派陵江为伦敦星使，派依衔为南阿非利智国星使。法国朝廷派大员查探公达银行事件，谓该银行亏欠已久，何于西历本年正月间尚言本银行生意起色，吃股票应多分子金，如此瞒骗，殊属非是云。

三月初三日

总署致洪钧刘瑞芬张荫桓黎庶昌报新简公使人名电

三月初一日奉旨：陈钦铭派充出使英、法、义、比大臣；崔国因派充出使美、日、秘大臣。

三月初六日

总署致张之洞法使照会华兵在横模筑垒请查复电

密。丙，法使照会：据北圻提督电称，距横模社二里之东越界内，有华兵筑三垒，枪队各百名，疑为股匪冒充官军。现饬查，如系官军，即与华官理论，否则力剿等语。按图，横模社系越界，究竟有无华兵筑垒，希速查明电复为要。

三月初六日

粤督张之洞致总署板奔确系华境又冯子材电称并未越界扎营电 二件

鱼电谨悉。已转电确查矣！法所谓华兵驻扎之板邦，即敝处去年四月洽电之板奔，确系华境。光绪十三年，即有防营驻此，法无异议。至所称距横模二里华垒枪队一节，昨接冯提督电，拟派一哨往那沙巡防，当即此军，想系因去腊那沙被扰，方往保护。现当辩论那沙之际，已电冯，此哨暂勿派往，如已派往，速即撤回，俟考定明确再往。并电饬钦州李受彤，亲身驰往勘明，再确查大庙受匪之事。总之，板奔非越之盘邦，板邦亦非广西边界之板邦隘，距越界六七百里，久有华垒。那沙系新立之墟，故图考上距越界一里。法以此墟新立，又正在交界处，故蒙混耳。先撮要奉复，余俟详陈。

三月初八日

前接有电，即电冯提督确查，并电钦州李受彤，遣妥人密查。兹据李受彤电称：遵查州西分界，自八庄，历板兴、板山、滏峒止。前有沟，离越南峒中三里。即以此沟为界，滏峒系丑艮寅向，峒中系未坤申向，那沙在西北，戌乾亥向。峒中墟居中，两旁有沟，水向西合流入先安州河。以方向论，沟西南概为越地，沟西北概为华地。以社论，那沙与板峒为建延社地，与峒中为横模社地无涉。以交界论，那沙北历那怀，约二十五里，邵北岩系广西上思州地。照钦差所定界图论，那怀属我。那沙即附近那怀，相离仅三里，前并无墟。去年正月，峒中墟华民始由峒中迁此。去年十一月以前，法未逾沟到此，十二月始有焚抢那沙墟事，掳去妇女，随即给银放回，其法官自向妇女言，系逾界误拿。再查界图，西北有板邦隘，系广西地。又土人言，横模西南，离六十里，有板邦，属越地。峒中之东并无板邦，只有板奔，离峒中约九里，系内地。去年秋，华军防营驻此，因疫退驻板兴，今板奔并无防勇。又查宁阳离芒街十余里，在东兴西南，中隔河，必船乃渡。即有勇，亦难迎庇，且并无勇等语。

又接冯电称：查板邦在越界之南，离板奔六七十里。板奔在华界之北，距越六七里，坐冷峒东北方，与板兴相近，本系敝部驻守，去秋患疫，移板兴。华军断无过界扎营。本日已专差赍图呈鉴等语。

查李、冯两电，尚属详晰。以敝意揣之，大约两说歧异，由于华以沟水为界，法以先安河北岸为界，沟即河也，原图均未指明。那沙系去年正月新立之墟，距界甚近，故致彼此争执。昨接钧署二月初五日函，并悉板邦隘另是一地，属广西界。

三月初九日

直督李鸿章致总署川督电藏兵撤退请英亦撤兵电

川督刘等蒸电：升大臣咨钞二月初十日奏稿，摘其紧要言：藏番分扎帕隘，意以防英。窃恐为英人藉口，因晓谕：如藏兵撤后，英兵复来，惟驻藏大臣是问。现始具结。本月二十五日分起撤退，已备文送英营。仍请饬总署，告英使，印兵亦宜撤退。至界址、通商两事，俟噶布伦等由藏折回到边，再行详陈等因。另函言赫政除夕到大吉岭，大雪封山，到藏必在仲春月半后矣云云。祈转达总署。

三月十一日

直督李鸿章致总署袁电有韩员寄书韩廷称红参免税经礼部诘查电

袁世凯电：日前有韩员密钞贡使由京寄韩廷书，首称，昨冬红参免税费银之说，经礼部先后诘查等情，似李应浚诈称行贿，事在恳免税之役。然已惩戒，自无须再究，容将该钞件禀呈云。

二月〔三月〕十一日

粤督张之洞致总署洋人置地贻害甚巨请商德使不得私相授受电

二月十九日函谨悉。洋人置地，若概作永远租业，贻害甚巨。幸得钧署辩论，德使允添将来用时仍可置回字样，所益实多，自当照办。窃拟以后此项契照，皆载明此地现因中国暂不需用，永远租与德国某人，如某欲将此地转租他人，须报明地方官，另易租照，不得私相授受，如中国将来为公务起见，仍愿置回该地时，德国亦可推情会商无却等语。以永远字贴某人，用示限制；以转租必由中国易契，隐收主权，皆本题应有之义。趁此与德使再商，当可就范，请酌办示复云。

三月十五日

粤督张之洞致总署界石备妥请告法使派员办竣电

越界详细地名，邓图不及备，图上所画界线，地上并无实迹可指，以致彼员蒙混狡执，多生枝节，日后轇轕，何所底止！自前年定界后，早经饬备桩石，拟立界标，而法员迄今不来，无从勘办。请钧署照会法使，速令该国派在越文吏到界，会同钦州知州，早日办竣，以息争端，而杜后患为幸。

三月十六日

直督李鸿章致总署接刘瑞芬电入越照费事已告法外部革除电

密。丙，有电悉。已告知法外部，请其速饬革除。据称，现未闻有此事，须俟查明。两次往催，昨据复称：查案有北海领事禀报给华人护照一节，惟据称系与该处守备商同办理，俾华人赴越，无所阻碍，因越乱未靖，法员难分良莠，或恐误为海盗。贵国总署所定，是否即指此，抑另为一事，俟详查再行具复等语。比告以纳费给照，事属侵权违约，务请速饬革除，以重约章，而全睦谊。俟复到再陈。

三月十七日

直督李鸿章致总署苏元春报法领出关筹办商务电

苏元春洽电：法领事安迪、副领事甘司东，初八由龙州启程，次日出关，自谅见幽公使筹办商务。十七进关，宿凭祥，明日可回龙州。汉、土文武及防营照章保护往还，均极相安。凭祥宿处，即在防营炮台之下，相离不远，易于弹压。

三月十八日

直督李鸿章致总署袁电法与韩无交界不能援俄国例并韩外部拒法派教士济荒电 二件

袁世凯电：昨晚，赵秉稷来商，称，昨准法使照会，请援韩俄陆约均沾利益，是否可允云。凯查法使文意，似在税则，已嘱复驳以韩、法无交界，不能援沾，只可援沾韩与俄、英、德口岸公约云。

三月二十日

袁世凯电：法使请外署即发护照，将派天主教师，携二千元赴南道救荒，外署亦谢拒之。

三月二十一日

驻藏大臣升泰奏藏番具结撤兵折

驻藏大臣升泰奏，为藏番具结，遵旨罢兵，定期分起遣撤事。

窃奴才于本年正月二十五日，曾将边界大雪连旬，各山封阻，密陈筹办情形，并飞咨刘秉璋，先行奏陈在案。旬日以来，各山之雪仍未消融，赫政亦无来信。奴才日惟催促藏兵速撤，并遣人查探，知藏兵虽分四起撤营，然均在灵马汤以上数十里之树林内分扎，帕隘本地亦有数千。询其是何用意，据称，驻藏大臣传大皇帝谕旨，饬令撤兵，我等不敢不撤，惟洋人全军未动，如突来藏界，朝发夕至，我等不敢不防，兹蒙诘问，亦不敢不以实告等语。

奴才窃查，藏番屡称遵旨撤兵，而拔营不远，分扎深山，实有暗防洋人之意，固已早窥其心，前折亦经陈明。但藏兵若密伏深山，难保日久英人不知，转使有所藉口，是以迭饬委员，催令速撤。今该藏番明明说出实意，若不许以保护，该番终觉怀疑，将来恐不免枝节又生，诚如圣谕，据英使回称，藏兵不撤，印兵必进，断非空言所能阻止。已饬委员等明白晓谕：如藏番撤后，印兵复来，应惟驻藏大臣是问，藏使力作担当。若该番阳奉阴违，以致洋人藉词进兵，则非驻藏大臣办理不善。该藏番等奉谕之后，日夜聚议，具禀藏中，二月初一日呈到第穆率领阖藏僧俗及大众百姓递具图记印禀到营。据称：藏番恪遵谕旨撤兵，惟以后事宜全仗驻藏大臣转陈大皇帝，严饬英人，勿得再为欺凌，我番实沾恩典，现已飞调夫马，定于本月二十五日分起撤退，万无迟误，切结前来。奴才立摘录禀词，备文专差设法送赴洋营。文内声明：藏兵已定期撤退，印兵究于何日可撤？嘱其移复。一面钞录函文底稿，通知赫政，嘱令务取英官回复。应请饬下总理衙门，详咨英使，云：藏番已遵旨撤兵，此后印兵亦宜约期撤退。现在边界地方，奴才仅留亲兵六百人，又绿营随来汉兵，及各房书吏，并委员等所带汉番人役，统计三百余人。又卓木地方，百姓寥寥，另留粮运人夫数百名，此外并无多兵。至遣撤之兵，穷苦异常，有远至三四十站者，奴才饬令支发局，派员赴帕隘总路，报其道路远近，每名酌给赏项，以利遄归，各取具管带官收领夷结备案。至于界址、通商两事，尚未接到商上复禀，应俟葛〔噶〕布伦等由藏折回到边，再行专折详陈。谨奏。

光绪十五年三月二十二日奉朱批：该衙门知道。

滇督岑毓英奏蒙自设关已预筹妥备折

云贵总督岑毓英奏，为云南蒙自设关事宜，已预筹妥办情形事。

窃准总理衙门咨：光绪十四年十二月初二日，据税务司赫德申呈，蒙自、龙州设关一事，派定之税务司，计明年正月中旬，似可在粤东会齐，请分别咨行前来。查云南蒙自通商，业由本衙门与法使议定条约，并在蒙自设关，奏准在案。又据法使称：该处归领事明年二月可到，应及早开办，以符条约。兹据该总税务司所呈各节，必须预先筹画，免致临时掣肘。且该税司前赴滇南，行经百色至蒙自一带，乃山僻崎岖，素未通商之区，百姓骤见洋人前往，恐启猜疑，若不预饬沿途地方官弹压保护，恐致别生事端。应转饬汤道寿铭及经过地方，一俟新派之蒙自税司哈巴安，及随带翻译、书手和杆子手人等到日，将以上各节妥筹办理。并洋员到关后，如何议定关章开办之处，妥为商酌，以期税务畅旺。相应钞录原呈，并黏单，咨行查照。俟议定后，即咨复本衙门，以便札复该税务司遵照可也等因到滇。

臣查，蒙自地在极边，蛮猓杂处，在无知愚民因中外通商，未免少见多怪，猜疑造谣。奴才深虑洋人到后，别生事端，已于上年十二月间，檄委云南盐法道汤聘珍前往，会同临安开道汤寿铭，督饬该地方官绅，预先妥为开导，俾得相安。兹准咨前因，除通饬各属地方官，一俟税务司哈巴安等到境，务当沿途保护送往，并饬该道汤寿铭，俟洋员到关后，将如何议定开办关章，即行详请咨复。谨奏。

光绪十五年三月二十五日奉朱批：该衙门知道。

直督李鸿章致总署据升泰奏许英国在纳东通商电

川督刘养电：昨转电升大臣奏，略云，许在纳东通商。今日接委员来禀，云：纳东在藏界内，去升大臣现扎之仁进岗仅三里耳。

三月二十五日

总署致张之洞北海渔船护照法已转圜希预筹电

刘芝田电称：法外部云，发北海渔船护照，总署既谓不便，现饬公使与总署商办，总期无碍中国之权等语。此事彼既转圜，俟其来商时，拟令饬领事在粤商议办法，希预筹之。

三月二十七日

粤督张之洞致总署葡人在澳门关闸外设路灯意在侵界请折辩电

葡人于关闸外设一路灯，意在朦占我界，已照会诘责，令即撤去。近来修复前山营厂卡，距关闸不远。澳督照称：关闸外至北山岭中间一带，向为局外之区，建厂须两国会商，非一人所能擅主，已照会钧署等情。查条约载，未定界以前，俱照依现时情形勿动，自系指澳境关闸以内，彼所已占者而言。同治元年，葡使来京议约，亦云关闸以外，系华官扼守，从未敢侵及关闸外之地，从无局外之说，此次来文实堪诧异！若关闸尚不足为限，何所底止？除驳复并详晰咨呈钧署外，合并电闻，以备折辩。

三月二十七日

直督李鸿章致总署袁世凯劝韩勿贷法款若求华贷请筹示电

袁世凯迭电称：韩拟贷法款百万，将成，适有法佣滋事，法不肯交出拿办，士民衔怨，廷臣乘机谏阻，王亦虑贷款若成，法人愈横，似可中止。中国倘能筹贷，殊裨时局等语。顷，奉公函询及，即电袁，晓以利害，设法劝止。俟袁电复，再转达德税司。昨以赫议密致鸿，已略告近事。闻韩前借日本及德商款不少，该王用度无节，若禁止勿借洋债，必求华筹贷，又将何以应之？乞预筹示。

三月二十九日

直督李鸿章致总署据升泰称藏兵已撤定界通商两事愿遵断了结电

川督刘等艳电：升大臣咨钞三月初一日折稿摘要，内开：藏番东路之兵已撤，西路三月中旬可以撤尽。定界、通商两事，愿遵断了结，惟求通商，必在咱利以外。据赫政述保尔面言，以对邦积雪，非五月伊不能遽到纳荡，请奴才赴白栋会商，系印度之界。奴才派兵赴纳荡查看，如可插帐，即无庸远赴印界；倘无可驻扎，亦惟径赴白栋，以便定议云云。祈便电总署云。

三月三十日

总署致岐元俄使函称将军后到先拜领事希查闽省办法示复电

俄使函称：将军、督抚后到者，应先往拜领事。福州向来如何往还，望确查电知，以便酌夺。颂臣前电引督抚不先拜道府为例，然外国官员究异僚属，未便援此折辩。

四月初一日

总署致刘瑞芬中法商约界约须同时互换电

法商约、界约自应同时互换，乃李梅照称：界约前已作为批准，无须再换等语。希与外部熟商，必须将界约一并批准互换，方昭慎重而垂久远。

四月初一日

总署致张荫桓不认德尼为美使电

方宥电悉。美使除德尼不要外，余听之。

四月初一日

直督李鸿章致总署韩违章遣使经袁世凯严诘已饬照办电

袁世凯三十日电：顷，赵秉稷来称，朴定阳已至釜山，不久来汉，未知如何办法乃可结通商案云。凯窥其似有王命来探，因答以违华定章，并违王命，实华、韩罪人，应照例惩办。赵云：如至惩办，美使必诘，公岂不甚苦？凯答以既任此差，何敢言苦？自有辞以驳之。赵云：不如毋究，庶全华、韩体面，且免美使诘。凯答以如不惩办，华、韩体面何在？美使诘，又何足吓人？赵语塞，即赴宫。又闻韩王欲俟朴回即授职外督办，以彰自主之权。如华严诘，先支吾，不得已，则暂定罪，而暗唆美使诘，可仍赦回，充当督办云。惟查朴回，如听之，不但大损国体，且赵臣熙仍在香港，必即行而重违三端，所妨尤大。拟俟朴回，即具文坚持严诘，料其必难支吾。朴如惩办，赵自中止。是否有当，伏候示遵云云。鸿已电饬照办。

四月初一日

直督李鸿章致总署袁世凯电韩王病痰昰应署理国王之谣甚盛电

袁世凯东电：顷，王及世子派两宦官来卑处问候，据称，王近病痰火，闵妃久病，王甚忧虑，故成痰。日夜令巫瞽禳祷，巫言旧宫有鬼为祟，须放枪驱逐，王因令韩兵数百连夜在旧宫放枪炮，阖国骇异。李昰应知妃疾，连日赴宫探视，实极厌之。民间因谣中国命昰应署理国王，不久视事，举国可庆。再，王前议建汉式宝殿，计须十五万元，乃勒令汉京中户民集捐七万元以助，胥吏责索甚急，民尤切齿云。

四月初一日

乌里雅苏台办事大臣祥麟等奏俄人占地垦荒请饬库伦办事大臣派员会勘折　附朱批

乌里雅苏台办事大臣祥麟、车林多尔济奏，为遵照总理衙门议复原案，谨陈大略情形事。

窃前因俄人在乌里雅苏台所属唐努乌梁海地方盖房、挖金、垦地三事，曾陈管见，请查外边，清界限，固边圉等因一折。本年三月初十日，承准总理衙门议奏，钞寄前来。奴才等详绎总理衙门此次议复之案，甚为周妥，自应遵照办理。惟光绪十三年八月初七日，原任将军杜嘎尔与奴才等奏请查阅乌里雅苏台所属津吉里克等处沿边各卡，是遵照向章查阅乌里雅苏台及科布多之内卡界乎喀尔喀、杜尔伯特、唐努乌梁海、阿拉泰乌梁海之间者，非如沙滨岭、霍呢音岭迤北与俄人接壤之外边也。因该故将军查阅内边回任后，时与奴才等讨论边界情形，又因俄侵我境，盘据不迁，是以上年冬间，奴才等合词敬陈管见。今既经该衙门议复，沿边各卡，即括西北八处界牌在内而言，嗣后如遇查阅之期，自当遵议挨查，以昭慎重。其详勘界限，研究根由，就近相机筹定，奏明办理一节，按乌里雅苏台城距津吉里克内边为北九台，由津吉里克卡伦至俄人盖房、挖金、开地等处，及沙滨岭、霍呢音岭之外边有三五台者，有十数台者，有远至数十台者，广袤迂折，难核里数，若不亲履其地，奴才等不敢妄为悬揣，率然定办。相应请旨，可否由奴才等奏派一人，随带员弁，亲往查勘，相机筹定，奏明办理；或由奴才先行派员往查，俟其禀复到日，即行奏明定办之处，未敢擅便，伏候圣裁。至沙滨岭迤东至恰克图原界，自应遵照雍正、同治中约章，暨光绪九年成案，派员先行查勘，绘图贴说，咨呈该衙门查核奏请，奉旨允准后，再会同俄国边界官，以次添设。惟乌里雅苏台向无北边总图，亦不知红限起止，且图什业图汗部落系归库伦大臣专辖，相应请旨饬下总理衙门，颁发总图一张，交奴才等遴派之员，持往查勘；并请饬下库伦办事大臣，亦派熟悉边务之员，会同查勘，庶于边疆不无裨益。谨奏。

光绪十五年四月初二日奉朱批：览奏已悉。所有应勘界址，着先行遴派妥员，详细履勘，并知照库伦办事大臣，派员会同查勘，奏明办理。余依议。该衙门知道。①

直督李鸿章致礼部报韩王查办李应浚电

袁世凯冬电：日前，韩王准礼部咨，以李应浚事，举朝老成咸请韩王严办，乃令议政府具疏劾浚。该劾略云：现礼部咨，将以应浚交贡使带回，其行事非朝廷所知，皆浚恣意藉托，贻羞莫大。揆诸事体，极为骇异！应俟浚回后，令政府拿办严究等语。王已批允云。祈转礼部。

四月初三日

闽将军岐元致总署将军不应先拜领事祈酌夺电 二件

查福州向来将军、督抚到任，各国领事均先来拜，将军、督抚往答拜。近惟俄领事宝波在闽，遇事生枝，耸各领事，要大宪先行往拜。上年颂臣、厚斋到任，遂有此辩论。该领事仅持有应先拜之说，可见历年前任将军、督抚均无先拜者。大员举动，为僚属、士民仰望，且国体所关，碍难迁就，故颂臣、厚斋与元均照向章，未先往拜，恐启各国轻视之心，而开各省争拜之渐。尚祈酌夺为幸。

四月初四日

据颂臣云，厚斋到任，曾差片拜各领事，宝波怪不亲往，是以争论。颂臣到任，未差片拜，英、美各领事欲先来拜，为宝波所阻。元到任，未差〈片〉拜，各领事亦未先来。

四月初四日

懿旨着海军衙门筹办铁路

奉懿旨：前因筹议铁路事宜，谕令沿江、沿海将军、督抚，各抒所见，以备采择。嗣据陆续复奏，详加披阅。其偏执成见，不达时势，及另筹办法、尚未合宜者，毋庸议

① 原刊目录标为“初三日”。

外，张之洞、刘铭传、黄彭年所奏，各有见地。而张之洞所议自芦沟桥起，经行河南，达于湖北之汉口镇，划为四段，分作八年造办等语，尤为详尽。此事为自强要策，必应通筹天下全局。海军衙门原奏，意在开拓风气，次第推行。本不限定津通一路，但冀有益于国，无损于民，定一至当不易之策，即可毅然兴办，毋庸筑室道谋。着总理海军事务衙门，即就张之洞所奏各节，详细复议，奏明请旨。张之洞、刘铭传、黄彭年折各一件，均着钞给阅看。

四月初六日

总署致直鄂粤督抚将军询先拜领事抑先来谒电

向来将军、督抚到任，是否先拜领事，或差人先拜，抑领事先来谒？希电复。

四月十一日

直督李鸿章致总署领事差帖往还后来谒始答拜电

天津自设钦差大臣之后，各领事先差帖往还，旋即来谒，再行往拜。

四月十一日

谕薛福成派充英法义比等国使臣电

上谕：布政使衔·湖南按察使薛福成，着派充出使英国、法国、义国、比国钦差大臣。

四月十一日

驻藏大臣升泰奏藏兵如期撤退并赫政到边折

驻藏大臣升泰奏，为藏番如期撤兵，赫政现已到边，并陈现在印藏情形事。

窃奴才于本年二月初十日，将藏番具禀撤兵情形驰奏。兹接赫政函，云：已由独脊岭启行，因隆吐积雪甚深，行程不易，于二十三日始抵仁进岗等语。在边藏番，经奴才迭饬委员谕导，并无疑忌。旋届二十五日撤兵之期，据帕克哩委弁禀称：是日藏台东路硕板多、济〔洛〕隆宗、边坝、察木多、类马〔乌〕齐、乍了、观角、八宿、甲贡、林多、江达、上〔工〕布七族各土兵共十余起，自二十五日为始，分期逐日给赀遣归，尚非阳奉阴违。俟东路撤完，再将西路遣撤，约计三月中旬，即可撤尽。至前派噶布伦赴藏，妥议定界、通商两事，兹据西藏粮务黄绍勋等禀称：第穆以及番官等，均愿遵断息事。乃有三大寺僧众，不知时局，尚多固执之心。幸署噶布伦伊喜批冲力述边情，不避嫌怨。分界一事，似可定局。但通商必求在咱利以外，此件实费唇舌等语。奴才督同边务委员与赫政熟商，总期妥筹善后，使中、英睦谊愈深，而边患可期久弭，以仰副圣主顾虑西陲之至意。惟去岁扎营处所雪深数尺，及前后数十里直无片地可以插帐，又保尔与赫政面言，以对邦积雪非五月不化，伊等不能遽到纳荡，拟请奴才赴白栋会商等语。查白栋系属印度之界，奴才拟派弁赴纳荡一带查看，如有可设法插帐暂驻者，即毋庸远赴印界。倘实无可以驻扎之地，英官又不能来，边事似不宜久待，亦惟有径赴白栋，以便定议了息，早靖边事。谨奏。

光绪十五年四月十二日奉朱批：该衙门知道。

直督李鸿章致总署张荫桓电阻德尼使华后何天爵谋充请婉阻电

密。昨接樵野函：何天爵谋充驻使，恐不易驾驭。鸿稔知何狡猾，电嘱设筹。顷，接文电：二月，署电阻德尼使华，当复以德无耗，何极横，已设法婉阻。何来，愿否?乞示。署逾月电复：但阻德尼。钧意恶何，祈达署，内外一气云。查德固悖谬，现尚未回。何前在华劣迹亦多，能阻为妥。

四月十二日

使法刘瑞芬致总署法外部请先换商约再办界约电

接朔电，已往商法外部，请将界约一并批准，同时互换，方昭慎重。据外部复称：商约、界约系二事。商约已由议院核准，国主画押，故先递换。其界约，本拟俟界牌安设后再换，因前任藩部迟延，现在藩部甚愿将界牌事宜早日办妥，大约两个月可以竣事。彼时即将界约请国主画押，送京互换。望将此情复达总署，并请即派地方官会同法员办理，本部亦一面告知李梅，照此咨行等语。谨电达。

四月十二日

总署致刘秉璋川江行轮事难阻止希饬议速复电

英使言，川江行轮，给限二日，与不允等，且于民船亦多不便。渠拟民船行时，轮船于水稍平处停轮相让。轮船行时，于岸旁悬旗示警，暂止民船，可以免碰。领事以此商之委员，而意见参差等语。究竟英官所拟利弊何如？总之，此事万难阻止，希饬妥议速复。

四月十三日

粤督张之洞致总署督抚将军例不先拜领事电

领事职分较卑，外洋官制，视为杂役，去彼国有职掌之地方官远甚，去中国督抚亦自远甚。中国相处，格外从谦，向用札，彼用申陈。至光绪六年新章，始免申陈，互用照会，已属谦而又谦。向来督抚到任者，彼先差人贺喜，随即约期来谒，然后答拜。从无先往拜之事，亦无差人先拜之事。即如英领事谒彼之香港总督，港督例不答拜。彼之总督待领事礼节如此，可以想见其分际，中国将军、督抚断无先拜之例可知。粤省从无领事责望大吏先拜之事，即省城司道亦无先拜者，至今皆然。粤省如此，他省可知。况督抚为大吏地主，彼乃侨寓专管商务之员，理自不宜先拜。

四月十三日

粤督张之洞致总署法船救遭风难民已奖赏该船主功牌电

法国挨里丝商船救出遭风华人张大发等十四名一案，前准咨查，如果相符，由粤仿照宝星章程，奏明办理等因，饬查属实。查上年七月，法六司海救华船二十九人，经敝处查询外洋办法，酌造一两数钱重金功牌奖赏船主，镀金功牌奖赏水手，彼甚欣感。此案当经援照去年办法，由敝处奖赏该船主鲁喇诘功牌一面，以示嘉奖。领事复文，极为感谢云云。即饬赍送法使，转给船主等语。除咨呈外，合先电达。至宝星，所以示优异。寻常案，仍由外给奖，即可，未便续请，故未具奏。

四月十三日

直督李鸿章致总署川督刘电英使悬旗之议系以虚言欺哄电

川督刘盐电：英使悬旗之议，无非为碰破民船狡赖不赔之地。川民知万无免碰避碰之法，难以虚言欺哄。委员何敢轻诺启衅？所议一月分两日归彼船行走，乃是万不得已，勉遵总署初议，略再收紧。其实即此两日，亦不敢保其无事也。乞代为电复总署云。

四月十三日

粤督张之洞致总署驳复英德两使要求免税各节电

密。正月二十九日函谨悉。英、德两使要求各节：

一、单货未离，不得加征等语。查此系定章，从无加征之事。若单货不符，或旧单影射，照章罚办。咎在洋商，非关暗阻，以后当再行切饬沿途关卡，务守定章，有单断不加征。此可允者，一也。

一、领单运货，自交单之内地，不得如现在办法，与未领单之货，较为多征等语。查此语不可解。单货既离之后，土货未售之前，所征内地种种厘税，皆出华商，本已于彼无涉。且一商之货，所征皆同，并无畸轻畸重，岂能就一铺之中，一一分别，考其何货自领单而来，何货将领单而去，而为之加征哉？如指出某货某处，有意偏重多征，自可随时核办。此可允者，二也。

一、开广州封口等语。查沙路河道封堵，洋船稍有未便，本不能开。然因法人获利，益形哓渎不已，要求甚切。钧函既虑横生枝节，谓终难概行拒绝，嘱令择可通融者，酌量允许，谨当允其开通此河，惟须言明只留口门十二丈，两旁遍坚铁桩，有事易于封堵。旁立红绿灯，标识分明，断不碍船。若再有挑剔，即断不开通。此鄙意不欲允，而格外让允者，三也。

若内地租屋囤货，万万不可。随地可以租屋，黏贴字号，随时可以购收散户之商货，则与通商口岸何异？大非条约限口通商之本旨。盖联单之设，意在轻其厘税，并非准其随处囤积收买。所予联单之利，盖止于此。故曰内地运货，而不言内地收货。盖洋商入内运货，总系大宗货物。或办货，或销货，必有交易之华商。未买定之前，货皆华商之货，自必华栈囤积，何须租屋？既与华商议定货数、价数之后，即从华商栈内起运，或水或陆，立登舟车，又何须租屋？华商向业户收之，向山场定之，零星囤积，储以待价，发之外商，此坐贾之利也。洋商领单，只向华商取已收积之货运出口者，行商之利也。如买茶有茶行，不能搜诸出茶之山。买桂有桂店，不能收诸种桂之户。安用屋为比〔此〕？若许入内地办货，其入内地销货仿此，今租屋寄顿，即是买地设行栈之别名。既可寄顿，即可黏贴字号，既可栖止存货，即可买可卖，是既擅行商轻税之利，又尽夺坐贾囤积转贩之利。大利微息，一律垄断，小民、贩夫当以何为生计？既开端于两粤，必效尤于他省，是无异十八省内地州县皆开口岸。地球万国，皆无此例，断不可允者也。

至于梧州图开口岸，前已料其蓄此狡谋。去年九月，函电早已奉达。此可谓谬妄无理，彼当亦自知。若西江行轮，不论厘税利害，民情万万难拂。前次函电已详，亦断不可允者也。

尤望转告两使，与言粤省开此河，此乃自主之权，粤督奏准永不开通之案，今因该两国和好，利益格外情让，允此一端，此外不可再为无厌之求。若忌法人获利，以后该两国货物格外轻减，办事格外和平，自然英、德多销，法商减色，但当反求诸己，不能问之中国。所要五事，驳二允三，似已周至。先此电达，详由函陈，统候裁度。坚持幸甚！

四月十三日

直督李鸿章致总署何天爵使华恐难驾驭请酌办电

密。何天爵虽通华语，狡猾实甚。前充参赞、署使，迭次来津议事，稔知其奸。樵野曾谓其种种挑拨口舌，及一切逾分之事，皆指前署使而言。此次纽约诸富商欲来华谋办铁路、银行诸务，咸拥戴之。恐将来不易驾驭，又与新外部布连至好，布连曾著论丑诋华工，何未必于驰禁有益。祈酌办。

四月十六日

总署致张荫桓何天爵狡猾请设法阻其使华电

北洋以何天爵狡猾，恐难驾驭，希设法阻之。

四月十七日

直督李鸿章致总署川督刘电民船被碰只可全赔请与英使辩难电

川督刘电：昨复电后，立将署电转电委员，催其速议。其实彼族刁狡，委员无法。彼谓，分二日，民船亦不便。其实，分日，则一月仅二日不便；不分，则三十日皆不便。彼谓悬旗示警，川江数千里，曲如羊肠，夹以重山，彼即多多设旗，处处有人守扼，然远被山蒙，来船不能看见，及其看见，则两船已近，溜急难停，仍必被碰。民船与轮船坚自不敌，万无敢碰轮船之理。倘有被碰，皆是轮船逞强。彼如狡，不分日，只好碰即全赔。可否电总署，与公使辩难云。

四月十七日

岑毓英谭钧培致总署滇越照图划界并无逾越电

删电谨悉。法国请树界牌，饬令地方官，会同法员办理等因。查滇越边界，自丙戌秋据图划定，嗣又奉到丁亥夏由京议定改正之图，英等当饬沿边防营将领遵照图线，划疆而守，并无逾越。勿论法员何时到滇，均照约树立界牌。先此谨复。

四月十七日

岑毓英谭钧培致总署法领事违约遣人至各厂游历请商法使禁止电　二件

上月二十日未刻，接关道阳道电禀：十九日戌刻，接个旧厂翟丞禀：十八日下午，有广东人刘觉廷，带领无执照洋人至个旧厂，持弥领事名片，要该丞代备住屋、火食。经该丞面告，以洋人游历，无执照便是私行。厂上人杂，断不可往，惟暂寓客店一宿早回。复照蒙自县姚令函托，密谕居民，不准生事。洋人亦遂于十九上午回蒙。此次得该丞、令早为照料，洋人在彼亦未多延，并免滋事。然据翟丞复姚令函，有洋人走后，厂众闻知，群聚哗议，极力弹压始散之语。嗣后，此等事总须弥领事能受商量，能遵条约，方好办理各等因。查葛李忙虽回蒙自，势必坚索护照，仍游各厂。厂地边远，聚集中越游民，良莠不齐，倘有疏虞，辄起交涉。乞电总署，知照法使，转饬弥领事，禁止该洋人，切勿轻入险地。

四月十七日

筱电，计先邀览。十八日亥刻，接据临安开广道汤道电称：前因弥领事函请职道发给监工洋人葛李忙前往个旧、东川、云南府、宁州、路南州、易门县、武定州等处公干护照一节，职道以约章只有领事预领合写执照，途中华官钤印照凭之语，并无向中华官请发公干护照之条。且查个旧锡厂，东川及昭通等处铜厂，人数众多，匪徒混迹，此三处，游历之人暂请不必前往。往返辩论，尚待商议。顷，据蒙自县面禀：县差唐有自个旧回城，途遇洋人葛李忙及通事广东人，业已同往个旧。遵查新约，通商处所，法人游历，五十里内，毋庸请照。而个旧距蒙自七十里，且有匪徒混迹。弥领乃不予商量，不遵新约，并不致函通知，辄遣葛李忙贸然前往，设有疏虞，谁职其咎。且以后交涉事件甚多，倘皆如此刚愎自用，按照边外民情，职道实不敢担此责任。理合禀乞转电总署酌核，知照法国驻京公使，转饬弥领事，和衷办理，以期商务妥洽，实为公便等语。据此，果如该道所禀，是弥领事谬执己见，故违约章，不惟目前交涉滞碍，且恐别生枝节，关系匪轻，理合据情电请酌核办理，立候电复饬遵。

四月十九日

滇矿务督办唐炯奏矿务牵涉通商事件敬陈愚虑折

督办云南矿务唐炯奏，为矿务牵涉通商事件，敬陈愚虑事。

窃蒙自通商，开关在即，而矿务是臣专司，中有牵涉事件，必须先事筹维，以免将来别生枝节。谨将愚虑所及，详晰具陈，以备圣裁。

伏查，云南土产，以铜为最盛，次则黑白铅斤。大锡铜厂，各府皆有。黑白铅厂，止东川之矿山，曲靖之阜浙。锡厂，止临安之个旧，为蒙自所辖，距县城数十里，向来滇民生计，以厂利为大宗。其他土货，如药材、茶叶，每年生意不过二三十万。至于土药，每年不过数百十万。迤西之土药，则由会理出川；迤东之土药，一由昭通以出四川叙州，一由黔以达湖南；迤南之土药，则由剥隘以出广东，其由蛮耗出越南，以达香港、上海止。临安、开化两府所产，于通省土药不过百分之一。其他土货贩卖行走之路，大率相同。而广东商人，每年贩洋货来滇者，资本不过数万，终年不能尽售。诚以地方凋敝，日用艰难，非如东南各省，水陆辐辏，谋生便易，一切洋货无所用之。然则通商之利甚属微末，法人在滇传教已久，非不深知，而必欲于蒙自开关者，其意实藉通商以窥我厂利。盖自定约准各国游历以来，其至滇者，凡某府有厂若干，所产几何，其矿质成分若干，如何煎炼，咸皆记载。观法人所作《探路记》等书，可知其蓄谋积虑，已非一日。而教堂散在各府，传习日久，难保有矿之山教民不私相置买。万一突来开采，彼时方申禁约，必致多生枝节。如听其开采，他国亦将藉口，咸来觊觎，是我自然之利源，悉为他人所占据。如英、法商人包买日本矿山，因而居奇，亦势所必然。此不可不长虑隙顾、深计熟筹者也。

查万国公法，我自有主权，他国不得搀越。滇省五金各厂为国家自有利源，开办已二百余年，断不能令他国藉词同沾利益。况目前京外鼓铸，需用铜、铅甚巨，尤不得令其贩买。金、银各厂，现虽废弛，将来亦应一律办理。臣愚拟请敕下总理衙门，与彼公使会议：凡滇省五金矿山，不准教人私行置买开采。其业经置买者，如查有矿务之山，报明入官，给还原价。各府民间开采，每年有得铜数千斤、数万斤者，向系招商局零星收买，凑供京运及宝源局鼓铸。并黑白铅斤，该国均不许收买。议明增入通商条约，永远遵守，不得改易。

至于个旧厂，锡非比铜、铅，自不能禁其不转行贩卖。惟查商人运锡，向走百色，至香港，转运上海，统计沿途税厘、脚费，每票二千五百斤，共需银二百七十两零五钱。其由蛮耗至上海，每票止需银一百五十五两三钱七分五厘。从前以其透漏税厘甚多，曾经禁走蛮耗。今既开关，自应听其运行。又加新约照出口例减则并子口半税减则，每票实止需银一百二十二两五钱五分，较从前商运蛮耗又少银三十二两八钱二分五厘，较商运百色更少一百四十七两九钱五分，多寡悬殊，是不独厂利均为所夺，而百色一路，商人咸皆亏折坐困。商人趋利若骛，势必尽买洋票，群趋蛮耗。于彼诚大有益，于我内地脚夫、船户从此失业，税厘亦复减少。为渊驱鱼，甚属非计。臣愚拟请援照加抽土药正税例，凡运锡走蛮耗，每百斤加抽厘五两九钱二分，增入条约，庶与百色一路两得其平，而锡利不致尽为法人所夺，并可杜华商偷买洋票，透漏税厘。

以上各节，臣为矿务起见，谨将该省情形，愚虑所及，会同云贵总督臣岑毓英、云南巡抚臣谭钧培，据实直陈，乞饬总理衙门核议施行。谨奏。

光绪十五年四月十九日奉朱批：该衙门议奏。

使英法刘瑞芬致总署法外部称华船往海防捕鱼抽税另定办法显违条约容再辩论电

霰电悉。前日法外部复称：华船前往海防贸易捕鱼，完纳各项税钞已久，嗣因北海船户、渔户自行呈请，将各项税钞并归一项，并请将渔船护照由副领事在北海颁给，不在海防具领，似与华民便益。西贡总督上年八月设立东京水巡捕，保护船只，推广中法沿海往来交易，请达总署等语。比驳以如此办法，显违条约，有侵中国之权，应速饬禁除，免累华民。该部尚未复，即再与辩论。

四月二十日

岐元刘秉璋致总署升泰报藏官遵谕撤队惟印兵未退已由赫政往询电

顷，升大臣咨钞三月二十一日奏稿：藏官禀称，遵谕撤兵，定界隆吐山之格压倾仓，实我藏番游牧草场，的系藏哲旧界，惟通商总在咱利以外。察其言词，尚非乖谬。仰赖庙谟，使顽悍悔悟。惟印兵未退，已促赫政赴印营，约期定议。若印兵不撤，另生事端，理屈不在藏番。并将应议之条，酌议数条。该税司云，已领会，于三月二十一启行，赴印营。一俟接到赫政来信约期，即星驰定议云云。

四月二十一日

直督李鸿章致总署韩俄陆约尚未许以定期交换电

袁世凯电：顷，赵秉稷来谈，去秋议定韩俄陆约，韦贝已奉俄廷批准，昨催交换。惟此约多延一日，多获一日利益，姑未许以定期。再，韩与俄船局人考核釜山地图，因华日租界中间多石水浅，昨复请另择他处等语。凯嘱在各国公共租界内择定最妥云。

四月二十四日

川督刘秉璋致总署宜昌船栈之议英使不愿俟伦敦复到再陈电

宜昌船栈之议，委员电称，英使不愿，而领事未敢定议。立德现电伦敦，请照办。俟复到，再续陈。

四月二十四日

岐元刘秉璋致总署升泰称藏兵已退藏哲界址俟僧众遵结再议电

顷，接升大臣咨开：自回仁进岗后，大雪封山。赫税司已到独脊岭，来勘询商何处相见，后以藏番知系总署所派，并无疑忌，已洁室恭候，请先来仁进岗晤商，再赴印营。数次专弁前往，阻雪而归。现又设法修路，勉强过山。近日大雪更甚，赫税司必难骤来。藏兵已分起退扎，俟帕隘雪消，即陆续遣撤。藏哲界址，划在咱利纳山，立石划界。印哲之界，照旧注明在口拟曲属。至通商处所，藏番固执前言，在独脊岭边界。再四开导，允在对邦一带。已令噶布伦等回藏，饬令商上具复。俟取到僧俗大众遵结，再赴英营定议。第不知有无反复云云。

四月二十五日

总署致刘瑞芬海防华船捕鱼法领令先纳费希告外部饬革除电

法使以预防匪船为名，并未与中国商明，擅准北海领事，于华船之入海防捕鱼贸易者，先行纳费给照。违约侵权，屡与辩论，彼仍狡执。希告知外部，速饬革除，或与粤省另议办法，不得借端苛索。

四月二十五日

总署致张荫桓闻美将派德尼使华请阻止电

闻美欲派德尼为华使，此人在朝鲜簸弄煽惑，声名甚劣。可向外部探问，告以西人有此谣传，中国闻之，甚不愿，冀可先发阻之。

四月二十五日

总署致张之洞法使言华兵仍驻越南板邦希查复电

法使云：接电，知华兵仍扎越南板邦地方，于理不合。是否属实，希确查电复。

四月二十五日

直督李鸿章致总署袁世凯报韩灾运米入口可否援案免税已复准电

袁世凯电：前准外署照称，韩灾各港，限至四月，免米进口税项。又照称：民饥情形，请禀宪台，饬津、沪各关，凡运米来韩，特准免税入口，以广运售，盼切等情。查韩灾，沪准免税出口，十二年办有成案，可否援照办理，并亦限至四月之处，乞示遵云。已电复准行。

四月二十六日

直督李鸿章致总署袁世凯报韩函复纳贿免使事颇狡已斥还嘱另照复电

袁世凯电：前奉钞行奏复韩行贿免使事，当即遵照原奏，照会韩政府，以访闻为题，请禀王查禁。嗣闻王颇惭悸，虑情有泄漏，嘱政府函复掩饰。设将来泄有证据，即以函复非公事为抵赖。顷，准政府函复，颇狡，已即斥还，另具照复云。

四月二十六日

使美张荫桓致总署美使有暂留田贝说如何天爵来愿否乞示电

美初拟派格兰忒子使华，甚佳。续改拟士蜮，庚辰来华订约者，甚坏。极费力，乃派往日本。何天爵又继而钻营，外部袒之，格意使奥。当举何甲申在京诸诳语，及借款已罢，合同不缴，贵署拒不接见各节，密达总统。现有暂留田贝之说。未闻德尼，贵署如不愿，当明阻。何来，愿否？乞示。公法，不能指定要谁，然可指定不要谁。权在贵署，美京有案。

四月二十六日

附注：查光绪六年庚辰《中美续修条约》案内，美国派使只有安吉立、师腓德、笛锐克三人之名，并无士蜮其人。谨注。

使美张荫桓奏美国积案清偿完结折

出使美、日、秘国大臣张荫桓奏，为美国积案清偿完结事。

窃臣于光绪十二年三月二十八日奉上谕：洛士丙冷案尚未定议，张荫桓到后，着郑藻如暂留，会同经理，将从前各案，议定善后章程等因。钦此。

查洛士丙冷一案，光绪十三年三月初五日，遵旨照收赔款银十四万七千七百四十八圆七角四仙，分别散竣，余银剔还美廷，先后奏报在案。此外乌芦公司槐花园、姑力煤矿、阿路美煤矿、澳路非奴全坑〔金矿〕、的钦巴华局五案，漫天拿、舍路、阿拉士架三案，美复赔偿银二十七万六千六百一十九圆七角五仙。臣就郑藻如照会外部文牍及华人续报者，与外部辩论经年，卒能就范。上年已废之约，本为善后计，因将赔款并注约内。其实索赔在定约之前，即无此约，美亦不得不赔者也。故此约已废，议院仍另案议准。美外部两次来文请收，绝不牵废约一字。臣因电达总理衙门，请旨遵行。上年十二月初二日奉旨：美缴赔款，着照所请行。钦此。臣钦遵照复外部，即于十二月初十日如数收讫，亦经电达总理衙门代奏在案。华人寓美，迭被欺凌。至于焚杀驱虐，美律宽纵，定无办凶拟抵之条。若并不赔偿，则华人吃亏弥甚。臣钦奉使命，自应据理与争。该国震慑，威棱不复，久悬无着各案华人分别给领慰情，聊胜于无。特鉴于各案之惨，事后查办之棘手，诚如圣谕，亟应议定善后章程。况美西各省，厌忌华工，牢不可破。臣奉驻三年，幸能安堵，原非始料所及。迨客秋美国废约，行例益形枘凿。臣援据光绪六年中美续约，博考美国外交文籍、议院报章，给与照会，外部无可置辩，乃诿语英论日报摇惑民志。臣又移驻秘都，远离美境，是以议院遂定此例，群然和之。总统虽欲批驳，而无能为，虽其词甚逊，而迄不肯谕饬议院删除。臣业将往来照会，录寄总理衙门备案。现在美国更易总统，局面一变，又烦笼络。新总统谦和寡断一流，且恐受挟于前例，能否转圜，诚无把握。上年十二月初八日，臣是以有请旨饬补救之奏，盖华民流寓各城岛，习尚不齐，若非美廷实力保护，自非微臣一手一足之力所能维持。臣不敢以积案清偿，便可泰然无备也。谨将该款划拨律师诸费，仍饬金山领事照案给领具报。谨奏。

光绪十五年四月二十七日奉朱批：该衙门知道。

使美张荫桓奏请定国旗形式片

张荫桓片。

再，准北洋大臣咨会北洋海军章程国旗一款，内开：按西洋各国有国旗、兵船旗、商船旗之别，又有兵、商之别，大致旗式以方长为贵，斜长次之。同治五年，总理衙门初定中国旗式斜幅，黄色，中画飞龙，只为雇船捕盗而用，并未奏明定为万年国旗。今中国兵、商各船日益加增，时与各国交接，自应定旗式，以重体制。应将兵船国旗改为长方式，照旧黄色，中画青色飞龙，各口陆营国旗同式等因。臣奉使海外，例张国旗。而南北美洲，每以中国旗式官商一致为诧。盖诸华商久经循用斜幅龙旗，遇中国庆典及臣出入岛境，辄高悬，以为荣耀，未便抑令更张。而西俗国旗最为郑重，亦不宜无所识别，且章程内亦有巡历外洋与各使臣相涉之事，今北洋海军国旗既以长方为式，臣在海外敬悬国旗亦拟用长方式，绘画仍旧。此外各华商仍令永远遵用斜幅龙旗，以示等差。如蒙俞允，臣即檄饬各口领事官，并照会奉使诸国，一体知照奉行。谨奏。

光绪十五年四月二十七日奉朱批：该衙门知道。

使美张荫桓奏视察古巴华侨片

张荫桓片。

再，臣前年自日返美，奏明亲往古巴一行，近以美国新例不准华人假道古巴，领事官屡次禀商，臣一面照会美外部驳论，即于客腊封篆后，自美国南境覃坝岛附船前往，对渡大西洋，不免颠簸，而水程较捷，舟车并计，三昼夜即达所，届今春正月二十四日回美，均经电达总署在案。古巴一岛，自蒙恩旨设官后，华人重觌天日，各得自主权利，感沐皇仁，实无既极。该岛孤悬海外，地形辽阔，向以糖烟为大宗，货车轮运，旦旦不绝，而岛地贫弱，华人生计亦遂逊前。寻绎其故，皆日国横征厚敛所致，未易遽有起色。华人假道一事，美外部复准照旧办理，不与新例相涉，或从此通行矣！现寓古巴华人约四万，领署交涉之事甚繁。夏湾拿总领事官陈善言差假回华，酌派马丹萨之任，均无贻误。随员张泰遗差，经理华人换照，本系专责，当派供事杨葆光接管，以资熟手而免更调糜费。臣小住两旬，考核学堂功课，逐日接见华商，并派随员赴医院、养济院等处察视华人，略予赏赉，以广圣恩。复与该岛督抚、将军等官往还联络，俾华人得永符优待之约，而各领事与之办事当较融洽。谨奏。

光绪十五年四月二十七日奉朱批：该衙门知道。

总署致张之洞封口事非万不得已不松口电

元电甚详，悉。前二款可允，后三款必不可允，自当力持。封口一事，非万不得已，断不松口。巴使现假回国，目前可暂宕，俟彼来催促，再与辩论。扣留德商货物案，宜早通融了结，免致日后索赔。

四月二十八日

清季外交史料卷八十终

清季外交史料卷八十一

光绪十五年五月至十二月

粤督张之洞致总署葡于澳门关闸外设路灯违约侵界又香山县丞向来驻澳现仍其旧电 二件

三月初二日函，谨悉。关闸至北山岭，从无局外之说。关闸以外，自不容葡人更逾尺寸，彼亦不能过问一词。此事彼万分无理。约载彼此均不得有增减改变之事，自系指旧在澳门界内之地而言。若关闸以外，系属香山营县地旧有汛防，今不过修明旧制，似不在此条之内。即如前山厅上年大修城垣，彼岂能妄阻？若关闸以外准彼设路灯，而不容我建兵卡，岂非倒置？蔓延不已，数年即侵占至前山厅城下矣！南北诸边与蛮国接界处，皆无此例，并非因其国小轻视。稍有过举，先经敝处驳复，录稿详晰咨呈，并由宥电奉达在案，想已鉴悉。昨据澳官复称，此件本应与钧署商议办理，日前照会敝处，系以优礼相待，故特照知，令无庸答复。又谓敝处驳复之文为闻所未闻，刻即照会钧署等情，狂谬已极。查驳复稿并未过当，即与咨呈钧署之文相同。澳境与香山毗连，案关违约侵界，岂能舍粤省而迳商钧署？务请严词驳折，仍推出外办，当与坚持。彼理屈词穷，必可就范。此事关系至巨，务望卓裁。

五月初一日

再，三月初二日函，葡人照会，又有倪姓标贴告条，招人禀控一事。查此事，署香山县丞倪姓，自前任数年来向驻澳门，历久相安，该员照会葡人，钞录旧稿，误沿用夷字，葡人不悦，因促令移出澳地，亦经照会敝处，专以此事为词，其他皆未言及，旋经绅商调停，今仍住澳，彼亦不问矣！敝处曾申饬该县丞，令以后文字勿疏忽，至贴条招控云云，实无其事，彼故云风闻。此事甚琐细，彼皆微词耸听也。查香山县丞原驻澳门，后衙署亦为葡人所占，该县丞现仍住澳门，赁屋居住。澳事交涉颇多，该县丞寄寓其地，藉通声息，谅亦有用，故只可听之。

五月初二日

总署致张之洞法使不允停渔船照费已电刘使澳门关闸北不应设灯已复葡使电

密。渔船照费，法使不允停止，已电芝田，与外部辩论。关闸以北，非澳境，我可建屋，彼不应设灯，已照复葡使。又据伊照称，舵尾山附近篷厂，改建砖屋，谓与约不合，有无其事，幸示复。

五月初二日

驻藏大臣升泰奏定界通商已有端倪候印使约期定议折

驻藏大臣升泰奏，为边界春雪稍融，赫政先赴印营，奴才饬令藏番办理定界通商，亦有端倪，专候印使约期定议事。

窃奴才曾将赫政到边日期，并边界情形驰奏。兹于三月初旬，前委赴藏之噶布伦伊喜批冲等已由藏回到边，达赖喇嘛与奴才致函，极道知感。又第穆呼图克图率领三大寺及阖藏番官递印禀，佥称：西藏佛土，自咸丰年间，即阖藏公议，实因彼此教道不同，早经共立誓词，不与洋人交接。刻因大皇帝简派大臣赴边查办，饬令委员，迭谕饬办撤兵、定界、通商三事。我藏番等不敢违旨，业经遵谕撤兵。至于定界，上年本有旧界。嗣因将日纳宗赏与哲孟雄，其隆吐山之格压倾仓地方，实有我藏番百姓游牧草场，的系藏哲旧界。至于咱利山，本无鄂博，不过上年屡次在此阻挡洋人是实。若通商一事，我藏番实属万难，但刻蒙驻藏大臣及各委员奔走冰天雪地，又与洋人据理辩论，所说一切，言词秉公正直，我阖藏僧俗实所共闻。我等既受重恩，何敢固执违命？兹我阖藏人等，因伊喜批冲回藏之行，大众再四会商，实不敢负大皇帝天恩，万不得已遵谕通商，惟咱利以内，洋人断不可来。总求施恩，能在咱利以外，实沾恩典。

奴才察看来禀，所陈言词尚非乖谬。且通商一事，从前历任大臣百计开导，该藏番一味固执，矢口不移。兹幸迭蒙圣训，该藏番已知感悟，渐就范围，将来即可藉通商为善后计。此皆仰赖皇上指授机宜，庙谟硕画，得使冥顽不灵之辈一旦翻然知悔，全藏叨幸实深。惟印使接奴才照会藏兵已撤之文，业经一月，至今印兵未见退回。刻闻咱利山顶之雪渐消，可以行走，奴才即促赫政速赴印营，约期定议，并将一切情形详细告知，藏番已遵旨撤兵，又允定界、通商，驻藏大臣于藏番已无可再办之事，若印兵再不撤回，以为藏番无能，可以任意要求，致另出事端，则其理屈不在藏番。曾与赫政切嘱再三，并将应议之事，除赫政所问十条，逐款明告，又由奴才酌议数条，一并开折，分晰详告，该税务司面云，业已领会。赫政即于三月二十一日由仁进岗启行，前赴印营。一俟接到赫政来信约期，即星驰前往定议，弗敢稍涉稽延。会议定期，另行奏报。谨奏。

光绪十五年五月初二日奉朱批：该衙门知道。

岑毓英谭钧培致总署法领事请给护照赴保胜电

二十八、九日，据关道阳道电称：二十七日，弥领事来职署拜晤，旋往答拜，所言尚近情理。渠因患痢，初拟赴保胜就医。闻其地时疾甚重，不果往来，请给葛李忙回保胜护照，事可行，职道已印给之等情。知关垂念，谨电陈。

五月初三日

总署致刘铭传英使称领事假满来台电

英使称，配尚未升副领事，而超署领事，霍以实缺领事，假满来华，不能不令回任。

五月初三日①

总署致张之洞澳门案外结甚善电

密。皋、沃三电均悉。澳门案，外结，甚善。关闸以北，与澳无涉，必应力辩。复葡使照会，已咨由贵处转递矣！

五月初五日

总署致刘秉璋川江行轮英使谓当再商希酌复电

川江行轮，电芝田，商英外部，据复：由宜昌至重庆，非二日可到，月仅二日，守候日久，恐难照办。倘此二日，专指江窄石险处而言，容再商等语。此事坚持二日之说，势恐难行。幸再酌复。

五月十一日

① 原刊目录标为“初二日”。

直督李鸿章致总署川督电称川江到处险隘如行轮民船被碰须赔偿电　二件

川督电称：总署转电芝田来电：英外部以川江行轮，月分二日，难照办等语。彼既不愿分日，惟有碰破民船全赔之一法。盖彼船坚，民船脆，万无民船愿碰轮船之理。一切细情，前已缕陈。请查照原电、原咨复之，兹不再渎。乞转电总署云。

五月十四日

又川督刘电：彼谓，月分二日，倘专指江窄石险处而言，再商等语。宜昌以上，处处皆险，则处处只能勉分二日矣！细揣此电，似川江险狭，英外部未洞悉。乞转电总署云。

五月十五日

使英法刘瑞芬致总署川江行轮民船停让二日英外部未允乞示再商电

密。有电悉。已往商外部：川江行船，现拟每月民船停一二日，让轮船行驶。因江曲、石险、水急，实无避碰之法，务请照办。据称：轮船由宜昌至重庆，非二日可到，每月仅让二日，轮船守候日久，恐难照办。倘此二日，专指江窄石险之处而言，容再商量。告以川江民船，每月停二日，已属通融，未能多停。该部未允。惟是否宜昌至夔州以下江窄石险之处，停船二日，抑自宜昌至重庆只让二日，乞示，再商。

五月十四日

使英法刘瑞芬致总署法外部言给发北海渔船护照不便已嘱法使商办电

密。法外部复称：在北海给发渔船护照，贵国总署以为不便各情，本部现已有文，嘱驻华公使李梅，与总署和衷商办，以顾大局，请转达等语。又云：现饬李梅商议办法，总期无碍中国之权。是该部之转圜矣！

五月十六日

直督李鸿章致总署韩派人索拿法佣经袁世凯调停法使不肯交犯电 二件

袁世凯电：顷，法使来谒，盛怒，称，韩外署派役吏闯入我署，索拿法佣，不合公法，无理已甚，经控折〔诉〕，内署禀上而又退回原文，是不与法和好往来，余惟有电请我政府核办。凯答以韩役吏不解公法，故此冒昧，想非外署意旨，且小事何必张大？我可从中调停，望暂息气等语。法使诺许。拟即招赵秉稷来此，面商排解云。

五月十六日

袁世凯电：现为赵秉稷及法国解和。赵许将闯入法署之吏役严办，并致函谢过，惟法佣殴宦族，干众怒，须交出惩办。而法使坚持公法三卷十六节，不许交出，惟允由自已审办，逐出韩境一年。如韩必欲索拿，将约各国公使，按公法会议云。然法佣殴徐子，阖城官民咸〈不〉欲甘心于法人，联名控请赵拿办，韩王及赵均难自已。设法人终不交出，恐酿事端。昨亦以韩臣民众怒情形略告法使，该使惟称公法所关，不敢擅便，似难了结。且赵疏辞职未批准，凯属其姑忍耐，不必再辞，致启他人疑议云。

五月十七日

总署致刘瑞芬川江行轮英廷如难婉商可访绅商开解并复电

密。盐电转至川督，据复：一月仅让二日，如办不到，惟有碰破民船全赔等语。川江行轮，既难免碰，议赔亦必多争执，易激众怒。英廷如难婉商，可否访主持此事之绅商，以情理详切开解？能止固妙，否则愈缓愈好。一有端倪，即希电复。

五月十七日

直督李鸿章致总署升泰电藏属纳东通商藏番已遵结电

川督等效电：准升大臣咨钞四月二十一日奏稿，属先摘要电奏等因，内开：前允在咱利山外通商，开列条款，交赫政赍去，印督尚未回复，窃虑英官不允。现又开导在于藏属纳东地方通商，藏番已递遵结。哲孟雄，若照前议，固善，倘英人不允，惟有斩断葛藤，免生枝节，藏番已无固执等语。窃思升大臣开导至此，已算件件遵依。转电总署，设法维持云。

五月二十日

直督李鸿章致总署袁世凯报韩王向法借债电

袁世凯本日电复：韩贷款事，凯迭询外署督办赵秉稷等，据云，初议百万，嗣议二百万，将以百三十万偿德、美、日商及中国商局、电局各债，以七十万为浪费之需，此议，王派内臣密订于法使，外臣皆不详知，未闻以何作抵等语。前闻西人密告，或谓以海关作抵。凯并迭引安南覆辙提劝赵令，密约两金左相设法谏阻，赵等颇尽力。昨晚仍询赵以已否罢论，据答，必可中止，但商局债请姑缓催云。凯允以可随时先偿息，而局本可展缓，赵极称感。惟查贷款，议由于闵咏翊、海尼等，韩王曾因廷臣阻挠，严饬左右密其议。翊有权力，凯虑王暗弱，未能坚定永罢，故未敢遽以断词禀闻。且韩人性情狠诈，凯仅面晤询劝，必支吾抵赖。拟即据奉电谕各节，具密函径询韩政府，令其具复，庶较可据，而藉阻止云。

六月初一日

粤督张之洞致总署北海渔船发照事请商法使令派于领事商办电

密。感电谨悉。法人北海渔船发照事，既肯转圜，自当筹一中外之权均无所碍办法。如法使来商之时，请令派广州领事于雅乐，就近商议。于领事明白晓事，较易商办。

六月初一日

粤督张之洞致总署舵尾山为香山县属与葡无涉请驳斥电

朔电谨悉。关闸之事，已由电详陈。舵尾山在十字门小横琴岛上，为香山县属，向无葡人居此。该处疯人得葡人养济，此亦不过寻常善举，何得视为管治证据？如各省有洋人施医院，岂能即为洋人界乎？上年经敝处驳复，并于七月间录案咨呈在案，查照严切驳复。改建砖屋，我办我界之事，与彼无涉。彼贪狡无厌，因草稿有附岛字样，直欲囊括十字门岛，断我海道。我若稍一放松，则彼将得寸进尺矣！大抵葡人最为鄙谬，政令荒陋，力量怯弱，即如近日倪县丞一事，捏谎耸听，与照会粤省文不符，伎俩浅陋，不成国体，迥非英、法各国之比，澳民亦不畏服，动辄违抗挟制，彼即迁就。此后彼国一切妄想贪求，望钧署严切驳斥，或交粤省外办，使彼不能任意虚诳，较易驳斥。

六月初一日

直督李鸿章致总署袁世凯报韩俄图们江行船议约拟文询韩政府电

十九日公函钞寄袁世凯。顷，接袁电：奉谕饬商预防图们江韩俄行船事。查初议约时，凯亦虑此款易滋流弊，曾添务求彼此两便六字。迨后韦贝送示俄廷改本，将原稿只能行走一句，改为随便行走。凯滋疑虑，迭嘱赵秉稷争改。而王欲树大援，勒令迁就印押。此时如仅询明韩廷，由华阅定另章，似虑将来俄人佯作不闻，持约狡图。且近年外署规制荡尽，事无巨细，俱由王任意核定，直同儿戏，复不留心外交档案，遇事师心，尤虑其临时未必遵办。拟即备文分询政府、外署，待其复，即令外署照会俄使，声明华、韩、俄旧定界限，将该文稿钞照卑处存详，庶愈周密。

六月初二日

直督李鸿章致总署驻韩日使与袁世凯谈俄欲在韩据地储煤并韩拒俄索绝影岛事电　二件

袁世凯电：顷，日使来谈，闻华欲商令韩、俄开图们江口为口岸，以便水运军储至珲春，然否？凯答以必无此事。日云：俄、英终必决裂，俄如在韩海面据地储煤，英必踵至，韩受害非细。凯因探以有何见几，彼云：俄时常派一商船往来，日、韩用煤无多，而先在元山、釜山择地储煤，并力索绝影岛，其意可见。凯答：韩未允绝影岛，俄必不敢遽强占。日又云：驻华新日使大鸟有夙望，素慕华风，资兼文武，志在保持东亚大局，必能为华信爱，计此时将启行赴华等语。

六月初二日

袁世凯东电：洪星使所云韩许俄两海口，即指元山、釜山而言，此外查无密许他处。顷，据赵秉稷答称：前自坚拒绝影岛后，俄使不悦，久未再请，亦不复索釜山他处。俄商亦回俄，姑作罢论。嗣后无论如何，我定不以绝影岛允彼。至许他岛，确无此事等语。

六月初二日

驻藏大臣升泰奏英藏通商拟办情形折

驻藏大臣升泰奏，为藏番遵办通商，前禀已允咱利外，现经奴才饬令，在于藏属之亚东地方，亦据出具遵结事。

窃奉谕旨，以边事责成奴才一手经理，万不可稍存退缩推诿之意，并蒙训示一切，益深悚惶！窃查三月二十一日陈奏办理情形，藏番已允定界、通商。惟通商一层，三寺僧众必求在日纳宗地方。奴才窃料英官万不能允，当即饬令委员再行开导，谕以通商之地，与界址不同，并非咱利以内洋人所到之地即为他人所有，尔等尽可无虞。且通商必须设关，所定亚东地方，两山相对，中有平畴，正可在此修建关卡。若咱利以外，系属绝巘荒山，瘴雾终年，虽六月盛夏，犹有积雪，经理商务者何能在彼驻扎？来往各商亦势必裹足。该藏番等又复聚议多日，委员等百计开导，夜以继日，费尽唇舌，始据在边僧俗噶布伦等递具遵结前来。而赫政由独脊岭来函，谓：前次折开各款，印督尚未逐件回复，会议尚须稍候，故意拖延，殊不解其用意。窃思藏番既允在藏界之内通商，则已与前准游历及改为饬令西藏通商之旨相符。英人虽强，似无再可要求。至哲孟雄，狡狯居心，不敢必其无受洋人指使之事。照旧两字，奴才虽与英人力争，然亦必相机而行。昨已婉谕藏番，如英官能照办，固属甚善。倘英人藉此不允，因之藏案遽难完结，亦惟有斩断葛藤，议立妥约，免致后来因他事又生枝节。该藏番已无固执，奴才亦未敢求效太速，自当恪遵前旨，徐与磋磨，总期藏案可结，以冀上纾宸廑。至通商事宜，俟定议后，再当奏陈，请旨办理。谨奏。

光绪十五年六月初四日奉朱批：该衙门知道。

直督李鸿章致总署袁商韩外部请俄使于图们江两国沿岸注明里数电

袁世凯本日电：顷，与赵秉稷商明，嘱其先往俄使处，请于图们江两国沿岸并注明按由海口至二十韩里内等字。如俄坚不允，再另照会声明。再，丁提督汝昌等至汉城，今日韩王请见丁、吴云。

六月初五日

总署致李鸿章请俄人注明图们江两国沿岸里数希电止袁电

歌电悉。图们江事，韩已堕俄诡计。此时只可不提，再想办法。若遽令添注，彼必不允，且更坐实。希即电袁，切勿孟浪。

六月初六日

总署致李鸿章请查洋商运韩货入内地税则电

克署使顷来，谈纸事，不允照土货完厘。希查明津关及他口，以前有无洋商运韩货入内地之案，由尊处酌量办理。赫德谓：朝鲜与各国立约税则，无土货由中国入内地如何办理之专条。津关不允，系正办云。

六月初八日

驻藏大臣长庚致总署报赴藏日期电

川督送阅尊署电谕及电复，祗悉。庚于四月初三到川，现拟六月十六日起程赴藏。除奏报外，恐廑系，特肃闻。

六月初九日

驻藏大臣升泰致总署哲藏分界通商事宜近议五条并请拨款电

总署钧鉴。六月五日，赫税务司到营，开来近议五款。并奉传谕升泰电复。兹谨议数条，祗请衡夺：一、藏、哲分界咱利山顶，本属原议，惟西金应作两国属部，藏番即可无词。今议西藏不得干预，哲界即印界。查咱利至日纳，本系商上赏地，旧有藏民，似应酌量划还，或妥议章程，商属游牧始有安插。一、去冬纳荡议西金应送西藏禀礼照旧，西金归英保护。如能照议，其禀礼并非表贡款式。一、西金归英保护，藏中向给西金每岁大麦千二百石，又春丕、夺乂等处所有庄房，藏番应行收回，大麦、饭盐停给。一、英国保印兵不过西藏界内，系指西藏、西金紧连之界。查纳荡距界仅六英里，彼处驻兵，藏南百姓不能宁息，应议为英国保印兵不过日纳，庶可相安。一、通商宁设关亚东，前已奏闻。所有印人，只可在通商处报关，他口不得往来窥探。一、前经奏准，拨银七八万两，由川汇藏五万，已准川省兑拨四万。现将定议，办理通商，用款纷繁，兹拟先由总税务司处拨二万两，由汇丰兑噶里噶达，俟泰派员领取，以归简易。川中停拨。

六月十三日

直督李鸿章致总署袁世凯报韩政府照复图们江行船事电

袁世凯文电：顷，准韩政府照复，内开，查朝俄新立《陆路通商章程》第七款，图们〈江〉两国沿岸水船行走一案，已由敝外署订定交钤，意谓悉臻妥协，无庸过虑。兹奉总理衙门暨北洋大臣饬询申复，深以此约款并未指明界限，殊涉牵混为念，乃出于慎重疆界，免滋流弊之至意。敬聆之下，曷胜悚惶！复查此约款内所云，图们江者，本为指定自中俄界牌以南入海处三十中国里朝俄两国交界之江而言。一则曰两国沿岸，再则曰两国对岸，即朝、俄交界之江岸也。此约款作如此讲解，不待详注，而界已自明白。至界牌以西吉林、朝鲜公共之江，毫无干涉。其曰嗣后另设行船并稽查河面之章程，只是朝、俄交界江三十里为限以内事，所以有两国商议之语，则俄船但可于朝、俄界内行驶，不得越过吉林界内一步，确然无疑。俟将来议立行船章程时，当先送由中朝核阅，更应分别界限，详细注明，以资后据，而符事体，可也等因。容另禀详。至应否再有续诘之处？再乞训示云。

六月十三日

直督李鸿章致总署袁电俄韩订约违例未咨礼部电

袁世凯电：韩与各国立约后，向例由韩王钞咨总署、礼部、北洋存查。去年韩、俄订陆约，闻未分咨，似违定例。可否知会礼部，咨行韩王，诘令补咨？待其咨至，再复诘王将政府、外署昨复电陆约七款文重咨申明，似尤可据云。祈核办。

六月十六日

总署致升泰藏哲分界五款妥协从速了结电

来电近议五款，均系妥筹办法，即与妥筹商定，从速了结。银二万，已照来电汇寄。

六月十八日

使英法刘瑞芬致总署川江行轮川督允一月让二日英外部未复电

密。接筱电，已往商外部。川江行论〔轮〕，川督只允一月让二日，外部颇以为难。告以如不能行，凡碰损民船，全要赔偿。外部云：待再商。芬即与主持此事之公司总办好威晤商，以川江路曲石险，易于碰船，有拂民情，不如停止，反复开导。该公司以船早造成，守候时久，耗费不少，未肯中止。告以如强欲行轮，则碰沉民船，全要赔偿。该公司邀集股东商议，意见各殊。芬又往商外部，据称，日前已将贵大臣所定两层告知该公司，云稍迟回复。芬屡往外部催问，据云，似未回复。此事，该公司既自迟延，即不往催。俟有复音，再陈。

六月十九日

总署致李鸿章川江行轮英注意重庆通商如用华船似可转圜希商川督电

川江行轮，议未成，而事难已。彼盖注意重庆通商，故先有此请。或云，若允通商，约明专用华船，不用洋轮，似可转圜。因思行轮患在坏民船，激众怒，通商患在夺商利，损厘金。然既行轮，必通商，则兼两害。仅通商，不行轮，则止一害。两害取轻，当是中策。希即电商川督，如果可行，暂不宣露，以为将来退步。候复。

六月二十一日

使英法刘瑞芬致总署报英外部复川江行轮被碰赔偿办法电

顷，外部复称：川江民船，每月让二日之议，断难照行。至碰船赔偿一节，现据该公司禀复，云：川江碰损，应赔银数，在五百两以内者，无庸审断，即行赔偿。如碰撞民船，人货损失，应赔银数在五百两以上至一万两以内者，须由宜昌领事官与中国官员会审，照行船章程，应赔者再行赔偿。该公司又云：以上两层，专指此次川江试行轮船而言，若日后川江行驶轮船，应由中、英两国家再行议办。外部又言：赔船办法，如总署允行，请即发船照，俾该公司试行等语。

六月二十三日

直督李鸿章致总署川江行轮专用华船亦多周折电

川督电复：总署筹略精审，佩甚！惟华船须由船行价雇，杜彼暗以彼船充华船，此则船户无可怨望。惟川商失利，必非所愿。商人究少于船户，若勉强试行，秉璋不敢不允，亦不敢保其无事。前年重庆教案，何尝不凭空而起，此奉复之正文也。抑秉璋愚虑，既谓公司耗费不少，乞密电芝田，与英外部议，宜昌领事与委员议买船草约，以十年为限，英船不来，限满，再察看另议，姑免目前之衅。及十年限满，我有前说可援，不过再费唇舌。是否可行，乞酌核转商云。鸿窃料允通商而专用华船，不用洋船，彼亦多周折，未必即了，姑存此说可耳！

六月二十三日

粤督张之洞致总署法在越开铁路运货内地苏元春拟来面商办法请代奏电

接苏提督元春电，称：元春忝任边防，今逾四载，讲求守备之方，尽其心力之所能，外防游匪，内戢奸民，中外尚属相安。通商已经开办，惟迭据探报，南民苦法苛敛，往往反教从游。又法拟开铁路，由海宁府至平而关上三里运货下船，顺流直出龙州，将来转销太、南、梧、浔诸郡，可趋云、贵等处，不经粤关口，可免纳税。元春通筹全局，颇费绸缪，意欲就商，而函电虑难详尽，窃拟巡阅东防上思州一路之便，就赴北海，乘轮直趋东省，面谈详细，冀于边务有益。往还从速，不过月余。此间有统领马镇盛治及营务处文武各员悉心经理，无虞误事。元春为慎重边防起见，乞先电奏，请旨遵行等语。谨据情电奏请旨，祈代奏。

六月二十九日

总署致李鸿章请将川江行轮议赔办法转川督电

密。漾电及益字八号函，均悉。买船缓期之议，彼既不允，无可再商。昨芝田电称：外部云，每月让二日，断难照行。碰赔一节，应赔数在五百两以内，无庸审断；即赔五百两以上，须照行船章程，会审再赔。以上两层，专指此次试行而言，若日后川江行轮，应再议办赔船办法。如允行，即请发照。英使面称，全赔一节，决不能行，请先定免碰之章等语。尊意谓分日之说，不过藉以抵制。然此事断非空言能阻，必须筹实在办法。但一经试行，势必通商。纵初次幸而免碰，日后终恐酿事。是以前有但允通商之议，如尊意谓然，不妨留为后步。目前仍执全赔之说，徐图转椇。希详酌电复，即转电川督。

六月二十九日

总署致刘瑞芬川江行轮停止十年可徐图转圜电

密。川江轮船，前经委员与立海①议买该船，价银十二万，十年为限，停止行轮，限满另议，将与领事订立合同，因华使谓与他船无干，遂中止。此间难与再商，闻立海现已回国，仍希相机与外部及该公司酌议。若能十年英船停驶，便可徐图转圜。希电复。

六月三十日

台抚刘铭传奏基隆煤矿拟归英商承办请旨饬议折

台湾巡抚刘铭传奏，为基隆煤矿官办难期起色，现有英商承办，订拟合同，请旨饬议，以节糜费，而免漏卮事。

窃台湾基隆煤矿，自法人滋事毁坏后，先经商人张学熙禀请承办，旋以本亏乞退。经臣商同南洋大臣曾国荃、船政大臣裴荫森并台湾各凑本银二万两，另集商股银六万两，共成本银十二万两，于光绪十三年正月招商接办。因旧矿产煤不多，工本过少，办理年余，毫无利息，商股乞退，禀请收回，仍归官办。臣因闽洋官商轮船并船政、制造各局，在在需煤应用，欲罢不能，该矿悉属已成之局，未便废弃，即于十三年十二月，由官收回接办。所有商本及船政官本，暂由台湾捐输存余项下筹拨归还，饬派洋人玛体荪，仿照商办章程办理，先后奏明在案。

该矿在基隆八斗地方，开采年久。因法人之乱，停歇二年，积水过深，机器俱行毁坏。数年以来，添购修复，较之从前，用费更多。不料煤源已竭，所产日绌。计自改归官办，迄今年余，综核出入，每月亏折银三四千两不等。据工师察看情形，非添用本银百万，另开新矿，力筹恢拓，不能获利。台湾经费支绌，官本无款可筹，商股不能再招。臣正在筹画之际，适有英商范嘉士，愿集资本银百余万，来台承办。由英国驻台北领事官班德瑞引荐到臣。据称，已勘产煤之区两处，另开新矿，暂用八斗旧矿，先行接办，愿偿八斗煤矿机器官本银十四万两，分期清缴。详议章程十一条，开送前来。

臣查，台湾产煤系地方自然之利。官办限于资本，不能扩充，且积习太深，用人为难，从前每年漏卮银十万两。自臣经理以来，糜费虽少，每年亦须亏折银四五万两。以

① 后为"立德"。

台湾弹丸之地，所入不敷所出，此项漏卮，无所底止，非设法变通补救，不能免此无穷之累。若由该英商承办，不特官本可以收回，即以二十年计之，可免漏卮百万，关税并车路运价，转可得数十万。利源既辟，商务更兴，于地方民生，尤属有裨。所议章程十一条，由臣再三核议，亦不至有后累。当经派令兼办矿务委员·候选知府张士瑜，先与该英商草立合同，缮单恭呈御览。事关中外交涉，应请饬下总理衙门，会同户部，速行核议定夺。如蒙俞允，再由臣饬令该英商书押承办。

再，台北新竹县辖牛头山地方，旧产煤油，虽经前福建巡抚丁日昌奏明，委令道员叶文澜开采，旋以亏本停止。现据该英商范嘉士并请开办，事同煤矿一律，并由该商另订合同，谨缮单陈明，并乞一并饬发核议施行。谨奏。

光绪十五年七月初十日奉朱批：该衙门议奏。单二件并发。

吉林将军依克唐阿奏俄勘造伯力铁路片

依克唐阿片。

再，奴才去年入觐，面蒙皇太后、皇上垂问俄人欲修铁路情形，随经复奏。探闻，该国欲由伯力靠兴凯湖东边，直抵海参崴，蹦看路径，兴修工作。此系奴才在珲春任内据探所报之言。嗣后奴才回抵珲防，正拟派员越境侦探，适于今年三月初六日，俄国廓米萨尔玛秋宁亲到珲署，与奴才送行晤谈，问其国所议新修铁路现时如何。据玛秋宁声称：去年所躧之路，委因泥涂洼下，难以安置铁床。今另由兴凯湖迤东百余里，蹦得一路，自穆棱河口乌子江起，约长俄国里数三百六十里，合中国里数七百余里。此路修好，可以由伯里①直达海参崴。现虽议定，尚未动工等语。续有珲春电局洋学生何福调往黑河电局，奴才当经密饬该生，深入俄境，乘坐轮船，道经伯力，侦探确否。旋于六月初四日，据何福禀报情形，核与玛秋宁前次面述大略相同。至俄人将来能否兴修，奴才随时探准，再当奏闻，以纾宸廑。谨奏。

光绪十五年七月二十六日奉朱批：该衙门知道。

驻藏大臣升泰奏英藏界务已饬赫政再往印营催速会议片　附朱批

升泰片。

再，藏印边事，奴才屡催赫政往复通词，从速办理。赫政在独脊岭，亦屡与英官熟

① “伯里”、“伯力”并用，保留原貌。

商。因候复信，彼族每多迁延。兹赫政于六月初四日复由独脊岭驰来仁进岗，将近日与英官所议各节与奴才熟商。据云：彼族总以咱利之界不可稍移。至哲孟雄与商上及驻藏大臣平日有何禀件，似可照旧，惟西金界内，藏番不得有权，如可办理，再当会议等语。奴才查，哲孟雄系西藏外藩，其地土向不在版图之内，该部办理地方事宜，于驻藏大臣、西藏商上亦从不禀白。前因藏番自作不靖，英兵已过春丕，一经奴才委弁阻战，立即退还掠地。保尔此举殊为顾念邦交。奴才因之迅速到边驻守，印兵即不能任意思逞。刻闻彼族如鸠兰德等，皆以保尔去年不能速得帕隘，又复退还春丕为失机，每于印督、英廷媒孽其短，是以保尔近颇远嫌，遇有奴才公文到岭，保尔不敢拆封，均以原封转送印督，职是复信稽延，此赫政在彼屡次目击。今既据所议如此，奴才已督同委员，严饬藏番照议辨〔办〕理，一面将应议未尽事宜，电呈总理衙门。昨已承准回电奴才，所议尚无不合，饬即从速妥筹，商定了结。奴才已饬赫政，于六月二十二日先行由营折回独脊岭，与保尔妥筹一切，赶紧会议定约。惟刻下咱利山南北，皆去岁用兵之后，本年时疫流行，藏界汉番官兵十病六七，无药无医，哲界印营染疾尤甚，病殁者实繁有徒。边地气候迥殊，自二月以来，无日不雨，遍地泥淖。晨起日出，瘴湿薰蒸，随行官兵颇因此以致病。而赫政往返扳缘绝巘，仆仆道途，奔走于酷暑烈日之中，出入于瘴雨蛮云之内，尤为劳瘁不辞，深资得力。谨奏。

光绪十五年八月十三日奉朱批：览奏具悉。此次该大臣迅速赴边，挽回藏事，深得机要，赫政勤奋耐劳，着先行传旨嘉奖。该衙门知道。

驻藏大臣升泰奏藏地通商请饬商英使电达印督速议立约折

驻藏大臣升泰奏，为印兵渐次撤退，英官会议稽延，察看番情，未可久待事。

窃奴才曾将赫政复至印营情形附片陈明在案。计自该税司往独脊岭又将两月，奴才迭次专函催促，近接该税司函称：英人近日已将纳荡、日纳等处之兵陆续撤退，惟于会议尚多推宕，须俟总理衙门回文照办等语。又据各路探报回称：英兵于七月二十五、六等日，所有纳荡、日纳之兵连日撤退，惟纳荡尚留一营，人数不多，又西金部长所住扛多地方，亦留有印兵数百，余则均已退出哲境等情。又哲孟雄部长连日遣其弟来营禀知，谓：英官于本年七月二十三日向该部长称，如今西金之地全归披楞尔王，必须将约据与我收执，否则，必有大祸临身。该部长称：我之图记在春丕，我无处收存，此等大事，我亦不能冒昧出结。讵料哲逆康萨卓尼尔颇当喇嘛等，私出约据，由伊等盖用图记，呈递英官。异日会议，印督若以此结为词，将我部长历次递呈禀件所用图记查对，即知真伪，我哲孟雄部长并未出结等情。

查哲夷若存若亡，首鼠两端，固久已如是。然此番藏印构兵，本由该部而起。英人既恃强战胜藏兵，又蒙皇上饬派奴才为之妥办。去年会议，该印官开来七款，自哲回仁进岗，竭力办理。藏番于遵旨罢兵之后，既允在咱利分水之岭划界，又允在藏地通商。我朝之于彼国，可谓仁至义尽。今藏兵既撤，英兵亦已渐退，若不早为定约，窃恐藏番候之过久，见英人故意迁延，又起疑虑，于前议或有反复，或被哲夷唆弄，枝节另生。现在虽绝无是事，然不能不格外思患预防，拟请饬下总理衙门，会商驻京英使，电知印督，从速定议立约，不得任意羁延。一面饬知税务司赫政，妥速办理，庶边事早期定局，免使藏番疑虑，别生枝节。缘风闻藏中僧众有云：我等原不欲与洋人交接，因驻藏大臣奉旨办理边务，故不敢不遵，如英人久不立约，必系心存反复，为将来生事地步。若刻下早为了息则已，倘再刁难，我等与其同有仇之英国议和，莫若与无仇之俄人通好。俄人前次来藏，我等备礼劝阻，俄人立即退去，颇讲情理。今英人谋夺我地，偶尔战胜，遂如此欺凌，众情实有不甘等语。

查去年俄人有由和阗至藏之请，奴才奉文后，早已行知商上。如英人再行刁难，近来藏中喇嘛败类甚多，本年蒙古人由蒙地来礼佛者络绎不绝，随来人类颇杂，俄人由北道前来，设藏番私与通款，是非奴才远在边界所能稽察。保尔现驻独脊岭，奴才泰在纳荡，又不能面向催促，边事久不定局，藏俄或私行援引，英俄必互相猜忌，即恐西藏后来有事之日更多。午夜思维，亟宜先事筹虑，合无拟恳天恩，饬令驻京英使，早为电催印督定约，则藏人知前案已结，必不多事，可弭将来无限衅端，实于藏印均大有裨益。除一面设法妥为驾驭藏番，安静守候，并催促赫政，迅速办理外，谨具折密陈。

光绪十五年九月二十六日奉朱批：该衙门知道。

驻藏大臣升泰奏据报英人拟撤兵后仍照旧章不办通商片

升泰片。

再，奴才接据独脊岭探事人禀报，谓：英人近拟撤兵之后，一切仍照上年旧章，不必办理通商，亦不必另立新约等情。窃思通商一事，本英官初次会议时即行提及，随又屡言西人欲到藏贸易。奴才答以番情疑诈，办理万难。然后许退至江孜。力言再四，又许退至帕隘。仍复力拒，英官意甚怫然。彼时察有交涉之案，英人实首重通商，否则有万难了结之势，是以奴才移营仁进岗，于饬办通商一事实费气力，始据藏番出具遵结。今英人忽不言通商，盖当日英人深知藏番于此事力拒数年，意谓藏番必不遵行，故专将通商之事要求，藉以为难藏使。今知藏番出结遵办，从此定约之后，他国有闻，亦必援以为请。此后藏地为各国通商之地，则非英人可以任意欺凌。且该番因商务在边，与独脊岭声息相通，彼族一举一动，不难立悉，不便于己，是以忽议中止。然而英人如此时不议通商，藏人实大为深愿，但能不自启衅端，亦未尝不可暂保无事，俄人亦不能有所干求。目前当可少事，但日后防范宜严，未可再涉疏懈耳！总之，英人无论是否通商，现在藏印均已退兵。前怨既释，总应彼此立约，以昭信守。否则，应由赫政取具印督切实完案照会，奴才亦取藏番完案切结，照复印督，彼此互换，庶几实事求是，差足上慰圣主西愿〔顾〕之忧。而彼族熟计深思，诚恐一经定约，即受束缚，不能狡焉思逞，故任意延缓，其居心不过如是。惟本年入夏以后，藏番专待复信，直至此时。奴才在边多住一日，即多一日用费，旷日持久，殊觉虚糜。应请饬下总署，速商英使，迅电印督，赶紧办理，早完巨案。不胜迫切延望之至！谨奏。

光绪十五年九月二十六日奉朱批：该衙门知道。

乌里雅苏台办事大臣祥麟等奏派员履勘唐努乌梁海中俄界址请饬商俄使令背约俄人迁回折

乌里雅苏台办事大臣祥麟、车林多尔济奏，为遵旨派员履勘乌里雅苏台所属唐努乌梁海界址情形事。

窃查，前因俄人在乌梁海境内盖房、挖金、开地三事，遵派主事职衔吉玉、荣昌等分起往勘，奏明在案。兹据该委员等呈称：职等自抵乌梁海印务处，于本年六月初一日，由萨木噶勒泰起程，携带锅帐、行粮各项，遵饬逐一详细履勘车尔里克等处。其间有一日查毕旋回者，有隔日查讫返回者，有隔山隔水三五日方能前进者，山高树密，路幽水深，曲折往返，两月有余，已将俄人在乌里雅苏台所属境内挖金、盖房、种地三事详细查明。随在各处与俄人竭力理论，并斥其房屋华丽，背约开地挖金，且与之婉言睦谊。无如事非一年，盘据已久，现驻俄人均非掌事俄官，大半持有贸易执照，以为护符。今谨将遵饬履勘各处，暨另行查出各件，缮单呈请核办。于八月下旬，回城销差等语。奴才等详查，该委员等履勘各节，尚称得体，认真办理。谨缮清单，恭呈御览。相应请旨饬下总理衙门，照会驻俄使臣，严诘外部，将侵入沙滨岭、霍呢音岭山阳背约挖金、种地、盖房之俄人，照约迁回本国，按限贸易，以符永久勿替之谊。谨奏。

光绪十五年十月十七日奉朱批：该衙门知道。单并发。

乌里雅苏台办事大臣祥麟等奏乌梁海久隶版图请饬商俄使照约办理片

祥麟等片。

再，乌梁海久隶版图，昭然史册。四界接壤，均有征〔证〕据。近查光绪七年《中俄改订条约》末附卡伦单内所开：过界各卡，可俟中国边界官及俄国领事官体察情形，报明后，由中国总理衙门会同俄国驻京大臣商议酌改，将查明可裁之处，分别删减，或以便商之处，酌量更易，亦可等语。谨按《中俄约章会要》中卷第三条，中国大臣、俄国使臣所定两国边界，由恰克图，沿鄂尔怀图山西北布尔古特，依山梁各旧鄂博，上达霍呢音岭，以及柯木柯木查克之博木沙毕纳依岭，横断山河，平分为界等因。夫沙毕纳依岭者，即沙滨岭也，接连西北外八界，括至柏郭苏克界牌，其右系俄界，其左及南则有索果克、博多豁呢和垒、阿拉克鄂博、津吉里克四内卡，是介乎乌梁海、喀尔喀之间者，远与俄人无涉。今其单内十三恰克图以下，捏称十四博齐斯基、十五热勒都林斯基、十六哈拉采斯基、十七哈木聂斯基、十八克留车甫斯基、十九欢金斯基、二十额庚斯基七卡名，暨二十一、二十二、二十三有数不便捏名之三处，均请旨饬下总理衙门，即行照会驻俄使臣，作速全行删去，俾其仍守《中俄约章会要》中卷第三条旧约办理，以敦睦谊。至中俄改订条约时，两国全权大臣均未必亲临各处，半系约略商酌。并请饬下该衙门，再行逐条详细酌核删定，庶裨边事。理合附片陈明。

光绪十五年十月十七日奉朱批：该衙门知道。

礼部奏朝鲜国王请将吉林越垦韩民划还本国折

礼部奏：朝鲜国王因去年吉林将军铭安奏，图们江北岸朝鲜贫民越垦，奉旨查明户籍，分隶珲春暨敦化县管辖。该国王以习俗既殊，风土不一，该民既系本邦生长，如因占地，便隶版图，万一滋事，深为可虑，吁恳天恩，准将朝鲜流民划还本国，交付本地方官弁归籍办理。吉林边地已经朝鲜民占种者，得由吉林地方办理收租，咨请转奏等因。谨具折陈奏。

光绪十五年十二月初一日。

清季外交史料卷八十一终

清季外交史料卷八十二

光绪十六年正月至三月

总署奏印藏撤兵定界酌议条约请派员画押折 附条约

总理各国事务庆亲王奕劻等奏，为印藏撤兵定界，谨将先后酌议条约开单呈览，并请派员画押事。

窃查，印藏构衅，日久未结。自驻藏大臣升泰驰抵纳东，拟立条款，督同税务司赫政，与英官保尔会商，渐就范围。嗣因哲孟雄部长每年呈送达赖喇嘛礼物，及游牧通商各节，彼此意见参差，争持不决，遂将停议。臣等窃谓，哲孟雄乃西藏之外，别为一部，向属于藏。自嘉庆、道光年间，即与英国立约往来。迨咸丰十一年为人所败，重立条约，自此遂附于英，藏中从未过问。光绪十四年，英人因藏兵出扎哲境，致启衅端。迨接仗失利，英人骎骎有入藏之势。经驻藏大臣开导藏番，一面由臣衙门与英使再三辩论，始得罢兵息事。若不就此明定界限，恐彼此无所遵守，洋人或有窥伺藏地之心，转成不了之局。是以上年八月间，臣等就升泰原拟各条，删繁就简，酌拟四条，恭呈御览。一面交与总税务司赫德，电知赫政，知照升泰后，再与英官保尔会议，以期妥速；一面由臣等往晤英国使臣华尔身，电其外部，冀可早为了结，免致别生枝节。华尔身旋接外部及印度电称，臣衙门所拟四条办法较前妥当，可以商办，并云：纳东地方冷僻，诸多未便，请在大吉岭会商。当经电知升泰前往，已于去年十二月十六日，行抵大吉岭。所有历次电陈各节，均经上达宸聪。兹据赫德函称：数日以来，迭接赫政来电，将拟议之条约全文八款，译汉呈送前来。臣等详细校阅，其中紧要关键，如第一款，藏哲之界，以咱利山一带山顶为界；第二款，哲地归英国保护；第三款，两边各无犯越之事。字句虽与原拟条款略有增改，而意义均属相符。其余缓议各条善后应办事宜，尽可徐与商量，彼此派员定议。臣等再四筹思，哲部久为英人保护，无可与争。通商亦近年新约所允，今印藏既两无异言，似应就此完结，以期永弭衅端，乂安边境。谨将条约八款缮呈御览，如蒙俞允，应请简派驻藏帮办大臣升泰为全权大臣，即照所拟条款，在彼与英员先行画押。俟奉谕旨后，由臣衙门照会英国使臣华尔身阅看，以为全权文凭之据，俾其电知印督，赶紧办理，以昭信守。谨奏。

光绪十六年正月初九日奉朱批：另有旨。

中英会议藏印条约　光绪十六年七月十二日在伦敦互换

兹因大清国大皇帝，大英国大君主、五印度大后帝，实愿固敦两国睦谊，永远弗替。又因近来事故，两国情谊有所不协之处，彼此欲将哲孟雄、西藏边界事宜明定界限，用昭久远，是以大清国大皇帝、大英国大君主拟将此事订立条款，特派全权大臣议办。由大清国特派驻藏帮办大臣·副都统衔升，由大英国特派总理五印度执政大臣·第一等三式各宝星·上议院侯爵兰，各将所奉全权便宜行事之上谕文凭，公同校阅，俱属妥协。现经议定条约八款，胪列于后：

第一款　藏哲之界，以自布坦交界之支莫挚山起，至廓尔喀边界止，分哲属梯斯塔及近山南流诸小河，藏属莫竹及近山北流诸小河分水流之一带山顶为界。

第二款　哲孟雄由英国一国保护督理，即为依认其内政、外交均应专由英国一国径办。该部长暨官员等，除由英国经理准行之事外，概不得与无论何国交涉来往。

第三款　中、英两国互允以第一款所定之界限为准，由两国遵守，并使两边各无犯越之事。

第四款　藏哲通商应如何增益便利一事，容后再议，务期彼此均受其益。

第五款　哲孟雄界内游牧一事，彼此言明，俟查明情形后再为议订。

第六款　印藏官员因公交涉，如何文移往来一切，彼此言明，俟后再商另订。

第七款　自此条款批准互换之日为始，限以六个月，由中国驻藏大臣、英国印度执政大臣各派委员一人，将第四、第五、第六三款言明，随后议订各节，兼同会商，以期妥协。

第八款　以上条款既定后，应送呈两国批准，随将条款原本在伦敦互换，彼此各执，以昭信守。

光绪十六年二月二十七日，即西历一千八百九十年三月十七日，在孟腊城缮就华文、英文各四分，盖印画押。

光绪十六年二月二十七日，即西历一千八百九十年三月十七日，藏印立约，未结通商、交涉、游牧三款，现已议订章程，接附前约。

总署奏遵议珲春境内朝鲜越垦流民断难划还折

总理各国事务庆亲王奕劻等奏，为遵旨议奏事。

光绪十五年十二月二十四日，吉林将军长顺奏，珲春境内朝鲜越垦流民，断难刷还，拟于无关勘界地方派员清丈，遵奉前旨，饬令人籍为氓，以重边防一折，又附片奏请密饬李鸿章，转饬招商局，在温贵海口设立栈房，往来通商等因。奉朱批：该衙门议奏。片并发。钦此。

查原奏内称：朝鲜流民占垦吉林边地，光绪七年经前任将军铭安、督办边防事宜吴大澂奏准，将该流民查明户籍，分归珲春及敦化县管辖。嗣因朝鲜国王恳请刷还流民，咨由礼部转奏，经该将军等复准，予限一年，由该国地方官设法悉数收回。复因限期已满，该国仍不将流民刷还，反纵其过江侵占。经前任将军希元，咨由总理衙门奏准，派员会勘，乃该国始误以豆满、图们为两江，继误指内地海兰河为分界之江，终误以松花江发源之黄花松沟子有土堆如门，附会土门之义，执意强辩。仍由总理衙门奏明复勘，续经希元派员勘明，石乙水为图们江正源，议于此水分界，绘具图说，于十三年十一月奏奉谕旨钦遵，咨照该国王遵办在案。乃该国王不加详考，遽信勘界使李重夏偏执之词，坚请以红土山水立界，龃龉难合。然未便以勘界之故，遂置越垦为缓图。现在朝鲜茂山府对岸迤东之光霁峪、六道沟、十八崴子等地方，韩民越垦约有数千，地约数万晌。此处既有图们江天然界限，自可无庸再勘。该国迁延至今，断难将流民刷回，应亟祗遵前奉谕旨，饬令领照纳租，归我版籍。先行派员清丈，编甲升科，以期边民相安等语。

臣等查，吉林、朝鲜界务，前经两次会勘，所未能即定者，特茂山以上，直接三汲泡二百余里之图们江发源处，再至茂山以下，图们巨流，天然界限，江南岸为该国咸镜道属之茂山、会宁、钟城、稳城、庆源、庆兴六府地方，江北岸为吉林之敦化县及珲春地方。该国勘界使亦无异说。韩民越垦多年，庐墓相望，一旦尽令刷还，此数千人失业无依，不特情实可矜，急切亦无办法。若听其以异籍之民日久占住，主客不分，殊非久计。且近年该处垦民迭以韩官越界征租，种种苛扰，赴吉林控诉，经李鸿章咨臣衙门有案。诚如原奏所云，韩员剥削民生之苦，流民服我赋税之轻，是其心悦诚服，安土重迁，已可概见。现在江源界址既难克日划清，则无关勘办处所似宜及时抚绥，以慰流氓归附之心。臣等与李鸿章往复函商，意见相同。拟请饬下该将军，遴派贤员，将清丈、升科各事宜妥为经理，因俗施教，务令相安，毋任操切滋事。所有颁照纳租、归各地方官管辖一切详细章程，应由该将军体察情形，奏明试办。

至原奏所称，茂山迤西，石乙水之界，请饬臣衙门咨催该国王，派员会同吉林委员，刊立界牌一节。伏查此案历经礼部及北洋大臣咨明该国王，仍令该处安边府使会勘办理。又经该前任将军委员与李重夏面议，应俟该国续派勘员，再由吉林派员会办，议立界牌。该国世守藩封，久荷天朝覆帱之恩，似不必操之过蹙耳！查藩属成案，向由礼部行文，臣衙门亦未便越俎咨催，应请暂从缓议。

又原片内称，温贵海口，派招商局轮船前往，设立栈房一节。查韩俄议订陆路通商之约，除元山、釜山等五处而外，只有咸镜道之庆兴一处亦准通商。十四年十一月，据长顺函称：俄人将派领事赴庆兴府所属之温贵、西水罗各处，购地、建房、开设行栈等语。查地图，该国咸镜道之庆兴府，北距珲春约五十里，由松乙峰南至造山镇三十里，由造山镇南至西水罗镇二十里，此处正当图们江出海之口。又按高丽全境图，西水罗之西南，有地名高郎岐，又西为温井，其地濒海，在钟城、富宁之间。经函询北洋大臣，复称：温贵似即温井地方，又名雄基。按约，图们江距海口二十里以上分界，江口东岸属俄国，西岸属朝鲜。地非我有，未便越界禁阻。且温贵偏在东北一隅，去华绝远，招商局现只派往仁川一船，因客货稀少，亏累颇多。温贵客货尤稀，更难远驶。况俄人在彼通商，并未据其口岸。近年北洋海军各舰时赴该处巡阅测量，是我兵轮往来游驶，本可自如，似不在商栈之有无等语。臣等查该将军所奏，意在兵轮出入有益边防。既据李鸿章函称，北洋海舰以时巡阅往来，自可预筹防范，现在商局力有未逮，该处又地远人稀，虚设栈房，徒费无益，应请无庸置议。谨奏。

光绪十六年二月十八日奉朱批：依议。

总署奏重庆开办通商停止轮船上驶续议条款请派员画押折　附朱批

总理各国事务庆亲王奕劻等奏，为重庆开办通商，停止轮船上驶，谨将续议条款及先后筹办情形缕晰详陈，并请旨派员画押事。

窃光绪十三年六月初三日，准英国使臣华尔身照称：英商立德自置小轮船，拟于月内由宜昌试行上驶重庆，请照《烟台条约》给发准单，并转饬沿途地方官员，弹压保护等语。臣等查，光绪二年《烟台条约》内载：四川重庆府可由英国派员驻寓，查看川省英商事宜，轮船未抵重庆以前，英国商民不得在彼居住，开设行栈，俟轮船能上驶后，再行议办等语。条约既有明文，本无辞可以阻止。当经臣等复以川江路曲而窄，石多水急，若轮船驶行，民船必遭碰损，该处船户众多，易致生事，必须令外间察看情形，妥议章程，方可试行。一面咨行四川总督，派员前赴宜昌，与英领事会商行驶防碰章程。嗣经议以轮船赴川，每月只准行走二次；如有碰损，船货全赔。此两条，英使认为诸多窒碍，坚执不允。而四川督臣屡次来电，以轮船入川，民情惶急，万不可行。迨上年二月间，接据电称：拟以十二万两买其船栈，十年限满，再议上驶。惟立德系英国商人，无废置条款之权，须由领事禀商公使，订立合同，方有把握。臣等商之英使，据称：买船立限之议，专对立德言之，而与他商无干。此议遂作罢论。臣等复电致出使大臣刘瑞芬，与英廷商缓，亦无成议。嗣英使又来臣衙门面称：外省所拟办法，万难就绪，请在京商量，较为妥速。旋经总税务司赫德从中调停，将《烟台条约》轮船上驶一节酌量变通，改议专条，自宜昌至重庆，准其用川江常行船只运货通商，而罢行驶轮船之议。盖洋人在重庆，本已早有贸易，今即允其作为口岸，在彼不过得开设行栈之益，在我亦无所损，而轮船不行，可免意外多少枝节，实为两全之计。

上年冬间，臣等先将变通办法嘱英使电商英国外部。去后，旋据复称：事可相商，惟立德所置固陵轮船守候两年之久，未免贻累，必须先将此船设法安顿，乃可另议。盖因川省先已议价购买，故彼仍藉此要求。臣等以事可转圜，未便以惜费而误大局，因嘱总税务司电商立德，仍以十二万两买留船栈，先在出使经费项下垫付，以了此事。英使遂将重庆通商专条节略开送前来，臣等复与北洋大臣函商，酌加删改，又与英使反复商议，订为六条。第一条言明，雇用华船及自备华式船只，则川江往来既无撞碰之患，船户、水手仍用华人，亦可资其生计。上年，四川督臣刘秉璋来电谓：须由船行价雇，杜其暗以洋船充华船。此不知长江通商三十余年，彼自造华式船通行已久，势难独禁于川江也。且于第二、第三、第四各条内，将装运货物、完纳船料及船牌旗号在海关承领、严禁华商冒领各节，切实声明。将来开办时，自不难由该管关道妥立章程，严防影射偷漏诸弊。第五条声明，俟有中国轮船往来重庆，亦准英轮驶往一节。其权操之自我，但使中国不自用轮船入川，彼自无所藉口。其余各条，亦与历届条约办法相符，似可就此完结。至固陵轮船作何用处，拟由臣等函商南洋大臣，酌度办理。谨将续约六条开单，恭呈御览。如蒙俞允，应查照历次修约成案，恭请钦派王大臣，与英国使臣华尔身先行画押，再俟批准互换。再，重庆现作为通商口岸，该府本有川东道驻扎，应如何改为关道、选派税司、逐渐筹办各节，应俟开办时，由臣等另行奏明办理。谨奏。

光绪十六年二月二十四日奉朱批：依议。

总署奏韩政紊乱筹商办法请旨遵行折　附函及问答

总理各国事务庆亲王奕劻等奏，为拟商要件，请旨遵行事。

窃查，朝鲜近年以来，国政紊乱。该国王愚懦性成，不知大体，加以内嬖煽惑，群小朋比为奸，又有强邻唆弄其间，致该国渐生自主之议。虽经驻韩华员竭力维持，迭与辩论，终多龃龉。上年十二月，李鸿章来函，附寄与该国驻津委员金明圭笔谈问答节略。该委员言语闪烁，李鸿章比虽严加驳斥，而事体究无归束。此事关系重要，刚柔之际，威惠之宜，必须通局详筹，冀臻妥善。现值李鸿章即日入觐，可否饬下该大臣，与臣等详细筹商办法，再行复奏。请旨定夺之处，恭候命下遵行。谨将李鸿章来函，及与金明圭问答节略，钞录呈览。谨奏。

光绪十六年闰二月初一日。

谨将李鸿章来函录呈御览

密。复者：

昨奉十一月二十五日公函，以黎庶昌函称朝鲜金嘉镇所言各节，商及袁世凯，任事出力，保奏引见，暂行调回，另派妥慎可靠之员往代等因。黎庶昌函致数处，大略相同。彼固不深知此事之颠末也。闵泳翊向与袁世凯交好，惟与李昰应世仇。自乙酉秋，世凯护送昰应回国，该国王与泳翊肺腑至亲，其父子参商太甚，遂疑世凯阴助昰应，泳翊竟捏造废国王、保用昰应之说。姚赋秋者，上海人，与德尼素识，往投朝鲜，帮助德尼倾陷袁世凯，以曾在袁处从事，旋被撵逐，挟嫌诬称有袁世凯手书为凭，实皆空中楼阁。闵泳翊与袁生隙，在韩自危，于丁亥夏间出奔，过烟台，请盛道宣怀代陈前事。鸿章电属盛宣怀，令泳翊来津剖诉。伊不肯来，情虚可知。复赴上海马道建忠处，请代陈说。仍以前事重大，必须面诘虚实，泳翊遂径逃香港，三年不敢归国矣！鸿章复密诘袁世凯，是否曾有此语。该道指天誓日，忿激不平，请调回津，与闵质对。该国王偏信泳翊，又极力庇护，不欲其赴津面质，计无复之。去秋，乃有藉词请更派之咨矣！鸿章处十四年七月二十二日、十一月十六日、本年六月初五日，三次函达总署，屡以更派得人为难，袁世凯暂留为是，若轻信谣诼，而使任事者抱不白之冤，以后稍知自好、顾全国体者孰敢蹈此危机哉？金嘉镇本是闵党，其赴香港，自系闵泳翊招之，使播弄于不知颠末之黎庶昌，以上闻于左右。昨朝鲜新换驻京陪臣金明圭，系王妃私人，为国王所亲信，来谈此事，具呈说帖，已面斥之。所有问答草笔照钞呈览。连日接袁世凯来电，正与该国王及政府议论如何惩处朴定阳擅违奏章之咎，据称渐有转机。鸿章嘱其勿激勿随，从容相机处办，庶免将来使欧洲各邦者效尤，全无属邦体制也。署意将该道保奏引见，另派往代，亦是妥策，惟一时实无妥慎可靠之员。应俟明春开冻后，再行酌办。目下轮船停驶，往来均有不便也。

专函密复。

十二月二十八日

谨将李鸿章与朝鲜驻津陪臣金明圭问答录呈御览

李：朴定阳擅违奏章，回国后如何惩处，前令袁世凯照会政府，昨又令刘关道传询，汝支吾其词，何也？

金：非敢支吾，实际语也。本国刑政多恕，如非极恶，每以推考等轻勘，以俟其改悔自新，以故此朴定阳亦施以轻典，实仰体中堂爱护敝邦之谊。大约由前由后，事多迟误，致有此也。不胜惶仄之至！

李：如何施以轻典，该政府应明白答复袁总理转呈核办，何以默无一言？

金：是故国内刑法多恕，百度解纽，蔑有收功，此亦仰屋之一端。孔明治蜀之峻，可讲于今日而未能及此，窃不胜忧叹之至！政府答复，理合即有所举，尚此未修，亦不敢知何使然也，此亦政府未敢擅行，国王旨意攸在，未及承闻故也。国王总揽万几，独断于上，故自政府大臣，以及百执事，虽丝缕之末，必禀承命令，然后始乃宣布举行。大小臣工，按簿执契而已。故凡事之稽迟，良有以也，以故事多潦倒。敝处一二荩臣，不胜忧爱之忱。南台去后，实无二品大员派来，事体乖损者，屡经奏明，以明圭派来，意有在矣！

李：汝颇自诩国王亲信，政府特简之人，此系重要事体，岂有不及与闻之理？是遁词也。至谓国内刑法多恕，百度解纽，诚然。然如金允植忠勤正直，投畀远荒。朴定阳反复小人，尚在朝右。刑法非不恕，乃极不公平，尚足以为国乎？

金：教意不胜惶恐！此次特简，非为一明圭之荣耀而派也，实系屡承中堂诲谕之故。明圭未免此行，实明圭之大难处，可谓命卒之秋也。肤浅之见，略有所禀。而笔谈支烦，恐涉惶陨，粗具另片三端，乞鉴恕。伏望伏望！

第一条　敝邦，一邹鲁也，心体皇朝字恤之恩，株守畏天事大之诚，礼制甚严，唇齿相依。粤在壬申，辄蒙再造，环东土一草一木，何莫非帝德所灌溉，而实赖中堂内告外顺之谋猷，是以定约之际，遽难日洋，一视中朝约章第四条，有汉城开战〔栈〕字样，大小中华，转益敦睦。噫！彼日人竟苛摘约章中均沾利益之句，作为话把，敢埒汉栈已有军〔年〕矣！始也毫细，终成尾大。以高价强占街房，理难户说，而随禁通衢，民屋侵入，和卖之毂，满城栈房，客多于主，地无租界之画，货无卡厘之抽，居然为各国京城所无之变例。弹丸一城，将无余廛，本国商民竟失全利。替业废弛者，十居八九。景色愁惨，国势岌岌。此而因循一日而增数岁之患，匝月而滋永年之弊。民不为民，国不为国，万古天下无此办法。向由敝政府议撤日栈，动以华商藉口，华若撤，我亦撤云。其他与国之效颦，在在皆然。自外署送交各栈房价银于袁总理，然犹事迟延，终不顺手。再查前年袁总理另有仁川扩充租界一案，又有龙山理事定计，此为退栈之地步，而尚有执迷，未知何意。且日之富商，襁至云集，摆摊滋蔓。惟华商则残幕小栈，售买不广，视日人不过十之二三。利源让与日本，吃亏实归韩廷，宁不寒心哉！年前中堂面谕赵宁夏、金宏集，以洋人闯入内河，中国大失其利，贵国褊小，慎勿使外人强夺内河之利者，不啻申复。今京城辇毂之下，外人之鸠居鹊巢，不幸近之，亟应先撤华栈，使居仁川新定租界或杨花津，则其他外人自当一律景〔影〕从而退。如是则口岸有繁旺之道，税钞有优抽之望。此不过转移间事。而晚近以来，有甚疑阻，靡通情志，特中堂尚未悉烛，撤竟迟迟。查据中朝约章第八条，载有后当增损之处，应即随时咨商妥善等句，增者增其利，损者损其弊。既有定章，理合刻即咨商。恐事涉径情，先此布达。当有敝邦咨会，更宜续案，以仰承天朝含恤之恩，中堂保全之泽，以幸大局之势，不胜心祝之至！

第二条　乙酉〔酉〕秋，袁总理之东渡也，中堂寄托之重，以内安外交为急务。丙戌年间，袁总理有条陈之策，我寡君嘉纳慎行之际，不幸有丁亥春可疑之事，尚不知孰先作俑，孰后厉阶？要之，好事多磨，究竟表里隔膜，情志不孚，乃抵牾而不相入，甚有损于大局。顾今之计，谁得谁失之有无其事，一切付之风云，律之以善后之道，选一公正明识者亟代其任，认真办理，惠我敝邦，然后中堂保全之志可以成始而成终也。虽一邑令之微，该地土着之物议有小未妥，其人虽贤明，恐难成绩。矧此总理之重寄，迥有别焉者乎？今袁总理巧被鬼神之揶揄，乃乏南无一蔡按：南无一蔡，梵语，见《了因钵录》，以滋福其势，诚万分难处。窃想不特以大小间等威之重，争恨于巽懦苟持之难，致忽于切急之务哉！惟大居正而贵穷理者，宜或俯就而假借之，不趋撕较之归，即遂宽大之度，务图存于时措之宜，此古之真正大英雄，常慥慥于战兢临履上也。此而置之，后将何及，惟中堂深察之！

第三条　今天下不幸中否，轮船驶重洋，电线通万国，海禁驰开，弱肉强食，外闻日至，班班可考。惟中国物众地大，以英、俄之强悍无厌，固不能遽敢蹂躏。如敝邦者，介在东隅罗丽之间，夷俗倔强，风雨飘摇，唐、宋、元祖犹未能得志。猗我朝开国四百年来，理学昌明，程朱道统之传，实在我庄宪王时，礼乐制度，粲然彬郁，名臣硕辅，迭兴传道，可谓周礼尽在东鲁。素守迂拙，畏天勤民，事大为本分，诚小成治法，洵致质神无疑，俟圣不惑。自顺治后，鸭绿一带，点尘不起，釜山外港，尺鞭不投，只是自牧而自保，为一副堂廓规模。驯及文游武惰，积弱中干，几不能自立，以抗衡欧亚各洲之势岌岌乎殆哉！何幸天诱其衷，乃岳降中堂，虎据北洋，洞察其危急，为固东三省之后围，扼制日人之蜮射，颊缓朝绅之墨守，乃至屡书而不一。书后竟破除成见，开导胜算，首劝美人订交，以为经始之道，数节之后，英、法诸约迎刃而解，使敝邦蔚然为各洲与国。外交之际，任其自主，书以大朝鲜派送钦差，亦令自谋。于是乎，皇上无东顾之忧，群下有仰成之道，此实中堂先后之大惠，敝邦臣民信若四时，从若蓍龟矣！丁亥秋，美国派使时，三端札饬，忽开于从前美日全权时所无之例。政府诸公，非不欲奉若金石，而恐有欠于自主之义，竟莫之攸为，使事遂致模糊。此即重违中堂意，遽难力争。事系自主权，莫能顺手。易地而细推之，无或有参恕之一端耶？既往虽谓勿谏，一误于美使。若仅遵三端，于英、法诸国，彼必以美使之纯用敌体礼责我低昂，斥我国书，以致邦交不成，事将难测。中堂以言语文字角胜于敝邦，据理而直拒之，一时取快有矣！以大局观之，不足为中国武。维今之计，中堂既经奏定，果难迳改，特以梁岳之大度，各国全权之派任，与美使一视，毋致斑驳，许存主权，靡有稍寻苛刻，亦系宁失不经。夫如是，则其可谓一时间通融之谊，又足为视广于属国之道。在中堂则无愧于声明之制，在敝邦则无犯于规斥之辨。虽或有任咎自行之过，所谓周公之过，不亦宜乎？如此，然后中堂之终始保全，日重一日，敝邦之感镂腑肺，节深一节，其善视之泽，贤于迳改三端而远甚。嘻！千万年间未有之局面可保无虞。清燕之暇，反复翻阅，有以信斯言之率直不诬，而自然有犁然当心处矣！今姑约之。

李：第一款，汉城开栈，本为属国专例。如北京城，亦准朝鲜商民卖货是也。嗣日人亦欲均沾，该政府应坚词拒之，杜渐防微。缘华系上国，日系与国，未可一概论。今已允日，日商又多于华商，即使华栈能撤，日人岂肯遽舍？咨商敝处，徒为不合情理。若先与日人商定，彼有确遵撤退之明文，再商或亦可行。否则，宜各定租界，稍有界限。

第二款，袁总理前有保护东土之功，是以奏派驻东，其心志忠实，办事勤慎，始终无二。闵泳翊向与深交，忽尔狡猾中变，致有丁亥春可疑之说。然其时其事，津门丝毫无闻。泳翊到处造谣倾陷，其心可诛。国王乃偏信之。若欲穷究其说，必须调闵与袁来津，质讯明确，以昭是非之公，岂能以莫须有三字疑案，坐出使属邦大员之罪耶？国王咨请撤换，尤属唐突。该国群小附和倾挤，不明大体。汝胆敢来作说客，小人之流也。

第三款，朝鲜虽与各国订约，仍是中朝属邦。其与各国交际，冒称自主，是中朝宽容之大度。乃在中朝交涉，亦俨然以自主，大放厥词，是置中东数百年名分纲纪于度外矣！可乎哉？国王误听德尼等谀词，派使各国，本属无谓。各国岂以朝鲜驻使有无为轻重荣辱哉？前议与华使礼节三端，国王咨请奏定，尚不失为恭顺，各国皆能谅之，即英、德、俄诸大邦亦断不因此责朝鲜，怪中朝。汝国君臣独怀私意，面从心违。朴定阳竟敢首先藐抗，汝此来舞文尝试，自有奸人指使。吁！自误也。

十二月二十六日

总署奏陈烟台条约续增专条画押日期折　附条约

总理各国事务庆亲王奕劻等奏，为《烟台条约·续增专条》，盖印画押日期事。

光绪十六年二月二十四日，臣等谨将与英使议订条约具奏，奉旨：依议。钦此。并奉旨派臣奕劻、臣孙毓汶盖印画押。臣等当即函致英使华尔身，订于闰二月十一日，在臣衙门将新定续增专款六条，公同盖印画押，以昭信守。应俟英国君主批准后，再缮正本，呈请御笔批准，在臣衙门互换。谨奏。

光绪十六年闰二月十二日奉朱批：知道了。

谨将烟台条约续增专条录呈御览　光绪十六年十二月初九日互换

大清国，大英国国家，为续议条款事。

前因光绪二年《烟台会议条款》第三端通商事务第一节内载：四川重庆府，可由英国派员驻寓，查看川省英商事宜，轮船未抵重庆以前，英国商民不得居住、开设行栈，俟轮船能上驶后，再行议办等语。嗣因彼此意见不同，未克定议。今愿和衷商办，以归一是，故拟定续增专条如左：

一、重庆即准作为通商口岸，与各通商口岸无异。英商自宜昌至重庆往来运货，或雇用华船，或自备华式之船，均听其便。

一、凡此等船只，自宜昌至重庆往来装载运货，与轮船自上海赴宜昌往来所载之货无异，即照条约税则及长江统共章程一律办理。

一、凡此等船只所执船牌、旗号、应领货照，及拟运宜昌以上货物，如何拆动另装，并宜昌至重庆贸易之人应遵守一切规则，俾得获保护利便之益，应由宜昌关监督及现驻重庆之川东道暨税务司，与英国领事官会商，妥定章程。其所定之章，日后有应行变通之处，彼此均可商明酌改。

一、凡雇用华船，应照长江统共章程，在宜昌、重庆两处完纳船料。其有能悬英国旗号之华式船只，应照条约章程完纳船钞。所有英人雇用华船及自备华式船只由宜昌至重庆往来运货者，务须在海关承领船牌、关旗，即使能悬英国旗号之华式船只，亦当一体遵照。以上两项船只，倘无海关所发船牌、关旗，均不准获享此次续增专条之利益。其领有海关船牌、关旗之两项船只，均克往来宜昌、重庆通商贸易，所有船货，均照条约及长江统共章程，一律办理。其余船只，概由常关自行办理，所领船牌、关旗，应由原船自行持用，不得转付他船，并严禁华人船只冒用英国旗号。凡船初违关章，可按照条约已开通商各口成例罚办。倘再有违犯，即将原领船牌、关旗追缴，以后不准该船由宜昌至重庆来往贸易。

一、一俟有中国轮船贩运货物往来重庆时，亦准英国轮船一体驶往该口。

一、现在议定此次所定《续增专条》，应与《烟台条约》视同一律。其实力奉行之处，亦与逐字载入《烟台条约》无异。此专条须由两国批准。其批准文据，应在中国京城交换，限于画押之后六个月开办施行。此指两国批准文据已在期内互换而言。倘期内未能互换，即自互换之日开办施行。

此专条系在中国京城缮立，汉文三份，英文三份，凡六份。

光绪十六年闰二月十一日，西历一千八百九十年三月三十一日，两国所派钦差便宜行事大臣在京都亲各画押，钤用关防，以昭信守。

军机处奏遵旨复陈朝鲜练兵铁路事宜折

醇亲王奕谖奏，为遵旨复陈事。

本月十一日钦奉懿旨：今日所递朝鲜事宜一折，内拟六条，惟练兵、铁路尚为切要，事关重大，惟恐缓不济急，其余未免稍空。该王可否另筹办法？钦此。臣于十二日约同李鸿章及总理衙门诸臣，再四商酌，将现议情形由奕劻等具折详陈，臣意见相同。其有未尽事宜，俟回銮后，臣再行详细面奏。理合恭折复陈。谨奏。

光绪十六年闰二月二十日。

总署奏前议朝鲜要件六条遵旨再行妥筹折

总理各国事务庆亲王奕劻等奏，为前议要件，遵旨再行妥筹事。

本年闰二月十一日奉旨：总理衙门、李鸿章会奏遵议要件一折，钦奉懿旨，览奏均悉。所议六条内，整顿练兵、兴办铁路两条，均合机宜。惟揆之该国现在情形，必须筹一切实办法，方免延误，原拟后四条，尚近空言。着该衙门会同李鸿章，再行妥筹具奏，醇亲王仍一并与议等因。钦此。仰见慈虑周详，力求实际至意。查朝鲜国王暗弱，受人愚弄，近日举动渐不如前，不得不杜渐防微，预为之计。是以臣等前议六条，以整顿武备、兴办铁路两层为先。而日〔目〕前情形，又须于箝制之中设法羁縻，冀其就范。后四条内，税关一节，中国派人经理，勿任该国自行派员，应力守定章，勿稍游移，以示上国主持之权。又借债一节，先应设法阻止。尚恐该国不听劝导，现拟由总理衙门电致出使各国大臣，将朝鲜无力还款情形知照各外部，阻其借贷。如朝鲜向中国乞贷，则当视其事体之轻重、数目之多寡，临时分别酌办。至朝鲜派使及开导联络各节，只可由臣李鸿章相度机宜，并饬驻扎朝鲜道员，随时操纵。其如何办法，实未便预先执定，致有窒碍。总之，原议后四条，特羁縻勿绝之方，本无十分把握。前二条，果能及时认真办理，则与后四条刚柔相济，现在固可消患未萌，将来亦觉缓急可恃。谨奏。

光绪十六年闰二月二十一日。

驻藏大臣长庚奏瞻民控告番官并商上所陈各情折

驻藏大臣长庚奏，为瞻民控告番官，并商上第穆呼图克图所陈各情事。

窃奴才前在察木多，途次将瞻番叛藏，派员查办情形奏明在案。奴才拜折后，途次陆续接据委办瞻对番案四川试用通判王延龄、候选知县张炳华、巴塘都司李登山等禀称：该员等于上年十一月二十五日驰抵里塘，探闻瞻番两赴俄洛，促迎逆子得登工布，未遂，复向里塘粮员胡治安处呈恳，欲归四川。该员等于十二月十一日抵中瞻对吴鲁玛地方，途次被番目色乌机等迭次扼阻，多方晓譬，始获出险，至则瞻番业已送唐古特番官白林色出境。查明为首滋事夷目名撤〔撒〕拉雍珠。前闻昂古、色乌机、江登札喜皆其党与。该瞻民因迎得登工布未至，复立工布确邛，据称系工布朗结之孙，公然以土司自居。察其起衅情由，悉由番官苛虐所致等情。并据转呈瞻番所递夷禀，译汉，内称：瞻对原系大皇上有印信号纸地方，因工布朗结不安本分，屡生事端，致遭天伐。自归唐古特后，历任番官五员无不苛索，削尽百姓骨髓，地方因之穷苦。本年九月，百姓来占老寨。白林色言：尔既不愿归唐古特管辖，放我回藏。众百姓云：尔还藏，将厅搕银钱退还。白林色云：所取已解回藏，余剩现存新寨。众百姓恨番官入骨，欲全杀上下，经大小头人、各寺喇嘛解劝，恐犯王法，留上下姓〔性〕命，准其回藏，给以资斧、鞍马、枪刀，送至德尔格特地方。自各任番官到瞻，首言达赖喇嘛禁止捕猎杀生，迨至受贿，又准捕牲；不准修庙、造房、挖贝母，受贿又准通行；藉修官寨、喂马、造纸等事，种种苛派，并藉念皇经及陈设寨首，辄索银钱。白林色因私仇攻伐白热土司，受德尔格特贿，代朱窝土司，替谷白土司，攻其百姓，致瞻民耗财，毙命不少。其子与随员札阿色夺结札对及传号等互相为恶，杀人抄家，总计赃银二万数千。现经瞻民迎回工布确邛为瞻对头目，誓不归唐古特管辖，愿归大皇上，为良民，不能滋事，求照各土司例，归汉属等情。

当委员等先后来禀之际，奴才亦接据掌办商上事务・第穆呼图克图阿旺洛桑称：勒拉普结迭次来禀，译汉，内称：自道光二十七、八年起，瞻对逆酋工布朗结恃强侵占四川、西宁所属天朝各土司地方，渐至大道滋扰抢劫。因霍尔土司带三百余众逃命至藏求救，均系大皇帝所属子民，未便置之不理，故汉番会商，陈奏圣聪，一面唐古特不惜人财，将逆酋工布朗结实力剿除，所以瞻对地方蒙恩赏给达赖喇嘛管理。自瞻对归入藏属，初委总管颇琫策忍班垫前往镇抚。该瞻民顽梗难治，习与性成，且衣食二字出自劫掠。商上始初镇抚，如虎狼之难驯，历年设法抚驭，今始稍改。至于额定差徭，较之前后藏百姓应纳钱粮，及往来差使常川支应，实轻而且减。又如上年藏英交兵，该瞻民素号勇健，恐扰累繁费，未尝调遣一人。至白林色父子及随员从役等，恐距藏较远，有任意擅行，新拟名目，以曲为直，藉故勒索之事。现派僧俗番官前往，确查两造曲直，秉公办理，务将瞻民妥为抚恤，会同汉番澈查。白林色父子及随员等若有上项情事，无论何人，自应从严惩办。该瞻民前定章程，必须照样遵行。倘恃险隘，于汉番饬示稍有不遵，而从前商属不惜人财，于逆手取回，人民、土地、差徭三项，毫无从新更改之事，拣派札萨克・二品台吉四郎多布结、堪布洛桑札喜，并带随员，前往查办，即接管瞻对总管之缺。俟查明情形，禀报前来，或剿或抚，再行定夺各等情。

据此卷查，同治四年十一月二十八日，成都将军崇实、四川总督骆秉章具奏，剿平瞻对善后事竣，藏兵凯撤一折，内称：中瞻对自乾隆十年剿办后，至嘉庆二十年又与土司构衅滋事，该酋罗布七力与其子工布朗结先后继恶，数十年来，屡启边衅。罗布七力既伏冥诛，而工布朗结贪狠性成，势复枭张，侵占各土司地界，抢夺印信号纸，强梁自逞。道光二十八年，前督臣琦善剿办未能得手。不数年，工布朗结蚕食鲸吞，竟将霍尔等五家土司与德格土司，并西宁迭木齐二十五族地方，全行侵夺。上年围攻里塘，扰及藏界，经藏中派番官带兵堵御，暨四川委办夷务・候补道史致康激励各土司合谋协力，接引藏兵，将瞻酋新旧两寨围困，分路环攻，始得捣穴歼渠。其瞻对上、中、下三处地方，经达赖喇嘛派番官带领藏兵，会同汉、土官兵剿办瞻酋，未便没其微劳。仰恳天恩，将瞻对三处地方赏给达赖喇嘛，派堪布管理等因，于同治四年十二月十四日奉上谕：所有瞻对上、中、下三处地方，即着赏给赖达〔达赖〕喇嘛，派堪布管理等因。钦此。

奴才查，番本为政尚刑，瞻对桀骜难驯，历任各番官皆以武健严酷为得计，而白林色即青饶策批，骙庸不能驭下，其随员等又倚势作威，为之聚敛以餍之，乃致变作。瞻人之所以为变，其志在印信号纸。无论工布确邛之真伪，而工布朗结与其子东〔得〕登工布三世为叛，荫官早黜，岂能再复？撒拉雍珠与其甥撒拉阿噶，以拥工布确邛为名，实则自擅其权，使奸徒得计，适为长乱之端。其所控番官各节，未必尽实，而商上哓哓置辩，亦失于激切。今我皇上新政始基，德义昭著四海，讵能失信于达赖喇嘛？自瞻民有归川之请，委员纷纷陈议，奴才今特〔持〕大义喻瞻民等：番官青饶策批，现已革职，应即重办。商上已遵谕止兵，现派廉正番官前往，妥为抚恤。所有从前各番官之例外需索，悉予裁禁，始以正出之。至疆土予夺，操之宸极，非奴才所敢擅拟，惟有出自圣裁。谨将瞻民夷禀暨商上来牍，译呈军机处备案。谨奏。

光绪十六年三月初二日。

驻藏大臣长庚奏俄官来藏并商办廓藏贸易事宜片

长庚片。

再，俄官撇武撮伏入藏游历，前经升泰派委马永祥、马林等前往迎护。本年二月初五日，据驻藏司员德喜、前藏粮员黄绍勋详称：准噶厦接据边界营官飞报，探闻俄人已到朗茹地方，取道达木入藏。旋于二月十二日，复据详报，据外委马永祥报，于正月二十七日行抵达木，探闻俄官已抵距达木六十里之纳根地方驻扎，当派兵丁张得胜前往侦探。据该兵回称，俄官以及从人共十二员名，身穿羊皮，统身外披雪毡，随带骆驼二十二只，骑马五匹，帐房三顶，各执枪一杆等情，详称前来。当经批饬，遵照总理衙门来文，验明尼阔赖执照，妥为保护。并译行商上，转饬大小各头人，晓谕番众，勿得怀疑妄论，致生枝节等因。去后，现尚未接续报。

又于二月十二日，据后藏都司萧占先呈称：该员于十五年十二月十三日抵济咙地方，行文廓尔喀国王，兹于十六年正月初五日接该国王回文，并钞寄移知噶厦底稿，译汉，内称：若能照依钞稿内所注咸丰丙辰年议定和约，两国商民背运盐米，随意贸易，速与回复，当即派员前来会办，如不能照办，业已移知噶厦等情。该都司移复：两国和约既系早年汉、唐、廓三面委员议定，自应照约秉公办理，请速派熟悉两国事务人员来济会办，以期妥为了结等因，将该国王来文钞稿一并录呈前来。

奴才细译该国王所移噶厦钞稿文内事理，谓：咸丰六年立定和约，廓番与藏番贸易所用量器，如内地之升斗，归藏番执掌取利。乃廓商用钱所买之盐，由济咙运至日所地方，被济咙藏番阻挡，且不应与廓商、藏商等于中窃取，致遏生计。前曾致信藏官戴琫，两国在边会办三月之久，未能了结，是以将在首之人撤回。今若再办，和约内既注明随意贸易，自应永遵办理。前违背和约办事之人，亦应查明惩办。请转饬在边办事人等，嗣后仍遵和约拟办等情。是该国王仍以贫民生计为言，都司萧占先移复，亦极和顺，但期藏番不再违拗，此案或尚易于了结。第藏番每以房田押抵廓番债项，不知廓番有无他意，容奴才与升泰妥筹办理，以期边境谧安，仰慰圣主轸念边陲至意！谨奏。

光绪十六年三月初二日奉朱批：该衙门知道。

驻藏大臣长庚奏瞻民因番官苛虐叛藏欲仍投川片

长庚片。

再，瞻对本四川土司地，因工布朗结屡世为乱，未遑致讨，藉唐古特兵力平之，骆秉章等奏请，赏给达赖喇嘛，于同治四年，奉旨允准在案。今瞻民因番官苛虐，叛藏逐官，欲仍投川。商上称，昔年助剿，不惜人财，取回瞻地于逆手，土地、人民、赋徭之事，不能更改。事多轇轕，宜有定见，以免牵碍全局。英人现处藏南，俄人窥伺藏北。藏居印度北面，有高屋建瓶〔瓴〕之势。英人恶之，故侵逼日甚，刻刻不能忘情。藏为川、滇、秦、陇藩篱，而于新疆互为屏蔽，有关中外全局者甚大。朝廷不惮宵旰忧劳，遣使在边，竭挽狂澜之力，百计转圜，今始就绪。若因瞻对一事而使藏番藉口，于以后事机诸多未便。藏番愚谬，久在圣明洞鉴之中，不可以理喻，然易以利动。英人善用利诱，商上权已下移，三大寺僧数万，每遇公事，集众议之，刁健者辄藉以抗官，若保其久不为英人所诱，奴才诚不敢必。瞻番叛藏投川，重在权归土司。据委员王延龄禀称：下瞻对番民虽已解散二千余人，然上、中两瞻对仍在聚兵伏寨，制器储粮，凡各要隘，均有重兵扼守。屡次开导，瞻民坚执不从。而商上来禀称：俟番官到瞻，查实情形，或剿或抚，再行定夺。彼皆顽梗，开导实难。在我惟有持以禁暴戢乱之义，示以决无利其土地之心。商上既欲遵谕止兵，该瞻民即不应再思抵御。饬委员仍行设法开导，多方晓譬，总以弭患消争、息事安民为要，不准轻率偾事；严檄各土司，毋与助乱；并饬各地方文武，加意严防，勿容逸越。奴才到藏后，亦必详谕第穆呼图克图，务宜自知儆惧，已乱息民，勿争小忿，姑于排解之中，以观事机转移。唐古特频年征调，外强中干，纵使用兵，未能得手。瞻民虽乱，工布确邛尚未尽得民心，待彼智力俱困，然后相机抚定。至以后应如何定局，以期久远相安，容奴才与刘秉璋、升泰悉心妥商，审度机宜，再行具奏。因委员等请示办法，谨将大局所关，略先密陈。谨奏。

光绪十六年三月初二日。

驻藏大臣长庚奏唐古特以武人驭瞻对致有不睦片

长庚片。

再，据委员张炳华先后禀称：撒拉雍珠系中瞻对头人，夺寨后，恐难号召上、下两瞻对，始迎得登工布，因得登工布不至，始立工布确邛。瞻民叛藏，早有成议。议叛而未即叛者，藏兵还居官寨，未能夺取自如耳！今番官出境，瞻民据守官寨，因患藏兵来攻，始求内附。瞻民滋事，权在撒拉雍珠，而计出撒拉阿噶，番官去后，所遗银两、青稞等物，多在雍珠手中。雍珠聚集瞻民，所恃者在此。瞻民听从雍珠，所图者亦在此。势成骑虎，一言唐古特三字，无不切齿，欲与拒战。譬导百般，迄无转念各等情，并据转递撒拉雍珠与其侄撒拉阿噶所具夷禀，译汉，内称：小头人阿噶，在前任番官彭饶巴任内小心当差，并无过失。后任番官索康色因与彭饶巴不睦，迁怒于阿噶。又因阿噶之兄松郎足美手摹番官图记，被索康色抛河溺死，抄没全家，将小头人阿噶同阿噶之叔小头人雍珠拘囚三年。索康色临回藏时，夜提阿噶叔侄，令赌咒不准与汉番官前诉冤，削指甲，剪发，并诈银两，方荷释放。拘囚阿噶时，亦被抄没全家，贫如乞丐等语。查撒拉系地名，雍珠、阿噶系人名。又据商上递来瞻对头赋①章程，瞻对八千余户，每岁应纳金银、青稞、酥油、茶、草、乳渣等物，奴才饬委员按中等估价，共合银一万二千八百二十两有奇。据商上禀称，较前后藏百姓所纳钱粮轻减，似尚无虚。又核瞻民所控番官各呈词，仅有官地加添籽种，劳民耕种，尚无加赋情事，惟苛派陋规，及因事吓诈等弊，几三倍于额赋。盖唐古特以瞻对虎狼之乡，每以武健之人驭之，而又不禁其掊克，严刑酷法，肆行暴虐。上如仇而敛下，则下为敌以仇上，是苛派陋规，断不可不裁，而吓诈暴虐，断不可不禁。然唐古特之从违仍不敢必，容此案办有端倪，奴才与升泰体察情形，妥筹办理。又白林色系瞻番原控之名，升泰奏称青饶策批，商上来禀称千然采披，奴才前奏称切饶岑披，皆因翻译所误。此后即一律称青饶策批，以归划一。谨奏。

光绪十六年三月初二日奉朱批：知道了。

总署奏俄商由科布多运货回国拟照约开办折

总理各国事务庆亲王奕劻等奏，为俄商由科布多运货回国，现拟照约开办事。

窃查，俄商由陆路运货回国，向由张家口取道库伦，至恰克图出境。光绪七年改订

① 似为“额赋”。

章程第三条内载：俄商由恰克图、尼布楚运货，前往天津，应由张家口、东坝、通州行走。其由俄国边界运货过科布多、归化城前往天津，亦由此路行走。第十条内载：俄商在天津买土货回国，应由第三条所载张家口等处之路行走各等语，是新约准其由尼布楚、科布多两路往来运货。近年俄国公使屡请给照，准俄商由尼布楚、科布多两路运货回国。臣衙门以此两路道远地僻，稽察难周，开办不易，是以屡经设词推宕。乃俄人以不允给照，辄在张家口贩运茶叶，径走科布多一路，经该城参赞大臣将货扣留，嗣经臣衙门查明，尚无漏税情弊，准予放行。臣等以俄商运货由科布多回国既为条约所准，终难阻止，迭经咨商北洋通商大臣李鸿章，酌拟章程，先就科布多一路允为试办。旋据李鸿章咨复：向来俄商领照，在天津、通州、张家口等处贩运土货，由恰克图回国，系由庫〔库〕伦大臣督饬部员查缴执照。现由科布多行走，其收缴执照一切办法，应由科布多参赞大臣派员查验。并拟有运照式样，咨送臣衙门核定刊发等因。臣等详核李鸿章所拟办法，与恰克图旧章相符，因于上年十二月间，照复俄使，库伦允其照约刊刻运照，颁发津关，俄商领此执照运货，由张家口前抵科布多时，即在该处缴照，查验放行回国，不得在中国境内售销。如违，罚办。并咨行定边左副将军、科布多参赞大臣，按照恰克图办法，酌派妥员，扼要稽查，即将收缴运照各事宜详筹妥办。臣衙门俟刊就运照后，札行津海关道，以备俄商请领时填明商名货物，加印发给，其照根按月汇送臣衙门备查。至尼布楚一路，在呼伦贝尔之西，将来如果开办，应由呼伦贝尔查缴执照。现已会商俄使，暂从缓议。理合恭折具陈。谨奏。

光绪十六年三月二十六日奉朱批：依议。

清季外交史料卷八二十终

清季外交史料卷八十三

光绪十六年四月至十二月

驻藏大臣升泰奏藏印构兵界务业经立约画押折

驻藏大臣升泰奏，为藏印构兵，界务业经立约画押，重案完结事。

窃奴才于二月二十日，由独脊岭拜折后，附轮车启程。次日午刻，即抵孟加腊，与英国所派全权大臣·印度总督兰士丹，会商换约日期。旋定二月二十七日，奴才带同随行各员，该印督兰士丹率其所属外部各官，均在印督署中，彼此各将所奉谕旨对众宣读，即将商定各条约校对明晰，并无异议，即行画押换约。共计四纸，二纸交兰士丹收存，二纸由奴才收执。兰士丹颇能固敦睦谊，屡约带同随员，阅其城郭之坚，甲兵之富，复以该印督所乘轮船，派员随同奴才，驶赴恒河、藏江合流入海之干集斯河上下游，往来观眺。其驻印各部贵官，自印督以次，纷纷约赴筵宴，未便相却，酬应极繁。该印官均言：此案系我国调处，英国欲敦邦交之谊，不与藏番计较等语。奴才答以藏番痴愚，自不能善守其土，经此番各派重臣办理，从此疆域分明，两国敦好，可以永久弗替。该英国上下均各欢悦。伏查，此案关系西南大局，上年藏、印构兵，藏事几不可问。奴才受任以后，夙夜忧惧。计自到边，历时两载，彼族狡展迁延，事几中变。深幸迭承谕旨，指授机宜，尤赖总理衙门设法筹议，相辅而行，始得令其就范。从此定界、通商，固修邻好，当可保藏中或少他故，藏事幸得挽回。奴才于初九日，由孟加腊折回独脊岭。因值采茶，直无夫马，俟由仁进岗雇觅，到时即行驰回前藏。新约二纸，派员由海赍京，较为便捷。谨奏。

光绪十六年四月十三日奉朱批：另有旨。

驻藏大臣升泰奏密陈俄人游历藏北现拟赴巴塘折

驻藏大臣升泰奏，为密陈俄人游历已在藏北，藏番意在劝阻折回，俄人现拟前赴巴塘事。

窃奴才前在独脊岭，已将俄人行抵藏地情形电达总理衙门在案。兹奴才于折回独脊岭后，复接第穆呼图克图禀称：俄人行到边界，自称为法国之人。藏番来禀，并无名姓。据游历之人声称，俄人撇武撮伏与谷绒吉麻异由伊犁分两道进藏，带有军器。该法人与俄国系属姻好，如藏番能令放行，则两相和睦敦好，可以代为劝止俄人。若再三阻挡，后来必将寻衅。藏番仍行苦劝，该游历之人已允不赴前藏，改道由三十九族江达拉里大路，直赴巴塘，请示前来等情。据此，奴才谕以现今地球所载各国，无不许别国之人游历。独西藏为中国所属，中国既有护照，该藏番反为劝阻，使人远来万里之外又复空回，徒使结怨含恨，又以不受教令，使人寻衅有词，以一小邦而屡结怨于欧洲大国，实非藏地之福。旋又据随印司员德喜、前后藏粮务黄绍勋、秀荫禀报：藏番劝阻，俄人已允不入西藏，行出数十里外，忽然折回，用枪打毙乌拉满语差役也、马、牛，云，藏人允彼送往巴塘大路，何以将伊引往西宁路上，有心欺侮。举枪又欲伤人，幸派往之差弁马永祥、马林力为婉劝，允彼亲带兵役护送，始未别滋事端，节次飞禀前来。奴才已飞札沿台文武，妥为侦探保护。一面赶紧驰回前藏，晓谕藏番，派人查探，是否此起游历之人即系撇武撮伏，托言法人，希图自结藏番，不行呈验执照，抑果尚有两起，俄人在后？确探妥办，续为奏陈。谨奏。

光绪十六年四月十三日奉朱批：该衙门知道。

驻藏大臣升泰奏筹办藏印界务悉照旧卷办理片

升泰片。

再，藏印边案，刻下幸得定局。奴才此次筹办界务，悉照乾隆五十九年前大臣和琳奏设鄂博旧卷办理。惟咱利地方，为旧卷所未载，只于另案中查得，有帕哩营官白玛夺结朗申彭错，出具印结，声叙咱利鄂博系委员周溱于光绪二年办理披、布、哲孟雄夷案时所立，是西藏于光绪二年已将哲孟雄划出界外，非自今日始在咱利新立界址也。至支莫赤者，与咱利一岭相连，东西相距不过十数里，即我布鲁克巴之界。自支莫赤起，至廓尔喀东界止，均系分水山岭。由一带山岭分划，仍与乾隆五十九年奏设各鄂博及光绪二年续设鄂博均属相符。奴才承办边务，亦未敢希冀了事，稍将旧界退让一步，实缘界事非亲历其地不能灼见真知，中土人士亦鲜有深悉此段地址情形者。幸鄂博旧卷，奴才于甫经到藏之时，即已备文咨送总理衙门查阅。现在定约，理合在约线未奉批准之前，再行切实声明。谨奏。

光绪十六年四月十三日奉朱批：该衙门知道。

驻藏大臣长庚奏俄法人等游历藏边照约保护片

长庚片。

再，前据驻藏司员德喜、前藏粮务黄绍勋详报，俄官撖武撮伏到境，已于一十八日附片具奏在案。旋据商上第穆呼图克图报称：该外国人称，系大哈国派来，内有他斯亲王职名之人，且有大哈国太子；又称，俄罗斯派葛绒吉麻夷主仆二十余人，客岁六月由伊犁起程，取道柴达木及西藏所属哈拉乌苏等处来藏；又称，俄官撖武撮伏主仆四人亦欲取道和阗，于去岁四五月间，由伊犁起程赴藏等语。经商上派去照料之僧俗婉言劝阻，该外国人允不进藏，然必须由康巴取道，直至巴塘，除此别路不肯行走等语。奴才接阅之下，以自司员德喜、粮务黄绍勋前报，俄官撖武撮伏到境之后，已迭经札饬该司员、粮务，并译行商上，遵照总理衙门来文，验明尼阔赖护照，照约保护，转饬所属各地方，晓谕番众，勿得怀疑生衅，致有枝节，何以该商上复有婉言劝阻之事？当经严行批饬，不准妄行阻止，挑衅生端。且所报国名、人名不同。

查前准护理新疆巡抚魏光焘先后来咨：一称俄官撖武撮伏来藏游历，带有从人，所携执照系尼阔赖旧照，总理衙门咨令验照放行，照约保护，勿使彼族有所藉口，并晓谕番众，勿令怀疑起衅，致生枝节；一称法国亲王根哩和，带游历人噶倭哩伊勒绷瓦罗并同学人等，拟经过喀什噶尔城等处，欲至中国，经总理衙门咨令查验护照内所开各节，酌核认真办理，以期妥协；一称俄国太子帕尔色旦半多落，行经新疆所属罗布淖尔地方，据云，欲至敦煌县，进嘉峪关，游历北京。经吐鲁番厅具报，有无执照，该护抚臣尚在饬查。

奴才于接准该护抚咨后，均先后分别咨行在案。今商上所称系大哈国亲王、太子，是否即系法国亲王根哩和、俄国太子帕尔色旦半多落，并非俄官撖武撮伏。而葛绒吉麻夷又系何项之人，并无来文。均应确切查明，以免错误。复经札饬司员德喜、粮务黄绍勋，一面确查禀复，一面遵照总理衙门原文，妥为办理，以免彼族藉口，并切谕番众，勿再怀疑，不准稍滋事端各等因。去后，兹尚未接到禀复。适据商上报称：大哈国人，经该僧俗婉言与之商劝，幸皆应允。并送该外国人土产等物，彼已收受。据称：我等均属意悦，实无不和之意。答有微礼，恐彼见疑，亦皆接受。该外国人内有汉人父子三名，和阗缠回三名，拟由西宁路返回，当派哈拉乌苏营官护送。其大哈国亲王、太子主仆等，拟由哈拉乌苏，经三十九族，取道察木多边界，至贡脚地方，均于闰二月十六日分路起程去讫。该商上札饬所经各处营官，小心护送出境。并司员德喜等转据探弁马永祥禀同前情。且称：司道等再三详查，实系彼此意悦，毫无口角微嫌。惟贡脚地方，系两条大路，一走阿墩子到云南，一走巴塘。又据探弁马永祥禀称：藏中所送洋人土物内有男妇衣装，系洋人自要各等情。

据此，奴才查，所称大哈国或系大法之讹，其人或即法亲王根哩和。藏番阻止，彼不十分争执者，该法亲王前在伊犁与伊塔道英林虽云拟赴喀嘛沙尔、罗布绰尔、西藏等处游历，而该国公使与总理衙门所具请领护照函内虽云拟经过喀什噶尔城等处，欲至中国，并未现西藏字样。所称大哈国太子，或即前在新疆自称俄国太子之帕尔色旦半多落。是否因无护照，潜与根哩和同行，亦不可知矣！谨奏。

光绪十六年四月十五日。

使俄洪钧奏闻恰克图边界俄人穴地采金拟处理积案折

附恰克图交界地名及俄国金厂处所名单

出使俄、德、奥、和国大臣洪钧奏，为风闻恰克图边界俄人穴地取金，处理积案，及俄国金矿各情形事。

窃以中、俄壤地毗连，东西绵亘，边民错处，事体繁多。臣到任以来，留心察访。上年迭接恰克图华商寄到呈词，或称因买金砂致被杀害，或称并未私买误被拘拿。时有恰克图商民适在俄都，当即密询细情。据称：俄国金厂，素有偷漏金砂之弊。小本华商，设肆俄地，明则出卖丝绸茶叶，暗则收买金砂。而巡役拘拿，凶人劫夺，事所恒有，就其所闻，约三十起，内中命案数起，递呈之人，固所素知等语。臣复查金矿情形奚若，金砂岁漏若干。据称：金砂入华境后，由恰克图运张家口，以至京师，每年不下五六万两。俄境金厂甚多，苟无厚利可图，何以日增月盛？恰克图一带边境小山，有登陟者闻地下有斧凿声，恐是俄人越境取金。而得自传闻，不能确指各等语。臣查该商皆山西籍贯，语出同乡之口，确实可凭。俄国金砂，例应交官。私买私卖，均应科罚。华商犯禁趋利，未免自蹈危途。所据呈词内有被押数人尚未讯结者，当令参赞庆常告知外部，按照约章，即饬边吏释放。其命案则事隔二载，当时凶手又莫能指名，即令俄吏秉公，亦苦无从查究。事关交涉，不能不审慎以行，此处理积案办理为难之情也。

至于越界取金，矿务衰旺，以及金砂漏入中华等事，尤为交涉大端。既有所闻，宜求其实。臣更令庆常访诸俄国矿师，据云：俄金漏入中国，岁九万两上下。缘各厂金砂，悉应交官炉镕炼，再运俄都铸钱，镕运之费，什一之税，计一元耗十分之二。就近售与华商，即少耗折，故由本厂私卖者十之七八，由矿夫窃卖者十之二三。本厂私卖，大率遣送华界，与巨商大贾相交，破案者少。矿夫零星盗窃，为数无多，未能径送华界。爰有华人于金厂附近开设店铺，阳售杂货，阴买金砂，积有成数，乃运华界。中途被劫被获者十之三四，得脱者十之六七。金砂既至恰克图，即在该处销镕，以入张家口。其运京者十之三四，运津者十之六七。迭经俄官查访甚详，俄廷现有就地抽税之议，尚未核行。然此可以杜本厂之私销，而不能止矿夫之窃取。复据云：中国之东三省、内外蒙古等处，产金最盛，两国边界山脉连属，河流贯通，此疆出金，彼界可知。即如土谢图汗部与俄接壤，东西数百里，到处产金，最著者为恰克图迤东之切贵河分流诸水，金矿尤多。俄人在切贵河挖金，往往侵入华疆，或凿山，或淘河，昼还夜往，习以为常，越界之情，势所难免。此又俄国矿师之所言也。

臣查，恰克图迤东，大率荒山旷野，断不能多驻兵役，昼夜检巡，不越界于地上，即越界于地下，防范杜绝，智力为穷。计惟有我亦设厂挖金，则彼自无越取。臣初莅俄时，俄人多以漠河金矿为询，经黑龙江将军奏派知府李金墉开采，嗣是两载，俄人绝无一言，其明证也。然中国于此事，非所素习，利无从必，商无可招，办理诸形棘手。而界务所系，不敢不以上闻。传述既多，不能断为乌有。应否请旨饬下总理衙门暨北洋大臣、库伦办事大臣访查筹议之处？伏候圣裁。其俄国每年产金之处，设厂之区，暨恰克图界上河名、地名，臣查得大概，另录上呈。谨奏。

光绪十六年四月二十日奉朱批：该衙门知道。片二件并发。

谨开俄国地图所载恰克图交界地名恭呈御览

谨按：俄国界图，恰克图正东约华里三十余里，为市尔古台第一界牌。又东数里有小河，为切贵河之分支，由俄境南流入华界，长约六七十里。又东十余里，为柴达木第二界牌。又东十余里，为呼尔林第三界牌。又东十余里，为狄列图第四界牌。又东十余里，为舍尔巴哈第五界牌。又东十余里，临切贵河，是河发源我境，自东南来，向西北流，河东为俄库达林斯克城，与舍尔巴哈第五界牌相对。自此转东南行，滨切贵河，以河为界，约三十余里，为池克台第六界牌，此处有切贵河分支，流入华境。又东南三十余里，为哈普察盖第七界牌，此处亦有切贵河分支。又东三十余里，为乌依勒嘎第九界牌。又东六七十里，为阿拉哈达音乌苏第十界牌。自此处起，离切贵河转向正南，行三十余里，至阿拉哈达音乌苏河，亦切贵河之分支。顺河东南行六七十里，为乌里雷第十一界牌，是处有乌里雷河，故名。又东南五十余里，为乌布尔哈达音乌苏第十二界牌。计自恰克图至此，约共三四百里，切贵河萦拂其间，支流灌注。俄人越界取金之处，度当在此。

谨开俄国金厂处所岁产数目恭呈御览

谨按：俄地向不产金，有明中叶，吞并乌拉岭诸部，寻获金矿，建议开采。明万历九年，为俄人设厂取金之始。三百年来，拓地日广，据有东西悉卑尔全境，阿尔泰山译义为金山，东干、北干纵横数千里，山重水复，处处有金，故俄呼悉卑尔为金穴。于是招矿师，设矿学，置矿官，颁矿律。凡产金之区，由官丈量分界，听民开厂。每岁所获，悉以交官，违者有罚。先由各厂自行熬炼金砂，交官炉镕化，再运俄都铁局提净，范为金砖，权其轻重，取税什一。以十分之九铸钱币，以十分之一作器皿。业主愿得金砖、金钱者，如数领回。否则，请领金票，听民交易抵税。转运倾镕之费，皆于业主取偿。从前用人力开矿，费巨利微。近来开凿磨研，洗刷煅炼，尽用机器，通接气管，一机可应数厂之需。以遣犯为矿夫，工食亦省，事半功倍，获利较多，群趋若鹜。大抵有力之家，兼开数厂至十余厂。无力者合股，不设公司，与他国金矿章程不同。矿师每年查出金苗、金砂之处，验明注册，待民认业。统计其地，分为八部。谨就前年金矿厂数，胪列于后：

一曰撒尔穆部，乌拉岭东西一带金矿隶焉！有矿三百八十一处，岁得未提净金十六万二千五百七十六两有奇。

一曰鄂兰布尔部，乌拉岭东南附近里海一带金厂隶焉！有矿三百零八处，岁得未提净金二十六万八千八百八十四两有奇。

一曰西悉卑尔部，叶尼赛河以西、鄂兰布〈尔〉不〔部〕以东一带金矿隶焉！有矿二百十五处，岁得未提净金六万五千五百五十六两有奇。

一曰东悉卑尔部，叶尼赛河上下游东西境金厂隶焉！有矿三百五十三处，岁得未提净金十三万六千六百四十四两有奇。

一曰拜喀勒斯克部，黑龙江以西、拜喀勒湖以南金厂隶焉！有矿九十四处，岁得未提净金十万零四百十六两有奇。此部内分三区：一曰尼布楚斯克，一曰巴尔古金斯克，一曰威尔赫乌纽丁斯克，设厂十一处，即在恰克图东北切贵河一带。

一曰牙库特斯克部，外兴安岭东北金厂隶焉！有矿六十三处，岁得未提净金二十二万四千零六十四两有奇。

一曰黑龙江部，尼布楚以东及黑龙江上下游金厂隶焉！有矿十九处，岁得未提净金十六万五千七百八十两有奇。

一曰东海部，黑龙〈江〉东南沿海一带金厂隶焉！有矿九处，岁得未提净金一万三千零四十四两有奇。

通计八部金矿，现共设厂一千一百四十六所，常用矿夫共七八万人，俄都铁局岁得净金九十七万九千二百四十八两有奇，约值银二千余万两。据该地矿师云，此数系据官册而言，岁产之金实不止此。官商朋比，偷漏私销，各厂恐皆不免。现在采河金者十之七八，采山金者十之二三。河金多而施工易，故厂本较轻。又定例业户领地限三年内开采，否则收回。凡领地多而未尽兴办者，往往有腾挪迁就，虚报开工，以裨私计者，所以金数少，而厂多也。

使俄洪钧奏俄造东方铁路我有东顾之忧片

洪钧片。

再，臣初莅俄时，国钞日贱，上下交困，内忧方亟，远略未遑。近年钞价顿昂，国势一振。上年借债于民，约得银八千万两，为世爵之家赎产减利之用。复借四厘利之新债，以偿五厘利之旧债，陆续贷于他国，得五万万余两。除清偿旧债本利外，尚余六千余万两，因是度支宽绰，意气发舒。国之西邻，德为大敌。而铁路不足，军行后时，则有添筑铁路之议。德国已造小口径枪无烟火药，俄之利器不能制胜，则有改造新枪之议。东方铁路议而不行，今闻中国铁路之谋，欲为先发制人之计，则有开办东方铁路之议。此议中之东方铁路，具有明文，分期十年，每年经费约银一千二百余万两。此路告成，则我东顾之忧益亟。此俄国近日情形也。

德国今皇嗣位，仍以毕士马秉权。本年二月，毕士马解任而去，名为乞休，实则被逐。其子为外部大臣，亦被阻而去。或谓论事龃龉所致，或谓左右浸润之由。臣窃窥之，当是德主自欲揽权，更张国是，元勋解组，邻敌生心，毕相主和，持满不发，德君尚武，锐意有为。新任相臣，又以武帅而迁文职，或者欧洲兵事，自此萌芽。将来衅隙之开，当自俄始。此又德国近日情形也。谨奏。

光绪十六年四月二十日奉朱批：该衙门知道。

使俄洪钧奏各国趋重金币片

洪钧片。

再，自海禁大弛以来，论者多谓中国银钱流出外洋，其见是矣！其说非也！外洋之耗中国乃黄金而非白银，盖西国制用通商皆用金钱计数，零星交易始用银钱，英、美诸国皆然。法国银币较重，仍不敌金。德国二十年前尚重银币，而与他国往来贸易，不免受亏，胜法之后，索偿兵费，富有黄金，乃令国中改崇金币。通计各国银矿岁产，大率以之造作器皿，而铸钱非多。彼如捆载华银未尽适用，且多折耗。美国近来金矿渐虚，银矿尚盛，终有得银无算藏置不能运用者。中国二十年前通行日斯巴尼牙〔亚〕国之银钱，曰本洋。其时美商欲以己国银钱用之上海，而不能通行。近则盛行墨西哥国之鹰洋，东南数省遍地皆是。计外洋流入中国之银，殆难胜数。以云流出，窃谓无多。至于内地黄金，臣闻父老传言，从前每两金价仅银数两，二十年前在十两内外，今则贵至二十两以外，与西国金价若，此非西人运往而何往哉！先前云南出金，经兵乱而止，继则吉林出金，迨驱逐金匪而亦止，其余各省旺产未闻。今据华商及俄矿师之言，则中国且藉邻邦漏出之金，以资挹注。设彼禁绝私销，内地金源将竭。经营金矿，似为时务所宜。据俄矿师云，自恰克图至库伦中途乌罗河、乌铜山一带，皆有金苗金砂。恰克图华商亦曾闻之，而不能言其地。至于唐努山北叶尼赛河上游之水富有金砂，俄人越界淘金，上年驱逐有案。此又俄矿师所指华境产金之处也。访问所得，谨以附陈。谨奏。

光绪十六年四月二十日奉朱批：览。

总署奏前与英国议定印藏条约请寄伦敦互换折

总理各国事务庆亲王奕劻等奏，为前与英国议定印藏条约八款，现已派员赍送到京，拟请照约批准，寄交伦敦互换事。

窃查本年正月间，驻藏大臣升泰与英官保尔议定印藏条约八款，当经臣等恭折奏明，缮呈御览。正月初九日，奉上谕：驻藏大臣升泰，着作为全权大臣，与英国所派全权大臣，定约画押。钦此。当即电达遵办。旋据升泰电称：二月二十七日，在孟加腊，会同英国全权大臣兰士丹画押盖印。嗣于四月十三日，准军机处钞交升泰奏称，照约缮写四纸，二纸交兰士丹收存，二纸由升泰收执，派员赍京各在案。兹据总税务司赫德申称，升泰所派之李约德，现已到京，并将条约二纸呈送前来。相应请旨将条约钤用御宝，作为批准。如蒙俞允，即由臣等咨送军机处，请用御宝发下，以便寄交出使英国大臣薛福成收存使署，俟英国君主批准后，即在伦敦定期互换，以凭信守。谨奏。

光绪十六年四月二十八日奉朱批：依议。

驻藏大臣升泰奏巡阅后藏勘验沿边各界鄂博折

驻藏大臣升泰奏，为巡阅后藏，派员勘验沿边各界鄂博，察看情形事。

窃奴才本年在印度立约画押，曾经另片奏明。所有此次分界，悉本乾隆五十九年奏设鄂博旧界办理，于闰二月二十六日附片陈明在案。兹奴才巡阅后藏，查看各营官所呈各隘舆图，交界处所实与乾隆五十九年之案多有未符。奴才即派人分道亲赴各鄂博处所查看。旋据委员稽志文禀称：奉委查看旧界，于四月二十九日，行至甘坝正南纳金山要隘，此地为洋人时来窥探之所，又甘坝哲孟雄人彼此往来贸易，悉由此道。查看鄂博，不过四尺，上有木牌，系道光二十三年驻藏大臣孟保委派后藏都司谢国泰所立，并无旧案张志林之名。鄂博之南，有边墙十余段，中有炮台，系同隆图〔吐〕设卡时，由唐古特饬令札什伦布所建。当间此卡设后，洋人曾否前来阅看？据守隘定琫、番兵佥称：洋人已来看过数次，并无他言。卑职复查看纳金山，为藏南最高之山，即雪岭正干，岭巅积雪，人不能登。山北之水，因岭北护山地势甚高，岭巅北流之水，因内山太高，不能流入甘坝河，遂沿山东西流至约金山峡，已抵鄂博，始折而南下，仍入梯斯达。所幸雪岭高插云霄，蜿蜒数千里，势若长城，迥非诸山所能比拟。约章注明：东起布鲁克巴之支莫赤，西抵廓尔喀界一带山顶为界。查此处旧界鄂博，与新立约章相符，谅英人亦无他议。复查旧案，定结与哲孟雄交界四处，系羊马、卧龙支达、酌北当拉、形萨喀热等山。今查定结地图，各山名虽仍其旧，而所有交界四处，刻已划属廓尔喀。想百年以来，廓尔喀番侵占哲境，已属不少，各部自相蚕食。前者未及周知，亦幸地归廓境，则与印境相连之地较少矣！惟是纳金一山，虽有积雪，然四月至九月，均可行走，为后藏、哲孟雄通衢。刻下哲孟雄部长已被英人废去，哲境亦驻英官。由纳金山顶分界之处乘马驰行三日，即抵札什伦布，相距印界甚近，沿途道路平坦，亦无险隘等语。又丈结山鄂博亦系道光二十三年所立，边墙、堆卡系与纳金同时建造，洋人亦无他议。惟秃笼、洛纳两山，现为雪封，无路可上，其旧界均在雪岭之顶。亦据张腾蛟、张昉等分禀前来。

奴才查，帕克里以南，仁进岗、格林卡等处，系前藏番商及卓木人赴独脊岭贸易必经之路。甘坝、纳金、丈结、洛纳等山，又为后藏赴哲捷径。亚东通商，奴才前折业经详陈，拟在告码桥①、亚东、格林卡等处，分设文武，以资巡察，不意三日之程，即抵札什伦布，相距益近，无险可守，尤应加意提防。第边事极宜未雨绸缪，而藏务无一不形掣肘。此处之堪虞，为从前所未闻。假非派员亲至彼处查勘，竟无人议及，益见商上番官因循玩忽，乃至于此。查该台官兵寥寥，无可分拨。奴才未敢壅于上闻，拟请饬下总理衙门王大臣，悉心会议。后招地方距藏遥远，距印界极近，一旦有故，驻藏大臣未及闻知，而三日之程，瞬息可到，今昔之情形迥殊，不能不筹防意外。应否添设官兵驻守，以重边防？应由该衙门妥议具奏，请旨遵行，实于边务有裨。谨奏。

光绪十六年七月初七日奉朱批：该衙门议奏。

使俄洪钧奏德欲谋俄欧洲大势必至群起争锋片

洪钧片。

再，德国戎政，尽人为兵，自二十一岁入伍，满二十三岁出伍，凡三年。而生齿既繁，饷糈有限，则除残疾、庚〔瘐〕弱、母老、丁单需其养赡者，不在挑选之列，统计常年兵数足有四十五万人。其自备资斧当兵一年者，不在此数。常年兵费至银八千余万两，制造军火亦不在此数。设遇敌警，此四十五万人扫数全出。其二十四岁至二十九岁，期满离营之兵九十万人，亦同时并出。更至三十岁至三十五岁，离营之兵九十万人，随后征进，预备搜补。统计出境攻战前敌后援之兵，共二百二三十万人，有赢无绌。其自三十六岁至四十四岁离营之兵一百三四十万人，则但守境而不出境。通国壤地不过中国数省，而兵多如此。稽诸载籍，从古未闻。然德主尚令增兵，大约每岁又须增

① 似为“吉码桥”。

额二万。奥国近时亦复添兵、制械、加税、增饷，情状相同。凡此皆所以谋俄也。德主上年曾聘瑞典，现又前往，谓上年系谒瑞典国王，至今年乃谒挪威国王。夫瑞典、挪威合归一主，好劳仆仆，殊觉无名。默揣其心，盖欲联络彼国臣民，树俄西北之敌。上年之赴土耳其国，则又为俄南面之敌也。去秋，德主聘俄，见其海口炮台，形势险固，心为之动，爰密令驻俄武随员贿购图说，费银二十四五万两而始得之。此武随员常至中国驻俄使馆，谓中国如欲购其海参崴炮台图说，亦可为力。臣婉词谢之。本年此案发觉，乃俄海军中一副将输情于敌，罪无生理。俄人恐德主老羞成怒，由是开衅，反为掩饰，褫职了事，然其心蓄愤必深矣！俄议添筑西境铁路，以利军行。德亦谋增东境铁路，以期速益加速。德人或谓中国如与德国合从〔纵〕连衡〔横〕，以共谋俄，德必欣然乐就。然臣综揽大势，西方兵气销弭为难，民困输将，莫能安业，迫而出于一战，实在意料之中。俄联法以制德，德联义以制法，联奥以制俄，近且与英让地交欢，海道可资其力。烽烟若起，俄胜居四，德胜居六。牵连而及，势必欧洲鼎沸，群起争锋。中国此时大可为局外之观，并亟为自强之计，断不宜开怨于俄，使其心有分顾，此策之得者也。谨奏。

光绪十六年八月初九日奉朱批：该衙门知道。

总署奏遵议藏边添兵驻守请饬详细酌拟折

总理各国事务庆亲王奕劻等奏，为遵议藏边添兵驻守，请饬详细酌拟，恭折复奏事。

军机处交出驻藏大臣升泰奏，巡阅后藏，派员勘验沿边各界鄂博，查看情形，请添设官兵驻守，以重边防一折。本年七月初七日，奉朱批：该衙门议奏。钦此。臣等伏查，后藏地方毗连印、哲，外人之窥伺甚便，在我之防范宜严。该大臣以从前官兵不敷分拨，拟请添兵驻守，自系为固屏藩、资抚绥起见。案查本年四月间，该大臣由岭回边，密陈各款一折，奉朱批：着照所请。该衙门知道。钦此。查原折内第二款：拟于仁进岗以内之吉码桥，设立驻边同知一员。靖西内关之格林卡，设游击一员，千总一员，外委一员。亚东之靖西外关，设千总一员。吉玛亦设外委一员。帕克里设把总一员。又将江孜守备裁撤，其外委一员，即移驻格林，官兵四十名亦并移于格林汛。番员江孜戴琫亦将所部番兵移驻格林，帕克里营官亦移于吉玛。惟格林汛游击营内，应酌增汉兵一百名，驻边同知署内，酌给巡拦、差役数十名等语。是该大臣于驻边事宜，业已分别布置。兹复奏称前因，是否即照前拟兵数，量为移扎，抑系另议加增？值此筹款维艰，当以兵力、饷力兼权并顾。且据称鄂博各处今昔情形不同，究竟应添兵额若干，由何项武员管辖，月需饷银若干，均未分析陈明。应请饬下该大臣，体察情形，悉心筹画，绘图贴说，详细具奏，再行核议。谨奏。

光绪十六年八月十六日奉朱批：依议。

总署奏朝鲜议借洋债遵饬设法阻止片

奕劻等片。

再，臣衙门于本年三月十五日电知北洋大臣李鸿章，转电出使各国大臣：闻朝鲜议借洋债，此端果开，后患无穷，应电知出使大臣，知照各国外部，转谕绅商，言朝鲜贫而多费，偿款维艰，各国绅商不宜与该国订立合同，付以巨款，将来如有借债不偿之事，中国不为担保，若各国因欠款而抵据朝鲜海关，中国亦决不允许，预为声明，以昭睦谊。此系奏奉谕旨，务即遵办。外部复语如何，仍即复知等因。去后，嗣据该大臣等先后密复，英、法、美、比各外部照复，均无异议。俄外部答复：朝欲称贷，俄廷决不应允，俄民亦断不以资财借与贫小之国。惟日本复文未甚明晰，有以借贷为该国自理之事等语。

臣等伏思，朝鲜久列藩服，自应遵奉中朝，恪守名分。近年与各国互市以来，心迹诪张，竟有向各国借款之密谋。如使不为箝制，恐内惑群小，外结奸商，辗转纠结，隐忧匪浅。臣等详阅各该大臣复到文函电信，似可暂息朝鲜滥借外债、糜费无度之心。各国洋人亦晓然于该国债款之难，不至私相缔约。至日情虽涉游移，然明知朝鲜贫窘，谅未必轻借巨款，自生枝节。嗣后臣等如有所闻，再当随时酌度办理，以慰宸廑。谨奏。

光绪十六年八月十六日奉朱批：知道了。

礼部奏准朝鲜国告讣并请免赐奠据呈代奏折 附呈文

礼部尚书昆冈等奏，为据呈代奏事。

准朝鲜国告讣使臣洪钟永等具呈到部，臣等公同阅看，系因该国自经丧乱，国用艰难，此次该国王太妃薨逝，丧祭一切，俱从俭约，恳恩矜恤，请免遣使赐奠等情，乞为据呈转奏。谨钞录原呈，恭呈御览，伏候命下，臣部遵奉施行。谨奏。

光绪十六年八月二十四日。

谨将朝鲜国告讣正使洪钟永原呈恭录呈请御览

朝鲜国告讣正使洪钟永呈，为恳恩事。

窃以为小邦祗守藩服，世沐皇恩。壬午、甲申之交，纲常得以扶植，土宇赖以廓清，尤属恩深再造。自经丧乱，荐遭饥馑，民物流离，六七年来，艰难日甚。近又不幸，康穆王妃薨逝，举朝哀戚，无计摒挡。主上念王妃遗命，悯八域困穷，向例丧祭之需，出自闾阎者，不得不一概蠲免，以舒民力，故凡丧祭，俱从俭约。惟念大皇帝钦差颁敕，自昔异数，能无感戴？特恐星使贲临，礼节设有不到，负罪滋甚。与其抱疚于将来，孰若陈情于先事。况蒙天恩高厚，矜恤弥周，有怀必达，有愿必偿，允如赤子之仰慈父母矣！为特敬求部堂俯鉴实情，擎奏天陛，赏有温谕，颁发卑职，敬谨赍回，免烦星使之处，出自逾格恩施。不胜急切兢惧之至！

为此，谨呈。

总署奏与英国订烟台续增专条请钤用御宝折

总理各国事务庆亲王奕劻等奏，为本年与英国新订《烟台续增专条》，现已缮就正本，拟请钤用御宝，以凭互换事。

窃查，本年与英国使臣华尔身议订《烟台条约·续增专条》六条，当经臣等恭折奏明，缮呈御览。二月二十四日，奉旨：依议。钦此。并奉旨派臣奕劻、臣孙毓汶盖印画押，钦此。旋于闰二月十一日，遵旨由臣奕劻、臣孙毓汶与英国使臣华尔身，在臣衙门公同盖印画押，亦经臣等将画押日期恭折具奏，并于折内声明，俟英国君主批准，再行恭缮正本，呈请御笔批准，在臣衙门互换。闰二月十二日，奉旨：知道了。钦此。各在案。兹据英国使臣华尔身照称：《续增专条》，业经本国批准，惟未经开办之前，先应择期互换等因前来。相应请旨，将条约正本钤用御宝，作为批准。如蒙俞允，即由臣等咨送军机处，请用御宝发下，仍由臣奕劻、臣孙毓汶，会同英使华尔身，在臣衙门定期互换。谨奏。

光绪十六年八月二十六日奉朱批：依议。

库伦办事大臣安德那逊绰克图等奏恰克图等处开办矿务窒碍难行折

库伦办事大臣安德、那逊绰克图等奏，为库伦所属恰克图等处开办矿务，窒碍难行，谨就管见所及，缕晰详陈事。

窃奴才等承准总理衙门暨直隶督臣李鸿章咨开：本年四月二十日，准军机处钞交出使大臣洪钧奏恰克图边界俄人穴地取金情形一折，又奏恰克图一带似宜经管金矿一片，本日奉朱批：该衙门知道。片三件并发。钦此。录奏行令奴才等会商筹办等因前来。奴才等谨按原奏各节，逐细筹商，其中窒碍难行之处，匪只一端，谨据实为我皇上详陈之。

查原奏内称，土谢图汗部落与俄接壤，东西数百里，到处产金，最著者为恰克图迤东之切贵河分流诸水，金砂尤多。俄人在切贵河挖金，往往侵入华疆，或凿山，或淘河，昼还夜往，习以为常，越界之情，势所难免等语。查俄人越界挖金，迭经奴才等咨请总理衙门，照会该国，严禁越界偷挖在案。是产金之区，诚然有之。而出金之多寡，获利之厚薄，则不得悉其详。

又原奏内称，恰克图迤东，大率荒山旷野，断不能多驻兵役，昼夜梭巡，不越界于地上，即越界于地下，防范杜绝，智力为穷。计惟有我亦设厂挖金，则彼自无能越取等语。查开办矿务，先须筹款招商，延订矿师，招集矿夫，方可集事。库伦地处极边，商贩率皆小本经营，并无巨商大贾可招。而延订矿师，亦须素知其人之良能，确有把握，方可凭信。库伦虽与俄国比邻，但不知何人通晓矿务，堪膺是选。且延订矿师之费，亦无的款可筹。矿务一开，必须招集矿夫，以便采取。若辈率皆亡命之徒，库伦虽有宣化练军二百五十名，藉资管束，惟恐日久人多，最易滋事，抢掠蒙民，则失朝廷抚绥之意，设或越界为非，则边衅从此而起。总之，华商既无可招，而洋商则断不可招集，缘彼垂涎日久，越界偷挖尚系窃取，一经应募，势必建盖洋房，招集洋股，华洋杂处，良莠不齐，一旦变生意外，深恐得不偿失也。谨奏。

光绪十六年八月二十八日奉朱批：该衙门知道。

使英薛福成奏察看英法交涉事宜谨陈梗概折

出使英、法、义、比国大臣薛福成奏，为分驻英、法数月，察看交涉事宜，谨陈梗概事。

窃臣在英、法、比国呈递国书，已将各国互敦和好之意，陆续据实奏报在案。惟闻义国罗马都城，一交夏令，瘴气甚重，该国王及其外部大臣皆避暑在外，必俟八九月后回都办事，臣是以暂缓驰赴罗马，稍以其暇，详阅接管案卷，联络议院官绅。谨将见闻所及，为圣主缕陈之。

窃惟数十年来，西洋诸国，惟英、法与我中国素多龃龉，一二强邦迭起乘之，事变愈棘。从前英使如威妥玛、巴夏礼等，法使如巴德诺等，尤窥知中国情事，狃于积习，动辄要挟，勾结他国，协以谋我，与之以利而不知感，商之以情而不即应，绳之以约而不尽遵，其所由来，非一日矣！臣尝观光绪三四年间旧牍，前使臣郭嵩焘初到之时，枝节不少，口舌滋繁，有明系中国自主之权，而妄思侵碍者，有明系彼国订行之款，而不即照办者。盖彼之商人，惟利是视，不顾大体，而公使、领事向恃中国无驻洋使臣与彼外部辩论，往往逞其一面之辞，要求迫胁，为所欲为。今则事势既异于前，威、巴诸使或退或死，狡谋斯戢，积案稍清。臣尝与英、法官绅往来酬酢，察其言论，多有联络中国之意，不复如昔日一意轻藐。推原其故，厥有数端：一则越南一役，法人欲索赔偿，竟不可得，至今法人议论，咸咎斐礼之开衅，恨其得不偿失，各国始知中国之不受恫喝也。一则十余年中，冠盖联翩，出驻各国，渐能谙其风俗，审其利弊，情意既洽，邦交益固也。一则中国于海防海军诸要政，逐渐整顿，风声所播，收效无形。且近年出洋学生，试于书院，常列高等，彼亦知华人之才力不后西人也。凡此数端，皆系圣明措置因时，及内外大臣尽力经营之效。臣愚以为，乘此振兴之际，遇有交涉事件，可以相机度势，默转潜移，稍裨大局。大抵外交之道，与内治息息相通。如商税受损，则财用不足矣！教民横恣，则吏治不饬矣！海外之华民保护不及，则国势不张矣！内地之土货行销不远，则民生不厚矣！此在任使事者设法维持，随宜筹措。虽旧约纵难更改，而情势或可变通。臣拟于兹数者审度情形，俟有机会，大则奏请谕旨遵办，小则函咨总理衙门裁酌，总期捷声息而通隔阂，收权利而销外侮，仰副朝廷委任之意。抑臣又闻外洋各国使臣互相驻扎，皆以得见君主为荣，君主亦必接见，以示优异。皇上亲政以来，各使以未觐见天颜，疑有薄待之意，不无私议，屡见英、法新闻纸中，将来恐不免合力固请，似亦当筹所以应之也。谨奏。

光绪十六年九月初十日。

驻藏大臣长庚奏妥筹瞻对善后事宜折　附条陈

驻藏大臣长庚奏，为瞻对善后，谨就管见所及，咨请新任驻藏大臣暨川省军督，妥筹定办事。

窃奴才于收复瞻对官寨案内，钦奉谕旨：着将番地轻减赋役章程及善后事宜妥筹办理。钦此。兹于升泰具奏瞻番叛藏案内，钦奉谕旨：该番屡抚屡叛，总由藏官办理不善之故，着刘秉璋会商长庚等，详查边界番情，俟此案办竣后，将善后事宜妥筹良法，以期永远相安等因。钦此。

窃惟瞻对本川省西南门庭接壤之地，自归藏属，竟成尾大不掉之患。今思挽救，必先明昔年致病之源，始能求今日挽救之术。工布朗结数世为逆，侵占川属各土司并西宁迭木齐土司地界不少，唐古特虽云因霍尔土司求救之切，实因工布朗结围困里塘，茶道不通，且骎骎扰及藏界，其势不能不为疏通，于是与各土司合谋协力，资其导引，分路环攻，得以削平工布朗结之乱。同治四年，奉旨将上、中、下三瞻对地方赏给达赖喇嘛，派堪布管理。维时未能将如何管理并瞻民应纳赋徭核定有案，亦未将瞻地与邻封土司接壤界址分划清楚。虽各土司皆得收其侵地，而与瞻境毗连早年被侵之壤，悉为驻瞻番官所有，各土司方幸工布朗结之平，又震唐古特之威，皆趋附番官。恐后番官亦因瞻地距藏四千余里，孤悬各土司之中，不能不为联合，以坚其势，于是结以婚姻，要以盟誓。各土司之附番官，或藉其威以为援，或畏其逼以求安。其中有曾经附逆者，番官获其土地，以为得自逆手，土司不敢与较；亦有人民逃散者，番官招徕复业，以为经营自我，推宕不肯交还。加以瞻对自归唐古特后，筑立新寨，派兵防守，每岁所费不资，与诸土司约以按年各助协守之费，又究查曾经为乱部落，订以每岁输纳罚服之资，土司不能践之，诟怨成隙，番官始则藉各土司以镇瞻人，继则藉瞻人以胁各土司。各土司反复多端，赴汉官处控告，皆云番官勒派，求为蠲除。迨商上来文云，各土司情愿认纳，不肯减免，并各土司导引番官扰害他部，番官党同伐异，残民以逞。此历来瞻番多事之由也。如光绪六年，番官汪青洛布之袒查录而围攻里塘，近日德尔格特之助藏番而欺凌玉树，皆其明证。

至番官之于瞻民也，以其豺虎之乡，专任武健严酷之人，苛刑、苦役、掊敛以酿乱。今思挽救，若能偿其兵费，收回疆土，永断葛藤，实为一劳永逸之计。如其不能，惟有严禁擅兵攻伐，是为要义。不独番官宜禁，即川属各土司亦宜严禁。盖土司之互相构煽，最易生衅。且川属各土司，每有蛮触相争，力不能敌，则赴瞻对番官控诉。该番官辄敢带领多人越赴川界，理断川属土司之事，轻藐王纲，悖谬已甚。拟请严禁番官，此后不准受理川属诸土司事务，违则参处。川属诸土司，如再有赴瞻具控者，查出一并参办。遇有兵事，禀请川藏，酌量缓急轻重，核示遵办。无论番官、土司，一概不准擅兵。其寻常防守地方，捉拿盗贼，不在此限。求川藏两界永远相安，莫要于此。次则瞻对番官必须由驻藏大臣拣选，奏请补放，方合体例。查《钦定西藏通制》内载：西藏诸事，均隶驻藏大臣核办。乃瞻对自归藏以来，历任驻瞻番官皆由商上自行派往，其官之拣选，驻藏大臣不得而预，其人之贤否，驻藏大臣不得而知，以致任其所为，毫无顾忌。拟请嗣后仍遵定制，驻瞻番官缺出，仿照拣选戴琫之例，于五品各缺营官、并商上五品各缺执事官内，择品行端正、办事稳练者，拟定正、陪，奏请补放。如一时不得其人，即于各戴琫内遴选，奏请调补。其所带随员，向无定额，亦不具报。历任驻瞻番官均带有随员，至彼分扎，遂有大、小营官之称，生事扰民，多由于此。拟请此后将该随员定以额数，凡于调派随往时，必须由商上呈明驻藏大臣，择朴实循分之人派往。其有应行分防地方，必须禀明驻藏大臣核定，奏蒙俞允，方许分设，不准擅自建官。该番官私人概不准干预公事，以杜乱源。又瞻地距藏过远，驻藏大臣治之，格于商上而不能下及；川省军督治之，限于非属而不能听理。该番官恃无管辖，遂得为所欲为。拟此后瞻对番官请归打箭炉、里塘文武兼辖。倘该番官再有苛虐等事，准瞻民赴炉厅同知、里塘粮务衙门控告，禀明川藏，撤参究办，庶有所箝束，该番官不敢肆虐，而擅兵作乱之事亦鲜矣！奴才到藏未久，情形未谙，仅就见闻所及，略陈梗概。至可否设施，及见有过当，识有未及，应损应益之处，统俟新任大臣升泰会商成都将军岐元、四川总督刘秉璋，妥筹定办，以固边疆。其番官旧行一切苛政应禁各条，缮单恭呈御览。谨奏。

光绪十六年十月十一日。

谨将驻瞻番官旧行一切苛政应禁各条拟单恭呈御览

一、官地宜禁加种也。查藏属番官所有官地类若古之公田，派百姓耕种，以供办公之用，通藏皆然。惟瞻对荒地甚多，番官往往漫无限制，任意多种。所有牛犁人力，均系派自民间。加种愈多，用夫愈众，瞻民所以不堪。嗣后番官官地，应令定以限制，不准额外加种，以纾民力。至岁之丰歉，应与民同，不准概以丰岁为例，勒数取盈。

一、包揽商货，发放比歹〔岁〕，宜严禁令也。查商民贸易，事属恒有。乃番官辄敢包揽商货至数百驮，又令百姓支应乌拉，复以货物分给百姓，索价数倍，谓之发放比岁，上下交征，肆为鱼肉。拟嗣后不准番官发放比岁，并不准包揽客货。如违，定予参办。其串同包揽之商民，查出一并交办。商民自雇骑驮赴瞻贸易者，准仍照常生理，以便民生。

一、罚服〔赎〕宜遵旧例也。查《理藩院则例》内载：番民争讼，分别罚赎，将多寡数目造册，呈驻藏大臣存案，如有应议罪名，总须禀明驻藏大臣，核拟办理等语。嗣于道光二十五年，复经前驻藏大臣琦善奏定规条，嗣后唐古特议罚之案，自一两至二十两，但期示惩而止。至重之案，番民所罚，连什物各项，至多不得逾番平三十两。而番目所罚，连什物各项，至多不得逾番平三百两。其查抄家产，除婪索赃数过多，确有实据者，方准籍没外，其余公私罪犯，辄议查抄者，永行禁止，以符定例。不准藉称商上曾经赏过田房，以抄没为追缴。违者，治罪。今驻瞻番官，距藏窎远，应申明旧例，不准违例私抄滥罚。倘敢故违，准瞻民就近赴里塘粮务、打箭炉同知衙门控告，严究禀办。

一、瞻对生计宜禁抑勒也。查瞻地产金，并产鹿茸、麝香、贝母，瞻民以为生计。番官并于正收金差之外，又发银以贱价勒买，如不足数，复令以贵价买足交纳，并以达赖喇嘛为名，时而封山，不准百姓打牲，受贿后又准捕捉，阻遏民生，藉为婪索。拟嗣后除正收金差外，不准再有勒买勒卖等事。至于封山，查系达赖喇嘛及岁荒或遇厄运灾年始有此禁，拟请嗣后遇有封山之期，由掌办商上事务呼图克图，将自某年月日封山起，至某年月日止，禀明驻藏大臣，请为出示晓谕，俾瞻民一体周知，自易遵守，番官头目等亦难从中作弊。但既禁之后，断不准受贿私开。禁期一满，即准百姓捕捉，不准番官勒掯，指为犯禁，任意罚服〔赎〕，以为索贿地步。挖贝母不在封山禁内。

一、需用乌拉，宜遵旧章也。查番目应用乌拉，道光二十五年，前驻藏大臣琦善曾经奏明，请照嘉庆二年松筠等所拟章程，按番官大小定数应付，不许增添。其番目族戚及跟役等，均不准擅用乌拉，以苏民困。违者，分别斥革处分。经理藩院议准通行在案。今瞻对与前后藏事同一律，应令该番官仍遵旧章，不准任听跟役人等滥索骚扰，以苏民困。违则准赴炉厅、里塘控告。

一、苛政陋规宜严禁革也。查番官每藉培修官寨，调集百姓作工，受贿免役，无贿者苦役不休。及打油、造纸，交纳木料、圆根、马草等物，往往勒取折价，又复重收。拟嗣后番官应使杂役不准贿免、久役，使民劳逸不均。其交纳木料、马草等物，不准折价，亦不准重收。至番官出巡，索取下程茶包等项，并各种陋规，应由妥员严定章程，不准再有苛索，永远禁革，俾勿病民。

一、斗秤宜比较画一也。查斗秤应行画一，番官以大斗大秤征收粮石、酥油等物，由来已久。此后，应由委员查照里塘批克库秤，比较如一，发交应用，以昭平允。

一、刑法宜禁擅专也。查人命至重，黄教亦戒嗜杀，此后，如残损肢体、抛河、枪毙等法，宜从禁革。除夹坝匪徒由该番官就地惩办外，其有关人命重件，必须禀明商上，转禀驻藏大臣，核示遵办，以重民命。

以上八款，均系按照瞻民迭次禀控，及委员等先后查复，参以众议，折中酌拟。至该瞻地徭赋，据第穆呼图克图禀称，较前藏所纳，实系轻减，恳请免裁。查瞻番八千余户，核以商上前递额赋章程，每岁应纳金银、青稞、酥油、茶、草、乳渣等物，酌中估价，约共银一万二千八百二十两有奇，而历任番官苛派陋规及吓诈等弊，几于正赋三倍似瞻民所苦，尚不在于正赋。应否核减之处，请由新任大臣会同川省军督，体察情形，妥筹办理。合并陈明。

使英薛福成奏遵旨在伦敦互换印藏条约折

出使英、法、义、比国大臣薛福成奏，为遵旨在伦敦互换印藏条约事。

窃本年七月初四日，承准总理衙门咨开：前与英国议定印藏条约，奏请钤用御宝，以凭互换，钦奉朱批：依议。钦此。兹新约二纸，钤用御宝，准军机处发下，应钞录原奏、并条约二纸，即送收存。俟英国批准后，即在伦敦定期互换等因。所有条约二纸，当由总税务司赫德交告假回国之洋员赍到。臣遵即敬谨收存，一面知照英国外部。旋准复称：英国君主亦已批准，订于七月十二日互换。届期，臣亲赍条约，率领二等参赞黄遵宪、英文参赞马格理等，赴英外部衙门。外部尚书·侯爵沙力斯伯里往巴黎避暑未回，侍郎克蕾代理其事，互相校阅，缮立凭单，一为沙力斯伯里画押，一经臣画押，遂将条约彼此互换。臣查，此次订约，由立约大臣缮录四分，彼此各执二份。现在各以一份互换，一份留存。臣谨将钤用御宝之留存一份，并换到英国君主盖印画押之一份，亲赍回署，仍用木箱封固，交驻英税务司金登干〈乘〉洋员赴华之便，赍送赫德，转呈总理衙门验收。谨奏。

十六年十月十七日奉朱批：该衙门知道。

使美崔国因奏美国废除旧金山驱逐华人新例片

崔国因片。

再，金山新例，拘执华人，勒令迁徙，所限地界一事，谨详前奏。现据金山总领事禀报：此案于七月十一日，经审司批令废例销案，毋庸迁徙矣！臣自日国闻报言旋以来，今始意念释然。缘美国人心狡狯，于张荫桓在秘鲁时，废约行例；于新旧使臣交代时，设例索华人假道质银。臣在日国，复遇此事。幸经代办使事・参赞于臣回美之前迭次照会美外部，由律政部议复甚速，金山总领事遵照指示，事前、事后未敢稍懈，故于审司集讯时，议例律师延不到案，别有营谋，继以华工居处不洁酿疾为言，事后填砌，议例之初，并无此语，伎俩已无可施。现据申送该审司判词，极为公允，惟其间有此新例并未指出华民不好处一语，适足引嫉忌华工者，别生攻讦之端，故虽据报废例之日欢声雷动，旁观称快，仍饬加意自防，毋再予人口实，俾得久安生理，以期仰慰宸廑。谨奏。

光绪十六年十月十七日奉朱批：该衙门知道。

驻藏大臣升泰奏请预防俄人勾结藏番私相馈赠折

驻藏大臣升泰奏，为俄人勾结藏番，私相馈赠，似宜先事预防事。

窃奴才前在印洋，即闻游历法人在达木地方驻扎两月有余，旋即改道，由三十九族取道观觉，迳赴巴塘，并未呈验执照。又闻藏番有馈赠男女穿带衣物首饰等事。奴才即深疑该藏番等何以忽有此举，曾经在印在边，附片陈明。拟回藏后，尚须详查，奏报在案。迨奴才巡阅后藏，即闻游历之人赠送番官礼物不少。旋藏以后，即饬委员详细访查。复查游历法人之内亦有俄人，屡向藏番云：我等此来，非欲不利于西藏，实为尔等保护疆土而来，缘我国与英世仇，我们久思攻取印度，未得其便，今印度无故欺负尔国，我等闻之，甚为不平，是以不辞数万里远来，实欲替唐古忒出力复仇，不料反被阻拦，实属辜负我国好意。闻藏番答以藏印之案，现蒙大皇帝特派驻藏大臣为我等解和，现已无事。该游历人云：英国人最无信义，不久定有反复。我等去后，你们尽可与之决裂。我留信在此，如以后你们再行打仗，即将此信送至阿朗同庆地方，我们即有兵来相助。你们缺乏军火，我必能接济。于是派去番官颇觉相信，专人回藏请示，即不知如何回复。随即送去男妇穿戴各物不少。该游历之人又送藏番商上并派去番官洋枪、钟表、像片各物，又留有信二件，及洋人所用信纸、信封等物，云：如若藏印有事，即用此信纸、信封写信与我国，即当发兵相助等语。于是藏番及游历之人深相欢悦。游历之人用银两偿还前次用枪打毙牛马之价，始由三十九族改道前去，由委员密禀前来。经奴才仍饬委员，督饬噶厦，将访闻俄人情形详细禀复。据噶布伦等公同会议回称：所有此事，由于我等不知外国情形，又兼彼时知大臣均未在藏，不得不如此，使该国之人可以早回。至于留信两封，一系交撇武撮伏，一系交谷绒异麻利，是劝他两人到藏后不必极力拒绝、只可婉劝折回之意。至像片并信纸、信封，则言语支离，均未呈出。并据委员将洋信两封呈验前来。奴才查看两信，盖有红胶图记，信面洋字，微有分别。此地既无识认洋字之人，又未便交赫政翻译。且据称，两信系婉劝撇武撮伏及谷绒异麻利折回之函。该商上敢于呈验，必无他语。是以仍行掷还，只谕以后凡遇游历人等，必须禀明而行，不准私有结交，免启番人意外之疑。该番等领回原信，似有喜色。

查藏印之案，费尽气力，始就范围。此次俄人夹入游历法人之内，巧词挑逗，设藏番受彼愚弄，一旦堕其术中，所关非小。况俄人曾云：我们不久即发兵取印度之阿朗地方。英人如问我因何兴兵，我当云，尔英国既无故取西藏之西金，我何不可以取尔之土耳其？巧言播弄，乃至如是。察看该噶布伦等言及于此，词色甚为欣幸，奴才因之抱虑转深。查西藏定制，凡达赖喇嘛以及掌办并噶布伦等，如有外番往来信字，必须先呈驻藏大臣阅看，语句如无违碍，始准缮发。今俄人非番部可比，而居心叵测。又如是派去番官，明知边案已了，敢与传递此等言词，而商上又竟与之交结。前经派员访查，奴才回藏已久，并未据商上回明。直至饬令禀复，始将洋函呈验。其私与俄人交结，已情见乎词。查藏之西北，直抵和阗、叶尔羌，皆平原戈壁，荒漠无人。而和阗以外之疆域，近日皆为俄有。俄人如相与藏番往来，驻藏大臣难于查悉。即使查知，而驻藏官兵寥寥，亦难设法箝制。事关重大，奴才忝任藏事，责无旁贷，既经查悉，未敢壅于上闻。应请饬下总理衙门，并连上次奴才查看纳金隘口思患预防之折，一并迅速妥议筹办，以期防患未萌。谨奏。

光绪十六年十一月初七日奉朱批：该衙门议奏。

滇督王文韶等奏法人遵约归我逃人折

云贵总督王文韶、云南巡抚谭钧培奏，为法人遵约归我逃人，谨陈办理情形事。

窃前越南游勇魏名高，窜扰滇边，旋抚旋叛，当于本年五月间，将全股匪徒剿除殆尽，惟叛首魏名高逃入越南，为法人收留，曾于奏报情形折内，请旨饬下总理衙门，照会法国公使，转咨越南河内总督，令其照约交还在案。嗣接总署电称：据法使云，魏名高系投降彼国，若中国言明免其死罪，方可交出。倘交出后，将其监禁，彼亦无说等因。臣公同计议，魏名高反复变乱，扰害边陲，本属法无可贷，惟既投彼国，若坚持本国法律，彼必不肯交出，与其留于外域，不如禁诸监中，当即定议，电复总署。先是魏名高投法后，臣等迭饬关道，照会蒙关署领事罗图高，声明条约，令向彼国据理索取。该领事深明大体，曾据七次申陈河内总督，反复通词，颇为尽力。兹于九月初二日，据法国驻越四画官函致防军统带总兵马维骐，订期前往越境猛梭地方，接收魏名高等十八人解省，并其子魏云龙已先病故等语。马维骐接信后，即赴猛梭会晤法官，验明魏云龙病故属实，随将叛酋魏名高、伪督带邓承先、伪管带陈中林、韦春先、赵毕五人，一并押解前来。臣等窃维中外交涉，以信为先，既允所商，理宜践约，当将该逆五人发交按察司牢囚监禁。其随丁等，皆系被掳幼弱，本属无辜，亦饬地方官传各该家属，分别领回。查越南游勇实繁有徒，出此入彼，逋逃尤易，皆系一投彼国，即便无可跟追，是以边患纷乘，相循无已。经此次申明条约，还我逃亡，俾巨匪失所凭依，则同类自当敛戢，于沿边防务，裨益良多。蒙关署领事罗图高从事其间，不无微功足录，可否仰恳天恩，赏给三等第一宝星，以示奖励？谨奏。

光绪十六年十一月十二日奉朱批：著照所请。该衙门知道。

使英薛福成奏英属各埠拟添设领事保护华民折

出使英、法、义、比国大臣薛福成奏，为英国所属各埠拟添设领事官，保护华民，并通筹南洋各岛，派员先后次第事。

窃臣查，光绪十二年，两广督臣张之洞派遣委员副将王荣和、知府余瓗，访查南洋各岛华民商务，奏称：该委员等周历二十余埠，约计英、荷、日三国属岛，应设总领事者三处，设正、副领事者各数处，经总理衙门议复在案。臣于光绪十六年七月，准总理衙门咨称：据海军提督丁汝昌文称，此次巡洋如附近新嘉坡各岛，曰槟榔屿、曰麻六甲、曰罗佛芙蓉，曰石兰莪，曰白蜡，皆未设领事，华商因受欺凌剥削，无不环诉哀求，拟请各设副领事一员，即以随地公正殷商摄之，统辖于新嘉坡领事。应先与该外部商定，核给凭照。如能办到，实于华民有裨等因。臣当经办文照会英国外部，援照日、德及各国常例，声明中国可派领事官，分驻英国属境。俟商有端倪，拟再咨明总理衙门，详筹妥办。

臣窃思领事一官，关系紧要。而南洋各岛华民繁庶，若不统论全局，则一事之利弊无以明，若不兼筹各国，则一隅之情势无由显。臣谨综其始终本末，为圣主敬陈之。

大抵外洋各国，无不以商务为富强之本。凡在他国通商之口，必设领事以保护商人，遇有苛例，随时驳阻。所以旅居乐业，商务日旺。即游历之员，工艺之人，亦皆所至如归。而西洋各国领事之在中国，权力尤大，良由立约之初，中国未谙洋情，允令管辖本国寓华商民，与地方官无异。洋人每有人命债诉等案，均由领事官自理，往往掣我地方官之肘。从前中国各口，枝节横生，亦即由于此。然即在他国，不理政务之领事，仅以保护商务为名者，各国亦视之甚重。稍有交涉，即筹建设，盖枝叶烦〔繁〕则根本固，耳目广则声气灵，民气乐则国势张，自然之理也。

中国领事之驻外洋者，在英则有新嘉坡领事，在美则有旧金山总领事，有纽约领事，在西班牙则有古巴总领事，有马丹萨领事，在秘鲁则有嘉里约领事，在日本则有横滨、长崎、神户三处领事，有箱馆副领事。盖南北美洲与日本各口，迭经总理衙门与出使大臣筹画，经营建置较密。惟南洋各岛，星罗棋布，形势尤为切近，华民往来居住，或通商、或佣工、或种植，或开矿，不下三百余万人，即委员王荣和等所到之处，亦已报有百余万人。臣窃据平日所见闻，参以张之洞原奏，计华民萃居之地，荷兰、西班牙所属，应专设领事者约四处：曰苏门答腊之日里埠、曰噶罗巴、曰三宝陇等埠、曰小吕宋。英、法两国所属，应专设领事者约五处，曰香港、曰新金山、曰缅甸之仰光、曰越南之北圻与西贡。他如槟榔屿等处，已可相机设法，或以就近领事兼摄，或选殷商为绅董，畀以副领事之名，而以就近领事辖之。斟酌盈虚，随宜措置，要亦所费无多。就南洋各岛而论，只须设领事十数员，大势已觉周妥，加以略有添派，综计岁费当不过十万金。

窃查，各关洋税项下，每年提拨一成半，作为出使经费，约银一百数十万两。而近年出使各馆所需，暨游历人员所用，统计不过六七十万两。总理衙门原议，以其赢数预备添派各国使臣之用。臣愚以为，西洋头等强国均已派有使臣，即二三等之国，亦由各使臣就近兼摄，似暂无须多派。惟逐渐添此十数领事者，则商政日兴，民财日阜，息息有与内政相通之故，且慰舆情于绝远，不启华人觖望之端，收权利于无形，不开外人姗笑之渐。所获裨益，较之所费，奚啻十倍。臣尝阅各国贸易总册，以洋货、土货出入相准，每岁中国之银流入外洋者约一二千万两。又考数年前美国旧金山银行汇票总数，每岁华民汇入中国之银约合八百万两内外。虽该处工资较丰，而人数尚非甚多，则推之古巴、秘鲁可知，推之南洋各岛又可知。夫中国贸易与各国相衡，亏短甚巨，然尚有可周转者，以华民出洋所获之利，足资补苴也。倘此源再塞，则内地之银必更立形匮乏。民穷已甚，恐事变丛生。即就新嘉坡一埠而论，设立领事已十三年，支销经费未满十万金。然各省赈捐、海防捐所获之款，实已倍之。而商佣十四五万人，其前后携寄回华者，当亦不下一二千万。盖领事一官在彼外洋，虽无管辖华民之权，实有保护华民之责。纵令妥订条约章程，必得领事随所见闻，与彼地方官商办，则洋官亦得能以稽查，而土人不敢任意苛虐。即驻洋使臣欲与外部辩论，亦必以领事所报为凭，方能使洋官有所顾忌。此领事一官所以不能不设之由，而已设领事之处未尝无显著之效也。今华民出洋之利，已稍不如前矣！诚能于南洋各岛，酌添领事，尚可挽回补救，而收固有之利源。然所以议之稍久迄少就绪者，盖亦因立约之初，中国未悉洋情，并不知华民出洋之众，于是但给彼在中国设领事之柄，而无我在外洋设领事之文。又各国开荒岛为巨埠，专赖招致华民，而洋人实属寥寥。一经我国设立领事，彼不免喧宾夺主之嫌，又碍其暴敛横征之举，所以始必坚拒，继则宕延。外部以咨商藩部为辞，藩部以官民不便为说。虽唇焦管脱，而终无如彼何。此惟在局中者，深知其难，而局外之视事太易者，又或称就地可集巨款，无需另筹经费；或狃于洋官驻华之例，几谓一设领事，华民即为所辖，竟无异管理地方者。此皆阅历未深，持论实多隔阂。当局者知其断难办到，不无矫枉过正之议，几谓徒多耗费，无甚裨益，斯殆有激而然。臣窃以为望之过奢，转滋流弊。领事所收之身格费、船照费，原可略资津贴，正不必敛巨资以招物议。今已设领事之处，验民船，稽民数，原可稍分彼权，正不必揽政权以启猜疑。但如臣以上所陈，则不求近效，而其效最大。惟须认定主意，中外一心，合力坚持，得寸得尺，相机筹办，必可循序就范。即如新嘉坡初设领事，英之外部亦极力阻挠，当时颇费周折，至今乃无异议。

窃查，英、法、荷、日四国属境，其苛待华民，不愿我设领事者，以荷、日二国为最，而法次之，英又次之。荷、日国势皆昔盛今衰，其立国命脉乃在南洋诸岛，其中垦田、开矿、招商、征税各事，又视华民为根柢。惟其政令不甚明肃，呼应不甚灵通，洋官往往征求无艺侨寓之西人，又侵侮华民，或迫之入籍，或拘之为奴，或禁其往来，或朘削其生计。如有华官在旁理论，究可补救一二。虽商设领事之始，彼必支吾推宕，然我苟据理执言，因势利导，始终坚持，谅彼无词以难我。及早图之，则难者渐化为易，失今不图，则易者亦渐觉其难。想总理衙门必仍知照出使美、日、秘臣崔国因，催商日国外部，先在小吕宋设立领事，俾便次第推广，以符原议。至英国待我华民，较为公允。臣观各国在英属地设一领事，视为泛常之举，向无拦阻。又知英国君臣用意，颇欲与中国互敦睦谊，或不于此等事件稍露歧视中国之形。近与该外部商议，请照各国之例，在英地随宜派设领事，即彼未肯速允，臣拟坚持初议，至再至三，与之磋磨，先就香港、仰光、新金山等处，酌设一二员，而槟榔屿等六处，亦当审其地势人数，从长筹画。由此推之，法、荷各属，亦或较易为力。臣非不知洋人性情坚韧，每商一事，必多波折。然苟不惮笔墨之烦，不参游移之见，不紊缓急之序，或稍有效可图。盖审顾周则民生厚，而不独开商务，财用裕则近忧纾，而非以勤远略，布置广则众志联，而兼可诇敌情，呼吁少则国体尊，而即以销外侮也。谨奏。

光绪十六年十二月二十五日。

使英薛福成奏外交之事宜厚于交际严于交涉片

薛福成片。

再，查外洋各国风气，交际与交涉，截然判为两事。交际之礼节，务为周到。交涉之事件，不稍通融。惟其厚于交际，故可严于交涉。凡各国使臣初到一国驻扎之时，其君主无不接见慰劳数语，以示优待，使臣鞠躬而退，并不言及公事，此西国之通例也。臣到英后，除呈递国书外，其君主延请宴会、听乐、观舞会各一次，礼意颇为周浃。今闻各国公使以未蒙觐见不无私议，万一合词来请，我若深闭固拒，相形之下，似觉情谊恝然。昔年英使威妥玛借未许觐见为词，颇于烟台条款多所要挟。夫靳虚礼而受实损，非计之得也。臣愚以为，今日有同治十二年间成案可循，不妨援照办理。当时议者亦颇多疑虑，一则恐其有所续请，一则谓中西之礼不同也。然礼成而退，海内且传为盛事者，何也？西例，会见不言公事，即晤其外部，亦然。洋使断无不谙之礼。若论礼节，可于召见各使臣之先，敕下总署，告以外人，愿行中礼，或愿行西礼，各听其便。如是，则彼虽自行西礼，仍于体制无损。又闻雍正年间，罗马教王遣使到京，世宗宪皇帝允行西礼。乾隆五十八年，英国遣使马戛尔尼来华，亦奉高宗纯皇帝特旨，准行西礼，赐以筵宴。未知礼部等衙门是否有案可稽，似亦足备考证。谨奏。

光绪十六年十二月二十五日。

清季外交史料卷八十三卷终

清季外交史料卷八十四

光绪十七年正月至十二月

使美崔国因奏小吕宋议设领事日外部径直推辞宜另筹抵制折

出使美、日、秘国大臣崔国因奏，为小吕宋议设领事，日外部径直推辞，奏办在先，势难中止，滥征未查实据，抵制自宜另筹事。

窃查，交涉之事，凡此国所议，欲彼国必从者，不外理、势二字。欧洲大国，交涉之学，具有专门，其总司交涉事宜之人，类皆久经阅历，阳侈结纳，阴设堤防。凡与之开议者，即一端之细，一物之微，非报施别有所虞，或利害别有所制，纵约有明文，案有确据，未尝丝毫慷慨，轻以予人。各国交涉，大抵如斯。况日为欧洲旧国，势近衰微。国旧则工于折冲，势衰则难于振作。于此而欲挠之，据理则无条约之明文，因势则无抵制之善法，徒以笔舌相争，何可得哉？

陈兰彬之初使日斯巴尼亚也，注意古巴，拯民水火，因之小吕宋华民亦请议设领事。当时，日外部即以待藩部与岛督议定为辞。郑藻如之筹议，则谓吕岛华民数万，大半乡愚，良莠不齐，散而无纪，已足招侮。此辈不谙西例，习见欧洲各国恒以威力慑服远人，以为中国设官必能一律收效，不知西国流寓南洋者，不及华民十之一二，其中富商大贾，类能挟财自雄，又与其国家脉络相通，一事之损，一端之益，往往立调兵船以图之。此等举动，中国岂能强同？况领事之权，只能照料本国商民，不能干预彼国赋税、政务。所可与争者，但有例外私作之弊。然或相沿已久，尚须渐图补救，庶免别激事端。其与驻日参赞议派员往查也，则谓拟先派员前赴该岛，将设官事宜妥为查酌，往年照会，杳无复音。若仍将设立领事正文与商，恐宕延如故。若俟他日派定领事之后，径索其给发准照，则中日条约并无派领事驻扎彼国明文。万一藉此推却，更失中华体面。不如即藉派员往查，请其知照该岛地方官照料为辞，使彼知中国决意设立领事，将来复文允从，我即以复文为据。倘以条约藉口，强词相阻，则中国亦得据理先与辩明。其立派员往查之条例也，则谓海外设官，原非易事。入境问俗，尤属要图。现在该岛看待华民与待别国商民，究竟如何歧视，其中某弊可除，某例难改，紧要关键，切实查明，庶将来设官，不致茫无把握。然郑藻如虽与北洋大臣一再筹议，未及派办，以疾乞归。

迨张之洞、张荫桓会议，派员往查小吕宋及南洋各岛，其疏内亦有询其风俗、政治，若者不便于吾民，丁税、商饷，若者歧视于他国，其中某弊可以酌除，某弊可以商改之语。张荫桓批答查岛委员牍尾，尤以小吕宋商货来往，人民滋生各数目，货税之外，抽取华人银两若干，名目几项，所收者何为向例，何为添设，何项止征华人各节，谆谆训迪。并令该员等，俟新金山各岛归帆，再到小吕宋详查禀复。是诸臣等筹议此事，皆以华民所请设官，所讼滥征，或约无明文，或案须实据，奚止再三规画，以故屡据华民赴诉，事越十年，踌躇未发者，慎也，非懦也。

光绪十三年奏设领事时，始专恃出使通例，使臣有选派领事之权，以为随在可设领事。又以条约有小吕宋贸易专条可援，为在彼地议设领事之明文。当派定人员索取准照之时，外部以甘言缓之。日廷遂亟立议设领事新例二十五款，而注重在藩部议准一语，以阻其事。于是不得已，不待妥员之查复，径取小吕宋官书、官报所载，征收华民与征收他国人民，不符银数与人数，乘之为违约滥征实据，以索偿为抵制，于是始与历任历年筹度相殊矣！然事有今日，固未出郑藻如之所虑。臣抵美后，复核旧牍，于此事再四推求，曩所谓据理先与辩明，及再到该岛查明各要着，既议而未办，所索准照赔偿，亦已推辞，未敢畏难，终鲜良策，无已而为缓索滥征、先议领事之计，然实毫无把握。臣在日国，甫与外部一议，即以美韩要事，奉电速回，屡饬驻日参赞代议代催。今其新任外部之员，直谓前复非久，日政未改，碍难办理，又非前之支吾推宕矣！若遂中止，或作缓图，大体所关，断非未经奏设以前可比。且总理衙门、北洋大臣以此事迭次电催、函催，并文行海军提督丁汝昌，巡视南洋，请设领事，请禁吕宋彩票等议，其势亦不可暂停。即小吕宋一岛之民，远求拯救，越十余年，并经呈结，每年愿交领事公费银一万二千两，近又有呈词所诉益苦，其迫切之情状，报效之悃忱，若稍恝置，何足以彰圣天子痌瘝在抱、垂眷海外穷黎之本意。然非别有所筹，以图抵制，仍前照会，徒恃空言，再历十年，可决无益。臣请就前使日斯巴尼亚国时，所考其国现在兵制、国债、民额等情形，权其所宜，为我皇上陈之。

日斯巴尼亚者，欧洲古大国也。当有明末季，几至混一欧洲，远媲罗马，近百年势浸衰微。墨洲属土，惟古巴一岛尚未叛亡；南洋小吕宋一岛，得之于三百五十余年前全盛之时。此二岛者，物产颇称繁富，距其国皆在数万里外，名为长驾远驭，其实鞭长莫及。其国陆兵不过十二万人，其当兵者可出费捐充，兵船大小一百二十六艘，铁甲九艘，半皆旧式。欲其争雄海上，盖已难矣！前光绪六年，该国以广东阻其招工，声言将派兵船带八千人至中国，危词恫喝，其实不能。武备之废弛，不可以言强矣！国债至银十一万万余两，每岁交息计银四百余万两。本国居民十八兆，合之小吕宋、古巴，不过二十五兆，不足以言富矣！夫人身部位，各有虚怯之所。相角者其始也于其所怯，护持之，抵御之，无隙可乘，及以虚击引其心目于他要害，然后所志者乃可得间而入，兵法之所谓攻瑕也。以目前情事计之，将欲为议设领事抵制者，与其索偿滥征，固不如明禁彩票。何以言之？彼之忌设领事，无他，不便滥征而已。地距中国独近，领事未设，先与索赔滥征，通触所忌。且设一领事何足变其国政之滥征，而在彼则视为卧榻之旁，势必始终坚拒，所谓虚怯是也，虽输而多余怨，售票则人虽负而无后言。权衡于二者之间，度彼之视售票其重于滥征，可知也。闻上海彩票，从前每年所入四十八万，今则日推日广，几遍各省，奚止倍之。是其国用所资于彩票者，必不能在征数之下。然征在本境，可自护持，票则远售他邦，权非己属，他人可得而制之，所谓要害是也。

臣请再就所索、所禁者，论其难易。窃按各国征收多寡，断非一地一事皆出一律，盖由定例，各有根原，非他国人所能尽知。即使浮滥不虚，其官书、官册既得刊行，便非私纳。既非私纳，即系彼之内政，相沿已久，友邦何能过问？如以为别有畸重畸轻等弊，例得与争。此未查明，彼焉肯认？揆之筹度初心，索问亦非其时。彼既坚持，我即棘手。若吕宋彩票者，以赌资济国用，各国皆议其非，均禁不行。彼不能行之各国，独行中土。丁汝昌就近查访，行之中国者四分之三，是行其本国者亦寡，不啻以中土脂膏，盈千累万，为他国纳无货之税，无田之租。滥征之为害华民，尚在他国境内，此则竟于本境，任其朘削，遍及各省闾阎。况洋务他端足为漏卮者，何若即不为抵制他端起见，亦当力禁严除也。顾或谓，此等赌票，售之租界，纵能禁华人不买，不能禁洋商不卖，赔销私运，虽禁与不禁同。臣窃谓不然。租界洋商，地非他国，当事者实心力行，切托各国领事，各按彼国禁令，为之辅助，洋商之弊，似不难除。况此为我之内政，又与各国之商务无干，更非约有明文，准其售卖。日国兵弱饷绌，虽有虚辞恫喝，断不能因此而起兵端。且此非各国一体均沾之利益，各国亦断不为非义之助。彼如恋此利源，不肯轻舍，或于行禁之时，命其使臣自通诚款，反客为主，利钝迥殊。然后议所欲议，沉几制变，以酌其轻重利害，胥协所宜。二策之孰难孰易，较然明矣？

然尤非辅以兵力不为功，非议战也。中国自设海军以来，近复巡阅，远出外洋，各国称我国家兵力声势日强。泰西海军，皆以巡阅资历练、保商民。拟请以后不时巡视该岛，问旅民之疾苦，声息常通，使彼虑我注意华民，断不能如前隔阂。即不遽设领事，彼方以为后患日殷，有甚于设领事、减滥征者在，此则彼之所不能忘，亦所不能问者也。即乘此兵船往来之便，密派熟知中外政体之员前往该岛，延聘妥实律司，将华民丁口分别已未入籍，查开确数。已入籍者，何项征收为私索，各始何年；未入籍之商民，所纳之款，与何国为异为同，及别国人民纳税有无独优独绌之事，务臻确实。然后核之华民向所呈诉，凡非公法、国例、条约所当问者，悉予删除，仍由商民照所查有据有证滥征之款，呈请核办。据此与争，又有兵船不时往来，庶缄其口而夺其气。即不能勒偿既往，亦可据以议除将来。且所争之数本有限制，并非例外苛求，转足安其心志，或于所议之事，不致始终以全力支吾。曩所谓立调兵船，慑服远人，中国不能强同者，将见有一律收效之渐。

惟臣虑此事厥有二要，当预决于发端之时者：大凡兴革一事，必不免小有扰动，往年英国使臣威妥玛因案要求不遂，愤而至天津，至烟台，不为所动，卒令洋药、洋货等税就我范围，以英之强，终不能轻与愤争，致启兵衅，可为明证，此事应请中外妥议，然后举行，既行之后，惟有持以定力，纵有虚声恫喝，抑或卑辞乞求，自不宜轻予罢议，一也。事前既经审慎，事后自鲜疏虞，容有一二未周，应请于临事之时，合力图维，坚忍以求其济，断不宜因小利小害，遂易初心，如广东议禁煤油，抵制美国禁工苛例，正在合力筹办，旋闻税务委员议称，自禁之后，偷运仍前，税务大亏，不议严防，而议弛禁，二也。

或谓信如所言，彼将来即以许设领事，免禁彩票，为之奈何？窃谓不然，抵制者非交易之谓。议设领事为通例所有，请行赌票为通例所无。即将来彼有所言，仅可与议设官，而禁令事属内政，非必不可推辞。或又曰，然则彩票虽禁，而领事未必果设矣！此所以必须兵船游驶该岛，并派员确查滥征根据，令其于领事未设，彩票虽禁，不能苟安也。

总而言之，彼之阻我设领事者，不过推诿游延，仍其故智，非禁彩票，实无术使彼就我范围，降心相议。即使仅禁彩票，不设领事，而已为内地除数十年之漏卮，为每年减数十百万之耗费，核之大局，获益良多。况操纵在我，收发因心，临时酌其缓急后先，必能胥协事理，又何至遽以通例所无之事，与易通例应有之事？今之外洋，并不敢轻量中华，今之日国，又何敢轻言启衅？知己知彼，计策万全，亦何须过虑哉！臣职司交涉，既有所见，不敢不罄所知，且此议并非专为抵制设一领事起见。当此多事之际，但令各国咸知中国事无巨细，一经注意，非前此之可以改移，则于处邻邦，卫属国，不无资益。故所争者虽少，而所全者实多。伏乞敕下总理衙门、总理海军衙门、南北洋大臣会议，凡有通商口岸各该省将军、督抚，应否一并与议之处，伏候圣裁。谨奏。

光绪十七年正月初六日奉朱批：该衙门议奏。

使日本李经方奏请添设筑地大坂二处副理事片

李经方片。

再，查中国与日本通商口岸横滨、神户、长崎、筑地、箱馆、大坂、新泻、夷港共八处，向惟横滨、神户、长崎三处设立正理事官三员。嗣因箱馆、新泻、夷港等处商务渐兴，复添设副理事官一员。此外，筑地一处，则归横滨正理事官往来兼辖。大坂一处，则归神户正理事官兼辖。自光绪十五年，日本铁路造成，由神户经过大坂，直达东京，于是大坂商务日盛，交涉渐多。而筑地坐落东京，亦因火车直达，华民寄寓益多，争讼斗殴，时不乏有。臣前年由中国回英国伦敦差次，道经日本，即闻该二处商民日益繁众。此次到该国十余日，留心察看，知情形实与向时不同。现欲仍前令横滨、神户两口正理事官于兼辖之筑地、大坂往来照料，则顾此失彼，深恐贻误要公。欲竟请设立筑地、大坂二处正理事官，分投驻扎，则经费浩繁，又恐过糜帑项。展转筹计，拟请将筑地、大坂二处，仍归横滨、神户两口正理事官兼辖，惟援照添设箱馆、新泻、夷港等处副理事官之例，于随员中择其廉干有为者，分别派充筑地、大坂二处副理事官，以资助理。其筑地副理事官，即驻东京使署，帮同横滨正理事官，就近办理筑地事务。大坂副事官，即驻神户理事署，帮同神户正理事官，办理大坂事务。遇有公事，随时驰往经理。至遇该二处有紧要事宜，仍商由横滨、神户两口正理事，斟酌办理，以期事权统一，既不轻改旧章，亦不另立公所。似此权宜办法，庶经费不至过增，而公事大有裨益。如蒙俞允，即由臣遴员派充，以专责成。谨奏。

光绪十七年正〔二〕月十三日奉朱批：著照所请。该衙门知道。

驻藏大臣升泰奏酌筹纳金要隘暂就前拟兵数量为移扎折

驻藏大臣升泰奏，为遵旨酌筹纳金要隘是否拨兵移扎，抑或另议加增事。

窃奴才前以纳金、丈结、洛纳等山为赴哲捷径，拟请派兵驻守，当经具奏，并绘图贴说，咨送总理衙门各在案。旋于上年十月初八日，承准总理衙门咨称：是否即照前拟兵数，量为移扎，抑或另议加增，饬令体察情形，悉心筹画，详细具奏，奉旨：依议，等因。钦此。窃维通商之举，原为敦睦外邦起见，似不应计及兵守，启彼猜嫌。但藏印交界各区，草昧初开，半人迹未经之地。奴才前于赴边时，留心查察，窃见沿边各隘，是处皆通，原有防不胜防、守不胜守之势。且一旦举办通商，互市初开，百商云集，绕越偷漏，在在堪虞。前拟于靖西关内外，添设官弁兵丁，不过于稽查弹压之中寓防范绸缪之意。嗣因巡阅后藏，派员查看鄂博，始知纳金各隘为通哲捷径，而纳金距札什伦布仅三日程，为从前所未闻，又复请添兵驻守。查原奏内称：值此筹款维艰，当以兵力、饷力兼权并顾，且据称鄂博各处，今昔情形不同，究竟应添兵若干，由何项武职管辖，月饷银若干各等语。

窃查，藏地南瞰英人，西窥俄境，据上游之形势，为中外之枢纽。目下通商游历，创前古未经之局。奴才蒿目隐忧，亟思筹备，故前于纳金设防，及密陈藏番交通俄人折内，约略言之，为思患预防之举。承准前因，国家经费有常，奴才自当仰体时艰，力求撙节。惟查纳金、丈结、洛纳等山均关紧要，而纳金尤为密迩。既经查实，何敢稍有疏虞，致滋贻误。可否暂由奴才前拟靖西关兵数内量移靖西关内外委一员，兵丁二十名，驻防干坝，拨往纳金一带隘口梭巡，仍归靖西游击管辖，以一事权。月需饷银，仍由前拟兵数内筹拨。干坝旧设番兵二十五名，向归该处营官管辖，拟再由后藏番营，添拨番兵二十名，协同驻守，以示周密。通商后，地方果能静谧，即可藉查，不须更易。若尚需添兵驻守，再由奴才随时察看情形，酌议加增，以副圣主慎重边陲之至意。谨奏。

光绪十七年三月十三日奉朱批：著照所请。该衙门知道。

使英薛福成奏濒海要区添设领事拣员调充折

出使英、法、比、义等国大臣薛福成奏，为濒海要区添设领事，拣员调充事。

窃臣承准总理衙门文开：北洋大臣李鸿章咨称，海军提督丁汝昌巡历南洋，目击华民人数巨万，生意盛殷，既设领事之处，尚称安谧，其余颇受欺凌，无不环诉哀求，请设领事，咨令酌度情形，试与英国外部商议，如能办到，实于华民有裨等因。臣窃谓酌设领事，所费无多，而收效甚远，曾于去年十月，统筹全局，缕请圣鉴在案。

查南洋流寓华民，颇有买田宅、长子孙者，而拳拳不忘中土，迭次防务、赈务，捐数甚巨。既据同声呼吁，不可无以慰商民望泽之诚，示国家保护之意。惟设立领事，条约本无明文，各国知此于我有益，往往靳而不许。即英国前议，亦谓中国只能照约而行，不能援引公法。臣初与外部商议，先破其成见，谓中、英方睦，岂容与泰西分别异同？再四磋磨，外部始允照各友邦一律办理，仍谓审量情形，刻下或有难尽照办之处。臣亦以经费有常，必须择要兴办，碍难处处遍设。

查香港一岛，为中外咽喉，交涉渊薮，前使臣屡商未就。臣拟于香港设一领事官。其新嘉坡原设领事，改为总领事，兼辖槟榔屿、麻六甲及附近英属诸小国、小岛。若虑鞭长莫及，或就地选派殷商充副领事，以资联络，由总领事察度，禀臣核办。臣既函商总理衙门，复明告外部。外部尚以中国官吏未谙西例为虑，臣告以新加坡领事左秉隆在任十年，彼此往来，素称和睦，臣署参赞官黄遵宪，前充美国旧金山总领事四年，稳练明慎，中外悦服，拟以此二员充补，外部乃无异辞。合无仰恳天恩，俯念员缺紧要，准将驻英二等参赞官·先用道黄遵宪，调充驻扎新加坡总领事官；新嘉坡领事官·先用知府左秉隆，调充驻扎香港领事官，于交涉事务，流寓商民，必有裨益。谨奏。

光绪十七年三月二十四日奉朱批：该衙门议奏。

科布多参赞沙克都林札布等奏棍噶札拉参借占乌梁海境内地分隶塔尔巴哈台收管民情不合折

科布多参赞大臣沙克都林札布、魁福等奏，为棍噶札拉参借占乌梁海境内中央之地，分隶塔尔巴哈台收管，民情不合，有碍边务要局，谨缕晰陈明，请旨定夺，祇遵事。

窃上年十一月间，据索果克卡伦侍卫官保等禀称：突有科布多所属哈目吉勒哈什旗下哈众千有余户，带领许多牲畜，迁移卡内禁地居住。当询，据声言，只缘乌梁海牧地狭小，无处牧放牲畜，以致迁移到卡。此项哈众，素性强悍，逐之不肯听从，且原与俄不睦，卡伦与俄为邻，系属禁地，无伊居住之所。如任其肆行窜走，将恐边患渐生，希祈查办。并据杜尔伯特左翼盟长察克都尔札布呈报：哈众现又潜入卡内，占居本属达赉罕游牧，大碍蒙古生计，恳请查办示复各等情。

奴才等正在饬查间，接准署塔尔巴哈台参赞大臣额尔庆额咨开：光绪十六年七月二十七日具奏，明年雪消春暖，亲往阿尔泰山分定界址，请旨于科布多大臣内，饬派一员，会同办理。奉朱批：着派魁福届期前往会办。钦此。并录奏咨知前来。

查原片内开：拟于四月十五日会集承化寺，妥为经理。奴才等当即檄行乌梁海两翼散秩大臣三保多尔济、三音毕里克并哈目章嘎尔等遵照，听候届期办理。现据该散秩大臣等来城呈称：查得乌梁海自乾隆年间投诚以来，分居牧所，地阔人稠，百有余年，安居乐业，倚地谋生。迨至同治年间，始因西路新疆各处回逆四出扰害，窜入本境，掳掠牲畜，燃烧诸物殆尽，民遭涂炭，苦不堪言；加以十有数年瘟疫流行，畜毙人亡，困顿已极；更兼同治八年、光绪九年两次强被俄人又将本属游牧沃壤之区大半割去，令蒙古东移，并前后收抚哈众数万之人，悉以杂居东边。此皆拥挤，耗夺蒙众生计，以致穷黎谋生无法，半多四处流亡，元气又不能复。况蒙哈杂处，衅端迭出，几至酿成巨患，历经呈报在案。无如事甚棘手，久未定办。卑蒙古苦无所告，又不知此项哈众何时迁移安插，俾蒙哈各得其所。正在午夜忧虑间，接奉札开，所有棍噶札拉参前经借占本属游牧，无故割归塔尔巴哈台。蒙民一闻，人心惶惶。卑职等极力婉言抚导，乃蒙众情急难安。为此陈明，并绘画本属地图贴说，伏乞代陈下情，仰恳圣主恩施，俯念乌梁海境内西边牧地划归俄人，东边牧地蒙哈杂处，中间一段牧地若再剜归塔尔巴哈台，是蒙古终无谋生之地，惟恳怜悯蒙古，仍留谋生之地，顶感皇仁有加靡已。并据哈目章嘎尔等呈称：哈众自光绪七年被棍噶札拉参呼图克图带兵追赶，勒索牲畜，斩杀头目阿柏史之子，众皆惊避，逃至科布多，仰蒙抚慰，奏陈奉旨，收抚弹压，数年以来，感恩不尽。至今虽在乌梁海境内，不过权宜居住，以待安插。乃乌梁海人众，因系潜居，处处难容哈众。又多久无指定着实游牧，亦不能编旗约束，层层箝制。如此日久，蒙哈愚顽，势必因地滋事。惟恳速议安插之地，俾免驰行奔走，互生事端各等情。该蒙哈官长泣泪哀恳，辞色急迫，皆怀不平之意。

伏查，此案缘系棍噶札拉参暂借乌梁海牧地，安插徒众，本与塔尔巴哈台无涉。矧兹蒙恩，业将棍噶札拉参迁移新疆所属八英沟地方安置，其借地自应由乌梁海收回。今各将军、大臣指称，该处为要地，请归塔尔巴哈台管辖。揆之乌梁海蒙众，恐难甘心弃地。检查光绪八年间奏案，乌梁海人闻将哈巴河一带分给俄国，人情汹汹，大有济河焚舟之势，绝不肯将膏腴之地让于他国。彼时，前大臣额尔庆额事处两难，以故奏奉特旨，着科布多收抚，拨款赈恤。仰见圣主绥靖藩部，恩泽广被。恃此与俄力辩，俄视我民不肯相让，无奈亦随允从，始得挽回牧地二百余里。蒙众获有耕田牧地，人心始定。

查阅前各将军、大臣等奏称：哈巴河一带，为边防要地。哈巴河迤西，仍有乌梁海牧地二百余里，方至科布多所管之阿拉克伯克河卡伦边界，与我毗连，该处岂不较哈巴河尤为紧要？沿边迤南蒙古等处，并新疆各城，头头是道，何止一哈巴河乎？前出使大臣崇厚，业将此地划归俄国，复有锡纶，并将塔尔巴哈台所属牧地借与俄国。彼时各大臣等，身任边疆重寄，何独缄默，不具一疏，迨经科布多催收借地，各存畛域之私，此归科属塔，莫非国家疆土？惟科布多前收数万哈众，究当安于何处，竟然毫无筹议，仅指哈巴河为要地，请归塔尔巴哈台收管，置科布多所收之哈萨克于膜外。似此筹议，殊失安边之道。

奴才等到任后，曾与前任帮办大臣额尔庆额晤谈一切公事时，称蒙哈杂处，势难久安。该大臣只此经手之件未获蒇事，旋即调任。今则竟将此地奏请割归塔尔巴哈台管辖，又称科布多并无急待安插之蒙哈。何前后如斯之相悖也？奴才等反复推思，若依前议办理，则数万哈众绝无安插之处，况乌梁海又被割去大半游牧之地。如此，蒙无隙地以安哈，哈终混窜以扰蒙，则蒙哈两失所望。揆核其情，亦难保无激变之虞。何况牵连俄疆，俄人狡诈百出，后患尤为可虑。从来安边以抚民为首先要务，今奴才魁福会办此事，自应遵旨前往，曷敢渎陈？无如科布多前收哈萨克，仅倚此地安插，蒙古亦赖此地播种，而蒙哈两项，非承化寺哈巴河一带游牧，终难办理。弃此别无隙地，且蒙古不肯相让，情词急迫，势难勒令划割。若不据情陈明，请旨定夺，遽然前往会办，临期激切生变，必误边务大局，致负委任，是以未敢冒昧从事。

奴才等思之再四，蒙哈均赖此地谋生百有余年，与俄为邻，相安已久。今若以该大臣奏称，请将乌梁海属之承化寺哈巴河一带游牧割归塔尔巴哈台管辖，不惟哈众无地安插，而乌梁海蒙众亦不肯相让，终属不了之局，恐难相安固守。恭读光绪十五年九月十一日上谕：朝廷兼权熟计，借地自应给还，边防尤不可忽。应否将该处游牧地方，仍归乌梁海，俾得安插蒙哈，一面由塔尔巴哈台照旧派兵驻守，期于防务、民情两无妨碍等因。钦此。仰见圣主慎重边疆，无微不至，钦佩靡已。查此案久无定议，屡烦宸廑。奴才等均应恪遵此次谕旨，将该处游牧地方，仍归科布多所属之乌梁海，俾安蒙哈。即知照塔尔巴哈台，照旧派兵驻守。如此，既服蒙众之心，哈众亦免滋蔓生事，而防边事宜亦属无碍，庶防务、民情两有裨益，以期仰副圣主慎重边务之至意。谨奏。

光绪十七年三月二十六日。

塔尔巴哈台参赞额尔庆额奏俄人借巴尔鲁克山年限将满请知照俄使迁移俄属哈萨折

塔尔巴哈台参赞大臣额尔庆额奏，为借给俄人巴尔鲁克山地方年限将满，请旨饬下总理衙门，预先行知照俄使，将俄属哈萨陆续迁移，以免临期推诿事。

窃奴才查接管卷内，光绪七年，经升任伊犁参赞大臣升泰，会同前任伊犁将军金顺、前任塔尔巴哈台参赞大臣锡纶等，公同酌议，将塔尔巴哈台所属之巴尔鲁克山地方，借给俄属之哈萨克居住、游牧，俟十年后，陆续迁回该国，仍将借地交还中国收管。并经详议条约，奏明奉旨允准在案。惟查塔城自借地后，地方愈形狭隘，本属哈萨不敷住牧，四出潜逃，往往因争占草场，互相构衅。每当冬令雪深，有搬至科布多境内者，有移至库尔喀喇乌苏及奇台古城一带者，虽经陆续收回，究未能全归旧处。奴才讯问逃户，佥称：人口牲畜糊口无资，出于万不得已。情词确实，亦未忍概事刑诛。奴才到任后，督饬沿边卡伦兵弁等，严加防范，宽以抚循，数年以来，幸无事故。伏思国家土地尺寸不可以假人，况巴尔鲁克地段绵长，水草畅茂，形势扼塞，最为紧要，若令久假不归，不特边疆失此要隘，诚恐本属哈萨克无所依栖，转非绥靖藩部之道。奴才忝任边防，尤当慎守疆舆，力持大体。现在扣至明年九月，将届期满，俄人狡诈性成，若待临期始行知会，必以哈夷迁徙为难，藉词推诿觊觎之计。相应请旨饬总理衙门，知照俄国驻京公使，转饬该国塔城领事，仅此一年，将俄属哈萨陆续移徙净尽，以便届期将巴尔鲁克山交还中国收管，庶俄人无所支吾，边臣有所防守，本属哈萨得资游牧，不敢再有逃亡，诚为一举两得。俟奉谕旨后，再行就近知会俄官，俾得遵照办理。谨会同护理伊犁将军·伊犁副都统富勒铭额，合词具陈。谨奏。

光绪十七年四月初三日奉朱批：该衙门知道。

使英薛福成奏滇缅分界通商应预为筹备折

出使英、法、比、义国大臣薛福成奏，为滇缅分界通商，亟应预为筹备，不使英国独占先着，以免临时棘手事。

窃查，伦敦使署接管卷内，光绪十一年冬间，英国印度派兵出境，进据缅甸。维时，出使大臣曾纪泽承准总理衙门密电，迭次与英外部会商。初议立君存祀，俾守十年一贡之例。既不可得，始议定由英驻缅大员按期遣使，赍献贡物。其界务、商务两事，则拟先定分界，再筹通商。盖因英人注意商务，若分划边界，偶有轇轕，则办理通商，诸多掣肘，亏损无穷，固不能不审其次第也。英人自以骤辟缅甸全境，所获已多，是以有稍让中国展拓边界之说。当时，英外部侍郎克蕾曾称：英廷愿将潞江以东之地，自云南南界之外起，南抵暹罗北界，西滨潞江，即洋图所谓萨尔温江，东抵澜沧江下游。其中北有南掌国，南有掸人各种，或留为属国，或收为属地，悉听中国之便。曾纪泽特咨总理衙门，亦云：南掌本系入贡中华之国，倘英人果将潞江以东让我，似宜受之，将掸人、南掌均留为属国，责其按期朝贡，并将上邦之权明告天下，方可杜后患而固边圉等语。曾纪泽又常向英外部理论，欲索八幕之地。八幕盖即蛮幕之新街。昔时蛮幕土司之地颇大，后乃悉为缅甸所并。其商货汇集之区，谓之新街，洋图译音则为八幕，距腾越边外百数十里，在色勒瓦谛江即大金沙江上游之东，龙川江下游之北，槟榔江下游之南，向为滇缅通商巨镇。英人以其为全缅菁华所萃，靳而未许。迨争论数次，克蕾始云：英廷已饬驻缅之英官，勘验一地，以便允中国立埠，且可在彼设关收税。据参赞官马格里云：八幕虽不可得，其东二三十里有旧八幕城，似肯让与中国，日后贸易，亦可臻繁盛。且允将大金沙江为两国公共之江。如此，则形势与彼同之，利益亦与彼分之。其隐裨大局，似尤较得潞东之地为胜。曾纪泽以商办已有端绪，因与外部互写节略存卷，暂停不议，旋即交卸回华。光绪十二年六月，总理衙门与英使欧格纳议约五条，第一条申明十年呈进方物之例，第三条中缅边界，应由中、英两国派员会同勘定，其边界通商事宜，亦应另立专章等因在案。臣窃译总署与英使订定之约章，及曾纪泽与外部会商之节略，虽措词不同，而大意仍相吻合。盖外部所称愿让之地，因立约时尚未勘定，故以两国派员会勘一语括之。此从前商办滇缅事务之大略情形也。

溯自立约至今，已越五年，英人未常〔尝〕催问，我国家亦暂置不理。然臣近闻英廷正与暹罗勘办界务，又屡次密派干员，驰往滇缅交界，查看形势，探询矿产，并有创筑铁路，通接滇边之意。议者咸知，彼族布置妥协，必转以延阁〔搁〕已久为辞，势不能不允其开办，则彼从容而我仓猝，彼谙练而我生疏，彼措置已周而我进退失据，临时竭蹶，成算未操，断无不受亏损之理。就今日情势而论，商务须从界务生根，但使分界能协机宜，则他日通商亦可少滋流弊。夫审度利弊，随宜操纵，固属总理衙门与勘界大臣之事。然使明知彼之有隐谋，而缄默不言，坐失事机，则咎在使臣。若欲先事预筹，查探边情，又非责之疆吏不可。惟是分界，固非详察密访，不能得其要领，而其轻重缓急之大势，则有可计议者。大抵英人所愿让潞东之地，南北将及千里，东西亦五六百里，果能将南掌与掸人收为属国，或列为瓯脱之地，诚系绥边保小之良图。惟查南掌即老挝之转音，臣阅外洋最新图说，似老挝已归属暹罗。若徒受英人之虚惠，而终不能有其地，恐转为外人所窃笑。倘因此别生枝节，又非计之得者。盖南掌、掸人，本各判为数小国，分附缅甸、暹罗。似宜查明南掌人暹罗之外，是否尚有自立之国，以定受与不受。其间附缅甸之掸人，地实大于南掌，稍能自立，且素服中国之化，若收为我属，则普洱、顺宁等府边徼，皆可巩固矣！

至曾纪泽所索八幕之地，虽为英人所不肯舍，其曾经默许之旧八幕者，亦可为通至大金沙江张本。若将来竟不与争，或争而不得，臣窃有五虑焉。夫天下事不进则退，从前展拓边界之论，非谓区区边界足增中国之大也。臣闻乾隆年间，缅甸恃强不靖，吞灭滇边诸土司。腾越八关之外，形势不全。西南一隅，本多不甚清晰之界。若我不求展出，彼或反将勘入，一虑也。我不于边外稍留余地，彼必筑铁路直接滇边，一遇有事，动受要挟，二虑也。长江上源为小金沙江。小金沙江最上之源，由藏入滇，距边甚近，洋图即谓之扬子江。我若进分大金沙江之利，尚可使彼离边稍远。万一仍守故界，则彼窥知江源伊迩，或浸图行船，径入长江，以争通商之利，三虑也。我稍展界，则通商在缅境。夫英人经营商埠，最为长技。而我在彼设关收税，亦可与之均旺。我不展界，则通商在滇境，将来彼且来择租界，设领事，地方诸务，究不能不受牵制，四虑也。我得大金沙江之利，则迤西一路之铜，可由轮船遵海北上，运费当省倍蓰。否则，彼独据运货之利，既入滇境，窥知矿产之富，或且渐生狡谋，五虑也。凡此五虑，皆在意计之中。

臣又窃虑英人于此数年内，一意延宕，待我相忘稍久，乃催勘界，或更遇事妄求，悉置前议节略于不顾。且谋国之道，莫患乎为敌所逆料。中国素有不勤远略之名，外洋各国知之稔矣！所以伺机而动，迭起相乘，琉球灭而越南随之，越南削而缅甸又随之，今且骎骎议及朝鲜矣！窃思英廷前议节略，彼料中国未必竟受，而故以此相尝试，固未可知。我若出其不意，据其前说，力与相持，或能因此稍展界务。各国知中国办理此件与前不同，亦可伐敌谋而收后效。况彼所予，即有不宜收者，不妨明指之，以为另索之符。彼之意即有万难允者，不妨故求之，以得抵制之益。盖边情不可不洞悉，而旧议不可不重理。拟请饬下云贵督臣王文韶，遴派妥员，分途侦察，如南掌之存亡，掸人之强弱，腾越边外之地势、民风，一一查询明确，据实复陈，以备勘界时有所依据；并请皇上敕下，严行催问英国外部，以勘界定期与分界办法，一面即可相机辩论，仍与总理衙门函电相闻，务衷至当。臣非不知英人性情坚韧，当其据得全缅，喜出望外，故许中国稍分其利，今则事隔数年，未尝不思毁弃前说。然臣阅卷中节略，系英文参赞官马格里与英外部侍郎克蕾会议时为最多。今幸二人均未更换，彼或难遽翻异，臣不过多费笔舌，多糜日力，以与之磋磨。虽无速效，断不至别有损碍，抑或冀得寸得尺，暂补涓埃。臣因边疆得失动关紧要，且此事为中外全局所系，不敢不罄其愚忱。谨摹绘滇缅交界及南掌、掸人疆域全图，恭呈御览。谨奏。

光绪十七年四月十五日。

使俄许景澄奏查访俄国东境铁路情形折　附图说

出使俄、德、奥、和国大臣许景澄奏，为查访俄国东境铁路情形，绘图缮说事。

窃查，俄国全境，东西相距绝远，西境铁路纵横四达，皆以旧都莫斯科为辐辏之地，森比德堡新都在其西北，火车一昼夜可至。乌拉岭在其正东，为欧罗巴、亚细亚两洲分界处。自岭以东至于东海，俄分为东西悉毕尔部，直至中国东三省、外蒙古、科布多之北，袤广万余里，陆路艰远，俄人久议接造铁路，东至海参崴，以便邮传。路长费巨，迄无成说。顾十年以来，东境之路，亦递有增益。臣上次出洋，其路亦由莫斯科通至乌发省城，又稍北辟一路，自撒尔穆省城至求绵城，盖已度乌拉岭而至西悉毕尔境。近又自乌发接至兹拉托城，于光绪十五年造竣。此东境铁路已成之情形也。

现在议造之路，拟有二道：其一由乌发之一路轨，直接通至海参崴，计增筑七千四百九十俄里，自莫斯科起，行十五昼夜可至，估费俄银三万四千一百万卢布；其一水陆递接，由求绵之路循旧行水程，至托穆斯克省城筑路，而东中经黑龙江水程，以达海参崴，计增筑四千三百五十五俄里。自莫斯科起，行三十昼夜可至，估费二万一千八百万卢布。去年所司分别测绘，以候决择。此东境铁路勘定未造之情形也。

本年俄廷筹议，以由乌发直接之路，行李便捷，行军而外，兼利商运。先就东、西两端分段起筑，西段由兹拉托城度乌拉岭，接至车里雅宾城，计长一百五十三俄里，以监工官乌沙的司之。东段由海参崴逆筑而上，至格喇甫城，计长三百八十三俄里，以监工官米海洛夫士基司之，业已刊播日报。其筑路经费，连建栈购车，共须四万一千八百万卢布，拟先筹八千三百万卢布，以资开办。该国不设议院，度支事秘，无由确知。此东境铁路现议开造之情形也。

窃查，泰西各国，建造铁路，几于岁不绝役。俄路在欧洲者计有二万数千俄里，大致足以联络。近年来筑路里海以南，亦已通及边要。其力稍纾，乃谋有事于东。彼族喜动厌静，固其常情。惟现议乌发一路，不假水程，轨里最远，成功匪易。揣其经营，意在逐节前进，渐引渐长。其间步骤利钝，尤视物力赢绌为衡。群论谓以十年为期者，殆无确准。容俟随时探访，冀得要领，谨绘图缮说具陈。再，俄国一里，约当中国二里。俄银每一卢布，就近时中国银价，约合库平银五钱。谨奏。

光绪十七年四月二十五日奉朱批：该衙门知道。单、图并发。

谨将俄国东境铁路情形缮拟图说恭呈御览

谨案：图内墨线填实者，为已成铁路。红黑色虚实相间线二道，为议造铁路。墨色者为一轨直接之路，自兹拉托城起，经车里雅宾城，引而直东至鄂穆司克城，又东至西悉毕尔部之托穆司克省城、东悉毕尔部之伊尔库次克省城，绕拜噶湖南，又东傍黑龙江北岸，至东海滨省伯利城，折而南，以至海参崴。红色者为水陆递接之路，虚点连属者为轮舟水程。查自莫斯科东行，已有铁路通至尼日诺甫城，以轮舟接行佛儿格河、哈穆河，水程一千四百俄里而至撒尔穆省城，复有路通至求绵城，又舟行托波里河、鄂毕河，水程二千四百三十俄里，而至托穆司克，本为往来孔道。今自托穆司克接筑铁路三千五百六十二俄里，绕拜噶湖，至车尔聂业瓦城，舟行黑龙江一千二百三十俄里，伯利复筑路七百九十三俄里，至海参崴。计自莫斯科至此，凡历四陆三水，故行程较纡。或议于此路至伊尔库次克后，舟渡拜噶湖一百四十俄里，又至斯特列四城后，即舟行黑龙江，溯乌苏里河二千四百俄里，至格喇甫城，尚可省轨路一千四百又三俄里，另以蓝色虚点记之。又图内里海以东萨马尔干之路，现议接至塔什干城，尚未举工。该处本回部旧壤，萨马尔干即元代所置之撒马儿罕城，塔什干在其东北，其东为费尔干部，费尔干之东即中国喀什噶尔界。

总署奏各省教案迭出请旨饬各省督抚迅速筹办折

总理各国事务庆亲王奕劻等奏，为各省教案迭出，请旨严饬各省督抚，迅速筹办，以靖地方而弭后患事。

窃臣衙门于四月初间，闻芜湖教堂被毁，当即电致南洋大臣，调拨兵轮，弹压保护，一面派员驰往查办。又因安庆、上海等处，同时均有匿名告白，布散谣言，并令饬属加意防范。嗣据南洋大臣、安徽巡抚电称：芜湖之事，因谣传教中女医迷拐幼孩，群疑莫释，聚众滋闹，遂将教堂焚毁。旋经拿获首犯二名，正法示众，地方业已安静。乃未几，丹阳复有焚毁教堂之案。湖北之武穴地方教堂，亦被焚毁，并闻杀害洋人二名，尚未悉详细情形。此外若江宁、九江亦有匪徒滋事，幸经官兵防护，登时解散。似此纷纷滋扰，中外人心不无惶惑。推原其故，盖由沿江各省游勇、会匪所在多有其张贴告白，无非欲借此摇惑人心，乘机生事，决非安分良民之所为也。

查泰西之教，本是劝人为善，遍行于西国，由来已久。自各国通商以后，条约载明：凡在中国，或崇奉或传习天主、耶稣教之人，皆全获保护，并保其身家，其会同礼拜诵经等事，概听其便等语。其教中施医、育婴，皆属善举。近年各省被灾地方，教士等捐资助赈者，颇不乏人。其乐善好施，亦属可嘉。即或从教之人良莠不齐，然同系中国子民，仍归地方官管辖。遇有词讼案件，教士亦不能干预，是民教本可相安。乃好事者，往往捏造无根之言，转相传播，致启群疑。不逞之徒，又复藉端滋事，意图抢掠。若不早为严防，诚恐中外商民皆将不得安居，于大局殊有关系。应请旨饬下各直省将军、督抚，出示晓谕居民，切勿轻听谣言，妄生事端。倘有匿名揭帖造言惑众，即行严密查拿，从重治罪。各国商民教士，地方官必当随时设法保其身家，勿涉大意。倘或防范不严，保护不力，致启衅端，即应据实参处。至此次滋事各案，除芜湖案内首犯业已正法外，其余各案，应由两江、湖广、江苏、安徽、湖北各省督抚，迅饬查拿首要各犯，从严惩办，以儆将来。至从前各省未结各案，各该将军、督抚，亦应设法从速结办，不得任意听属员畏难延宕，以清积牍。谨奏。

光绪十七年五月初七日奉朱批：另有旨。

总署奏缅甸贡期拟俟议界务商务时再与声明片

奕劻等片。

再，薛福成片奏，缅约第一条载：缅甸每十年向有派员呈进方物成例，英国允由缅甸最大之大臣，每届十年，派员循例举行，其所派之人，应选缅甸国人等语。臣查，向例，缅甸十年一贡，溯自道光二十三年入贡，后因道路梗塞，未经入贡，光绪元年始复入贡一次。是截至光绪十一年，正应缅甸入贡之期。数年以来，因勘界事未定，所以暂缓。现拟行文外部，请其知照驻缅大员，补进方物等因。光绪十七年三月二十五日，奉朱笔〔批〕：该衙门议奏。钦此。臣等查，缅约但云每届十年，例呈进方物，并未声明以何年为始。若以光绪元年接算，则已逾六年。如以十二年立约之后接算，则为期尚早。现在约内界务、商务均未议及，且俟开议时，再与声明贡期，谅亦不至违约也。谨奏。

光绪十七年六月十四日奉朱批：依议。

江督刘坤一奏南洋海防江防应分别筹办及考核兵轮变通水师学堂折

两江总督刘坤一奏，为南洋海防、江防，应行分别筹办，以及各号兵轮宜加考核，水师学堂量为变通事。

伏查，南洋筹办防务，越二十余年矣！臣以为，海防与江防迥别。海防主战，合浙、闽、粤言之也。江防主守，则并川、楚、江、皖言之也。就江防而论，现于江阴、三江营、圌山关、焦山、象山、都天庙节节修筑炮台，安设巨炮，驻扎重兵。一遇有事，则于江中密置水雷，加以拦截之物，但得将士用命，以主待客，以逸待劳，敌人万难飞越。长江门户既固，则自江宁以及安徽、江西、湖北、湖南、四川六省，绵亘数千里，风鹤无惊，东南大局不致摇动。惟是苏州、松江两郡，均在江阴下游，前筑吴淞江口炮台，原为捍卫苏、松之计，顾敌亦知投鼠忌器，将来扼于江阴等处之险不能上驶，亦必不入吴淞江，自扰各国租界，或由宝山县拊我之背，以窥苏州，而宝山县之狮子林、南石塘，近年分筑炮台，足以兼顾。且宝山县距苏州省城二百余里，沿途港汊纷歧，敌若舍舟登陆，弃长用短，则我江防诸军设伏，出奇制其死命，所谓形格势禁，使敌自趋绝地，尚何能为。臣归过吴淞江，面晤抚臣刚毅，筹商及此，意见相同。此江防主守，似略有把握也。

至于海防，战事必得如北洋有铁甲兵轮，及各项碰船、快船，又与山东、奉天联络一气，犄角相资，方足以操胜算。直隶督臣李鸿章在任二十余年之久，不惜重费，一手经营，始克有雄师，以之左提右挈。南洋官经数任，政出多门，如臣十数年间，三次承乏，初次不满一年，二次不满两年。维恃龙骧、虎威、飞霆、掣雷四号蚊船，甫由外洋购回。而旧有之操江兵轮，向在北洋当差。南洋只威靖、测海、登瀛洲三号，船身短小，未能驶骋大洋。臣于海防经费项下，节省巨款，移交后任，原为制备兵轮之用。此次来江，则有新增之寰泰、镜清、开济、保民、南瑞、南琛兵轮六号，内惟寰泰、镜清、开济三号工料坚致，驾驶甚灵。保民次之，南瑞、南琛又次之，威靖、测海改为运船，登瀛洲改为练船。即蚊船四号，质本单薄，久经岁时，亦恐难以应敌。查南洋兵轮，每年薪粮四十余万，随时修理及煤油之费又十余万，而船多楛窳，徒事虚糜。臣现札饬总统兵轮·前寿春镇总兵郭宝昌，督同左、右翼长及各管驾官，逐一考究，何船亟须整修，何船可以改造，何船必应全换，以及炮位是否与船相称，可否彼此互易，以期合宜，详细禀候核办，不得含糊迁就，临敌始以船炮不能得力为辞。

至于新设水师学堂，每年约费四五万金，原为造就人才，以备南、北洋各兵轮挑补。照海军衙门定章，南洋学生堂课毕业，须咨送北洋，加习船课，分别差委。现准北洋咨称，本省水师学堂学生已足敷用，毋须南洋咨送前来，则是此项学生将来无地安插。彼挟有为之具，安肯日久赋闲，势必报效外洋，转为中国之患。臣与该学堂会办·江苏候补道杨兆鋆通盘筹画，拟裁学生四十名，华洋教习各二员，其余各项夫役依次酌裁，并将无人学习之鱼雷厂及教习一员裁撤。该学堂名数虽减，规模具存，一俟南洋兵轮购制齐全，再将水师学堂规复旧章，亦复易易。

夫事必求实效，不可徒务虚声，但期成功，不必拘守成法。以南洋今日海防水师，人人知不足恃，而度支已形竭蹶，倘蹈依违之习，决无振兴之期。臣与在事文武共矢公忠，力除浮耗，去一分无用之费，留一分有用之财，迟之三五年，可得盈余，购置各项兵轮，练成劲旅，与北洋及浙、闽、粤互为声援，以副朝廷廑念海疆之至意。谨奏。

光绪十七年六月二十日奉朱批：该衙门知道。

使日本李经方奏箱馆事务渐繁请派员专驻以资保护折

出使日本大臣李经方奏，为箱馆事务渐繁，应请查照从前奏案，派员专驻，以资保护，而免窒碍事。

窃查，箱馆及新泻、夷港三口，从前原归横滨正理事官兼辖。嗣于前使臣徐承祖任内，以该三口均隶日本北海道，距横滨海程数千里，势难兼顾，奏请添设副理事官一员，以横滨正理事官署随员充当，专管箱馆及新泻、夷港等处事务，每年夏、冬两季前往该三口查阅二次，平时仍驻横滨正理事署，遇有要事，随时驰往办理。前使臣黎庶昌任内，复改派使署东语翻译官兼允此职。臣到任后，亦经查照成案，饬派使署翻译官刘庆汾暂行署理各在案。

数月以来，察看情形，该三口商务，以箱馆为最盛，虽入口货物有限，而出口海味甚多，中日人民交易银数，每年约至二百余万，以故钱财交涉案件，时不乏有。该副理事官远在东京，相距海程数千里，势难因寻常案件随时往办，积压愈久，纠葛益多。迨至夏、冬二季前往查阅，则僦居旅店，既无衙署可投，即差役人等，亦须向该处日官借用。体制未立，权利遂轻，而事多仰给日官，即不免阴受挟制。似此诸多窒碍，于保护商民之道，似尚未臻尽善。

查从前请设该三口副理事官折内，曾声明：倘以后事务渐繁，再当察看情形，奏请派员专驻等语。是当日通融办理，原属一时权宜之计。现在事务渐繁，情形实与曩时不同，自应派员专驻，以免窒碍。惟若径请设立正理事官，前往驻扎，犹恐局面较大，经费不免稍多。现拟即将原设副理事官一缺，请派臣署随员・拣选知县黄书霖充补，饬令前往箱馆地方，租设衙署一所，常川驻扎，兼就近管理新泻、夷港事务，并派横滨正理事署随员・候选知县廖宗诚为文案随员。惟东语翻译官，现以员数不敷，无可分派，拟酌调略通东文人员暂行代理，随同该副理事官前往驻扎，以资助理，俾该三口商民得有倚恃，而交涉案件亦得随时办理，不至有积压挟制等弊，似于国体、商情均有裨益。俟以后该处商务益盛，与横滨、神户、长崎等处局面相同，再行奏请改设正理事官，前往驻扎。至此次派员专驻，经费无多，当核实拟定，咨呈总署核办。谨奏。

光绪十七年七月初五日奉朱批：该衙门知道。

总署奏遵议添设香港领事改设新嘉坡总领事折

总理各国事务庆亲王奕劻等奏，为遵旨议奏事。

窃臣衙门准军机处钞交出使大臣薛福成奏濒海要区添设领事一折，本年三月二十四日奉朱批：该衙门议奏。钦此。臣等查，此案前于光绪八年六月间，经前出使大臣曾纪泽，以照交逃犯一节，照商英外部，于香港设立领事。十二年三月，前两广总督臣张之洞，亦经奏请催设香港领事，谓此举有通商、保民、交犯、巡缉、防海之益者五。又前出使大臣郭嵩焘暨总税务司赫德先后筹议香港情形，亦谓若于该处设官，实多裨益。近年以来，均因英外部支展迟延，迄未有成。惟新嘉坡一处，经郭嵩焘于光绪四年六月，商准英外部，设立领事，经该国给与准照，作为暂认。薛福成知事为国体、民生所系，曾于上年十二月间，就该国属埠统筹全局，专折缕陈宸鉴各在案。

兹复据奏称前因，臣等查，南洋各岛华民商旅、佣工，数逾百万，转徙之利亦倍于前。前年因晋豫偏灾，新嘉坡华商等尤能以铢寸之余，输将巨款，虽属过都越国，依然心向皇仁，慕义急公，不忘中土，近来益增繁盛。其未设领事之区，凌弱逐强，在所不免。呼吁所通，息息均关廑念。今薛福成拟以黄遵宪充新嘉坡总领事，既与英国商定，应如所请办理。

至香港近接粤垣，华洋交涉，尤非外岛可比，若果设立领事，自于交涉之事有益。惟英国使臣华尔身曾来臣衙门，言及香港设领事，只宜以税务司兼充。臣等以其语涉含糊，与薛福成原奏商准外部以左秉隆调充各节迥异，因即电薛福成，以凭核办。嗣据复称：港、坡之议，英外部实允试办一年。查从前新嘉坡亦属试办，后为常驻。并据外部面称：一年之内，香港华民不致与领事为难，领事不侵英民之权，即为长局。又据外部文称：俟奉到大皇帝谕旨，即发与该二员准照，并已电告驻华使臣，及由藩部函知港督，勿稍梗阻，别生波折等语。

臣等公同商酌，以香港新设领事，与新嘉坡本有领事，情势稍异。英于香港领事，仅允试办一年，日后有无异言，尚未可定。且近时洋报传闻，又有香港领事作为罢论之说，虚实无从悬揣。应请旨饬下薛福成，察探情形，究竟英廷之意是否不至反复，或明告以试办一年之议，中国未能满意，略作停顿，看其如何答复，再行商办，悉由该大臣妥慎筹议，请旨定夺。惟新嘉坡系由正领事改为总领事，非香港新设可比，若因香港试办一年之说，并新嘉坡固有之权利而亦限一年，似非胜算，亦应由该大臣与英外部妥订准照为要。港、坡两岛，宜有区别也。至经费数目，及增派随员各节，应由臣衙门按照奏定出使章程，酌核办理。谨奏。

光绪十七年七月二十二日奉朱批：依议。

驻藏大臣升泰奏印藏事宜藏番坚持前议拟俟总署饬知后核办折

驻藏大臣升泰奏，为印度分晰陈明完结后三款意见，藏番坚持前议，抗不遵依事。

窃奴才前将议复印度意见十四条，暨藏番不遵开导，请仍照前议亚东立市，办理情形具奏，并另备公函，将印度意见，及奴才议复各条，录呈总理衙门各在案。兹于六月十四日，由边务委员黄绍勋、张昉转据赫政递来译出保尔分晰陈明印度完结后三款意见各条，奴才详加查核，内以改关为主，而以游历错综其间，积虑处心，期以得入藏境为准。当经译行商上，连日派员开导。兹由商上转据三大寺及僧俗大众递具联名图记公禀，佥称：通商游历所在，将来即为英国之地，大吉岭、西金已有明证，无论如何，誓不遵依等情前来，言内并指斥奴才，以为失信藏番，见好英国，令人无词以对。谨据藏番禀复情形，逐条议复。

窃查，西藏自光绪二、三年即奉饬办理通商游历，又于十二年钦奉谕旨，饬办英国通商游历，历经藏臣开导，迄未遵依。十四年，奴才到任，赴边解战，仰承庙谟，开导番众，饬令通商，舌敝唇焦，藏番稍有觉悟。良由隆吐失利，番情震恐，始有此一线办法。奴才亦不敢以口舌为功，始而只允边界外通商，再四开导，方允边界左右通商，爰定亚东立市之议。此奴才于十四年冬间、十五年春间，曾与保尔、赫政前后反复议论，取具夷结，奏明定案之实在情形也。

今春，印度复派保尔会议后三款，忽更前议，欲在法利立市，法利即今兹之所谓帕克哩也。奴才开导商上，并游历各条，不肯遵依，前经议复在案。此次递来分晰各条，立意甚坚，虚声恫喝，直指藏人并无生疑之事，亦似为奴才主持不愿者。不知亚东之市，番情已觉勉强，取结定案，前已费尽心力。奴才回藏后，藏番会同三大寺僧众，攀辕递缄，谓奴才有心见好，办理不公。当经竭诚开导，始无异议。今印度欲更前议，适启猜疑。窥其狡焉思逞之谋，尚不止注意帕克哩、江孜，其分陈第三条内或在迤北各地方一语，以为将来通商游历张本，系指纳金、纳穹而言，即奴才前奏所称纳金，距札什伦布仅止三日程，请增兵驻守之一带地方也。隆吐为藏南门户，一经失去，罅漏中开。尚赖亚东二段，有险可据。若改关帕克哩等处，险要全失，便可长驱入藏，阻滞毫无，殊非藉固吾圉之计。姑不具论，而目下藏番以失信责奴才，以众议拒改关，开导万端，迄无转意，而英人不顾时势，虚声恫喝，奴才智尽能索，调停无术，再四思维，惟有仰恳饬下总理衙门，妥商驻京英使，转电印督，告以改关、游历为目前万做不到之事，藏番愚顽，毋庸动引约章，仍照前议，在亚东立市，抵关贸易，以免藏人疑贰，碍难办理。一俟立市定在亚东，所有商务事宜，应如何派员办理之处，统候总理衙门饬知核办。谨奏。

光绪十七年八月二十日奉朱批：该衙门知道。

总署奏使臣觐见恳求另定处所据实代陈折

总理各国事务庆亲王奕劻等奏，为使臣觐见，恳求另定处所，据实代陈事。

窃本月十三日，因奥国使臣毕格哩本近患咳症，不能口奏颂词，恳求代请缓期觐见，由臣衙门具奏在案。嗣德国使臣巴兰德来臣衙门会晤，述及紫光阁为筵宴藩属之地，见诸记载，各国使臣于此处觐见，在圣意固属优待，而道路传闻，总疑视与国使臣等于藩属，于体面有碍，坚请据情代奏，嗣后务求另易他处。虽经往复辩论，总不能破其成见。臣等溯查，同治十二年间，各国使臣在紫光阁觐见后，英国使臣威妥玛先有是说，各使臣为其摇惑，颇多未惬。本年春间，复经巴兰德迭至臣衙门商议此节。臣等再四驳辩，几于舌敝唇焦，彼始遵照成礼。当时各国使臣曾递节略，内称：紫光阁觐见，因有视为不合宜之故，将来觐见贺年，另指他处，因总署王大臣前称，此次业经明降谕旨，言明必须在紫光阁，该地方已经预备妥当，各国大臣均暂应允等语。巴兰德现执前说，牢不可破。察看各国使臣之意，亦皆附和其议，无可开导。

臣等伏查，西国通例，使臣所至之国，以呈递国书为通好之据，视为至重。且外国之待使臣，无不亲接国书，加以优礼。彼知中国体制不同，尚能就我范围，惟闻紫光阁为筵宴藩属之地，力求另易他处，窥其本意，只系拘于成见，并非故意抗违。且奥国使臣照会内，总以臣等未能将其下情上达为言，其措词尚属恭顺。臣等公同商酌，可否于使臣请觐之时，另易他处，俾释怀疑之见，而纾就日之忱，似于交涉大局不无裨补。伏候圣裁。谨奏。

光绪十七年九月十八日奉朱批：依议。

直督李鸿章奏报洋人包建旅顺口船坞船澳厂库各工并铁路电灯各机器动用银两折

直隶总督李鸿章奏，为旅顺口由洋人包建大石船坞及船澳、厂库各工，铁路、电灯并各项机器物件，动用银两，遵旨奏结事。

窃查，北洋旅顺口为海军驻泊口岸，前经饬雇法国管工德威尼承揽，包做大石船坞及澳岸、厂库，并添筑拦潮石坝等工，筹拨工款数目，于光绪十四年十二月附片陈明，奉旨允准。及全工告竣，复饬据北洋海军提督丁汝昌、按察使周馥等，将收工一切情形，绘具图说，于十六年十一月专案具奏，并声明此项工程，按照原估，先后共拨银一百三十九万三千五百两，统作旅顺船坞各项工程之用，出入两抵，尽数开销。所作各工，均系洋匠包办，与内地做法迥异，无例可循。准工部咨复有案，并饬局员将收支各数，及工程丈尺做法，机器名色件数，各开清单，分咨海军衙门、户部、工部查核，请免造册报销等因，奉朱批：该衙门知道。钦此。本年四月，臣出洋校阅海军，亲临履勘，又将工段做法与原报一一符合情形，详细奏明各在案。

兹准工部具奏，旅顺建造石船坞等工，钦奉谕旨：着由臣自行奏结等因，钦此。复经转行海防支应局司道，复加查核。该洋人德威尼承造大石船坞等工，原估银一百二十五万两；添筑拦潮石坝等工，续估银十四万三千五百两，共包定工料银一百三十九万三千五百两。

内收款项下：先由北洋经费内拨给银七万八千八十两；又由直隶海防展捐项下拨给银六十三万一千四百三十二两有奇；又由部库拨给银五十三万九千四百九十七两有奇；又由购造四快船余款尽数拨给银六万九千八百二十五两有奇；又由北洋经费内续拨给银七万四千六百六十四两有奇，均经奏咨有案，计共收银一百三十九万三千五百两。

支款项下：船坞、铁船以及吸水机器、锅炉等项，包定银二十五万八千两；船澳土工二十五万方，三面石泊岸四百十丈六尺八寸，并券洞、方墩、石阶、铁梯、铁桩等项，包定银五十八万两；锅炉机器、吸水锅炉、吸水机器、石作、铜作、铸铁、打铁、电灯、机炉等九厂，包定银八万五千两；九厂内应用各项机器物件，包定银六万四千两；库房五座，包定银四万八千两；澳边铁路双轨长九百七丈七寸，并铁盘十六座，包定银二万八千两。起重大架五副，包定银三万五千两。大小电光灯四十九具，包定银一万二千两；洋式办公房三座，包定银二万五千两；特拉斯土七百五十吨，及碾土器具全副，包定银一万五千两；小石船坞一座，包定银八千二百两；舢板铁棚二座，包定银八千一百五十两。泄水涵洞一道，包定银五千两；淡水库储水库二座，自来水管分水管长二千四百二十九丈六尺，取水大小机器十八具，包定银三万一千六百两；澳坞沿岸石路六百十八丈，包定银四千四百两；备用机器，包定银四万二千六百两；添筑拦潮石坝，凑长一百丈四尺，券洞、方墩二十五座，铁码头长十二丈三尺六寸，连石阶、铁桩、铁梯、铁柱、铁梁、铁房等项，包定银十三万五千两；坝岸铁路双轨，长一百二十七丈六尺，电灯八具，淡水管长七十六丈二尺，包定银八千五百两；均由旅顺工员随时验明工程分数，丝毫不差，详奉批准，再由该洋人自行分批具领，共支银一百三十九万三千五百两。收支相抵，尽数开销。其工程丈尺一切，业于报部单内逐项开明。

查此系洋人包做之工，仿照西洋各国大船坞做法，中土向所未有。一切价值，均先行撙节核实估定。工竣之日，只能查验其工程是否坚实，不必追问其工料如何开支，且该洋人所购机器料物，及所雇匠作，又系转包与华洋各厂工匠，非惟局员无从逐细开报，即该洋人辗转包工，亦无从开报细数。总之，所做各工，均无丝毫偷减，所支各款，随时由臣核明，批准给发，委无涓滴虚糜。工由洋人承包，价由洋人具领，其余在事各员，更无从浮冒。所有法国监工德威尼，包建旅顺船坞、澳岸、厂库各工，并铁路、电灯及各项机器物件，动用银两，前已奏明，请免造册报销。合无仰恳天恩，准予照数开支，以清案款。谨奏。

光绪十七年九月二十七日奉朱批：着照所请。该衙门知道。

鄂督张之洞奏武穴教案抚恤偿补各款请援镇江关赔款成案办理折

湖广总督张之洞奏，为武穴教案抚恤偿补各款，拟请援照镇江关赔款成案，于所征关税项下拨解事。

窃查，武穴地方焚毁教堂殴毙洋人一案，业经办理完结。其英国人武穴洋关分卡扦手柯姓，暨教士金姓，无辜殒命，情殊可悯，自应酌予抚恤。教堂并失物，亦应修复补还。遵照总理衙门来电，从优议给。当经饬令江汉关道与税务司，向汉口英领事商明，应允议给该两洋人家属抚恤各洋银二万元，修复教堂、补还失物，洋银二万五千元。该领事现已禀其公使，专候复文到日，即可收款完案，业经恭折具奏在案。惟查前项洋银共六万五千元，计汉平足色银四万五千三百七十两，折合库平足色银四万三千三百五十两。现在司关两库，实无闲款可筹，拟请援照镇江关上年赔款成案，在于江汉关所征六成洋税项下，照数拨解，以期速结等情。由湖北省布政使陈宝箴、江汉关道孔庆辅会详请奏前来。臣复核无异，谨会同湖北巡抚谭继洵恭折具陈。

光绪十七年九月三十日奉朱批：该衙门知道。

使英薛福成奏英法教案牵涉既广谨陈治本治标之计折

出使英、法、比、义国大臣薛福成奏，为英、法两国教案，牵涉既广，关系较巨，谨就见闻所及，分别治本、治标之计，恭折密陈事。

窃臣承准总理衙门电信，知五、六月间长江上下游教案迭出，芜湖、丹阳、无锡、江阴、南昌等处天主教堂多被焚毁，武穴被杀教士及洋关扦手各一人，皆系英籍，迭经各省查拿匪犯，或立予骈诛，或讯明定罪。而英、法、德三国使臣尚愤争不已，来相促迫。臣屡以中国办法详告英、法外部，外部知我办理认真，尚无异辞，迨接其驻德〔华〕使臣函电，则又往往变计。盖各使久居中国，洞悉情势，初因讹言四起，风鹤频惊，迫为自卫之谋，浸萌要挟之意，勾串一气，协以谋我。迁延岁月，此案不知何时议结。臣窃惟匪党之得肆焚掠者，挟簧鼓愚民之术也。愚民之莫释疑愤者，信迷拐幼孩之说也。按旧说，谓天主教徒迷拐幼孩，挖眼剖心，用以制药。此论不知始于何时，前儒顾炎武所著《郡国利病书》，亦已有烹食小儿之说。彼时中外悬隔，偶得传闻，并非事实。然是说之流传也久，则人心之摇惑也众。犹忆同治九年天津案起，前大学士曾国藩初闻挖眼盈坛之说，亦欲悉心查办。比入津境，拦舆禀诉者纷陈此事，询以有无实据，则辞多惝恍，追严加讯究，而其事益虚，所以专疏特辩此说之诬。臣于当日列在幕僚，颇知梗概。出洋以后，留心访察，大抵天主教所崇奉者，惟耶苏〔稣〕。耶苏〔稣〕之说，亦以仁慈为宗旨。近者禁黑奴有会，禁鸦片有会。彼于虐人之事，害人之物，尚欲禁之，岂有残酷至挖眼剖心，而欧洲各国习不为怪者？即彼之精于医学、化学者，亦谓无心眼入药之理。斯必灼知旧说之传讹，然后此案乃可下手。否则，在事大小官员先怀疑虑，葛藤不斩，轇轕滋多，将何以晓彼愚民？将何以禁彼匪党？而诸教士自忖不能久居中华，其力足以煽动各国，酿成衅端。西洋风气，重视教务，一遇有事，鲜不上下同心，非若争一事占一地者，其民犹有从有不从。昔年俄罗斯之侵土耳其，法兰西之割越南，皆以护教为名。此中机括，不可不慎之于微也。

臣非谓洋教之无损于中国也。彼天主教虽称为善，自历代教王增窜私说，并渐失耶苏〔稣〕本意，滥于招纳，不择良莠。教士即不自为迷拐，难保无迷拐者之托迹其门，恃为护符。且男女无别，西洋习俗如此，教士错矩湎规，亦犹中国僧徒之不能尽守戒律。而入教之民无恶不作，平民受其欺压，积愤日深，一发难遏，地方日以多事，犹幸周、孔、程、朱之教，弥纶寰宇，深入人心，凡列衣冠之中，鲜慕异端之学。然彼此龃龉，不能相安。臣愚以为，不与妥议章程，终非善策。

近来欧洲德、义等国限制教民，立法甚严，大权始不旁落，无复从前挟制纷扰之患。中国许洋人传教，既在约章，势难骤改。惟妥筹约束之法，本系内治之要政，非各国所能干预。而彼不能不干预者，积渐使然也。当津案初结之时，总理衙门照会各国使臣，修改传教章程，俱经该使驳回。由今思之，其中各条，有暂难遽行者，如限定各堂华民入教之数，撤去女教士、女塾、恤孤局，及非教民子弟不得入男塾之类是也；有可以办到者，如禁教士诋毁儒教，凡有教堂，听华官随时查看，堂中所收婴孩，悉报明地方官，教民有讼，教士不得徇庇之类是也。与其未必能行，而悉为所阻，不如择其可行，而先为商办。中外合力，徐与磋磨。彼既就我范围，即可循序渐进，将来于彼所难允者，相机伺便，与之理论，抑或俟武备日精，邦交日固，竟仿西洋限制之法。要在统筹全局，因势利导。虽效之迟速不可知，但尽一分心力，必有一分补救。臣所拟治本之计，筹经久之道者如此。

自各国立约以来，英重通商，法重传教，所操之术不同。此次被毁教堂多属法国，而英国只有武穴一案，德国则并无受损，惟有兖州旧案未销。乃三国使臣既互相要结，法之外部复奋其全力，密联英、德外部，意在广树声援，乘此事机，收意外之权利。英、德恐法之得权利，而不甘居人后，遂与为合从〔纵〕之谋。俄、美、义诸国，又从而附之。彼之相约以顾全西国大局为辞，而意则在各便其私图，以责我保护将来为辞，而意则在观变于临事。

臣愚以为，方今要着，宜令各省格外严防，勿再滋事，杜彼藉口，而防变之法，宜注力查禁匿名揭帖，则风不起而澜自平，薪不添而火自熄。至办理此案，当先有一成不变之规模。如彼责缉凶，多诛一匪徒，在我不为无益，可允也，而罪必求其相当。彼责索赔款，多认一偿费，在我尚无大损，可允也，而数必求其核实。即彼欲以不肯保护之咎，株连印官，苟察其平日玩视民事，政声较劣，亦可允也，但须乘彼未甚催促，予以撤调处分，自足折服远人之心，而泯其吹求之见矣！惟彼倘藉护教为名，迫我以不能行之事，或欲别订章程，隐收权利，且使彼教日益恣横，自当坚定以拒之，镇静以应之。昔曾国藩办理津案，虽一时谤议纷起，阅世以后，人咸谅其心之公忠，并知其事之妥协者，盖既保全和局，于原案外并无所让也。今诸国既受法人笼络，骤不可离。英人于武穴一案，亦欲留为观望之资，未肯遽结。彼势盛则所望愈奢，时久则所谋愈狡。为今之计，似以设法速结为妥。欲求速结，似以坚持其大者，酌让其小者为妥。即臣所论约束教士之法，恐彼知之，而先肆要求也，似不如暂缓勿宣，俟结案后，再与议善后章程为妥。又闻英、法、俄、德、美、义诸国，多驶兵舰往来中国洋面、江面，皆以保护教士为名。外洋各国谣诼纷纭，或称所费不赀，或称相机行事。臣窃谓南北洋兵舰亦宜悉数调派，分布各处，隐备非常，既示以势力之不孤，且以保护彼国教士为名，俾知我之所费亦不少也。如是，则彼之气平，而我之理直，我之气亦愈壮矣！臣所拟治标之计，弭目前之衅者如此。

以上二说，不过就臣见闻所及，妄为揣度。未知近日情形是否相符？各省教案是否已结？耿耿寸衷，略抒愚悃。倘蒙俯采末议，饬下总理衙门，咨南北洋大臣、湖广督臣，用备万一之采择。大局幸甚！谨奏。

光绪十七年十一月二十六日。

吉林将军长顺奏三姓珲春等处炮台亟宜整顿片

长顺片。

再，奴才此次出省，沿途审度形胜，觉东陲大势偏重吉林。盖珲春地方，与俄犬牙相错，所距界线仅二三十里、四五十里不等。三姓、富克锦一带，隔江相望。宁古塔亦处处接壤，防不胜防。俄以伯力、双城子、海参崴为鼎足，布置已极周详，而又置重兵于摩口崴，可扼我珲春之兵，袭岩杵河后路，且可东衿海参崴，西控朝鲜，气脉贯注，道路开通，即无火车，行军亦速。而我则边备未周，相形见绌。尤可虑者，朝鲜与俄通商往来甚密，倘俄人假道朝鲜，而达凤凰城，东三省为之囊括矣！即不然，如由伯力水路至三姓，由双城子陆路至宁古塔，抑或越分水岭、黑瞎子沟、塔子沟、胡芦鼻、土门子等处，皆可抄我珲春后路，而达宁古塔、三姓者也。而论者谓其狡焉思逞，欲得志于珲春，犹浅之乎！测彼族已，奴才统筹全局，珲春中、前两路防军，宁古塔亲、左两路防军，三姓后路一军，烟集冈右路一军，地阔兵单，声势已难联络。况边境如兴凯湖、密山、穆棱河、二岔口各要隘，地多荒僻，绝少人烟，仅恃卡伦官兵一二十人，复多积习，非特见轻强邻，即界牌亦未必能耳目时及，此边界卡伦亟须先为整顿者也。至于炮台，尤为办防中第一要着。奴才到任后，即以全省仅三姓、珲春两座炮台亟拟增修。因财力未裕，形胜尚未周知，故未敢冒昧从事。兹细察珲春城外所建炮台，周围皆山，相去不过十数里，无论敌人不难由珲春后路包抄，即使迎面而来，亦不难因山避炮，冲突有余。此克虏卜二十一生上等之炮，置诸无用之地，殊可惜也！其余一切防守事宜，并如何实边弭患，及整理卡伦各事，容奴才分别筹措，详细奏办。三姓为松花江锁钥，防营炮台事关重要，仍俟奴才明岁躬亲阅看，再行奏明，以仰副朝廷垂廑东陲之至意。谨奏。

光绪十七年十二月二十六日。

清季外交史料卷八十四终

清季外交史料卷八十五

光绪十八年正月至闰六月

总署奏俄使商接珲春海兰泡陆路电线请派大员与该使妥议章程折

总理各国事务庆亲王奕劻等奏，为俄国使臣商接珲春海兰泡陆路电线，请旨专派大员与该使妥议章程事。

窃查，中国东三省边界，与俄罗斯之东海滨界接壤。该国于其地设立电线，直通欧罗巴各国，近年电线已造至吉林、黑龙江两省，其间距俄境最近者，或百余里，或数十里。查光绪十三年俄国使臣库满曾商请彼此接线，共享利益，嗣于十五年九月二十日，该使臣库满在天津与北洋大臣李鸿章商定草约十一款，言明与丹商大北公司水线条约同日画押。旋因拟令英商大东公司、丹商大北公司认摊上海、福州、厦门三口水线至岸地租，未克成议，俄使之议亦遂中辍。今俄国新派使臣喀希尼，复申前议，并谓大北公司本系私局，于中、俄两大国立约毫无干涉。臣等当即函商李鸿章，酌核办理。嗣据复称：详细核议，于中国实属有益无损，若能就海兰泡、珲春已成之线相接，可以不费资本，而坐享其利，随后展造恰克图线，与彼相接，亦于电务生意有裨。今与定议，仍当以库满草本为底本，议妥条约，再由臣衙门核定画押等语。臣查，中国创办电线以来，李鸿章一手经理，已逾十年，其始末关键最为详审。况前年中、俄接线，即系该大臣与俄使库满创设此议。此次新使喀希尼重申前请，自应仍由李鸿章与之商订，较易就绪。相应请旨，即派李鸿章与俄使就前拟草约详细妥商，订定条约，咨送臣衙门复核，再行请旨遵行。谨奏。

光绪十八年三月二十一日奉朱批：着派李鸿章与俄国使臣妥商，奏明办理。

使美崔国因奏外洋藉口会匪恫喝要求谨拟防患之法折

出使美、日、秘国大臣崔国因奏，为外洋前此藉口会匪恫喝要求，谨拟以后防患之法事。

窃臣于光绪十四年冬，曾以客民会匪盘结日深，时虞窃发，及早防范上陈。乃未三年而即有闹教之案，声势私通，各省响应，遂至上烦宵旰，深费调停，耗无限之资财，致多方之要挟。瞻言时局，实可痛心。臣维会匪之纠结，实由县汛之纵容。苟能未雨绸缪，何致临时失措？即使跳梁小丑乘隙横行，而现在水陆两军，尚多劲兵宿将，不难殄灭，无待张皇。所难堪者，洋人之乘机要挟耳。当［富］芜湖地方闹教之时，美国外部即求臣发电总署，求为保护美民，迨得复电，允为保护，而外部欣然。嗣后英、法各国创议联合水师，以为要挟地步。臣一接总署之电，三见于美国之报，续又接驻法公使薛福成之电，计自七月至十一月，凡因此事五见外部。外部既允不与联盟，又允为电美国驻华公使田贝，勿与附和，且允行文田贝，三令五申，均不联合英、法，以与中国为难。此皆由总署授意，所以解散其交，使不能挟也。

臣窃有进者，大抵交涉之事，往往有不慎于先，而贻患于后日者，即有克慎于始，而弭患于后时者。先准洋人行教，以前既与立约，无可追矣，后此不可不早计焉。臣考光绪七年中美续约，至今已届十年，而密访之美国官绅，均云换约之举似尚有待。臣又详查美国交涉之务，盖自今春以来，并力筹策，禁止欧洲各国工人来美。既已立例，又复派员，渐有端倪，尚未就绪，此其所以于中美换约故作迟延，即其所以于驳诘禁工，尚不照复也。美国于欧洲人民，无准工人来美之约，其禁之也易于措词。美国于中国华人，本有往来自便之辞，其禁之也嫌于不信。其先筹禁于欧洲者，先其所易，以及所难，欧洲之禁有成，必当续与中国议约。臣度其期当不甚远，则所以待之之法不可不预筹也。近接总署公函，以同文馆总教习丁韪良所呈二策示臣，一为有照之华人应准来往自如，一为被阻之华人应令赔偿资斧。辞严义正，允洽民心。但使欧洲之禁不成，当亦美廷所难推诿，此应预筹之一端也。美国向为自守之邦，尚无横行恶习，似可因其势而利导之。尝考俄国之待教士，不准深入内地；德国之待教士，必饬恪守官律，一则所以限制教堂，一则所以限制教士。教堂稀少，则易于防闲；教士矜持，则不招嫌怨。将来如与美国换约，似可以此执证，且可与言，民教即有不和，中国只按所失赔偿，外国不准格外要挟，此又应预筹之一端也。

臣静审机宜，熟筹彼己，权衡缓急，分别先后，遽以此议商于英、法，或难允从，先以此议商于美国，当可就范。由美就范，而递及英、法，亦先其所易，而后及其所难也。必使教堂不再蔓延，然后教案不致增剧，此又应预筹之次第也。过此以往，中国兵舰渐增，海军渐盛，中外之势相埒，要挟之见自消，而又以防患责之疆臣，以调和责之使臣，以练兵讲武责之军旅之臣，庶内乱消，外患弭，而国体尊矣。臣职司交涉，既有所见，不敢不缕晰以陈。谨奏。

光绪十八年三月二十一日奉朱批：该衙门知道。

使美崔国因奏公法无灭人国之例请饬于会议时慎为规复地步片

崔国因片。

再，从前法国之君拿破仑称雄欧洲，侵占各国之地，各国畏而让之，嗣以与俄、英构衅，为其所败，拿破仑至于被掳，流之荒洲，各国因会议于奥国之都维也纳，尽还所侵各国之地。近闻法国因攻吐逆斯，与意不和；攻马达加斯加岛，与英不和；辱西班牙之君，与西班牙不和；欲假道于德，与德不和；责美之擅售军火于中国，与美不和。众怒难犯，法国将来必有挫衅，可以预决也。而所取吐逆斯一地，英人与吐逆斯文书往还，仍从旧制，不认为法国之地。又俄之甲船，泊近吐逆斯海口地方，照例升旗致敬，法人以吐逆斯现已属法地，升法国旗答之，俄统领大恚，因至炮台诘责，法人理屈，改升吐逆斯旗，俄人乃已。盖万国公法本无灭人之国之例，而此国侵占他国之地者，邻邦不认为此国之地，此国无如何也。应请饬于会议时，慎之又慎，以为后日规复地步。谨奏。

光绪十八年三月二十一日。

使美崔国因奏驰赴古巴察看情形并回美都日期折

出使美、日、秘国大臣崔国因奏，为谨陈驰赴古巴察看情形，并回美都日期事。

窃臣于光绪十七年十二月十七日具奏，前往古巴察看华人，联络官绅。臣即于正月初七日附搭火车，取道覃坝，再换轮船，直抵古巴。查由华盛顿至覃坝，陆路约三千余里，地势平衍，所过之地，均系松林，四望无际，与中国北地热河道中万松岭风景相同。土人伐木通道安设铁路，枝干井然，即以所伐之木，锯削成材，由轮车运出，取之不尽，其利无穷。此途中情形也。

初到古巴，华商人等即至领事衙门谒见。臣一一延访近日情事，均云自朝廷设领事以后，苛禁全除，已出水火而登衽席，群戴皇仁。臣因宣扬皇上怀柔遍覆之意，以发其水源木本之思。华人鼓舞欢欣，盛称衣服、饮食仍守中国规模，实未一日或忘中国。此察看华人情形也。

古巴一岛，向属荒陬。自前明宏治四年，义大利人之仕于日斯巴尼亚者，名可岺波航海觅而得之，经营草昧，移民设官，遂为藩属。此古巴缘起情形也。

古巴西偏夏湾拿省，康熙三年为法人攻破，乾隆二十六年又为英人占据，乃割北省壶芦列打地方以赂之，英始罢兵。同治六年，土人又以税重之故，相率倡乱，与日国驻守弁兵血战，不胜而罢。至今古巴仍款日藩。此古巴治乱情形也。

古巴地方南偏赤道，与台湾同，而幅员三倍于台湾，乃分为六省，居民土客合计约一百四十余万人，设总督一员，巡抚六员，提督一员，额兵二万七千余名，义勇六万六千余名，以资镇抚。此古巴官制、兵制情形也。

古巴出产以蔗糖、烟叶为大宗，合之五金、木料、药材，每岁约值银九千万元，即出入税课收至五千余万元。前此中国新设领事，颁到领事钤记入口之税，至收取银三十圆。其税则之重，从可想见。以前日国视为外府，取其赢余，以充国用。近数十年来，用人失当，商务渐衰，本岛所入仅敷所出，不能多所赢余，以济日国之用。此古巴出产情形也。

自道光二十六年以来，中国人民闻古巴之易以资生，陆续而往。查至同治十二年止，此二十七年中，所赴古巴华人共计十四万三千有零。自光绪六年查办以后，苦其苛禁，到者遂稀，近日华人数仅四万余名。此旅居华人盛衰之情形也。

古巴华人旅居已久，习俗驯谨，既无金山自相仇杀之风，土客相安，亦无美国创例驱逐之苦。顾其政事烦琐，民不堪命。臣到古巴后，与其地方官周旋，报李投桃，以资联络。该总督等均允善护华人，而美国驻古巴之领事，于华民之往来古巴，美国尤为有权。臣持美国外部大臣书往见，属其勿相拘束禁制，美领事亦欣然受商。此联络官商保护华民之情形也。

臣正与古巴督抚以下过从往还之时，适据参赞官彭光誉密禀，美下议院议绅筹议，普禁华人新例，苛虐违例，请亟设法，以伐其谋，臣即于十五日附轮由原路返美，十八日抵华盛顿，十九日即谒外部，着律师密探消息，筹为挽回之计。冀前例不致加厉，以慰皇上廑念海外穷黎之至意。谨奏。

光绪十八年三月二十二日。

驻藏大臣升泰奏印度拟约开导藏番只续款末条尚未遵依折

驻藏大臣升泰奏，为印度拟约，开导藏番，只续款末条尚未遵依，据复赫政刻尚未经印度议复事。

窃奴才于本年二月十八日，曾将到边日期及赫政函复必须商上允行，始能订期各缘由，具奏在案。旋即迭饬商上，迅速禀复。因藏中时值攒招，于二月二十日，始据第穆呼图克图转递三大寺及僧俗大众图记公禀，内称：第二条，在亚东地方赁买地基，修建房屋，不能遵依，仍照原议，由商上在于关外修建房屋，与英国商民居住，按日收租，不得短少。第三条，通商五年，出进货物概不纳税，请由商上收税，不肯延宕五年之久。第四条，应禁各物，如用喝尔地方向无盐茶进藏之规，请仍照旧。至军火器械、迷醉药等项，并请严禁出入。又续款第二条，日后两国均以亚东设关为无益，或改移藏内他处，或另添通商一口或数口，所有章程俱照前开通商各条办理，无论如何，誓不遵依。亚东设关，不得不勉遵大皇帝谕旨，决无复在藏内他处改关，及添设商口之事等情。当经奴才逐条酌核。查第二条，商上凡为所属，尚无买卖地土之事，汉民亦系租赁番民房屋居住，但应查照前议，于亚东关外，由商上自建宽大、坚固、洁净房屋，赁与英商居住。第三条，课税为朝廷维正之供，从无属部自收之理。商上既遵大皇帝教化，即不应违悖法度，妄思自行收税。至应否五年后收税，均应请示总理衙门核办。第三〔四〕条，藏中应禁各物，未能深悉，应由赫政询明驻岭番员边觉奋吉办理。其盐茶货物，凡涉商务，可否照禁，亦应俟立约后，请示总理衙门核办。至续款第二条，数年后有无利益，斟酌变易，例属通行。且约内言明，如两国皆以为无益，始行改设另添，毋庸执拗。当经译饬商上遵办，并函复赫政。去后，旋据第穆转递三大寺及僧俗大众图记公禀，于各条又复遵依，惟于续款第二款，五年后改关添口之事，反复议论，意谓亚东设关，原属勉强，本为无益，何待五年再行改关添口之事，前约未言改关，英人去岁尚有意改设帕克哩、江孜之事，此次立约既言改关，将来势在必行。大众处心，无论如何，誓不遵依。复经奴才迭饬委员裕钢等竭力开导，总以五年后两国均以为无益，始行改关，其权仍在尔商上为辞。讵意立意甚坚，毫无转移。奴才窥探其意，盖因去岁英人注意改关，两次递来条款，虚声恫喝，操之诚为过蹙。此番虽复前议，定地亚东，约内牵涉改关，复加添口，藏番疾首痛心，有若惊弓之鸟。其锢蔽诚非言语所能尽释者，只得据复赫政，转达保尔，请将续款第二条内删去改关添口之事，以免碍难。

伏查，总理衙门前致奴才密启，示以英、俄交构机宜，饬于英使前开来一节略，告知赫政，再陈保尔，俾知觉悟，便可就绪。不意到边，英人复肆狡展，必欲藏番款款遵行，始能订期前来，出尔反尔，有挟而求。奴才惟有虚与委蛇，静以伺之，免致别生枝节。但该衙门王大臣函示机宜，实此案一大枢纽，未便因其逗遛，秘而不宣，恐滋贻误。当即节录原函，密达赫政，令其设法先陈保尔，婉致印督。去后，旋准赫政两次来函，未经提及。奴才固已知此函之深中要言，而彼族之踌躇瞻顾，盖有不可名言者。迟至本年十六日，始据赫政函复，前寄总署密启，及此次各条，藏番遵依，惟续款第二条不能遵办各节，不但面陈保尔，且另备公文知照。闻已将去文转呈印度总督，一俟札复，保尔急当函复。看此情形，英人虽未必愿意，而时事所迫，或可冀其变通。奴才自当审度机宜，可了则了，不敢功届垂成，率意将事。一俟印度复议如何，再行具奏。谨奏。

光绪十八年六月十三日奉朱批：该衙门知道。

使英薛福成奏拟请申明律例条约严禁私购军火以杜隐患折

出使英、法、义、比国大臣薛福成奏，为拟请申明律例、条约，严禁私购军火，以杜隐患事。

窃臣于光绪十七年八月，承准总理衙门电称，英人私运军械，接济会匪，于行李中搜出炸药等因，当经照会英外部，以中国教案纷起，由于会匪构衅，而会匪军火系由英人向香港私购运往，请速电饬香港英员，禁止军器出口。旋据外部复称，已由港员出示禁止，以六个月为期。本年二月，复准总理衙门电告，商请展限续禁，当又照会外部，现又展期六个月，先后咨呈总理衙门在案。窃惟贩卖军火，在外国视同贸易之常规，在中国实为地方之隐患。上年沪关盘获梅生私运军火之时，同时天津亦搜获轮船私运洋枪等件，徒以犯无主名，姑未深究，罚赔完案。迨十月间，建昌朝阳教匪滋事，闻其临阵所用颇多外洋利器，是知内地匪党向洋商展转购买，蓄谋于平日，始窃发于临时。若不及早申明律例、条约，严加禁遏，则将来伏莽之患，在在可虞。查律例，于民间私铸炮位、私藏军器、私造鸟枪及窝囤与贩卖硫磺各物原定罪名极重，其将硫磺等济匪者，以通贼论。光绪元年，奉天将军崇实因捕获私贩外洋枪炮之犯，并查起火药、洋枪等件，奏请严定治罪专条，经总理衙门、刑部会议，奏准通行在案。英人梅生一犯，徒以条约载明，应归外国官员定谳，从西律科断，遂不能权自我操，难以尽法惩治。然律例之设，原为禁约华民，但使海关稽查严密，于奸民私购之事，有案必破，有犯必惩，则律例者，以之治洋人则不足，以之治内奸则有余。此宜及早申明者也。况查各国通商条约，英国通商第三条明定违禁货物，如火药、弹子、炮位、大小鸟枪并一切军器等类，概属违禁，不准贩运进口。第五条，硝磺、白铅应由华官自行采办进口，或华商持奉准买明文，方准进口，违此，所运货物全行入官。又查同治五年上海酌定《采办军火章程》，由道给发护照，知照税务司，换给英文单，查验起货。即他省委员到沪采买者，亦一体照章，不得向领事官、洋商处商办。而香港委员知中国严禁私贩军火，颇设法助我讯禁，毫无异议。此则订约伊始，已有杜渐防微之意。采办以来，非无因时制宜之用。洋人虽欲自保利薮，终难违弃约章。我能整理，彼亦认真。我稍通融，彼益生玩。今但恪遵旧约，不必别示更张，则嗣后非有中国官员采办印文为凭，无论何项军火，在香港等处者，彼必一概不轻放入口。仍严饬通商各口，实力稽查，有违禁者，照章罚办，则条约者，不能惩洋人于犯事之后，而可怵洋人于未犯之先，此尤宜再四申明者也。

臣今与英外部理论梅生罪名，稍有端倪，外部亦知梅生之罪重罚轻，惟英廷两次禁止香港军火出口，已示我十分睦谊。倘届期满，能否再请展限，尚难预定。而内地会匪，根株未必能一时铲尽，则暗中私购，实属防不胜防。臣愚以为，与其待邻邦之禁，而事未可必，不如申内地之禁，而权可自操。既不受彼虚情，尤可有裨实政。可否请旨敕下总理衙门，照会各国公使，重申条约章程，所有外洋军火，除由海军衙门、南北洋大臣、各省督抚派员采办，有地方官印文为凭外，其民间私购军火，应饬洋商一概不得发售，洋船亦不得装运入口，违者，全货入官；并请敕下各省将军、督抚，于民间私贩各案，拿获之后，应即照光绪元年总理衙门、刑部奏定章程办理。至海关章程，本已严密，亦尚有修补变通之处，应由总理衙门饬总税务司及各关道，妥筹切实办法。要之，法重而难办到，不若法轻而务必行。诚使查获禁物，除该货入官并根究购运主名惩办外，其装运之商船，似应分别情节，如知情则并船入官，如不知情则视所私运之货价，加数倍示罚。如是，则不待查验于到口之日，而先拒绝于装船之时。盖查禁愈严，则私卖之价愈昂，而匪党之力薄，无能为矣。臣尝以为，今之时势与昔异，昔以靖内乱为先务，今以御外侮为要图。若使外患能纾，则内寇虽偶有不靖，而有电线以通军报，有轮船、铁道以舦转运，有我所精选、彼所缺乏之枪炮、火药以资利用，似无不操全胜之理。然使稍疏防范，则奸商牟利，远人济寇，我所有者，彼尽有之，为患亦不可胜言也。臣为防遏奸萌，潜消反侧起见，理合恭折具陈。谨奏。

光绪十八年六月十六日奉朱批：该衙门议奏。

总署奏筹议滇缅界务请旨办理折

总理各国事务庆亲王奕劻等奏，为筹议滇缅界务，请旨办理事。

窃臣衙门于光绪十四年六月十四日议复，出使大臣薛福成奏，预筹滇缅分界通商章程，请先由滇省派员清查边境，绘图贴说，咨送臣衙门，以凭考核，届时再当相机办理等因，本日奉朱批：依议。钦此。遵即钞咨云贵督臣王文韶暨出使大臣薛成福〔薛福成〕。去后，嗣迭接王文韶电报，以英兵常在滇边马甸野人山地方游弋，土目及野番等惊疑设备，虑生衅隙。经臣等照会英使华尔身，转电阻止。并以本年正月间，英使臣照复内有印度大臣甚愿与中国官员会议边界之语，滇缅界务自不宜缓，复经咨催王文韶，并函电商属薛福成，随时就商英外部各在案。三月间，准王文韶文称，永昌沿边各境，已饬该地方官督员逐细查勘，绘具图说，即行咨寄。又先后接据薛福成函称，屡与英外部议及界事，初援光绪十三年间前出使大臣曾纪泽与英外部大臣克蕾面定节略，与之争辩，欲仍以潞江以东划归我界，而八幕城即在其中。外部以当时虽有此议，实未允许。该使馆参赞马格里系前随曾纪泽与克蕾面商之人，该大臣复饬该参赞与外部往返印证，意以新八幕地方繁庶，彼必不肯轻弃，若我能细与磋磨，而以野人山连亘之区，作为天然界限，足以固我藩篱。至于华船由尼勒瓦缔江通出外海，再于界内之旧八幕城建设商埠，亦足振兴中国商务。据该大臣寄到英外部照送地图一幅，议界节略一纸，语意含糊，且与曾纪泽、薛福成所议均有径庭。近复据该大臣电报，业经驳复。外部仍执前说，量与坚持，尚无定议。臣等公同商酌，该大臣薛福成自到任以后，于划界一事孜孜讲求，预筹办法，惟恐稍涉含混，致滋将来流弊，且原议人卷，均在伦敦使馆，可以就近相商，自应令其专任此事，期免隔阂。惟英外部仅送予图说，而未肯切实就议，或因该大臣并非专派议界之员，不免意存观望。相应请旨，专派薛福成，向英外部商办滇缅界线商务，以重事权。至滇缅水陆界址情形，王文韶饬绘图说，尚未寄送臣署，应俟寄到时，即由臣衙门钞寄薛福成，以资考核。一俟大致议定，将所拟条款，先电知臣衙门，详核具奏，再与英外部画押，画押之后，即由薛福成专折奏明，请旨定夺。如蒙俞允，臣等即电寄薛福成，钦遵办理，仍备文照会英使臣华尔身，一体遵照。将来派员会同英员勘界事宜，应由云贵督臣办理，以昭详慎。谨奏。

光绪十八年六月十七日奉朱批：依议。

科布多参赞沙克都林札布等奏遵议哈巴河一带借地暂难收还请展限交割折

科布多参赞大臣沙克都林札布、额尔庆额、魁福等奏，为遵旨会议哈巴河一带借地暂难收还，拟请展缓三年，再行交割，并筹办安插蒙哈僧众户民详细情形事。

窃奴才额尔庆额前将携带印信前往哈巴河勘分界务，并恭报启程日期，业经奏明在案。兹于本年五月念一日，行抵阿尔泰山之承化寺，与奴才沙克都林札布会晤，彼此将界务安插事宜和衷商酌，总期恪遵迭次谕旨，折衷定议，俾蒙哈有安居之乐，边防无疏失之虞，不敢稍存成见，致滋贻误。奴才沙克都林札布前因科城蒙哈杂居，甚形拥挤，原拟收还借地，使乌梁海稍得宽展，藉资游牧。兹复细按舆图，详加履勘，缘塔城自两次与俄人分界后，旧日膏腴半归俄属，所余土地实已无多，加以巴尔鲁克山借给俄人，壤地愈形褊小，塔城蒙哈不敷分住，自系实在情形。若遽将借地立即收还，则科城蒙哈虽可分晰安插，而塔城蒙哈势必流离，殊不足以仰副朝廷一视同仁、绥柔藩部之至意。奴才往复筹商，拟请将哈巴河一带借地，自光绪十八年起，展缓三年，无论巴尔鲁克山能否收回，届期即行交割。如该俄人能早一日归还，即可早一日安插。惟乌梁海异常穷苦，拟令塔城哈萨克每年酌给牲畜，稍为帮补，则乌梁海既免争持，而塔城亦可从容就绪。定议后，当即传集该部落头目人等询问，均皆悦服，情愿出具甘结。复经函商科布多参赞大臣奴才魁福，意见亦属相同。所有科城蒙哈业已在乌梁海部内安住有年，暂令勉强推让分居，稍资过度。仍由奴才等善言开导，饬令安心静候，勿起争端。此筹办借地之详细情形也。

查承化寺喇嘛僧众等，除出外募化者不计外，通共寺内大小喇嘛四百六十名，大半皆额鲁特十苏木蒙古。现在棍噶札拉参呼图克图于新疆八英沟修建庙宇，不日即可告成。光绪十四年，前任甘肃新疆巡抚刘锦棠等，于筹议承化寺借地请为塔城管辖折内，业已声明，请将该寺喇嘛酌筹款项，归并一处，以便管束。所议最为妥善，大抵僧众皆仰给于蒙哈户民。如果悉数迁移，则僧众亦难孤立。且旧建庙宇率多坍塌，亦毋庸派人住持。拟由奴才额尔庆额函商该呼图克图，酌度另案奏明办理。此筹办承化寺喇嘛之详细情形也。

惟塔城所属十二柯勒依哈萨克人数众多，向在借地游牧间，因草场窄狭，时有逃亡，内除光绪九年已经科城奏明收抚者不计外，其余陆续逃户经奴才等传问哈目等，其有愿归科者归科，愿属塔者属塔，仍令照常居住，毋许搀混。自此次定议之后，应饬造具各柯勒依花名户口册档存案。嗣后如有逃亡哈户，彼此不准容留。倘敢私行收受，一经发觉，即将该管公台吉总管等严行参办，以示惩儆。此筹办哈萨克之详细情形也。

其哈巴河一带地方，仍由塔城派员驻守一节。查塔城旧设有东北路营务处，管理蒙哈事宜。上年九月，经奴才额尔庆额奏请，以黑龙江布特哈正红旗佐领·世袭骑都尉德海接充。该佐领自接防以来，弹压抚绥，及应办一切要件，均能悉心经理，措置裕如。奴才额尔庆额仍当随时督饬，加意巡防，不敢稍有懈弛，以期上慰宸廑。至附近汉民共七十余户，为数无多，半皆被难流民，贫苦殊甚，将来或为塔城，或为新省，容奴才额尔庆额与新疆抚臣妥筹，俟本年秋成后，或待明年春暖，酌量迁移，俾免失所。抑奴才等更有请者，塔城借地已历二十余年，一旦安土重迁，必生嗟怨。若有预先筹画地方，设法安插，终非长策。奴才沙克都林札布缅怀大局，何忍强人以所难，惟乌梁海牧场狭隘，实属生计维艰，而哈巴河久假不归，又恐藉生他故，不得已为此权宜之计，定限三年。是乌梁海虽急，目前犹余后望，一则以抒塔城之力，一则以安蒙部之心，庶于民瘼边防，两有裨益。查巴尔鲁克山借地年限届满，合无仰恳天恩，饬下总理衙门，迅速咨催俄官，将所借塔城巴尔鲁克山，克日交还，以备安插。俄人夙敦信义，向笃邦交，当不至有所推诿。奴才额尔庆额俟收回巴尔鲁克山后，尽此三年，将哈巴河一带地方次第腾清，交还科城管辖，以免轇轕。除取具乌梁海情愿展缓三年甘结存案外，谨合词恭折具陈。谨奏。

光绪十八年闰六月初四日奉朱批：另有旨。

总署奏遵议严禁私购外洋军火以杜隐患折

总理各国事务庆亲王奕劻等奏，为遵旨议奏事。

准军机处钞交出使大臣薛福成奏，请严禁私购外洋军火，以杜隐患一折，光绪十八年六月十六日，奉朱批：该衙门议奏。钦此。臣等查，贩运军火，例禁甚严，只因奉行不力，渐至弊窦丛生，奸民营私藐法，暗中贩运，自应严申禁令，以消后患。咸丰年间，各国条约均载明，火药、弹子、炮位、大小鸟枪等类，概属违禁，不准贩运；又硝磺、白铅，应由华官自行采办，或华商特奉准买明文，方准进口。违者，全货入官。又同治三年，南洋酌定《采办军火章程》，由关道发给护照，知照税务司，换给英文单，以凭查验起货，不得私向洋商处购办等语。防范本属周密，无如日久视为具文，不得不严加整顿。相应请旨饬下各省将军、督抚，于民间私贩各案，拿获之后，即照光绪元年臣衙门会同刑部奏定新章办理，并由各海关监督，会同税务司，实力稽查，有犯必惩，严杜朦混夹带之弊。臣衙门再札饬总税务司，转饬各口，一体认真照办；并申明条约，照会各国使臣，所有外洋军火一项，除由海军衙门、南北洋大臣、各省督抚派员采办，有地方官印文为凭者，方准运售外，其民间私购军火，一概不得发售，洋船不准装运入口。违者，全货入官。似此中外严禁，庶足防遏奸萌，潜消反侧。至原折内称装运之商船，分别办理，知情则并船入官，不知情则视所装之货价，加数倍示罚等语，该大臣之意，以为法重而难办到，不若法轻而务必行，然不实力奉行，即从轻律亦属徒然，且改易约章，必须先商西使。原奏谓，今但恪遵旧约，不必别示更张，实为要论。所请修补变通之处，应毋庸议。谨奏。

光绪十八年闰六月初四日奉朱批：依议。

总署奏中俄议接陆路电线订定约款折　附条款

总理各国事务庆亲王奕劻等奏，为中俄议接陆路电线，订定约款事。

窃臣衙门于光绪十八年三月二十一日，以俄国使臣喀希尼请接珲春海兰泡陆路电线，奏请特派大员，与该使详细妥商，订定条款，咨送臣衙门核定画押等因。恭奉朱批：着派李鸿章与俄国使臣妥商，奏明办理。钦此。遵于本年三月二十六日，录咨北洋大臣李鸿章，遵照办理。去后，兹于闰六月初二日，据李鸿章复称，遵即札饬督办电报事宜·调补津海关道盛宣怀，与俄使所派驻津领事王厚，在津商订，仍以十五年九月与俄国前使臣库满所定草约十一款为底本。从前丹国大北及英国大东两公司，以陆线得一分利，即水线少一分利，各怀意见，以致未能成议。现俄、丹交密，俄欲自利，并欲利丹，而中国电局亦欲分沾其利。兹督同该道，酌中定拟上海、福州、厦门、香港该公司本有水线之处，不与争跌电价，仍准留其生计。该四口以外，各口电价，亦不准水线公司跌减，庶使陆线往来稍分其利，尚属平允。其余各条，略有增减改易之处，并十一条为十条，而大致相同，经该道与俄领事磋磨两月，始于六月二十六日，将华、洋文条约十款，彼此议定，此约年限以十年为止，系与英、丹所定吴淞、福州、香港条约同时为止。至展造恰克图线，应用经费甚巨，即常年用费，亦属繁重。恰线与水线争利，关涉商务，拟劝谕华商，设法筹本办理，毋庸请领官本，以伸报效。其第二款所称，其他各处，将来中俄电线有邻近者，举行相接，此款盖指伊犁展线而言，倘新疆旱线异日造至伊犁相接，亦属无损等因。并将议订中俄接线条款钞送前来。臣等公同详加复核，逐款研究，并函电相商，悉臻妥洽。谨将条款钞录进呈御览，恭候命下，臣衙门即咨行李鸿章，钦遵画押。此项条款，应用清文、汉文、俄〈文〉、法文各一分，由李鸿章与该使分别照缮画押后，专折具奏。谨奏。

光绪十八年闰六月十五日奉朱批：依议。

中俄陆路电线相接条约 光绪十八年七月十五日在天津订立

第一款 中俄今拟照后列办法相接电线，以便转递电报。

第二款 中俄电线相接之处：其一，中国珲春之电局，与俄国诺我奇业伏斯科之电局即严杵河①两线相接；其二，中国海兰泡之电局，与俄国巴拉哥委斯成斯科之电局两线相接；其三，中国恰克图之买卖城应设之电局，与俄国恰克图之电局两线相接。其他各处，将来中俄电线有相邻近者，须两国视为有益，再行相接。

第三款 珲春与诺我奇业伏斯科一线，应于此约画押后，立行举办相接。海兰泡与巴拉哥委斯成斯科一线，应俟水线运到安妥后，立即相接，惟自此约画押日起，不得过六个月，必须接成。恰克图接线，应俟中国电报局由京城至恰克图之电线安成后，即行相接，惟自此约画押日起，不逾五年，必须接成。

第四款 以上所指各线，中国电报局、俄国电报局，各在本境内自行安设，修理经营，彼此不得逾越尺寸地步。海兰泡及巴拉哥委斯成斯科之间黑龙江水线之安线、养线各经费，由两国电报局均出。此线作为两国公产。

第五款 凡涉电报一切事宜，及收发传递电报各事，应按照各国通行电线条约章程办理。其中俄由海线往来传递电报现行章程，中俄旱线一律照办。凡由两国电报局，因电报事宜所发各公报，均准免报费。凡由此约第二款所列各线传递各国电报，中俄两国电报局，各自行设法整理，不拘时刻，随到随发。

第六款 中俄各由本国电线，至交界处转递电报，其电价均由自定。惟此次所定电约期内第七款所定电价，非彼此商定，不得更改。两国并按照各国通行电线条约章程，允定将来若有由别处水陆各电线传递外洋电报，其所定报资，比较有减于此约所定者，则中俄电线亦同时照减。

第七款 此约第二款内指明相接之电线，传电报资列定如左：

来往电报，俄国应取〈电〉报资：

甲一、亚细亚洲之俄国，与中国各处来往各报，每字取一法郎克七十三生丁。

① 有时为“岩杵河”。

甲二、欧洲之俄国及格格苏，与中国各处来往各报，每字取二法郎克七十三生丁。

经过电报，俄国应取电报资：

乙一、所有各报，每字取三法郎克。

来往电报，中国应取电报资：

甲一、中国各处，与欧罗巴、亚细亚洲之俄国及格格苏来往各报，每字取二法郎克。

甲二、中国各处，与欧洲及欧洲外诸国来往各报，每字取五法郎克半，俄国不在此例。

经过电报，中国应取电报资：

乙一、欧洲及欧洲外诸国，除俄国外，与他国来往各报，每字取五法郎克半。

乙二、除以上电报外，其余电报经过中国者，俄国亦在此例，每字取二法郎克。

所有应给欧洲各国报费，按照各国通行电报章程及电则内所开之数目，均由中国甲二、乙一两段所开五法郎克半内拨给。所有欧洲及欧洲外诸国，除俄国外，与上海、福州、厦门、香港，及该四口附近现有水线公司所设海线之处来往电报，遇有由中俄电线传递者，其总价不得比由海参崴公司海线传递者，所取报资减少。嗣后此约施行期内，水线公司由上海、福州、厦门、香港通及俄国接线处之海线，传递中国各处及香港与欧洲及欧洲外诸国，来往电报取资，若有跌减，则中国立将由中俄旱线传递。此项电报来往经过之电费，同时一体跌减。

所有中俄两国来往电报所定报价，必须的是中俄往来电报，方照此等价目取资。而中欧往来各报，不得照此价由经理人、经理局在半路经收转发。

第八款　凡电报登簿核对，应由此约第二款所接各线相邻之局，每日通电核明其账目，应于每月月底清结，其应付之款，在天津，于每下月二十一天内结算清楚。所有结账来往电报，作为公报，免计报资。结算月分，按照西历。

第九款　应付之款，用行平银结算。每四法郎克二十五生丁，作鹰洋一圆。每百圆，合作天津行平银七十两。

第十款　此约自画押之日起，计至西历一千九百零二年十二月三十一日，即光绪二十八年冬为止。为此，两国钦差大臣将此约画押盖印，以昭信守。此约在天津立，共缮十二本，内清文三本、汉文三本、俄文三本、法文三本。以上文字校对无讹，惟遇有讲解之处，以法文为本。

大清钦差大臣・太子太傅・文华殿大学士・直隶总督・一等肃毅伯爵李。

大俄钦命全权大臣・参政司钥・公爵喀。

大清光绪十八年七月初四日，西历一千八百九十二年月日①。

---

① 原文如此。

甘督杨昌濬奏英俄觊觎帕米尔坎巨提请派员督办防务折

陕甘总督杨昌濬奏，为英、俄交讧，边事日棘，请特派大员督办防务，以固疆圉事。

窃查，新疆南路喀什噶尔地方，西北与俄国交界，西南与英属邻界。光绪初年平定以后，前督臣左宗棠奏移提督驻扎是处，并设道州等官治之，诚以该处水土肥美，地势险要，久为英、俄所窥伺，故计虑不得不周。其西北极边，以大小帕米尔为要隘，布回部落居之，隶籍中属，有乾隆年间御碑为凭。相沿已久，其西南极边，以坎巨提回部为最著，虽近为中、英并属之区，亦尚足为藩篱。曩岁，刘锦棠受任疆抚，筹办边防，不遗余力，其声威素著，彼族慑服，积年相安。迨刘锦棠乞假回籍，英、俄交涉事件日益加多，亦益掣肘。十七年夏间，遂有俄兵数百人拦入帕米尔境内之事。经前护抚臣魏光焘派员，率兵驻守界内卡隘，并电总理衙门，力与俄使理论，始行撤兵而退，然犹以帕米尔地非中属，必须会勘为辞，是俄人觊觎帕地，已有明证。不数月间，坎巨提头目复为英兵所逐，其势汹汹，直将据为己有。往返力争，始允中国派员会立酋目。现在事虽了结，而英人方于坎境筑台、置炮、修路、屯粮，彼其居心，亦何可测。近准新疆抚臣咨称，帕米尔境地苏满一带，突被爱乌罕，即阿富汗，率众侵占，据掠民人。查爱乌罕，虽未明为英属，而与英交好有素。此次举动，必为英人嗾使无疑。夫帕米尔一蕞尔部落耳，坎巨提亦一弹丸黑子耳，而英、俄孜孜于此，意固不在坎与帕也。俄人狡悍，英人诡谲，自爱乌罕占据苏满后，俄人前进占让库尔地。顷复接抚臣电称，俄兵又移军而南，将据色勒库尔。色勒库尔，乃莎车州辖境。目下藩篱尽失，一旦有变，喀什即难立足。喀什既危，则南疆全局震动，其患何堪设想！抚臣陶模，公正廉明，优于吏治，军旅之事，非所素娴。臣有兼辖之责，而路途窎远，文报往来，动须月余，军情变幻，岂能遥制？再四思维，实深焦灼！可否请旨特简熟悉边情、威望卓著之大员，督办新疆南路防务，庶事权归一，彼族亦有所忌惮。至于购备军械，筹办转运，业与抚臣妥商，并由关内随时接济，办理固不敢稍涉张皇，尤不敢坐误事机。臣深受国恩，忝膺疆寄，值此时事艰难，何敢安于缄默？其详细情形，另由抚臣奏报。谨恭折驰陈。谨奏。

光绪十八年闰六月二十四日奉朱批：该衙门知道。

清季外交史料卷八十五终

清季外交史料卷八十六

光绪十八年七月至十二月

总署奏筹办新疆西南边外情形折

总理各国事务庆亲王奕劻等奏，为筹办新疆西南边外情形事。

窃以英、俄觊觎帕米尔地方，迭经陕甘、新疆督抚先后驰奏在案。伏查，帕米尔地名，载籍无征，惟一见于乾隆年间《钦定西域图志》，证以西国舆图，帕米尔地势南北斜亘，皆葱岭中间之地，其西有阿尔楚尔河、伊西洱库尔绰尔。乾隆二十四年，平定新疆南路，穷追回酋至伊西洱库尔绰尔，三战三捷，遂蒇大功，高宗纯皇帝御制碑文，勒依绰尔恭案文曰：伊西洱库尔绰尔者，我副将军穷追二酋至拔达克山之界。以是《西域图志·疆域门》指为喀什噶尔西境外地，当日喀域边卡西境，至玉斯屯阿喇闰什卡仅八十里，西南境之鄂坡勒卡仅一百二十里。道光年间，《钦定新疆战略》，喀域西至乌帕喇特卡一百二十里，与布鲁特部连界，西北至喀浪来卡一百五十里，未尝及帕米尔。迨光绪年间收复新疆，刘锦棠始增设屯卡于旧界之外。十五年又设苏满卡于伊西洱库尔北十里，是卡距喀域卡六百里，最为窎远，仅以布鲁特回部人守之，未驻兵也。前年英使来议中、英共分帕米尔地，当以英、俄皆属强邻，帕米尔近接俄疆，恐启争端，未允所请。上年俄兵阑入帕地，经臣衙门责其称兵越界，俄即退归。去冬，英兵入坎巨提，逐其头目，意在窥伺帕地。疆抚因派马队数旗，巡压帕境，驻于苏满。本年秋间，俄人遂谓七八年来中国逐渐拓土，帕地亦有属俄之处，未经勘界，中国亦不应驻兵。

臣等公同商酌，窃谓先朝用兵西域之时，干戈所指，陆詟水慄，犹以险远，不列版图。今俄既有责报之词，在俄当是息争之计。出使大臣许景澄来书，亦虑援军深入，后援难继，因电疆抚退兵，而仍留苏满卡伦。俄复请我尽撤新设各卡，然后勘界，否则，俄国亦将进兵据地，哓渎不已。臣等虑其得步进步，坚未允撤。正相持间，爱乌罕之兵突至苏满，胁掳布回，甚且扬言东犯。查爱乌罕，今世通称阿富汗，为印度西北大部，前听英人指挥，必系受其嗾使。据薛大臣复电，已告英廷，严饬阿酋，释放布回，赔礼偿恤，英亦应允。乃阿事未平，俄兵又进。据电报传闻，西队已与阿人战于苏满，东队则游弋于朗库里湖、阿克塔什，距我边界渐近，意殊叵测。臣等已电属疆抚，饬令防军，预为戒备，坚守与持。一面责问俄使，并电许景澄，诘俄外部，迫令退兵，勿稍松劲。窃念先驻苏满之兵若不及早撤回，则俄阿战事将自我启之，转难收束。阿虽占地，而适致俄兵，蛮触相争，原可不问，但其东队骎骎逼近边境，亦颇可虑。虽据许景澄电称，外部以阿占地为词，兵难即退，至明知之喀城等地，必不越入等语，然亦未可深信。就目前情势而论，固未可以穷荒绝徼，轻启兵端，亦不可以彼族虚词，稍疏边备。臣等仍当电知许景澄，与俄外部切实辩论，以杜狡谋；并由臣衙门知照新疆抚臣，严饬现驻色勒库尔、布隆库尔各营，慎固边防，毋挑边衅。谨奏。

光绪十八年七月十八日奉朱批：知道了。

总署奏帕米尔介于中英俄三国边境应于乌孜别里往南划分片

奕劻等片。

再，帕米尔地处荒远，而为印度东北屏蔽。俄谋印度，匪伊朝夕，故英、俄在所必争。俄得是地，我害为轻，英害为重。我得是地，增兵转饷，岁费不资，敝我力以固英圉，亦非胜算。臣等再四筹度，曾为三国各不侵占之说，英颇乐闻，俄则谓地属中、俄，但应两国勘分，与英无涉，议遂中辍。伏查，光绪十年沙克都林札布会同俄官勘定喀什噶尔界约，内载：两国界线至乌孜别里山谿为止，俄国界线转向西南，中国界线一直往南，所有界线以西及顺该处河流之西归俄国属辖，其界线以东及顺河流该处〔顺该处流河〕之东，均归中国属辖。约内界线，却未勘定。当时边外情形未得善图，莫知底蕴。比洪钧奉使至俄，译成中俄界图，方知乌孜别里之南，东西横亘，皆是帕米尔地。喀约所谓中国界线，应介乎其间，今日俄人争帕之根，早伏于喀城定约之年。刘锦棠添设境外卡伦，意在展拓边防，无如喀约既有成说，已属无益。惟照中俄界图南北经度斜线，自乌孜别里一直往南，尚可得帕米尔之少半，较诸乾隆、道光年间旧界，已稍展拓。现揣俄、阿交讧，阿非俄敌，其溃必速，阿人既去，俄人或可早归，必须俟其退兵，乃可与之议界。瓯脱之谋不遂，势不能不事勘分。臣等更当与疆臣竭力图维，争得一分，即是一分之益。谨奏。

光绪十八年七月十八日奉朱批：知道了。

直督李鸿章奏遵旨与俄使订定中俄边界连接陆路电线约款折

直隶总督李鸿章奏，为遵旨与俄国使臣将中俄边界连接陆路电线订定约款事。

窃光绪十八年三月二十八日，准总理衙门咨，以俄国使臣喀希尼赴总署，申请议接海兰泡、珲春等处陆路电线，请派大员会商办理，奉朱批：着派李鸿章与俄国使臣妥商，奏明办理。钦此。臣即札派总办电报事宜·津海关道盛宣怀，与俄使所派之驻津领事官王厚，在津商订，磋磨数月，议立华洋文条约十款，大致与前任俄使库满所订草约十一款，不甚悬殊。当将议订接线条款，一并钞咨总理衙门，详加复核，悉臻妥协。本年闰六月十五日，已由该衙门钞录条款进呈。奉朱批：依议。钦此。并由该衙门翻译清文，咨送到臣，即由臣处照缮汉文，于七月初四日，在津先行画押盖印，交俄领事寄京，与俄使喀希尼印押。其俄文、法文，则由该使在京先行画押盖印，仍交俄领事寄津，与臣印押齐全，已于七月十五日，各自分执。

臣查，中国陆路电线，创自光绪六年，经营十余年，布满各省，瞬息万里，官商称便。惟丹国大北公司海线，先于同治十年由香港、厦门迤逦至上海，一通新加坡、槟榔屿，以达欧洲，名为南线；一通海参崴，由俄国亚洲旱线，以达欧洲，名为北线。俄、丹早有连线之约，嗣后英国大东公司，亦由福州至上海，英丹复有合办之约。其始，英、丹两国凑集巨款，制造水线来华，原期并收中国通商各口之电利，故同治九年英使威妥玛曾有各海口准其设立电线之议。迨各行省自设陆线，并拆去英、丹在沪粤已成之陆线，彼乃知中国已能自守境内之权利，不可复夺，遂欲独专中国与外国往来电报之利。迨我之吉林、黑龙江线成，与俄之东海滨境内咫尺毗连，该公司深虑中、俄线接，分夺其利，惟恃俄、丹交密，并有海参崴约章在前，俄欲自利，仍不能不保护丹国之利，而各国洋人之在中国者，闻中、俄接线，皆愿陆线与水线跌价相争，使洋人寄洋报可占便宜。此不特俄、丹所不允，即中国电局亦无力与之跌斗。且丹英水线到中国已二十余年，彼洋商无法使水线跌价，亦何能独使陆线跌价，以遂其渔人得利之谋。现在中、俄定议，上海、福州、厦门、香港，该公司本有水线处，不与争跌，留其生计。该四口以外各口电价亦不准水线公司争跌，庶使华线略分其利。如以后水线减价，则中俄电线亦同时照减，办理甚为平允。臣与总理衙门往返函电互商，均属妥协。至展造恰克图线，应用造线经费甚巨，并常年养线用款繁重，拟饬盛宣怀劝谕华商电报公司，设法添招商股二十万，归商认办，以免另筹官本。以后边界，既经接线，凡京津等处出洋电报，必须将京津等处至海参崴、珲春、恰克图内地报费，由我酌量全行豁免，只收条款内应分来往经过之电费，自应仍归华商电报公司收取。除抵过豁免内地报费外，即以抵展造恰克图电线经费，及以后此线常年修巡之费，以期持久而免废弛。此又中、俄接线以后所拟之办法也。所有议立中、俄接线条约二分，以一分咨送总署，以一分存留臣衙门备案。谨奏。

光绪十八年七月二十日奉朱批：该衙门知道。

使英薛福成奏中英两国会立坎巨提回部头目折

出使英、法、义、比国大臣薛福成奏，为坎巨提回部被英兵攻击，逐其头目，迭与英外部商议，由中国派员，会同英员，封立新酋，以全两属体统，计可克期妥结事。

窃臣查，中国回疆之外，向有羁縻各回部远慕声教，列为屏藩，或虽未设官，而正朔是颁；或虽未入贡，而奉命维谨。稽之《西域图志》，知八城边外，尚多属地。即同治初年，湖北所刻《一统舆图》，实以康熙、乾隆内府舆图为蓝本。臣尝观《一统图》所志疆域，参以《时宪书》所颁地名，则昔年中国所属之回部，实已可得梗概。惟自咸丰、同治年间，中国内寇不靖，未遑远略。俄国既以兵力吞并浩罕、布鲁特、哈萨克、布哈尔诸回部，扩地不下数千里，而巴达克山、鲁善、什克南诸小部，则皆服属于阿富汗。迩来阿富汗为英属国，英之大势骎骎，由印度北趋，有与俄国争雄之意，而中国西边之外，遂日以多事。即如坎巨提一部，近喀什噶尔南界，在葱岭西南，厥地纵横数百里，户口约近万人，岁贡中国沙金一两五钱，例赏大缎两端。近年属回之入贡中国者，只此一部，盖即《新疆识略》之乾竺特，《一统舆图》及《时宪书》之喀什楚特同音而异译也。但不知何时又服于克什弥尔，亦岁有贡献。而克什弥尔，今亦为英之属国。是以英之印度总督岁贻坎巨提经费，以助彼整理防务为名，实隐收其内政之权。去年夏秋间，坎巨提已有赴喀什噶尔告急之举，则以英人筑一炮台俯临坎境也。

臣于本年正、二月间，迭承总理衙门电信，以英兵侵坎巨提，该头目连战不胜，率其逃众诣卡外求援，属臣以起衅情节诘英外部。臣询知英兵修筑一路直贯坎境，北抵兴都哥士大山，意在扼此隘口，以杜俄众南侵而保印度门户，该头目兴师拦阻，为英兵所击败。其所居之棍离城，亦被英兵占据。臣与英相兼外部尚书沙力斯伯里晤商，据称，并无灭坎之意，亦无阻坎入贡中国之意，只因坎酋罪恶甚多，轻慢英官，不得不示惩儆等语。臣与总理衙门往返电商，妥筹办法，因坎酋声名素劣，势难必使复位。该部既系两属之国，与专属中国者又稍不同，只可酌就外部之辞与之理论。外部语言闪烁，其初次存坎之说，既甚游移，而必欲据坎之心，则甚坚韧。幸而窥彼隐情，颇以俄焰方张，亟思联络中国，不欲敛怨树敌，臣得就此设法磋磨，而英廷措注东方事务，动须俟印度总督议复核办，最后称选得旧酋之弟摩韩美德拿星可为坎巨提头目，拟请中国派员，会同英员，行封立之礼。已由总理衙门电告新疆巡抚，选派妥员前往。臣与外部商订仪节，华员、英员共为一班，克什弥尔系英属国，该员位次应稍居后，行礼之期，初订在闰六月二十三日，现展至七月二十五日。只须届时彼此和衷妥办，即可蒇事。此与英廷商办选立坎酋之原委也。

臣惟数年来西洋诸国日肆东封，俄辟珲春，英守香港，其初皆系中国之地。彼族知我中国疆土广远，向不计较尺寸，尤不力争藩属，乘间抵隙，竞生无厌之谋。于是日本灭琉球，法人取越南，英人翦缅甸，相率效尤，竟无底止。甚至有觊我朝鲜，睨我台湾者，亦事势使然也。英人之经营坎巨提，殆非一日。此次乘衅而动，彼谓蕞尔部落，中国必度外置之。迨臣承总理衙门指示，断断与争，稍出英人意料之外。彼既以立酋为转圜，我即可藉保小而为退步。虽选酋之柄隐属于英，然既稍稍争回体制，俾各国知两属小部中国尚不肯舍弃，已稍变琉球、越、缅之前规，似于大局不无裨益。且俄、法诸大邦，见中、英交谊如是亲睦，亦当稍戢其嚣陵之气矣。谨奏。

光绪十八年八月初十日奉朱批：该衙门知道。

使英薛福成奏英俄垂涎帕米尔请设法勘界片

薛福成片。

再，中国回疆边外有回部错居之地，曰帕米尔，山势回环，高原绵亘，其脉发自葱岭，实为大地最峻之脊。因其土多硗薄，所以无著名部落，从前隶我疆圉羁縻勿绝者十居八九。自俄、英两国分争环伺，而迤北、迤西稍稍归属于俄，迤南小部则附于英属之阿富汗，惟中路、东路久服中国，迄今尚喁喁内向。然既为三大国出入之门户，得之则可居高临下，不得则恐失险受逼。近年以来，俄人颇尽力经营，注意在此。英人知俄之有深谋也，乃急起而隐为之防，迭派武员赴帕米尔游历，探访情形。臣于去年七月，接英外部送到秘密节略及地图各一件，以划清阿富汗边界为词，其意欲使中国收辖帕境中间之地，堪明界址，以免俄人窥伺。臣即转送总理衙门，未及核办，适俄兵游猎帕境，逾月即归。闻俄外部告驻俄使臣许景澄，欲会同中国勘界分疆，惟英于帕米尔，本无分地，不当使其与闻等语。窃思英藉保护阿富汗之名，远涉帕境，其意本不在分地而在防俄。英若分地，于势不顺，而隐助中国以分地则其事易成，英冀中国得地稍多，支格其间，形势可隔，闻俄兵之南下，又虑中国未能速办，今春乃有坎巨提之役，盖修筑坎路，实以绸缪帕事也。臣前接总理衙门电信，拟以帕米尔作为三国公共之地，各不侵占，曾与英外部妥商，许景澄亦以此商之俄外部，两国之意，皆不甚以为然，似难勉强允从。惟分地则俄改前说，英亦不乖本谋。臣前商之外部，已饬驻俄英使，与俄外部商办。据称，英、俄须各派员赴帕米尔查勘，再行定议。夫前日俄人所以欲摈英者，以去英则中国较易商量也。今日中国所以愿合英者，以得英则俄人稍有畏惮也。臣思伊犁定约以来，俄人所自指为边界者，已三变其说，每变则益徙，而今俄又派兵游帕，据其自告英员，欲以郎库里湖为界，益与喀什噶尔等城相近。若不妥筹分界，臣恐俄人益肆诡谋，而英人亦渐生异志，事端百出，更费踌躇。今者作为公地一说既不能行，惟有由总理衙门设法催俄勘界，勿使藉辞推宕，以期与英使在俄商办之事适相浃洽，则一劳永逸，当有把握。英虽不肯显助中国，以结怨于俄，然密通消息，稍持公论，实在意计之中，似亦可乘之机也。谨奏。

光绪十八年八月初十日奉朱批：该衙门知道。

使英薛福成奏英法两馆事务日繁酌补缺额各员片

薛福成片。

再，英、法两馆事务日繁，去年教案迭起，匪党播其谣说，西人屡有责言，臣相机应付，据理辩论，已渐化其隔阂之意。惟法人性情，遇事生风，法使李梅前代法商争揽铁路之利，颇嗾外部，稍滋口舌。本年英国与中国交涉要件，尤多轇轕，如坎巨提回部被英兵攻击，则不能不与商会立新酋，存属国，以全体统。通匪济械之英人梅生，英律师断罪太轻，则不能不与争加重罪，以警将来而销隐患。又如阿富汗回众争帕米尔边卡，擅迁布回八九十户，现方告英外部，速饬阿人戢兵认错，偿恤布回。缅甸属英以后，英兵屡以查界为名，阑入滇边，致各土司被其惊扰，现方催英外部查照旧议，先定划界大概规模，以便克期举办，藉图彼此永久相安。以上数端，臣迭承总理衙门函电，设法磋磨，约计数月内或可逐渐就绪，或当择便收场。惟值此时事多艰，又皆关系紧要，使馆人员颇有不敷应用之势，兹谨将缺额各员，酌量拣补。臣查英使馆二等参赞黄遵宪，已赴新加坡总领事之任，现有三等参赞·候选同知许珏，研求事理，学问优长，堪以升补二等参赞。至翻译一项，两馆均未足额。查英馆二等翻译张斯栒，前补三等参赞，其二等翻译一缺，目下暂无人可补。现有四等翻译同文馆学生王丰镐，勤慎从公，堪以升补三等翻译。又查有法馆四等翻译同文馆学生世曾，学业精通，堪以升补三等翻译。如此分派，似足以广历练而资襄理。谨奏。

光绪十八年八月初十日奉朱批：该衙门知道。

直督李鸿章奏借给朝鲜银十万两由华商出名订立合同限期拨还折

直隶总督李鸿章奏，为借给朝鲜银十万两，由华商出名，订立合同，限期拨还事。

窃朝鲜库藏空虚，自通商以来，洋人乘隙诱以借债之说，俾以关税作抵，意欲暗持该国利权。若果听其办成，隐患甚大。光绪十六年闰二月间，臣与总理衙门会奏遵议要件折内第五条，声明此等举动，一有萌芽，即应设法阻止，如实系军国要需，应由中国代借，以保利权，而杜流弊等因在案。是年朝鲜遣托洋员，向英、美、日本各国贷款，均由总理衙门及臣分电各出使大臣设法阻止。但朝鲜实系贫窘，徒事束缚，不为代筹，恐致其心愈离，亦非圣朝字小之义。本年四月间，办理朝鲜商务委员［曾纪泽］·〈存记〉简放海关道袁世凯假满赴韩，经过天津，臣密授机宜，面谕随时相机妥办。嗣据该道以朝鲜前因购买轮船，息借德商洋债，未能清偿，利息日增，索逋日急，计欠至十万之数，由该国外署督办闵种默请向华商告贷，在韩华商资本无多，难集巨款，请在出使经费项下拨借银十万两，由殷实商家出名，订立合同，朝鲜海关按期拨还，以资递减，电请该局前来。当经电商总理衙门复准照办，并以利息宜从轻，年限宜从速，属饬妥议禀办，即经转电该道遵照。兹据禀请，商准借银十万两，月息六厘，限八十个月，按月分偿完结，由派驻朝鲜税务司与华商同顺泰号出名，拟具合同底稿，送呈朝鲜国王核定。因所欠德债系转运漕米轮船价值，订明由转运总务官出名，与同顺泰订立合同。该道复将所拟底稿略加删改，列具七款，声明总务官系奉该国政府之命议贷，缮据合同两本，约同该总务官郑秉夏、同顺泰商人谭以时，当面画押，分用印章，该道与外署督办闵种默同时监订，各加印押，共合一本，附卷一本，交闵种默存外署备查，照前底稿呈请奏咨等情。臣查，朝鲜借款，若免其生息，恐归还必多迟延，而官款取息，于体统又未甚合。该道拟于出使经费项下拨借，由华商出名，仅订利息六厘，较洋债倍为轻减，且由海关拨还，则操纵尤可在握，阳示羁縻，暗资箝制，办法尚为妥洽，于保护属藩大局，殊有裨益。臣与总理衙门往返电商，意见相同。除由总理衙门饬令江海关道，拨借出使经费银十万两，交同顺泰号转付，仍由臣督饬商务委员袁世凯，按期认真催交，勿任延欠，并将合同底稿，咨送总理衙门查核。谨奏。

光绪十八年九月十五日奉朱批：着照所请。该衙门知道。

总署奏遵查延茂奏称新疆边事掣肘由于洪钧绘图错误各节核与事实不符折

总理各国事务庆亲王奕劻等奏，为遵旨查明办理事。

查本年九月初六日，军机大臣面奉谕旨：大理寺少卿延茂奏，新疆边事掣肘，实由洪钧绘图错误，请饬考证；又片奏，出使大臣崔国因函告总理衙门，因美国赛奇会采购观玩之具，贻讪海外，并请密查各折片，着该衙门查明办理等因。钦此。

查原奏内称：乾隆二十四年御制纪功碑文，勒石叶什勒库勒诺尔之上，即在帕米尔境内，及再定回疆，臣左宗棠、刘锦棠设立苏满八卡，以卫帕米尔之地，乃洪钧率携俄人所订中俄界图译之以归，将八卡皆划界外。是时俄人方争帕地，竟有退兵撤卡之举，于是英人嗾阿富汗进据苏满等卡，俄遂以马步逐阿而据其地。刻下俄兵虽撤，明春势必复来。此番失计，由于洪图之误等语。

臣等谨案：《钦定大清会典》及《钦定西域图志》喀什噶尔图内西境极于叶什勒库

勒，又作伊西洱库尔，距喀城千里而遥，其东则为帕米尔，未详其为地名，抑为部落名，无可稽考。盖当平定回疆时，声威所至，无远勿届，其时并无邻国接壤，凡边外种族，皆在要荒之列。迨道光年间《钦定新疆识略》喀什噶尔图内仅载西至乌帕喇特卡伦一百二十里，与布鲁特喀尔提锦部落连界，而无帕米尔及叶什勒库勒之名，殆以地处遐荒，故略而不载。自俄乘伊犁之乱兼并浩罕，于七河省之西添设费尔干省，遂与喀什噶尔西北境毗连，其欲逞志于帕米尔也畜谋已久，故于光绪九年界约内载两国界线至乌孜别里山豁为止，俄国界线转向西南，中国界线一直往南，即已伏分地之根。至帕境卡伦，刘锦棠所设七处，其苏满一卡系光绪十五年魏光焘所设，即在叶什勒库勒之北，最为穹远。本年春间，接出使大臣许景澄电称，俄外部因闻新疆有添兵出守苏满之举，谓该处不属中国，应俟公商定界。俄使喀希尼亦来言之。臣等以上年我兵巡帕，经俄阻回，今若遽行出兵，恐启衅端，且苏满地在极西，俄兵若出乌孜别里山口，我军转为隔绝，殊属非计，是以给与照会，允其止兵勿进，仍执定苏满一带为中国属地。既而俄人复请将各卡撤回，臣等坚执不允，盖允其止兵者，不欲轻举召衅，不允撤卡者，未肯先示退让也。适值阿富汗夺据苏满一卡，俄遂进兵逐之，并扰及各卡，臣等复电知许景澄，与外部理论，俄兵旋亦撤退。原奏谓，失计由于撤卡退兵，殆未悉其情事耳。

至谓边事掣肘，由于洪钧所译中俄界图之误。查边外舆地，中国向少详图。洪钧就俄国之图译出汉字，原以备考核，非以为证据。且俄图东起朝鲜、日本，西至英、法各国，篇幅甚巨，并非专为中俄接壤而设，所译之图，特其一区，暂以考订地名方向，略知梗概。即薛福成寄来英图，其于中俄地形大致亦与俄图相仿。况臣等前经咨行新疆巡抚，饬查边外疆域，详细绘图，以资考证，并不以俄图为凭，未可以边事之棘手，归咎于此图也。

原奏又称：洪钧自知绘图错误，恐人指摘，于是杨昌濬寄来苏满地图、薛福成寄来帕米尔图，皆攫取存查，为销匿地步等语。查向来紧要地图皆存堂上箱内，以昭慎密而便查阅，非承办章京不能随意取阅。杨、薛寄来之图，皆臣等所见，洪钧并无攫取销匿之事。

原奏又称：崔国因函告总理衙门，选购优妓，为美国赛会观玩之具，洪钧私匿信函，转饬章京，于收信簿中销去，戒勿令诸王大臣知之等语。查八月二十一日崔国因寄到信函，经司务厅列入号簿，次日即经臣许庚身阅看，标画日期，洪钧何能私匿？信内述及金山商董陈姓来言，欲备优伶妓船赴美国赛会，崔国因谓其事属猥鄙，有亵国体，应候臣衙门示定。该商人并未选购运往，臣等即令总办章京致书，嘱其严切禁阻，因非公函，故不登档册，与所奏情节不符，系告者之过也。至边外疆域，必须确切查明，详细绘图，即从前划界，现在设卡坐落之地址，道里之远近，一一分明符合，方昭核实。谨奏。

光绪十八年九月二十二日奉朱批：知道了。

直督李鸿章奏朝鲜续借银十万两仍由华商出名订立合同按期由朝鲜海关拨还折

直隶总督李鸿章奏，为朝鲜续借银十万两，仍由华商出名订立合同，按期由朝鲜海关拨还事。

窃前因朝鲜库藏空虚，借欠德商洋债，未能清偿，利息日增，索逋日急，由该国外署督办函商告贷，据办理朝鲜交涉商务・存记简放海关道袁世凯具禀请示，经臣会商总理衙门，在出使经费项下借给银十万两，由在韩之同顺泰号华商谭以时出名订立合同，月息六厘，限八十个月，由仁川海关分期拨还，阳示羁縻，暗资箝制。业经密奏，奉旨：着照所请，该衙门知道。在案。嗣又据袁世凯电禀，以准朝鲜外署督办赵秉稷函称，该国积欠日本银行息款及美国购船价目尚有洋银十四万余两之多，亦宜早为清偿，仍恳始终代筹，再向华商续贷十万两，应订合同，仍照前次商酌妥订等情，请示遵办。

臣查，日本切近朝鲜，内怀阴谋，外示亲密。美系民主之国，动以自主劝人。朝鲜君臣愚暗无知，诚易受其诱惑。该两国欠项，必须及早清理，视德商洋债尤为急要。否则，积欠愈久，息额愈增，措缴倍难，更易受其挟制。并查由仁川至汉城商货，陆运维艰，各路尤形迟缓。日本商人现用小轮船二只，托名韩船，往来汉江，利权独擅。华商同顺泰等，欲藉此次续贷合同订款列入准其集凑华韩股分，购造小轮船，驶行江路，转运华商货物，并由朝鲜每年拨交漕米十万石，分期承运，冀得水脚津贴，且免外人藉口，此亦系收回利权之举，当经臣电商总理衙门，饬令该道袁世凯妥商办理。旋据该道与朝鲜政府议定续借银十万两，仍每月认息六厘，由釜山海关拨还，因釜山税银不及仁川之旺，宽限二十个月，定以一百个月拨完本息；并允华商购造小火轮船，在仁川、汉城运货往来，仍由同顺泰商人谭以时与朝鲜转运衙门续订合同，并将购驶小轮事宜另立规条，彼此书名画押，袁世凯与赵秉稷公同监订，加盖关防印信。其合同、规条分存驻韩商署及朝鲜外署备查，照缮底稿，禀请奏咨前来。

臣查，所订合同、规条均甚周妥，实与光绪十六年闰二月间臣等在京会议相符，应准续行借给银十万两，俾得清理日本、美国各债，免被藉端要挟，致为日后之累，于保护属藩大局，洵有裨益。除由总理衙门电饬上海道，仍在出使经费项下，拨借银十万两，交同顺泰号具领转付，仍由臣督饬该道袁世凯，按期与前次借款，一并认真催交，并将合同、规条咨送总理衙门查核外，理合恭折密陈。谨奏。

光绪十八年十月二十四日奉朱批：着照所请。该衙门知道。

总署奏新疆派员会立坎巨提头目事竣折

总理各国事务庆亲王奕劻等奏，为新疆派员会立坎巨提头目事竣奏闻事。

窃查，新疆西南徼外坎巨提回部旧称喀楚特，每岁钦天监刊发《时宪书》具载其地太阳出入、节气时刻，亦译作乾竺特，其蛮文为坎巨提，则始于前陕甘督臣左宗棠光绪四年奏疏。向来该部岁贡沙金五钱，嗣因叛回阻隔，无路自通。光绪四年，官军收复南八城，该部复致岁贡，疆臣回赏大缎二疋，历经遵办在案。其地北连帕米尔，东北接莎车州所属之塞捋库勒，南邻为哪格尔，再南为印度之克什米尔，东南有路可通后藏之阿里，蕞尔弹丸，而控扼要塞。其头目嗣立，疆臣向不预谋，义取羁縻勿绝。迨光绪十四年，坎部与印度部人构衅，经臣衙门照会英使，转达英外部，约束印人。英使华尔身复文，谓该部纳贡于克什米尔，岁受赐金，克什米尔久为英属，故坎巨提亦属于英，不能任其猖獗等语。是后，兵衅旋解，争论亦辍。嗣于上年七月，新疆护抚魏光焘咨报，印度兵逼坎境。十九年七月，新疆抚臣陶模电，上年十一月，英兵已入坎境，该部头目率众，败至塔敦巴什卡外，酌给粮食、帐棚，严禁入卡。臣衙门上年已电使臣薛福成，诘问英廷，本年复令再行诘责。旋据电复，英兵修路，坎酋阻拦，英兵攻之，坎酋出奔，扬言将借俄兵恢复。英谓坎酋杀父虐民，拟废其位。臣以坎为中属，不能任英擅自废立。且新抚文称，英欲开通帕米尔道路，致启衅端，其曲不专在坎。迭与华使笔舌互争，而废立之谋，彼族持之甚力。三月间，续接新抚文函，查悉坎酋内政不修，部众解体，又阴通信俄人，导以由帕米入坎，现在莎车州属看管，屡图逃入俄境，弥当防闲。其弟颇得人心，已令督率逃兵，还归本部。薛福成亦电称，英外部以新疆所遣摩辅美德拿圣，颇能管束部人，拟从新疆官吏之言，令继酋位，坎为中、英两属，请我此次派员前往会立，以后事宜，仍循旧例。英使来告，语亦相同。臣等窃念坎巨提虽在边荒，然既隶属部，修贡有年，继绝存亡，义难膜〔漠〕视。其纳贡于印度，数年前已有所闻。逼近强邻，固难以首鼠两端责之。其沙金之贡，物虽微末，姑存藩属之名。英已据地驻兵，尚不能谓非我属邦，捍然吞灭。其故酋历为不法，速祸致兵，诚未可再令复位。两属之说，会立之谋，于体制尚觉无伤，于藩部亦有关系。爰如英人所请，电属新抚，速即派员，勿误七月内会立之期。十月二十六日，据抚臣陶模驰奏，会立事竣，由军机处恭录谕旨，钞交前来。查该抚所奏，由英派员到坎，及会立该头目一切情形，于字小之中，兼寓辑邻之意，与臣衙门原议相符。至坎酋不究其既往，亦须防其将来，应如该抚所陈，妥为安置，勿令再出滋事。伏乞圣鉴。谨奏。

光绪十八年十一月十六日奉旨。

总署奏遵议江苏教案完结折

总理各国事务庆亲王奕劻等奏，为遵旨议奏事。

光绪十八年九月初九日，准军机处钞交两江总督刘坤一具奏，江苏等处教案偿款不敷，请由镇江关道洋药税款开销一片，奉朱批：该衙门议奏等因。查原奏内称：教案偿款，江阴、阳湖两县，均系该县自行对付，其余各属，除由该县筹给外，不敷之款，由镇江道库借拨应付。计无锡借拨银二千两，如皋三千两，丹阳五千两，金匮四万二百两。现饬各处将借款分别认筹，酌定年限，摊缴归款。惟金匮偿款为数过巨，责令全筹，委属力有未逮，除先由县筹给不计外，其道库动拨之四万二百两，再由该县分年认缴一万七百二十两，尚余银二万九千四百八十两，应照往岁镇江租界滋事成案，由关道在洋药税款项下，作正开销等语。臣等查，江苏镇江等处教案应偿教堂款项，前由镇江道库借拨应付，经该督饬令各局，分别认筹归款，惟金匮县偿款过巨，该县未能全数筹还，所奏自系实在情形，该督请将该县不敷款项，由关道在洋药税款项下作正开销，查与以前镇江租界滋事成案相符，所有不敷银二万九千四百八十两，拟请准其在该关洋药税款项下作正开销。谨奏。

光绪十八年十一月十六日奉朱批：依议。

使俄许景澄奏新疆南路边境情形危急请饬疆臣增缮守备折

出使俄、德、奥、和国大臣许景澄奏，为敬陈新疆南路边境情形，拟请饬下疆臣增缮守备，以杜窥伺，而固疆宇事。

窃新疆省南路喀什噶尔一带，地处边陲，西控葱岭大山，为汉唐以来限隔华戎之界，自此入山，其间有平地宽坦，可供回族游牧者，今皆称为帕米尔平地。地不一处，故帕米尔亦不一名。该地荒寒不毛，冰雪早封，一岁之中，仅三四月得畅往来，本无纤利可争，然南逾因都库什山，即达印度，东经叶尔羌可至卫藏，故俄人连岁进兵，游弋其地，意图占并，与我喀城西境，渐致轇轕。臣愚以为，外清边地，不足以弭衅争，非先增缮边备，即不足以决界议。查喀城自乌孜别里山口以南，皆与帕米尔境连接。然山口可通者，不过数处，尤以叶尔羌之色勒库尔为扼要之地。该处向称外藩总汇，远近回藏十数区均系土著，其间有地曰塔什库尔干者，旧为东西要道。近年游历洋人出入帕地，本以此为理装停顿之所，谓其水土较善，耕牧皆宜，颇萌歆羡。夏间俄兵扬言，欲至其地，亦非无因。应调防兵一枝，常川驻扎，兼驻地方文员，抚辑回众，置为重镇。其稍北塔戛尔玛山口，即由该军分队逻守。再北与郎库里帕米尔所通山口，应由现扎布伦库里之防营屯守，以为次要之镇。边庭耳目，将帅所莅，则号令一新。乌鲁木齐省城，在该省已为腹地，距边较远，抚臣应于明年春夏之交，亲赴喀城巡阅一次，察视防务，接洽外人，以利控驭。原驻喀城之提督，即应出驻边营，以资弹压。惟西国军势最重炮位，新疆军营，向由泰来洋行购运光膛陆炮，均系旧式，应酌购新式过山快放炮三十七、四十七密里口径等各数尊，各配药弹千出。此项炮式轻便，驼马皆可负运。每尊连弹价约三千四百两，筹备尚不过巨。该炮南北洋各省必有购备，并应先为借拨，一面购补，免旷时日，以之分布要隘，庶令彼族洞知中国注重边防，远致利器，或可收上兵伐谋之效。又叶尔羌南境奇灵、桑株等卡以外边界穹远，与印度东北境相接，英人率由此路北出，以避雪山之险，僻蹊几成孔道，亦宜随时巡徼，免有侵轶。谨奏。

光绪十八年十二月十二日奉朱批：另有旨。

新抚陶模奏俄人增兵情形叵测亟应筹备战守折

甘肃新疆巡抚陶模奏，为俄人增兵情形叵测，亟应筹备战守，以防决裂事。

窃臣于光绪十八年闰六月初一日，业将俄兵入帕米尔，拟向色勒库尔进发各情形奏明在案。嗣迭准总理衙门来电，俄兵越卡，则以防阿富汗为词。及议分界，辄欲废弃旧约由乌孜别里山一直往南之语，改为顺山脊转东而南，深谋诡计，莫可端倪。臣以数月来俄兵时增时减，游弋让库尔及六尔阿乌之间，未敢显然东逼，因饬将士谨守地段，静与相持，诚恐轻启兵端，转难收拾。顷，据喀什噶尔道李宗宾探报，俄人现于让库尔、六尔阿乌增兵二千有奇，扬言欲夺色勒库尔等处。查帕米尔远处徼外，向归布回游牧，勘分稍有出入，犹无大碍。色勒库尔等处，虽亦布回部落，实系南疆门户。俄若得此，南扼坎巨提以窥印度，其不利在英，东与中国为难，委属切肤之患。且喀什噶尔领事官近处肘腋，徒众实繁，北路处处毗连，其狡焉思启，固不仅帕米尔而已。臣深维今日事势，军械之利远不如敌，穷边飞挽，劳费倍难，标营不敷战守，招募又乏精壮，较光绪初年大军进规新疆，办理实形棘手。如此而欲与俄从事，论者必谓徒肇衅端，致碍大局。然事势所迫，若只拱手相让，不但色勒库尔等处恐非我有，全疆断难晏然，关内屏藩又岂堪设想？彼时即治臣以失地之罪，补救已属莫及。日夜图维，极为焦灼！而屯边将士蓄忿已深，尤难保其不激成战事。现咨商喀什噶尔提督董福祥，加派队伍，择要扼守。如俄人必欲弃好称兵，方可迎击，务须调度合宜，毋涉轻率。提标马步，既经陆续分拨，腹地窃虞空虚，另募步队前往填扎，并招募马勇，以备策应。新疆孤悬关外，尤须联甘肃为一气。业咨督臣及甘肃提臣，将甘凉以西营旗一律整顿，随时奏请调遣，藉资援助。谨奏。

光绪十八年十二月十七日奉旨。

清季外交史料卷八十六终

清季外交史料卷八十七

光绪十九年正月至八月

总署奏复陈帕米尔全地情形并呈进地图折

总理各国事务庆亲王奕劻等奏，为复陈帕米尔全地情形，并呈进地图事。

光绪十八年十二月二十五日，军机处钞交詹事府右庶子准良奏，帕米尔图说纷纭，宜求精确一片。军机大臣面奉谕旨：该衙门知道。钦此。窃自上年春间，帕事起时，臣衙门当即遍查内府舆图、一统志等图，于该地山川道里，形势险要，皆略焉勿详，不得不藉英、俄两国之图旁参互证。新疆本无精通测绘之员，又以俄兵梗阻，不能前往履勘，该督抚先后寄到两图，皆不甚明晰。迨至去冬，北洋大臣李鸿章译图数种寄到。出使大臣许景澄搜集英、俄、法、德图说十余种，详稽博考，订成一图，益为赅备，亦于十二月寄到。以核臣衙门先后历办情形，似于疆圉方舆，当无乖谬，而证诸该庶子所奏，则歧异甚多，请为我皇上陈之。

谨按：《钦定西域图志·疆域门》，于霍尔干等地，则总结之曰以上属喀什噶尔；于阿喇楚勒、叶什勒库勒等地，则总结之曰以上属喀什噶尔西境外地。文义显然，无烦曲解。原奏谓口境外者，大小和卓木旧境之外也。曰属者，属今之喀什噶尔，为我国家自辟之壤也。以境外二字归之逆回大小和卓木臆断之词，未免牵强。喀什噶尔正北、正东与俄之七河省接壤，至正西与费尔干省接壤，帕米尔固在喀城正南也。后藏极西为阿里，人亦称为底藏。自阿里西北，越数小部落，循雪山行，可达那格尔、坎巨提，以至印度之克什米尔，固不待北陟帕地也。设如俄欲蹑我喀什噶尔，已不患无路进兵。英欲通我阿里，亦不至觅途乏术。原奏乃谓：近时英、俄二国侵夺拔达克山、安集延，而不能蹑我喀什噶尔，通我阿里，由于帕米尔为全疆隘塞，所关形格势禁之故。按其所论，实于边情地理未经详考，故多传闻鲜据之词。光绪年间，中、俄分界，自科布多、塔尔巴哈台、伊犁，至喀什噶尔西南之乌孜别里山口止。虽勘界未循次第，要自东北以迄西南乌孜别里，为自来图籍所无，惟西图有之。原奏谓：当日勘界大臣，由俄属萨马干而东，实以乌孜西口为界，叶什勒库勒确为界内，今以东口为断，情势大乖等语。查各城界约，悉无萨马干地名。惟浩罕安集延极西阿母北河，有萨马尔干，《明史》作撒马儿罕，久隶于俄，与我华疆渺不相涉。当日勘界，并非自西而东，不知原奏何以传讹。若此乌孜东西二口之说，尤所未闻，以沙克都林札布勘分喀界之图，与俄图比较，乌孜别里山所在形势相符，实止一口，并无所谓二口也。叶什勒库勒确在乌孜山口以西，昔已属诸喀城西境以外，今更属诸中国界线以外矣！

总之，舆地之学，非可空谈，荒远之区，尤多失考。量天测地，西国所长，故不能不取资彼族。画界分疆，今时所亟，故不得不辨正讹言。窃维考察地势，非图不明。谨将许景澄寄到地图，照绘黏签，恭呈御览。谨奏。

光绪十九年正月二十一日奉朱批：知道了。

总署奏葱岭设防及苏满设卡有碍约章片

奕劻等片。

再，自汉唐以来，考西域者，多以葱岭为天下之脊。葱岭南北行，故谓岭以东水皆东流，岭以西水皆西流。今以许景澄图说考之，赫色勒牙克山实为南北大分水岭，自此以西，山多东行，水皆西流。所谓葱岭，殆即指此。现在新疆设有防营之地，在北曰布伦库里，南曰塔戛尔玛，即塔哈尔满；在南曰萨雷阔勒，即色勒库尔，皆在赫色勒牙克一带。俄人去秋即请以色勒库尔大分水岭天然界为界，不言布伦库里、塔哈尔满者，色勒库尔地最著称，故举一赅二，举南赅北。然光绪十年，喀什噶尔界约载明：中国界线，自乌孜别里山口往南，则更在赫色勒牙克山以西，不得不执此力争，以符定约。至苏满一卡，地名苏满塔什，在雅什里库里之北，即《西域图志》之叶什勒库勒，亦作伊西洱库尔。光绪十五年十月，据护理新疆巡抚魏光焘文称：什克南与爱乌罕构兵，派旗官张鸿畴带队驰往，巡查内外卡伦，以防窜突。行至托巴什滚伯孜地方，前行一百六十里，有地名苏满，两山壁立，险峻异常，闻从前杨侯用兵西域，曾在此地立有清字碑记。该旗官探明，俄、英边界均未认为属地。宜乘此布置，为我门户。请择派头目一名，带部回数十户，在彼驻守等语。十七年九月，复准魏光焘文称：据张鸿畴禀称，前奉谕拓满汉旧碑，仅觅获断石三块，已埋藏于人迹罕到之山内，就残缺汉文及翻译清文考之，系乾隆时御制之文。维时，平定回部，勒铭伊西洱库尔淖，即是此碑等语。所有杨侯用兵西域，当系乾隆年间副将军富德之讹。统观设卡觅碑情形，是叶什勒库勒地方，久已过问无人，不在版图之列。然使无强邻之盟约，诚可拓绝徼之方舆。乃考地已在乌孜别里以西，设卡复在光绪十年以后，中国历与洋人交涉，用稳妥之脚步，据理以争，尚未必能尽如我意。若欲弃国家之大信，召彼族之衅端，则虽局外之人议论纷纭，臣实不敢冒昧从事。至论地利，则苏满距喀城一千五六百里，转运艰难，俄兵若自乌孜山口而出，便断我军归路。即据其地，亦难于守。图绘昭然，难逃圣明洞鉴。谨奏。

光绪十九年正月二十一日奉朱批：知道了，图留览。

总署奏俄欲夺我塔哈尔满等处拟择要增戍以伐狡谋片

奕劻等片。

再，自去秋议界，俄使请以南北大分水岭天然界为界。当据喀约力折其非，彼竟坚持不下。直至十二月间，俄使口气稍松，自任调停，电告本国。今年正月，俄使以本国电来告，尚持前说。臣等严责其违约，失信朝廷，万无允理，天时渐暖，两国皆可进兵，新疆将士，蓄愤已深，若议久无成，难免不生事故。俄使允以臣等所言再电本国。西人坚韧性成，善于尝试。察其词气，或将转圜，先作回翔，冀我退让。臣等执约辩驳，理直气壮，绝不参以迁就游移之见，或冀可以口舌挽回，不至遽以干戈从事。惟边地防务，仍不可稍涉松劲。查我军扼守之布伦库里等三处，业于另片并黏签图内陈明。复查图内萨雷阔勒之南，曰沙克塔什，为南往坎巨提、西往瓦罕要道，图中路线绘载甚明。疆抚上年十一月二十八日有俄官遣人来索阿克塔什徙入内地之布回，未允等语。是其边将隐有视阿克塔什为彼地之谋，故索其地居民，以为尝试。此与疆抚所电，俄欲夺我塔哈尔满及色勒库尔，仅有恫喝虚声，尚无实在证验者，未可一律等视。臣等拟电商疆抚，应否抽拨劲旅一支，屯扎萨雷阔勒，预为筹备；一面侦探，如果俄兵确有复出信息，即饬此军进扎阿克塔什，以据要隘而伐狡谋之处，令其酌量情形，妥为布置。臣等一面仍与俄使磋磨，以期就范。谨奏。

光绪十九年正月二十一日奉朱批：依议。

总署奏中俄接电约款请旨钤用御宝互换折

总理各国事务庆亲王奕劻等奏，为中俄接电约款请旨钤用御宝互换，以昭慎重事。

窃查，中外接修海兰泡、珲春等处电线，光绪十八年三月，由臣衙门具奏，奉旨：派李鸿章与该国使臣妥商，奏明办理。钦此。旋经北洋大臣李鸿章与臣等往返函商，订定条约十条。闰六月十五日，由臣等具折恭呈御览，奉旨：依议。钦此。当即翻译清文，咨由李鸿章，于七月初四日，在津先行画押盖印，交俄领事寄与俄使臣喀希尼印押，并俄文、法文寄津，各自分执，奏明在案。现在海兰泡暨黑河屯电线，俱已接修蒇工，传递信息数次，颇为灵捷，较之大东、北两公司水线之费，可节省十之二三。本年二月，该使臣来称：奉其外部来文，接电约款已由俄主画押盖印，寄至中国，恳为恭缮汉文一分，奏邀批准用宝，与之互换，俾资遵守等语。臣等查，向来与各国定约，历经奏请钤用御宝，以为批准之据。此次电线约款，自应一律办理。由臣衙门缮就汉文，请旨钤用御宝，发下后，封送北洋大臣李鸿章接收。即请饬下该大臣，照知俄使臣喀希尼，在津互换，以昭信守。谨奏。

光绪十九年三月初十日奉朱批：依议。

驻藏大臣奎焕奏自藏到边办理新约情形片

奎焕片。

再，奴才自藏到边，瞬经五月，赫政、保尔均赴孟加腊，久未回岭。惟藏番经奴才严饬各员极力开导，虽已遵结，尚未具呈，然已渐知领悟，不至如上年之固执。正月初三日，知府稽志文由海到印，适值赫政、保尔在彼与印督商办边事，闻赫政云：现在商约各条，印督于行茶一款执持甚坚，并云业已电京。稽志文面晤印督兰士丹，据云，上年之约系伊任内所立，不久行将去任，甚愿始终其事。稽志文亦将印茶行藏诸多窒碍各情，嘱赫政转述，印督又云：事虽难办，必思筹一了结之法，以全交谊等语。察其所以，实由大吉岭一带近年产茶愈多，各商广求销路，极力怂恿，故印督不欲明注约内，作为禁物。彼族立意之坚，实由于此。现在惟赖总理衙门饬赫政，力与印督婉商缓办，暂不入约。一面由奴才商令稽志文，督同开导委员，饬谕藏番，速具遵结，即当约会英员会议，迅图就绪，以期上纾宸廑。日后禁喝印茶，当思自求良法。谨奏。

光绪十九年四月初六日奉朱批：该衙门知道。

伊犁将军长庚奏俄国借巴尔鲁克山年限将满派员商办折

伊犁将军长庚奏，为巴尔鲁克山借给俄国，年限将满，派员前赴塔尔巴哈台，会同俄领事官商办事。

窃查，塔尔巴哈台所属之巴尔鲁克山，前于光绪九年，勘分伊塔三段界务案内，借给俄属哈萨克游牧，给限十年，限满后迁回俄国，订立条约在案。计自光绪九年起，扣至十九年九月限满，经驻扎塔城伊犁副都统额尔庆额，于十七年二月二十五日，因年限将满，奏请饬下总理衙门，先期行文俄使，将俄属哈萨克陆续迁徙，以免临期推诿等因。是年四月初三日奉朱批：该衙门知道。钦此。当经总理衙门函嘱出使俄国大臣许景澄，照会俄国外部，迁民还地。据俄国驻京公使照会，仍请再借十年。总理衙门一面据约驳复，催令如期交还，一面函询该处情形。

奴才伏查，巴尔鲁克山，水草丰美，为伊犁、塔尔巴哈台、库尔喀喇乌苏、精河四界适中之地，形势扼要，在所必争。由该山东出，可断塔尔巴哈台之驿路。由该山南下，即抵库尔喀喇乌苏、精河等城，而伊犁、塔尔巴哈台通新疆省城之饷道，皆将隔绝。历年精河一带，每有哈萨克劫掠行旅之事，皆由该山而来。若令俄人久假不归，失地利，危疆域，为害甚大。亟应竭力索还，当即备函具复。旋据驻京俄使照请总理衙门，转嘱该处官员，会同驻塔尔巴哈台俄领事官商办。经总理衙门复准，行文伊犁将军、塔尔巴哈台大臣，派员与俄领事官会商办理，并函知奴才拣派妥员前往。奴才查有伊犁道员英林，办事稳练，谙习俄情，该山本系伊塔道辖境，应即委令带印前往，会同俄领事官，妥为商办。并授以机宜，饬令商请副都统额尔庆额，随时筹度，审慎办理。谨奏。

光绪十九年四月初九日奉朱批：该衙门知道。

总署奏印藏条约缓议三款现已拟结折　附约款

总理各国事务庆亲王奕劻等奏，为藏印条约缓议三款，现已拟结事。

窃藏印定约立界一事，臣衙门于光绪十六年正月间，奏呈条约八款，请旨派员画押在案。原约内通商、交涉、游牧三款，声明：自条款批准互换之日为始，限六个月，由两国大臣派员随后议订各节，公同会商，以期妥协等语。溯自是年七月在伦敦互约，至十七年正月为限满日期。前驻藏大臣升泰即派妥员黄绍勋、张舫及税务司赫政，与英国印度总督兰士丹所派之保尔，在大吉岭会同开议，彼此各拟办法。保尔之意欲在仁进岗入藏一百余里之咱利城，即帕克里设关通商，并俟十年后再定入口货税。升泰以藏番多疑性执，入藏设关，断难开导，执定十二年条款藏印边界通商由中国体察情形之语，再三辩驳。至十八年六月间，复与保尔商立办法九款，续议二条，定于交界之咱利山下亚东地方，为英商贸易处所。商上等复怀疑虑，坚请于第二款注明不得开入关内字样，又请禁止印茶运藏销售。经臣衙门电询川督刘秉璋，查明印茶入藏于川茶引岸有无妨碍。据复称：川茶销藏，岁约征银十数万两，印茶入藏，恐商民失业，饷项短绌等语。臣衙门一再与英使华尔身辩论，并饬总税务司赫德，转饬赫政，与印督商议，相持日久。现始据赫德函称：印度已将办法九款更改，商订其最关紧要之第二款内注明英商在亚东贸易，自交界至亚东而止；第四款内注明进出口税，俟五年限满，酌定税则；至印茶一项，现议开办时不即运藏，俟五年限满方可入藏销售，应纳之税，不得过华茶入英纳税之数；此外各款，均照升泰所拟办理等语。

臣等查，中英通商税则，每百斤征税银二两五钱，而洋商运华茶至英，每百斤征银十两。现在先与议定，如印茶运藏，应照华茶入英，每百斤征税银十两之数征收。盖禁止印茶入藏，究于通商条约有碍，惟有援彼国之例，重征其税，则印茶无利可图，不至碍川茶销路。磋磨经年，始克就范。窃思藏印未结三端，自十七年开议至今，已届三年之久。经升泰及接任大臣奎焕，先后晓谕藏番，并饬赫政与印督兰士丹及保尔往返商榷，悉心酌定，始得印藏两情翕然允协。臣等核其所拟，款内设关处所及印茶关税、限期，在在以全力相争，尚能不失操纵。其余各款，亦臻妥协，即可就此完结。谨将办法九款，续款三条，缮呈御览。如蒙俞允，请饬下奎焕，派原议委员黄绍勋等偕同赫政，与保尔会同画押，以昭信守。谨奏。

光绪十九年五月初九日奉朱批：依议。

照录藏印订约缓议三款拟结办法恭呈御览

通商

第一款　藏内亚东，订于光绪二十年三月二十六日，开关通商，任听英国诸色商民前往贸易。由印度国家随意派员驻寓亚东，查看此处英商贸易事宜。

第二款　英商在亚东贸易，自交界至亚东而止，听凭随意来往，不须阻拦。并可在亚东地方，租赁住房栈所，中国应允许所建住房栈所均属合用。此外另设公所一处，以备如第一款内所开印度国家随意派员驻寓。其英国商民赴亚东通商，无论与何人交易，或卖其货，或购藏货，或以钱易货，或以货换货，以及雇用各项役马夫脚，皆准循照该处常规，公平交易，不得格外刁难。所有该商民等之身家货物，皆须保护无害。自交界至亚东，其间朗热、打均等处，已由商上建造房舍，凭商人赁作尖宿之所，按日收租。

第三款　各项军火、器械，暨盐、酒、各项迷醉药，或禁止进出，或特定专章，两国各随其便。

第四款　除第三款所开应禁货物外，其余各货，由印度进藏，或由藏进印度，经过藏哲边界者，无论何处出产，自开关之日起，皆准以五年为限，概行免纳进出口税。俟五年限满，查看情形，或可由两国国家酌定税则，照章纳进出口税。至印茶一项，现议开办时不即运藏贸易，俟百货免税五年限满，方可入藏销售。应纳之税，不得过华茶入英纳税之数。

第五款　各项货物到亚东关时，无论印度货物，藏内货物，立当赴关呈报，请查开单，注明何项货物、多少及分量若干、值价若干。

第六款　凡英国商民，在藏界内与中藏商民有争辩之事，应由中国边界官与哲孟雄办事大员，面商酌办。其面商酌办者，固为查明两造情形，彼此秉公办理。如两边官员意见有不合处，须照被告所供，按伊本国律例办理。

交涉

第七款　印度文件递送西藏办事大臣处，由印度驻扎哲孟雄之员，交付中国边务委员，由驿火速呈递。西藏文递送印度，亦由中国边务委员，交付印度驻扎哲孟雄之员，照章火速呈递。

第八款　中、英两官，所有文移，自应谨慎传递，及来往送信之人，亦应令两边委员照料。

游牧

第九款　从亚东开关之日起，一年后，凡藏人仍在哲孟雄游牧者，应照英国在哲孟雄随时立定游牧章程办理。凡该章程内一切，须先晓谕通知。

续款

第一款　中、印各驻扎委员，如有议事意见不合之处，应由各委员呈报该管上司议办。倘该上司意见仍属不合，应由各上司请示本国国家议办。

第二款　自此次条约议定之日起，于五年后，如查其中有应行变通更改之处，必须于六个月之前声明，以便两国各派员议办。

第三款　《印藏条约》第七款内载：由中、英各派员，将第四、五、六三款言明，随后议订各节，公同会商等语。现经两国派员，公同将以上通商、交涉、游牧三款议订九条，并续款三条言明，应与原约视同一律，其实力奉行之处，亦与逐字载入原约无异，彼此会同画押为凭。

光绪十九年十月二十八日，即西历一千八百九十三年十二月初五日，在大吉岭，缮就中、英文各四分，画押。

大清国二品顶戴·奏准会同画押·四川越嶲营参将何长荣。

大英国特派政务司保尔。

大清国赏戴花翎·头品顶戴·双龙二等宝星·奏准会同画押·税务司赫政。

总署奏滇越界图与督臣现奏不符谨陈当日划界情形及现在办法折

总理各国事务庆亲王奕劻等奏，为滇越界图与督臣现奏不符，谨陈当日划界情形及现在办法事。

光绪十九年四月二十三日，准军机处钞交滇督王文韶片称：开化府属归仁里，地分八社，经前督臣岑毓英改为八甲，名曰归仁里。光绪十二年，中、法会勘界务奏内，以小赌咒河为界，志以蓝线，八甲俱在界线之内。嗣奉谕旨，交臣衙门会同法使核议，改以红线为界，八甲中之聚仁、奋武两甲，画在红线以外，应属越南。该两甲人民，久受中朝抚字之恩，不甘外向，今闻划归越南，恐中国防军已撤，法国防军不来，游匪积怨已深，两甲决无噍类，惟有恳恩饬下总署，会商法使，告以红线界外，中国原驻聚仁、奋武两甲防营之兵，暂缓撤回，藉资保护等因。奉朱批：该衙门知道。钦此。

臣等伏查，光绪十二年十月初八日，钦差勘界大臣周德润等会奏，现界专议改正，由马白关小赌咒河，南至黄树皮、箐门前之赌咒河，东至船头下之清水河，西至山门硐前之陆地，拟改归云南界内。据法使狄隆以地面稍大，碍难骤办，因照绘大赌咒河界图一张，咨明总署，请旨商办等因在案。溯查雍正三年，前督臣高其倬奏称：自开化府，至马伯汛铅厂山小河以外，设都龙、南丹两厂，为云南旧境，应一并清查。蒙世宗宪皇帝谕以天朝岂与小邦争利，将勘界人员撤回另议。嗣经督臣鄂尔泰奏请于铅厂山下小河，离马伯汛四十里立界。该国王黎维祹复激切陈诉，于雍正五年，蒙世宗宪皇帝以马伯汛外四十里地赐之，仍以小赌咒河为界。今周德润与狄隆所议，仍照小赌咒河旧界划线，复用蓝线划至大赌咒河，包过南丹山，意在开拓。因狄隆不允，不能定议。经臣等与法使恭思当往返会商，恭思当本系该国议员，于商务特为注意，迭次来臣衙门求改商约。臣等以商约既经画押，何能议改，严词拒复。恭思当以商务苟可通融，界务亦可稍让。臣等以恭思当既意在转圜，不如因此另议界约，可就范围。查南丹山一带，为越南膏腴之地，一岁三熟，似可因此展拓，以收地利。因议定南丹山以北，西至狗头寨，东至清水河一带地方，均归中国管辖。除收回雍正年间赏给之地外，尚有展拓。统计此次添划新界，纵横合算，不下方四百余里。各绘界图，志以红线。于十三年五月，蒙派臣奕劻、臣孙毓汶，与恭思当公同画押在案。

臣等检查画押原图内，聚仁社在南丹西北，地近天生岑〔岭?〕；奋武社在南丹东北，地近分水岭，均在红线以内，与该督所奏不符。迭经详细电询，去后，该督初电复，尚未明晰。最后一电，据称：聚仁社在南丹界内之西，而界外之漫美、黄树皮、箐门等处属之；奋武社在南丹界内东北，而界外之猛峒山，及猛峒上、中、下三村等处属之等语。臣等查，聚仁、奋武两社划在界图以内，东西一线，证据昭然，汉文、洋文毫无歧异。若当日画图稍有错误，恭思当岂能迁就？至漫美、黄树皮、箐门及猛峒上、中、下三村等处，均在南丹山以南。聚仁社与黄树皮等处相距尤远。今该督以为两社所属，当日周德润与狄隆议界时，并无此说。若臣等持此与法使李梅辩论，彼必以为饰词牵合，转启争端。查王文昭原片，其意不在争已定之界，只因黄树皮、箐门及猛峒三村等处，向来驻有华兵，今既分界，拟于法防未到之先，暂缓撤兵，为笼络该处民心之计。臣等与李梅会晤，即照王文昭来电所请，不提聚仁、奋武字样，径告以黄树皮等处，向驻滇军，保护村民，弹压土匪，今既分归法界，彼国应早派兵接防，滇军方可撤退，李梅允即照办。盖法兵为北圻乱党所阻，一时不能遽到，如此明白相告，即暂缓撤兵，彼亦无所藉口。惟是界约业经明定，彼防一到，我军必须照约交割，不可再为延宕，致生枝节。应请饬下该督臣，预筹熟计，将来此数处村民，如何妥为安抚，一面将现在办法，先期遍行晓谕，俾该处人民晓然于法防未到之先朝廷格外保护之意，免致临时再生疑阻，别滋衅端。是为至要！谨奏。

光绪十九年六月十七日奉朱批：依议。

使英薛福成奏请申明新章豁除旧禁以护商民折

出使英、法、义、比国大臣薛福成奏，为时势互殊，例宪已变，拟请申明新章，豁除旧禁，以护商民而广招徕事。

窃臣溯查，国朝顺治、康熙年间始严海禁，当时因郑成功父子窃据台湾，窥犯浙、闽、江、粤，招诱平民，结布死党，寇势滋蔓，沿海骚动，不得不创立禁例，以大为之防。凡闽人在番托故不归，复偷漏私回者，一经拿获，即行正法。厥后台湾既平，务在与民休息，不欲生事海外。康熙五十六年，禁止南洋贸易一案，经九卿议定，凡出洋久留者，行文外国，解回正法。蒙圣祖仁皇帝特恩，令五十六年以前出洋之人，均准回原籍。雍正六年，奉谕：出洋之人陆续返棹，而彼地存留不归者，皆甘心异域，违禁偷往之人，不准回籍。钦此。乾隆十四年，复奉高宗纯皇帝特谕，将私往噶罗巴充当甲必丹之陈怡老，严加惩治，货物入官。大抵昔日海盗未歼，邻交未订，彼出洋之民禁之则可以孤寇党，弭衅端，不禁则虑其泄事机，伤国体。且承平之世，地广而人不稠，人散则土益旷。深维至计，首悬例禁，非苛待此出洋之民也，时势为之也。

自道光二十二年以来，陆续与东洋、西洋诸国立约通商。英国《江宁和约》第一条：华英人民各住〔往〕他国者，必受保佑身家安全。美国续约第五条：中国与美国人民前往各国，或愿常住入籍，或随时来往，总听其自便。而秘鲁条约及古巴华工各条款，亦于出洋华民郑重再三，庇之惟恐不周，筹之惟恐不至。每于海外要地，设领事官以保护之。诚以今者，火轮舟车，无阻不通，瀛寰诸国，固已近如户庭，迩于几席，势不能闭关独治。且我圣朝煦育涵濡逾二百年，中国渐有人满之患，遂不得不导佣工以扩生计，开商路以阜财用，顺民志以联声气，张国势以尊体统。盖海禁早弛，风气大开，一视同仁，无间遐迩。前例已不废而自废，不删而自删，非偏厚此出洋之民也，时势为之也。

臣于光绪十七年奏派道员黄遵宪为新嘉坡总领事官，属令到任后，详察流寓华民情形，核实禀报。兹据称：南洋各岛华民，亦得百余万人。约计沿海贸易，落地产业，所有利权，欧洲、阿剌伯、巫来由人各居十之一，而华人乃占十之七。华人中如广、琼、惠、嘉各籍，约居七之二，粤之潮州、闽之漳泉乃占七之五。粤人多来往自如，潮人则去留各半，闽人最称殷富，惟土著多而流寓少，皆置田园，长子孙，虽居外洋已百余年，正朔服色仍守华民，婚丧宾祭亦沿旧俗。近年各省筹赈筹防，多捐巨款，竞邀封衔翎顶，以志荣幸。观其拳拳本国之心，知圣泽之浃洽者深矣！惟筹及归计，则皆蹙额相告，以为官长之查究，胥吏之侵扰，宗党戚族之讹索，种种贻累，不可胜言。凡挟资回国之人，有指为逋盗者，有斥为通番者，有谓为偷运军火、接济海盗者，有谓其贩卖猪仔、要结洋匪者，有强取其箱箧肆行瓜分者，有拆毁其房屋不许建造者，有伪造积年契券藉索逋欠者，海外羁氓，孤身孑立，一遭诬陷，控诉无门，因是不欲回国。间有以商贾至者，不称英人，则称荷人，反倚势作威，干犯法纪，地方有司，莫敢如何。今欲扫除积弊，必当大张晓谕，申明旧例既停，新章早定，俾民间耳目一新，庶有裨益。

盖黄遵宪体察既深，见闻较熟，故言之详切如此。臣窃惟保富之法肇于周官，怀远之谟陈于管子。民性何常，惟能安彼身家者，是趋是附。中国出洋之民数百万，粤人以佣工为较多，其俗虽贱视之，尚能听其自便，衣食之外，颇积余财，至今滨海郡县稍称殷阜，未始不藉于此。闽人多富商巨贾，其俗则待之甚苛，拒之过峻，往往拥资百万，羁栖海外，十不一还。且华民非无依恋故土之思也，国家亦本非特设驱禁之政也，特以新章初立之时，未及广布明文，家喻户晓，遂使累朝深仁厚意泽不下逮，化不远被，奸胥劣绅，且得窥其罅，以滋扰累，为渊驱鱼，为丛驱爵〔雀〕，甚非计也。夫英、荷诸国，招致华民，开荒岛，为巨埠，是彼能借资于我也。华民擅余财，操利柄，不思联为指臂，又从而摈绝之，是我不能借资于彼也。及今而早为之图，尚可收桑榆之效。及今而不为之计，必至忧杼柚之空。查前督臣沈葆桢奏请将不准偷渡台湾旧例，一概豁除，曾奉特旨俞允，省具文，裨实政，莫善于此，迄今海内交口称便。出洋华民，事同一律，可否吁恳天恩，俯念民生凋敝，饬下总理衙门，严议保护出洋华民良法，并声明旧例已改，以杜吏民诈扰之端，由沿海各省督抚及出使大臣，分途切实晓谕，奉宣德意，俾众周知，并准各口领事官，访其平日声名素称良善者，核给护照。如是，则不事纷更，不滋烦扰，可以收将涣之人心，可以振积玩之大局，可以张中外之畛域，可以通官民之隔阂，怀旧国者，源源而至。细民无轻去其乡之思，适乐土者熙熙而来。朝廷获藏富于民之益，一旦有事，缓急足恃，枝荣木固，厥效非浅。谨奏。

光绪十九年七月初十日奉朱批：该衙门议奏。

使英薛福成奏请酌派军舰保护外洋华民片

薛福成片。

再，臣闻留寓外洋华民，往往以势孤气馁，为他国人所轻侮。西洋通例，莫不派拨兵船保护商民，俾旅居者增气以自壮。近者，中国海军各舰亦尝巡历新嘉坡各埠，华民喜色相庆，以手加额，谓为从前未有之光宠。惟海军船数不多，经费不裕，势难分拨兵轮，久驻海外。华民集款，积少成多，未尝不愿供给船费。禀请酌派军舰，稍张声势。从前两广督臣曾议劝办此事，未及就绪。设令果有成效，则海军省养船之费而有历练之资，兵船无坐食之名而著保护之绩，商贾佣工捐费不多，颇沾利益，使臣、领事权力虽弱，亦倚声援，一举而数善备焉！臣属领事黄遵宪相机利导，据称，闽商未肯出力，事难必成。臣是以有招护华民之请，盖华商有力者之在外埠，商埠之衰旺系之，军实之强弱系之，即西人亦视之颇重也。谨奏。

光绪十九年七月初十日。

塔尔巴哈台参赞富勒铭额奏巴尔鲁克山借给俄国限满拟派员照约收还折

塔尔巴哈台参赞大臣富勒铭额奏，为塔尔巴哈台之巴尔鲁克山借给俄国，十年限满，现拟派员会同俄领事官商办，照约收还事。

窃奴才于光绪十九年四月十九日，驰抵塔尔巴哈台接任后，卷查前准伊犁将军长庚咨开：议还巴尔鲁克山一案，前经总理衙门复准，伊犁行文，伊犁、塔尔巴哈台派员，与俄领事官宝德林会同商办。兹派伊塔道英林驰抵塔城，其塔城应行添派人员，咨由奴才就近拣派妥员会商，自行奏明办理等因。准此，奴才自应派委熟谙边情之员，前往会办，以期妥协。查塔尔巴哈台额鲁特游牧领队大臣图瓦强阿久驻塔城，熟悉边情，当经檄派该领队图瓦强阿，随带文武员弁，克期前往，会同英林，与驻塔尔巴哈台俄领事官宝德林，妥为商办，以期照约收还巴尔鲁克山，即便安插蒙哈人众游牧，俾免失所。一俟该领队等会办情形禀复到日，奴才随时咨商伊犁将军长庚，妥为筹度，审慎从事，随时奏明，相机办理，以期仰慰宸念边陲之至意。谨奏。

光绪十九年七月十五日奉朱批：该衙门知道。

驻藏大臣奎焕奏边事逐渐就绪知府稽志文仍带噶布伦等来边会议立约折

驻藏帮办大臣奎焕奏，为边事逐渐就绪，知府稽志文带同番官入藏取结后，仍带噶布伦等来边，会议立约事。

窃查，边事自奴才去岁接办以来，察看番情已觉较顺，是以于去冬，即呈具结底。原拟俟贸易抵关之条一有定议，藏番即可遵照具结。本年二月初六日，承准总理衙门电，以印督不允禁茶，无可再商。赫政曾拟两法：一、五年茶不入藏，期满再定税运茶；一、加重税则，现即准运等因。彼时，稽志文业经到边，即饬令开导委员等，谕在边番官知照。讵该番官等竟以为事出非常，强词梗议，当经奴才电复总理衙门，请力图缓办一法。又查看现在边界之番官等，似难任重，即檄调向来承办边务之噶布伦伊喜罗布藏批冲、大堪布济克美曲觉尔，速来边听候饬谕。本年三月，帕隘大雪封山。四月二十三日，噶布伦等到边，谕及此条，据称：去年七月，在前大臣任内，已奉明文作为禁物，大众均知，万无他议。当由在事各员，于公所中调查原卷，并令该房当同番官逐句翻译，查出所译总理衙门原电，既少现拟两字，又将如能照此四字，作为饬令商上照此办理。据夷文看去，已是业经定议，与原电大相径庭。而文后出语，直云：现于无可如何之处，又将行茶争回，非等闲可以办到如此地步。又云：赫政已允议禁，本大臣不能隐瞒一字等语。七月二十九日，印文译行，是以藏番执以为词，极为饶舌。刻下贸易至亚东而止，及其余各节，均已定议。独行茶一款，印督、藏酋，均有牢不可破之见，边事因而迁延。连次开导，复经稽志文等谕以升大臣系八月初四日出缺，此时或因病势增剧，误会电意。尔等当思了结之法，何必固执前词。据番官回称：印札不足为凭，我等之结又何足为据？此番冒雪来边，原求与我们妥办。须知行茶一款，在川固有害于引茶销路，在藏则大不利于商务民生，禁与不禁，所关非小。今年所谕办法，与去年印札不同，叫我等办事之人，何以能见容于大众？势必疑我等来边，受了外国之贿，番官等如何能负此重咎？词极激烈。复经谕以禁遏印茶，总理衙门极费唇舌，与彼族力争，无如洋人今年始行决意，回复不允禁止，然将来能否畅销，尔等尚可善自为谋，当日升大臣即使误行，此中亦无恶意，尔等只宜熟计深筹，期于内无损于商务，外不至启衅强邻，斯为上策，徒事鼓舌，于事无补。往复婉谕多次，始据回称：我藏中世受国恩，断不敢任意违抗，但我们去岁回藏，说得茶已不行，如今又是未定，三寺僧众，人人均以此为第一要件，我等何以自明？正筹议间，适接赫政函，云：后议两法，可照缓办一法，但印度国家回文未来，容后再行通知等语。

奴才筹思，商约各款，经总理衙门筹画精详，逐条均将定议，而藏番独因行茶一款，固执前词，殊属非是。复饬稽志文督同在边各员，多方开导，始据噶布伦等回称：蒙谕一切利害，我等随同办事有年，岂竟全无知识？但我们回藏取结，仍恐大众有未能尽知此中如何误行所以然处，务求驻藏大臣，行文第穆呼图克图，声明一切，再乞襄办，亲至前招，面谕大众，以释群疑，我们可告无罪，自当妥商大众，将切结具呈等语。奴才查升泰去年所行译文，系于七月二十九日签发，彼时升泰已病，左右办事者以为既有此电，必可望行，是以出语过当。奴才初经接办，印度既无执意不允之文，未便率行另议，致启藏番之疑。讵知稍有变更，番人即藉以有词，刻幸缓办可期，反复饬谕，始觉渐次就范。该番现既再四请求，稽志文见事不可缓，亦奋然请行。边营近日瘴雨连旬，溪河暴涨，稽志文带同噶布伦等，于初六日，星夜驰藏。一俟藏番大众呈到切结，仍同噶布伦等回边，一面函约英员会议立约，以期速蒇边事。谨奏。

光绪十九年七月二十七日奉朱批：该衙门知道。

总署奏遵议薛福成请申明新章豁除海禁旧例折

总理各国事务庆亲王奕劻等奏，为遵旨议奏事。

军机处钞交出使英、法、义、比大臣薛福成奏，请申明新章，豁除海禁旧例一折，光绪十九年七月初十日奉朱批：该衙门议奏。钦此。臣等查，中外通商以来，华民佣工既已任其出洋，岂转禁其回国？同治年间，既有美、秘各约载明华洋人民前往各国，或常住入籍，或随时来往，均听自便之语，是国初旧禁早已不弛之弛，特斯时未及广布明文，家谕户晓，吏胥、族邻因得窥罅滋扰，讹索诬陷，致累朝〈廷〉深仁厚泽尚未遍被海隅，如薛福成所奏，种种积弊，自系实在情形。华民流寓各国人数滋多，若概禁其遄返故乡，不免觖望。应请如该大臣所奏，敕下刑部，将私出外境之例酌拟删改，并由沿海各直省督抚出示，晓谕州县乡村，申明新章既定，旧禁已除，除伪冒洋商，包揽货税，及别有不法重情者，仍应查究外，其余良善商民，无论在洋久暂、婚娶、生息，一概准由出使大臣或领事官给与护照，任其回国谋生置业，与内地人民一律看待，并听其随时经商出洋，毋得仍前藉端讹索。违者，按律惩治。如此变通办理，庶几上以广圣朝丕冒之仁，下以慰羁旅怀归之念，诚为因时制宜、维持邦本之急务。谨奏。

光绪十九年八月初四日奉朱批：依议。

总署奏遵议薛福成请派兵船保护外埠华民片

奕劻等片。

再，薛福成奏，请派拨兵船，保护外埠华民一片，光绪十九年七月初十日奉朱批：该衙门议奏。钦此。查商旅羁栖异国，冀藉声威，亦人情自有。该大臣因众商吁恳，拟派兵轮，以资保护，自系为维持商务起见。惟中国兵舰为数无多，现尚不敷分拨，若添备兵轮，由商筹费，亦非政体。且恐拟议未必能周，而管驾不得其人，转致别生事端，此亦不得不虑。俟日后体察情形，再行筹办。理合附片陈明。谨奏。

光绪十九年八月初四日奉朱批：依议。

直督李鸿章奏报海兰泡珲春等处水陆电线接线日期片

李鸿章片。

再，中、俄议接海兰泡、珲春等处陆路电线，始于俄国前任使臣库满，因丹国阻挠，未能定议。嗣俄国续派使臣喀希尼来华，复申前说。准总理衙门来咨，经臣饬派总办电报事宜·调补津海关道盛宣怀，再与商订接线条约。当会议之始，彼此各国利益，两不相让，各国多怀嫉妒，从旁唆阻，加以中、俄陆线接通，有碍英、丹两国海线权利，更多牵制。喀希尼兼充丹使，亦觉左右为难，乃竟能自始至终，力持原议，仍按照库满底本，商酌变通，颇为平允。所订接线条约十款，业经臣咨总理衙门奏准，于光绪十八年七月先在天津画押，并奏请御宝，彼此互换在案。现在海兰泡水线，已于本年六月初二日接通。珲春陆线，亦于七月初四接通，照章递报。据津海关道盛宣怀，详请将该使臣喀希尼等奏奖前来。臣查海兰泡、珲春水陆两线，既已接通递报，此后中、俄陆线出洋之电报，皆由丹、英海线出洋电报内分其电利，争执必多。喀希尼兼充丹国使臣，于议订接线条约持平理论，不至意存偏袒。其参赞阔雷明，随员巴幅罗福，亦均能和衷襄理，克底于成，洵属两有裨益。电线既经互接，将来电务交涉甚繁，自应酬其先事之劳，以策后来之益。可否仰恳天恩，准将俄国驻京使臣公爵喀希尼，照世爵例，赏给头等第三宝星；署参赞、前代理使臣阔雷明，照代理公使例，赏给二等第三宝星；随员巴幅罗福，照正使随员例，赏给三等第一宝星，以示奖励。谨奏。

光绪十九年八月十九日奉朱批：着照所请。该衙门知道。

清季外交史料卷八十七终

清季外交史料卷八十八

光绪十九年九月至十二月

使美崔国因奏奉使任满谨陈办理使事各节折

出使美、日、秘国大臣崔国因奏，为奉使三年任满，谨将办理使事各节撮要谨陈事。

臣谨按，美、日、秘三国交涉之事，以美国为繁。美国交涉之事，以保护华民为要。华民初应美国之招，而不入美国之籍，以致不能操保举总统、议绅、地方官之权，其势遂不能与入籍之工党相敌。自光绪六年，美廷特派专使向中国立限制之约后，遂恃为限禁华民之券。每逢公举总统之年，美国上下官绅，必增限禁之例，以为要结公举地步，久在圣明洞鉴之中。光绪十八年，又届公举总统之期，即有议绅创为限令华人领照注册，违者予以拘拿、监禁、逐回之例。旧总统为蝉联计，遂即批准照行。当未成之先，总理衙门向驻京美使田贝驳诘，臣向美外部驳诘。及其既成，总理衙门及臣驳诘如前，毫无松劲，以故美廷观望顾忌，新例至今未行，各地方官并未逼迫华人领照注册，华人不领照注册，亦未敢迫以拘拿监逐，幸尚相安。此皆赖皇上之威德，及总理衙门之指示，华民安堵如常。上议院议绅，已请将中美交涉公牍发交议院再议，总统当时即经允准，公牍即行发交美外部，亦允由议院开院早议。度今年议院之开，当在七月。再议之期，已不甚遥，此时料无意外之变。此臣驳诘新例之情形也。

东西各国与亚洲立约，向不公平。其所由来者，渐非一朝一夕之故。骤然挽回，固难为力，然亦当步步留心，早为之计。臣驻美三年，无日不思挽回大局，故详考美、日与各国约章，以为将来换约地步。查美与英、与丹马均有各准民人入籍之约，与英、与法、与日均有互交逃犯之约，与夏威仁则有报施之约，此固可一体均沾者。如华民入美籍，则操保举之权。自总统以至议绅，均有所瞻徇，何至公然议逐？华民之不安分者，如可互交逃犯，则中国自可刑暴诘奸，何至以外国境地为逋逃薮？何至于上海租界之地，讯案必会同洋官？如可与约报施，则彼之重税苛虐于我者，我可以抵制还之。我之轻税优待于彼者，责彼以称施报之。其中最不公平者，莫如两国入口之税，我之所征于彼者太轻，彼之所征于我者太重，虽为约所限，然当徐思变计，以求裕帑而裕商也。此臣通筹中美交涉之情形也。

臣又查，日斯巴尼亚与各国所立之约，其与俄第一款、德第十一款、奥第四款、希腊第六款、瑞典那威第六款、瑞士第二款，均声明两国收税，不得较本国人或有轻重。查华商之在小吕宋、古巴者，每苦苛税，则日国之好苛敛客民，信而有征，故泰西与日所立之约，多以此为言，则防之之意也。其与俄约第四款，流寓商民，免输军需供应当差，德之第六款、义之第二款，均同，则亦因日国向以此朘虐流寓商民防之而制之也。至于俄之第二款、希腊之第十七款、秘之第四款，均为保护流寓商民使无冤屈。希腊第九款、秘鲁第八款，可援以争应设之领事。粤之专约、英之密约，可援以禁私售之军火。巴西第三款，可以为随地选派商人为副领事，以收保护之利益。德之第三款、日奥之专约，可援以限制苛税。德奥之专约，则以保本国之商业。比之第四款，虽现时不能遽行，然亦可见泰西各国培植本国商人，阴助之以夺他国之利者。思深虑远，不可不防也。此臣通筹中日交涉之情形也。

至于秘鲁之国贫势弱，不患其不遵条约，而患其欲遵而不能，上行而下玩。盖其国小无政，泄沓成风，朝廷之法令既不行于寮东，华工之烟赌又自予以束缚。从前派员查寮一次，川资所费不资，而寮主之狡黠者，则于届查之时，为华工新其衣服，既查之后，则依然令以烦苛。华工之昏庸者，又往往自鬻其身而不敢明言，自立合约而不顾后患，以致屡次派查，终为无益。臣以为，欲去其弊，当抉其根，必当仿欧洲贩奴之禁，而不准受鬻身之人，按公法自主之权，而不准立承工之约。如此会同商办，庶几解烦除禁。已饬驻秘代办使事吴潽，与秘外部商订。前此，外部、吏部已允，而地方官及寮东未肯奉行。再四严催，今始就范。此臣通筹中秘交涉之情形也。

日斯巴尼亚属岛古巴，与美国相距遥远，华民之出洋，食力于此者颇多。臣于上年赴该岛察看，土客尚觉相安。盖古巴之于华民，相需甚殷，与美国厌恶之情形迥异。自设领事后，华民来往自如，已出水火而登衽席。近考华民之数，约三万余人，其中亦有经商贸易，不尽佣工。工商两项所获之利，每年汇至中国亦三四百万元，于民生不无裨益。臣宣朝廷之德意，该岛地方官感悦，自任保护华民。其乡约前所积欠华民工资，亦饬总领事向其力追，已经折给。臣以该岛向无嫉忌华民恶习，华民生计日增，臣拟为以后扩充之计，与古巴总领事谭乾初，马丹萨领事廖恩焘熟商，劝捐筹款，置地建总会馆、善堂、义山，以为联络民情之举，使后至者如归，即间有老病阽危者，亦期毋至失所。今据该总领事等详报，已集捐银五万圆，会馆、义山、善堂次第营建，告厥成功。一以疏通人满于中国，一以广布皇仁于外洋。此臣筹画古巴之情形也。

又南美洲之厄瓜多、可仑比、大西洋之夏威仁国，均与中国无约，而华民之经商食力于彼者甚多，每苦苛待。其寓厄瓜多惠爱矶之华民，臣已函商总理衙门，由驻英使臣，求英外部饬令英国驻厄瓜多国之领事官保护，华民至今安堵。上年美总统更换美驻可仑比国巴拿马地方之领事官，及驻夏威仁之公使、领事，均亦更换。臣商之美外部大臣，求其循照旧案，仍饬新任公使、领事，照旧保护该两处华民。兹于五月十八日，接美外部回文，业已允饬该两处公使、领事，代为保护。此臣筹画厄瓜多、可仑比、夏威仁三国流寓华民之情形也。

又查，出洋人员俸薪，优赡参、领诸职，禄并监司，下至随员、学生，亦同州县佐贰，重以得奖，歆羡遂多，其中巧滑之流，每好营求躁进。臣愚以为，趋之者既杂，议之者贵严。臣初抵美时，即有供事程暎，干求不遂，掩病旷职，侦知事烦员少，即以告病回华挟制，全不理事。伏查光绪二年九月，总理衙门遵议郭嵩焘等奏，内载：如有不能得力者，该员所得行装银两，应由该大臣饬令缴回，以重款项。臣谨遵办，并给二等川资，以示薄惩。次年即有金山随员彭承谟，朦求领事，滥领归装，臣即请示总理衙门，立例限制。以后又有随员任廷旭牟利招摇舞弊之案，当即据实撤参。臣惟任劳任怨，言之易而行之难。臣非不知诸从宽假，则不我瑕疵有所限制，每招人怨望。顾念铢两皆百姓脂膏，实不敢以有限之财，滥给无行之士。伏读光绪十八年十二月十五日懿旨，以国计民生为念，力求撙节，毋得稍有糜费。凡有血气，均应懔遵。臣曷敢有所瞻徇，虚糜帑项？此臣节制谨度之情形也。

臣以菲材而膺使任，感圣明之知遇，念时事之艰难，虽措施所及，未必尽合中庸，而结念所存，实欲挽回时局。谨奏。

光绪十九年九月初四日奉朱批：该衙门知道。

吉林将军长顺奏查看富克锦兵民疾苦黑河口内外形势及俄界情形片

长顺片。

再，此次校阅水师后，复沿江而下至音达木河，为三姓、富克锦分界之处，距富克锦三百余里，距黑河五百余里。本拟径达黑河察看形势，因探明前途江涸，折水正平落，大轮拖带船只不能畅行，遂由音达木折回。一面遴派候选从九品陈树勋等，乘坐小轮，前往查勘。去后，兹奴才由籍旋省，即据该员等将访明富克锦兵民疾苦，并黑河口内外形势，及俄界情形，详细禀复前来。奴才择其有关边备者，谨为我皇上密陈之。

富克锦城在赫哲适中之地，前设协、佐、防、校等官，挑选甲兵四百，本为抚绥赫哲，藉以安边起见。今委员禀称：赫哲俗尚渔猎，不事田畴，未分边界之先，人丁颇旺，衣食充裕。近十余年，为俄人诱去大半，而渔猎之利，又被侵占，兵民殊形苦累。协领顺霖似嫌软弱，未免人地不宜等语。此边员之当慎选者，一也。

自道光未年，中原多事，俄人乘隙占据黑龙江口左岸，迄于混同江东北海滨，纵横各七八千里。又由乌苏里江南行，沿兴凯湖，经海参崴岩杵河，直至朝鲜图们江口，广袤各三千余里。迨咸丰十一年，前任将军景纶分定界趾〔址〕，将乌苏里江之东，混同江之北，凡使鹿使犬部落，均归于俄。然其时尚设营于黑河口，并建炮台，规模甚壮。今委员禀称：所立乌苏里江口之耶字界碑，竟退一百二十余里，在科勒木之通江，与条约内乌苏里字样不符。黑河口实当水路之冲，营基尚在，炮台上铁炮两尊尚堪演放。现建衙署于富克锦，是弃门户而守堂奥等语。此边界之宜扼要者，二也。

俄驻兵于徐尔固，与黑河相距甚迩，我所恃者，三姓至黑河口七百余里，江滩多处，盘旋曲折，轮船每易胶浅，南北岸陆路沮洳，实得天然之险。今委员禀称：俄将徐尔固之兵营，移入黑河口内三百二十里之穆哈达，俄名伊格锦地泥果罗斯克。该处在爱珲东南八百里，斜与三姓相对，相距仅六百余里，路极平坦等语。此俄人狡谋宜备，三也。

防边之策，首在实边。边境空虚，最虞蚕食。往年屡烦勘界，病正坐此。今委员禀称：俄国迁徙人民，每年约以万计。沿江一带，每俄程三十里设一邮站，成一村屯。江轮往来不绝，海参崴铁路已修至江士崖，在兴凯湖右岸，其势浸盛。又称：松花江右岸至乌苏里江左岸，曲折而南，直至译马，袤延千里，土脉甚壮，耕牧皆宜，废弃可惜，俄人亦颇垂涎各等语。此边地经画宜周，四也。

以上各节，虽仅就三姓交界情形而言，第筹备边防要不外此。查俄人自据有东海以后，日事经营，不遗余力。一则因产金极旺，精华所聚，守护宜严。一则因地多逼处，虑我先发相制，故中俄无事则已，一旦有事，则发端必在东土，此其势使然也。奴才愚见，窃以为今之计，欲操胜算，只在自强。富克锦协领顺霖既在彼人地不宜，应先调省察看，即由奴才派员前往接署，其余有应整顿各事，容再体察情形，随时奏明办理，断不敢因循玩愒，以误事机，亦不敢操切张皇，以失政体。谨奏。

光绪十九年九月初九日奉朱批：该衙门知道。

伊犁将军长庚奏俄官迁徙俄哈恐有窜逸派兵严防边境以免藉口折

伊犁将军长庚奏，为俄官订期迁徙俄属哈萨克，恐有窜逸，派兵严防边境，以免藉口事。

窃查，巴尔鲁克山案，前据图瓦强阿、英林禀称，俄官复准迁民还地，并先后办理情形，当于七月初四日具奏在案。续接图瓦强阿、英林来牍：六月十八日，俄人领登至塔晤称：奉俄督批示，带兵进山，迁徙俄哈，拟分驻阿勒定额敉利，及朗库别里、科努尔、阿巴萨斯等处原设俄卡地方，商请派员同往，驻于俄卡对面梅利山下中属哈萨克牧界内，遇有交涉小事，就近商办，免费周折。伊只承办迁徙之事，九月限前，尽力迁毕。其不能迁者，按人随地归之约，届时备文照会。至于该山，俟新领事来塔，再行交还等语。该道等当派主事忠瑞与领登同往，藉探迁徙实信，复商请塔城参赞大臣富勒铭额，派额鲁特游牧正、副总管，酌带蒙兵，往扎梅利山一带，以杜中、俄两属哈萨克私相往来。并咨会塔城协副将暨察哈尔领队大臣，沿边加派弁兵，严密巡逻，毋使俄哈越窜中国境内，以致俄人藉口。现闻领登带兵进山，有胁迁必行之势，将来山既腾出，如限交还，当不至于反复等情前来。

奴才查，俄属哈萨克，久苦俄国苛政，经此胁迁，难保无逃窜之虞。而巴尔鲁克山，毗连博罗塔拉、精河、固尔图库尔、喀喇乌苏等处，僻径甚多，万一俄哈潜入边镜，俄人藉为口实，于我收山事宜甚有关系，不能不严密防范，以杜蔓延。奴才已照会察哈尔领队大臣春满，带领弁兵二百五十余员名，驰赴博罗塔拉一带，扼要分扎，妥为防守，遇有逃窜俄属哈萨克，拿获即行解送出境，毋许一名越入。一面咨商新疆抚臣陶模，转饬精河等处地方文武暨各防营，一体严密巡防，如有俄哈到境，拿获解往塔城，交英林转交俄官，以免俄人藉词延展。谨奏。

光绪十九年九月二十一日奉朱批：该衙门知道。

使英薛福成奏遵旨与英外部商办滇缅界线
滇境西南两面均有展拓折

出使英、法、义、比国大臣薛福成奏，为遵旨与英国外部商办滇缅界线，滇境西南两面均有展拓，谨陈大概情形事。

窃臣承准总理衙门文开：上年六月十六日，密筹滇缅界务一折，请旨专派臣商办滇缅界线、商务，以重事权，奉朱批：依议，钦此。仰见圣主审于驭远，郑重边疆至意，曷胜钦佩！

臣查，光绪十一年，英兵进据缅甸之初，前使臣曾纪泽先与英外部会商，立君存祀，既不可得，英人自以骤辟缅甸全境，喜出望外，是以有允曾纪泽三端之说。界务一端，则愿稍让中国展拓边界，盖指普洱边外之南掌、掸人诸土司，听中国收为属地也。商务二端，则以大金沙江为公用之江，在八幕近处勘明一地，允中国立埠设关。八幕即中国之所谓新街也。当时曾纪泽以未深悉滇地情形，持论稍觉游移，又因中外往返商查之际，未能毅然断而行之，仅与外部互书节略存卷，旋即交卸回华。次年，英署使欧格纳与总理衙门议立缅约五条，又以三端尚非定局，遂未列入约中。

臣自去年奉命与英外部议界，盖在欧使立约之后已六七年，查阅使署接管卷内有曾纪泽议存节略，英文参赞马格里又系原议之人，臣屡遣马格里赴外部，重申前说，外部坚不承认。据称：西洋公法，议在立约之后，不可不遵，议在立约以前，不能共守。以其有约为凭，既不叙入约章，必有所以然也。臣思英人自翻前议，强以公法为解，实亦时势使然。当其并缅之始，深虑缅民不服，及缅属诸土司起与相抗，万一中国隐为掣肘，彼则劳费无穷，因不敢不稍分余利，以示联络。彼之所以骤允三端者，时为之也。既而英人积年经理，萃其兵力饷力，勘定土寇，复于缅境外之野人山地，稍用兵威胁服，收其全土，盘石之形已成，藩篱之卫亦固。彼之所以忽靳三端者，亦时为之也。前议三端，既不可恃，则展拓边界之举，毫无把握。

且查，滇边诸土司，虽或久隶中国，然自乾隆以后，往往有私贡缅甸，以图免扰而固圉者。英人执此为辞，来索缅甸固有之权，则或指为两属，或分我边地，殆事势之所必至。若中国既失藩属于前，又蹙边境于后，非特为邻邦所窃笑，亦恐启远人之觊觎。臣再四思维，深惧措置不善，致乖总理衙门推许之意，有辜皇上倚畀之恩。适值前岁秋冬以后，英兵游弋滇边，常有数百人，以查界为名，阑入界内，去来飚忽，野番土目惊耸异常。所驻之地，则有神护关外之昔董，暨铁壁关外之汉董。英人用印度武员之谋，窥逼近界，以至沿边骚动，风警频仍。云贵督臣王文韶，虑生衅端，迭经电达总理衙门，急电办文照会外部，斥其违理，责令退兵。又屡赴外部苦口争论，英兵稍自撤退，滇边至今静谧。

臣又查，野人山地，绵亘数千里，不在缅甸辖境之内，若照万国公法，应由中、英两国均分其地。曾纪泽尝有此意，而未申其说。臣因复照会外部，请以大金沙江为界，江东之境均归滇属。明知英人多费兵饷，占此形胜，万万不肯轻弃。然必须借此一著，方可力争上游，振起全局。外部果坚拒不应，两次停商而臣不顾，数次翻议而臣又不顾。外部所稍依允者，印度部复出而挠之。印度部所稍松劲者，印度总督复出而梗之。印督至进兵盏达边外之昔马，攻击野人，以示不愿分地之意。臣相机理论，刚柔互用。外部谓此议非出总理衙门与云贵总督，尽系使臣之私意。臣电请总理衙门，向英使欧格纳辩论，以归一律。总理衙门洞悉机宜，力伸划江为界之议。外部知我国中外同心合谋，坚持不让，甫稍就我范围，然犹迭次翻腾，屡易其说。彼重视野人山地，不愿交割，于是有就滇境东南让我稍展边界之说。据称，已与印督商定，于孟定撒揽坡〔橄榄坡〕西南边外，让我一地，曰科干，在南丁河与潞江中间，盖即孟有土司旧壤，计七百五十英方里。又自猛卯土司边外，包括汉龙关在内，作一直线，东抵潞江麻栗坝之对岸止，悉划归中国，约计八百英方里。又有车里、孟连土司辖境甚广，向隶云南版图，近有新设镇边一厅，系从孟连属境分出，英人以两土司昔尝入贡于缅，并此一厅争为两属，今亦愿以全权让我，订定约章，永不过问。至滇西老界与野人山地毗连之处，亦允我酌量展出。其驻兵之昔董大塞〔寨〕，虽未肯让归中国，愿以穆雷江北现驻英兵之昔马归我。南起坪陇峰，北抵萨伯埠峰，西逾南嶂而至新陌，计三百英方里。又自穆雷江以南，阮阳江以东，有一地，约计七八十英方里，是彼于野人山地，亦稍让矣！其余均依滇省原图界线划分。外部于三月二十三日行文照会前来，适探知欧格纳与印督尚多方播煽，欲阻成议，事机呼吸，变态万端，此议虽未满臣初志，不能不审势而量力，见风而收帆。曾经将此情形，电请总理衙门进呈御览。总理衙门与云贵督臣之意，亦谓于旧界有益无损，属即商拟条款，臣先行文外部，订定大局。惟腾越八关界址未清，尚须理论。外部请待印度所寄地图，又值外部诸员避暑在外，稍有停顿。前据督臣王文韶电称：汉龙关有前明已沦于缅，天马关亦久为野人所占据，则八关存六关。现经臣再三争论，此二关亦可归中国。又前年英兵所驻之汉董，本在界线之外，臣因其扼我形势，逼处堪虞，向彼力索，外部亦愿退让，以表格外睦谊。

刻下界务已竣，商务本不似界务之繁重，且已先将大意议明，无甚争论。现正商订条款，计可克期蒇事矣！臣窃惟数十年来，西洋诸国深知中国幅员辽阔，又有不争远土之名，一遇界务，鲜不为眈眈之视，若可听其蚕食者，于是琉球、越南、缅甸，以藩属而见吞；香港、珲春、海参崴，以边隅而被攘；甚至有睨及朝鲜，议及台湾者。中国素守好大喜功之戒，避开疆生事之嫌，得之则曰犹获石田，失之则曰不勤远略。顾石田弃而腹〔腴〕壤危矣！远略弛而近忧迫矣！我视为荒土而让之，彼一经营则荒土化为奥区，以夺我利柄。我见为瓯脱而忽之，彼之布置则瓯脱变为重镇，以通我岩疆。伺间蹈瑕，永无底止。岁朘而月削，后患何穷。臣愚以为，必择一二事，以全力争持，然后可以折狡谋而挽积习。

此次滇缅界务，凭藉皇上宠灵，始变前规，稍展旧界，实为总理衙门之功。总理衙门统筹全局，假臣事权，始终扶助，谋议相同。每有查询，朝电夕报，俾臣得远承指挥，稍殚愚拙。虽获地无多，而裨益有五。风示各国，俾勿藐视，一也；隐备印度，泯其窥伺，二也；保护土司，免受诱胁，三也；悍〔捍〕卫滇边，防彼勘进，四也；援用公法，稍获明效，五也。有此五益，臣始知曾纪泽所商展之界，迄今时异势殊，亦稍有窒碍之处。盖南掌诸部，近已尽归暹罗，争之已觉不易，而掸人右种，惟康东土司最大，其地与车里相彷佛，英人欲据以遮隔法、暹两国，断不肯舍抑，且离我边境较远，控制不易，固不若今日之所展，皆在近边也。除俟条约拟议妥协，再电达总理衙门，并专疏详报外，谨绘滇缅分界图一幅，恭呈圣览。以黄、红、蓝三线分别旧界、新界、与英所欲占而退出之界。谨奏。

光绪十九年九月二十六日奉朱批：该衙门知道。

使英薛福成奏缅甸每届十年派员呈贡英外部允实行片

薛福成片。

再，查缅约第一条内：英国允由缅甸最大之大臣，每届十年，派员呈进方物，所派之人，应选缅甸国人等语。当英兵据缅之初，使臣曾纪泽迭准总理衙门密电，以立君存祀商之英国外部，英廷不允存祀，始改为存贡之议。迨英署使欧格讷与总理衙门订立缅约，尽力磋磨，意图翻悔。经总理衙门坚持不懈，始将十年派员之例，列入约中。诚以告朔饩羊，不过稍存礼意，而百年旧典，未可弁髦弃之也。惟闻英廷谋议，始得缅甸，颇出意外，虑中国之隐掣其肘，爰不惮以此虚礼款我。八九年来，英人绥辑全缅，布置既密，益务恢张。其驻缅大员尚无照约举行之意，印度诸员异议，亦由此而起。德、法诸国之好议者，亦且从而讥之，谓英以堂堂大邦，修贡中国，未免徇实利而不恤虚名。英之外部颇存顾虑，隐悔前事。臣于前年，即派员赴印度部探问入贡之期。该部人员一味支吾，颇多遁辞。臣恐久不催问，此约竟成虚设，因与外部再三理论，外部始设辞推宕，继称待至光绪二十年照约举行，最后答文称，英廷已预备光绪二十年第一次派员赴中国，盖其用意甚深，实为滇缅分界不能稍让之地步也。臣于分界各端，即断断与争，不稍松劲，深恐彼于贡事难免变计，所以外部答允虽久，未敢信为定论。今界务已大致就绪，彼于贡务亦无异言，明年定可照约派员。初次规模既定，则以后源源纳贡，不至误期矣！谨奏。

光绪十九年九月二十六日奉朱批：该衙门知道。

使英薛福成奏车里孟连确系滇境抚驭得宜可免英法暹三国窥伺片

薛福成片。

再，滇属东南羁縻之境，以车里、孟连两土司为最大。近年新设镇边直隶厅，抚理孟连北境。计此一厅两土司之地，约可抵内省四五府。当臣与英廷争论野人山地之时，英外部以车里、孟连曾经入贡缅甸，亦坚索两土司及新设一厅，作为两属，以相抵制。臣查《会典》及《一统舆图》，车里、孟连隶滇已久，镇边新设直隶厅同知一官，若忽改为两属，尤属无此体制，不得不尽力坚持。厥后外部遽自转圜，愿以全权仍归中国。果使抚驭得宜，固守封域，可以支格英、法、暹罗三国之窥伺。而临安、普洱、思茅、元江诸府厅州，当皆恃以无虞。不意英事甫定，法谋又起。迩来法人胁迫暹罗，割其湄江东岸之地。而库〔车〕里辖境之大半，亦在湄江以东。法人迭次以分界为请，虽据声称并无侵占滇地之意，彼知英人饶舌于先，未必不思效尤于后。然英究仅有索问之空言，并未获丝毫之实利。臣今正与英廷互商条约，声明车里全属中国，与英毫无干涉。约章一定，不啻借英助我作证。法人素性畏强侮弱，彼闻中国与俄争帕米尔，与英争野人山，皆不遗余力。倘竟知难而退，仅请分划界限，以杜争端，则和平互商，自易办便。不滋口舌，不起风波，尤善之善者也。谨奏。

光绪十九年九月二十六日奉朱批：该衙门知道。

使英薛福成奏请饬滇督派兵驻野人山替换英兵片

薛福成片。

再，臣与英外部争划野人山地之时，英人动以野人凶悍，中国兵力不能管理为辞，且谓中国徒争此地而不管理，必致野人愈横，扰累英人，所以有万难分划之势。臣查野人颇知耕牧，亦通互市，其驯顺之气，实过于台湾之熟番。前岁游历道员姚文栋道经此地，野人结队送迎，环求归属中国者，到处皆是。此等野人，虽不隶郡县，数百年来，中国以不治治之，听其自生自养，未尝不涵濡圣化于深山之中，一旦闻西人逼处，知将夺其利源，其喁喁内向之诚，至为迫切。盖英人进兵野人山地及滇省近边，不过在此三年之内。去年，臣接滇商公禀，颇归怨于腾越镇厅之退让。腾越镇厅平日未谙洋务，又时时惧以启衅，获戾仓猝，为敌所乘，措置失当，不免应之过柔，亦事理所必有。臣之与英分界，适在英人占地之后，所以争之更觉其难。然臣不敢不俯顺舆情，握要力争，争之不得，亦不能不俾边氓知我圣朝并非弃之化外，实系时势使然。至彼与我争地，动称控制不易，冀相恫喝，彼乃得步进步，乘机侵占。臣是以明告英人，如野人山地归中国，则抚绥弹压中国任之，自系责无旁贷。今中国所分昔马之地，系一种开放野人所居。又老界之内，亦有野人随地散处。倘仍如承平之世，不加管理，万一野人出境滋扰英人，英必以我不能守约来相诘责，尤恐枝节丛生。相应请旨敕下云贵督臣，候换约之后，查照约章，派拨得力练勇一二百人进驻昔马，替换英兵，以巩边防，兼可约束野人，俾就范围。抑臣又视西洋形势，凡两国接界之处，莫不设斥候，修炮台，造兵房，虽累世和好，而设备谨严，遂能彼此相安无事。云南西南两面，昔与掸人、野人各种相接，所以台垒久圮，关堡不修，亦可无虞侵逼。今与西洋最强之国为邻，则如何整顿一新，如何规画尽善，想督抚臣皆久历疆圻，公忠在抱，必有先事绸缪者矣！至各省绿营旧制，往往为外人所轻视，以其用旧器而乏实用也，则又非酌练新军不足以隐销外侮矣！谨奏。

光绪十九年九月二十六日奉朱批：该衙门知道。

使俄许景澄奏游历洋人测探新疆和阗金矿折

出使俄、德、奥、和国大臣许景澄奏，为新疆和阗一带金矿旺聚，谨陈游历洋人测探情形事。

窃查，甘肃、新疆省南路以和阗州为极边，其地西南界印度，南通后藏，境内大山，自叶尔羌分支东行，绵亘二千余里，西洋人通称为昆仑山，即《汉书·西域传》所称南山也。汉时自玉门、阳关，从鄯善傍南山北波河西行，至莎车，为出西域之南，自唐而后，鄯善以西诸国，皆沦入河碛，其道遂塞。今考舆图，自克里雅回城以东，悉系大戈壁。《新疆识略》亦称，和阗以南皆大山河碛，路不复通，故情形莫得而详。光绪十年，俄国武员普舌瓦尔斯基，始自罗布泊西南，沿河以达克里雅所属之策尔满地方，再循山之北麓，迤逦至于和阗，正与汉之南遗相合，归而作记，颇称昆仑山金矿之旺。十六年，俄国地理会复遣其探矿所在，留住几及一岁，著有图说，俄人重而秘之。经臣处洋翻译官金楷里辗转觅获，将其要节译述。据言，西起哈朗归山，东抵罗布泊，产金之地，就所已悉者，有十二处。计自和阗州至克里雅城得矿三处，曰玉陇哈什河、曰策勒村、曰克里雅。自克里雅以东得矿五处，曰索尔戛克、曰乌鲁克河、曰阔帕、曰莫罗札河、曰池日干河，以上均在昆仑山北麓。逾山以南得矿一处，曰坎波拉克。凡九处皆为该俄人亲历。又极东在策尔满一带，未经赴探者，得矿三处，曰霍达列克、曰札尔肯散、曰阿克塔克。每一处之矿，又各析为数处、十余处不等。其金砂或凝结岩壁，或随山水冲注，散在涧河之中，诸矿皆经淘挖。无水之地，则因风簸散。其索尔戛克、阔帕二处，土民赴采者约及二千人，日可出金五十余两，其金往往售诸印度。若以洋法开采，出金尤必增多。此山内矿地之大略情形也。

该俄人书内又言，俄主大彼得时，即闻其地产金，欲自中亚、西亚通道，卒不能达。迨回酋阿古柏占据喀什噶尔，令民所挖矿金，官为收买，税其十分之二。当时养兵之费，赖以取给。同治十二年，英使福舍至喀城，曾派人赴索尔戛克、阔帕等处查察金苗。光绪十一年，俄领事撇特罗夫，曾将昆仑山产金情形密报外部。核其砂净质重，实出乌拉岭暨英美新旧金山之上，允为五大洲之冠等情。

伏查，新疆边外，自俄人剪食回部，藩篱久撤，莎车、和阗等处复与英国属地相接，故南路边防，在今日尤为扼重。近岁俄兵入帕，益骛〔骛〕南牧，与英争因都库什之险，渐有通道西藏之志。和阗南山一带，地势适介其冲，山中金穴尤动彼以可欲。其屡次遣员游历，名为考察方舆，实则觊图利便。该处又与英界轇轕，未经勘定，英人心计绝精，亦未必无所垂涎。前黑龙江省之漠河金矿，与俄境隔江相望，经李鸿章招商开采，以杜窥伺，迄今已有成效。今和阗形势更逼，矿产更富，大山深阻，徒众麇集，官司稽察所不及，营汛巡历所难周，若不早谋措置，难保不勾结他族，滋生事端。远虑近忧，皆不容忽。且控驭岩疆，兵力不能不厚。该省饷源，动赖各省协济，稍议增兵，辄苦饷绌。诚能就已开矿地，由官设厂，经理数年，而后财用渐裕，尤可资塞上之饱腾，省中原之输挽。筹边之策，莫利于此。惟筹办开采，必以查勘矿地为先务，似应按照该俄人所述各矿情形，复加察看，庶于边情地利，得有确证。可否请旨饬下总理衙门，行商新疆巡抚复查之处，伏候圣裁。除照译俄人博格达诺委翅说略，并摹绘总分各图，咨送总理衙门备查外，谨绘图贴说，恭呈御览。谨奏。

光绪十九年十月二十六日奉朱批：该衙门议奏。图并发。

总署奏俄人归还巴尔鲁克山借地办理情形折

附收回巴尔鲁克山文约及管辖哈萨克条款

总理各国事务庆亲王奕劻等奏，为俄人归还巴尔鲁克山借地，办理情形事。

窃查，光绪九年九月初三日，伊犁参赞大臣升泰，与俄官议分塔城西南界约，第四条内开：巴尔鲁克山内，驻牧俄属哈萨克等，未令中国官员管辖。今换此约日起，予限十年，仍在巴尔鲁克山内游牧。俟限满后，两国官员如不另行商办，即将该哈萨克迁住俄国地方。十年限内，中国人民，毋庸迁往巴尔鲁克山内等语。计自光绪九年九月起，扣至十九年九月，十年限满。先于十七年四月初三日，准军机处钞交塔尔巴哈台参赞大臣额尔庆额奏，请先期行文俄国驻京使臣，将该哈萨克陆续迁移。臣等即函致出使俄国大臣许景澄，照会俄外部，如期交还借地。迭经许景澄催询外部，据复电令驻京使臣商办。十八年四月，据俄国使臣喀希尼照请，再借十年，如允展借，彼国可准伊犁塔尔巴哈台华民，在七河、斜米两省自取盐斤，并准该处华民，由察罕鄂博任便出入，用以酬答，意在借此延缓，以遂其久假不归之计。臣等仍即照约驳复，并迭次催令如限归地。七月间，又准许景澄电称：俄外部请饬塔城官员，与俄领事调停商办。并准喀希尼照同前因。臣等即照复喀希尼，暂允在塔商议，仍声明如塔城官员所议难成，仍由臣等与该使臣在京相商。一面密行伊犁将军、塔尔巴哈台参赞，遴派妥员，与俄领事会商。经伊犁将军长庚等，派伊塔道英林、额鲁特领队大臣图瓦强阿与俄领事宝德林会商，初犹狡执，既而再三争辩，始允照约迁让。嗣经俄国派令乌雅斯统领领登，经理迁民，又派领事柏勒满经理交山各事宜。领登至塔，旋即带兵进山办理迁徙。所有商办情形，及筹办善后各端，均经长庚等函电臣衙门酌核。臣等亦随时核复，催令早日办结，以免拖延逾限。兹于十一月十二日，复准长庚电称：该山俄哈经领登迁尽，柏勒满到塔，复将已迁俄哈数百户放回山内。又因俄哈尚有千余户无地安插，欲留与一半地方不交。道员英林因期近事急，向领事多方开导，允其交山后，暂借一地过冬，限至明春交还，山内放回之俄哈六百余户，随地归中国管辖。新借之地，北起玛尼图卡，南至察罕托海卡，东界喀喇布拉克河源，约借十分之三，系山外无关险要。该领事复力求展借三年，限至光绪二十二年八月初三日，准将借地退还中国，不再商办。

查道员英林此次收山，办理尚属得手。展借三年之议，系恐收山有碍，不得不曲全大局，以防决裂。十一月二十九日，续准该将军电称，领事请于新借地内设卡，虑恐他日还地有碍，驳复不允。并饬英林商明领事，于借地约内载明：三年限满，即将俄哈迁回俄境，如限满不迁，应照人随地归之约办理，以为将来收地之券。领事又以时届严寒，恐俄哈冻毙牲畜，请先放入卡，亦经严饬，不得擅放。惟前电人随地归之议，能否办到，尚未接英林电复。十二月初七日，复接该将军电称：俄领事请于巴尔鲁克山外借地三年，当饬英林力持限满不迁、即照人随地归之约办理。经领事屡电鄂穆斯科总督酌定，俄督复电，须再让十年，英林未允。现准俄督复电，如仅三年限满，可不必借等语。因此，借地三年之事，作为罢论。盖彼恐限满人随地归，转致失人，是以不复借地。此案始终皆赖扼定人随地归之约，幸能得手。现在全山收回，文约已经换定，不日由驿赍呈，请先行代奏各等因。

臣等伏查，巴尔鲁克山地方，借与俄人游牧，约内载明，俟限满后，两国官员如不另行商办，即将该哈萨克迁回俄国。是借地之始，已伏另商之根。此次执约与议，俄外部及驻京使臣多方狡辩，意在延宕。经臣等坚持定约，再四力争，伊犁将军长庚，督饬道员英林，与俄领事往复辩论，磋磨两年之久，始允归还借地，尚称就范，堪以仰慰宸廑。谨奏。

光绪十九年十二月十一日奉朱批：知道了。

附收回巴尔鲁克山文约

大清国派办接收巴尔鲁克事宜·伊塔兵备道英，大清国派会办接收巴尔鲁克事宜·塔尔巴哈台领队大臣图，大俄国署理驻塔尔巴哈台领事官柏，大俄国列别新斯科乌雅斯奈兼统领领等，兹于光绪十九年九月初三日，即俄国一千八百九十三年森特雅伯尔月三十日，在塔城地方，会同立约。

因为遵照光绪九年在塔尔巴哈台所定分界条约第四条，俄属哈萨克借住之巴尔鲁克山，暨额敉勒河南岸地方，十年限期已满，俄国派出署领事官柏勒满、列别新斯科乌雅斯奈统领领登，将上项所借的地方，原行交还中国派出官员。我们中国派出伊塔道英、领队大臣图，将巴尔鲁克山、额敉勒河南岸各该处地方，于九月初三日，由俄国官员手内全行接收矣。至该处中、俄两国交界牌博，前经彼此派员会同前往查明，各该界牌鄂博，均在一千八百八十三年所分交界原立地方，中国界牌内有三处损坏，均于原立地方补修，已由该员等互换约结在案。自交收该地之日，中俄两国各照光绪九年原定交界经管，除交还巴尔鲁克案内，交给中国哈萨克暨俄属哈萨克，尚有彼此交涉应办事宜，一俟商量妥协，另立文约存查外，兹专为俄国交还原借地方，中国业经接收，会同立此文约，清汉字、俄字一样各六分，盖印画押为凭，彼此各以三分互换讫。中国所换三分，以一分存留塔城，二分送上司衙门。俄国所换三分，以一分存留塔城领事衙门，以二分送上司衙门存案。

大清国派办接收巴尔鲁克事宜·伊塔兵备道英。

大清国派会办接收巴尔鲁克事宜·塔尔巴哈台领队大臣图。

大俄国署理驻塔尔巴哈台领事官柏。

大俄国列别新斯科乌雅斯奈兼统领领。

大清光绪十九年九月初三日。

附中俄会订管辖哈萨克等处条款

大清国派办接收巴尔鲁克事宜·伊塔兵备道英，大清国派会办接收巴尔鲁克事宜·塔尔巴哈台领队大臣图，大俄国署驻塔尔巴哈台领事官柏，大俄国列别新斯科乌雅斯奈兼统领领，兹于光绪十九年十一月二十五日，俄国一千八百九十三年的克柏尔月二十日，在塔城会同立此文约，因为遵照光绪九年条约，交还巴尔鲁克案内，交给中国管辖哈萨克等，与俄属哈萨克彼此有益之故，商定将来应办各事条款，开列于后：

第一条　俄属巴尔鲁克及额敉勒两博罗斯管下哈萨克，内自本年九月初三日交还巴尔鲁克山之日，所有未经搬回俄境留住该山之户，均照同治三年条约第五条之例，交给中国管辖，作为中国人民。业将该哈萨克等户族花名数目，造具清册一样三分，彼此会同盖印画押为凭。以一分交予中国存留塔城，其余二分留于驻塔领事官处暨列别新乌雅斯衙门备查。此外册内未开及九月初三日以前搬回俄境哈萨克，仍系俄国人民，不归中国管辖。

第二条　前项归于中国管辖哈萨克，从前有与俄属哈萨克互欠账债、偷窃牲畜等事，现议仿照光绪十年塔城办过成案，定于光绪二十年，即俄国一千八百九十四年，在塔城会办司牙斯一次。至在何处地方设立会所，届时应由塔城官员与驻塔领事官会商妥办。

第三条　前项彼此哈萨互欠账债等事，若系前在俄国曾经出具库普牙字样，及曾经比等断结，准其赔还牲畜之事，彼此均准查明字据，照追赔偿。如无字据及字据限期已满，概不准理。

第四条　以上各条，中国用清汉文缮写，俄国用俄文、回文缮写，一样各二分，彼此盖印画押为凭，各换一分为记。中国一分存留塔城，俄国一分存留驻塔领事官衙门备查。

大清国派办接收巴尔鲁克事宜·伊塔兵备道英押。

大清国派会办接收巴尔鲁克事宜·塔尔巴哈台领队大臣图押。

大俄国署驻塔尔巴哈台领事官柏押。

大俄国列别新斯科乌雅斯奈兼统领领押。

光绪十九年十一月二十五日立。

总署奏重订中美约款保护寓美华工折

总理各国事务庆亲王奕劻等奏，为重订中美约款，保护寓美华工，谨陈拟办情形事。

窃查，美国于光绪六年专使来华，订立限禁华工之约。嗣是华工赴美，辄不准登岸，甚烦究诘。驯至光绪十一年出有洛士丙冷诸案，华工被害甚酷。迭经出使美国大臣与美廷争论，始允赔偿了结。美廷总以华民违约入境为词，郑藻如因为查禁华工赴美之说，函致臣衙门核办，意在免侨氓之受虐，守续约之条款。臣荫桓奉命驻美时，钦奉电旨议定美约章程，当于光绪十四年二月，与美国共订条约六款。首定中国不愿华工在美受虐，申明续约禁止华工赴美之意；次言华工在美有眷属、财产者，仍准往来；三言华工以外诸华人，不在限禁之例，并准假道美境；四言华人在美，除不入美籍外，美国仍应照约尽力保护；五言华人被害各案，美国一律清偿；六言此约定期二十年互换。此中取益防损之处，已费唇舌。鉴于洛案之惨酷，欲筹善后，非责美国尽力保护不可。其时美国不任保护，拟委之各省各邦。几经辩论，始得就范。乃约稿甫成，而美国总统适当更替之际，外部又为金山美民所诋，以此约为吃亏，不如仍照光绪六年续约，自定禁例。美国遂不候臣衙门续商，遽废前议，别立苛例，杜绝华工。臣荫桓甫自秘鲁旋美，力与争论。臣衙门亦与美国使臣田贝争论，数年以来，曾不少懈。

上年九月，美国复令华人领照注册，其不注册者，概行拘禁驱逐。金山华商遭此厉禁，联名具禀臣衙门及南北洋大臣，吁恳催美换约毁例，情词迫切！适杨儒奉命出使，臣等告以抵美后，相机筹画，力图转圜，冀能援旧约以废新例，必不得已，亦应照十四年已定未成之约，权宜损益，藉此收束，以顾侨民而清积案。嗣据杨儒电称：美拟修约保护，仍请中国自禁，美前定注册例限，虽展限半年，拟先允修约，稍删苛例，较得便宜，修约拟以光绪十四年草约为底本，酌量增减等语。臣等公同商酌，先后电复，以美拟修约应俟约款定后，中国重申禁令，请美国明定注册日期，庶昭平允。若先准注册，恐约款无成，华佣未沾新约利益，先受注册苛虐。即照光绪十四年原约为底本，其中应删赔偿一层，以此款已清，无庸叙入，仍声明假道一层，以将来墨西哥订约有成，华民赴墨必须假道美国。至末款，此约现行二十年，应自戊子年二月原约算起，倘美必欲先行注册，拟以寓华美人，中国亦要注册，以相抵制，美国不能反唇相稽也。此于十二月十一日，又准杨儒电称：修约照十四年原稿，换约日期二十年改为十年，假道一层已载第三款内，赔偿一层改为互交罪犯，另添注册保护一款，寓华美人亦照办。连日磋磨，始具稿送外部等因。

臣等查，杨儒现拟办法，限禁之期，改速十年，已较活动。假道明载约款，他日墨约果订，华民赴墨，不致中道羁留，且免长途纡绕。至互交罪犯一层，尤为切要，盖华民抵美，辄援美俗，各有自主之权。设有违犯中国教令，或经中国大吏咨会查拿，领事官明知其踪迹，而无从着手，以历来中美约款无交犯之条。即咸丰八年条约第十八款，仅就中国而言，若华民出洋以后，即不能援引此款办理。兹杨儒与美国订立互交罪犯一款，寓美华民，知所畏惧。中国法令，既可行之海外，于保护之中，仍寓约束之意，最为周到。余与十四年已订未行之约，大致相同。事阅六年，端绪既纷，事机屡变，今幸美国自欲转圜，正可趁此定约，以期寓美华民永免苛禁。特将历办情形，详悉陈奏。如蒙俞允，应由臣衙门电复杨儒，俟美外部核准后，即将所订条款，缮立约本，寄由臣衙门请旨批准互换。谨奏。

光绪十九年十二月十七日奉朱批：依议。

清季外交史料卷八十八终

清季外交史料卷八十九

光绪二十年正月至三月

粤督李瀚章致总署新加坡华船洋药已商税司开办电

新加坡华船洋药一事，现接杨道电，已遵照钧署来文，与税司妥商开办。

正月初一日

总署致王文韶法使称越边黄树皮等处派兵接防电

法使照称，黄树皮等三处，已电知驻越大臣，于正月内派兵前往接防。

正月初五日

直督李鸿章致总署薛使电称滇缅条约请速画押电

薛使鱼电：请转署。滇缅商约，以磋磨八幕设关及大金沙江行船二事，稽延半年，均已就范。正将电呈，印督忽复翻异，所索过奢，有万不能允之事。印督跋扈，外部无控制之权，难办。在此只可删去八幕设关，以杜狡谋，并限制其领事及商路。滇境亦不开埠，但设边关。兹将商界约二十条，撮要电呈。惟地名烦碎，只得举大势。一、两国界线，自北纬二十五度三十五分、北京西经十八度十七分冈尼格接异，随山脊西南，过萨伯平猓，溯南太白江，以昔马归中国；又溯穆雷江东南，溯既阳江，顺南奔江，即江蚌河，入太平江。二、溯库延河岸，经洗帕河，以铁壁关、汉董归中国；循山脊至南宛河，向西南，转东南，溯南莫河西支，以蛮秀、天马关归中国；东溯瑞丽江，至孟卯，又天马关北有大路，除华民行走外，可另与英人行走，亦许修路护商。惟英兵过路，不得过二百名。其二十名以上，须行文知照。三、自孟卯向东南约划一直线，至麻栗坝，过潞江，以科干地归中国。曲折向东南，至澜沧江。四、北纬二十五度三十五分之北，俟将来查明再定。五、英国允将车里、孟连兼属缅甸之权，均归中国，惟订明中国必不将车里、孟连一小地让与别国。六、勘界官限定换约后一年内相会，三年内一律勘定。七、划界后八个月内，两国各将越界兵寨退出。两国驻界之兵，各担保界内野人安静，两国皆不在边界三十里内建修炮台。八、英国于华货入缅，缅货入滇，除盐、米外，六年内概不收税。如凡出入滇缅边界之货，只准由蛮允、盏西两路行走，暂照陆路章程减税之数。九、倘贸易兴旺，或酌量添设边关。十、各种枪炮、军械、军火，非经国家准买，应禁贩运出入。十一、缅盐不准入滇，铜钱、五谷不准运出中国，两国洋药、土药不准由边界贩运。犯者，货入官。十二、中国运货、运矿产各船，任意在大金沙江往来行走，与英船一律。十三、中国在仰光设领事一员。英在同春、蛮允设领事一员。俟商务兴旺，两国再商添设。十四、两国商民赴滇越缅，可请蛮允、仰光领事发给护照。十五、两国如有逃犯，一经行文，即应设法拿获互交。十六、察看情形，俟可以通电时，将两国电线接连。十七、两国人民，凡有权利，均与相待最优之国一律。十八、此约系中缅陆路应办之事，互相允让而立，如有索分此权利者，亦必有同样允让方可。十九、商务章程试办六年，续议修改。二十、此约画押后，六个月内，在伦敦互换，立即开办。以上界务，则西南两面均有展拓，收回车里、孟连土司全权，铁壁、天马等关，昔马、汉董等要地。商务，惟大金沙江行船，系我所得格外权利，其余多仍约章通例，而我获益稍多。惟八幕设关，为印督所阻，亦已将给彼权利稍稍撤去。惟各条互相牵抵，稍有变动，恐掣全局。印督嫌外部让地较多，至今耿耿，又恨未能在滇多设领事，力图宕缓此约，则界址未定，门户洞开，彼可相机占进，再改条约。可否进呈，请旨饬速与外部画押，以杜变端。既将滇事结束，方可开议小帕。前虽据满口应允，似无枝节，然彼族善于翻悔，总以速定为宜。鹊。候电示云。

正月初八日

使俄许景澄致总署小帕米尔划界俄欲太奢争议棘手应否磋磨请示电　三件

奉示，俄欲太奢，我让而彼犹未允。嘎云，就俄拟界为根，即就其说，应从何处起，至何处为止，即就俄国地名，酌量预筹云云。就地势论，若顺乌孜迤南山梁，接郎库以西山梁，至留库兹塞、马克拉札中间山梁，转西至阿克苏河，自此沿海至伊什提克河汇处，改沿乌勒干、奇吉克中间小岭，南至小帕山北止。似已扼要，惟嘎前告庆常，因通印度之路在东，难以割让。其路系指阿克苏河东，即帕图所标阿克塔什平地。此一带，彼亦注意争，界议棘手在此。

正月十七日

我通小帕，按图，由色勒库尔西出尼若塔什山口①，即抵小帕东口。尼若山口稍北为新疆所称阿克卡地，俄图曰拉巴阿克塔什，帕图有圈漏标名，如扼阿克，则小帕路自通。

正月二十六日

顷，庆常往见嘎，嘎言，兵部已视帕东境为已有，勉力调停，函奏俄主请示。俄主意肯通融，惟请中国将实在注意之地指明界址地名，以便商酌。应否就铣电前拟地界与之磋磨？候酌示。

正月二十六日

使美杨儒奏派美日秘三国参赞领事折

出使美、日、秘国大臣杨儒奏，为酌派美、日、秘三国参赞、领事等官事。

窃奴才奉命出使三国，业将抵美接任，并赍递国书日期，先后奏报在案。伏查，美、日、秘三国，地隔两洲，程逾数万，交涉事众，佐理需才，所设参赞、领事各官，自应酌度地方，量材器使。美国为使臣常驻之所，统理三国，事体本繁，且近年彼族刻待华工，禁例日增，所以保护侨氓，驳除苛政，文牍往还，几无虚日。金山、纽约为华民麇集之所，约束拊循，胥资群力。日、秘两国，俱隔重洋，联络邦交，赞襄使事，随机应付，尤贵得人。奴才于本年二月、六月两次奏调各员，当饬随同东渡抵任后，又就前任各员中，择其勤劳著效者，遵章酌留，以资熟手。现已派定分驻各国，先后到差，以专责成。除咨呈总理衙门外，谨将各员衔名缮具清单，恭呈御览。谨奏。

光绪二十年正月二十一日。

总署致许景澄小帕米尔界务希与俄磋商又英使云俄已备兵以速了为妙电　二件

顷，喀使来告，准允中国拟改之言。喀语多闪烁，仍应在俄和商。彼如由萨湖之南出布布才拱巴什山口，尽可通印河，以听英阻截，必欲由东面取道，似可以此诘难。郎库里全归中国，尚非彼必争。如允其春阿克塔什平地分界，是否无碍中国通小帕之路，总欲不失郎库里、阿克塔什二处，可以南通小帕。此外稍有出入，尚可通融。否则，必滋众议，难邀俞允。希饬庆常，与外部磋磨。

二月十五日

① 后文为“尼赤塔什山口”。

来电悉。俄主意肯通融，似尚不至坚执前说。英使云，俄已备兵，如议久不成，四月间即恐生事，所言亦不可不虑。希饬庆常，告以中国总愿和商，须两让方可合拍。可就铣电所拟地界，再与磋磨。但使无损边防，以速了为妙。

二月十七日

总署奏详陈帕米尔界务现办情形折

总理各国事务庆亲王奕劻等奏，为详陈帕米尔界务现办情形事。

窃新疆西南边外帕米尔地方，现为俄人分界。臣等业将帕米尔形势，及择要增戍各节，于上年正月二十九日具折奏陈。是年正、二月间，迭准出使大臣许景澄来电，俄国外部本拟以萨雷阔勒山为界，今愿于此山之西，请中国指出应划入华界地名，可允和商。俄使喀希尼亦言，萨山以西，中国最为注意之处，可以指明商量。臣等以我之要地在郎库里、阿克塔什等处，初议划分必须扼定要隘，稍事展拓，方不至自窘退步。因备节略一纸，面交俄使，略言：自乌孜别里山口南行稍西，以阿克拜塔尔山口为界，再南至卑来乌提山口，由卑来乌提南行，至帕沙脱山口为界，再南至昔木甫喀，过阿克苏河，顺喀喇苏河，至尼赤塔什山口为界，由此山口，再东南，至喀马乌推克之西，往南至萨雷库里之东为界。经该使臣转达外部后，久未答复。嗣许景澄以俄外部大臣嘎尔斯在外部多年，颇能顾全中俄睦谊，时适患病在假，派令驻法参赞庆常前往订晤，语以保和好、守喀约、止派兵三端，嘎尔斯为转启俄主。嘎尔斯销假后，许景澄复奏调庆常赴俄，屡向催办。至八月间，始据嘎尔斯复称：俄主谓，中国所拟地界难允，拟就中国所拟之界，萨山以东，萨山以西，别筹调停之法。惟俄主前往丹国，须十月望后回至俄都，届时必可妥商等语。迨十月二十五日，接许景澄来电：嘎尔斯送回地图，拟划华界，自乌孜别里向南数俄里，顺东南山梁，折东，沿郎库湖北岸，又东南，顺山坳，转至派格士别山梁，其南仍划萨山为界。臣等以嘎尔斯拟分之界，将郎库里、阿克塔什大半占去，万不能允，电令许景澄，转复俄外部，另筹公平办法。十一月间，接许景澄复电：俄外部不肯再让，并言，英国允酌让小帕米尔地归俄，如与英议定南界，明春添兵在东、南两面划守，俄国即为定局，应请中国早酌。经庆常力争，中国决不能认。嘎尔斯言：阿克塔什设卡地段，俟分界时或可通融，余无可商。同时，英国使臣欧格讷至臣衙门会晤，亦言英、俄在伦敦商议帕事，俄自乌孜别里东南，由阿克苏河，至阿克塔什，南抵小帕山岭北麓为界，大致可定，余与俄外部告许景澄之言略同。臣等以如此划分，萨山以西，我之余地无多，即分电薛福成、许景澄，与英、俄外部执约力辩。嗣准薛福成电复，英、俄划分帕界，已将小帕米尔划归英线，商之英廷，可将小帕划与中国，俄不能阻，中国如得小帕，只须与俄商定西界，事较易了。应否与议，请旨定夺。

臣等即遵旨电令妥商。许景澄迭次来电，传述俄外部之意，谓：南界，自萨湖及阿克塔什以南，英、俄已有成议，中、俄关涉，乃是东界，必须中国指出酌让地名，方可再商。臣等虑相持过久，英、俄合谋，商办更形棘手，不得不稍与通融，以期畅导。遂电许景澄，拟将原议阿克拜塔尔山口及卑来乌提、帕沙脱、昔未甫克[1]，过喀喇苏河，至尼赤塔什等处之在乌孜往南直线以西者，酌议改拟。顺阿克拜塔尔河，经沙展，过阿克苏河，由库那克拜之西，至喀马乌推克，再由沙里塔什西面，南通伊什提克河，至小帕米尔山北为止，东属中，西属俄。令与俄外部次第磋磨，以期就范。乃本年正月，许景澄来电：嘎尔斯谓，中国改拟地界，与前议相差无多，仍难允许，拟另筹两益办法，尚未就绪。嘎尔斯忽患病，未能办公，暂须停议。至英人许让小帕之议，经薛福成商之英廷，据云，前告俄国，尚无回音。俄国虽不能阻，总须得复，方可互立约据，而中、俄之界未定，俄亦未必答，英一时亦难商定。此筹办帕米尔界务尚未能定议之情形也。

臣等以嘎尔斯现虽患病，暂停商议，而因应之策，不可不先事图维，复电商许景澄，如果前议难持，应如何划分，以期就范。旋准许景澄电复：若顺乌孜迤南山梁，接郎库以西山梁，至留库兹塞、马克拉札中间山梁，转西至阿克苏河，自此沿河至伊什提克河汇处，改沿乌勒干、奇告〔吉〕克中间小岭，南至小帕山北为止，似已扼要。惟阿克平地一带，俄亦注争，界议棘手在此等语。臣等正在酌核间，二月十三日，英国使臣欧格讷至臣衙门面言：闻俄备兵三千，如界务议久不成，四月间即恐生事，请早为筹备等语。十四日，复接许景澄来电：嘎尔斯告庆常云，俄主意肯通融，惟请中国将实在注重指明界址地名，以便酌商，应否就前此预拟地界与之磋磨之处，嘱臣等核复。臣等伏思，英使备兵之说，似非无因。盖俄人阳示迁就，阴图侵占，实亦不可不虑。且此事自开议至今两年有余，防边之兵，已多劳费，若不量予通融，致开兵衅，以争此荒远不毛之地，诚恐鞭长莫及，诸多棘手，转难结束。现已电令许景澄，就前拟地界，再与酌商，总期无损边防，自以速了为妙。相应请旨饬下该大臣，酌度地势，与俄外部设法辩论，妥筹议结。如有端绪，即行电至臣衙门，请旨办理。谨奏。

光绪二十年二月二十日。

直督李鸿章致总署韩人在沪戕金玉均其柩已运韩电 二件

金玉均在沪被同伴韩人戕害，方饬沪道拿凶，送韩自办。

二月二十一日

① 前文为“昔木甫喀”。

聂道电：前闻法官有议论，飞赉咸请初二解洪及金柩开行，并电仁川。有日之金党，饬该船泊韩之南阳。又袁道电：已属韩，今午后派船在南阳府海面迎留，即由马山浦上岸，免由仁川，致日人不欢云。

三月初四日

军机处与总署会议应付日本事宜概略

发下昨日封奏，内有直捣长崎之说。此时兵舰太少，力有未逮，此外亦空言无济，均请毋庸置议。现在应请急办之事五条：

一、平壤后路急宜添兵接应。

一、大同江口应令海军巡护，遇日船即击，以保运道。现在北洋得力各军，调出较多，山海关等处，未免空虚，应添兵严防。①

一、腹地如河南各省兵勇，及李鸿章旧部得力将弁均可调派。

以上四条，均请饬下李鸿章速办。

一、台湾孤悬可虑，拟请派唐景崧、刘永福帮同邵友濂办理军务。

二月二十二日

直督李鸿章致总署袁电日于东京捕韩员韩撤使日调兵电

接袁道电：韩接日京电，又有韩人李逸稷，在日谋刺朴泳孝，不成被捕。朴向日廷控李谋害，提讯须韩人权东寿作证。权在韩馆，日索之。因系职员，未与。日遣捕多名，在韩馆搜获，王以违公法，甚羞怒，拟即撤驻日韩使，并饬外署，向大鸟理论。昨闻韩员俞箕焕不候王示，即由日启行回韩云。或即因此事起衅，然朴、金皆韩叛臣，金死与日无涉，李刺朴未成，既提李，获权讯，韩无错处。日闻俞箕焕撤回，日亦调兵，张声势耶？已电袁查复。

三月初一日

总署致李鸿章据长崎领事报日调兵赴韩希查复电

长崎领事官电，闻日廷电，调兵急赴韩。速查复。金玉均事，有无首尾？

二月初三日

① 此条似应为两条。

直督李鸿章致总署闻日兵船赴韩询日使大鸟答系谣言电

顷，派员往探，大鸟毫无生事端倪，并藉风闻有日兵船数只将来韩询以有无，大鸟笑答，确无之，必系谣言，似无生衅事。

三月初四日

直督李鸿章致总署许景澄报与俄商论界事电

许使江电：请转署。连日与俄商论，因兵部以中国注重各地，正俄国与英必争要区，仍难酌让等语。容令庆常再与俄争云。

三月初四日

直督李鸿章致总署袁世凯嘱韩廷速委使日代办并报日韩起衅情形电　二件

袁道电：查日调兵，韩始未闻。外督办近病，未与大鸟理论。李、权事，今午外署述示大鸟文称：奉日廷电询，俞箕焕回来，未派代理，是否奉韩廷令。凯属速电委在日看馆书记金思纯暂代，补照复日外署，并婉复大鸟，韩允照办云。

三月初四日

袁道又电：李逸稷在日称，奉王旨刺朴泳孝，被孝窃其旨，凭控于日廷，提讯李，供牵涉权东寿。大鸟奉日廷令，查询韩有无此凭。凯属韩廷不认。日廷又传权质证，迭限期，俞不交，又由大鸟请外署电俞，限期交权。韩未复，日廷因遣捕。俞愤电王，王尤怒甚。凯迭劝毋轻动。王电俞往查，而俞已行，印卷及文件均带回。日动兵似为此。日前大鸟来探，沪船送洪姓金尸，何时开讯，答尚未开。又或因金韩而动，详审在韩日人情形，及近日韩日往来各节，并日国时势，应不至遽有兵端。调兵来韩说，或未必确，拟再探禀。顷，外署送示金思纯电，谓俞将印卷携回，不能照知日外部接代，已属电金，先以公函告外部，即由外署文请大鸟电日外部，请准俟俞到，即将印卷送回。汪使电，亦云日无调兵事云。

三月初五日

总署致李鸿章日久思侵韩请嘱袁道勿大意电

朴窃旨，凭以控李。韩经讯，不难和盘托出。俞箕焕迳携印卷回韩，迹近绝交。虽电金思纯代办，日亦有词。洪姓是否戕金凶手？祈查示。日之于韩，眈逐久矣！乘隙窃发，韩应预防。兵行多诈，恐非遣探不能得确音，嘱袁道勿大意。此中情形，随时电达。

三月初五日

直督李鸿章致总署袁电金玉均被戕不在日境日人不能过问电

袁电：洪姓即戕金凶手，由日同赴沪游历者，讯系韩王密遣刺杀，然不在日境，日人不能过问。汪电云：调兵事，系讹传，似不能不商会，遽动兵，自违前约。

三月初五日

直督李鸿章致总署袁电日不承认金思纯为韩代办电　二件

袁电：韩昨得金思纯电称，已知照日外部，代办馆务。韩外署亦照请大鸟电达，并谓：俞回，非韩廷命等语。日人始无他说云。

三月初五日

日不认金思纯为代办，不收其文云。

三月初五日

直督李鸿章致总署袁世凯劝韩廷告日使无戮金尸意电

昨，大鸟奉日廷电，告外署谓：金玉均罪，即大诛之已足，如再戮尸，天下各国将谓太甚云。韩员不谙交涉，固执韩例以驳之，大鸟甚不悦。凯劝韩廷遣告大鸟谓：金尸来，不过检验，无戮尸意，待尸来验后，听各仇家私自粉碎，不必援例车裂忤日。惟韩甚恨金，事多犹豫，未知听从否云。

三月初五日

使俄许景澄致总署界议俄主以地势紧要不允让舍相持无他策电

昨，据喀〔嘎〕复，俄主以兵部坚称地势紧要，碍难允让，惟两国意见难合，目前料难议结，本部特筹调停，奏准俄主，如华兵不出，即饬边将，仍扎原处不进，徐俟界议定局，以免生衅，并电喀使转告云云。彼欲太奢，于我无可再让，似舍相持无他策云。

三月十一日

直督李鸿章致总署袁世凯电洪在租界戕金应由韩自办电

袁道电：闻驻北京各使寄电在韩各洋员，谓洪在美租界内戕金，韩廷须办洪，以符界章。俟韩得各洋员文后，再劝韩酌办。再，闻昨各使会议，求宽金尸。俄使询大鸟：金究何国籍？答以韩籍。俄等谓：既韩籍，应由韩自办，我辈只可遣人劝商，未便干预其内政云。

三月十一日

总署致许景澄界事我已通融两不进兵之议请与俄切实订定电

此次嘎复调停之说，较前稍和，我亦未便催迫。彼以兵部难允为词，我当告以中国众议定约必须遵守。现商之界，已格外通融，断难再让。两不进兵，议由彼发，须与切实订定，杜其将来改变。界事仍随时相机与商，本署一面电知新疆，照旧严防边境，勿令越界启衅。

三月十二日

总署致李鸿章请电袁道劝韩速埋金尸缓用洪电

欧使遣人来云：闻韩拟戮金尸，重用洪，恐启日衅，请中国电属韩，速埋金尸，缓用洪等语。袁道济电：韩王已允迟用洪。惟金既伏诛，已足示戒，尸如未毁，可电袁道劝止，以慰各国意。

三月十二日

总署致薛福成缅贡暂缓一年英外部复文未允请索允贡确据电

缅贡暂缓一年，查外部复文，尚未允定，乞趁交代前，述中朝电，催持约力索允贡确据，免致更手翻异。

三月十二日

直督李鸿章致总署俄使派参赞来言俄廷电帕米尔事请缓商电

顷，俄喀使派巴参赞来称：俄廷电喀，帕事，两国意见难合，现暂缓商。中、俄各饬边军，仍扎原处不进等语。鸿询：缓至何时？彼云：当过中国庆典期后。喀拟过一月后请假回国，鸿属转致喀：回俄后，务与外、兵两部商，自郎库里至阿克塔什为我边防扼要之地，碍难再让。如俄以扼英必争，则中国亦正欲守此界以防英，彼此意见相同，宜早议定。巴允即详告喀，将来喀赴署辞行，望并托其尽力。

三月十二日

直督李鸿章致总署袁世凯报韩将金玉均尸凌迟电

文电，转袁道。顷，复称：金尸，前劝无戮，韩王已允，嗣诸臣及仇家诸闵力请，突于黑夜凌迟，已经禀报云。

二月十三日

使英薛福成致总署划界事英外部请照常办理又缅贡事请允再展一年电　二件

英外部接印督电称，现方等候划界，滇边华官不认向来界线，请我饬边吏暂照常办理，俟条约行后再更动，免生事。

三月十四日

英廷执辛丑年为贡期，屡争，始改订今年。旋自悔太早，定滇约时不肯画押，要挟颇多，姑允暂缓，以免决裂。彼恳代达钧署，答以无益。彼云：请而不允，无悔。是此事权本在我，丙戌〔戍〕条约，彼知难翻，其复文本不可为凭，故作搅扰，非其实意，不足与辩。惟滇约未换，催之过急，恐生他变。最妙莫如由署允再展一年，告以丙申年办贡，断难再缓，实尚早于原说五年。此以松为紧之法，彼更无词。新任并不为难，但行文催贡，彼恐伤颜面，不能不料理也。

三月十四日

总署致李鸿章英德商人在沪筑贮油池希饬妥办电

英商拟在上海租界外筑池贮火油。油系俄产，英商资贩，经手者德商。不与沪道商量，擅自筑池，绅董具禀请禁。日前会勘，以民情不便为词，领事不允三商，且欲协以谋我，实属贪横已极。英使且言：筑池处系沪道指准存放油箱之地，如油船运到，不令进口，不能答应。本署虽与辩驳，而其势恐难理谕。应如何防险设限之处，及商局能否同办，希饬聂缉椝、盛宣怀熟筹妥办。

三月十四日

总署致许景澄俄使所云界址地名错误勿为朦混电

嘎前云，沿郎库湖北，转至派格山梁其南，仍画萨山为界。欧使所闻，系自派格西南转至阿克塔什为止，似嘎说尚未尽。欧又云，阿克塔什在阿克苏河西岸，俄国内萨山东另有阿克塔什之名，系错误，勿为朦混。

三月十五日

直督李鸿章致总署聂盛道电火油池章程大致已定并与德领事约定两条请示电 二件

聂、盛道电：火油池章程大致已定，惟尚有应磋磨，未遽缮签。油船到口数日，英官力请开舱。再三力阻，兹彼先交银行十万两存单到道，以备不虞赔恤。情词迫切，窃思此难明拒，再宕似徒滋口实，敬候电示，准其明午开舱卸油。以后油船，俟一月后拟妥签字，始准进口，即乞示遵。已电复照办。仍妥拟防违章程，商局似难合办。

三月十七日

德领事司艮德来称：奉德使电谕，求饬准油船开舱起岸。鸿乘机与约两大端：一、油池以后如有失慎，伤害附近商民人命、产业，须优给赔恤；一、通商各口洋商，倘再欲仿办油池，必须先禀关道查明，于地方民居有无妨碍，转请南、北洋大臣核示准否。

此二端应载明互议章程之内，我即电饬该道等准其开舱卸油。倘章程不肯一一载明，闻尚有续运油船，应仍不准开舱卸油等语。司领事允即电告德使，转饬驻沪英、德领事照办。

三月十七日

总署致李鸿章外商运纺纱榨油机器来沪设厂已照会英使万难迁就电

怡和拟运纺纱机器来华开办，美查洋行名将造棉子油机器，不来通融即运来，擅自进口，设厂开工。此即改造土货，通商以来，向不准行，本署与各使折驳，及华局与洋商争讼各事，沪关案牍具在，应查案与领事辩阻。本署现已照会英使，并札赫德，诘沪税司机器进口情形。此种机器实碍华民生计，万难迁就。祈电沪关，切实办理。

三月十七日

总署致王文韶薛使称天马关北大路英外部请暂借用乞酌示电

薛使文称：英人以天马关内有英修大路一条，为八幕、南坎往来之路，断难隔断。所用工费，亦难弃掷。现与商南碗河之南、天马关之北中国一小段地内，有最捷之大路，允英行走，英路一条，永归中国，英不借用。现在允行之路，中、英商民均听行走。英如欲修筑，告知中国官后，便可动工。如须保护商贾，经过此路之兵如逾二百名，如未经中国官答允，即不准行。如在二十名以上，即须先行知照中国。以上各节，均已定约。又英外部约能否于未换约勘界之前，先将此路借用，请咨贵督电复等语。乞酌示，以便转电。

三月十七日

滇督王文韶致总署英国借路未为不可仍请薛使指示新旧路相距情形以便照行电

电悉。薛使办理天马关界务情形，其允借新路，英人请于未勘界以前，先行借用一节，当经电商腾越镇厅，据复，未为不可，仍请薛大臣将新路与旧路相距方法指示，以便照行。希酌核，转示。

三月十七日

使英薛福成奏与英议定滇缅界务商务条约折 附条款

出使英、法、义、比国大臣薛福成奏，为遵旨与英国外部议定《滇缅界务商务条约》事。

窃臣于光绪十九年七月，谨陈滇缅分界大概情形，并声明界务将竣，续议商务，惟腾越八关界址未清，当须理论等情在案。臣前与英廷定明，将久沦于缅之汉龙、天马两关，归还中国。秋冬之间，详细考察，始知铁壁、虎据二关，亦早被英兵占据。幸铁壁关据边密迩，臣屡向外部争论，彼始允令英兵却退数里，让还关址，以库弄河为界。惟虎据关界限方向初甚渺茫，久无定论，乃电请云贵督臣王文韶派员查阅，邀同八幕英官履勘。英官并无异辞，印度总督则以为该关深入彼境七八十里，已与八幕相近，且隶缅已百余年，一旦弃之，有损颜面，其意难于割地，遂并靳于让关。臣又闻印度总督以外部允让野人山内昔马等地，意甚不平，听信武员邪说，屡次翻异，又欲借端停商全约。停商之后，彼知中国界址未定，漫无限制，仍可伺机进占，再阅数年，非特昔马等地可以不让，即界线亦可如彼意重定。观于前使臣曾纪泽商办之时，迄今事隔八年，再与议约，难易损益，相去倍蓰，其明证也。臣再四思维，决机宜速不宜迟，防患宜远不宜迩，固不值以一隅而妨全局，亦未便争小利而堕诡谋，度势揆情，刚柔互用，甫在虎据关以东划定界线，虽未能复百余年前旧地，较之滇边所守新界，似已稍有展拓。此界务已定之大略也。

臣查，商务办法，以曾纪泽原议二端为纲领，一曰大金沙江行船，一曰八幕立埠设关。彼族以停议既久，坚不承认。窃思大金沙江为滇边外绝大尾闾，兵商轮船畅行无阻。夫名山大川，国家之宝，苟有机会，当以全力图之。滇西远隔边陲，宜有通海便捷之道，局势方为灵活。臣特将行船一事设法磋磨，外部始终支宕，以虑他国援照为辞，继与商于约中另立一条，声明此系滇缅交涉之事，他国不得援例，彼始勉强答允。惟于八幕设关，虑之尤切，拒之尤坚。经臣再三开导，告以立约试办，乃亦勉强答允。讵全约甫经订定，印度总督仍坚持初议，不允设关，意在乘机要挟，责报过奢。臣思设关能否大获利益，尚未可知。该督所索，则万不能允。且既违其意，尤恐被其掣肘，不能获益。臣于是显责外部无自主之权，竟将八幕设关一条删去，亦撤约中英人所得权利，如缅盐不准运入滇境，英关暂不征收货税，领事仅设一员，并限制其驻扎之地，商货仅由二路，并化去其开埠之名。外部颇形自恧，不甚争论。此商务已定之大略也。

窃谓中国地大物博，数十年间，向东西洋各国立约通商，船舰则行我江海，租界则据我口岸；教士、流氓纷至沓来，领事、臬司擅势自恣。或夺我商民之利，或挠我官吏之权，或违我教化之经，或窥我宝藏之富，事端百出，防范难周。朝廷所以不轻允开商埠者，职此之由。惟自英人袭取缅甸以来，云南三面与彼毗连。我所宜急、彼所欲缓者，莫如分界。彼所素急、我可稍缓者，莫如通商。曾纪泽前与议定，俟分界后方能通商，盖寓相维相制之意。迩年英兵骚扰滇边，不得不催英廷分界。凭仗圣主威福，并承总理衙门指示，俾臣相机妥筹，悉心商办，西面则稍拓野人山内昔马等地，暨收回铁壁、天马等关，南面则稍拓宛顶边外之地、潞江以东科干之地，暨收回车里、孟连两土司全权。边圉既安，觊觎渐戢。但英人按照缅约第三款催议商务，刻不容缓。今者，八幕设关一事，虽未就范，然因彼既允复翻，我得收回别项权利，似于防弊去损之道不无关系，加以大金沙江行船，乘便利于境外，播声威于寰中，似稍足变旧规而张国体。兹合界务、商务约款共二十条，臣拟与英外部大臣劳缌伯力克日先将草约画诺，以杜狡变，一面赍送总理衙门，俟奏明批准后，即可换约开办。谨奏。

光绪二十年三月二十一日奉朱批：该衙门知道。

中英续议滇缅界务商务条款

大清国大皇帝，大英国大君主・五印度大后帝，现因两国如此和好，极愿固结邻交，益加亲睦，订立条约，俾光绪十二年六月二十三日北京所定缅约第三款之事得以办妥。大清国大皇帝，特派钦差驻扎英京大臣・二品顶戴・都察院左副都御史薛，大英国大君主・五印度大后帝，特派钦差管理外部事务大臣・勋赐极尊铧带宝星・世袭伯爵劳，各将钦奉全权文凭互相较阅，均属妥协，议定条款如左：

第一条　今议定两国边界，自北纬二十五度三十五分起，由格林尼址东经九十八度十四分，即北京西经十八度十六分之尖高山起，随山脊而行，向西南，过高仑坪及瓦仑山尖，由此过华昌村与高仑村之中间，以华昌村归缅甸，高仑村归中国，直至萨伯坪。

自萨伯坪起，其线向西而行，稍向南，过式脱仑坪，到纳门格坪。由此仍向西南，随山脊而行，至大萨尔河，自此至河源，至此河与南太白江相会处，分尤克村在东，列捧村在西。

自大萨尔河与南太白江相会处起，界线溯南太白江而行，至此江与雷格拉江相会，循雷格拉江上至其源，在尼克兰相近。自雷格拉江发源处，分尼克兰、古庚、升格拉在西，昔马及美利在东。其线自来色江之西源起，至此江与美利江相会处，复溯美利江上至其源，在赫畚辣希冈相近，再向西南，顺列塞江而行，自列塞江源，至该江流入穆雷江处，在克同相近，分克同村在西，列塞村在东。界线即循穆雷江，向东南而行，至与既阳江相会处，然后溯既阳江上至其源，在爱路坪，然后由南奔江即红蚌河西支源起，顺南奔江而行，至流入太平江即大盈江，一名槟榔江之处，以上系首段之边界线。

第二条　第二段之边界，由库弄河一译作葛龙江与太平江相会处起，循库弄河，经过其西边一条之支江，至其根源。自此向南而行，与洗帕河即下南太白江相会，适在汉董之西南，以麻汤归英国，垒弄、格东、铁壁关、汉董归中国。至此溯洗帕河之支江而上，此江有根源最近孟定格江之根源，即循山脊而行，向东南方，至南碗河边靠南之克沱，以克沱归中国，配仑归英国。循南碗河，向西南方而行，下至该河转向东南处，约在北纬二十三度五十五分，其线由此往南，稍向西，至南莫江，以南盖归英国。循南莫江而行，至南莫江分开处，约在北纬二十三度四十七分，溯南边一条之支江而行，至蛮秀南边高岭之脊，约在北纬二十三度四十五分。即循此岭脊而行，此岭脊系向东行，稍向北，至瑞丽江即龙川江与南莫江相会处，以蛮秀地方及天马关、欣隆、拱卯各村归中国。此数处在以上高岭之北首，即溯瑞丽江而上，至此江分流处，再溯南边一条之支江而上，以江中大洲归中国。至此江与孟卯相对，东边合流相近之处，如第三条所开。

中国答允，由八幕至南坎各路中之最捷一条大路，经南碗河之南中国一小段地内，除中国商民与土人仍旧任意行走外，亦可听英国办事官员及商民、游历之人行走，并不阻止。英国如欲修理此路，或设法改筑，可臻平稳，告知中国官后，便可动工办理。又有须保护商贾，或防偷漏等事，英国亦可筹备办理。又议定，英国之兵可以随便经过此路，但如兵数过二百名者，若未经中国官答允，即不准过此路。所有带军器之兵，如在二十名以上，即须预先行文知照中国。

第三条　第三段之边界，自瑞丽江与孟卯相对东边合流相近之处起，照天然界限及本地情形，东南向麻栗坝而行，约到格林尼址东经九十八度零七分，北京西经十八度二十三分，北纬二十三度五十二分地方，有一大山岭，自此循岭脊而行，过来邦及来本陇，至萨尔温江即潞江，约在北纬二十三度四十一分。此段由瑞丽江至萨尔温江之边界，应照第六条所开，由勘界官划定。所有归与中国之地极少，须与孟卯至麻栗坝作一直线为边界，所包括之地相等。倘查得合式可为边界之处，尚须加添少许之地归中国，则中国应将别处边界之地，给还少许与英国。此事俟日后酌办可也。

自北纬二十三度四十一分起，边界线循萨尔温江，至工隆北首之边界，即循此工隆边界向东，留出工隆全地及工隆渡归英国，科干归中国。由此循英国所属之琐麦与中国所属之孟定分界处之江而行，仍随此两地土人所熟识之界线，至界线离此江登山处，以萨尔温江及湄江即澜沧江之支江水分流处为界线，约自格林尼址东经九十九度，北京西经十七度三十分，北纬二十三度二十分，约至格林尼址东经九十九度四十分，北京西经十六度五十分，北纬二十三度，将耿马、猛董、猛角归中国。在格林尼址东经九十九度四十分，北京西经十六度五十分，北纬二十三度处，边界线即上一高山岭，此山名公明山。循山岭向南而行，约至格林尼址东经九十九度三十分，北京西经十七度，北纬二十二度三十分，以镇边厅地方归中国。然后其线由山之西斜坡而下，至南卡江，即顺南卡江而行，约过纬度十分之路，以孟连归中国，孟仑归英国。然后循孟连与康东之界线，此界线亦皆土人所熟悉，至北纬二十二度稍北处，即离开南卡江，向东略南，循山脊而行，至南垒江，约在北纬二十一度四十五分，格林尼址东经一百度，北京西经十六度三十分，由此循康东及江洪之界线，此界线大半系顺南垒江而行，惟除属江洪一小带之地系在南垒江之西，北纬二十一度四十五分稍南，界线行至江场边界后，约在北纬二十一度二十七分，格林尼址东经一百度十二分，北京西经十六度十八分，即循江场与江洪之界线而至湄江。

第四条　今议定北纬二十五度三十五分之北一段边界，俟将来查明该处情形稍详，两国再定界线。

第五条　现因中国不再索问永昌腾越边界外之隙地，英国大君主于北丹尼即木邦地及科干，照以上所划边界，让与中国之外，又允将从前属中国兼属缅甸之孟连、江洪，所有缅甸上邦之权，均归中国大皇帝永远管理，英国大君后于该地所有权利，一切退还。惟订明一事，若未经大皇帝与大君后预先议定，中国必不将孟连与江洪之全地或片土让与别国。

第六条　约内所开边界各线，及所附之地图，绘明详细，应由两国所派勘界官比较划定，以免地方官民争论。如查得无论何处，有未甚妥协者，应行更正。两国勘界官，应于交换批准条约之后十二个月之内，在两国届时所定之地相会。勘界官自首次相会之日起，应限定不出三年之外，将两国界线一律勘定。倘两国勘界官查出所定界线必须改易，其互易之地，不应仅视其地面之大小，须论其土地之肥瘠，及紧要与否。倘勘界官不能商妥，应速将未妥情形，各报明本国国家核办。

勘界官又须设法查勘中国旧边界名为汉龙关者，倘查得在英国境内，英国当审量可否归还中国。如查系在孟卯东南，即系在孟卯至麻栗坝直隶之北边，则已归中国矣。

第七条　划界之事，经两国勘界官勘定后，两国如有越界之兵寨等，于八个月之内一概退出。彼国兵退，此国立即派兵接驻。两国应将退兵、驻兵日期，预相知照。自驻兵之日起，应各担保界内所居之各种野人安静无事。

除保护边界各地安静必应有之兵寨外，两国答允，各不在边界十英里之内建修新旧炮台、营寨。英里量法，系从最近之边界作一直线量之。

第八条　英国极欲振兴中缅陆路商务，答允自条约批准之日起，以六年为期，中国所出之货，及制造之物，由旱道运入缅甸，除盐之外，概不收税；英国制造之物，及缅甸土产，运出缅甸，由旱道赴中国，除米之外，概不收税。其余悉照第十条、第十一条办理。

以上盐、米之税，不得多于出入海口所收之税。

第九条　凡货由缅甸入中国，或由中国赴缅甸，过边界之处，准其由蛮允、盏西两路行走。俟将来贸易兴旺，可以设立别处边关时，再当酌量添设。中国欲令中缅商务兴旺，答允自批准条约后，以六年为期，凡货经以上所开之路运入中国者，完税照海关税则减十分之三；若货由中国过此路运往缅甸者，完税照海关税则减十分之四。凡有陆路出入货物，应给发三联单即子口税单，照通商口岸章程一律办理。

运货经过中国地段，如在此约所准之路之外，及有偷漏等弊，倘中国官愿行查办，即可将该货充公。

第十条　凡以下所开军器，非经国家准购，不得由缅甸运入中国，亦不得由中国运往缅甸。此等货物，仅准售与奉国家明谕购办之人，不得售与他人，如各种枪炮及实心弹、开花弹、大小弹子、各种军械、军火、硝磺火药、炸药、棉花火药及别种轰发之药。

第十一条　食盐不准由缅甸运入中国。中国铜钱、米、豆、五谷不准运往缅甸。鸦片及酒，不准由两国边界贩运出入。惟行路之人，准其酌带若干，以备自用。每人准带之数，应照关章定夺。

若犯此条及前一条，即将所有之货充公。

第十二条　英国欲令两国边界商务兴旺，并使云南及约内中国新得各地之矿务一律兴旺，答允中国运货及运矿产之船只，由中国来，或往中国去，任意在厄勒瓦谛江即大金沙江行走。英国待中国之船，如税钞及一切事例，均与待英国船一律。

第十三条　中国大皇帝可派领事官一员，驻扎缅甸仰光。英国大君主可派领事官一员，驻扎蛮允。中国领事官在缅甸，英国领事官在中国，彼此各享权利，应与相待最优之国领事官所享权利相同。如将来中缅商务兴旺，两国尚须添设领事官，应由两国互相商准派设。其领事官驻扎滇、缅之地，须视贸易为定。

中、英两国领事官，在所驻之地与其地方大员往来，均系平行。

第十四条　英国商民等欲由缅甸赴中国，应向合宜之英员，请中国派驻仰光之领事官，或边界上之中国官，给发护照，方能前往。其护照式样，一边英文，一边华文，与通商口岸所给护照无异。华民欲由中国赴缅甸，如愿领护照者，可向华官，请英国驻扎蛮允之领事官给发护照。倘遇中国别地有一英国领事官，亦可就近请给护照。

第十五条　英国之民有犯罪逃至中国地界者，或中国之民有犯罪逃至英国地界者，一经行文，请交逃犯，两国即应设法搜拿，查有可信其为罪犯之据，交与索犯之官。

行文请交逃犯之意，系言无论两国何官，只要有官印，便可行文请交。此种请交逃犯之文书，亦可行于罪犯逃往之地最近之边界官。

第十六条　今欲令两国交涉与贸易日臻繁盛，并欲中国派驻仰光之领事官，与中国大宪往来通电，两国答允，俟可设法通电之时，应将两国电线接连。此线创办之始，专寄滇、缅官商等往来电报。

第十七条　两国人民，无论英民在中国地界，或华民在英国地界，凡有一切应享权利，现在所有或日后所添，均与相待最优之国一律，不得有异。

第十八条　约内所开通商各节，俱非寻常款例。此由两国察看地方情形，及中缅陆路通商应办之事，互相允让而立。所有互给权利，两国之民，除由同样情形外，不得在别处接壤之地，照样索问。即使有同样情形，亦必有同样之允让，方可。

第十九条　以上通商章程，系暂行试办。俟两国察看得详细情形，如何去碍获益，可于交换批准条约六年后，或中国愿行修改，或英国愿行修改，均可商议。倘两国俱愿略早修改，亦可。

第二十条　此约由大清国大皇帝，大英国大君主·五印度大后帝批准，自画押之日起，准六个月，在伦敦互换。或能略早，亦可。此条约应于交换后，立即开办。现在大清国、大英国各大臣，先盖用关防，以昭信守。此约共四分，华文二分，英文二分。

光绪二十年正月二十四日，西历一千八百九十四年三月初一日，在伦敦立。

约后附载

今因照办光绪十二年六月二十三日，西历一千八百八十六年七月二十四日，北京所订缅甸条约第三款之事，中、英两国现订条约，今日签名。于签名之前，两国签名大臣，俱认现订条约既系专办约内首段所言之事而立，约内各款仅可用于条约所指两国所属之地，不能用于别处。

使英薛福成奏向英廷索还汉龙天马二关片

薛福成片。

再，臣前向英廷索还汉龙、天马二关，继查腾越八关，除太平江以北四关确在老界之内，今既划归昔马等地，则四关更有外障，惟有太平江以南四关，非特汉龙、天马久沦异域，即铁壁、虎据二关，亦骤难审其实址所在。臣阅滇省所绘界图，该二关皆在界线之内，意谓必无错误，遂告外部，应照原界划归中国。外部亦无疑义，并未驳辩。既而详加考察，微闻虎据、铁壁早为缅甸所占，英人复屡加工程，绸缪稳固。英兵所守之界，越虎据关以东者已数十里，越铁壁关以东者亦六七里。英人渐自觉，于是争论始起。臣与尽力磋磨，外部始允将铁壁关让还中国。迨滇员寻觅虎据、天马二关，勘得虎据关在盆干西十里，距八幕五十余里，距南碗河边英人所指为中国边界者八十里。天马关则在西南，居猛密、邦欠两山之间，英兵从关内山坡修路一条，以通缅属之南坎。二关虽已久圮，关门营址尚存。讵印度总督异常狡悍，不肯让地，外部从而附和之。据称，此关深入缅境，属缅已百余年。若中国索问此等旧地，则缅甸应索于中国者甚多，语意极为坚韧。臣知英人不欲我境逼近八幕，英兵已多扼守，欲令退让，势有所难。又思百余年前，正值缅甸强横之时，中国藩属如孟拱、孟养、蛮暮、木邦、孟艮诸大土司皆被吞并，则虎据等关之入缅，当在斯时。今又与西洋强国为邻。臣愚以为，最要关键，莫若划定界限，彼此截然，不得逾越。若争必不可得之地，久悬莫定，门户洞开。安知今日彼所指为我边者，他日不复为彼内地？愈占愈进，后患奚穷？臣与订明，汉龙、天马仍归中国，惟汉龙关尚须查勘，如未深入缅境，自可通融让还。天马关内所筑之路，彼称系八幕、南坎往来要道，碍难隔断。今议将新路归中国，而于稍北一大路，许其借用，以示通融。仍于条约严立限制，以防流弊。虎据关虽不可得，亦稍划地以偿中国，一曰龙川江中之大洲，得此则自猛卯通汉龙关较形直捷；一曰蛮秀土司全地，得此则天马关外，更依大山以为固，似较近日滇边所守之界有展无蹙矣！至英人允让野人山内昔马等地，印度总督辄谓：中国虽得此地，不过交盏达土司管理，土司力量岂能制服野人，仍恐出而为患，扰累英人，不如归英统辖等语。臣欲杜彼狡谋，告以前经附片陈明，请我皇上敕下云贵督臣，俟换约勘界后，派拨得力精兵数百名填扎昔马，任抚绥弹压之事，必不仅交土司管理。因又责以信义，不允翻悔，彼族始无异言。此臣相机了结之实情也。谨奏。

光绪二十年三月二十一日奉朱批：览。

使英薛福成奏英文参赞马格里堪备任使片

薛福成片。

再，自昔多事之秋，往往借材异国。秦用由余，晋用巫臣，吴用伍员，汉用金日磾，无不推诚倚任，得其死力。宏此远谟，诚以邻邦环伺，交涉多端，不收其俊，无以得敌国之情，不广其助，无以应事机之变也。查有英文二等参赞官·二品顶戴·总领事衔英人马格里，在驻英使馆当差近二十年。前使臣曾纪泽，与俄外部议结收回伊犁一案，与英外部议定洋药加厘一案，马格里皆在事出力。臣到任后，如新嘉坡改设总领事官，芜湖、武穴等处教案和平了结，议定会立坎巨提头目，以存两属体统，马格里赞襄机要，均有成绩。此次商办滇缅分界通商订立条约，马格里始终其事，惟以裨益中国为心。迩者，俄争帕米尔全地，马格里探知英、俄分界，以小帕米尔划与英国，建议转商英廷，俾让还中国。如是，则中国不至失势，而帕事较易就范。臣查，马格里忠于所事，劳绩不辞，研究利病，动合窍要。倘遇交涉要务，需人之际，马格里堪备任使，用其所长，必有明效可睹。谨奏。

光绪二十年三月二十一日。

使英薛福成奏与英定约华船可在大金沙江行驶片

薛福成片。

再，大金沙江，即译音所谓厄勒瓦谛江。其上源发于印度、西藏，贯野人山全地及缅甸全境，蜿蜒曲折五六千里，入于云南，为中国西南边外第一巨川。臣查，云南西境之潞江、澜沧江，非不源远流长，然溜急滩险，每多不便行舟之处，非若大金沙江之一律深通，可驶轮舰，往来便捷，利泽无穷。此次定约，中国之船可随便在大金沙江往来行走，则形胜与英共之，利益与英分之，似亦绸缪边务之要端。从前滇西诸郡，僻在荒陬，距督抚所驻之地尚有一二月程，以致声气日阻，呼应不灵。京铜运路，尤形险远，水陆转递，耗费不资。今则滇缅商路既通，轮舰由江入海，旬日间可达津、沪。云南西路矿务，似可渐由海运，以节縻费而昭迅捷。至于化瘠壤为奥区，联遐陬于内地，端倪已见，明效可期，是在经理之得人耳。谨奏。

光绪二十年三月二十一日。

使美杨儒奏与美外部重订限禁华工保护华民约款折

出使美、日、秘国大臣杨儒奏，为遵旨与美国外部重订限禁华工保护华民约款事。

窃奴才于上年七月接任之始，时值美国迫行华工注册新例，美西各邦纷纷拘人，方拟遣送回华。当经援引条约，严词驳诘，美外部始商允议院，展限半年，被拘工人一律释放，而于注册之例，坚不改移。窃念衔命远使，务在尊国体而奠民生。若前例不除，工商交病，既无以尽保卫之心，而使职所重，尤在结两国之欢，亦当开诚布公，庶彼此无不达之隐。因将接管卷宗逐细查阅，始知美议院立此注册之例，专为分别新旧工人，欲使新者守限禁之章，旧者享保护之益，意在清查，不在遣送。适美户部送到华工注册章程，当即译出，详加察核，虽涉琐繁，却无苛虐。第念此例果行，如于旅寓工商确有妨碍，亦当谋取益防损之方，以为抵制。因函饬领事，转谕商董，速将注册妨碍之处，切实直陈，毋徒砌词，以冀耸听。旋据禀称：华工之意，盖以一经注册，旧工固有安居乐业之便，新工即绝顶名影射之途，盖以连年延聘律师控诉察院，原冀废除此例，今美廷既以立例难改，华工亦只可降心相从，但求于注册之后，仍得往来自便等语。

奴才查，自光绪六年，美国专使来华订立限禁华工之约，自后八年、十年两次定例，皆为限禁新工而设，在旧工固无所损，惟于回华之时，给予执照，俾作回美凭据，盖尚有往来自便之意。第因此项执照辗转相售，新工仍难限制，美国士人积忌益深，十一年秋间，遂有洛士丙冷等案。前任使臣郑藻如，惩前毖后，始建自禁之议。总理衙门因厘为自禁三端，照会美国驻京公使。十四年二月，前任使臣张荫桓，与美外部会订限禁华工、保护华民之约，意在全生命而远祸机，且正自禁之名，不授权于外国，亦较得体。而华工有家属、财产在美者，仍可往来自便。当时用意极为周到，讵料约稿甫成，事机忽阻。是年八月，美国更立新约，凡华工一离美境，即不准复来，即从前已给执照作回美之据者，亦为废纸，殆与光绪六年所定之约大相悖矣！自是迄今，五、六年中，前任使臣与外部驳辩之文不下数十次，迄未转圜。上年奴才来美时，道出金山，华商环诉，市面萧条，生意日绌，皆缘华工一离美境，不准复来，来往既难，商情亦困，吁求设法挽回等情。

奴才综核闻见各端，权其缓急轻重，筹思积旬，以为注册之例可以不争，修约之举不容再缓，遂于十月初旬，照会外部，订期晤商。外部鉴于积年驳辩之苦，一再推延，至十一月初六日，始得会晤。告以此来专为商量华民寓美长久相安之策，务须推诚相示。外部力言：注册领照，原为保护华工起见，华人误听人言，冀望删除此例，实则例经议院议定，虽总统亦无废例之权，惟望华人于限内一律注册，则以后商量各事，必无为难之处。奴才诘以自光绪十四年后，美国久已废约不用，长此不变，必至邦交日损，情意乖违。外部谓：如中国有修约之意，美国亦可允从，但约中是否照前申明中国自禁之言？又十四年草约未经中国批准，现在是否可用，抑须另商条款？答以当就前约商酌增减。是日晤谈后，知修约一事粗有把握。随将以上各节，撮要电商总理衙门。旋准复电，以先修约、后注册为关键。当即照会外部，并就十四年草约底本，删去赔偿一款，易为互交罪犯，原约二十年之期，改为十年，备文送交。续又准总理衙门来电：倘美必欲先行注册，拟令寓美华民〔寓华美民〕亦注册，以相抵制等因。又添注册保护一款，寓华美民亦照办。十二月初六日，拟定约稿送去，并电请总理衙门，应否将拟办情形，先具折上陈。此十二月十七日以前与外部议约情形也。

自送约稿去后，半月未接复文。续经催讯，始据函称，约稿尚须会商改定。第注册限迫，如于限内议约，或致窒碍为难，拟俟注册事竣，再商修约。察其用意，似恐一经议约，华工不免观望，致注明之例，迄不得行，是以忽变前议。当即备牍，诘其何以前后来文歧异，且告以此次总理衙门之意，原拟先修约、后注册，现许注册、修约同时并办，已属顾念邦交之意，不得变易前议，希图宕延。切实照会，去后，本年正月初三日接到复文，订初四日晤商。外部谓：交犯一款，与限禁华工、保护华民，均不相涉，应另订专约，不列款内。十年之期，可以允从。寓华美民注册一款，议院谓，美第令华工注册，中国无尽令美民注册之理，坚不肯允。连日磋磨，始允寓华之美国工人亦听中国注册。奴才以美工在华寥寥无几，名为相抵，实非持平，殊乖中国议立此款之意，因力争寓华之美国教士必须注册。外部初谓：教士与工人不同，未可并论，继云，另拟办理。除工人外，寓华别项美民，自换约日起，美国政府允每年造册一次，报知中国政府。又云：此层在工人相抵之外，让与中国极大体面，想可惬中国之意。奴才骤闻此语，颇出意外，答以如此办理，足见公平。嘱令从速拟稿。十一日，外部送到约稿，大致与晤商之语无甚出入，惟字句间尚须有核改之处。续又晤商两次，将拟改之处斟酌妥洽，并于第五款中寓华别项美民之下，注明包括教士在内数字，约稿始定，仍由奴才备文送交。外部向例，草约定后，议约之员即须会同签押。随将以上各节，电报总理衙门。二十三日，准复电，令定稿签押。适外部因事他出，近日始将约本缮就，订期二月十一日画押。奴才届期带同随员、翻译前往外部，将会订条约华文、美文各二分校对清楚，与外部大臣葛礼山，互相画押盖印。此上年十二月十七日以后至今与外部定约情形也。

总核条约六款，惟第五款注册保护之例，为此次添入。其余各款，均系十四年前任使臣张荫桓已订未成之约。溯查此约中辍之始，前使臣曾以时局日坏，善后无期，请旨饬筹补救，终以权不我属，无可挽回。上年注册之议起，金山华商惟虑工人载送回华，联名具禀总理衙门及南、北洋，呼吁迫切，痛若剥肤。兹幸仰托朝廷威福，事机渐转，已辍之约，仍可施行。且添订交犯专约，使中国禁令得行于瀛海之外。金山华商又审知注册之非苛虐，遍告工人，相率领照，无复载送出境之忧，曩时患苦，胥予蠲除。又从前每遇交涉事件，一经驳辩，相持不下，管秃唇焦，几成常例。此次外部因奴才之意务在持平商办，遇事和衷，并无胶执，于近年邦交大局，似有转机。于寓华美民注册一层，方初议时，不独虑彼族不允，即幸而得允，而外国情形不同，将来办理亦殊棘手。乃外部拟此办法，除工人注册外，每年由美国公使详细册报总理衙门，既省事端，又得大体。此国家积年绥怀之效，而美外部顾全睦谊，尊崇上国之诚心，亦殊不容没也。美为民主之国，外部签押后，尚须议院复核。奴才一面将约本咨送总理衙门，俟美议院复定后，再电达总理衙门，请旨批行。至交犯专约，拟俟议定，另折具陈。谨奏。

光绪二十年三月三十日。

清季外交史料卷八十九终

清季外交史料卷九十

光绪二十年四月

伊犁将军长庚等奏俄国原借巴尔鲁克山全境收回业已订约折

伊犁将军长庚等奏，为俄国原借巴尔鲁克山全境收回，业与俄国订立交山文约，如限接收事。

窃查，俄国前派领登往巴尔鲁克山迁徙俄属哈萨克情形，业于八月初八日具奏在案。旋据英林、图瓦强阿等禀称：据领登面称，山内哈萨克业已全数收回，惟余额敉勒河南岸种地哈萨克尚未迁移等语。满拟俄领事柏勒满一到，即可订期交山。不料，柏领事于七月二十一日抵塔尔巴阿台后，意存翻案，扬言宝德林办理错误，伊奉俄廷派来接办，非再展十年不可。及与会晤，词意蜂涌，狡展异常，欲将宝领事、领登往来照会概置不理。经英林等备文照会，以俄属哈萨克业已迁竣，条约收地限期迫近，应行会同查勘交界牌博，请其派员同往。讵柏领事于八月初十日复文，大略言，英林等欲动摇两国和好条约所载十年限满，本有另行商办之语，仍欲从新商办，令俄民复在该山游牧。又于十一月晤称，七月间，中国哈萨克头目玛木尔伯克拿送俄国越界马兵四名，欧打捆缚，游示牧境，有辱伊国体面，请传案质审，已报俄国总督、外部向总理衙门理论，危词恫吓，大有寻衅之意，并称该山哈萨克尚未迁完，经英林等逐层驳诘。察其词意，似欲将已遣哈萨克复行纵放还山。当告以届期如有尚住山内不曾迁回之人，中国即照同治三年人随地归之约，并山收管。领事始色沮，复密言：迁回哈萨克四千余户，实存一千一百余户，欲投中国。复自指其面言：俄君以此为羞，总须从容商办等语。英林昨又备文，以条约原为坚和好而设，不可不遵，盖印公文原为存作信据，无论本官及接任之人不得改议。宝德林自四月间商办起，只因中属蒙哈无地安插，至六月初三日，宝领事始复准迁民还山，不可谓不曾商办。现在山已腾空，若到九月初三日，中国即将该山并山内留住哈萨克收管，系照条约及前领事来文之意办理。请其详查往来全案公文，照会去后，复派员前往，反复开导，告以徒争无益，始复准照约九月初三日交还该山，惟称：俄国迁回哈萨克内，尚有数百户浮住界上，入冬严寒，将不能保守，拟商请念两国和好，准令暂于巴尔鲁克山内过冬，指给不大地方，宽让不多时候等语，词意极为恳切。

英林等当查，领事门首时有哈萨克数千人恳求借地，知领事实有为难之处，若尽拂其请，恐其不肯安心交山，转致事机中变。当经照复领事，允为请示，以安其心。柏领事始于九月初一日，将该山一带俄卡全行撤回。奴才富勒铭额随即派拨弁兵，于该山沿边旧日卡伦处所，分扎六卡，并饬蒙众，即于初三日移牧进山。其山内留住哈萨克六百余户，亦准领事造具人随地归册籍，送交中国管辖。此巴尔鲁克山全境收回之情形也。

英林等当与领事商立交山文约，无如柏领事为俄哈所迫，顿以前借地过冬、明春交还之议，必欲展借至光绪二十七年为止。经英林等极力拒绝，始定加展一年，共借二年。领事方电告俄国总督，仍以为期太少，领事又求加一年，并借三年，先后由英林等，将领事窘迫碍难实情，禀请奴才长庚核示。当以领事即为俄哈所迫，势不能尽拂其情，以致偾事。惟念中国重在收地，不重在得人，必于约内载明：限满后，俄哈不能迁徙，即照同治三年人随地归之约，统归中国管辖等语，庶限满可执为收地之券，因复饬英林等：如不能载明此语，无论二年、三年，断不答应借地。俄督果虑及限满后，俄哈无地迁徙，致以俄民与人，复电领事，情愿不借。因此借地之议，亦作罢论。此收山后借地未成之情形也。

奴才等伏查，巴尔鲁克山西面毗连俄界，袤延宽广，南面紧通精河，有俯瞰之势，西南与察哈尔游牧之博罗恰拉接壤，为伊、塔两域卡伦要道，东南山麓接连玛利山，直抵奎屯河北岸。过奎屯河，即达库尔喀喇乌苏迤西之固尔图，沿奎屯河东下，即达库尔喀喇乌苏迤北之小草湖，东北直抵塔城东南老风口驿道，仅四十里。该山据俄、塔、库、精四界之间，若骨鲠在喉。固尔图、老风口、库尔喀喇乌苏、精河，皆为伊、塔两城后路要道，库尔喀喇乌苏尤为新疆省城西面紧要屏蔽。该山木茂草肥，泉甘土暖，自借给俄国，久为俄属哈萨克盘据，蕃滋生息，俄人坐享其利，一旦有事，彼则因利乘便，扼守是道，我则形扞势格，处处受敌。近年北路抢劫之案层见迭出，皆由该山而来。该山一日不收，伊、塔后路一日不靖，失地利，扰行旅，断后路，危远疆，为害甚大，是以前接办塔尔巴哈台参赞大臣·已故伊犁副都统额尔庆额，连次奏请索回。上年夏间，总理衙门因俄使有再借十年之请，一面据约驳斥，一面函询奴才长庚，详查利弊。当以该关紧要，亟应收回，据实具复。复承总理衙门函，令奴才长庚派员与俄领事商办。伏念俄人之所甚欲于巴尔鲁克山者，在重领该山哈萨克之赋税。查同治三年所订条约，有地面分在何国，人丁即随地归于何国管辖之语。今我索还该山，应告知俄官，十年限期届满，该国当速为迁民还地，否则限满，中国即照同治三年人随地归之约，将该处哈萨克并山收管。逼以迁人，以为还地张本。当派伊塔道英林，前赴塔城，与领事商办。俄领事宝德林，方以十年之借据为己有，意欲久假不归。幸赖英林等争持数月，竭力索讨，握定人随地归之约，告以限满，并山收管，宝德林始肯就范，甫允交还。该领事遽尔身故，柏领事继之，异常狡展，几至中变，致有借地过冬之请。复经多方磋磨，亦赖坚持人随地归之约，俄督不愿再借，得以全山收回。此皆仰托皇上洪福，要地复为我有，从此伊犁、塔尔巴哈台声气始通，精河、库尔喀喇乌苏亦免俄人错处之逼，新疆西面无虞，伊、塔后路转输亦可无阻，实于边务大局裨益不少。谨会同新疆巡抚臣陶模，恭折驰陈。谨奏。

光绪二十年四月初一日奉朱批：着照所请。该衙门知道。

伊犁将军长庚奏收回俄国借地安设卡伦片

长庚片。

再，查巴尔鲁克山借地，现已照约收还。据额鲁特游牧领队大臣图瓦强阿、伊塔兵备道英林禀称，与俄官会办，已将全山收回，互换约文，赍呈奴才，咨送伊犁将军长庚，缮折会奏在案。伏查，此次收还巴尔鲁克山，不愿迁徙哈萨克七百九十户，经俄领事官柏勒满造册，移送前来。奴才派员按册点收，安插巴尔鲁克山察罕托海一带住牧，并严饬安分游牧，毋滋事端。惟光绪九年分界时，界牌鄂博虽已建立，因巴尔鲁克山借给俄人，致将沿边卡伦未能随时安设。兹该山业已收回，迤逦边界，择其要隘，亟宜安设卡伦，固我藩篱。当派边防章京忠瑞，前往履勘。查距塔城西南六十里，至玛呢图安设一卡，七十里至萨尔布拉克安设一卡，五十里至察罕托海安设一卡，七十里至额尔克图安设一卡，五十里至呢楚浑巴尔鲁克安设一卡，共设六卡，均与俄卡相对，以卫边防。已由额鲁特、索伦两营，抽调佐领、骁骑校委官、领催等，每卡派官一员、兵二十名前往驻扎，每三个月一次更换，以均劳逸。所有守卡官兵，照章支给盐粮马干，俾资当差。至新设卡伦六处，亟应修盖卡房六所，以资栖止。现拟每所卡房，酌给经费银一百二十两，请由塔城善后工程项下动用，统俟工竣，再行核实造报。谨奏。

光绪二十年四月初一日奉朱批：着照所请。该衙门知道。

粤督李瀚章奏钦州越南界务勘办完竣折 附图约及章程

两广总督李瀚章奏，为钦州、越南界务勘办完竣，谨陈大概情形事。

光绪十五年八月二十日，承准总理衙门电开：法使照称，中越立界，伊国已派文武官会同中国官办理。原定地图，直线画界之段有不合地势者，许照形势之曲折，彼此相让，期于两国均无损碍等语。查图内所划界线，不过得其大势。此次按约立界，不必泥得寸得尺之言，但求不离界线，而于地势轇轕处所，彼此通融相让，方为妥善。所派之员，必须通达稳练、能耐劳苦者，乃克有济。意见不同处所，先行记出，勘完再定等因。当以区划前项界牌，事关重要，必须熟悉边情及中外交涉事宜之员，始假以事权，不致贻误。钦州直隶州知州李受彤，干练耐劳，且系原派勘界之员，一切情形均已深悉，因派委该员主议专办；并委熟悉交涉之广东候补知府陈武纯、试用同知孙鸿勋、甘肃补用通判张懋德等帮同办理，暨咨会督办钦廉防务·云南提督臣冯子材，选派得力将弁，酌带营勇，随同前往，妥为弹压防护。节据该委员等将勘议细情电禀，均经转电总理衙门察照，并随时密授机宜，饬令妥办。兹据该委员李受彤禀称：现与法员将界段陆续勘议，立石完竣，原勘图约，彼此划押，并照式钞绘二分，禀请分别咨呈总理衙门，察照备案等情前来。

臣查，钦越界务，前经勘界大臣邓承修，与法员狄隆等，会勘定议，绘图立约，如果按照图约界线立石，原可克期办竣。只以法国前派之拉巴第、法兰亭，均以约内载明，属我之板兴、岭怀等处，系属扼要之区，妄冀划归彼辖，藉端中辍。上年法改派柯麻，暨其总办[illegible]厘依接办，复饬该委员等按照图约，反复议辩。李受彤久在钦州，熟悉边界，凡拉巴第、法兰亭所争险要，与越南皆隔深沟竣岭，而沟尤多，因与约定，按界线，有水处以水为界，免如陆地之犬牙参差，有山处以山为界，免如平原之易于侵占。约计水界长四百里，陆界仅五十里，皆系峻岭，余悉沟界，查照界线，区画分明，不独原勘图约所载分茅岭、板兴、板典、岭怀等处归我，即彼之纵横峒中十里亦全归我。惟披劳地方，纵横约三里，各分一半，因系以水为界，不得不然，以符总理衙门所言地势轇轕，彼此相让之意。柯麻不似前此法员之固执，知板兴等处必不可争，始得次第立竣，亦无意见不同应行记出之处，从兹各守各界，庶无后虑。谨将原勘图约，咨呈总署备案。谨奏。

光绪二十年四月初二日奉朱批：该衙门知道。

附广东越南第一图界约

华越边界立石。

广东边界第一图。

东海边起，至嘉隆河。

第一图立石约议章程。

两国所派立界委员，彼此均愿照光绪十三年五月初六日，西历一千八百八十七年六月二十日，大清国总理衙门多罗庆郡王，工部左侍郎孙，大法国钦差恭思当，在北京签押之条约办理。现边界之图画完，华界从竹山起，至嘉隆止，越界从狮子岭起，至北市止。两国委员曾经看明此段界图首尾，兹已照在北京已签押之条约认办，又照在芒街，光绪十三年三月初五日，西历一千八百八十七年三月二十九日，大清国钦差邓，大法国钦差狄隆，所分广东、越南边界议定之章程认办。又两国委员，各照上命所委之权，彼此同为认真查明，所定广东边界第一之图图线，已不能改移。所有定明边界第一图各条开明于后：

一、从北向南所画之线，正过茶古社东山山头，即照北南线，东各州归中国，西各州及九头山归越南。

一、边界自竹山起，界系循河，自东向西，到东与［兴］、芒街。此段作河心为界限，罗浮、东兴等处分别为中国地界，帽豸、伍仕、紫京、菉林等处，归春阑社管，又芒街归万春社管，此皆分别为越南地界。

一、在东兴、芒街到嘉隆、北市边界，自西到北，河势湾曲，仍分别中国之那至又名那芝、望兴、嘉隆又名加隆等处，分别越南之宁阳、万春及滩潘、北市等处。

一、照光绪十五年十月初九日，西历一千八百八十九年十一月初一日，两国委员议定：于水最深时可以行船之河，则为边界河。如河水洪涨，以及河水干涸，后来如行船之河道迁改，及有新起沙洲，即于水通可以行船，即为边界河，或后来新起沙洲相近某国，即为某国所管地界。

一、照光绪十三年三月初五日，西历一千八百八十七年三月二十九日，在芒街已签押议约章程说，托岭系归越南。现两国委员所查，不知托岭在于何处。现两国委员议定，托岭一处，彼此俱不再查。因条约说，南里系归越南，今河界左边中国界内有南里地名，兹大法国委员让与大清国委员说，将来办第二图边界时，若中国地名有在越界内者，亦请照办。照上所言各件，两委员一齐同往第一图边界立石。

在中国地：

第一号石碑，在竹山；

第二号石碑，在测旗滩尾；

第三号石碑，在桥头沟；

第四号石碑，在东兴码头上新小庙；

第五号石碑，在东兴桥北；

第六号石碑，在埇朴，又名冲卜尾滩俚，越界瓜庸路对岸；

第七号石碑，在江那左边河岸；

第八号石碑，在望兴沟右边河岸；

第九号石碑，在那良江口右边；

第十号石碑，在大河步头，斜对北市步头。

在越南地：

第一号石碑，在狮子岭尾；

第二号石碑；

第三号石碑；①

第四号石碑，在那超对面；

第五号石碑，在芒街对面炮台；

第六号石碑，在服善沟路口；

第七号石碑，在滩冷对面，又在沙洲尾对面；

第八号石碑，在禄扶屋对面；

第九号石碑，在必那对面；

第十号石碑，在竹结对洲。

光绪十六年闰二月二十六日，西历一千八百九十年四月十四日。

大清国立界各委员：四品顶戴·钦州直隶州知州李受彤，补用知府陈武纯，升用府·候补同知·防城县知县孙鸿勋，候补同知朱陶楷。

大法国立界各委员：四画官拉巴第，三画官縻些唎，第一等副公使堂马意，第二等公使堂唠士登。

广东越南第二图界约

中国、越南第二段广东边界，由北市、嘉隆起，至北冈隘止。

查照光绪十三年五月初六日北京条约，两国派立界委员。

两国立界委员查明，第二段边界照《北京条约》，又查照芒街光绪十三年三月初五日分界图约。

光绪十九年，两国议定会立第二段边界。所有以前光绪十五年、十六年，又光绪十六、十七年，会议未定边界，现两国立界委员奉有权宜商定，意见相同。中国所定界线不可更改，照立广东第二段边界，分明开列于后：

一、由北市、嘉隆河中为界，照约三十里此河系嘉隆向西支河，直至北风生之下，此河分两支，离北风生五百密达，一支河向西北，一支河向西南。两国商定以西南支河为界，直上至嗹、定字止，分为两沟。由嗹、定字起，界线以向西北之水沟为界，此沟水朝北流，在安排村之东南，安排村系归越南。

由安排村水沟直上，至坑怀岭顶为界此岭高九百五十五密达。

两国立界委员商定，凡有河有沟之处，以河中、沟中为界。凡有两国行船，听其便易，以水深行船处为界。如不能行船之处，仍以河水、沟水最深处，或以水宽阔之处为界。倘遇水大、水涸，将所定界线变移，或河中、沟中将来新成有沙洲，则仍以水深为界。其沙洲在中国界者归中国，在越南界者归越南。

① 第二、第三号，原文如此。

两国河边、沟边所立界石，或立于人常经过之处，或立于村舍之处，或立于紧要之处，或立于汊河、汊沟之处。至于荒野无人之处，沿途择地竖立界石，不必相对，两相斜离为界。如界线在山顶者，两国公立界石，一面写大清国钦州界，一面写越南界。

两国所立界石号数，查照光绪十五年、光绪十六年所立至第十号界石，现接自十一号起立界石。

一、由坑怀岭顶，界线稍偏东南，至大坑尾沟，又由大坑尾沟向西，过小坑尾沟，直过马双岭，由马双岭稍偏西南，至青龙岭顶此岭高八百四十三密达，又由青龙岭顶界线至披劳河，此为陆界。披劳河之右披劳、本兴即板兴、那熄等村归中国，披劳河之左菊莅村归越南。

一、自披劳河至洞谟河，下至洞谟村之北河中为界，所有蒲楠、坤文、峒中等村归中国，所有那蒲、营叫、本岑、洞批、洞谟等村归越南。

两国界线，又由峒中即洞谟水尾折回那沙河，过那沙村之东、洞舍村之西为界，那沙村归越南，洞舍村归中国。又由那沙沟上之东北汊沟，上至呈祥村之东北相离五百密达之处起界线，此界线过一山顶高六百七十五密达，又过一山顶高八百十五密达，又过一山顶高七百四十六密达，以上等山，在呈祥村之西北，直至北冈隘为界，呈祥村归越南，术暂村即惟胆、矫曹归中国。又由七百四十六密达之山顶界线，到一山顶高六百六十二密达之山下，在广西所立六十七号界石为界。

两国立界委员将以上界线议定，会同勘明，竖立广东第二段界石。

中国：

第十一号界石，立在嘉隆支河左边；

第十二号界石，立对六真、近百含地方；

第十三号界石，立在嘉隆支河之上滩散东边。

第十四号界石，立在稔市法营东边，在沟散沟西；

第十五号界石，立在嘉隆支河之上两汊沟边，一向西北，一向西南，此石立在那流河右边；

第十六号界石，立在嘉隆支河之上安排村汊沟之下山坡上，〈一面写〉大清国钦州界，一面写越南界；

两国公立第十七号界石，在大坑尾河东边之山坡上，离坑怀岭东南一千密达；

两国公立第十八号界石，在大坑尾河西边之山坡上；

两国公立第十九号界石，在小坑尾河东边之山坡上；

两国公立第二十号界石，在山顶上，此山一面向小坑河尾，一面向马双河；

两国公立第二十一号界石，在马双河汊沟，此汊沟向西；

两国公立第二十二号界石，在青龙岭顶此岭高八百四十三密达；

第二十三号界石，立在青龙岭披劳河之右边；

第二十四号界石，立在披劳之西南，此石离披劳一百八十密达；

第二十五号界石，立在那劳、洞谟河三汊沟边；

第二十六号界石，立在洞谟河之右边小山坡上高二百九十密达，离越南营叫村之西四百密达；

第二十七号界石，立在越南洞批村之北，相离洞批七百二十密达，近峒中；

第二十八号界石，立在洞谟、那沙河口，在洞谟河之东；

第二十九号界石，立在那沙村之东南，相离那沙三百八十密达；

第三十号界石，立在中国那舍村之西，离那舍一百密达；

第三十一号界石，立在中国洞舍村之西，相离洞舍一百二十密达；

第三十二号界石，立在三汊沟左边，以左边小沟为界，此小沟离界石六十密达，在呈祥村之东南；

第三十三号界石，立在术晳村即惟胆村三汊沟之左边，此沟直下通那沙河。

越南：

第十一号界石，立在嘉隆支河右边；

第十二号界石，立在对那浪；

第十三号界石，立在中国三左扎营处之东南，在大峒田平地之北；

第十四号界石，立在嘉隆支河之上，相对有两汊沟，一向西南，一向西北，名那流沟；

第十五号界石，立在嘉隆支河之上文笃汊沟之西；

第十六号界石，立在嘉隆支河之上汊沟山坡上，在安排村之东南；

两国公立第十七号界石，在大坑尾河东之山坡上，离坑怀岭东南一千密达；

两国公立第十八号界石，立在大坑尾河西边之山坡上；

两国公立第十九号界石，立在小坑尾河东边之山坡上；

两国公立第二十号界石，立在山顶上，此山一面向小坑尾河，一面向马双河；

两国公立第二十一号界石，立在马双河北边，此河有一汊沟向西；

两国公立第二十二号界石，立在青龙岭顶此岭高八百四十三密达；

第二十三号界石，立在青龙岭下之西北披劳河边；

第二十四号界石，立在披劳河左边三汊沟之山坡上，此山坡在披劳沟之左；

第二十五号界石，立在披劳河边，中国姑漂村之南；

第二十六号界石，立在菊莅村之北，相离左边汉河三百六十密达；

第二十七号界石，立在那蒲村之东南，相离那蒲二百四十密达；

第二十八号界石，立在本岑村之东北，相离本岑三百六十密达；

第二十九号界石，立在洞谟、那沙河北边之山坡上；

第三十号界石，立在那沙村之东南，相离那沙六十密达；

两国公立第三十一号界石，在呈祥村之东，离呈祥六百六十密达；

两国公立第三十二号界石，在呈祥村西北之山上，此山高六百七十五密达离呈祥一千一百六十密达；

两国公立第三十三号界石，在两山之中，一山高七百四十六密达，一山高七百五十密达，离北冈隘山坳之南三百四十密达。

大清光绪十九年十一月二十二日，西历一千八百九十三年十二月二十九日，在横谟议立华文、法文各两本，地图两张，两国各存华文、法文各一本，地图一张，又各存小地图一张。将来如有争议，以法文为凭。

大清国立界总办·补用府·钦州直隶正堂李受彤押。

立界委员·即补直隶州·防城县正堂陈文埒押。

立界洋务委员·甘肃即补通判张懋德押。

中法桂越界约

大清光绪二十年五月十六日，西历一千八百九十四年五月十九日，中国勘界委员、法国勘界委员在龙州道署会齐，将广西与越南界图共有二百零七块界石勘过立约。

由平而关东第壹号至吞仓山第陆拾柒号止，此由西至东。

界石号数	界石所泐地名	界石立于何处
一号	陌赠岭	
二号	角怀岭	
三号	平公外栅	
四号	滚马岭	
五号	亢英外栅	
六号	攻官岭	
七号	绢村外栅	
八号	岜米外栅	
九号	杨村外栅	
十号	岜口外栅	
十一号	那漂岭	

界石号数	界石所泐地名	界石立于何处
十二号	山子外栅	
十三号	渌黎岭脚	即熙字营炮台岭脚
十四号	那卒岭	按：东界为向署道万鑅会同法使＜法＞兰亭堪时未经注明。
十五号	咘沙外栅	
十六号	弄摇外栅	
十七号	叫稼山	
十八号	镇南关外	
十九号	馗郎岭	
二十号	湮些岭	
二一号	坤隆外栅	
二二号	扣渠岭	
二三号	闸门外栅	
二四号	派平岭	
二五号	板漂外栅	
二六号	法卡山	
二七号	埔帘作敏山	
二八号	那摩岭	
二九号	三色山	
三十号	扣山外栅	
三一号	枯麻柳丝岭	
三二号	枯讲路口	
三三号	美目山	
三四号	金岗山	
三五号	板宙外栅	
三六号	同户外栅	
三七号	那录山	
三八号	馗下外栅	
三九号	罗农山	
四十号	那支外栅	
四一号	六荣山	
四二号	公母山	

界石号数	界石所泐地名	界石立于何处
四三号	馗泥山	
四四号	隘店外栅	
四五号	埔门山	
四六号	礼由山	
四七号	石碑山	
四八号	同等外栅	
四九号	鳄侯山	
五十号	交蛙山	
五一号	脂还山	
五二号	交批山	
五三号	枯华山	
五四号	坡内山	
五五号	埔河山	
五六号	白盛山	
五七号	岽门山	
五八号	叫号山	
五九号	北达山	
六十号	交排山	
六一号	派迁山	
六二号	派迁山	
六三号	葵隆山	
六四号	高桐山	
六五号	对稔山	
六六号	北岗山	
六七号	吞仓山	

由平而关东第一号至各达村第一百四十号止，此下由东至西。

界石号数	界石所泐地名	界石立于何处
一号	叫册岭	立石山岭对平而关路南越陌栏村
二号	浍栏村	立石在村对河山大路左
三号	湧禁岭	立石岭顶路通越荷黄村
四号	陌嘚村	立石村后岭顶

界石号数	界石所泐地名	界石立于何处
五号	接龙岭	立石壕外左边山脚路通越那匡村
六号	伏波山	立石伏波山界外下路出越板古村
七号	潓门岭	立石岭顶中浍常村右边
八号	拱天岭	立石界外水边
九号	送昔岭	立石岭顶界外
十号	井梱岭	立石界外路边左路出越泼淰村
十一号	浍刀卡	立石卡口岭界外路边
十二号	谷隆岭	立石界外路左
十三号	潓来岭	立石在界外
十四号	菊那卡	立石在卡外右外河边扣梅岭南向
十五号	扣梅岭	立石在岭顶居中
十六号	扣梅北	立石在扣梅岭脚北向
十七号	峺花隘	立石在隘口山栅栏外路通越艽葑
十八号	陇魔卡	立石在岜底山有小路出越那安村
十九号	陇鹤卡	立石在界外越岜昔村路口
二十号	峺口山	立石弄委卡界外左边
二一号	咘喝隘	立石关栅外二里半越那赖墟路口
二二号	陇乞山	立石山坳外栅栏口路通越陇楼村
二三号	潓从村	立石在潓从大路中近瓦窑
又二三号	潓从对河	又立石在对河过大路中并共写二十三号
二四号	岜匡村	立石在河边界外近中捧村隘
二五号	合石隘	立石在河边界外近中峒桂墟
二六号	陇茗隘	立石隘房外七里界外山脚左边
二七号	板昭山	立石在界外山脚右边有法营
二八号	那荷隘	石立隘房后山顶左边小河
二九号	那排山	立石山后河边
三十号	板本河	立石河边左山脚
三一号	谷宿村	立石村外闸门
三二号	笥村隘	立石栅外三十二步
三三号	岜 德	在山岭中龙南隘口上
三四号	潓敏	在隘口中离村有二百五梅得利

界石号数	界石所泐地名	界石立于何处
三五号	陇禄	在山岭中分陇禄司陇岸
三六号	峺汤隘	在山岭中石墙前十梅得利
三七号	凌蘗隘	在山隘中石墙前十梅得利
三八号	陇纯隘	在山谷中二十五梅得利石山前离几士村有五百梅得利
三九号	峺疾隘	在山岭中离防疾村三百梅得利
四十号	峺重隘	在山岭中离防疾村三百梅得利
四一号	陇坛	在防坛离路往陇院至防坛南边二十五梅得利
四二号	陇域	在河边离陇无村五百梅得利
四三号	峺岗隘	在山岭中离防陪村五百梅得利
四四号	孔村隘	在山岭中分陇里同哥梅村
四五号	淰多隘	在山岭中分陇反同陇炎村
四六号	�荷山	立在山脚有小路往越
四七号	峺汤口	立在陇黄村口陇汤路立排十步
四八号	底墩隘	立在右边山脚大路往归顺州
四九号	板眉隘	立在河边至里板村半里有大路往归顺州近弄光墟
五十号	下骨隘	立在弄光墟河边大路往归顺州
五一号	峺旁隘	在立河边至骨村三里
五二号	口峺隘	立在隘房门外五步河边处
五三号	陌峨口	立在大路左边有树木右边大石山
五四号	陇会山	立在山脚前大路对面越板门村
五五号	陇内山	立在小路口有路出入吞等陇岭
五六号	吞等隘	立在左边山五步小路往陇红吞等
五七号	陇芘隘	立在排闸外十步有路至逐梗村
五八号	陇通山	立在小石山口四步
五九号	驮也界	立在山口树木有小路不能往来
六十号	陇淰口	立在峺口排闸外树木有小路往越陇淰村
六一号	陇窝山	立在峺口石灰窑有小路不能往来
六二号	峺平卡	立在卡外五步
六三号	啼透村	立在左边土山脚有小水
六四号	陇楼山	立在坪地至越陇楼村一里
六五号	屯军山	立在土山顶壕外五步

界石号数	界石所沥地名	界石立于何处
六六号	枯架上	立在左边排闸外二十步
六七号	枯架中	立在右边排闸外大路口
六八号	枯架下	立在峺口外有树木
六九号	陇英卡	立有排闸外半山
七十号	峺禁口	立在峺口外山有小路不能往来
七一号	峺汉口	立在排闸外二十五步
七二号	峺怀隘	立在排闸十五步左边
七三号	打凌卡	立在排闸外二十步有路出入
七四号	频峒隘	立在闸门外河边十五步两条界石共写一号
七五号	枯枝口	立在峺口处离旧闸十五里有路往越陇浛村
七六号	枯敏山	立在排闸外十步
七七号	枯搬山	立在排闸外七步
七八号	枯庞卡	立石在排闸外左边二十五步
七九号	黄炮山	立在排闸外五步
八十号	磨弄山	立在排闸外左边山二十步
八一号	弄隘卡	立在排闸外五步
八二号	叫贵口	立在排闸外二十步
八三号	叫陌啼	立在外闸三步
八四号	陇那界	立在排外二十步峺口山中
八五号	陇送界	立在峺口外山有竹木
八六号	打逻卡	立在左边山四步
八七号	吞棚卡	立在左边山二十步
八八号	陌嘈隘	立在水边闸外五步
八九号	弄江卡	立在排闸外十五步
九十号	陇勿山	立在右边山排闸外
九一号	私口山	立在峺外闸有树木处
九二号	陇梅山	立在排闸外田边
九三号	法屯岭	立在排闸外山脚六十步路出越熙村
九四号	金龟口	龙那隘路出安南大岭
九五号	四邦岭	四邦隘离岭界石八里在路口出大岭
九六号	巨龙岭	立石在路口出安南大岭

界石号数	界石所泐地名	界石立于何处
九七号	陇葵山	立石在界口内弄那村路出安南水沟
九八号	陇陈山	立石在界口内陇陈村小路外安南咟峺村
九九号	坤壬山	立石在界口内坤壬村路出外安南那峺村
一百号	琴伦山	立石在界山口内陇陈村路出安南琴伦村
一百零一号	陇怀山	立石在界山口内陇怀村路出外弄村
一百零二号	陇怀卡	立石在界山口内陇怀村路出安南弄部村
一百零三号	大龙山	立石在界山口内大龙村路出安南葛杨村
一百零四号	那廪隘	立石离隘约五百余步界口立石内那廪路出安南得标村
一百零五号	那廪卡	立石在界口内那廪村路出安南百哈村
一百零六号	弄带山	立石在界口内凌旺卡路出外安南念生村
一百零七号	德业卡	立石在界口内弄怀凌旺村路出外安南葛达村
一百零八号	凌条山	立石在岭上内葛麻墟转弄篷平三里路
一百零九号	平郤岭	立石在界岭口内弄篷村
一百一十号	平郤岭	立石在山口内平郤村路出外安南
一百一十一号	弄峺山	立石在界山口弄峺村外安南那弄村
一百一十二号	弄平岭	立石在土岭界口内三里弄平村外石山安南弄文村
一百一十三号	后龙山	立石外山脚界后龙路外那沙村
一百一十四号	平孟隘口	立石在田界外三路左去那沙右往朔伦中走朔红
一百一十五号	坡利岭	立石在岭内田外田内坡利村外路朔伦
一百一十六号	魁来岭	立石在岭界外无路
一百一十七号	魁来卡	立石在岭离前界石距一里转左内百峺村外无路
一百一十八号	弄木岭	立石在大山中界内魁劳村外无路
一百一十九号	枯支隘	立石在界栅外右水沟内魁基村外安南咘介
一百二十号	通天卡	立石在卡外离枯支隘距二里内弄托外路咘介
一百二十一号	弄替山	立石在界栅外内弄替村外安南路通
一百二十二号	盎烟山	立石在界山口内念井村路出外安南
一百二十三号	洗马山	立石在界山口内路进念井山外路安南
一百二十四号	下青山	立石在界山口外路进平竹村外路安南
一百二十五号	上青山	立石在界山口外路平竹村外路安南
一百二十六号	梅林山	立石在界山口外路进梅林村外出南安
一百二十七号	弄蒙山	立石在界山口外路谷赖内路弄蒙村

界石号数	界石所泐地名	界石立于何处
一百二十八号	剥淰隘	立石在界山口外路安南右水沟内剥淰汛
一百二十九号	荀匡隘	立石在界口离荀匡村距二里路出安南有小沟水
一百三十号	弄落山	立石在路口界石山刻字离内弄落排栅距约四里外安南
一百三十一号	郎仑山	立石在郎仑山脚界口外路安南已界线土岭路立石
一百三十二号	剥堪隘	立石在界岭路内有营防外安南无路
一百三十三号	坡江子隘	立石在界岭边路内坡江村外路安南
一百三十四号	剥　堪	立石在界路内在汛营防外安南
一百三十五号	马　卡	立石在汛防外路去白怀大隘外排栅安南
一百三十六号	白怀大隘	立石在界山边右边有小水路出外安南
一百三十七号	谷松山	立石在山栅口外路通安南内路进谷松村
一百三十八号	鸭脚山	立石在石山栅外路通弄兰村内路进鸭脚村
一百三十九号	龙包山	立石在石山刻字内龙包卡外路安南弄兰村
一百四十号	各达村	立石在石山刻字内各达村外安南弄兰村右水沟

所有各处立石处所，面同详阅，注明画押，计画押文件共四分。各处立石，每石均泐号记，并经两国委员眼同监立。自本日画押为始，自后如有更动界石之处，必须两国公同商允，然后可行，不得擅行更改此订。

大清国督办广西界务·二品顶戴·广西太平思顺道·镇南关监督蔡希邠。

翻译委员·从九品张传俊。

大法国督办界务·五画官·越南谅山第三道总督格依鹗厘。

帮办界务·四画官·帮办越南第一二道总督法明。

大清国光绪二十年五月十六日，大法国西历一千八百九十四年六月十九日。

直督李鸿章致总署袁电韩东学党煽乱请派兵船相助已照办电

阅兵小站，接袁道电：韩全罗道泰仁县有东学党数千，聚众煽乱，现派洪启勋带兵往捕，求调驻防仁川之平远兵船，分载韩兵，赴格浦海口登岸，聊助声势，袁并派武弁，带兵役，随往照料等语，已电海军提督照办。

四月初四日

鄂督张之洞致总署德商在汉建火油池事请向德使驳阻电

微电奉到。德商拟在汉口建火油池一节，先有所闻，即饬关道阻止，并饬汉阳府县，于买地时，严查影射。据英、俄领事皆力言，此系有益无害之事，美领事照复不置可否，独德领事无复文。刻未兴工，拟在何地，亦查无端倪。现在设法严防，所买之地，尚可无虑，惟从前洋人在汉口买地甚多，势难一一返退。如查有兴工信息，自当力阻。惟恳钧署及早向德使折驳阻止，令勿援上海成案，庶或有济。

四月十六日

直督李鸿章致总署与英领议沪火油池防患章程电

先接沪道电，与英领事议油池防患章程八条，内第二条，英领事奉欧使电示，不允。鸿适在威海、烟台，迭晤英参赞，令其转致欧使，必须照准。二十日，接欧信：酌改第二条之油池，现上海浦东一处暂行通融办理，以后他处均不得援此办法为例。如欲仿办，必须先绘图，禀请本管领事官，照会关道，查明于地方居民有无险害，由关道照会领事，一面禀报总署，知会驻京钦差大臣，以便饬知领事官照办。如与地方居民并无险害，中国不得以诸难相阻等语。此较领事所提，较为周妥，欧已电知英使照办。鸿主电行商会照改，即画押具报。欧已松口，应乘机与之定议，免迟疑生枝节。

四月二十二日

直督李鸿章致总署袁电日员询韩外署华兵船到韩意欲何为电

袁道电：当平远送兵去后，日员询韩外署：平远去何为？韩答以借送韩兵。又询：华兵下岸否？答以不定。日员云：倘下岸，须按乙酉约知照。答以既有约，应由华知照，非韩所知等语。日人意在知照，亦无派兵之说云。

四月二十二日

总署奏议复珲春越垦韩民地亩收还后办法折

总理各国事务庆亲王奕劻等奏，为遵旨会议具奏事。

窃臣等准军机处钞交吉林将军长顺等奏，珲春图们江北岸，收还朝鲜流民越垦地亩，派员清丈，并将垦民立社编甲，照例升科，设局抚垦一折，本年三月十九日奉旨：该衙门议奏。钦此。查原奏内称：光绪十五年间，请将珲春境内朝鲜越垦流民入籍为氓，经总理衙门议准试办。计自十六年三月起，至十七年七月止，所有沿江一带，并黑顶子等处越垦地亩，均已一律丈竣，统建镇远、宁远、绥远、安远等四大堡，分三十九社，收抚垦民四千三百八户，丁口二万八百九十九人，丈报垦熟地一万五千四百四十二晌七亩六分，岁征大租银二千七百七十九两有奇。惟沿江千里新附之民，如照原议分归珲春、敦化旗民各署管辖，诚恐鞭长莫及。设局抚垦，亦可暂而不可常。能否于适中地方，设官分治，再当体察情形，奏明办理。

臣等溯查，朝鲜流民，占垦吉林边地，光绪七年，经前吉林将军铭安、督办边防事宜吴大澂奏准，将该流民查明户籍，分归珲春及敦化县管辖。嗣因朝鲜国王恳请迁还流民，咨申礼部转奏，经该将军等奏准，予限一年，由该国地方官设法悉数收回。旋因限期届满，该国仍不将流民迁还。复经前吉林将军希元咨，由总理衙门奏准，派员勘界。乃该国勘员李重夏，于茂山以上图们江发源地方，偏执己见，两次会勘，未能定议。接任将军长顺，以朝鲜越垦流民终难迁还，未便因勘界未定置为缓图，奏垦于无关勘界处所，先行派员清丈，编甲升科，以期相安。复经总理衙门议复，请旨饬下该将军，遴派贤员，将清丈、升科各事宜，妥为经理，奏明试办。诚以韩民越垦年久，庐墓相望，若必迫令迁还，不特数千户流民失业无依，情实可悯，且恐该国无地安插，或致别滋事端。朝廷覆育藩封，代谋安集，正以绥其疆土，非以利其人民。现既经该将军等派员将沿江一带一律丈竣，按则升科，办理尚属妥协。新附各户，暂行设局抚垦。应请饬下该将军，转饬局员，加意抚绥，务令各安生业，以慰流氓向慕之心。将来应否于适中之处设官分治，亦由该将军随时体察情形，奏明核办。

原奏又称，该垦民等应按通省章程，每晌交纳大小租银共一钱九分八厘一节，户部查吉林省征收地租向章，每一晌征大租钱六百文，小租钱六十文，大租抵充饷需，小租作为征租人役工食。光绪十年十二月，前将军希元奏请改征银款，每晌向征大租钱六百文者，改为大租银一钱八分，小租钱六十文者，改为小租银一分八厘，经臣部议准在案。兹据该将军奏称：珲春图们江北岸收还朝鲜流民越垦地亩，派员清丈，立社编甲，计收抚垦民四千三百八户，丁口二万八百九十九人，报垦熟地一万五千四百四十二晌七亩六分，岁征大租银二千七百七十九两有奇，该垦民等于光绪十七年按通省章程交纳等语。臣等查，韩民越垦地亩，既据该将军派员丈竣，并声明于光绪十七年按通省章程交纳，查核应征银数相符，应令即饬委员按年征完，解省抵饷，并将各花户造具清册，报部备查。谨奏。

光绪二十年四月二十四日奉朱批：依议。

直督李鸿章致总署袁电瑞士国拟与韩议约电

袁电：俄使韦贝因俄廷来电派代员，误称日前船不便，须俟下月初间赴北京。再，瑞士国驻俄参赞来韩，闻拟与韩议约云。

四月二十五日

沪道龚照瑗致总署报由南坎至八幕经过地名电

薛使二十三起程，外部接印度电，由南坎至八幕之道，经过南隆、孟隆、蛮绥三处村庄云。

四月二十五日

总署致王文韶英外部谓借路事俟换约后再议电

前接电，即转薛使，得复，英外部谓，借路一事，可俟换约后再议。其经旧路方位，已电询印督。昨接龚电，外部据印复文，由南坎至八幕，经过南隆、孟隆、蛮绥三处村庄云。

四月二十五日

直督李鸿章致总署袁电韩被乱党战败韩王拟求我代剿嗣惑人言又复迟疑电　二件

袁道屡电：韩兵败，械被夺，韩各军均破胆。昨、今商派京及平壤兵二千人分往堵剿。王以兵少不能加派，且不可恃为词，议求华遣兵代剿。韩归华保护，其内乱不能自了，求华代剿，自为上国体面，未便固却。顷，已嘱：如必须华兵，可由政府具文，来即代转，电请宪核办等语。如不允，他国人必有乐为之者，将置华于何地，自为必不可却之举。待其文至，应请转总署，电饬驻日汪星使，照约行文日外部，告以由韩所请，乙酉约，华、日派兵，只先行文知照，初无华派、日亦派之文。日如多事，似不过藉保护使馆为名，调兵百余名来汉。然匪距汉尚远，日兵来，反骚动。韩外署应驳阻，各洋员尤不愿日先自扰。顷，日译员郑永邦以其使命来询匪情，并谓：匪久扰，大损商务，诸多可虑，韩人必不能了，愈久愈难办，贵政府何不速代韩戡乱云？凯答：韩廷亦有此请，我政府冀其习战自强，尚未核准，并探询以乙酉约，我如派兵，应由何处知照。郑答：由总署、北洋均可，我政府必无他意等语。鸿现候朝鲜政府文转到，拟派叶提督选带精队千数百，乘商轮速往，并派海军四舰，赴仁川、釜山各口援护。一面电知汪使，知照日外部，以符前约。容部署定，再续陈。可否代奏？

四月二十九日

袁道本日电：闻昨有宵小告王，韩草寇不能自办，遽请华兵代剿，贻各国笑，重百姓怨，且恐日人生事，应缓请华兵，先选将，再战。王因惑，现已简老将李元会，率平壤及京兵六百人，迅赴公州迎剿云。是其请兵之说，尚在迟疑。

四月三十日

总署致李鸿章派兵援韩希先期筹备电

二十九三电均进呈。尊处拟派兵队、海舰，希先期饬备齐楚〔整〕，以便临时遄发。

四月三十日

直督李鸿章致总署袁电韩请兵文已缮就俟匪北窜始请代剿电 二件

袁道二十九电：顷，韩廷遣使来告，请兵文昨已缮就，因得洪报，计今日可与匪遇，姑稍候，俟续报，倘再败，即送云。

四月三十日

袁道本日电：午间，韩廷接公州探电，谓匪有南窜意，仍冀匪自远飏，故政府文尚未送到，似须得北窜确音，始请代剿，姑待云云。

四月三十日

清季外交史料卷九十终

清季外交史料卷九十一

光绪二十年五月

鄂督张之洞致总署麻城县揭帖已严禁断难传教电

沁电谨悉。麻城县宋埠揭帖事，接各领事照会，已札地方官严密查禁收毁。洋人现无往宋埠信息。该处人民，恐再有去年之案，故预为齐团，自行约禁，非恫喝洋人也。此事只可密切谕禁，不能操之过急，反激事端。麻城情形，断难传教。故上年与瑞典柏领事切商，二十个月后，如有不能去情形，当由关道照会阻止，柏领事已允。如有他国教士欲往，自当援案劝阻。近日法国教士欲往黄陂县北乡传教，民间大扰，情形甚险，照会领事，拦阻勿往，幸已听允。丹国教士路化中北平曾在黄州生事，现又欲赴黄州府城传教，亦经照会领事切阻，未复，或可缓准。此外，南北两省妨传教，因办茶常有枝节，络绎不绝，此间洋务棘手，事甚多，未便一一琐渎耳。总之，揭帖动招洋人口舌，诚属无谓。在职固必应查禁，然教士怵于众怒，尚可稍听劝阻，或可少生事端。不然，教堂愈多，断难保处处洋人无恙。如再出巨案，各国必增加条约，发自行保护之妄论，愈难措手矣！谨密陈。

五月初二日

直督李鸿章致枢垣袁电韩请兵剿乱已派舰赴援电

袁世凯电：顷，准韩政府文开，案照敝邦全罗道所辖之泰仁、古阜等县民习凶悍，素称难治，近月来，附串东学教匪，聚众万余人，攻陷县邑十余处，今又北窜，陷全州省治，前经练军往剿而败。似此久扰，殊为可虑。况距汉城仅四百数十里，如再任其北窜，恐畿辅骚动。而敝邦新练各军，现数仅可护卫都会，且未经战阵，殊难用以殄除凶寇。倘滋蔓日久，其所以遗忧于中朝者实多。查壬午、甲午〔甲申〕敝邦两次内乱，咸赖中朝兵士代为勘定。兹拟援案，请烦贵总理迅即电恳北洋大臣，酌遣数队速来代剿，并可使敝邦各将随习军务，为将来捍卫之计。一俟悍匪挫殄，即请撤回，自不敢渎请留防，致天兵久劳于外也。并请总理妥速筹助，以济急迫等语。鸿章已饬丁汝昌，派海军济远、扬威二舰，赴仁川、汉城护商，并调直隶提督叶志超，率同太原镇总兵聂士成，选派淮军训练劲旅一千五百名，配齐军装，分坐招商轮船，先后进发。一面电驻日本汪使凤藻，知照日外部，以符前约。请代奏。

五月初二日

直督李鸿章致总署汪凤藻电韩未请日派兵日已派往祈妥商电　二件

汪使电：韩寇警急，日令大鸟圭介带捕二十名立赴韩，并添调一舰护商云。

五月初三日

汪使电：闻日议派兵赴韩，曾否与钧处商洽，祈示。

当复以韩未请日派兵，日不应派。若以使馆护商为词，究有限。且汉城尚安静无事，祈与妥商之。

五月初三日

直督李鸿章致总署准韩请派兵保护已电汪使知照又日本不认韩为我属邦电　三件

顷，电汪使云：查光绪十一年《中日议定专条》内云，将来朝鲜如有变乱事件，中国要派兵，应先行文知照，事定仍即撤回等语。本大臣今接朝鲜政府文开：全罗道民变，本国兵力不及，请我中国发兵代剿等语。本大臣览其请词迫切，派兵援助，乃我朝保护属邦旧例，用是奏奉谕旨，派兵前往，一俟事竣，仍即撤回。合恳照约，行文知照云云。

五月初三日

汪使电：奉电已遵即行文。顷，晤外部云，派兵护商，事非得已，业电令彼使知照总署，并切戒大鸟及统将，严束兵士，毋生事端，请中国亦严切申戒云。惟因文内属邦二字，大费辩论。彼欲使馆商请酌改，已正词拒之，意犹未解，祈裁示。鸿复以文内我朝保护属邦旧例，天下各国皆知，日本即不认朝鲜为中属，而我行我法，未便自乱其例，固不关日本之认与否，碍难酌改云。

五月初三日

密。汪使鱼电：外务仅以伊政府未必视朝鲜为中属，照复收件，不复请改。闻日派三千余兵已陆续发，确数难探云。

五月初七日

直督李鸿章致总署袁电俄使询派兵事答以韩请并叶志超军驻牙山日兵至汉城仁川电 七件

袁道江电：顷，俄署使克露培来，问，华兵来，由韩请，抑自派？答以韩请。又谓：韩民无罪，皆由官苛虐。答以始由官办理不得法，然杀王所遣招抚之宣传官三人，焚掠毁城，又焚毁王祖庙，罪甚大。克云：然则罪自不可宥。鸿即复以韩请我派兵助剿，此乃上国保护属邦老例，俟事竣，华兵即回，与俄无涉，不必过问。俄若再来诘问，可直告之。

五月初四日

袁道支电：顷，英员嘉托玛来称，奉欧使函称，悉日俄乘机生事，令玛面见韩王，请饬闵氏毋虐民。已告以毋过虑，亦无多事。再，日署使杉村近湖惊惶自扰，故各国均疑之，谣言颇多。大鸟来，或稍镇静。剿匪非难，惟各国人狡黠百出，殊难防范云。

五月初五日

袁道电：顷，外署送来日署使函，告大鸟于初七早随带水师兵三百名，由陆来汉。已属韩复函阻止，恐未必能听。又探，仁川电称，日兵三百，炮四尊，顷上岸，一二日同大鸟赴汉。再，闻水兵明日亦派一百二十五名同往。又丁提督龙镇拟即附二小轮暂赴牙山，察看叶志超兵驻处即回。设须水兵上岸，已商方伯谦，派巡查刘登龙带往汉城云。

五月初六日

袁道虞电：顷，据仁川电称，昨夜日兵下岸，前后共约四百五十名。今早四点，大鸟带兵四百，由陆赴汉，分五十名带炮四尊，由顺明小轮赴汉。又韩使金思纯自日电称，往问日廷，答由华照会出兵，须待大鸟来电议妥。似大鸟来汉，必有挟议。韩人日间惊恐，必将无所不从云。

五月初七日

袁道虞戌电：日使大鸟率枪队三百、巡捕四十，刻来汉。合已入者，为四百数十人。又据仁川电，法船亦派兵四十名来汉云。

五月初八日

叶提督初八早到韩洪州所属内岛海面停轮，须换驳船，水路七十里至白石浦，再起旱十里至牙山。聂镇已先坐驳船前去，留待其船云。

五月初八日

袁道电：有华人自仁川来者称，沿途各要害三四处，有日兵百余或数十在彼驻扎，华人经过，均搜查。大鸟由仁至汉，日兵近千名云。

五月初九日

总署致李鸿章日使照称派兵至韩情形请查示并探大鸟到汉城如何开议电　二件

密。新、江、豪、支、歌各电，均悉。本日，日署使文称：奉政府札，朝鲜现有变乱，拟派一队兵，照约行文知照等因。本署复以日兵但为使领两署及商民保护，无须多派，更不宜入内地，嘱令转达日政府。究竟日队数目及抵韩情形，希随时查示。袁道欲韩督办嘱各国助诘日兵至汉城，能办到否？均乞电复。以后同日来电，祈注时刻。

五月初八日

日乘韩内乱，以兵挟议，又托言由华照会出兵，阴鸷极矣！大鸟到汉，如何开议，请饬袁道探报。此事韦贝既局外间评，黎仙得复来干预，韩廷总宜坚持定见，庶易收束。

五月初八日

使英薛福成奏新订滇缅条约须派领事驻仰光拟拣补折

出使英、法、义、比国大臣薛福成奏，为新订滇缅条约，中国须派领事官驻扎仰光，拟拣员充补事。

窃臣遵旨与英国外部议定《滇缅界务商务条约》二十款，前经缕陈梗概，并派员赍送总署在案。查此约第十三条，中国派领事官一员驻扎仰光，英国派领事官一员驻扎蛮允，彼此各享权利，与相待最优之国相同等语。臣尝谓，酌设领事，所费无多，而收效甚速，曾迭次统筹全局，仰蒙圣明鉴纳。英属仰光一埠，上通新街，以接滇边，下联新嘉坡、槟榔屿等处，形势最关紧要，商务亦互相贯输。此处向有华民四五万人，而滇省商民之散处缅甸各口者，亦复不少。迩年以来，臣屡接滇商公禀，谓中国无员驻缅保护，商民受损非浅，吁请筹设领事，以保权利。上年三月，臣接滇督王文韶电称，仰光如设领事，滇人之福，倘有机缘，可由臣主稿，会衔具奏等语。王文韶身膺疆寄，默察舆情，似于添设领事一端，望之甚殷。向来欧洲各国狃于故常，摈中国于公法之外。华民散布南洋各岛者数百万，中国每欲设一领事，彼辄以全力阻挠，致利源有外溢之虞，政柄有旁挠之虑。此次商议条约，英人初冀于永昌、顺宁两府各设领事，又议在云南省城添设领事，皆为臣所坚拒，仅许在腾越所属之蛮允设一领事，而我亦设仰光领事以相抵。按照第十三条约语，中国领事可与彼仰光巡抚平行，其权盖不仅照料仰光华民，所有阿瓦、莽达拉、新街等处华民，亦可兼归保护。臣曾向英外部申论及之。窃思此约蒙皇上批准互换之后，彼必迅派蛮允领事，经营商务。万一仰光领事遴选稍迟，恐致落后，将来我设领事，彼虽碍于约章，不能阻拒，然或隐为留难，或微示贬损，皆势所难免。要不若同时并设，可以互相援照，互相抵制，彼亦自无异意。臣是以不敢不预为筹及也。查有补用道左秉隆，精通英语，熟谙交涉，应付各事，刚柔得中，前在新嘉坡领事任内十年，为英人所信服，如派为仰光领事，必于创办规模大有裨益。臣交卸在迩，倘蒙恩旨俞允，则酌拟经费，添派随员，斟酌准照，皆新任使臣龚照瑗应办之事。臣亦必将事之原委详告龚照瑗也。谨奏。

光绪二十年五月初九日奉朱批：该衙门知道。

直督李鸿章致总署袁道电朝鲜兵到匪逃韩惧日驻兵求设法拟俟该道与大鸟议妥撤兵再酌办电　三件

袁道电：官兵一到全州，匪逃去。韩王遣人来谢，云：刻饬我军分防，可以不劳天兵久驻，惟日兵驻京，上下恐惧，求中国设法，令速去。凯告以电请中堂酌办。汉城无事，全州已复，日尚添兵，何意？已电汪使，向外部诘之。

五月初十日

袁道电：顷，大鸟来谒，谓，此兵实护馆而来，并相机帮韩御匪。凯婉与商办，相订今到仁川之八百兵，来汉暂驻，即撤现在汉之水师兵，候八百到即回船，续来者勿登岸，原船回日，未发者，即电阻，华亦不加派兵来汉。凯询大鸟以十四船载兵若干，答：每大队八百，共六队。凯谓：韩事已渐平，我兵拟早撤，以免滋疑。惟闻日遣大兵，且将加兵前来。因相防必生嫌，倘驻韩西人伺隙播弄，或西人亦有来兵候隙渔利，不但韩危，在华、日亦必有损。华、日睦，亚局可保。倘生嫌，徒自害。我辈奉使，应统筹全局，以利国，岂可效武夫幸事？我深知必无利，故尚未调一兵来汉。大鸟答：甚是，我年逾六旬，讵愿生事，即电阻后来各船。凯又劝令少驻汉兵，分留仁川。大鸟答：我国原派实不止八百，况一队一将未便分驻仁川。韩匪闻贵军至，虽逃散，兵仍未解，待事定，即令撤。大鸟又云：闻华发兵两千，将来汉。如然，恐彼此撤去又需时。凯答：我朝闻尔遣大兵，或将加兵来汉，果如能阻续来兵，我亦可电止加派。大岛云：我二人即约定，我除八百外，尽阻之，尔亦电止华加兵。我二人在此，必可推诚商办云。鸿本拟添派，接袁电即止，并电属叶、聂，暂驻公州、牙山，确探全州一带贼情，再审进止。

五月初十日

韩军既分投剿捕，彼又函求我兵勿进。人地生疏，山径丛杂，若无向导，玉石难分，似难冒然深入。叶、聂仍驻牙山，候袁道与大鸟妥议撤法，再行酌办。倘日留兵，彼留若干，我亦应留若干，与之相持。此时防日较重于防匪也。承询韩、日从前定约，查光绪十年十二月朝鲜国王奏谢折内附钞日本续约第五条，注云：日本使馆置兵弁若干名备警，若朝鲜兵民守律，一年后不妨撤去等语。是以十一年三月，伊藤来华会议彼此尽数撤回，以免两国滋疑。恐日复申前约，则彼此均应酌留。而前约事定，仍即撤回，不再留防之案，又成虚设。

五月十一日

总署致李鸿章请令袁道商日使同时撤兵饬叶志超等剿匪电

初八、九日共九电，均悉。昨拟电饬叶、聂，探明贼踪所去，实力剿捕。再令袁道与日使坚订同时撤兵。如彼延宕不去，则我兵仍前常驻，更属理直。此电尚未发，又接蒸二电。袁道与大鸟所论，甚中窍要。将来同时撤兵，或可不至掣肘。惟匪党虽散，未受惩创，恐兵退又起，更费周折，必须饬叶、聂确探匪踪，设法剿捕。倘能擒斩首要各犯，俾真知震慑，方免后患。统希裁酌转电。此次日兵径抵汉城，究与韩日定约是否相符？如尊处有此约本，望即寄。

五月十一日

直督李鸿章致总署汪使电日增兵胁和欲革韩政已请英俄两使商日照约撤兵电　三件

汪使电：闻日派兵增至五千余，意叵测。并闻欲更革韩政云。

五月十三日

日领事来，述陆奥电知大略三端：一、拟日军与我军会剿韩贼；二、两国派员整理更革韩政及税务；三、两国派员弁教练韩军，使其自能靖乱。已商由汪凤藻请示鸿章，鸿章即电汪，以韩乱已平，我军不必进剿，日军更无会剿之理。乙酉伊藤与我订约，事定撤回。又《日韩条约》认韩自主，尤无干预内政之权，均难于约外另商办法，请直截回复云。

五月十四日

密。汪使蒸电：遵电面询伊藤。据称，恐韩乱亟，道远接应难，故派兵稍多，然连军需止十艘云。言外有留兵代议善后意，经力阻，始允俟乱定彼此撤兵。随后当与钧处妥商办理，属致意。据韩使云，接王电，初八日，贼剿灭，确否？

五月十四日

直督李鸿章致枢垣袁电日兵驻仁川租界英俄两使来晤托其劝日撤兵电 四件

袁道电：日至仁川兵四千余，分驻各国租界。英员诘之，亦不理云。

五月十五日

袁道电：正与大鸟商，日军已到汉千名，撤四分之三，留二百五十驻仁川；华撤五分之四，留四百移驻仁川，均俟匪清全撤。惟大鸟未奉日廷命撤，候复电乃定等语。是日廷意甚狡。韩政虽暗弱，岂日所能更改尝试？可恨！

五月十五日

汪使十四日电：日志在留兵胁议善后，经与力争，伊藤始允如约，然大拂众意。昨外部陆奥斥为徇私，意图翻议。复经折辩，乃定，仍谓必探确贼尽平为度。十三日，奉元电，即往告，以侦其情，则谓大鸟并无电至。察日颇以我急欲撤兵，横谋愈逞，其布置若备大敌。似宜厚集兵力，隐伐其谋，俟余孽尽平，再与商撤，可复就范。祈转署云。鸿章迭据韩文、袁世凯报，贼可即平，故商日照约撤兵，免日要挟。仍与袁世凯密商，分别撤留，以资镇压。日性浮动，若我再整兵厚集，适启其狡逞之谋。因疑必战，殊非伐谋上计，现饬再确探贼踪酌办。

五月十五日

密。前英欧使过津，鸿面商，电英劝阻日本进兵。伊允照办，恐日不听。昨英领事持欧函来告，已电其外部，属驻英日使转致，未知听劝否。顷，俄喀使过晤，鸿又与提前使那德仁会议彼此不侵高丽地界，此次日本派兵太多，似有别意，切近紧邻，岂能漠视？属其速电外部，转电驻日俄使，切劝日与我约期同时撤兵，以免后患。喀深谓然，日内即电致，想外部亦同此意云。素稔日忌英，不若畏俄。有此夹攻，或易就范。外间谣言，海参崴亦将发兵，英兵船游弋巨文岛，看喀、韦口气，实无发兵意。欧谓，各国均派兵船，英亦续派护商，当无他意。

五月十五日

总署致李鸿章韩为中属各国皆知会剿万不可允电

啸二电俱悉。汪拟答前二条，皆不妥。韩为中属，各国无异词，日即不认，亦不能损我权利，何必与辨〔办〕会剿，从此生事，万不可允。尊处复电极是。

五月十六日

直督李鸿章致总署租英商船运兵至平壤请商英使勿阻电

十六电声明，叶提督以南路紧要，不宜远移，拟设法添队等因。令商局轮船分送盛、毅两军赴大东沟。不敷用，添雇英商高升、爱仁、飞蛇三船，运兵往平壤。船东租约言明，宣战后，船不能租赁装兵。此时未宣战，雇用，事所常有。驻津英领事不允，谓须电询英使。乞告英使，勿阻挠。

五月十七日

津道盛宣怀致总署租船运兵英领事已允电

英商租船运兵事，已与英领事说有头绪，乞速回电，暂缓告知欧使，免枝节。

五月十七日

直督李鸿章致总署报叶军由陆路移扎平壤请商各国公使调处电　二件

前虑叶提兵单，处危地，商令用船移平壤。旋接复电：船移甚险，由陆扼要相机移扎，较有把握，且梗日军，汉、釜相通，南路但求添队云。现拟在津军挑调精锐二千余，合叶原队，共五千人，可当一面。南路韩民不服日而信叶，当不致受困。将来如和议不成，北有平壤大队，南有叶军，合力前进，争制日势。昨已电告龚使，英请退兵，再议。仍令全退仁川无妨，叶在南路，未便移平，亦难并扎。尊处亦可告欧商办。至英轮不准夜装兵，尚有他法可想。

五月十七日

万寿庆典，华必忍让。日见我将大举，或易结束。否则，非有所得，不能去也。又现在汉城人心鼎沸，倘日在仁川之四千兵又来汉，汉必逃空。韩王恐亦逃往北汉，闻已密备逃。果尔，必大乱。又十五日亥袁电，迭次力阻大鸟，勿令新兵来汉，伊已允。然前言俱食，后言何可信？况日廷意在胁韩，大鸟自不能主，难与力争。似应先调南、北水师迅来严备，续备陆兵，一面电汪使商办，并由总署请驻华各国公使调处，断不至遽裂云。顷，已电饬丁提督，添调数船往仁，聊助声势。余请核酌示遵。

五月十七日

总署致李鸿章据日使言日兵在仁川必不到汉城电

昨，欧使来谈，日兵在仁，必不到汉。欧与小村密，其言度非悬拟。韩惊扰已甚，似宜电袁，喻以镇静。袁欲各国调处，似于中属体制有损。欧使亦谓非宜，未便照办。小村昨亦来晤，并交陆奥电寄三条，与来电同。已照尊处电汪使复之，小村无辞，但云照电外务。

五月十七日

直督李鸿章致总署汪使电拟答日四条请裁示又晤俄使据云日预韩事俄亦不容电 二件

汪使电：日要我三端，索复。奉谕，微示其意。兹就管见，拟答四条：一、日认韩为中属；二、华允日会剿；三、乱定，照约撤兵；四、中日皆不干预韩政，惟劝韩自行清厘。此以认属替会剿，既与相持，彼肯收场固好，否亦谢之有辞。如钧意可行，祈转署裁示。仍俟添兵抵韩后，再与开谈。鸿复以昨署电询外部，尊处并未明晰电告，仅由日使及领事传述，而署与鸿所面答彼族者，即是前请直截回复之词。今来电拟略改变，日认华属，自乙酉伊藤之议后，迄今绝不肯认，徒说无益。韩乱将平，实无庸多兵会剿。日系韩与国，用兵内地，向无此例，岂可由我代允？惟劝韩以后自行整顿内治，彼此皆不干预，尚是正论。望酌量答之。俄使过津，极愿两国撤兵。昨已电俄京，请饬驻日使力劝。如不听，则俄必从事于彼。祈密探驻日俄使议论何如。再，英员来谒，鸿章属其饬日罢兵，虽答应，词甚依违，意似簸弄生事。英人外和内黠，殊难信之。

五月十八日

顷，回拜喀使，告以日重兵挟议，实欲干预韩内政，为侵夺之谋，华决不允。喀谓：韩、俄近邻，亦断不容日妄行干预，并谓：使华以来，惟此事于俄关系甚重，望彼此同心力持之。

五月十八日

总署致李鸿章希饬袁世凯催韩先剿匪事竣再约日撤兵电

韩自全城收复后，败匪若干，究竟何往，迄无的信。此时韩畏日如虎，转置剿贼正事于不办，殊属惶惑。日之藉口助兵，为韩之不办贼也。今首要一名不获，余匪去向不知，以扰及两省之贼众，一旦杳无踪迹，谁实信之。无论日更有词，断不遽退，即回撤之后，而贼焰复然〔燃〕，又当如何？为今之计，宜饬袁世凯，不必促日退兵，惟在催韩剿匪，并饬叶、聂相机助剿，但能将贼事办有切实头绪，俾外人共见，彼时约日同撤，当较顺手。此时日之不敢遽谋吞韩，亦人所共喻，而暂行驻兵，则恐不免。好在驻与不驻，我均有前事可循，相时办去，亦不虑无以应之。现在续发兵几船？希电复。日如添兵未已，我应否多拨，以助声势，望酌办。

五月十九日

直督李鸿章致枢垣日兵驻汉仁已占先着我备而未发续看情势电

来电已转叶、聂、袁遵办。昨已派小队往捕余匪，实无须多兵。韩君臣求我速撤。冀我撤则日亦撤，但日未必尔也。汉城日兵约二千，仁川四千，韩岂能不畏？屡电袁，劝其镇静，日使要挟必须固拒，未知何如。汪、袁皆请添拨重兵，鸿思日兵分驻汉、仁，已占先着，我兵逼处，易生事，远扎则兵多少等耳。叶驻牙山，距汉二百余里，陆续添拨，已二千五百，足可自固，兼灭贼。我再多调，日亦必添调，将作何收场耶！今但备而未发，续看情势，最宜丁汝昌添派镇远铁舰、广西〔丙〕、超勇两快船到仁，弁兵约六百，均未便登岸。

五月二十日

直督李鸿章致枢垣赫德电称日有在上海长江登岸消息又有水雷船出口已饬慎防电　二件

据德璀琳告，赫德电称，中东因韩事危险之处，中应早有防备。东洋用兵，在上海长江登岸，我得此信息。东有此意，头一着即在该处下手。北洋各口，兵不可比现时少，亦不可再添兵至韩，重激东人之怒等语。赫闻此认〔讯〕或由东洋传来。长江尚有防备，或难遽逞。北洋各口，兵未调动，已密饬各将领慎防。

五月二十一日

赫德言：接沪电，日有水雷船十二只，预备出口，不知何往？此船利害，应电各海口严防。又龚电，台湾尤为紧要云。

五月二十八日

直督李鸿章致总署俄皇谕俄使令日与中国同撤兵日答不撤兵亦不先开仗电 三件

喀使奉该国电复：俄皇已电谕驻〈日〉俄使，转致日廷，勒令与中国商同撤兵。俟撤后，再令议善后办法。如日不遵办，电告俄廷，恐须用压服之法。俄以亚局于彼关系甚重，现幸平安，若任日人扰乱，华、俄未便坐视云。喀询：日肯撤兵，华应接办。鸿章答：请喀放心，担保。

五月二十一日

顷，喀使接俄廷回电，令伊暂留津，与鸿商办日、韩交涉事件。其如何商办训条，随后电寄云。鸿已派盛道，将日外署复文大意告知，再行会商。

五月二十一日

喀使送信，称：驻日俄使电称，往晤陆奥，不肯撤兵，如无别项缘故，日兵不先开仗，别无他语云。

五月二十七日

直督李鸿章致枢垣袁电日驻仁川兵调汉城并干预韩政美英法俄员同请中日同时撤兵电 五件 附旨

袁道电：日大队陆续来汉。日以自主革政告说，韩人渐炫惑，盼革政者尤多。察韩人意渐携贰，如日队到汉后，吓骗尤易为力。我以空口劝韩，恐无济，势已未易挽回。日称扶韩自主，不但韩王及群臣乐从，即各国亦皆默许。韩令特授金宗榜为内参议，金为附日之尤黠者，韩意已见一斑。再，昨迭催韩进剿，迄不复，惟坚称无匪可剿云。

五月二十一日

袁电：外署照请各国调处文今日送，又改期，明日见大鸟。再，闵咏骏来称，日预韩政，从则亡，不从亦亡，然亡亦不可从。今日已图据汉城，危在旦夕，惟望华救，请速电宪台派兵云。

五月二十一日

袁道电：闻日将藉华添兵五千已到汉之证，即将驻仁之兵今夜或明日尽数调入汉城，在岸日兵则均下船云。

五月二十一日

袁道马电：顷，仁电，日兵赴汉，共三千余名，又马兵百五十名，由水陆运去军装甚多。龙山、庆利亦运火药，赴麻浦云。

五月二十一日

袁世凯二十二日电：顷，美、俄、法、英员来文，译开：韩廷因现势请我等平和调处，拟请华、日同时撤兵，解纷释难，请裁酌照办，保全大局。我各政府同华、日均睦，现在情形攸关各国局势，深知贵总理定洞悉，他国兵仍驻韩，易生枝节，有碍我商安稳。倘将此速详贵政府，甚感佩！至韩恳文，现已速达政府云。已复以已达我政府。惟查此文，法领事未附名，因其久在日，或未肯助韩。

五月二十四日奉旨：李鸿章迭次电信，均已览悉。现在日本以兵胁议，唆使朝鲜自主，该国恇怯无能，受其愚弄。据现在情形看去，口舌争辩，已属无济于事。李鸿章不欲多派兵队，原虑衅自我开，难于收束。现日已派多兵赴汉，势更急迫。设胁议已成，权归于彼，始图挽救，更落后着。此时事机吃紧，应如何及时措置，李鸿章熟悉日韩情势，应即妥筹办法，迅速具奏。前派去剿匪之兵，现应如何调度移扎，以备缓急之处，并著详酌办理。俄使喀希尼留津商办，究竟彼国有无助我收场之处，抑别有觊觎，李鸿章当沉几观变，勿致堕其术中。是为至要！

总署致王文韶滇缅界务与原图歧异须另立专条电

四月来函，已悉。滇边界务，前经两国勘界大臣绘图送署，与法使画定红线为界。按图，漫美、猛岗三村，俱在线外，故约内逐一载明。本年正月，贵处奏明，猛岗三村等处，按图，均在红线以外，请催法兵接防。本处当即照知法使。今阅会勘新图，地名、方位大有出入，不知何以与原图歧异？若此，殊不可解。法使昨已照称，猛岗三村，中国早经认归越南。以蒙自关道图约两歧之说为非，我若执今图以改前约，殊难理论。查画押原图，只猛岗下邦与界线相连，西威仪剖分之说，或即指此。其语气似尚活动，希饬汤道，即与和商，告以约从图出，图上界线以经纬度为准，一定不易。约上地名，如与实在方位不符，只可通融商办，以了此事。如议有办法，须另立专条声明。统由尊处酌定，电知。

五月二十三日

直督李鸿章致枢垣日派兵舰护商船运兵到仁川电　二件

闻日又雇船九只，载兵三四千，一二日到仁云。

二十四日

袁道敬电：顷，据仁川电称，据关员探报，日兵船浪速、武藏护商船八只，七装兵，一装煤，共来兵约三千零，马二百七十八匹，炮六尊云。

五月二十七日

直督李鸿章致总署袁电日逼韩不认属华闻大鸟拟用兵押凯出境请准回国电 三件

袁电：日续来兵三千余下岸，加千兵来汉。大鸟照会，诘韩系华保护属邦否？限明日复。据称，备兵两万，如认属，即失和。韩恐携贰难恃，乞速设法见示。鸿谓：日添兵不确，逼韩不认华属，断不可从。俄国日议已紧，略忍耐，必有区处，望谆切转属之。

五月二十六日

顷，电袁道：韩属华，已数百年，各国皆知。即韩与各国立约，均经声明，务劝王坚持。如畏日，竟认非华属，擅立文据，华必兴师讨罪云。欲以此胁韩，令弗轻许。惟山海关至锦州电线为雨水冲断，与袁往来电报，改由珲春、海参崴转长崎、上海，未免迟滞，恐电到已无及矣！

五月二十六日

袁电：闻韩决意不认华属，是无上国。凯，华员，须激劝韩，转告大鸟。闻大鸟拟照公法作梗例，用兵押凯出。果尔，辱甚，只可照外国使例，送文知照韩，回国禀商，请兵伐韩云。

五月二十六日

总署致李鸿章请令袁少待候有失和确据乃回电

昨，袁道电，韩密诘，不认华属，此信如确，决裂即在目前。但现在究无实据，袁若遽归，日又将引为口实。似宜知照袁、汪，均令少待，候有失和确据，再行撤回。又此次赴韩之军，原为属邦定乱。现在情事已非，防日尤要，远处牙山似转置之无用，应否及时调回，或暂移仁川备用，并望熟筹办法。

五月二十六日①

直督李鸿章致总署龚使电日在英订造两大铁舰电

龚使电：日已在英订造两大铁舰，其坚利为东方海面所无。顷，马格里密函：东方水面之轮，日欲尽雇运兵械，恐中日战事在即。果尔，恐无利中、日，而利俄等语。前

① 原刊目录标为“二十七日”。

驻俄使言及新闻纸叙韩乱，各国派兵轮往，俄使笑之，俄不插手。窥其意，似暂不措手。日衅已启，台湾尤紧要云。

五月二十六日

直督李鸿章致总署汪使电询留日华侨应否托与国保护电

汪使电：日逼我至此，恐乏转圜。如失和，谅须撤使。各口商民约五千余，身家、产业应否由署托各与国保护，抑由沪雇船载回？祈商示。

五月二十六日

直督李鸿章致总署报商英领事请英国派战舰赴横滨令日撤兵电

顷，英宝领事携欧使洋函来称：该使屡电外部，与驻英日使商令撤兵，再议善后，又电驻日英使与说，皆未允。闻俄廷出为排解，有诸？答：有之。但俄虽韩近邻，未能无故动陆兵。若英水师雄天下，如我前在烟台，看大铁甲实为东海第一。应请欧转电外部，速令水师提督带十余铁快舰，径赴横滨，与驻使同赴日外署，责其以重兵压韩，为无礼，扰乱东方商务，与英大有关系，勒令撤兵，再议善后，谅日必遵。而英与中、日交情尤显。此好机会，勿令俄着先鞭。宝允即详告欧。鸿章并属人密致赫德，怂恿钧署见欧，恳乞商催。如英肯出力，以后添一会议之国，更可牵制俄，似为胜算。

五月二十八日

旨寄李鸿章日焰愈炽兵饷军火着筹画速复电

旨寄李鸿章：现在日焰愈炽，朝鲜受其逼胁，若竟被逼携贰，自不得不声罪致讨。倘日人起而相抗，我战守之兵及粮饷、军火，必须先事筹备。著李鸿章详细筹画，迅速复奏。

五月二十八日

直督李鸿章致总署韩未认非华属已电袁世凯勿怯汪使少待电　二件

今晨电袁世凯：韩未认非华属，应留密劝坚持。俄廷迭谕该使调处，必有收场。日允不先与华开衅，岂能拘送使臣？要坚贞，勿怯退云。

五月二十八日

又袁世凯二十七日电：韩今早已答日，只按条约自主为词，不答保属，语意自首鼠。倘俄出力，可了。否则，日必再诘索答。遵力切劝韩，勿自误速亡。韩既未答非属，凯仍拟在汉，以口舌争云。

五月二十八日

勘早电悉。袁续电：韩未不认华属，仍留汉。并电汪使，令少待。叶军已电嘱袁，与商妥策，或撤或移，议定再奏闻。彼众我寡，仁距汉太近，未可相逼。筹办大略，念七辰已驰奏矣。

五月二十八日

使俄许景澄奏与俄廷商办帕米尔界务折

出使俄、德、奥、和国大臣许景澄奏，为遵奉谕旨，谨陈商办帕米尔现在情形事。

窃臣于本年二月二十一日，承准总理衙门电开：奉旨：总理衙门奏，现办帕米尔界务情形一折，着许景澄按照该衙门节次电商办法，与俄外部相机办理。自郎库里，至阿克塔什一带，为边防扼要之地，务当切实辩论，俾就范围，妥筹拟结。一俟议有端绪，即知照该衙门，奏明请旨遵行。钦此。等因。

伏查，此案先于光绪十八年九月间接总理衙门来电，俄使喀〈希〉尼奉外部命，议分帕界，出示地图，欲自乌孜别里转东而南，违背喀约一直往南之说，令臣与俄外部辩论。臣即前赴外部诘问，一面奏请增缮边备，以杜狡谋。旋据外部总办格毕尼斯称，俄国拟按地势，就分水山岭为界，喀约语太宽混，恐难作据。显露违约占地之意。经臣据理驳斥，屡催照约议分，该外部旋复：中国所议办法，俄国亦不能允。界议因此龃龉。其时，俄国入帕兵队虽经撤归，尚在穆尔格布河等处留设兵卡度冬。至十二月间，新疆报称：俄谋增兵，欲占色勒库尔及塔哈尔满各地，边事颇为吃紧。经总理衙门电臣，严辞诘问。上年二月间，始据该总办面告：请中国在色勒库尔山岭之西，指出实地，俄国可以酌商，词气稍松。三月初，臣以洋报传闻俄将调兵赴帕，因向署外部大臣基斯敬晓譬利害，遂与约明，两国今岁各不进兵，以待和商，经臣先后电达总理衙门在案。此上年四月以前之商办情形也。

自去夏以来，喀城边境渐臻安靖，而议界一节，该外部以总理衙门所指地界，自乌孜别里西偏至萨雷库里，仍如初议，延不接商。时值俄外部大臣嘎尔斯，自义国假旋，养疴乡居。臣以驻法参赞官庆常前在俄都与嘎尔斯熟识，三月间曾经商令该员前赴奥国，订晤探论帕事，因奏请暂调庆常来俄催商，该员于七月杪到差，经与嘎尔斯辩论再四，始允会商兵部，候至十月俄主回都时开议。嗣据交阅地图，拟让郎库里北半之地，臣以离约太远，当即驳复。至十一月间，俄、英所商帕界，颇有成说。臣因电商总理衙门，为扼要与争之计，按照约文，往南地势顺阿克托塔阿河，至小帕米尔山岭，略示通融。俄外部仍不肯允，并据嘎尔斯称：实因兵部所争，在通印度之路，此路正在阿克苏河以东，地势相厄，为难殊甚。本年钦奉谕旨后，臣复晓以郎库里、阿克塔什一带，尤为中国注重之地，万不能让，杜其觊觎。经嘎尔斯转达俄主，据复，仍为兵部坚持，且有俟开冻后派兵据守之议。臣以成约具在，何能过涉迁就，仍饬庆常，力执原议，不为所动。三月间，嘎尔斯始以界议一时难结，另筹调停办法，订明两国各不进兵，徐候此事定议，以保和好。旋接总理衙门电复，再令切实订定。复由庆常与嘎尔斯商明，互送照会为据。是月十八日，臣接俄外部文称：本国国家已饬俄官仍扎原处，于帕界未经定议以前，不准前进等因，当即电达总理衙门查照。窃谓中外交涉之案，商议不合，势必出于相持。惟当边境两军近逼，事机辄虞牵制。今互约止兵，议由彼发，冀于顾全事体之中，稍收销弭衅争之益。除将俄外部来文，译送总理衙门备案外，谨就臣与俄国外部商办界务现在情形，恭折具陈。谨奏。

光绪二十年五月二十九日奉朱批：该衙门知道。

使英薛福成奏南洋新设副领事官随员酌定章程折

出使英、法、义、比国大臣薛福成奏，为南洋新设副领事官、随员，拟请酌定章程，恳予保奖事。

窃臣于光绪十九年六月，咨请总理衙门，援案添设槟榔屿副领事官，业经议准开办。其余或有添设之处，尚须查议。兹据新嘉坡总领事官黄遵宪禀称：查副领事一官，就地取材，须公正诚实绅商派充斯职。虽在洋有年，素孚众望，而一切华洋函牍，自须延聘随员，藉资襄助。现在槟榔屿副领事张振勋，月支俸银一百两，仅敷办公，所有随员薪水，由其自行酌给。该随员事务稍简，而责任仍重，且聘自内地，远涉重洋，与海外各领事处随员，事同一律，应请酌立章程，俟三年差满，准其随同副领事一并列保等因前来。臣查历届成案，各处领事官随员等，均按照异常劳绩奏保。副领事随员，既未开销薪俸，若不予以保奖，未免稍觉向隅。惟该员等应聘办事，究与各使臣奏调人员较有区别，可否援照寻常劳绩保奖章程，准副领事设随员一名，先将姓名、履历开报，详咨存案。自到差之日起，扣至三年期满，准其开保，以示鼓励，而严限制。拟请旨敕下总理衙门，复议章程，俾资遵守，实于公务有裨。谨奏。

光绪二十年五月二十九日奉朱批：该衙门知道。

旨日人势将决裂着李鸿章预筹战备详细复奏电

旨：李鸿章奏，酌度日韩情势，预筹办法一折，据称，日人乘机构衅，径以重兵胁韩，倘至无可收场，必须预筹战备，请饬户部先行筹备的饷二三百万两，以备随时指拨等语。日人迫胁朝鲜，其焰方张，势将决裂。外援内防，自宜先事预筹。惟该督练办海军有年，自以足备缓急。兹据奏称，北洋铁快各船，堪备海战者只有八艘。究竟海军所练之兵，共有若干？此外，北洋分扎沿海防军若干，及直隶绿营兵丁可备战守者，着即详细复奏。所请筹备饷需银两，候复奏到日，再降谕旨。

五月二十九日

总署致李鸿章英使云日韩事外部来电属令调停电

韩不答非属，尚未至决裂，袁、汪可暂留。袁电仍在汉力争，尚是！连日英使来署，述其外部来电，属令调停，免致启衅。询问中国如愿将整理朝鲜内政、同保该国土地勿令他人占据两节，彼此和商，伊即电复外部，令驻日英使催日商办，谅必愿意，各国亦可责备日本，促令撤兵。因思此事如能善了，自较用兵易于收束，已告以中国本意原欲保全朝鲜，但必须无碍中国体制权力，尽可相商，惟办法有无窒碍，俟届时斟酌。如果事不能行，仍可罢议，此与筹备两无关碍。未知尊见何如？希电复。欧使已接宝电，英派兵舰赴日之说，欧似不以为可，未电本国。

五月三十日

清季外交史料卷九十一终

清季外交史料卷九十二

光绪二十年六月上

直督李鸿章致总署日谓三国议定改韩内政方能撤兵已商俄使转达先撤兵再各派使会议电

顷，喀使遣巴参赞来，称：接驻日俄使电云，陆奥谓，必须中国先允三国议定改韩内政条款，方能撤兵，否则，无言对议院。如可，即允。或径复日本，或由俄使转告。鸿答：日前请议三条，已经驳回，并未允其商议。今俄国出为调停，中国亦仅能允会议。至如何议法，必须先同撤兵。巴谓：日恐兵撤后，中国梗阻，仍议不成。可否允许中国必劝朝鲜酌改内政，俄、日一同助力。其条款，俟三国会议，意见相同，乃定，鸿答：朝鲜内政，向系自为，欲其酌量更改，中国可劝他办理。俄、日邻邦，亦可帮助劝他。但俄国仍应照初议，勒令先行撤兵，再各派使会议。巴允告喀。惟窥俄使转述语意，并接汪使函，日狠坚持，其驻韩已一万人，恐非空言所能勒退。

六月初一日

直督李鸿章致总署日于韩事向汪使提出三条断难商办电

奉来电，英使调停，语似含混。日照会汪使文，今钞到三条：一、查核度支；一、淘汰京官并地方官吏；一、使朝鲜政府设置所需兵备，以保国。与日领事署使详述者大异。是所谓整理内政，与英待埃及相似。韩固不愿，中国亦办不到，何能遽允？连日与俄使商论，只允会议劝令韩自行整理，未便预定条款。至勿占据韩土地一节，俄已允载入会议款内矣！英最忌俄，盖指俄言，无足虑也。望尊处再与欧切实言之，如照日原议三事，断难商办。卓见以为何如？

六月初一日

闽督谭钟麟致总署日舰到闽请派舰往来长崎台湾使知有备电

顷，北洋电称：准贵署电，饬各口防范。查四月中汪使臣来信，据日本海军中将伊东祐亨面称，派兵船八艘往闽粤游历，由香港赴厦门，至福州晋谒，属待以礼。二十九，来三舰，请期相晤，次早信来，云本国电传速归，即展轮去。闽防易守，有事沉石塞口，巨舰不能入，上岸则击，不难制胜。台湾吃重，急则调刘永福前往。愚谓暂由南洋、粤东各拨两轮，闽、浙两轮，先行知会汪使，告其外部，中国将以六舰游历长崎，不赴神户。令六舰往来于长崎、台湾之间。日知有备，势将反顾，则韩事自松。是否可行，请钧裁。此意当出自贵署，勿云闽有是说也。

六月初一日

滇督王文韶致总署法使欲于临安图界内互让一地请示电

滇越界务，当饬汤道寿铭，于上月二十六日晤法使西威仪，彼此商论。西欲于临安图第五段界内，彼此互让一地。汤答以有争则有让，猛岗等处实在我界，无所为争，即无所为让，只好各段各办。西乃于红线内另画黑线，系于南纳小河头入三岔河处安戊字，再向西微南，斜行至漫美，又西南，斜行至我国安丁字处，恰合剖分之说。虽漫美已在黑线外，而猛岗三村均在线内。可否照此定议？候示。

六月初一日

总署致李鸿章韩事日不愿他国干预如何因应希筹复电

昨，小村来，谈及韩事，甚愿两国相商，不愿他国干预，以免日后牵制。顷，欧使来言，英外部已电驻日公使，商允日外部与我和商。一开议，先商撤兵。闻小村已据其外部电，予以商议之权，日内必能开谈。事之能行与否，尚不可知。惟尊处与喀使，已有三国会议之说。喀与日曾否商定？证以小村所言本国不愿他国干预，是日并未应允。如此，则三国会议之说，恐靠不住，尚不如小村已得日外部允信为确。倘现在与日开议，深虑俄有异言。应如何因应，希熟筹速复。

六月初一日

总署致李鸿章希阻袁世凯下旗回国电

韩为中属，本准自主。若但认自主，未认非属，尚不相妨。袁道遽欲下旗回国，转似与国失和办法，殊觉匆遽失体，希速电止，万勿轻动。

六月初二日

总署致王文韶滇越事三村得归界内即可定议电

西威仪所画墨线，较红线稍展，三村得归界内，即可照此定议。此段界址，须另绘图说，令汤道与法员公同画押，并立合同为据。

六月初二日

直督李鸿章致总署薛福成抵沪滇缅约本已否寄英电

薛福成二十八日抵沪，依原奏，暂告假回无锡。滇缅商界约互换，期在七月。约本已否寄英？闻病甚重，请转署云。

六月初二日

直督李鸿章致总署日派舰来华韩欲自主俄力劝未允撤兵可否调回袁世凯以唐绍仪代乞示电　四件

袁电：韩忽派金宏集为总理外务大臣，两日未遣人与凯商事，身如坐鼓中，一无所闻。韩意以华不可恃，将派金与日商改政，凯难干预。日在韩专忤华意。凯为使，系上国体，坐视凌胁，具何面目。如大举，应调凯回，询知彼中情形，妥筹办理。如暂不举，亦应调回，派唐守绍仪坐探，徐议后举，庶全国体。迟则枝节愈多，乞速示遵。再，日载兵十船，昨由日开。又遣电工数百，分抵釜山，决无息和意。可否调回，以唐暂代，与下旗撤使有异，祈酌示。

六月初二日

汪使电：闻日派四舰，分赴山海关及闽洋，当系窥我海防云。

六月初二日

电悉。昨，汪使电：俄力劝，未允撤兵，已电俄廷请示会议，系喀使调停之说。据称，转商定否，尚不可知。小村云：不愿他国干预，若两国能自行商妥，自更直截。欧使谓：一开议，先商撤兵。看大鸟在韩举动，似要撤兵彼必挟我以难允之事，则仍不能撤。拟请尊署试与开议，何如？此间仍不拒俄，亦不与说明。据喀屡言，俄主欲设法牵掣日人，不令日权于韩太重。小村虑牵掣，诚畏俄也。如能与小村定议后，鸿再与喀婉商，彼当恨日，不当恨我。

六月初二日

袁道二十六电：王遣赵秉稷等来，称，现甚危，只可暂照约，认自主，事过再改变。出示稿本，皆自主语。凯告以应照各国声明照会办理。赵答：丙子日约无声明照会，伊时约稿钞呈，是华已允自主。凯何能与论云。刻已电叶、聂同回牙坚守。闻日兵八百，今驻赴牙路，其意叵测。日、韩相结，我兵可危。又俄、法署使来称，韩廷犒赏日兵米肉甚多。韩喜日，殊不可解。华人在此甚辱，凯在此甚难见人，应下旗回，拟留唐守绍仪看馆探事，俟见韩文果不认属邦，即赴仁电阻难，请示云云。现电叶提督，相机绕赴北路平壤，较得形势，亦易应援。

六月初二日

密。前转冬电，令袁道勿轻动。顷，接袁江午电：前以未认非属，故仍在差。惟日胁韩欺华，韩情日变，消息常阻，凯坐视无益。韩、日情形，惟凯深知，拟请调赴津、京，商和战各情，冀各速了，迟则枝节愈多，更难着手。奉调回，派唐守暂代，无损事体，堪备坐探。是否？即乞示遵云。查袁历年拒日助韩，与日夙嫌已深，若调回，以唐暂代，与下旗撤使有异。可否允其所请？乞示。

六月初二日

谕户部海军衙门据李鸿章奏出境援剿须饷二三百万着妥议具奏

寄户部、海军衙门：李鸿章奏，遵查现有兵数，请拨的饷，以备战守一折。北洋铁舰过少，沿海陆军分口扼守炮台，只二万余人，各处绿营，断难抽调。体察情形，出境援剿，至少亦须二三十营，请筹的饷二三百万等语，着该衙门妥议具奏。

六月初二日

旨寄李鸿章不应商请英外部派舰赴日责问电

旨：前据总理衙门呈递李鸿章电信，与英领事言及，应由英外部令水师提督，带铁甲、快船，赴日责问，勒令撤兵一节。日人挟制朝鲜，倘致势难收束，中朝自应大张挞伐，不宜借助他邦，致异日别生枝节。即如英国处此时势，如出自彼意，派兵护商，中国亦不过问。若此议由我而发，彼将以自护之举，托言助我，将来竟以所耗兵费，向我取偿，中国断不能允。李鸿章此议，非但示弱于人，仍贻后患，殊属非计，着毋庸议。嗣后该大臣与洋人谈论，务宜格外审慎，设轻率发论，致误事机，定惟该大臣是问！

六月初二日

直督李鸿章致总署日增兵运械大鸟向韩提出五条现匪已平应否嘱汪使商日撤兵乞酌核电　四件

汪使电：昨，奥使以私意来劝，谓：中、日失和，适资俄利。俄出调停，殊难得力。就大局论，方当联日防俄。应稍迁就，不宜开衅，以致两伤。干预弱小，西国事所恒有等语。查俄使本劝撤兵后妥议善后，似亦不以干预为非。惟日人势成骑虎，必令先行撤兵。虽俄两次出劝，卒未能允。如中国此时遽与会办，前后亦不得体。管见我曾允会办，拟亲赴外部，开诚与议，令将汉城兵退驻各口，再商善后。商妥，彼此撤兵。中国为大局计，不惜迁就，以示变通。彼允则衅犹可弭，于俄意亦不背。不允则是彼有意寻衅，便可决计进兵。倘钧意以为可，再请转署。否则，速请各国出场公议调处，亦是一法。统乞迅复云。钧署现与小村开谈，应否电属汪赴外部，变通妥议，以相印证。鸿未便径复，乞酌核。

六月初三日

袁电：日兵万人，分守汉城四路各要害及我陆兵路，均置炮埋雷，同日运兵械。观其举动，似将有大兵续至。倘俄、英以力勒令，或可听。如只调处，恐无益，徒误我军机。日虽允不先开衅，然削我属体，夺韩内政，自难坐视。阻之，则衅自我开。叶军居牙，难接济。日再加兵，显露无忌，应迅派兵、商船，令载往鸭绿江或平壤下，以待大举。韩既报匪平，我先撤，亦无损。且津约日已违，我应自行履践。若以牙军与日续来军相持，衅端一成，即无归路云。鸿已电商叶、袁，或设法移平壤，或暂撤回，另图大举。候议定，即筹办。

六月初三日

袁道电：大鸟今赴外署，称：韩迭生乱，重劳相关，曾画策示汪使，属达华廷协理，乃华斥不顾，日廷难已。现按原议，独向韩劝提纲五条：一、改制度；二、整财政；三、整律法；四、理兵备；五、施学政。请韩委员会商。韩坚持撤兵再议，大鸟力言与撤无干。久相驳，日意似非革政不已云。

六月初三日

聂士成军抵全州，匪已平，聂仍在牙山。

六月初三日

总署致李鸿章韩事急俄使到津望晤商并调回袁世凯电　二件

前令袁勿轻动，原虑日疑我置韩度外，且先示开衅之意。昨，韦贝来辞行，云即赴韩，专为日韩之事，是俄于此事仍未放手。韦如到韩，必有与袁面商之语，似宜稍待。倘至势不可挽，或由尊处以面询事件为名，调令赴津，亦不可着迹。韩答大鸟文尚不失体，此时可属袁，勿责韩小节。

六月初四日

现接江支三电，韩事愈急，小村亦无来商之信。韦贝明日必到津，望与晤商后，如留袁无益，即调回。

六月初五日

直督李鸿章致总署龚使报英俄法皆劝中日和商电

龚使电：法报闻日添兵三千是实，又报闻中国添兵二十营，是否？乞速示。接〈马〉格里电：英廷力劝和平议事，日廷谓，若无妥章，不能退兵，华廷已肯与日代韩立一治国章程，并两国不占韩地，华曾请俄调解云。又马格里密函：英廷已寄切实之电，力劝与中和商。否则，俄将请各大邦与闻，恐俄干预，是逼俄用兵，若各大邦与闻，韩事必有更改，非止中、日作主等语。顷，法之哈外部晤庆常，云：已请总统示，即劝日与中和商，英、俄先出调停者，缘商务、界务有关，皆议院喜与闻，法出于睦谊，一面探商英、俄，再作办法，请勿宣云。乞酌电署。

六月初五日

旨寄李鸿章韩事未定袁世凯熟悉韩事勿庸调回电

旨电李鸿章：现在日韩情事未定，道员袁世凯在彼，可以常通信息，且可与各国驻韩使臣晤商事件，亦复熟悉，着勿庸调回。

六月初五日

直督李鸿章致总署俄使电俄廷嘱诘日侵韩京是何意电

顷，属西人密询，喀已接俄廷电，称：驻日俄使调处，日告以韩乱未平，兵不能撤，如平，必撤兵云。喀今午电俄京，甚切实，大意谓：中国自始至今，均照公法、条约办事，俄应不准东洋一国在韩作主。日不但不撤兵，且又添兵，韩乱党闻已逃散，日兵不问乱事，只图侵王京，是何意？务请外部定见，或办或不办，以免失信中国等语。想此电到俄，必有办法。

六月初六〈日〉

总署致李鸿章俄不占韩土地应否告小村电

俄欲申前约，永不占朝鲜土地。喀已请列入三国会议，此层俄未告日。日此番动作，本起于忌俄，今就俄不占土地立说，想亦日所愿闻。应否即与小村言之？

六月初六日

直督李鸿章致总署俄不占韩土地不妨略告小村电

俄不占朝鲜土地，鸿已与屡次申明，喀、巴亦允，似不妨略告小村。但日此番动作，实由该国自由党众议横生，当轴俯徇，未虑及后患，非起于忌俄也。

六月初六日①

直督李鸿章致总署袁电驻韩各国使臣会议避免汉城及各口战事电

袁道电：今会议各国员均谓：应免汉城及各口战事。大鸟谓：先免仁川，余处俟请日廷定。各员不允，久未决。约初八再议。凯谓：韩与各国无失和，此议或疑在此华、日兵多事，然我知在牙华兵不多事，如韩及各国视为公允，无论何处，均可免犯等语。韩员竟不出一语，可恶！又迭属韩坚持革政。今已派申政熙、曹寅承、金宗汉三员，将赴大鸟处，密议革政。韩人无主见，任日恫吓，久必自变。反复三思，在此殊无办法。

① 原刊目录标为“初七日”。

近有韩员来谒者，均是窃探华意，或谓调处不可恃，仍望支吾应之云。

六月初六日

台抚邵友濂致枢垣询若日船进口如何办理请示电

接北洋电，汪使有日舰分赴闽洋之说。若船在口外，缓急自有炮台可恃。来船设或进口，如何办理？请示。

六月初七日①

总署致李鸿章小村言三国会议英日深忌电

昨，小村来署，告以顿兵背约，邻将效尤，西亦蜂起，恳先同撤兵，并先订期宣布，再商韩事，彼允转达，且待回信。三国会议之说，英、日深忌。昨不驳撤兵转圜，似由于此。来电，俄不干预，祈勿宣露，即电袁告韩，以坚忍静待，毋惑大鸟言，致贻后悔。

六月初七日

直督李鸿章致总署袁拟商韩廷贷英款冀杜日请电

袁道电：昨夜，赵秉稷来，谓：王拟日间明派金、曹、申三员，在掌乐院，姑听大鸟讲，不施行云。又称：大鸟迭称，与汪使议不协，故自来，意似引华商允。又闻日意，重在设电、开矿、借巨款、造铁路等事。凯思韩税司均系英人，昨与英韩员商拟，由韩密具印照，倒填三月杪期，交英员，请向英商议贷款，限半年内，不许向他国贷款及议矿路事，冀可杜日请，乞密之。再，日硬自设电，已动工云。

六月初八日

旨寄李鸿章由部筹拨的款着妥备战守事宜电

旨寄李鸿章：据海军衙门奏，拟于北洋生息款内，提拨银一百五十万两，户部拟于

① 原刊目录标为“初六日”。

东北边防经费款内，拨银〈一〉百五十万两，由李鸿章分别提用，所筹皆系有着的款。李鸿章务将一切战守事宜，妥为筹备。

六月初八日

直督李鸿章致总署据俄使言俄不愿与闻韩内政电

顷，喀使遣巴参赞来晤，称：顷，俄廷电复：日韩事，明系日无理，只能以友谊力劝日撤兵，再与华会商善后，但未便用兵力强勒日人。至朝鲜内政应革与否，俄亦不愿与闻等语。鸿章诘以五月二十二喀遣尔等来告，俄廷要勒令日撤兵再议，如日不听，尚有第二层办法，何前后语意不符？巴语塞。巴拟将来中日会议，彼亦勿庸干预。英、日本不愿俄会议韩事，钧署正可与小村商议办法，无虞牵制。

六月初八日

直督李鸿章致总署袁电日韩会议革政五条限期施行韩未允电　三件

袁道电：昨夜，韩、日会议革政五条：第一款：〈一〉、政府六曹，各尽职守，革揽权旧制，内府不得与闻国政；二、外交以权重臣掌之；三、政令去烦〔繁〕从简；四、并汰地方各邑；五、汰冗官；六、破格用人；七、禁捐官；八、增禄俸；九、禁贿赂；十、止营私。第二款：一、量出入，昭定制；二、明会计；三、定钱制；四、丈地亩，定租税；五、减冗费，增正用；六、设铁路、电线；七、税司由韩自管，不容他国干预。第三款：一、法律宜详明；二、裁判宜公正。第四款：一、兵官宜培养；二、原兵裁，练新兵；三、各处设警巡。第五款：一、各邑分设小学；二、再推广设中学；三、生员遣游历云。凯按：日革揽权，斥内府自专，指妃及诸闵而言。顷，属韩备答语，海关本由韩主政，至关员向由韩文请派荐，不得视为干预云。

六月初八日

袁道电：顷，成歧运以王命来送昨议谈记各件，大鸟将各条注限请行，仍著意在铁路、电线二事，限十日议定。恐吓甚多，韩均未允。

六月十一日

袁道电：日限三日议准，十日施行者，即第一款一、二、六、七、九，并都城紧要口岸修铁路，各道、州、县、镇、市联电各节。铁路由仁至汉，电线甚广，揣其意，似先设汉釜线。限六个月拟定施行者，即第一款三、四、五、八、十，第二款一、二、三、五、七各节，余限两年内施行。

六月十一日

直督李鸿章致枢垣叶志超电日愈猖獗请酌示电 附旨

叶提督佳电：日愈猖獗，韩急望救援。各国调处，卒无成议。此时速派各路大军由北来。超所部由此前进，择要扼扎，托名护商。若其决裂，免致进兵无路，此上策也。否则，请派商轮三四只来牙山，将我军撤回。盖我军为剿匪来，匪既受抚，随即撤回，亦系正办。撤后，行文各国公使并日廷，申前次同撤之约。如彼不依，秋初再图大举，是为中策。若守此不动，徒见韩人受困于日，绝望于我。且军士既无战事，久役露处暑雨受病，殊为可虑。请速示遵云。鸿按：钧署现正与日商，未便遽添大军，致生疑阻，上策似须缓办。其中策与袁道同，见前钧电，有或撤或移之说。鸿初虑示弱，惟所称军士露处受病，乃实情。可否照办？请酌示。

六月初九日奉旨：叶志超电，悉。所筹派轮赴日将我军撤回一节，彼顿兵不动，我先撤退，既示弱，且将来进剿，徒劳往返，殊属非计。现在和商之议，迄无成说，恐大军进讨，即在指顾。着李鸿章体察情形，如牙山之地势不宜，即传谕叶志超，先择进退两便之地，扼要移扎，以期迅赴戎机，毋致延误。

旨着李鸿章筹备海陆军事宜迅为布置并复奏电 二件

旨：御史张仲炘奏，为藩属阽危，敌人叵测，请一意决战，以弭后患一折。日人以重兵突至朝鲜，施其挟制，现复愿与中国商议，以共保朝鲜为词，似尚有所顾忌。如果不碍中朝体制，无损朝鲜权力，原不妨量予通融，以全大局。然日情叵测，议商成否，尚难逆料。若待事至决裂，而后议战议守，势已无及，不可不先事筹备。着李鸿章预为筹画。水陆各军如何分送，粮饷军火如何转运，沿海要口如何防守，一切事宜，熟筹调度。谋定后动，方可迅赴事机。张仲炘原折，着钞给阅看。

六月十一日

旨寄李鸿章：日人以重兵挟制朝鲜，亟应速筹战备，着李鸿章赶为布置。旅顺、大连湾等处，如何布置，均应逐一妥筹。水陆各口，现派何人前往，统带几营，驻扎何处？一切情形，迅即复奏。

六月十一日

直督李鸿章致总署俄使言俄廷约各国劝日撤兵电

俄参赞述驻日俄使电，称：日外部复，俄国仅请撤兵，回信语虽谦顺，而于韩事止求有益，自与韩会议，不与别国相干。俄廷电喀使云：俄何以不能立刻帮中国办日韩之事，一、因武备，水师未齐；一、俄不要催中国到开仗地步，若俄立允相助，恐中国办事太骤，应先试探，能否讲和；一、俄要使天下皆知，不因此机会在韩插手，仍有意约同各国，仅劝东洋撤兵等语。喀与驻日使意均不平，仍电俄廷，以日举动如此，不独给中国不好看，实于俄国不好看，名拒华，实系防俄云。

六月十二日

旨派翁同龢李鸿藻等会同妥筹朝鲜事宜具奏电

旨：本日据奕劻面奏，朝鲜之事，关系重大，亟须集思广益，请简派老成练达之大臣数员会商等语。着派翁同龢、李鸿藻与军机大臣、总理大臣会同详议，将如何办理之处，妥筹具奏。

六月十三日

直督李鸿章致总署袁电日运粮械可敷万人年余之用并袁世凯病派唐绍仪照料电　二件

袁道真电：日运米、柴、粮、军械、炸药、水雷甚多，以万人计之，可敷年余。现运仍不已。

六月十三日

袁电：有病，所有交涉，已饬唐绍仪照料，必不能误事云。

六月十三日

总署致李鸿章池油改箱装运已完进口税者复进他口时再征半税电

池油改箱装运，二月电令出口纳正税，别口再完半税。现拟通融办理，除已完进口正税不计外，止于复进他口时，再征半税，免征出口正税。已函告英、德两使，希即照办。

六月十三日

直督李鸿章致枢垣遵旨筹备海陆各军严密分布电

昨奉十二日密谕，速为筹备等因。查汉城、仁川附近一带，日兵水陆分布严密。历来中国进兵朝鲜，皆由平壤北路进发，现派总兵卫汝贵统盛军马步兵六千余人进平壤，宋庆所部提督马玉昆统毅军二千进义州，均雇商局轮船，由海道至大东沟登岸，节节前进，相机妥办。所需军火、器械、粮饷转运，均即日办齐。并电商盛京将军，派左宝贵统马步八营进平壤，会合各军，图援汉城。至叶志超一军，昨已电商该提督，移扎平壤，厚集兵势。俟其复准，即派丁汝昌酌带海军能战之船，往朝鲜海面巡护游弋，以资策应。此目前布置大略情形。至沿海各口，如旅顺、大连湾、威海卫各处，早经布守整饬。此次除抽撤旅顺后路毅军二千外，其余各将屡告奋勇，均因要防，未能轻调，仍严饬各口，妥密筹备。盛军本系津沽游击之师，今移缓就急，拟即选将添募填扎，加紧训饬，以备前敌后路接应。请先代奏。

六月十四日

总署致李鸿章嘱袁世凯不可径自赴津请旨遵行电

袁道奉谕旨毋庸调回，切不可径自赴津。如必须令其面禀情形，仍应请旨遵行。

六月十五日

直督李鸿章致枢垣拟派商轮往牙山运兵入平壤电

日横至此，即应撤旗绝交。惟彼在汉城内外布置已密，我仅叶军二千五百人在韩，孤危绝地，必先遵旨，择地扼要移扎为要着。查我进兵，须由平壤，最为扼要，进退裕如。要先将叶军拔入生地，再派队由此合进得势。现拟派商轮五只，克日往牙，将该军载入大同江，移入平壤，并派海军分船往护，即留防江口，以便他军继进，似合尊示分别先后次第之意。

六月十五日

总署致李鸿章日复电无转圜意已决进兵如何预筹布置先复电

初七，与小村议先撤兵、再商韩事，小村允电本国。接复电，谓：中国仍主撤兵之言，而不依更正内治之意，是无意息事，嗣后即有不测之变，政府不任其责。词意甚为决绝，似无转圜之机。本日已有廷寄，命决进兵之策。战事宜慎，必须谋出万全。希将如何分别先后预筹布置之处，先行电复。

六月十五日

礼部侍郎志锐奏日人谋占朝鲜请速决大计折

礼部右侍郎志锐奏，为日人谋占朝鲜，事机危急，关系大局，利害甚重，吁恳天威，速决大计事。

窃维驭夷之道，专尚乎权，应敌之方，宜揣其势。本年朝鲜东党乱起，日本假更张朝政为名，调集重兵，分屯要害，汉城、仁川一带，日人俨然据为己有，筑台运械，布置周密，势将幽置国君，迫胁官民，一切财赋、政教，无不惟命是听。试思政事既易，人民、土地有不同归日人者乎？往者朝鲜之于中国，尚有属国之名，今恐并其名而失之矣！朝鲜东、西、南三面濒海，处处与日本相接。日人声势联络，瞬息可通。朝鲜既为所据，敌情叵测，屡败盟约。若以铁舰横行洋面，我则津沪不通；若以陆师内指边关，我则奉吉俱震，藩篱尽撤，盗贼纵横，附背扼吭，将成巨患。此朝鲜得失为我朝大局所关，不得视为乡邻之斗者也。

奴才近日谨以传闻，参诸洋报，皆言北洋大臣李鸿章与译署之大臣主持此事，一味因循玩误，辄藉口于衅端不自我开，希图敷衍了事。奴才愚见，窃以为有大谬不然者，何也？衅自我发则谓之开，衅自人起则谓之应。今日人之据朝鲜，以四条挟我，俨然有开衅之心。我若急治军旅，力敌势均，犹冀彼有所惮，不敢猝发，是示以必战之势，转可为弭衅之端。不然，则我退而彼进，虽欲求无衅，不可得也。又闻该大臣等事既急切，专恃外国公使从中调处，藉作说和之客，以图退兵之计。事起之初，则赖俄使。俄使不成，复望英使。英使不成，又将谁易？无论俄据海参崴及库页各岛，英据巨文岛，窥伺东海，与日人交情素昵，即令偏袒向我，既无可恃之势，又无可假之权，全凭口舌折冲，虽俄、英各使逞辩嚣张，果能化弱为强，强日人以就我范围乎？此又事理之不易也。

综计中日交涉以来，于台湾则酬以费，于琉球则任其灭，朝鲜壬午之乱，我又代为调停，甲申之役，我又许以保护，我愈退则彼愈进，我益让则彼益骄，养痈贻患，以至今日气焰嚣张，贪婪无已，一误再误，则中国从此无安枕之日，可不虑哉！以势所必争之日本，与绝不可失之朝鲜，彼则着着占先，我又面面受制。为今之计，应请宸衷独断，速饬北洋大臣李鸿章，厚集兵力，迅赴事机。甲申和约既曰公同保护，又曰无事中、日均不驻兵，该国现已平定乱党，更易朝政，日既聚集重兵，我岂束手坐视？保护为中、日共有之权，进兵乃中、日分任之事，旧约是践，何谓衅端？急难同情，岂云用武？是固理明词顺，皆可向日人反复详言，以破开衅之说者。兵齐之后，权势维均，然后徐议更张，详订新约。敌情本有虚实，边患更有重轻。壮我之气而后可以讲和，充我之力乃亦无妨言战。届时即意见参差，或者俄、英各使出作调人，庶其竭力转圜，始觉挟持有具也。东渡各营，最谬妄者，直隶提臣叶志超、海军提臣丁汝昌，派赴朝鲜，在日人之先，而铁舰不扼仁川，陆军不入汉城，仅驻仁川附近之牙山岛，自为犄角险要之地，拱手而让之外人，外间舆论，至有败叶残丁之诮，不孚群望，可想而知。该统将等首鼠不前，意存观望，纵敌玩寇，夫复奚疑？其谓朝鲜地势悬隔海外，欺圣明不及觉察耶，抑苟且偷生，以徼幸于无事耶？此皆玩误之尤，应请严旨饬其速扼要地，再敢瞻徇畏缩，立予重惩。

总之，军国大计，利害所关甚重，要藩岂容轻弃？而狡敌非可缓图，衅端不可妄开，而兵力实宜震慑，势无可缓，计不必疑。奴才夙夜徬徨，罔知所措，既有所见，敢不专达上闻？谨奏。

光绪二十年六月十五日。

使日汪凤藻致总署拟请美使代护在日商民电

闻日已约法国代护在华商民。我商求护甚切，美使来招揽，可否由大署商定？备而不用，亦无碍。

六月十五日

直督李鸿章致总署袁电中日决裂恳恩准回国电

袁道电：凯之留，本与各国商量，通消息，今已无可商通。各路已进兵，示决裂。病至此，死何益，徒辱国耳！能否邀恩拯救，或准赴义平待轮，乞速示。应否调袁回、留唐暂代办？乞复。

六月十五日

直督李鸿章致总署唐绍仪电闻日加兵我军未集愈难措手又晤俄使劝我先许会议电　二件

唐绍仪电：闻日又加兵三千，已自日行。我军未集，议未定，兵机先露。日兵愈多，愈生事，愈难措手云。

六月十五日

唐电：顷，晤韦贝。据称，大鸟已电日廷，派小村赴津，未知允否？华应先许会议，再商撤兵。如先商撤，再议必不成。日已向华商几次，均未允。如中坚约小村往商，料妥等语。韦贝意渐松，且以华先商撤为非云。日未必令小村来津。若来，先商大略，即撤兵，何如？

六月十五日

直督李鸿章致总署龚使电英国调停中日撤兵办法请速复电　二件

龚使电：金欲调停，令日兵退扎仁川，与中国各商驻兵地再议。但欧前言，令日退驻汉城南北，亦未指明实地。如叶军现驻牙山，距汉城仅二百里。日兵撤与相近，恐生事，转不如令日撤兵仁川，为通商公共地，彼此无妨。钧署与欧妥议示复。至马格里云，欲战胜，索兵费，盖谓日穷无赖，战胜则向我索兵费，似无稽之谈云。

六月十五日

龚又电：金顷云：中要日退兵再议，日要议定再退，欲再作调停法，日汉城兵退扎仁川，中兵请酌驻何处，空韩城，两兵驻，离城远近相埒，再和商。属先电中堂，酌商总署，速复转达，即公出此议云。马云：探众议，中力大而难动，日力小而灵动，日欲战胜，索兵费云。

六月十五日

直督李鸿章致总署俄兵抵韩如和局裂俄未便袖手并叶志超电南路紧要拟添兵电

唐电：闻俄已派兵抵韩，询韦贝，据云，华、日如有事，韩民必多逃入俄界。俄廷备防兵，亦在意中。现情势较前异，华如专请日撤兵，必决裂。如再令日派兵分守各城门，出入不易，事更危云。

六月十五日

日兵在汉无甚动静。前传二十日人要开仗之说，似是谣传。喀使来谈，俄廷电告，仍愿从旁调处。如日本肯即撤兵，与中国会商善后，俄不干预，免人疑谤，但不愿英人居间拟议。然英似愿日据韩，以阻俄也。询：俄船八艘在摩阔威大操，何意？答：俄系邻疆，应戒备，中国想亦预备。告以日逼我太甚，不得不添兵，设和局裂，中日交战，俄当如何？喀谓：俄未便袖手。是鹬蚌相持，渔人得利，尤宜预防。叶提督电复：南路紧要，不宜远移，拟设法添队，稍厚兵力，缘叶所带只二千六百人也。

六月十六日

清季外交史料卷九十二终

清季外交史料卷九十三

光绪二十年六月下

直督李鸿章致枢垣叶志超兵单拟在津调兵往助电

前恐叶志超兵单处危地，商令用船移平壤。旋接复电：船移甚险，由陆扼要相机移扎，较有把握，且梗日军汉、釜相通，南路但求添队云。现拟在津军抽调精兵二千余，合叶原队共五千人，可当一面。南路韩民不服日而信叶，当不至受困。将来若和议不成，北有平壤大队，南有叶军，合力前进，牵制得势。昨已电告龚使，英请退兵再议，仍令全退仁川，无妨。叶在南路，未便移平，亦难并扎。尊处亦可告欧商办。至英约不准夜装兵，尚有他法可想。

六月十六日

户部尚书翁同龢等奏遵旨会议韩事折

户部尚书翁同龢等奏，为遵旨会同详议，恭折复陈事。

本月十三日，军机大臣面奉谕旨：朝鲜之事，关系重大，着派翁同龢、李鸿藻等，会同详议等因。钦此。日人以重兵驻韩，日久未撤，和商迄无定议，不得不速筹战事，此乃一定办法。奉旨：谕令李鸿章派兵进发，妥筹战事。兹据电称，历来中国进兵朝鲜，皆由平壤北路进发，现派总兵卫汝贵统盛军六千余人进平壤，提督马玉昆统毅军二千人进义州，均由海道前往；并咨商盛京将军，派左宝贵统马步八营进平壤；又调提督叶志超一军，移扎平壤；旅顺等处海口，亦已整备等语。所筹尚属周密，应请谕令李鸿章，即饬派出各军，迅速前往，勿稍延缓。钦此。现经厚集兵力，声势较壮。中国本有保护朝鲜之权，此次派兵前往，先以护商为名，不明言与日失和，稍留余地，以观动静。现在日兵在韩益肆猖獗，而英使在京仍进和商之说，我既预备战事，如日人果有悔祸之意，请愿就商，但使无碍大局，仍可予以转圜，此亦不战而戢人之术也。盖国家不得已而用兵，必须谋出万全。况与洋人决战，尤多牵制。刻下各国皆愿调停，而英人尤为着力。惟英最忌俄，恐中、日开衅，俄将从中取利也。我若遽行拒绝，恐英将暗助日人，资以船械，势焰益张。且兵端一开，久暂难定，中国沿海地势辽阔，乘隙肆扰，防不胜防。又当经费支绌之时，筹款殊难为继，此皆不可不虑者也。然果事至无可收束，则亦利钝有所勿计。现察日人之意，以整顿朝鲜内治、保其土地为主，只以中国允其商议不甚切实，但催令先行撤兵，是以未能就范。此时既派大兵前往与之相持，则亦可不必催令撤兵。彼如仍请派员与议，则日人所请各条，如有不妥，我可议驳；如果有裨政务，亦可由我饬行，既收保护利权，亦不失上国体制，届时再当请旨遵行。倘仍要求必不可行之事，或竟哓逞凶锋，则大张挞伐，声罪致讨，师直为壮，各国当亦晓然而喻矣！谨合词会奏。

光绪二十年六月十六日。

台抚邵友濂致枢垣报布置台湾防务电

奉旨筹防，当即尽力布置。基隆、沪尾为台防要口，当饬提督张兆连、知府朱上泮、参将沈桂山率领原有八营，并就地添勇四营，分别扼守。此外如基隆、观音山、关渡各小口，添募土勇，严密分布。又专弁赴江浙增募四营，交已革提督李定明策应后路。藩司唐景崧居中调度。澎湖饬由该镇周镇邦，于原有三营外添勇两营，均扎台南，责成万镇国本、顾道巩熙添勇三营，与原有三营，分防安平、旗后两口。恒春为日人曾至之地，调勇两营，严饬后山各口一律驻防，并将存储水雷百余具，分布各口。海外转运为难，奉旨饬调南洋兵轮，已准刘坤一电，派南琛、威靖两战船克日来台。新疆臬司聂缉椝，准暂缓引见，已饬专办后路，并请刘坤一酌拨子药枪弹，所虑该国兵轮，饰词避风修理，先期入口，意存叵测，应请旨饬总署先事明告驻京日使，轮船游弋务由口外，以慎戎机。

六月十六日

总署致李鸿章英使劝日兵移南路华兵扎汉城再行开议希统筹全局电

英使言：接外部电，欲劝日将汉城、仁川之兵移扎南路，华兵扎在汉城北路，再行开议，与龚电相符。希即电龚，告外部，中国可允照办。日意如何，候伊回信。再，欧言：中国撤兵至汉城以北，适与我大军近扎朝鲜北路办法相符。今叶又请留军牙山等处，亦拟在牙添兵，与英请扎北路之说不合，且日军如撤往汉城以南，即与牙军相逼。

来电谓牙山为孤危绝地，纵添兵，能否形势相埒，进退自如，不为日据？尚希全局统筹，免至将来棘手。

六月十七日

总署致李鸿章中日若失和托美使保护华商电

即电汪使，向驻日美使述署意，先与订定，万一失和，即属其代护华商。

六月十七日

总署与英使欧格讷因日本事第一次问答进呈节略

六月十四日，与英使欧格讷问答。

欧云：我日前来署之后，小村使可有照会来否？

答以接到小村照会一件，惟其照会内所称各节，殊多不情，与前日本署与尔所谈诸多不符，如共保朝鲜土地，派员会议各节，曾言均可商量，并无他说，何以小村照会内有中国仍是仅请撤兵，于日本所请各节，毫无可依等语？并说中国有意滋事，是何道理？中国于此事皆按条约而行，一步不错。日本违约妄行，处处皆不按理滋事，曲皆在彼，何反以此语相加？

欧云：或系小村听错，亦未可知。

答以我们对小村所说，与对尔所谈之话，皆是一样，何谓听错？

欧云：汉城所来电报，请贵衙门不可尽信。即如英国前有水师人员为朝鲜所雇，近闻大鸟所开条款内，令朝鲜将此人辞去。又朝鲜各海关，皆要撤去等事，英国外部已诘问日本。日本回称，并无其事。

答以日本曾开二十余条，令朝鲜照办。该国答以王已另开条款。须将该王所命各条先办，然后方能议日本所开各节。

欧云：现在情事紧急，然欧洲各国，拟问中国是否愿意保护朝鲜，整理内政。如此层愿意，各国仍可向日本说明，催其撤兵，谅无不行。

答以若论整理朝鲜内政，这是劝其往好上去做，中国有何不愿意处？前历次与汝及小村均言明必须先行撤兵以后，即开议整顿各节，即系指此而言，何须再说？

欧云：日本商民在朝鲜，须与中国人一样优待，此中国允否？

告以日本前以属邦二字多烦辩论，若与中国人一律优待，即系分去属邦一半之意，故不能允。

欧云：朝贡等事，仍照旧章，亦不能分去属国。

问：若然，则何不说与各国一律优待，必要说与中国一律优待？

欧云：因向中国商办，故以中国为言。

答以此节中国公议，断不答应。既不能分去属邦，则朝鲜之待日本，可与各国一律，又何必再列入条款之内？

欧云：贵国驻朝鲜之袁大人，在彼办事甚好，然一人局势甚孤，又极劳累，闻袁大人年三十余，近已发白，若能再添派一人帮办，较为得力。

答以该国两次定乱，袁皆身亲其事，故该国王极为敬重，本是得力之员。

欧问：前日小村所复照会，如何说法，请一看。

遂将照会交阅。

欧云：照会内毫无可依之情形云云，所说非是中国始终并无不可商量之话，贵衙门何不将此意回复他？

答以我们以渠所说太重，并非真心和商，意在激怒开衅，又因未晤汝面，故先未复他。

欧云：他的话太过了，我想他并无不愿和商之意，我明日前往问明，再给贵衙门送信。

答以我们正拟将其照会内所说滋事好事之语驳复。汝既以彼所说为错，我们且候汝回信再回复他。

欧云：现在朝鲜边界土们江地方，现有俄国兵甚多，贵衙门知之否？

答以未闻此说。我们前与小村言，须赶紧撤兵，即可接商善后之事。否则，恐有他国藉口派兵出来干预，已言在先。今据汝所说，果有此事，可见不撤兵之非矣！

欧云：欧洲各国劝和之意，明日我国家当有电来，我明日去问小村，渠如何回复，皆当赴署面谈。

答以如明日来谈，仍在下午三点钟相候。

欧唯唯，遂辞去。

六月十七日

李鸿章刘坤一奏上海浦东地方洋商试办火油池议定防险章程折

直隶总督李鸿章、两江总督刘坤一奏，为上海浦东地方洋商试办火油池栈，现与议定设限防险章程事。

窃臣等承准军机大臣字寄，本年三月十八日奉上谕：御史褚成博奏，洋商违约筑池，存储火油，大拂民情，请饬禁阻一折。据称：去冬，有德国商人在上海浦东陆家渡地方，购地筑池，为存储火油之用。众情疑骇，力求禁阻。南洋大臣曾委苏松太道聂缉桀，与该国领事再三辩论。今年二月，该洋商不候华官允准，擅将火油装运抵沪。且闻另有洋人在汉口买地基，亦为存储火油而设，请饬速行阻止等语。洋商开地存油，是否有碍民居？着南、北洋大臣详细查明，设法阻止，妥筹办理。原折着钞给阅看，将此各谕令知之。钦此。遵旨寄信前来，当经转行钦遵。去后，伏查，此案上年六月间，据苏松太道聂缉桀，以上海洋商在浦东地方设立火油池栈，事属创办，恐与地方居民有碍，禀经臣等饬与洋官商禁，一面咨经总理衙门，向各国驻京使臣驳阻。旋值津海关道盛宣怀在上海清理织布局务，并经饬令会商筹办。内外坚持几及一年，彼族总以欧洲各埠以及日本等处均已设有油池，储油于池，较之装油于箱于栈，尤为稳妥。再三辩论，坚求不停。盖向来运销洋油皆系储以马口铁桶，外套板箱，既费工本，又耗水脚。洋人工于谋利，精益求精，是以近来凡各国运销洋油之处，大都船改统舱，栈设油池，以期便于输运。上海所设池栈，经该道等督同员绅，前往确勘。该栈基北临浦岸，南、东、西三面均属田畴，地极空旷，相距镇市亦尚遥远。附近有居民二三十户，均非贴邻，民情亦尚相安。该栈外筑围墙，内设圆桶三，其高约三丈有奇，围圆二十丈有奇，悉用钢板制成，即系储油之具。名虽为池，实则形类札桶。各桶之下，填筑塞们泥土，以防渗漏。桶顶蓄水，桶旁竖杆，以避日照电触之虞。桶外设有钢管机筒，备油船抵埠，用以吸油于桶。三桶之外，复设小桶一具，为澄净油渣之用。一切做法，均尚周密坚固。复经聂缉桀电询出使英、法、义、比大臣薛福成，查复伦敦油池十余处，做法相同。出使日本大臣汪凤藻亦谓，东洋油池，自设立以来，尚无危险之事。上海所设油池，系俄产，英商资贩，德商经售，三国商人合力营运，所费资本甚巨，在中国系属创见，在外国已视为故常，是以坚请试办，情词极为迫切。再四体察筹商，事虽难以中止，不能不与议设防险之法，以示范围，而杜流弊。当乘油船抵口之际，一面饬令禁止进口开舱，一面与之切实筹议。该商始允存汇号银十万两，并将存单送道，以备不虞赔恤之需。又经聂缉桀等与地方绅董详细讨论，转商领事，议定章程十条。惟第二条设限一节，美国使臣以事系英、俄、德三国合办，又以美领事无管理别口之权，未肯允行。臣鸿章因校阅海军，适在威海、烟台，迭晤美参赞，令转致美使臣，必须照办。遂据交到节略，改为上海浦东一处，暂行通融办理，以后他处，不得援此为例。如欲仿办，必须禀由本〈国〉领事，照会关道，查明于地方居民有无险害，禀报总理衙门，照会饬知遵办。既须禀官查核，以后即可杜其私设，遂饬令苏松太道聂缉桀，与各领事照议签押。兹据会同津海关道盛宣怀照录章程，绘图详请具奏前来。

臣等查，池栈之设，必当观察地方民情。既经勘明栈设旷地，并无贻害近邻，所制桶式亦均稳固，油船必须出海洗涤，油池严防渗漏，亦已备列防险章程之内，似与民居汲饮不致有妨。且又载明，倘有渗漏碍及汲饮，或有失慎殃及居民，确有明证，除赔偿外，即由地方官会同领事，饬令将池拆毁，不得再行建造。该商等既费巨资，营此贸易，苟其事稍有危险，似不肯议此章程为尝试。凡此皆为日本章程所未及，所议尤为严密，仍当饬令现任苏松太道黄祖络，留心查察。如有未尽事宜，务即随时妥筹商办，以期益昭详慎。至汉口地方，饬据江汉关道恽祖翼查复，尚无筑池形迹。现已将所订章程通行各口，一体遵照。除图说章程咨送总理衙门查核外，谨恭折复陈。谨奏。

光绪二十年六月十七日奉朱批：该衙门知道。

总署致驻京各国公使日本首先开衅击沉高升商轮责有攸归照会

为照会事。

兹因朝鲜全罗道有乱民滋事，该国王备文请援，经北洋大臣奏明，我朝廷因该国前两次变乱，均经中国为之戡定，故特派兵前往，不入汉城，直赴全城一带进剿。该匪闻风溃散，我军抚恤难民，方谋凯撤。讵日本亦派兵赴韩，托名助剿，实则径入汉城，分据要隘，嗣又屡次添兵至万余不止，竟迫胁朝鲜不认中国藩服，开列多款，逼令该国王一一遵行。查朝鲜为中国属邦，历有年所，天下皆知。即该国与各贵国立约时，均经声明有案。日本强令不认，于中国体制有碍，已失向来睦谊。至比邻之国，劝其整理政务，原属美意，但只能好言劝勉，岂有以重兵欺压、逼勒强行之理？此非但中国不忍坐视，即各国政府亦皆不以为是。俄、英政府屡饬驻扎该国大臣，向其外务劝阻，并经英国外部劝其将兵撤出汉城，与中国分扎两处，和平商办朝鲜事务。此议甚为公允，乃该国悍然不顾，反更添兵。朝鲜人民及中国在彼商民，日受惊扰。中国念各国共敦和好之意，断不肯遽与开衅，致生灵涂炭，商务有伤。后虽添兵前往保护，亦距汉城尚远，不至与日本兵相遇启衅。何意该国忽逞阴谋，竟于本月二十三日，在牙山海面，突遣兵轮多只，先行开炮，伤我运船，击沉挂英旗英国高升轮船一只。此则衅由彼启，公论难容。中国虽笃念邦交，再难曲为迁就，不得不另筹决意办法。想各国政府，闻此变异之事，亦莫不共相骇诧，以为责有专归矣！今特将日本悖理违法、首先开衅情事始末，备文照会贵大臣，转达贵国政府查照。

须至照会者。

六月十八日

直督李鸿章致总署接俄使电拟约英法德商令日本退兵再议电 二件

欧使来言：已接俄喀使电，愿与英商，令日退兵再议。欧并言：约德、法、英三国同办，均乐从。英外部责日末后所索更甚，与前议不符，现合五国加力责之，俾从公论云。

六月二十二日

顷，喀使差巴参赞来称，已与欧商明，欧在京请署议，喀在津与鸿章议，欧、喀皆奉国家训条，令商驻日使，告日廷，令退兵再议。法、德、俄皆由国家公请，此亦如昔年土耳其攻某，英、俄、法诸大国勒令退兵，不能不遵。又谓：日人退仁川，距汉太近，请另筹妥处。鸿谓：日兵若退釜山，距汉五百里，我牙山兵即退平壤，距汉亦五百里，似尚公平。巴云：极好，请电署照此答欧，我即请喀电驻日使，彼此勿再游移。鸿谓：日不遵，奈何？巴云：英、俄既有定见，必有办法。乞于见欧时论及。

六月二十二日

江督刘坤一致总署请指明上海及吴淞口外系不用武地始可堵口乞示电

顷，沪道电：英领事送到驻日公使文，电语所云上海及附近上海口岸等处，虽英领事云已包括吴淞在内，然总未指明吴淞两处，请转电钧署，转商英使，再与日使议，必须明晰指定上海及吴淞口外系不用武之地，方可定堵口及撤去桩镫办法云。请示遵。

六月二十二日

旨寄李鸿章日若开衅叶军地势是否相宜应早筹备如有著名宿将准其奏调电　二件

电寄李鸿章：日人近复添兵，彼如开衅，必先向叶军决战。该处地势是否相宜，并如何策应之处，务宜及早筹备。

六月二十二日

电寄李鸿章：日人要挟无理，亟须预筹战备。李鸿章所派各军，到防后如何应敌，着严饬诸将领妥慎办理。奉天派往之军，即转电催令迅速齐进。姜桂题、郑崇义均着酌量调遣。此外如有著名宿将，准其奏调前往。袁世凯饬令迅速来京。

六月二十二日

总署与英使欧格讷因日本事第二次问答进呈节略

欧云：闻贵国因恐与日失和，有堵吴淞口之议。我政府已问过日本，日本说决不犯上海，此言甚确。请饬该地方官，切勿封口。

答以贵国既能保其不犯，我们自然相信。

欧云：我欲将所闻之事一一告知贵衙门。现在贵国与日本虽未失和，却不可不先防备。本国前劝日本退兵和商一节，日本非但不听，且说更紧，我政府甚为不悦，已电日本云，此事太无理。前所说四条已向中国言之，何又反复？且与光绪十二年中日条约不符，如此大言欺人，必动公愤云云，日本尚无回信。

答以此言甚公道，日本甚负贵国好意。

欧云：昨晚接俄国喀使电，谓伊奉其政府命令，伊会同我商量保全和局，先将中、日在朝鲜之兵分开，不知贵衙门愿照此办否？

答以中、日兵原未在一处，要说明日本将汉城兵退出，中国兵亦不可［不］往汉城，自然分开。若仍在汉城，中国兵亦将前进，便不能分开了。只要公平调处，我们决无不听劝的。

欧云：我所说的，决无令贵国有伤体面处。现在英、俄之外，又约德、法、义三国同办此事，合力逼着日本讲理，谅亦不敢不从。此时说话，总在日本一边用力。我今日即发电我政府，加力催着日本，并往西山请德国钦差回京，令各电政府，同向日本政府说去。此是好机会，难得五国同心帮助贵国。

答以欧大人为此事始终费心。

又问：前日所说，从前贵国新嘉坡、香港等处不准兵船进口事，我们查光绪十四年贵国给我们照会，但云英国所属海口，只准别国带兵船一只进口。现在中、日尚未失和，我们可否一律照会各国？

〈欧云〉：只宜照会日本一国，可引我们照会作例说话，却不可激切。据我看，尚可缓数日，能说和更好，倘真失和，贵国以力阻之，自无不可。

又云：我所听着的话，今日都告知贵衙门了。我恐二十五、六、八三日换班，不能会晤。

答以如有要事，尽可来署，此事亦甚紧要。

欧云：贵国添派之兵已上岸否？

答以尚未有信。

欧云：日本兵在朝鲜，闻有一万九千。贵国兵有多少？

答以亦差不多。

欧云：前几日电线中断，各国皆疑是贵国故意割断的，殊非贵国之利。

答以我们疑是日本所为。

欧云：我回去即给喀使发电。

遂辞去。

六月二十四日

旨寄廖寿丰并无由英人保护定海之事所请殊属非是电

电廖寿丰：电奏已悉。参将吴杰，已电谕刘秉璋，饬令赴浙，前办海防，并无由英人保护定海之事，中国地方，岂可令外国人保护？所请殊属非是！南洋防务，已拨台湾兵轮二艘，能否匀拨浙洋，着该抚电商刘坤一酌办。

六月二十四日

江督刘坤一致总署报各国对中国情状并防沪口电

吴淞为苏松要口，迭饬沪道筹备堵口。先后据电禀：英领事以上海商务英商为最，请本国驻日公使商日政府，作局外地。现接回电，内开：执有日政府字据，如有战事，定不在上海，及行进上海口岸等处用武等语。英领事又劝停止堵口，照会前来。该道谓：行进上海口岸者，即指吴淞而言。又据另禀，龚星使电，顷，金外部云，见驻英日使，言龚使无望华开战意，日必欲战，我看华又大，从来与各国战，终无内损，以小敌大，汝思之。日使见龚，龚不得已进劝言。金又告，刻接驻日使电，已立据，上海口岸及海洋商轮水道决不扰害等语。请转电南、北洋，饬沪道，勿塞吴淞口，饬转云。事关防务，责有应尽，日虽有文与英，沪作局外，敌谋狡诈，究难尽信。查法事时，将吴淞口门钉桩，中留航路，以便行船。桩旁用船载石，备临警沉塞。是现拟堵口，平时中流本留有船路，似无碍商船出入。应否仍照法事时筹备，抑或由钧署再向驻京英公使切实商定，以免临时贻误之处，乞示遵。惟英、俄所议，仅指吴淞、上海包括在内，万一日船驶近浦口，图犯长江，吴淞炮台自不能不轰击防范。请并致各使，务为声明，以免事后枝节。所虑日人诡谲异常，或冒用别国旗号，朦混暗渡，亦请转商各使，转饬严禁，以重防务。仍望由沪道属税司，派洋人在口，遇有各国商轮船，严密稽查放行。再，日领事商请沪道，将在沪日商设法保护。沪道以华人在日实繁有徒，现在日官作何保护办法，电询汪星使详示，未复，亦请钧署会商日使复示。

六月二十五日

直督李鸿章致总署汪凤藻报日兵突入韩宫韩拒而败日又添兵电

汪使电：二十一，日兵突入韩宫，韩拒而败。水原亦因韩兵拦阻致衅。曾否与叶军遇？釜山电断，无耗。顷，闻日添兵五千，即赴仁川，祈转中堂筹拨。事急，华报如阻，京津要信，可电美使转东。请代达云。

六月二十五日

旨着刘永福帮办台湾防务电

旨：南澳镇总兵刘永福，着谭钟麟饬令酌带兵勇，前往台湾，随同邵友濂办理防务。

六月二十五日

直督李鸿章致枢垣闻日兵围宫拘王我军前进电

闻日兵二十一围宫拘王。华电局、使署员役皆散。想拘王，勒令背华。我兵盛、毅两军，已大半到义州。奉军四五日内亦到。由义至平，较之平至汉，路平好走。惟石桥、博州〔川〕、安州三江水面宽深，驳船甚少。昨由该军统带，已与舰尹面言，请其备船，或搭桥预备快渡，现已催令前进。

六月二十五日

直督李鸿章致枢垣各轮运兵上岸被日炮击并高升广乙操江被毁电

前派津队二千，雇英商轮三只，分运牙山，接应叶军。用英轮，挂英旗，当可进口。并派海军济远、广乙两船，往牙山口迎护登岸。顷，济远管驾方伯谦回报：二十一、二日，英轮爱仁、飞鲸装兵抵牙，均陆续上岸。二十三辰，突有日兵船多只，在牙山口外拦我兵船。彼先开炮聚攻，济远等竭力拒敌。鏖战许久，济远中弹，三四百个弁兵，亡十三人，受伤二十七。船上多损，机器尚完。日船亦有伤亡。午时正，我船退出，日船紧追。我速开后炮，中伤其望台、船头、船腰，彼即转舵逃去。但见广乙交战中敌两炮，船伤歪侧，未知能保否？又运送军械之操江差船，适抵牙口，被日船击掉。英轮高升装兵续至，在近牙寸峻西南亦被日炮击沉等语。查华日既未宣战，日船大队遽来攻扑，且先开炮击沉我船，实违公法。我船甚单，赖济远钢甲尚坚，苦战支持，未至大损。广乙则闽厂所造铁皮小船，中炮即歪，现尚未知下落。至高升系怡和船，租与我用，上挂英旗，日敢无故击毁，英国必不答应。现已饬海军提督丁汝昌，统带铁快各船，赴朝鲜洋面，相机助击。续再查明奏报。乞先代奏。

六月二十五日

直督李鸿章致总署中韩电线被日阻隔遵旨速筹电

顷，奉电旨：朝鲜电报阻隔，应如何设法择地安设，以期迅通消息之处，着李鸿章速筹电复等因。查朝鲜有两电线，一自珲城南至釜山，由海线通日本，系日本代造；一自仁川、汉城北至汉城、义州，由鸭绿江通奉、直，系中国代造。日兵到仁、汉，即将釜线据为己有。二十二，攻夺我电局，将汉城至平壤线阻断，不准华人修接。拟改由沪转电釜山，日拒不收华报。此刻津电只能通至平壤为止。须候大军到平，兵进一步，线通一步，方能守护。至牙山消息，已阻数日，故英旗小轮由烟台送信至牙，尚无回电。乞先代奏。

六月二十五日

总署致刘坤一日已开衅倘日船驶近浦口即击电

中、日不犯上海，已与各国有约，谅无改变。惟日兵已在朝鲜击我兵船，由彼开衅，倘日船驶近浦口，即可击之。

六月二十五日

总署致杨儒希托美廷保护在日侨民电

昨，日舰已在朝鲜牙山击我兵船，衅自彼开，各事均应防备。所有驻日华民眷口资产，业告田署使，托美廷保护。祈照会外部，取回文电复，再电汪使。切要！

六月二十五日

总署致李鸿章日先开衅布告各国照会如何措词希电署公酌电

日先开衅，并击毁英船，事已决裂。英使已电本国，并云：论中、日国势，久持，日必不支。惟初战宜慎，彼意在毁我兵舰，必须聚泊严备，不可单船散泊，致中狡计。汪使应否即撤，抑俟布告各国之后，希电复。至布告各国照会，必应及早办理，本署现已拟稿。此事在我理直气壮，可以详细声叙。其应如何措施，以臻周密，希将尊见详电本署，公酌缮发。

六月二十五日

直督李鸿章致总署照会似宜略述属国一节日货暂停进口但各国运日货恐不能禁电 二件

日先开战，自应布告各国，俾众皆知衅非自我开，似宜将此案先后详细情节，据实声叙。钧署拟稿，必臻周妥。内属国一节，朝鲜与各国立约时声明在先，各国虽未明认，实已默许，可否于文内轻笔带叙，请我先派兵，非无名，后来各国调停议诘，亦暗伏其根。汪使应撤回，日驻京使及各口领事，应讽令自去。日土货多赖华销，应檄行各关，暂停日本通商，日货不准进口。均乞核办。

六月二十五日

顷，电商日货不准进口一节，继思日商船现已不来，各国船运日货出入，恐不能禁，仍应勿提为妥。祈再酌。

六月二十六日

电报总办盛宣怀致总署已饬各局不准收发密码电

日人狡谲，各口有人改装侦探，用洋文密码通电，大碍军情。若专禁日电，仍可托名他国人传递，自应照公例，禁止一概密电。但恐各公司〔使〕、总税司须发有益中国之密电，似应通融。现奉傅相通饬各局，除中国有加印官报及驻洋各钦差官报密码照发外，无论华洋文密码商报，均不准收。明码各电，应查明，如有关涉军务，立即退还。至各国公使、总税司有益密电京总署、津督署特允收发者，请由两署加印，饬局代发。各国来报，亦须奉两署特饬准收，仍送两署转交。此外密电，概不准收。除通饬外，乞代回堂。

六月二十六日

台抚邵友濂致枢垣台岛饷械支绌请饬南北洋及闽督筹济电

奉拨南洋南琛、威靖两轮，前后已到。又委派杨岐珍、刘永福，现已电催渡台。一面仍严行备御。台岛孤悬，兵械、饷项支绌，万一水线中断，将来无从呼应。仍请分饬南北洋及闽督预筹协济，先事陈明。至台省民情浮动，亟应整理团练，以固民心。可否饬林维源暂留在籍办理团练之处，均请代奏。

六月二十七日

直督李鸿章致枢垣报叶志超军与日战互有伤亡电

查叶志超一军在牙山者，原有二千余人。二十一、二日，爱仁、飞鲸两船运兵起岸，共一千七百人。其高升载九百五十人，被日船击沉，仅赖法船救起四十余人还烟台。顷，有仁川华商在烟台，经刘道含芳传问：二十三，叶与日开仗，日兵三千，死一千余，我兵伤亡百余，日兵已往北退，闻叶军要到水原府等语。此信当确。惟电线既断，海口运船又阻，粮饷、军火无从接济，尤虑子药缺乏，只有随时设法输送。至前往义州之马、卫两军，据报，已进扎义州前路十余里。探闻，平壤已被日分兵先据。即电饬该将等稳扎稳打，先图立脚，再谋制胜。并催左宝贵等赶紧驰往策应。请代奏。

六月二十七日

旨寄裕禄现丰升阿等驰赴平壤后路空虚着布防电

电裕禄：现在丰升阿、左宝贵等分带劲旅，驰赴平壤。后路防守空虚，应如何练兵，妥筹布置，着裕禄奏明办理。

六月二十七日

直督李鸿章致枢垣马玉昆到龙川与卫汝贵左宝贵同渡鸭绿江电

马玉昆电：二十三，带四营开往龙川，相机前进。卫汝贵亦于是日率四营由义州前进。左宝贵二十七晚抵义州，即调马步四营渡鸭绿江，与卫、马并进。

六月二十八日

直督李鸿章致总署按公法日使应限期出境日领派人各处侦探亦应出境电

小村已否出京？按公法，两国开仗失和，应令敌国公使限二十四点钟出境。驻津日领事及武随员二人，自五月初至今，日派奸细二三十人，分赴各营各处侦探，并有改装薙发者，狡狯可恶！拟令一律出境，以杜诡谋。再有影射奸探，即行密捕。是否？乞速复示。

六月二十八日

使日汪凤藻致总署托美保护华侨尚未得复并操江被夺广乙逃至牙山电

护商事，面托美使，当承答应，并赴日外部说妥，止候美廷复准。讵旬日杳无回信，乞大署电杨使向问。如变卦，可否改托英国保护？现探报，赴牙山援兵船被日击沉，操江被夺，广乙逃至牙山。日又派十船，各带雷艇一，赴釜、元、牙游弋。

六月二十八日

旨撤回驻日汪使侨民托美保护电

旨：汪凤藻，着撤回。所有中国驻日本使馆、领事署，照案均托美廷保护。

六月二十八日

旨寄李鸿章战事已开着厚集兵力广筹应援电

旨：现与日本业已开仗，必须厚集兵力，广筹援应。李鸿章久历戎行，从前旧部中立功将弁，及现在各腹省训练得力兵勇，该督知之必悉，均可奏明调派。至平壤已为日据，毅、盛两军业由义州前进，应如何陆续添兵前往，合力攻剿；叶志超据称接仗得胜，拟赴水原，该军饷械如何接济，俾免缺乏之处，均着迅筹酌办。

六月二十八日

旨寄李鸿章叶志超兵单如何接济即复电

电寄李鸿章：叶志超一军兵力本单，被日人击沉一船，伤人不少，究竟登岸之兵若干？牙山海口运船阻隔，又无电信可通。我军处此危地，粮饷、军火如何接济？近日情形若何？统即电复。

六月二十八日

直督李鸿章致总署筹商停止电报密码办法电

《万国电报通例》第八款：各国朝廷皆有权可停止电线，或久或暂，或一律停止，或止停某处之线，或停某机关信息，皆按时势所宜为，但须知照合约诸国等语。惟因京、津两处，各国须发有益中国密电，难概停止，故酌定京、津两署特允者加印饬发，如来报有京津准字者，交局速发。其外洋来者，皆无准字，仍送两署核准转交，不准者扣留，因人而施。明码不禁。日本釜、汉电，彼已禁止外人发报，并将中国所造韩线毁阻，音信不通。至东京，我无侦探，彼禁与不禁，无关轻重。华地彼多奸细，我若不禁，一举动无不泄漏，为害非细。如有人诘问，似可声明自主之权，据理特定。惟税务司究系华用，可照华官，盖税务司印，密码送发。乞核定。

六月二十九日

盛京将军裕禄致枢垣报告调遣各军以资策应电

六月二十七，奉谕旨遵查，左宝贵赴平壤营队，自十九日起，分起拔至九连城会齐。左宝贵二十三起行，二十七抵九连城，即日会同李鸿章所派盛、毅两军进平壤。丰升阿月初可抵义州东边之大孤山。大东沟海岸，前与定安会奏，派盛字营步队两起，前往扼扎。现左、丰均赴平壤，后路大孤山一带仅止步队两起，诚属空虚。兹与定安会商，奏调总兵倭恒额带马步四起，调至吉林，听候调遣。现在丰、左后路需兵，拟令倭恒额带兵四起，至凤凰城、岫岩一带，同盛字营步队两起扼要驻扎，以资防守策应。至奉省沿海口岸，除大东沟、大孤山现派兵扼守，旅顺、大连湾有宋庆、刘盛休驻扎外，惟营口地方系通商口岸，自左宝贵拔队后，该处留防仅止步队两营，兵力单薄，拟再由奉军内调集部队一千五百人，同原驻两营，驻该处防守。而后路亦须有兵策应，现委总兵耿凤鸣、道员张锡銮赶招步队二千五百人，认真教练成军，以备分防调遣之用。

六月二十九

总署致李鸿章已照会日使讽之使去俟日使行即告各日领出境电

本日照会日使云：日先开衅，致废修好之约，此后与彼无可商之事，殊为可惜！此即讽之使去之意。因护商之事，未得美国回信，汪使尚未行。此间未便促之过急，俟日使行，即告各口，迅令日领事出境。

六月二十九日

总署致杨儒托美保护在日华人美廷未复请询问电

保护之事，两电美廷，不复，致汪使未能遄归。希询美廷，如允，即速电美使遵照，仍希即复本署。

六月二十九日

清季外交史料卷九十三终

清季外交史料卷九十四

光绪二十年七月

直督李鸿章致枢垣据报叶志超获胜催北路进兵已令马左相机速进电　附旨

前雇英商船往仁川，密探顷回烟台称：六月二十五、六日，叶军屡胜，日兵死者二千余人。该军现离汉城八十余里。汉城日兵皆往迎敌，只留守王宫之兵，请电中堂，催北路速进兵等语。现已催马、左统将相机速进。

七月初一日奉旨电李鸿章：叶志超连获胜仗，以少击众，克挫凶锋，深堪嘉悦！惟日调汉城之兵，悉往迎敌，叶军势孤可虑，卫汝贵、马玉昆、左宝贵各军，行抵何处，李鸿章迅即催赴前敌，与叶军合力夹击。

总署致李鸿章日使回国请饬各关监督令各口日领出境电

顷，小村回文，即日回国。如其过津，尚烦稽察，并电沪速报出境日期。此外，各口日领事，应由尊处电饬各该关监督，谕令出境。

七月初二日

直督李鸿章致枢垣龚照瑗报日购快船应否宣公法阻止并陈英外部代筹应付日本战略电　二件

龚使电：此次小挫，兵轮无损。日制造二铁舰，价百万镑，须五年成交，现购快炮船，应否宣公法阻止？英与各国劝和，闻又有条陈，但决不能出一断语，恐转误事。况事已至此，与其俯就，终成不了之局，不如合中国全力，立不休之计。水陆稳战，进退自由。北和俄，南拒日。不急功，不示弱。久持则各国商务坏，不能怨我云。

七月初二日

顷，接龚电：哈告庆常，前劝日和商，勿为戎首，日怒。今为中计，船难必胜，勿贪战，留守要害，多进陆兵，用洋将监督，必能逐日下海。先将中允退、日不退先开仗之说告各国。现日焰盛，望中国获一胜仗，日后公议，中国获益较多云。

七月初二日

直督李鸿章致总署美允代保华侨请电汪使将商民册送美使电

美允保护，催请电汪使，率参、领各员，即将各口商民册及使馆物件，统送美使代储。

七月初二日

江督刘坤一致总署沪作局外无明文请切实订明电

中国之沪作局外，日与英文既不指明吴淞口，日不立据与英，英又不立据与中，英与各国又但劝勿堵，亦无着实语，不敢稍涉大意。闻日只肯包崇明以南，不包以北，长江不在包内，尤宜严防。如日使来钧署商，求切实言明，电示。

七月初二日

直督李鸿章致枢垣报派赴平壤卫马左三军屡饬和衷商办可不误机宜电

旨，谨悉。派赴平壤卫、马、左三军皆系鸿章旧部，练习西洋新式枪炮多年，屡饬该统将和衷商办，当可不误机宜。若另调素不相习之大员前往统率，有损无益，转不足以维系军心。现平壤以北电线可通，鸿随事往复指示，似暂无须另派统帅。前檄饬姜桂题、程允和添募六营，向在毅军，可助马玉昆。卫汝成添募五营，向在盛军，可助卫汝贵。俟添兵到前敌时，似可一气贯注。如各军均逼汉城，届时须与各国交涉，再随时请派大员前往，督率联络，期有实济。乞代奏。

七月初二日

军机处致李鸿章叶军亟须接济拟令丁汝昌办理能否胜任希复电

叶军接济，别无他路可通，若能以铁、快等船，仍由牙山水源海口运送，尚可达。

丁提督前云，往返汉江口外，未遇日船，折回威海，不知作何进止？倘令办理此事，能胜任否？希酌复。

七月初二日

旨寄李鸿章已降旨奖叶志超获胜着察看丁汝昌电

旨：李鸿章连日电奏，均悉。叶志超进剿获胜，已明降谕旨奖赏。所有北路各军，计现在均由平壤进发，叶志超以孤军当巨寇，釜山又有续到日兵，待援万分吃紧，着李鸿章加电迅催。但有一军先到，与叶军声息相通，已足以壮军威而寒贼胆。一俟诸军齐到，即可合力驱逐日寇，以解汉城之围。至叶军后路久断接济，由于海军护运不能得力。前据电称，丁汝昌寻日船不遇，折回威海卫，布置防务。威海僻处东境，并非敌锋，所指究竟有何措置，抑藉此为藏身之计？丁汝昌屡被参劾，前寄谕令李鸿章察看有无畏葸纵寇情事，着即日据实复奏，毋得稍涉瞻徇，致误戎机。如必须更换，并将接统之员妥筹具奏。

七月初三日

总署与英使欧格纳因日事第三次问答进呈节略

六月初十日，欧来，云：我上次来所谈朝鲜的事，贵衙门并未定有办法，失此机会，未免可惜。

答以本衙门之意，总要日本先撤兵，后商量，并非未有办法。

欧云：本国替贵国催日本撤兵，即是商议之头一端，从此自可接下去商量别的。

答以初七日，小村来问我们甚么意思，却未提及日本拟的详细节目。

欧云：本国政府派我调停此事，只为两国交情，并无别意，务请放心。恐有失和，与贵国无益。

答以我们深知此意。如有失和，自然两国皆无益。

欧云：现在贵衙门尚未定有办法，莫非仍候俄国调停的信么？

答以并无此事。

欧云：闻有中、日、俄三国会议之说，俄国与议一节，恐怕不行，这是别人的议论。

答以俄国与朝鲜比邻，日本不撤兵，故欲合议。

欧云：本国政府催日本撤兵，日本不以为然。本国政府大约另有办法。

问以如何办法？

欧云：由本国政府照会欧洲各国，协力催其撤兵。昨本国来电，问日本驻朝鲜兵数，据我看来，日本兵已及万余，立时全撤，原不易做到。或令日本先撤续派之兵，所剩者与华兵现驻之数相同。此中或撤或留，两国同办。然后再商议别的事，方为公平。

答以此法却好，但须先将汉城之兵撤尽，以免朝鲜惊扰。

欧云：此系我揣度本国之意，日本允否，未可知。

告以中国办理此事，总要办得到的办法，才能商议。因中国虽无议院，说话之人亦多。

欧云：日本现在已与朝鲜商改内政，中国此时若不出头，则抚驭朝鲜权柄恐日减了。

答以中国原可劝令朝鲜酌改内政，但不逼勒。刻下日本以重兵压汉城，勒令朝鲜改革内政，中国何能与之同议？还是方才所说，先令日本将续派之兵撤去，剩留之兵与中国兵数相捋〔埒〕，然后开议，最为公平。

欧云：此系我窥政府之意，办到与否，未定，惟此事不宜多请别国说合，并不宜多处商量。

答以前日小村曾愿中、日两国对商，不愿他人干预，只须小村在本署商量，亦无多处。昨与小村订明，候彼回信再说。请问日本和商之说，究竟是真是假？

欧云：日本既出多兵，恐所求不遂，不能和商了。此事须早定主意，若再迟延，实在无益。

答以我们与小村商量撤兵，原说是撤兵后还有商议，并不是撤兵后便不商量，小村何以不给我们回信？总而言之，此刻以撤兵为第一要端，必须明定日期，使各国周知，余事乃能定议。

欧云：我欲电知本国四端，一、改朝鲜内政，允否？

答以此事只能劝他，不能逼勒他。

一、派大员赴朝鲜商办，允否？

答以此系各事商定后的话，此刻不必先提，将来自有办事之人去。

一、两国共保朝鲜，不许他国占其土他，允否？

答以中国之保护朝鲜，无须再说。今日本允不令人占其土地，中国岂有不允之理？

欧云：我系询明贵衙门的意思，好电本国，并可会同欧洲各国，以催日本撤兵。如贵衙门以我所说为然，我即可发电。

答以撤兵后可以商量，此一句话可以说定，此外一概不能预定。因将来议论时，可允则允，万不能允者自不能答应。

欧云：派大臣赴朝鲜商量，系要紧之事。

答以如尔历次调停之说，小村奉有商议之权，由小村在本署商议，或如光绪十一年样子，日本派大员来华，我们请旨在天津与李中堂商量，皆可，中国断不能派大员至朝鲜商议此事。

欧云：尚有一款，日本商民在朝鲜，与中国商民一律看待，贵衙门允否？

答以日本与朝鲜立约声明平等之国，岂能与中国一律？此条无须商量。朝鲜自有向来办法，尔既是为好，此可不说。

欧云：如此说，贵衙门即系不愿商量，我算白费话了。

答以我们并非不愿商量，但须视事之可否。

欧云：贵衙门若不答应这一条，我想小村必无回信。

答以小村如无回复，我们即电日本外部问去，总须候其回信，方能定议。

又略谈数语，遂去。

七月初三日

直督李鸿章致枢垣接济叶军事丁汝昌因无快船为前驱拟另设法电　附旨

电旨敬悉。叶军接济难通，深为焦急！本欲同海军护运，屡商丁提督，以我军无侦探快船为前驱，日于汉江各口内布置已久，倘我深入，彼暗设碰雷，猝出鱼雷艇，四面抄袭，我少快炮，船行较迟，恐堕奸计。如驰逐大洋，彼以船快炮速，我以炮大船坚，明战可冀获胜。如入口内，则非稳着。我军精锐只定、镇、致、靖、经、来、济七舰，不可稍有疏失，轻于一掷。大局所关，昌惟随时亲率七舰，远巡大同江口，遇敌痛剿，近顾北洋门户，往来梭查，使彼计无所施等语，似系老成之见。叶军距各口内尚百余里，恐其无法运送，现拟与叶通信，另设他法。

七月初三日

旨寄李鸿章：初三日电饬察看丁汝昌有无畏葸情事，昨据电奏，丁汝昌又赴朝鲜洋面，近日奏参该提督者异口同声。若果众论属实，该大臣不行参劾，则贻误军机，该大臣实职其咎，着即行电复。

七月初五日

直督李鸿章致枢垣拟派袁世凯赴平壤联络官军协筹粮运电　附旨

袁世凯病体小愈。闻日据汉城，逼胁韩王，及大院君黜陟朝官，更换八道监司，远近解体。我军已抵平壤，恐以前官吏悉易日党，粮运难办，奸细更多。袁道久驻韩邦，各道官民信从颇众，贤否素知，拟令力疾驰赴平壤一带，联络官军，协筹粮运。平壤东北，民风强悍，当有义勇愿效前驱，该道熟悉情形，藉以收拾人心，有裨大局。该道本系总理朝鲜商务，日虽据韩，我方谋恢复，不得视为朝鲜已灭。现入韩境，似应仍膺前职，兼办抚辑事宜。所需差遣员司，一切经费，仍照章由出使经费项下核实开支。倘蒙俞允，前敌事机关系紧要，晋京似尚可缓。乞代奏，请旨遵行。

七月初三日奉旨电寄李鸿章：电奏均悉。袁世凯着即驰赴平壤，办理抚辑事宜，余均照所请行。

直督李鸿章致枢垣报日人擅更朝政韩王遣员到津请援电

韩税司柏卓安二十六日信，谓：二十一日，日人进宫，将太公请来立国政，太妃亲戚及闵姓要人均退出。太公旧识，均帮同办事。二十三日，旨：从此朝鲜为自主之国，不再朝贡。二十四日，请日代剿，逐牙山兵，又令朝人要往中国打仗。日人勒令太公手书谕旨，否则移之。韩官多愿华为上国，止有数人愿韩自主，并美国人帮助议事。华使馆国旗被日扯下，闻日人云：一、因前十年日兵在韩被华军击败，欲图报复。二、日愿在韩自用权柄，使韩畏服不属华。三、欲韩铁路、电工等事，均用日人办理。四、日恐国人内讧，使出外打仗，争胜图名利。小胜小败，决不能退。又韩王遣闵尚能，变服搭轮，到津诉称：五百余年中朝御赐印物，日尽收去，兵库所藏，亦全被夺，所有政令，任自黜陟，非国王所能预知，详达天朝，乞赐救援云。

七月初四日

直督李鸿章致枢垣唐绍仪言日兵数路并进兵轮往大同江口叶军被挫电 附旨三件

唐绍仪由仁川到津，据称，在仁探闻日兵数路并进，约两万人，于二十八日围攻牙山、天安华兵，我兵寡不敌众，伤亡颇多。叶提督有他往之说，未知确否？现闻日兵轮数只往大同江口云。

七月初四日奉旨：叶军既挫，日必专力于北路。卫、马等军，扼守平壤，急宜添兵接应，方保无虞。大同江口既有日船前往，速饬兵舰合力击逐。口内多设水雷，严密防守，勿为日人所占，尤为要着。

同日奉旨电李鸿章：叶志超以少击众，致有挫失。据电称，有他往之信。是否尚能成军？现在驻扎何处？着李鸿章查确，设法接济，迅即电奏。

同日奉旨电李鸿章：电奏悉。叶志超军失挫，平壤后路必须陆续添兵援应。大同江口以海军各舰梭巡奋击，山海关等沿海各口亦须严密设防，着李鸿章选得力旧部，迅即调派。

吉林将军长顺致枢垣俄兵赴元山遵旨筹防电

奉旨：日本以重兵胁朝鲜，吉林与朝鲜北道接壤，亦应先期整备，着长顺将边防事宜严密筹办。所探俄兵船八只，在摩口對开操。摩口地属何处？此项船只是否虚张声势，抑或另图进扎，别有趋向？仍着密探电闻等因。伏查，日、俄交密，而吞噬朝鲜之心亦同。日既称兵，俄岂能坐视？是以前月闻知日警，即探俄情，奏请募勇，以固边防。现遵旨探得岩杵河俄兵日少，不知潜往何处，且由海参崴运到大炮六尊，每兵各带一斧。现时海参崴只兵船五只，内三只各将军火装齐。数日前有步兵三百，赴朝鲜元山，以修整电杆为词。摩口對大操，系属虚张声势。查摩口對距岩杵河二十五里，距珲春陆路百十余里，电局误将崵字译作對字，至无稽考。惟元山俄未设电，明系托词。朝鲜北道多山，每兵带斧，或系砍木取道，俄人诡计与日无殊。现惟有多派间谍，先事防维。除妥筹边备事宜，另折具奏外，谨先电陈。

七月初四日

直督李鸿章致枢垣报马玉昆卫汝贵率队抵平壤会军夹击电

马玉昆、卫汝贵于初四日率队抵平壤。丰升阿初三日抵义州。左镇亦催赶往，与盛、毅各军会合夹击。

七月初四日

直督李鸿章致枢垣日击沉高升船向英谢罪议赔华人亦应索偿电

日击沉高升船，日向英谢罪议赔。华人死千余人，亦应向索赔，已电龚聘状师询商，再向外部声明，趁彼议赔未定时，列入此款。如欧使询商时，乞钧署与辩，勿松劲。

七月初六日

直督李鸿章致枢垣遵旨调派陆海军分防近畿及东北各海口电

奉旨：饬平壤后路陆续添兵援应。大同江口以海军各舰梭巡奋击，山海关等沿海各口加意严防，腹地等省，有旧部兵勇得力者，迅即调派等因。查平壤现有卫、马，及东省丰都统到齐，计共马队一万四千人，可资控扼。津沽及沿海要口均须严防，难再抽调。商之宋庆，该军素号精锐，又令添调毅军一千，归马玉昆统带，已分起前进，饬宋庆添募一千人填扎旅顺。大同江口，饬丁汝昌统海军各舰，驰往梭巡。至山海关、北塘等口防军，叶志超陆续调往牙山，原营空虚，已饬驻守山海关副将卞得祥，另募一千人填扎，并令总兵潘万才带马队二营，往秦皇岛驻扎接应。北塘则令总兵吴育仁募四营填扎。营口饬副将卞长胜添一营填扎。又派总兵贾起勋〔胜?〕、吴宏洛、姜桂题、程允和、赵怀业、卫汝成各募各营，驻扎天津，以固近畿重地。理合据实声明。

七月初六日

直督李鸿章致枢垣丁汝昌如有畏葸自当严参电

奉旨，查访丁汝昌有无畏葸情事。因丁汝昌已统六舰赴朝鲜洋面巡缉，闻初三牙山大炮声紧，似系海军六舰开战，胜负尚未可知，功罪殊难预定。西人咸谓我军只八舰可用，北洋千里，全资屏蔽，实未敢轻于一掷。海军全仿西法，事理精奥，绝非未学者所可胜任，且临敌易将，古人所忌，似宜随时训诫，责令丁汝昌竭力防剿。如果实有纵寇情事，自当从严参办。

七月初六日

直督李鸿章致枢垣报日兵劫牙山营各营溃退电

丁汝昌船赴汉江口外，未遇日船，折回威海。牙山系在海湾以内。初三炮声，未知何事。据东道刘含芳探悉：二十七夜，日兵冒充韩民，入卡劫营，牙山各营溃退，公州各路日兵均往围攻云云。查公州在牙山东南约二百里，距海更远，探信更难。

七月初六日

旨寄李鸿章着专管海军通盘筹画并复奏电

旨寄李鸿章：自光绪十年越南用兵，创办海军，现已十年，所有购船、置械、选将、练兵，均系李鸿章一手经理。乃日人自上次朝鲜变乱，经我军勘〔戡〕定，该军败归，蓄谋报复，加意练兵。此次突犯朝鲜，兵饷可恃，而我之海军船械不足，训练无实。李鸿章未能绸缪先事，疏慢之咎难辞。现在筹添快船，已属补牢之计。究竟何时可到，足备进攻之用，着李鸿章迅即电复。海军为当今第一要务，此后该督总当破除常格，一意专营。该大臣熟悉中外之情，应如何扩充成军，可以出洋攻剿，计需船械若干，用款若干，应分几年购办，如何仿照西法慎选将才？着即体察情形，熟筹复奏。

七月初七日

总署致李鸿章留日华人词讼应否照会美使代管电

日令留日华人词讼归日官审判，此非为现时词讼计，盖欲事平后尽撤华官审判之权，岂宜照办？寓日华人既托美保护，此项词讼应并托美领事料理。寓华日人，亦可仿办。尊意谓然，乞电复，当照会美使。

七月初十日

直督李鸿章致总署伦敦电俄拟保护巨文岛并英外部谓战时禁物非中日所能遽定电

伦敦电：《俄国新报》谓，朝鲜巨文岛系扼要之区，俄国务须留心保护，如被英人占据，则俄之东境各处水师大有窒碍。又英国外部侍郎喀黎谓：中、日两国已许上海附近各口作为局外之地，各国商船来往，亦不拦阻，须预先认明封口，两国并不扰及局外之船，至何者为战时禁物，亦非中、东两国所能遽定，而置局外各国利权于不顾云。

七月初十日

直督李鸿章致枢垣报卫左马等于平壤筑营垒防守并叶军情形已重电 附旨

卫、左、马电：现会商于平壤坚筑营垒扎营，又于南门外江沿一带沿江扎营，城北山上亦扎两营，与西南遥相呼应。城边大同江造浮桥，俟桥成，于江外土山扎两三营，既守浮桥，兼堵敌路。惟后路空虚，恐日抄袭。安州、博州〔川〕、晴江均系后路转运要隘，尤为吃紧。丰都统拨马步数营，节节防守。大同江口铁岛，现无日船。或时来时去，别有狡谋。叶军情形已重，现派人密探，冀有确信云。

七月初十日奉旨电李鸿章：卫汝贵等军已抵平壤，着即相机攻剿。后路粮运紧要，如何设局转运，迅筹布置。叶志超远在公州，如何密通消息，着李鸿章妥筹办理。

旨寄鲁抚福润着派营填扎登州电

电福润：日船游弋北洋海口，昨在威海开仗。据李鸿章奏，登州未有布置，着福润速派数营，前往填扎。

七月初十日

江督刘坤一致总署闻日缺米已饬禁米出洋电 附旨

闻日本缺米，恐内地奸商以粮赍寇，业饬江海关严禁米粮出洋，并飞电各省，一律禁止。

七月初十日奉旨电刘坤一：用兵之际，私购米粮，条约所禁。现闻日本有在上海购买米粮之事，着饬江海关道严查。所有内地米粮，一概不准出洋。

直督李鸿章致枢垣日船扰威海各炮台还击中伤不少日尚有船在北洋游弋电 二件 附旨三件

丁提督初九早统十船赴大同江巡击，仅留超勇及三蚊船防威海。顷，威防文武急电：日兵船二十只，突于初十卯刻，驶进威海南北口外纷扰。戴宗骞、张文宣、刘超佩各督炮台将弁，放炮轰击，中伤不少，现尚相持。鸿电各统将，尽力攻打；并电大连湾、旅顺、山海关、北塘、大沽各守将，一体严防；并电平壤，令丁带队回防，迎头痛击。

七月初十日

成山头电：日船七艘由威逃回，过成山，六向东北行，一向东云。查成山向东北，向东，皆指韩境。除逃去各船外，计尚有十四船在北洋游弋。

七月初十日奉旨电李鸿章：日船驶赴北洋，意图登岸，亟应加意严防。丁汝昌所带兵船，现在何处，着严饬赴山海关一带，遇贼截击。其山海关陆路，速添重兵扼守，遴派大员驰往驻扎。畿疆门户，尤关紧要，李鸿章速调宣化练军、正定马队，并分电河南、山西添调各军，一面驰赴通州驻扎。现已谕神机营派马步数营赴通。前提督曹克忠，着募津勇数营，俾资防守。

电李鸿章：威海为南北要津，津沽门户，着责成丁汝昌严防。其余北洋各口，着一并来往梭巡，遇敌即击。李鸿章相机调度，朝廷不为摇制。方伯谦炮伤敌船，着传旨嘉奖。并转电龚照瑗、许景澄，添购快船两只。

七月十二日

电李鸿章：敌情叵测，亟须兵舰截击。丁汝昌究在何处，着再设法催令迅回北洋。

七月十三日

总署致盛宣怀英法义各使诘电局不收暗码请速复电

义使自烟台来信，谓：电局不收暗码，请电饬勿阻等语。英、法各使，屡以为言。能否设法免其哓渎，又无妨碍，乞速筹复。

七月十二日

提署致枢垣与赫德论日兵船游弋旅顺将来上陆处所电

赫德云：闻昨夜有兵船游弋旅顺，恐日后彼必设法上岸。问以何处上岸？赫云：我料他有两路，一由山海关趋近畿，一由牛庄趋奉天。奉天系根本之地，彼料该处兵丁调往朝鲜，乘虚图占鸭绿江，断华兵后路，藉以要挟，亦未可知。此层亦不可不防。

七月十二日

总署致李鸿章美使言中日不得击商船乞复电

田使来订中日不击商船事，曾准齐电，未便复之。顷，田使持驻日美使电，言：日廷既不愿将违禁货物先定，何货应禁，亦愿中国不先定，并愿按此法准日本商船进口，又欲将迎击日本轮船成命收回，十九日不复，日本即作为中国不愿照办等语。轮船进口不击两层，本署坚持不允。田使前议不击商船，应指海上相遇而言。现中国既无商船入日海口，岂肯令日商船入华海口？惟海面相遇，招商局船或所不免，应作何办法，乞电复。美国兼管词讼事，田使允电商驻日使再定。

七月十四日

直督李鸿章致枢垣马丰左卫公电揆度地势布防并各军只能坚扎平壤电

马、丰、左、卫公电：现坚扎平壤，揆度地势。查义州至韩京相距千余里，地势处处傍海，兼山势接联，而通海之江有四，其要为大同江、临津江，潮来水深一二十丈不等，小火轮能通其后路。安、定二州，用民船亦可潜入。此近海之地，必须兵防守也。至陆路入汉城，如青石关、临津关等处，山峻路歧，现为日据，攻取不易，将来前进过此二处，必留兵防守也。且韩民图利，通贼甚多。我军前进，其运粮饷、军装，亦须留兵接应后路，方可无虞。我战兵总要有二万余人，守口各兵万余人，方可无回顾之忧，有必克之志等语。所云尚为明确，现在该四军只万四千余人，况因雨水阻滞，军未到齐，只能坚扎平壤。俟到齐后，始可进取。若进逼王京，须添足三万人，方可图功。现在直省各防，已抽调万余前往，新募各营须八月杪到防，尚应加紧操练，惟饷无所措，力实不济云。

七月十五日

旨寄刘坤一上海查获改装日人着告美领事交犯电

电寄刘坤一：上海租界查获改装日人二名，着即饬江海关道，告美领事交犯严讯。

七月十六日

甘督杨昌濬致枢垣陶抚报俄人修路添兵已严防电

顷，接陶抚电开：喀什道禀，俄人修治阿来岭至伊尔克什坦道路，添兵近千，其势叵测，已饬严防云。

七月十七日

湘抚吴大澂致枢垣请准亲统湘军航海助战电　附旨

朝鲜兵力未厚，臣请亲统湘军三四营，航海助战，一面募勇填扎湘防。请代奏。

七月十七日奉旨电吴大澂：电奏悉。该抚自请带兵助战，奋勇可嘉，着照所请行。惟湘省现在是否安谧？藩司王廉是否胜任？湘中将弁须慎选得力之员，带三四营北上。如嫌单弱，不妨酌添数营，着即熟筹增募。此时海道梗塞，碍难进兵，着由旱路行走。

旨寄李鸿章着令姜桂题等募军派袁世凯会带并查叶军消息及体察辽阳等处可否设粮台电　三件

电李鸿章：袁世凯驻韩有年，情形熟悉。已革知州陈长庆，前带兵赴韩，人尚勇往，着李鸿章速催姜桂题、程允和招募成军，派袁世凯会同带领，相机进剿，陈长庆交袁世凯委用。

七月十七日

电李鸿章：来电悉。元山税司报称，日有炮队上岸，未言数目，我军带有炮队若干，即查复。十三日，平壤电称，聂士成抵金川，距平壤二百余里，叶军无消息。何以税司函称叶军在黄海道，距汉城三百余里？两信是一是二？以里数计之，距平壤不远，何以无到平确信？殊为可疑。着李鸿章详探迅复。

七月十七日

电李鸿章：有人奏，请于奉天、辽阳、岫岩一带酌设粮台，鸭绿江多备船只渡江，以东沿海添设驿站，直达战所，调用马队，分扎各处，专司文报等语。着李鸿章体察，是否可行，迅速回奏。

七月十七日

使俄许景澄致总署俄外部称俄兵不越界请勿疑电

遵探外部，据称，添兵事，无所闻，想是岁例换班，决无他意。俄廷近时尚有训条，不准该兵越界，请中国勿疑云。

七月二十一日

直督李鸿章致枢垣报叶志超与日接仗初获胜继退平康求接济军食已派兵迎接电 附旨

左等公电：十九午刻，接叶提督十五日手函，自驻牙山以来，牙山非扼守地。因日屡议和，未肯遽撤示弱。突于六月二十六日，日偷营，相持两三时，日先败遁。聂镇等返至稽山，毙日千数百人。黎明，日兵大至，约万六千，四面夹攻，炮多地熟，不能狠追，因于天安埋伏两营并地雷，诱彼前进。奈彼已探知，不追我军。遂至公州，日又调釜山兵往复围裹。我军且战且走，由忠清至江源道，东渡汉江上流而北，期与北军声势联络。现退至平康，三五天可到平壤。军食不继，求设法接济等语。现已派马步一千五百人，沿途迎接云。按图计，平康至平壤三百余里，此信当确云。

七月二十二日奉旨：平壤前敌各军到者计及万余。日人闻我进兵，亦屡有添兵北赴平壤之信，自应迅图进剿，先发制人。况各军到彼休息亦已旬余，后路未到之兵亦应陆续全到。若迟延不进，坐失事机，致彼汉城之守益固，各处险隘布置益周，剿办更为棘手。着李鸿章电饬各军统将，克期进发，直指汉城。沿途探听敌踪所在，或关隘据守之处，奋力攻剿。倘敢退缩逗留，即以军法从事。并将进兵情形，迅速电复。臬司周馥平日于淮军情事较为熟悉，着即派令驰赴前敌，作为总理营务处，联络诸将，稽察军情，将进剿事宜随时电商该督，不得延误。日船东去之后，再无消息，难保不别有诡谋。丁汝昌周历各口，迄无所遇。彼前者乘虚至威海等处开炮，既系避船而行，现在丁汝昌由旅顺开行，安知敌船不复来旅顺？务当料敌意向，侦敌踪迹，以冀适与相值，痛加截剿。旅顺、威海两口对峙，为北洋紧要门户，倘遇日船临近，务须迎头奋击，勿令拦入一步。是为至要！

七月二十二日

旨寄李鸿章着探复叶志超军是否驻平壤电

电李鸿章：叶志超一军，据称，已抵平康，俟该军移至何处，再禀等语。现在是否合军平壤，抑另行驻扎就近处所？着即探明复奏。

七月二十三日

旨寄李鸿章着令丁汝昌督率军舰严卫威旅等处电

电李鸿章：日船前在威海、旅顺等处施放空炮，旋即远飏，难保不乘我之懈，再来猛扑。威海、大连湾、烟台、旅顺为北洋要津，津沽门户，海军各舰宜在此数处来往梭巡，严行卫护，不得远离，勿令一船拦入。倘有疏虞，定将丁汝昌从重治罪。又闻津郡日奸最多，一经拿获，着即照例惩办，不准轻释。

七月二十三日

直督李鸿章致枢垣叶军到平壤聂军次日可到电　附旨

马玉昆电：叶提督今日辰刻到平壤，聂士成明日可到。

七月二十三日奉旨电李鸿章：据电奏，叶志超已抵平壤，聂士成次日可到，廑怀为之稍释。昨降旨饬催平壤诸将进兵，现在叶志超等既到，马玉昆等更可向其咨询，激励军心，增发壮气。李鸿章即电饬各该统将，迅即和衷商榷，如何攻剿，筹画妥协。正定、宣化马步各队，现当平壤后路需兵甚亟，催令该军一并前赴平壤。

七月二十四日

旨寄李鸿章着派叶志超总统各军电

电李鸿章：现在驻扎平壤各军，亟须派员接统。叶志超战功夙著，坚忍耐劳，即着派为总统，统军进剿。所有一切事宜，仍随时电商李鸿章妥办。

七月二十五日①

① 原刊目录标为“二十四日”。

直督李鸿章致枢垣叶志超报由韩都至平壤沿途与日军接战情形电 附旨

叶志超二十四来电：七月十四，行抵王京西北之金化，适日兵四千余名，由元山赴韩都。经此欲行拦截，我军将日兵截作两段，因子弹不充，故不追剿。行七八日，始抵平壤，大队离九十里暂驻。聂士成及江提督长康不日可到。再，六月二十七日成欢之战，日兵死亡确有七百余人，我军仅伤亡三百余人。此次途中复击退清州、忠州、金化所遇日兵，且战且走，几及一月，周行千数百里。炎天烈日，艰苦万状。拟将在事出力员弁开列衔名，从优议叙。乞代奏。

七月二十六日奉旨电李鸿章：叶志超奏，与日人在高丽境内交战六时之久，据报，日兵死者七百余人，我军伤亡三百余人，该提督以众寡势殊，设伏退敌，率兵东渡汉江，暂住平康，自请严议，并请将出力及阵亡各员，分别奖恤等语。叶志超一军兵数不多，日军数倍于我，卒能以少击众，虽有伤亡，功过足以相抵。所请严议之处，着加恩宽免。所有出力将弁及阵亡各员，着照例给予奖恤。

旨丁汝昌毫无振作着革职戴罪图功电 二件

旨：日人背约称兵，叶志超在牙山接仗，李鸿章派丁汝昌前往接应，辄以未遇日船，折回威海，观望迁延，毫无振作，着即行革职。

七月二十六日

旨电李鸿章：前因东军接济难通，李鸿章屡商丁汝昌，欲用海军护送，乃丁汝昌迄不照办，以致叶志超孤军无援，几遭覆没。高升轮船被日击沉之后，该提督不敢前往追剿，辄以寻船不遇为词，遽回威海，迁延观望，畏葸无能，降旨将丁汝昌革职，戴罪图功。李鸿章于诸将领中，遴选堪胜海军提督之任者，酌保数员，候旨简放。

七月二十七日

旨寄李鸿章智利售船事着电催龚照瑗详复电

电李鸿章：龚照瑗前购智利两船，究因何故翻悔，着复奏。南美有大快船五艘可购，于船质、价值，来电一概未言，着电催详复。

七月二十七日

直督李鸿章致枢垣报后路粮台处所并办理人员电

旨，垂询平壤后路粮台安设何处，派何人办理等因。查北洋派赴朝鲜各军，向在天津支应局、保定练饷局、淮军银钱所分别领饷，现仍照章办理。惟道远不便，现派盛宣怀总理后路转运事宜。目前由津至旅顺，海道可通。一切饷械，暂用商轮送旅顺，由旅顺营务处龚照玙雇民船，用小轮拖带，由僻路运大东沟起岸赴韩，较为捷径。将来如海道梗阻，或封冻，即由火车路运山海关，入奉达韩，随时添设运局，亦便。

七月二十七日

吉林将军长顺致枢垣元山以北平壤以东悉为日占韩派员求援请添练劲旅电　二件　附旨

现据帮办恩泽电称：元山以北，悉为日占，并派队收取各路军械。韩派庆兴府部禹钧到珲求援。查朝鲜咸镜沿海各府，半为日占，珲防吃紧。咸镜所属，处处近海，日人占据元山，一为攻打平壤后路，一欲劫降北道各府。且庆兴府逼近图们江，日现派兵收械，意在进占，实逼处此。现在元山虽失，而摩天岭、双浦两处最为水路险要，距珲春仅六百里。如派队扼守，尚可阻其来路。然此间兵力实不能及，而和龙峪一带与韩仅隔一江，非添练劲旅，从新布置不可。拟请天恩，饬部速筹银数十万，再练兵调赴珲春防守。

七月二十七日

近接奉天电，知平壤以东悉为日有。卫、马、丰、左四将营垒粗成，未能进规，叶、聂已还否？该处北洋尚无添兵确信，后路仅恃留省东军五千余人，及东三省练军各情，闻之焦灼！平壤固险要可守，但其后路为安州、定州，两江处处通海，贼如上岸，非有重兵打退，节节分布，难免疏虞。万一挫失，盛京难守。东三省兵素称悍健，黑龙江尤强，然亦只以马队著名。今马队已非昔比，如论步队，更非所长，以此制敌，如何足恃？全资其力，更恐误事。

七月二十七日旨寄李鸿章：据长顺电，平壤后路空虚，须添兵填扎。袁世凯着刻日赴韩，迅催姜桂题、程允和成军，即赴前敌。

直督李鸿章致枢垣报吴大澂带队抵威海电

湘抚吴大澂二十六起程，初四、五可抵威海，电商进止。查吴只带四营，威海与朝鲜洋面毗连，实为渤海门户，前次敌船来扑犯，经南、北岸炮台击退，而南岸刘超佩巩军，北岸戴宗骞绥军，约共四营，皆系吴抚旧部。该统将均以后路港汊甚多，敌船游弋，深虑抄袭，其后无守台之卒，无游击之师，禀请派拨，因无可拨，札令南、北岸各添募一营，犹嫌单薄。吴抚盖深知之故，拟以四营由陆路抵威，稍助防军。应请俟其到威后，查酌进止。

七月二十七日

直督李鸿章致总署据龚照玙报日雷艇在大东沟口巡探请派海军游弋电

据旅顺龚照玙电，接大东沟电，称：昨早该处见有红色船二只，似日雷艇，在口巡探。各军饷械甚多，均须由此道转运，关系紧要，请派海军游弋安洋岛、大鹿岛一带，庶保无虞等语。现查由旅顺赴东沟，在金州岛外行走，只此一路转运尚速。现北洋海面无事，即电饬丁汝昌带队前往，遇敌即击。

七月二十八日

总署奏重订中美保护华工约本请批准折

总理各国事务庆亲王奕劻等奏，为重订中美保护华工约本，遵章请旨批准事。

窃查，上年十二月间，准出使美国大臣杨儒电称：美国现允修约，保护寓美华工等因。经臣衙门将拟办修约情形，于是月十七日具奏。本日奉朱批：依议。钦此。臣等遵即恭录，知照杨儒，令与美外部妥商筹办。本年二月间，接杨儒电称：约款现已修定，须会同美外部签押等语。臣等亦即电令定稿签约。四月三十日，经杨儒将遵旨与美国外部重定约款情形详细具陈，并声明，美为民主之国，外部签押后尚须议院核复，先将约本专送臣衙门，俟美议院核复后再电，由臣衙门请旨批准。本日奉朱批：该衙门知道。钦此。臣等公同阅看，约本所载六款，与臣衙门上年所拟筹办情形均属相符，间有增损字句，亦皆斟酌妥洽。本月十六日，复准杨儒电称：中美新约，议院已核准等语。臣等查，此约美议院既已核准，自无翻悔，从此侨民在美，可免种种苛虐，自应请旨批准互换，以昭信守。恭候命下，臣衙门遵照向章，将约本咨送军机处，请用御宝，作为批准，发下臣衙门，即寄交杨儒，仍在美都定期互换，以免转折。谨奏。

光绪二十年七月二十九日奉朱批：依议。

总署奏请饬杨儒妥议中墨约章请旨遵行片

奕劻等片。

再，墨西哥国在美国之南，水陆相接，其地多银矿，亦务耕种。光绪甲申、乙酉之间，该国屡请与中国订立条约，通商招工，久无定议。自光绪十四年，美定禁止华工之例，华民遂多赴墨营生，既无条约，不能责以保护。然惟中美新约订定，则华人赴墨，中隔美境，出进亦甚为难。现在中美约章已定，又声明华工假道一层，隐为华人赴墨地步。适墨国驻美使臣卢美路重申前请，经杨儒电商前来。臣等公同酌核，美国新约既定，墨国之约亦可连类及之，更与妥立招工章程，实足为海外华工贸迁之地，因令杨儒与墨使臣妥商筹办。本年六月间，经杨儒将议定约稿函送臣衙门公阅，其通商以光绪七年巴西约为底本，招工以光绪三年古巴约为底本，均有依据。又博采各国条约，择善而从。其厘定二十款，颇烦斟酌。并准杨儒函称：现派金山总领事黎荣耀、古巴总领事余思诒，带同翻译等员，先行赴墨察看情形，以为华民将来赴墨取益防损、未雨绸缪之计。所虑尤为周到。应请饬下杨儒，于中美约本互换后，即将中墨约章妥为议订，请旨遵行，俾旅墨侨氓有所保护，工商生业以时展拓，感沐皇仁益无涯矣！谨奏。

光绪二十年七月二十九日奉朱批：依议。

总署奏交犯专约应由杨儒照会美外部订期画押片

奕劻等片。

再，此次重订中美约本六条，酌照光绪十四年已订未成之约办理，业于光绪十九年十二月十七日详晰奏明。惟互交罪犯一节，美外部拟另定专约，不列入此次约本之内。经杨儒复与美外部再三订议，并将约稿函送前来。臣等详为核酌，尚属公平。现在中美保护华工约本既定，则互交罪犯专约，应由杨儒照会美外部，订期画押，照章办理。谨奏。

光绪二十年七月二十九日奉朱批：知道了。

江督刘坤一致总署报日使领回国电

日使及津、烟、沪三领事，实于十月十二日回国矣！

七月二十九日

滇督王文韶致总署报滇缅猛峒界务遵照缓议电

猛峒界务，遵照缓议。漫美即饬交防。

七月二十九日

总署致张之洞请查拿汉口日奸细电

十三日，沪获奸细二名，留押美领事署。美使以须候外部复电，始能饬交沪关审讯。迭与辩催，并电杨使促外部，刻仍宕延。各口日人，已照会美使，列册分送各关监督备查。日人改装薙发，平时且违条约，现既开战，应援公法查拿。汉口所获竟尔兔脱，以后若在租界外拿获，即由地方官办理。历年领照游历之日人，本署现正详查档案，分行各省，查交美领事，设有情弊，中国当自行核办。

七月二十九日

总署致杨儒日虐待华侨请告美外部电田使保护电

个电，促田使，昨准照复。外部来电，仍欲详知案情。前日已电复请示，祈告外部。现寓韩、日华民，日甚虐待。日人改装薙发，游历中国尚多，中国应援公法以为备。美顾邦交，总宜持平。务属外部，速电田使，勿为口惠。

七月二十九日

总署致杨儒美约用宝后互换墨约奏准订议电

美约昨日奉旨，俟用宝后，寄尊处互换，请告外部。墨约二十款，亦奏准订议，请与墨使商定签押日期。日奸细事，美廷已电田使否？即电复。

七月二十九日

直督李鸿章致总署日在英已购快船今又添购电

伦敦电：日本今年在英购快船，前后已有九只，仍复添造，其意可知云。

七月二十九日

使英龚照瑗致总署英守局外例扣留日轮电

英扣留日轮，守局外之例，不准行。所购阿厂快轮，幸未换我国旗号，谋借他旗出口，将就绪。事成，再电。

七月三十日

清季外交史料卷九十四终

清季外交史料卷九十五

光绪二十年八月上

直督李鸿章奏遵旨复陈遴选海军统将折　附旨

直隶总督李鸿章奏，为遵旨据实复陈事。

窃臣于七月二十七日准总理衙门电称：本日奉旨：现在日船屡窥海口，防剿统将亟须得人。丁汝昌畏葸无能，巧滑避敌，难胜统带之任。严谕李鸿章，于海军将领中遴选可胜统带之员，于日内复奏，不得再以临敌易将、接替无人等词曲为回护，致误大局等因。钦此。伏读之下，惶悚莫名！北洋海军是臣专责，提督丁汝昌迭被弹劾，屡蒙谕旨垂询。当此军事紧急之时，果有迁延避敌情事，亟应随时严参，断不敢稍涉徇护。惟现在密筹彼此情势，海军战守得失，不得不求保船制敌之方，敬为我皇上详晰陈之。

查北洋海军可用者只镇远、定远铁甲船二艘，为日船所不及，然质重行缓，吃水过深，不能入海汉内港。次则济远、经远、来远三舰，有水线甲、穹甲而行驶不速。致远、靖远二船，前定造时号称一点钟十八海里，近因行用日久，仅十五六海里。此外各船，愈旧愈缓。海上交战能否趋避，应以船行之迟速为准。速率快者，胜则易于追逐，败亦便于引避。若迟速悬殊，则利钝立判。西洋各大国讲求船政，以铁甲为主，必以极快船只为辅，胥是道也。详考各国刊行海军册籍，内载：日本新旧快船，推为可用者共二十一艘，中有九艘自光绪五年后分年购造，最快者每点钟行二十三海里，次亦二十海里上下。我船订购在先，当时西人船机之学尚未精造，至此仅每点钟行十五至十八海里，已为极速。今则至二十余海里矣！近年部议停购船械，自光绪十四年后，我军未增一船。丁汝昌及各将领屡次求添购新式快船，臣仰体时艰款绌，未敢奏咨渎请，臣当躬任其咎。日人心计谲深，乘我力难添购之际，逐年增益。臣前于预筹战备折内奏称，海上交锋，恐非胜算，即因快船不敌而言。倘与驰逐大洋，胜负实未可知。万一挫失，即赶紧设法添购，亦不济急。不必定与拚击，但令游弋渤海内外，作猛虎在山之势，日尚畏我铁舰，不敢轻与争锋，不特北洋门户恃此无虞，且威海、仁川一水相望，令彼时有防我海军来渡，袭其陆兵后路之虑，则日船不敢全离仁川，来犯中国各口。彼之防护仁川各海口，与我之防护北洋各海口，情事相同。观于前次我海军大队游巡大同江口，彼即乘虚来窥威海、旅顺，追我海军回防，则日船即日驶去，敌情大概可知。伏读迭次电旨，令海军严防旅顺、威海，勿令拦入一步。又令在威海、大连湾、烟台、旅顺各处逡巡扼守，不得远离等因。圣明指示，洞烛机宜，至今恪遵办理。北洋门户，庶无窜扰之虞，盖今日海军力量，以之攻人则不足，以之自守尚有余。用兵之道，贵于知己知彼，舍短用长，此臣所为兢兢焉以保船制敌为要，不敢轻于一掷，以求谅于局外者也。

至论海军功罪，应以各口能否防护、有无疏失为断，似不应以不量力而轻进，转相苛责。丁汝昌从前剿办粤捻，曾经大敌，迭著战功。留直后，即令统带水师，屡至西洋，藉资阅历，创办海军，特蒙简授提督，情形熟悉，目前海军将才尚无出其右者。各将领中如总兵刘步蟾、林泰曾等，阶资较崇，惟系学生出身，西法尚能讲求，平日操练是其所长，而未经战阵，难遽胜统率全军之任。且全队并出，功罪相同，若提督以罪去官，而总兵以无功超擢，亦无以服众心。若另调他省水师人员，于海军机轮理法全未娴习，情形又生，更虑偾事贻误，臣所不敢出也。自来用兵，谤书盈箧，而卒能收功者，比比皆是。伏恳圣明体察行间情事，主持定断，臣不胜迫切悚惧之至。谨奏。

光绪二十年八月初一日奉旨电李鸿章：前因海军亟须得人，丁汝昌畏葸无能，屡经参劾，谕令李鸿章遴员接统。兹据奏称，近来部议停购船械，十四年以后，我军未增一船。前曾奏明，海上交锋，恐非胜算。今日海军力量，攻人不足，自守有余，应遵旨严守威、旅门户，可保御敌制胜之计。丁汝昌前剿粤捻，迭著战功，创办海军，情形熟悉，目前海军将才尚无出其右者。总兵刘步蟾、林泰曾未经战阵，难胜总统之任。如另调他省人员，更虞偾事，恳请主持定见等语。丁汝昌着暂免议处，由李鸿章严行戒饬。

直督李鸿章致枢垣叶志超报到平壤后布置攻防事宜电

叶志超电：到平壤后，就各军分布前进留后大略，拟俟盛军吕本元马队到后，即派步队五千赴黄州暂驻，吕军马队全驻中和，左军马队两营驻祥原坊，遏元山、高原等处日兵来路，兼为黄州声援。另派步队数营，由平壤过江三十里屯驻，夹据江险。安州驻马步二营，以顾后路。余营暂驻平壤，俟后添各军到，再分别大举前进。必须分为三路：由黄州一路为正兵攻敌，另派兵至兔山、平山一路，袭日后路，分其兵力；祥原一路，须添兵。既分防元山，日援并可绕道进永平、嘉平、抱川，此路如有万人，可直抵韩京，则开城、长湍、临江日兵不战即退矣！鸿查所筹情形尚为周密，惟现在各军不敷分布，新募各队如姜桂题、程永和、卫汝成、赵怀荣〔业〕皆未成军，聂士成拟回直募队，亦难集事。至奉调晋豫各队，每省约二千人。正定镇徐邦道、宣化镇王可升马步四营均在途，一时难猝集。叶提督拟俟兵齐秋收后合力前进云。

八月初一日

台抚邵友濂奏筹备海防及布置情形并恳拨的款折

福建台湾巡抚邵友濂奏，为遵旨筹备海防，谨陈全台布置情形，并恳饬拨的款，以资接济事。

窃臣于光绪二十年六月初一日，准北洋大臣李鸿章五月二十九日电称：二十八日密谕，南洋各海口均关紧要，台湾孤悬海外，日兵曾至番境，尤所垂涎。并密谕各该督抚，不动声色，预为防备，勿稍大意。六月二十二日，又准总理衙门电称：奉旨，日人要挟无理，恐难就范。台湾重地，亟须预筹战备。福建水师提督杨岐珍，着谭钟麟传知该员，酌带兵勇，迅速渡台，会商邵友濂，妥筹布置，并谕邵友濂知之。六月二十五日，又准督臣谭钟麟转准总理衙门二十四日电称，奉上谕：南澳镇总兵刘永福，着谭钟麟饬令，酌带兵勇，前往台湾，随同邵友濂办理防务各等因。钦此。遵经实力筹备，并请饬派南洋南琛、威靖兵轮二艘，来台协助。饬派新授浙江按察使聂缉槼留驻上海，办理后路转运事宜。除将筹备情形先后三次电请总理衙门代奏外，一月以来，臣督同营务处藩司唐景崧，妥筹防守。自朝鲜开衅后，日日加严，所有全台布置情形，敬为我皇上缕晰陈之。

台北据全台上游，基隆、沪尾实为要口，苏澳次之。先饬提督张兆连、知府朱上泮、参将沈桂山各就炮台酌量形势，分别扼守。而地段绵亘，港汊纷歧，各营不敷分布，复于后路饬调已革提督李定明一军，前驻沪尾。统计驻防三口者，旧勇九营、新勇一十五营。又饬道员林朝栋，督率旧勇一营、新募三营。唐景崧亦陆续募成三营，分驻狮球岭关渡，以为海口策应。另于新竹新募一营，以顾后路。此台北布置之情形也。

台南安平、旗后两口，各有炮台。恒春向未设防，该处为日兵曾至之区，亟应扼要增守。都司邱启标旧驻凤山等处，当饬带同旧勇一营、新募一营，前往恒春驻扎。并由台湾镇总兵万国本，督饬旧勇四营、新募五营，分防安平、旗后两口，兼顾府城。又于嘉义新募一营，协力防守。此台南布置之情形也。

澎湖平海一岛，无险可凭。总兵周振邦，于原有防练三营外，增募两营，紧扼炮台，设法固守。后山民居寥落，就地无可增募，惟饬原驻营哨联络民番，同壮声势。中路背山腹海，港口最多，民气素浮，时虞惊扰，不得不于原有营哨之外，酌募三四营，以资弹压，而备援应。此澎湖后山中路布置之情形也。

臣又严饬各口炮台，多储药弹，认真操练，并将储存水雷百余具分发各口，慎密埋藏，以辅炮台之不逮。惟枪械短少，不能自制。机器局所造子弹，亦仅敷平日操演之用。成营既众，勇数倍增，军火异常竭蹶。臣前请恢拓药厂，未蒙部准。当此防务紧急，未敢过事拘泥，当饬各厂放手制造，昼夜趱工。一面电请南洋大臣刘坤一、两广督臣李瀚章，暨饬聂缉槼就商上海洋商，分别拨购毛瑟、林明敦各项枪枝子弹，运台济用。顾需械既急，需饷尤殷。现计旧有、新募各勇，不下六十余营，又赴江浙、广东等处已募未到尚有八九营，益以杨岐珍、刘永福两军续当到台，统计当在八十营之数。粮饷军火之费，每月至少需银二三十万两。台湾分省，以自有之财，供自卫之用，仅能自给，毫无余裕。臣统筹全局，曾将饷械支绌情形电请总理衙门，奏蒙谕饬南北洋大臣、闽浙督臣预筹协济，但恐缓不及事。可否仰恳天恩，饬部指拨各省海关的款，一面容臣先向上海洋商订约，筹借银一百五十万两，以应防务急需，随后再由各关，按照部拨归款？臣明知帑项所关，特以海外孤悬，不得不吁恳君父之前，伏望迅赐施行，俾得从速订借，以资接济而固人心。不胜迫切屏营之至！

再，太仆寺卿林维源奉旨留办台湾团防事务，现在督饬地方官绅，次第举办。并据林维源捐资，另募练勇两营，协同官兵分驻防守，合并陈明。谨奏。

光绪二十年八月初一日奉朱批：交户部议奏。

台抚邵友濂致枢垣报台境布防并策应澎湖电

基隆、沪尾为台北最要海口，计旧有、新增共四十营。杨岐珍，淮军宿将，如令其总统各军，呼应较灵。台南兵力尚单，恒春为日人曾至之地，尤宜严备。刘永福已行抵汕头，如先到台北，再到台南，颇多周折，已嘱其径赴台南，与镇、道妥商布置，兼可就近策应澎湖。

八月初一日

谕户部及李鸿章据刘坤一奏募兵万人着筹拨饷械电

谕户部、李鸿章：据刘坤一电奏，陈湜已招募五千人，程文炳亦招募五千人，陆续起程。该两军所需子药，到直隶后，着李鸿章随时拨给。月饷，着户部照数筹拨，如部款不敷，准在预缴两淮盐厘内支放等语，着户部酌量办理。

八月初二日

谕吴大澂着到威海后候旨遵行电

电吴大澂：电悉。该抚到威海后一切进止，着候旨遵行。至前此张曜帮办海军，系懿旨特派，该抚竟自行陈词，殊属冒昧，着传旨申饬。

八月初三日

旨寄李鸿章龚使所购阿摩士船著照议办理电

电李鸿章：龚照瑗所购阿摩士轮船，着照议办理。

八月初三日

旨寄邵友濂着杨岐珍总统基隆沪尾各军电

杨岐珍着驻扎台北，总统基隆、沪尾各军。

八月初三日

直督李鸿章致枢垣叶志超电日增兵运械至平壤我军兵单请调后路各营速进电 二件

叶志超电：平壤属成川，昨夜得报，元山由轮下岸日兵一万二千四百余名，先有二百名沿途修道至咸镜道德源府。属报，八月初一日，日兵大队行抵德源府，前队三百余已抵阳德，牛二百余运木板、木桩，备修桥道之用。阳德距平壤一百十余里，〈距〉安州一百九十里，距元山二百数十里。日驻重兵于阳德，我军进兵不易。又闻大鸟有云，若我军前进，渠由水路用船载兵登岸，袭我后路，断我转运。查我军到韩，名虽万有数千，实在马步各军有未到齐者，亦有护运由义州、安州分扎后路者，缘义州、鸭绿江及安州一带，均为平壤最要后路也。现平壤不过万人，陆军劳费万倍，必有四万余人，厚集兵力，分布前敌后路，庶可无虞云。

八月初四日

叶志超电：黄州到日兵千余名，与战，互有胜负。探，日又来二千余人，先后共三四千人，据云，尚有大队。现拟令齐卫、左、马、丰诸统将，挑精锐七千余人，明晨渡江至中和，相机迎击。又接阳德探报，日兵现到七千余名，尚有多兵续向平壤进发。阳德、安州、平壤势如犄角，安州为平壤紧要后路，现仅马步四营，太单。惟有速调现驻九连城定将军所部六营，移驻安州，以厚兵力，再调现驻沈阳依将军所部马步队四千余人，移驻九连城，以为后劲。应请电达总署，再电云云。应请照行，并催聂镇及晋豫、宣化、正定各营快进，以期得力。

八月初六日

直督李鸿章致枢垣报日船载兵及械至仁川声势浩大电

顷，探报，日现调五千人驶赴临津接应，前后并有商船、兵船十五只，载兵及械来泊仁川港，拟登岸，西赴平壤。且闻已有三千兵至瑞兴、凤山等处，声势浩大。

八月初六日

总署致许景澄闻俄舰进发朝鲜希探复电

闻俄派两铁舰领海军船队，克日向朝鲜进发。是否果有其事？此行究是何意？共派兵船若干只？希即探明电复。

八月初六日

江督刘坤一致总署日欲封沪制造局已严防电

龚使电：日欲封沪制造局，否则，毁不犯淞口之前议，英未允云。上海作局外地，系英廷向日请为保租界，我并未拨防。以我局济我军，且在租界外，英先未以此与我约，显系日藉口恫喝。英虽驳，我仍严防。

八月初九日

旨寄李鸿章据奏威海后路紧要着与吴大澂参酌形势办理电

电李鸿章：前奏威海后路海汊甚多，深虑敌船抄袭，请俟吴大澂到后，电商进止等语。现吴大澂已到威海，即着参酌形势，驻扎后路，以固海防。吴大澂由清江起程四营即日可到，着查明复奏。

八月初九日

直督李鸿章致枢垣叶电日兵水陆交攻已饬周馥袁世凯往办粮台电　二件

叶志超电：各军开赴黄州、青州二十里，突来日人攻击，虽无损伤，然我兵仅带三日粮，未能久待。平壤后路，已陆续收队回平。当派毅军三营、盛军三营、奉军马步各一营，暂扎江南，为久屯计。接探报，江东县地方官民备木料随日队搭桥。龙冈县所属大同江口，向来民船百余只，均载日兵。平壤官民均听日人号令，不应我军差使，以故江口浮桥前为雨水冲塌，至今尚未修完，我军来往不便，徒深焦急等语。现饬设法搭桥，并电聂士成，赶由义州回平。周臬司馥、袁道世凯均于初十出海关，由陆路前进，沿途察度转运情形。请代奏。

八月十一日

叶志超电：日屡以数万人水陆四面交攻，虽隔一江，上下游处处可渡。日兵不带锅碗笨重之物，惟仿西法，身负皮包干粮，零星四散，剿不胜剿。且韩奸太多，后路电线恐彼割断，此处钱粮艰难异常，后路转运不及，万一被阻，大局难支等语。鸿昨据义州局电，已将叶军饷银、军火等件起运，但恐难速到。刘盛休铭军四千人，十六、七开驶。令东边道属备民船驶运，或可早抵。义州但距平壤五百余里，势难克期到平。周馥、袁世凯临行时，已商定预拨饷项军火，委员由海船解交凤凰城、义州，分存备用。又电饬义州府尹，代购军米万石，此即后路粮台根基。昨电属周、袁，到后再酌应否添设之处。惟二员昨报，过锦州，道远，恐未能速到耳！

八月十一日

直督李鸿章致枢垣吴大澂报布置威海一带防务电

湘抚吴电：初九，钦奉电旨，遵即查看威海后路，沙港杉板皆可登岸，经李鸿章饬令戴宗骞，添募二营，分扎长猺、回村等处，并于沿海埋伏地雷，添筑短墙，布置周密。再得游击之师三四营，威防益固。拟于十二赴津，与李鸿章面商一切，即回威海。湘营尚未到鄂，已电张之洞催令速行云。

八月十一日

直督李鸿章致枢垣日犯平壤安州派兵扼要堵剿电

日兵分路来犯，平壤、安州军情日紧，须添重兵。晋、豫各营，未知行抵何处？宣化、正定仅马队三营，零星无济。大连湾虽属海口，兵力可分，路亦就近。与刘镇盛休密商，抽拨盛军劲旅四千人，由盛道宣怀派商局轮船四只、利运船一只全数装载，令丁提督汝昌带海军大队，护往大东沟。一日可到，起岸后，直指义州、安州，扼要堵剿，援应前敌，或免日人抄后之虞。其铭军留守六炮台，原兵不动，令久在铭军之得力统将赵怀业带五营，趁轮前往大连湾填扎，布置防守，认真操练，可期前后兼顾。请即代奏。

八月十一日

军机处致李鸿章我军利于速战应奋力合剿希详速妥筹并复奏电

据叶志超十二日电，沥述近日办理棘手情形，其筹饷、交涉等事，周馥、袁世凯不日到彼，可以分任。至请催续调之兵，似尚未知添派铭军四千由海军护送前往之事。惟所称闵丙奭代办军粮数艘被日人截去，现存粮只供数日，天寒兵冷，尚无棉衣，此两节实关紧要。向来用兵内地，但使有饷，粮米自然辐辏。兹行军异域，情势不同，前尚赖藩属维系，可以代购。今又为日人挟制，不能再办。嗣后恐须由陆路运送，则奉天粮台必须添设。贵大臣前奏，袁世凯到彼尚可号召笼络。此时情形又变，伊临行时问贵大臣有无筹画办法？江东县日兵日前搭桥，现在是否渡江？我军粮少，利在速战，自应探明大股贼踪所至，奋力合剿。一胜之后，不但挫其凶锋，势同瓦解，并可收因粮于敌之效。若怵于敌兵之多，逐处分防，株守以待，恐哗溃即在目前，该提督等其能当此重咎耶？贵大臣此电，并无复与叶志超如何办法，希将以上所询，详速妥筹，即日复奏，以纾宸廑。是为至要！遵旨电达。

八月十四日

旨寄李鸿章着将许景澄所购枪炮价款汇付电

电李鸿章：据张之洞来电，现由许景澄定购大批精枪一万三千枝，弹六百五十万发，连珠快炮八尊，子弹配足，两月到沪，价约二十四万，先汇定银七万，两日内起运等语。现军火需用甚亟，此项军火订购合宜，已谕许景澄照办，并令迳运天津。李鸿章即饬江海关，先垫银七万两，汇交许景澄办理。

八月十四日

旨寄李鸿章着令叶志超节制调遣平壤前敌诸军电

电李鸿章：平壤前敌诸军，着归叶志超节制调遣，认真经理。

八月十五日

使俄许景澄致总署购定枪弹即起运电

购定单响毛瑟枪万杆，药五百万，即起运，价已报北洋。

八月十六日

直督李鸿章致总署伦敦电韩日立约合攻中国韩欲自主电

伦敦电：朝鲜与日本议立和约，合力攻击中国，朝鲜实欲自主云。

八月十六日

直督李鸿章致枢垣聂士成电日扰我运道断我电线包围平壤电 二件

聂士成由安州电：十五日早，日人离安州二十余里，甚急，已出队迎敌云。

又营口电：十四日以后，平壤电线不通，似为日兵所断。闷极！

八月十六日

聂士成安州电：日由顺安来截奉、盛两军拉炮车辆，幸该军出队，士成亦随赴前敌，日寇无多，当即退去。州民惊惶。商盛右军步队两营住城内，分段守御。奉军仍住江口，防查后路。兵单，恳速电吕本元马队由义州快来，以分贼势。现肃州、顺安，日匪盘据，此路不通马队。拟请叶帅约期夹攻，士成亦可至平云。查顺安在平壤北五十里，又六十里至肃州，又六十里至安州，是敌已包平壤之后，断我电线，扰我运道，意殊叵测云。

八月十六日

直督李鸿章致枢垣叶电平壤危迫已派宋庆往援电

叶志超电称：电线已断，日兵四面合围，平壤城低而圮。日于江南岸据山头，攻击江北人马。现又于上游江东县，渡兵数千，来扑东路。又于海道，由龙冈上岸数千，绕截顺安后路。又从肃州围扑安州。且平壤无处汲水，万不能守。盛军人多不足恃。后路韩民竟接应日兵。如此之速，援师恐来不及等语。叶电如此。查日兵围困我师，散布周围。平壤百数十里外，北路顺安、肃州皆已据住，止此一条线路，又被日毁，无可再设。吕本元马队到义州仅两营，因鸭绿江爱河船少，尚有三营未渡，奈何？现拟令宋庆督带所部二千，由旅顺就近驰往义州，布置后路防守。俟筹有替防旅顺之营，再行电奏。

八月十七日

直督李鸿章致枢垣宋庆电奉命督师义州须饷械不缺方敢应命电

昨电商宋庆，能否督师义州，布置后路。顷，据复电云：钧电敢不遵行？并接盛道电，拟派姜桂题、程允和六营来旅填扎。惟毅军本仅步队八营，派马玉昆带去二千，余已分两处，前后皆单。现以二千余人督办后路，暂驻义州。设有不虞，值三四万日寇，赴汤蹈火，所不敢辞，如国事何如？果责令续进剿日，必须自练三十营，方有把握，然实缓不济急。当急往驻义州，徐容布置。一面派员赶募，一面就地开招，急求发给枪械，成军之后，军火、粮饷不缺，方可率以御寇。如以某军某营归庆节制，徒有增兵之名，无济实事。庆甘受国法，亦不敢遵，请先陈明，并军火、粮饷源源接济，方敢应命。查所陈系老成阅历之言。计三十营每月饷项并转运杂款，约需十五万。北洋前奉部拨三百万，连日募勇购械，及转运杂费，支用将尽，实不能匀给巨款。如准宋庆添募，可否由部另筹有着的款，每月十五万两。至枪械现亦无存，俟许使代购大批精枪到后，乃可分给。昨接朝鲜外署金允植八月初五密函：有日兵前后水陆来者三万余，尽向平壤。又有骑兵万余人，由元山绕平壤之后，直出义州，为合攻之计，声言将渡鸭绿江，直趋沈阳云。

八月十七日

直督李鸿章致枢垣丁汝昌电与日船战于大东沟我舰伤毁四只击沉日三船又龚照玙报丁提督受伤电 二件

丁汝昌旅顺十八巳刻电：昨日在大东沟外，十二点钟，与日船开仗，五点半停战。我军致远沉，经远火。或超勇，或扬威，一火一驶，山边烟雾中，望不分明。刻督定远、镇远、靖远、来远、平远、广甲、广丙、镇中、镇南，并两雷艇回旅，尚有两艇未回。济远亦回旅。当战时，我军先十船，因平、丙、中、南四船在港护运，未赶上，后船均到助战。日十一船，各员均见击沉彼三船。日船快炮亦快且多，对阵时彼或夹攻，或围绕。其失火被沉者，皆由敌炮轰毁。各船伤亡，并各船受伤轻重，速查明，再电禀云。

八月十八日

龚照玙电：除致、经、超、扬外，广甲搁浅，在三山岛外，已饬金龙往拖。有一雷艇及各运船，尚在东沟口内，其余海军战舰，均在旅顺，各有伤处，定远尤甚。丁提督亦受伤，幸不甚重。拟先修定远。余船受伤轻重，容查明再修云。

八月二十日

直督李鸿章致枢垣日大隈条陈攻夺东三省待山县有朋至广岛进攻电

沪局电：闻日顾问官大隈条陈该国王，东三省为中国发祥地，定鼎时有旨，岁拨六百万两，交该处库储，于今二百五十年，虽中国好说大话，不可尽信，以极少计之，总有数百万。驻韩兵马宜注意东三省，一面与平壤华军交战，一面攻夺东三省，一面以大队兵轮打旅顺，相机于左近登陆，袭取牛庄，封禁海口，使彼接应不暇。料中国各省会匪同时起事，再密约某国侵华边疆，使华糜烂而后已。又闻日大队人马，现按兵不动，候其主帅山县有朋至广岛地方传令。日主亦亲率将士至该处驻扎。查大隈系自由党主战魁首，广岛系日屯兵重镇云。

八月十九日

直督李鸿章致枢垣义州电左马受伤及吕本元击散日兵电

顷，义州局员电：前敌逃兵来谓，左宝贵右胁受两枪，伤甚重，马玉昆亦受重伤，平壤恐已难保。现有日兵来追劫汉城逃官闵咏骏至定州，被吕本元击散。吕将马队改步队，借用叶军运至中途快枪五百杆，甚得力。安州电线亦断，信息不通。

八月十九日

旨寄李鸿章平壤后路日兵愈多沈阳重要着饬各军剿办并令宋庆迅赴义州合攻电　二件

寄李鸿章：现在平壤后路日兵麇聚愈多，情形紧迫。李鸿章转饬叶志超，迅饬各军设法剿办。并催聂士成，速带吕本元马队及续到铭军，与叶志超先后夹击。各营将领，如有桀骜［桀骜］退缩者，叶志超据实奏参。

八月十九日

电李鸿章：现在平壤后路吃紧，义州空虚可虑，沈阳边防尤关紧要，毅军素称劲旅，即着宋庆先行统带所部，驰赴义州，一面募足三十营，以备攻剿。

八月十九日

旨寄李鸿章着令丁汝昌催齐各舰以备再战并擢用林同祥电　二件

电李鸿章：据奏，海军在大东沟洋面与日战，击沉彼船三只，我军沉毁四只，着李鸿章查明伤亡士卒，请旨优恤。即饬丁汝昌将各舰赶紧催齐，以备再战。日船图内犯威旅门户及山海关各口，着饬令严密防范。山海关各口后路及畿辅一带，应如何增兵驻守，着李鸿章严密布置，并将筹办情形复奏。平壤电线断后，军情隔绝。日兵围窜奉疆，铭军登岸暂驻义州，与聂士成等通信，共筹约会剿贼。宋庆一军暂缓赴义州，即在九连城驻扎。叶军究竟如何进止，即查明复奏。

八月二十日

电李鸿章：有人奏，广乙兵船管带林同祥，于朝鲜小阜岛之战，奋不顾身，请予任用等语。着李鸿章查照，如果得力，即行破格擢用。

八月二十日

直督李鸿章致枢垣旅顺电称鸭绿江接仗我失四船药弹皆尽伤亡颇多电

前派德兵官汉纳根赴海军查探。顷，据该员旅顺来电：昨午，日船在鸭绿江口与我船接仗。十一点钟开火，五点钟日船始退去，未犯我运兵之船，铭军得以渡兵上岸。我军失四船，致远沉，经远火，超、扬搁岸并被火。日船亦沉三艘。我军药弹皆尽，乘夜驶回旅顺。丁军门、洋人泰乐文、汉纳根皆受伤。定远船上管理洋弁尼格路斯、余赐尔皆阵亡。请派小船来接汉纳根等赴津。日船兵法甚精严云。

八月二十日

盛京将军裕禄致枢垣九连城急报左丰有阵亡信防务万紧已严密筹布电 附旨

十七日，接左宝贵十四日电称：大敌当前，连日血战，而仁川之贼数千人，今日窜顺安，后路已为截断，辎重均在途中，殊深焦灼云云，即未接续电。十九日寅刻，忽接东边道电禀：得九连城急报丰升阿、左宝贵阵亡之信，东边防务万分吃紧等情。查前敌电线被割，两日并无军报。闻日人已窜至肃州一带，安州电线亦于昨日下午不通，恐日人即进逼义州，密迩奉边。虽大东沟一带扎有防营，而倭恒额须前进安州，依克唐阿马队尚未到防。地广兵单，恐防窜越。且日果逼近义州，则鸭绿江以上，自安东至通化，处处皆沿江岸，如怀仁之通沟、通化之帽儿山、八道江等处，一交冬令，河冰封冻，便可履涉，尤属险要，亦宜力加筹防。候补道张锡銮成军月余，均尚精壮可用，拟即派令该道带领两营，前往鸭绿江上下游一带，严密布防。并督饬地方官分督山民，举办乡团，以辅兵力。倘或兵力不足，即由该道就地添补猎户炮手，随同防堵。其口粮仍由省筹给，随时奏明立案。并请派程文炳接办奉防。乞代奏。

八月二十一日奉旨：来电以左宝贵已死，请派程文炳接办奉防。程文炳前已奉旨，令其募勇十营北上，到尚需时。赴奉一节，届时再候谕旨。

直督李鸿章致枢垣叶电平壤血战连获大胜因粮绝弹尽退出请将各员分别惩处电

叶志超电：十四，日绕窜顺安后，于平壤四面攻击。超率马、卫各军血战，将江东之贼击退，连获大胜。十五丑刻，日大队越山而至，两军相持。十六日，日换班三四次，其来尤猛。左宝贵迎头奋击，胸中枪伤阵亡。各军且战且退，与卫汝贵、马玉昆、丰升阿等，拔队过安州晴〔清〕川、博川两江之间，整顿休息。超、贵各营，在博川划江固守，一面调吕本元、刘盛休前来，择要驻扼，候我军整顿就绪，再相机进止云云。并谓：各军血战之苦，数十年来所未见，阵亡文武员弁甚多，容查明请恤。记名提督高州镇总兵左宝贵，奋勇血战，中枪阵亡，应请旨照提督例，从优议恤，并于各省立功地方建立专祠。可否予谥，伏候恩施。总统各军·直隶提督叶志超，统领盛军·宁夏镇总兵卫汝贵，统领毅军·记名提督马玉昆，御前侍卫·副都统丰升阿，均督军苦战数昼夜，虽因子尽粮绝，退出平壤，实有应得之咎，应如何分别惩处，并候圣裁。

八月二十一日

直督李鸿章致枢垣请留宋庆驻旅顺候旨电

顷，据裕将军电，旅顺为北洋门户，宋庆驻扎多年，甚得民心，现因全军开拔，民心惶惶，且门户空虚，日船海面游弋，于北洋防务关系紧要。再，查铭军十一营，现换怀军六营，尚未到齐。毅军若再开拔，旅湾防务均空。北洋水师业已开仗，倘日人乘虚，实为可虑。合电商奏留宋庆，仍镇旅顺等语。查现在平壤不守，日势披猖，宋军门奉旨进扎九连城一带，会同防剿，自应迅赴戎机。惟既据裕禄如此陈请，自应照行，以固人心。赵怀业新募六营，填扎大连湾，本不日可到。惟旅顺兵力本单，口隘过多，现虽添调姜桂题、程永和①新募六营前往，替宋庆之防，而宋庆老成宿望，军民协和，如仍留督防，自属相宜。可否饬刘盛休驻九连城，与派出旗营联络，严防鸭绿江窜越之路。留宋庆仍驻旅顺，敬候电旨饬遵。请代奏。

八月二十一日

闽督谭钟麟致枢垣报香港北洋借款均未成电

香港借银，杂凑不成。北洋亦借五百万，均不成，仍是汇丰主之。论镑则多少皆可。

八月二十一日

---

① 有时为“程允和”。

直督李鸿章致枢垣刘盛休电请留铭军在鸭绿江西岸布防电

刘盛休电：平壤恶战，而守不住。闻盛军退至安州，日贼随即追至。闻义州三面依山，前面鸭绿江。查九连城在鸭绿江西岸，实为奉省门户。现只有两旗营，兵力不敷。卑军除留守大连湾炮台六哨外，不过八营，如扎义州，前去后空。盛休看九连城为义州险要后路，必得重兵划江防守云。查九连城防军太单，铭军即去义州，未必能当〔挡〕日人数万之众。若令在鸭绿江西岸布防，于大局有益。昨奉旨催宋庆赴九连城，因海路运兵不行，必须遵陆前往，尚须时日，且仅二千四百人，力量亦薄，自不如暂留铭军扼江同守为稳。请代奏。

八月二十一日

黑龙江将军依克唐阿奏遵旨移扎奉天请募兵遏敌电

奉旨：依克唐阿统带步兵，前往奉天，进扎九连城。钦此。当于十二日驰抵奉天。忽闻左宝贵阵亡之信，叶军退至安州，恐鸭绿江一带防务皆不足恃。所有奴才马步三千人，即使赶到九连城驻扎，万不能敌日人六七万之众。伏乞谕旨，饬令练兵大臣定安、盛京将军裕禄先由练饷库款借出银三十二万，交奴才赶紧派弁驰赴东北山边海龙、通化一带，赶募猎户成军，以御恶敌。

八月二十一日

旨着李鸿章迅筹义州等处防务并令宋庆驰赴九连城与铭军合力防守电　二件

电李鸿章：电奏已悉。十四、十五两日，平壤接战，左宝贵力战阵亡，深堪悯恻，着照提督例赐恤。其余应行赐恤议处各员，李鸿章查明，专折驰奏，再降谕旨。各军暂扎安州之北，军粮、子药均尽，李鸿章迅速设法运解。叶志超既拟调吕本元、刘盛休前往，惟昨因日人有图窜义州之信，特令刘盛休暂驻义州，与聂士成、吕本元共筹防剿。日人现以抄袭后路为得计，叶军固须在前严防，而后路之防更为紧要，刘盛休着仍先驻义州。

八月二十一日

旨：李鸿章电奏悉。昨令宋庆带所部四营驻扎九连城，与铭军同守沿江一带。本日已降旨，派宋庆督办北洋军务。现在奉边紧要，势难专顾旅顺一隅，仍着宋庆一面派员招募，一面先行驰赴九连城布置防守。旅顺现有姜桂题等军填扎，着李鸿章饬令认真固守。义州为奉边屏蔽，转运局亦在该处，刘盛休所部铭军，着即在义州驻扎，与前敌各军联络防剿。叶志超等军现扎安州以北，日人又有绕窜义州之信，恐被隔绝，着即令知各军回顾后路，沿途遇贼即击，至义州驻扎，与铭军合力防守。

八月二十二日

直督李鸿章致枢垣丁汝昌报身受重伤请以刘步蟾代理电

丁汝昌电：十八日，与日接战，日放大炮，将定远望台打坏，昌亦被创，现在病甚。请于两镇中择一人，暂行代理等语。查海军右翼总兵刘步蟾屡经战阵，稍有阅历，可否准令暂行代理海军事务，俟丁汝昌愈后，再照常办事，候旨遵行。

八月二十一日

使英龚照瑗致总署湄江上游瓯脱地英外部请中法派员会勘电

英外部函称：英、法派员查看湄江上游英、法两属间瓯脱地，西年底，在孟买会齐，因经过华界，请领中国护照。谓法员已领讫，英使馆无此案。凡勘界护照，使馆从未缮给，是否署给？乞示。查法催我议界者，系车里东界。至英、法令查之瓯脱车里南界，英愿中国派员同往，可否以三国会勘，告法使，并商外部，均请示遵。英外部候复信。

八月二十一日

直督李鸿章奏军情益急臣力难支据实沥陈折　附懿旨二件

直隶总督李鸿章奏，为军情益急，臣力难支，据实沥陈事。

窃日人起倾国之兵，进图平壤，危急万分。据叶志超迭次来电，均电总理衙门代奏。现接义州电报，安州以北电线亦断，叶志超自十五日以后并无续电，风闻平壤业已失守。其派护铭军赴大东沟之海军各舰，于十八日在大鹿岛洋面，与日船恶战三时之久，互有沉毁，亦经转电奏闻。并据各国探报，日人将以大股图犯北京，又云谋袭沈阳。现值水陆两军均有挫失，凶焰日张，臣督率无方，罪戾丛积，谤议咎责，实无可辞。至此事本末及统筹全局情形，有不敢不披沥直陈于圣主之前者。

方日事初起，中外论者皆轻视东洋小国，以为不足深忧。而臣久历患难，略知时务，夙夜焦思，实虑兵连祸结，一发难收，盖稔知日之蓄谋与中国为难，已非一日，审度彼此利钝，尤不敢掉以轻心。臣维行军制胜，海战惟恃船炮，陆战惟恃枪炮，稍有优绌，则利钝悬殊。日人于近十年来，壹意治兵，专师西法，倾其国帑，制造船械，愈出愈精。中国限于财力，拘于部议，未敢撒手举办，遂觉相形见绌。海军快船快炮太少，仅足守口，实难促令海战，臣前奏业已陈明。至陆路交锋，日人专用新式枪炮，精而且多，较中国数年前所购旧式者尤能灵捷及远。此次平壤各军，日以数倍之众，布满前后，分道猛扑，遂至不支，固由众寡之不敌，亦由器械之相悬，并非战阵之不力也。臣屡电奏，前敌兵势过单。但北洋沿海各要口关系至重，正议添兵，更无余力。除盛军系津沽游击之师，全队调往外，复经抽调北塘、芦台、山海关、旅顺各防队，已觉处处空虚。昨又檄调大连湾铭军四千人，移缓就急，实万不得已之举。至招募新营，必须数月精练，征调外省，多属零星凑集，又难克期到防。且有兵尤须有械，旧储枪械本属无多，开战后设法购运来华，尚需时日，此非仓猝所能集事者也。

臣忝司军旅三十余年，从前剿办发捻，薄奏微效，然皆内地贼匪，与外洋情势迥殊。数月以来，朝作夜思，寝食俱废，迄无起色，焦愤莫名！仰荷圣慈，不加重谴，仅予薄责，策励将来，感激涕零，罔知所报。际此时事方亟，断不敢自请罢斥，致蹈规避之嫌。惟衰病之躯，智力短浅，情〔精〕神困惫。以北洋一隅之力，搏日人全国之师，自知不逮。若不熟思审处，据实陈明，及至贻误事机，百死讵足塞责。伏愿圣明在上主持大计，不存轻敢〔敌〕之心，责令诸臣多筹巨饷，多练精兵，内外同心，南北合势，全力专注，持之以久，而不责旦夕之功，庶不堕彼速战求成之诡计。故就目前事势而论，惟有严防渤海，以固京畿之藩篱，力保沈阳，以顾东省之根本，然后厚集兵力，再图大举，以为规复朝鲜之地。奉天地广兵单，与臣处相距过远，且为将军及练兵大臣驻扎之处，所有一切调度，未便遥制。应请特简重臣督办，以便调遣而专责成。北洋海军，尚有定远、镇远两铁舰，辅以快船、蚊、雷各艇，与陆路炮台声势相倚。各口守台弁勇，均系训练有素，合以新募各营，扼要填扎。日人若以大股来犯，臣当督率各将领，奋力迎击，断不敢稍有疏虞，上劳宸虑。至臣前奏所请拨发饷项，一切募军购械，及水陆转运各事，支发浩繁，年内外亟须接济。届时，或请拨部款，或酌借洋债，再行奏明，请旨遵行。谨奏。

光绪二十年八月二十二日奉懿旨：李鸿章办理为难情形，早在深宫洞鉴之中。北洋门户最关紧要，该大臣布置有素，筹备自臻严密，本日已派宋庆为帮办大臣，驰赴九连城。该大臣亦应统筹兼顾，不得稍有诿卸。

同日又奉懿旨：用兵之际，必应宽备饷需。现由宫中节省项内发去内帑三百万两，钱两万串，交李鸿章迅即运往，以济饷需。

总署致龚照瑗滇缅界事请询英外部愿否三国会勘电

英馆曾言，冬间派员与法会勘湄江界址。该员过华时求照拂，并无法员先领护照之说。昨法使亦言及，本署要以三国会勘，法使谓先与英勘，再与华商，或竟以瓯脱归我，意殊难测。英外部果愿三国会勘否？乞设法询示。

八月二十四日

清季外交史料卷九十五终

清季外史料卷九十六

光绪二十年八月下

总署奏中英议接滇缅边界陆路电线订定约款折 附条约

总理各国事务庆亲王奕劻等奏，为中英议接滇缅边界陆路电线，订定约款事。

窃臣衙门于光绪二十年七月二十三日，据北洋大臣李鸿章咨称：查出使大臣薛福成与英国定《滇缅分界新约》第十六款内云：今拟议定妥章后，即将两国电线接通，俾得两国和好益敦。此次英国使臣欧格讷、参赞戈须在津会议，当饬津海关道盛宣怀与该参赞逐细拟议，共订《滇缅接线条约》十二款，钞送咨请核定等因。臣等公同详加复核，逐款研究，尚属妥洽。当即咨复李鸿章，俟欧格讷到津时，即缮汉文、英文，画押分执。兹据李鸿章咨：已于八月初七日，会同英国使臣欧格讷，在天津彼此画押，盖印互换等因，并援照成案，咨请奏明立案前来。滇缅接线，本系约内载明应办之事，现经李鸿章与英国使臣欧格讷议定条款，画押互换，办理完竣。除将来接线各项用款，以及常年经费等项，由李鸿章督饬勘估，核实禀办外，谨将此项议定接线条款钞录进呈御览，恭候命下。臣衙门即咨行李鸿章，钦遵查照。谨奏。

光绪二十年八月二十三日奉朱批：依议。

中英议订云南缅甸边界陆路电线相接约款

第一款 大清国、大英国彼此愿将电报便于传递，拟中国在云南边界，英国在缅甸边界，两线相接。

第二款 两线在英国电局周冈并中国电局腾越之中间大道最相宜之边界地方相接。应在何处，赶紧择定，并在侃[illegible]地方设一分局。

第三款 两线应赶紧接连，除非意外之事阻止，务在西历一千八百九十五年三月三十一号之前设妥。

第四款 中、印两电局所应办之边界相连接线，及保护修理电线，并设局管理。以上各项，两国彼此在本界限，各自出资办理，约明均不侵越边界尺寸地步。第二款内所定两局，即由此线传递电报。

第五款　所有电报，由第二款内相接之线上收发传递者，均照万国公例所定欧洲以外电报章程办理。至于中国并香港，与缅甸、印度、锡兰来往电报算字一节，照万国公例所定欧洲以内章程办理。寄报之人，如不注明由何路传递，而此条线路与别条线路一样迟速，彼此议定，如果价目较别路便宜，此等电报全归第二款内相接之线上传递，如果价目与别路一律，一半须归相接之线上传递。

第六款　所有电报经过两局之电线者，以两国界限为止，各自定价收资，惟约明一千八百九十七年正月以前，照此条款第七款内注明之价，不得再有增加。如须裁汰，各随其便。

第七款　照第二款议定接线之后传递电报，价目每字取费若干，开列于后：

甲　印度电局应收本线费：

一、缅甸各局至中国边界，每字五十七生丁五。

二、印度各局至中国边界，每字八十二生丁五。

三、锡兰各局至中国边界，每字九十四生丁。

乙　印度电局应收过线费：

一、中国边界，由周冈至暹罗边界，由莫尔各传递者，每字三十五生丁。

二、中国边界，由周冈至其余边界传递者，每字一法郎克五十生丁。

甲　中国电局应收本线费：

一、云南各局与缅甸、印度、锡兰各局来往各报，每字七十五生丁。

二、在长江以及长江以南各局，与缅甸、印度、锡兰各局来往各报，每字一法郎克二十五生丁。

三、长江以北各局，除朝鲜，每字二法郎克二十生丁。

四、中国在朝鲜各局，每字二法郎克五十生丁。

乙

一、中国各局并香港，与欧洲并过去各国，每字五法郎克五十生丁。

丙

一、云南各局与他国来往各报，每字一法郎克。

二、长江以及长江以南各局来往各报，每字一法郎克五十生丁。

三、长江以北各局，除朝鲜，每字二法郎克二十五生丁。

四、中国在朝鲜各局，每字二法郎克五十生丁。

丁　中国电局应收过线费：

一、欧洲并欧洲过去各国，与他国来往电报，由缅甸边界并别边界绕腾越传递者，每字五法郎克五十生丁。

戊

一、缅甸边界与沪、福、厦、港四水线公司，绕腾越传递者，每字一法郎克二十生丁。

二、其余各边界，每字二法郎克五十生丁。

此等报费，专指中国与缅甸、印度、锡兰来往而论。

中欧来往各报，不得由半路分局，或经手人私为接转，以杜取巧。

第八款　第二款内载明之边界两局，每日须将来往之字数对清。所有帐〔账〕目，须于每月月底结算清楚。帐〔账〕目数尾，应归印度、锡兰局者，即汇付恰尔克得印度省城之印度电局。应归中国电局者，即汇付上海之中国电报局。不得过每月结帐〔账〕后一月之外，一律付清。所有付帐〔账〕、算帐〔账〕电报，均作二等公报，月分日期均照西历，仍声明中历某月日结算。

第九款　照第七款内各价算付帐〔账〕目，每法郎克作罗比六角，洋银二角六分。至付中国并印度过去各电局找款，中、英两局可将数目互相关照，收费并结算时，彼此可以随时作价，以免吃亏。

第十款　此条款于画押之日起，以十年为限。期满后，如欲将此条款停止，以及更改，彼此约于六个月前关照，否则仍行照前办理。

第十一款　今拟议定妥章后，即将两国电线接通，俾两国和好益加亲密。中国驻来贡领事官，亦可与云南各大宪互相通电。电线接通之初，只准传递官报，并缅甸与滇省互相往来各电报之用。

旨寄定安裕禄日氛渐逼着就现有之兵速筹布置并调吉林官军严防鸭绿江等处电　二件

电定安、裕禄：现在日氛渐逼，奉省相距仅一江之隔，所有防守事宜，定安、裕禄责无旁贷，即就现有之兵，速筹布置。

八月二十三日

电定安、裕禄：奉省派防各军，究有若干？如尚不敷，即于吉林官兵内酌调。鸭绿江地段绵长，大东沟亦有贼船，深恐窜越，着扼要严防。

八月二十三日

旨寄李鸿章着严防旅顺义州以免日人抄袭电

电李鸿章：宋庆现赴九连城驻扎，旅顺各口着迅即设法防守。义州屏蔽奉边，日人惯用抄袭之计，不如全军渡回江西，合力严防。

八月二十三日

旨寄李鸿章着于义州设粮台并周馥现抵何处一并奏闻电

寄李鸿章：粮台为前敌诸军命脉所关，义州情形究设何处为宜？周馥现抵何处？一并奏闻。

八月二十三日

直督李鸿章致枢垣叶志超电退义州后日人三路进兵韩人附日拒中已令过江驻扎电　二件

叶志超二十二电：奉旨饬暂扎安州北面。查我军伤亡太多，安州万扎不住，只有退至义州，徐图振作云。

八月二十三日

叶志超义州电：探明日人现三路进兵，东由宁边取道龟城，直逼义州；中由安州、博川前进；西由定州、铁山、古津江各海汊登岸。所有韩民均已附日，为之送饭引导。日兵不用锅帐，四处布满，开仗时如火燎原，漫山遍野。我军过安州一带，韩民均闭城，拒守不纳，义州府尹仍不应付柴草。现在我军退回，带伤及肿足难行者十有八九，带有枪回者不过十之六七，每枪剩子不过数颗，锅帐、炮位等件遗失净尽。整顿养息，非月余不可。若勉令扎守义州，不特势有不能，亦且必至误事云。鸿遵旨电饬分起过江，择地驻扎，整顿休养，再图合力进剿。

八月二十三日

直督李鸿章致枢垣戴宗骞电日船窥北口已击退电

戴道宗骞电：今早八点钟，有日兵船两艘窥北口，头船距台八千一百密达。试开两炮，正对船身，不及约丈许，旋即驶远，游弋西北山后，复向西行。不审有无后帮，容侦明再报云。

八月二十三日

直督李鸿章致总署俄报言韩被日占非俄所愿电

俄国新报：朝鲜已被日本占据，俄廷甚不喜欢，欲劝日本急流勇退，勿至妄兴甲兵等语。又云：中国海军师船十一艘，鱼艇二艘，在鸭绿江口开仗，中船沉毁者四艘，余舰均受重伤，兵勇死伤枕藉。日舰均得保全，颇鸣得意云。

八月二十三日

署黑龙江将军增祺致枢垣俄兵在瑷珲对岸乘船渡江旋即折回电

爱〔瑷〕珲副都统电报：今午，忽有俄马步兵四百余，抬械炮八尊，来爱〔瑷〕城对岸开操演炮。派员往探，据称，沿江练兵，即回俄镇，不必张慌。嗣于夜子刻，乘小舟四只，渡我江右，未拢岸，我兵暗防，仍返江左。查江省地面辽阔，兵又纷纷抽调，仅余大队八营四散驻扎。该俄人此番举动，明系窥我边界空虚，意在寻衅。且闻日人顷向盛京奉天进发，俄人不免暗中助之，故为此惊人之事，以激我怒，以掣我肘，以分我势。如我猝然应之以兵，彼必有所藉口。况我兵力本单，平素本无军政。焦急之至，惟有尽心力以为之耳！

八月二十三日

直督李鸿章致枢垣叶志超遵旨全军退江西电

叶志超电：奉旨令全军先回江西，于九连城一带合力严防等因。当即会商卫、马、丰各统将，并令统奉军之聂桂林分起过江，超驻义州，候各军渡毕，再移往云。

八月二十三日

直督李鸿章致枢垣叶志超宋庆报各军分驻九连城及鸭绿江上游并请拨饷电

叶电：各军陆续过江，盛军扎沙河，铭军扎九连城靠江一面，奉军在其后，拟令毅军扎鸭绿江上游，然兵单恐不能过远。超部候二十六过江，察看形势再定。所有全局，统候宋帅到后再定云。宋提督电：现先率原部四营赴九连城，与铭军合力，而兵力过单，一面拣派勇干将官分投招募，惟饷无所出，请饬部先拨的款三十万云。

八月二十四日

江督刘坤一奏中日既经开衅不宜轻与议和折　附旨

两江总督刘坤一奏，为中日既经开衅，不宜轻与议和，以申天威而维国体事。

窃臣前以日人称兵犯顺，敬抒管见，附片密陈，奉旨留中，尚有未尽之言，不敢不重渎宸听。臣维用兵之道，必先审是非、较胜负。此次日于朝鲜乘危徼利，于中国背约渝盟，其曲直固有在矣！甚至拘囚朝鲜国王，掳掠王宫财物，西人不平之鸣，至斥之为海盗。仁川之役，乘我不备，击沉高升等船，落水浮出之人，复用快炮轰毙，其居心残酷，并海盗所不忍为。自来两国失和而出于战，彼此各有是非，从未见如日人之无状至此也。我皇上赫然震怒，声罪致讨，义正辞严。率土臣民，切齿裂眦，欲得日人而甘心焉！臣以中日胜负之数可预决者约有四端，请为我皇上陈之。

日人近年步武泰西，练习枪炮，夜郎自大，视我蔑如。不知该国数百年来从未经临大敌，即使器精艺熟，徒饰外观。且其兵多系抽调而来，是驱市井之徒以犯锋镝，金鼓一震，心胆皆寒，安能当我百战劲旅？即如古北口提督叶志超以二千人孤悬牙山，日兵数万，昼夜围攻，我军犹能大致克捷，斩获甚多，随即全师退出，则日兵之无能为役，此其一也。

日人不惜重资，多造战舰，意在称雄海上，胜我一筹。就臣所闻，日舰虽多，不如我海军镇、定两船之坚利。即谓海军持重，不肯轻与交锋，而我舍短用长，所争本在陆路。日攻威海、旅顺，于我无损秋毫。而况瞬届严冬，海口尽冻，船舰皆为无用之物。我乘机进取，可以草薙而禽狝之，又其一也。

日国小民贫，不知度德量力。发难之始，闻即将该国铁路质与美人，得价二百五十万元，以充兵饷。其竭蹶情形，可以想见。现在丁口有税，蔬菜有税，国人怨谤纷腾，皆归咎于用兵之人，将剚刃于其腹。若再相持不解，必至易子析骸，弃甲之歌，脱巾之变，我可坐待其毙。传曰：牛虽瘠，偾于豚上，何畏不死？今我以全胜之势，制此岛国，自有余裕，又其一也。

各国理财，唯在商务。日据手掌之地，国人大半出外贸迁，而其制造不若西洋之精，虽操奇赢之利，又相距太远，负贩不便。该国所有货物，全在中国沿海各口销售，我若绝其通商，并饬各口不准买卖日人货物，其商情立困，其国势自衰。宋臣范仲淹曾用此术以服西夏，今仿而行之，必有成效，又其一也。

现在我军厚集平壤，直隶督臣李鸿章所委前台湾镇吴宏洛等新招各营，络绎北上。

臣遵旨饬令江苏臬司陈湜、前湖北提督程文炳所招马步二十营合一万人，亦于八九月相继启行。该员等志切同仇，竞请亲赴前敌。以我理直气壮，士饱马腾，鼓行而进，直如摧枯拉朽。即使日人拼死守险，亦不过残喘苟延。待其创巨痛深，俯首帖耳，而后重与立约，务将朝鲜归中、日两国保护一条撤销，是为要着。朝鲜为我外藩，何须日人干预？今既以此启衅，讵可仍留祸根？谋之不臧，未可一误再误也。臣意我军数胜之后，各国必出调停，朝廷纵难峻拒，只可虚与委蛇，平壤征剿之师，万不可因此中止。各国既不能禁日人之首开兵端，今亦何能强我以遽罢战事？日距我与朝鲜最近，而情同无赖，未可以信义期之。若不予以重惩，更正前约，则日人动辄藉端肆扰，而我奔命不遑，西洋各国亦笑我为无人，以我为易与矣！议者以中、日终归于和，然议和不得要领，将来流弊无穷。此次中国征兵数万，糜饷数百万，原为一劳永逸之计，若复稍涉迁就，实无以绝后患而示尊攘。伏乞皇上断自圣心，主持国是，责成李鸿章严饬平壤诸军，分道进攻，务将日人尽逐回国，收复朝鲜版图，即以重兵驻防，使之不敢窥伺。其应如何讲和，自易就我范围。臣料日人不得逞于北洋，势必分窜南洋，以图牵制。臣与闽、粤各疆臣分布水陆各营，严守要害，彼亦无所用其枭张，但使内地晏然，大局无碍，即使海滨一村一乡偶然被其蹂躏，臣等预派游击之师，随地剿除，决不任其猖獗，堪以仰慰宸廑。谨奏。

光绪二十年八月二十四日奉旨寄刘坤一：据奏，中、日开衅，勿轻议和，览奏均悉。惟折中所论中日胜败之数，与现在情形迥不相同。我军自平壤挫衅，日人以倾国之兵水陆并举，大局岌岌可虑。南洋为江海要冲，刘坤一务当督饬水陆各军认真防守。

直督李鸿章奏日兵猛扑平壤诸军退至安州据实奏参并自请严议折 附旨二件

直隶总督李鸿章奏，为日兵猛扑平壤，诸军退至安州，据实奏参，并自请严议事。

窃查，日人起兵三四万，分道来扑平壤，四面环攻，连日力战，危急情形，经臣迭次电达总理衙门代奏在案。兹据叶志超电称：日寇自十四日午刻绕窜顺安后路，于平壤附近山头设炮百余尊，四面来攻，枪炮并发，各将领分道奋力迎剿。该提督重悬赏格，如将日兵击退，赏银三万两；夺炮一尊，赏银千两；生擒，六十两；取首级，三十两；枪刀、马匹，亦均列赏。兵勇合力血战。当派委卫汝贵、马玉昆两军，将江东之贼击退七八里，枪毙不计其数，马玉昆夺炮七尊。又由江东县北路渡来大股，及成川之贼万余人，同时来攻江自康营。该提督与左宝贵、丰升阿亲率数千人设伏夹攻，至晚日势始弱，各军奋力齐上，追至四里外，生擒及割取首级二百余名，枪毙不计其数，我军共伤亡三百余人。日复由龙冈西北分道来攻盛军各营垒，该军先已调出五成队过江，日奸探知实情，即来猛攻。数次不下，该提督恐孙显寅在外游击，不能兼顾，即调卫汝贵整队回击，日始退败，枪毙千余，我军伤百人，是日喜获大胜。十五日丑刻，日大队越山而来，各将领分段坚守以待，又挑选精锐兵勇迎剿日兵，抵死不退。两军对施枪炮，连夜达日。至十六日早，仍四面来攻愈急。平壤城北原有奉军三营炮台，连日被其打毁。日换班三四次，意在直扑北城。左宝贵力疾亲督三营并诸将迎头血战，日抵敌不住始退。左宝贵奋勇前进，忽胸前中枪阵亡。甫收队回城，而日又逼近，各军苦战五昼夜，子尽粮绝，战死沟濠者不忍目视。四山大炮齐向城营施放，兵勇无地立足，只得且战且退。经过顺安、肃州一带，日卡数十处，层层打出。文武官弁、兵勇阵亡，仓猝无从确查。十八日早，始退安州，日竟敢追出百余里，闻仍跟踪齐进。若由安州堵击，无险可扼，且子弹业已打完。该提督会商卫汝贵、丰升阿等，先率队过安州清川、博川两江之间，分别整顿休息。该提督盛军步队二营，奉军马队一营，奉天盛字马步五营，在博川划江固守。一面调吕本元、刘盛休前来，择要驻扼。俟各军整顿有绪，再行相机进止。此次各军血战之苦，数十年所未见。阵亡文武员弁，容查明请恤，请先据电转奏，并自请严议处治等情前来。

臣查，平壤各军孤悬危地，原止万五千人，内尚有分防后路安州等处。叶志超自牙山退出二千余人，奏明伤病甚多，器械不全，难遽搏战。日人遽以三四万之众，猛扑环攻，各将领督率弁勇，连日苦战，毙敌无算，实属奋勇出力，不顾身命。记名提督・高州镇总兵左宝贵，久历戎行，卓着劳勚，裹创力疾，血战捐躯，忠勇性成，深堪悯恻，应请旨照提督阵亡例从优议恤，并于各省立功地方建立专祠。可否予谥，出自恩施。其余阵亡文武员弁，应俟查明，汇案请恤。总统各军・直隶提督叶志超力疾督战，统领盛军・宁夏镇总兵卫汝贵，统领毅后军・记名提督马玉昆，统领奉天盛字营・御前侍卫・副都统丰升阿，均督军苦战数昼夜，因贼众愈集愈多，子尽粮绝，退出平壤，究有应得之咎，应请旨分别惩处。至臣忝总师干，深知前路兵力太单，迭经电奏有案，只以近畿空虚，沿海防军难再抽拨调募，各营路远，又难骤集，竟无余力派往应援，以致众寡不敌，实属调度无方，应请旨严加议处。

再，据马玉昆续电，该军枪械无失，须到义州方可收队整顿。叶志超续电，现守博川江口仅盛军步队两营、吕本元马队两营，并招集落后勇丁，且战且行，日以大队跟围，势难固守。将来若能扼住义州，徐图厚集兵力，再谋大举，合并声明。谨奏。

光绪二十年八月二十四日奉旨寄李鸿章：据奏，平壤诸军退至安州，据实奏参，并自请严议一折。自十四至十八日，日兵三四万分扑平壤，我军力战五昼夜，力尽粮绝，左宝贵阵亡，我兵退至安州一带，昼夜固守。除明降谕旨，左宝贵加恩照提督例赐恤外，叶志超着加恩免议，李鸿章亦一并加恩宽免处分。

同日奉旨：李鸿章奏，均悉。日现以全力专注义州。昨经降旨，令叶志超等量度贼势，渡回江西，于九连城一带严防。又迭催宋庆、依克唐阿赶赴九连城，合力防剿。本日据奏，义州尚难停顿，即着饬叶志超等军分起过江，择要驻扎，与刘盛休、吕本元、聂士成等，及奉省所派张锡銮、耿凤鸣各营，协力合扼上下游要隘，勿令一人偷渡。如遇敌人猛扑，各营不分畛域，奋勇齐击。义州所存军火、粮饷，着迅速运回九连城，一俟搬完，即将所有江内船只一律撤归西岸，分兵驻守，以防抢渡，是为至要。

旨着李鸿章将首先逃走之济远管带方伯谦正法电

旨电李鸿章：据奏，查明海军接仗情形，五月十八日与日人开仗，济远管带方伯谦首先逃走，着即正法。广甲管带吴敬荣退至中途搁礁，着革职留营效力。

八月二十四日

旨寄许景澄闻德国猎船价廉而成期速着订购电

电李鸿章：据电称，日耳曼厂猎船吨数，比泰来猎艇为廉，成期又速等语，着电询许景澄，如果精利，即行订购。

八月二十四日

旨寄增祺俄兵迹虽可疑宜暗防不可起衅电

旨寄增祺：俄兵迹虽可疑，只宜确探暗防，不可轻动起衅。俄督复信即电闻。

八月二十四日

旨寄李鸿章着查探游弋威海日船并添兵扼扎电

电李鸿章：日船二艘由威海游弋而北，复向西行，难保非先来窥探，为扑犯之计。此两船现往何处？有无续来之船？饬令各口随探随报？山海关防兵究有若干，如兵力不足，急须添调扼扎，切勿迟误。伦敦电，有日兵月末抵威武峪之说，地在奉天何处？电询裕禄复奏。

八月二十四日

旨着依克唐阿迅赴九连城防剿荣和前赴江防电

电依克唐阿：东省东边紧急，奇兵拊背一策，缓不济急，着仍遵前旨，迅赴九连城防剿，并派荣和前赴江防。

八月二十四日

直督李鸿章致枢垣烟台电日船在口外游弋电　附旨

据烟台电，日船早晚两次在口外游弋。又旅顺电，戌刻有日船两只，距口三十里慢轮东去，此即由威海口外来者，系知我海军受伤，在旅顺修理，未能出剿，故能驻探。电属丁、龚赶修，必须九月下旬始能修齐，殊焦急！各口严防，目前尚无虑，恐其续来大队兵舰护运船深入耳！

八月二十五日奉旨电李鸿章：日船两只在威海一带窥探往来，现在山海关至大沽各口防兵究有若干，督军迎击尚有大兵若干？迅即查明复奏。宋庆募勇经费约拨三十万。海军修船九月始齐，未免太迟，着加催赶紧。宋庆等军须有粮台接济，周馥现抵何处？一切电复。

直督李鸿章致总署俄使言俄不愿日得韩地并闻该国在海参崴预备海舰陆兵电

俄领事来称：喀使三四日内来津，奉本国命，在津过冬，会商一切。俄廷初意不改，不愿日得韩地云。闻俄已在海参崴预备海舰、陆兵颇多，未知所向，俟晤喀使探明，再奉闻。

八月二十五日

黑龙江将军依克唐阿奏日人谋袭旧畿军事和害战利恳厚集雄师创此恶敌折

黑龙江将军依克唐阿奏，为日人逆天犯顺，殄灭藩封，谋袭旧畿，震惊陵寝，军事和害战利，吁恳天恩，厚集雄师，创此恶敌，力固根本而安天下事。

窃奴才依克唐阿于八月十五日曾将奉旨驰赴奉天，并遵旨不日进扎九连城，及电悉日人扑犯平壤，进扰鸭绿江，先后情形密奏在案。此次日人乘朝鲜土匪变乱，无故兴师，突入汉城，逼迫革政，明和暗算，击沉我运船，阴袭我师旅，渝盟违约，无理已极。近复备兵六七万众，扑犯平壤，分扰鸭绿江，任意枭张，尚欲数道内侵，袭我旧畿，惊我陵寝。似此逆天犯顺，贪暴不仁，实属天地不容，人神共愤。既经我皇上赫然震怒，明降谕旨，兴师进讨，杀敌援藩，天下闻之，莫不戮力同心，踊跃用命，誓除日寇，规复屏藩，张我国之军威，拯韩民之涂炭。惟闻我军前敌将领迟疑莫决，以致开仗多不得手，且又军心不一，布置失宜，近有人自为军、军自为战之说，殊昧师克在和之义。若当轴诸臣、前敌各军仍存一主和意见，则敌先有入寇之举，而我尚无御侮之方。纵敌为患，莫此为甚！从来中原误事，失在一和，可为殷鉴。当此日人逆命之秋，主战者固多，恐有仍挟各国劝令和平之议，援引上年越南故事，摇动圣心者，深为朝廷虑之。

窃惟此次兴兵剿日援韩，原为固本起见，非若调停越南时势可比。越南远在京师八千里外，有云南、广西两省关山阻隔，且边氓视法如仇，万不能轻容犯境，割越和法，尚可从权，然而识者已多不韪。若失朝鲜，处处与东三省根本重地毗连，奉天最关紧要。割韩和日，不可为国。何则？日人性情诡诈，诚恐一和之后，从此勾引不逞流民阴入朝鲜，啖以厚利，娶以娇妻。盗贼也，而臣仆用之，激其为患，不数年间，兵繁器利，则命为前导，分股内侵，我军不特防不胜防，更恐求和不许，割地不容，势必俯首帖耳，而受日人之制。东三省数百万生灵，披发左衽，八旗世仆，身家庐墓，悉沦异域，固不足惜，其如列祖列宗之陵寝何？

伏维我皇上天纵英明，乾纲独断，上鉴前古，内坚初志，万不能因和议之言，摇动圣心。奴才现于八月十六日，承准神机营咨送二等侍卫荣和交奴才委用，到沈禀见，据称呈请代奏，自募劲旅，由珲春往剿日人。所呈不为无见，志趣亦属勇往。既经奉旨交奴才委用，自应钦遵留营，以供指臂。按该侍卫所称，自募劲旅五六千人，由珲春进剿，核与奴才十五日所奏添募十四营之议相符。惟闻平壤以东，大同江沿岸及各山要隘，已经日人调集重兵，层层密布，阻我进兵之道，已属一步不能东征，意在持久，以老我师。若由九连城集师平壤，则兵多道挤，并力前进，既展布不开，久住后路，惧军心懈怠。况入夏以来，大军络绎不绝，沿途应付军马，已属民疲粮缺，苦累不堪。倘再不别图良策，出奇制胜，恐旷持岁月，老师糜饷。一日无粮，千军立溃。现在军情吃紧，以时局揆之，非拨二三十万两筹备前敌军食，万难久扎，势必终无济事，贻误军机。所有奴才八月十五日密请拨饷募兵之事，自必仰蒙俞允。一俟命下，奴才遵即克日起募山中猎户成军，共足万人之数，亲身督率，仍由吉林烟集岗直入朝鲜咸镜道内，相机绕附汉城之背，两面夹攻，掣敌之肘，出其不意，而攻其无备。仰仗列圣在天之灵，我皇上安内攘外之志，或不难挫贼凶锋，灭此朝食，迅奏肤功，上慰圣怀。奴才受恩深重，不敢自安缄默，用特沥血直陈于圣主之前。心所谓危，亦必以告也。谨奏。

光绪二十年八月二十五日奉朱批：另有旨。

定安裕禄致枢垣报在九连城大东沟布置防务电　附旨

奉八月二十三日电寄谕旨：现在日氛渐入义州，相距仅一江之隔，边防十分吃紧，所有防守事宜，定安、裕禄责无旁贷，着即就现有各营速筹布置，如果兵力不敷，并着酌量添调，严密扼守。又奉旨：即饬张锡銮添募五营，赶赴鸭绿江一带，协同防守等因，钦此。

查东边所属安东各军，除分留营口省防等处外，专办东边防务，约共有五十余营。现公同酌议，查九连城、鸭绿江上下滨江、滨海地段绵长，如重兵聚集一处，深虞顾此失彼，自须通力合作，分段划守。依克唐阿现在九连城驻兵有二十余营，其附近之大东沟、安东县、沙河子等处，均可兼顾，与前路义州叶、卫、马、刘诸军，声势亦可联络。其自九连城以上之宽甸、怀仁、通化三县地方，拟即交张锡銮七营，暨调回左宝贵原带、现派聂桂林接统之马步八营，分布防守。其九连城、大东沟西南之大孤山、庄河、达连、腰子、花园沿海地面，由调回之丰升阿、倭恒额与富林布驻扎分防，各就原营分别前路后路，妥为布置，联络接应。至省关及辽阳、海城、兴京等处后路，亦关紧要，并由定安再行传补西丹四营，裕禄抽拨旗队四营，会同现有各队，层层布置，与前路九连城声气相通，俾臻周密。所有饷需，先尽设法通融。如有不敷，随时奏请。以上各节，如蒙俞允，即由定安、裕禄一面饬令丰、倭、聂等迅速过江，分赴防所，并饬张道赶将营队招齐，以专责成。谨电。请代奏。

八月二十五日奉旨寄定安、裕禄：大东沟距九连城最近，日兵由彼处犯奉境最便，必须筹备劲旅，迎头痛击。刻下兵勇虽已不少，新勇一时尚难得力，且未能全到，着速催成军。

直督李鸿章致枢垣查复日船所在并会商吴大澂分派将弁扼守东省各要隘电

昨夜奉电旨：饬查日船现往何处，难保非先来窥探动静，预为扑犯之计。现山海关一带防兵究有若干？如兵力尚单，亟须添调扼扎，并着传知吴大澂，统带所部，驻扎乐亭，严加防守。其全队何时到威？即日电复等因。查日船于二十四夜由大连湾口外东去，现尚无续来之船，仍饬沿河各口，日夜防守。山海关老龙头各炮台，经叶志超逐年经营，工坚炮备，虽已抽队远去，护提督卞得祥派统原驻练军马步队两营及新募二营，分驻台垒，可资得力，惟人数太单，顷饬豫军蒋志钧马步二千人，由铁路驰往协防。又距关内三十里滨海之秦皇岛老水贴岸，派总兵潘万才马队二营，炮队一营驻守。又西距秦皇岛七十里之洋河口，滨海水深，向称险要，派总兵贾起胜统新募八营分驻。又由洋河口西至乐亭一带海滩，淤宽至数十里，轮船泊处，离岸甚远，拟派王可升带宣化马队两营前往驰巡。总核该处一带形势，仍以山海关内外为握要。近海兼有水深之处，将来客军到直，再行奏明，相机调拨。顷，会商吴大澂，拟即前往山海关察看情形，督率各营联络防剿，似不必专驻乐亭。至所部新募湘勇四营，将抵鄂省，即搭商局轮船北驶，以期迅速到津。

八月二十六日

吉林将军长顺奏报平壤失守退驻义州水师亦败俄更叵测三省危险电

近探军情，知平壤已失守，各军退驻义州。水师开仗，亦未获胜。殊深焦灼！查平壤形胜之地，势所必争，一旦失守，岂能遽复？各军退驻义州，自为远离敌兵、整顿残局起见，然其地逼近奉界，并非险要。新挫之卒，草木皆兵，岂能再充前敌？设蹈覆辙，大局何堪设想！在当局者必以为义州后路九连城现有重兵驻扎，可资防堵，不知九连城所有各军，并非精锐，岂真长城可倚？且独不思九连城以后，尚有何险可守？何军足恃？或者日人不知虚实，未敢孤军深进。万一长驱直入，不特陪京重地，绝无关阻，即吉林、黑龙江亦不可问。近闻俄人暗则隐助日人，明则于珲春、艾〔瑷〕珲等处开炮操演，势将蠢动。每一念及，寝馈难安。应请旨速饬谋国各臣，统筹大局，出其全力，以制日寇，尚有转机。否则，自关以东悉非吾有矣！至吉林毗连韩境，转瞬即将多事。图们江北岸数百里，大半空虚，省城根本，亦无驻守重兵，其势尤为岌岌。尚劳圣主之擘画，奴才自当捐糜以报耳！

八月二十六日

直督李鸿章致枢垣报沽塘布置大略如有大股扑犯再添调客军电 附旨

电旨承询各节，查山海关至乐亭一带布置情形，昨已电陈在案。自乐亭西南至大沽，旧设北塘口防兵五营，芦台马步五营为接应。前因叶志超抽调队伍赴韩，即以通永镇吴育仁将北塘口各营照数募补。芦台在后路，仅募补一营，并调古北练军一营填扎，仍恐过单，俟湖北提督吴凤柱马队五百到津，再令赴芦协防。大沽口原设罗荣光统协标千八百人及亲军炮队一营在南岸，郑崇义练勇二营、史济源练兵一营在北岸，各分扎炮台扼守。现又添调胡金元保定练军六百人协防。其大偃塘北中锅之新河镇，地势扼要，派总兵吴宏洛新募六营驻扼，以接应塘沽一带。大沽迤南海岸辽长，多系淤浅，碍难处处设防，派总兵卫汝成新募五营暂驻小站，有警时相机迎击。其祁口海汊，令总兵梅东益派马步小队巡防，此目前布置大略。

以后若有大股扑犯，再请添调客军。至奉天安设粮台一节，屡饬周馥、盛宣怀等筹度，皆以前路采买粮米、后路转运饷械为急，非一粮台所能坐理。拟分设山海关、锦州、辽阳州、凤凰厅，为转运局，即在东边附近地方购粮，由津榆铁路运饷械，节节前进，多赁民车，源源接递，可期得手。现正筹议开办，虽道远费巨，在所不惜。周、袁二十三日行抵沈阳，已兼程前进，不日可抵凤凰厅、九连城，会商各军统将妥办。请代奏。

八月二十六日奉旨电李鸿章：据奏沽塘布置大略，又称如有大股扑犯，再添调客军，此指何项之军？殊未明晰。勇营半多新募，是否足恃？现在事机万紧，该督速筹调度，保卫畿疆，以纾朝廷东顾之忧。本日电奏，自北塘防军调去后，所余无几，添补之军，大半羸弱，除吴育仁、孙发祥外，鲜知兵之人等语。似此岂足深恃？李鸿章务当妥筹深计，巩固畿疆。

鄂督张之洞等奏购办红茶运俄试销以维商务折

湖广总督张之洞、湖南巡抚吴大澂奏，为购办红茶，运俄试销，以维商务事。

窃照汉口茶务最为两湖商务大宗，关系厘税巨款。近年湖北、湖南两省茶商颇多亏累，半由茶色不佳，或遇阴雨潮湿，或有搀和粗杂，以致不能得价；半由洋商压镑退盘割价，多方刁难。而此项红茶，除洋商之外，别无销路，以致甘受抑勒。此事关系两湖商民生计，亟应设法维持。臣等查，红茶销路，以俄商购办为最多。惟有自行运赴俄国销售，庶外洋茶市情形可以得其真际，不致多一转折，操纵由人。然茶商力量最薄，必须官为提倡，方能开此风气。当经臣等往返函商臣大澂，前拟筹借巨款，设局收买督销之议，既因借款未经议准，未能举办。拟由南、北两省分筹官款，酌量购茶，运俄试销。经此次试运一次，则俄国茶价高低，销路广狭，运程难易，一切利弊，均已了然。以后茶商便可照仿，自行酌量办理。当经饬江汉关道恽祖翼，选办上等红茶二百箱，南北两省各半，与俄商设法婉商，即附其茶船，运赴俄国阿叠萨海口，试行销售。经臣电商出使俄国大臣许景澄，托其代为委员照料。其茶价、箱工杂费、出口关税等项，共洋例银五千四百七十二两零。复经臣大澂电商俄商余威罗福，拟再购红茶若干箱，分运俄境，水陆两路试销，即托该商照料。旋接复电，商允，已经饬江汉关道恽祖翼照办。旋据复称，头茶早已销毕。复经设法选购二茶中之最上红茶一百二十箱，亦作南、北两省各半，发交顺丰洋行，分寄俄境，水运之漠斯科洼，陆运之恰克图，两路试销。计茶价、箱工杂费、出口关税等项，共洋例银一千八百一十六两五钱零。所有应付运保、行栈等项，及俄国水陆税项各银，均照商人向章，俟到该处销售后，即在茶价内扣除。惟前后两起水陆三批，各费数目多寡不一，应俟销茶后，由外洋详开确数，始能核计。至恰克图一路入俄境时，并无税项。两次总共用过洋例银七千二百八十九两三钱二分，折合库平银六千八百四十二两四钱六分五厘。湖北、湖南两省，均由茶厘项下借拨垫用，俟销茶后归款。此初次试办，设有不敷，亦甚有限，拟由外间筹拨闲款补足。据江汉关道恽祖翼开具价值清折，详报前来，臣等复核无异。谨奏。

光绪二十年八月二十七日。

旨寄李鸿章着处分台湾拿获代日运货之英船电

电李鸿章：台湾拿获代日运货之英船，据邵友濂电奏，税务司谕令枪弹等充公，船只释放，英商亦无亏损，办法已极公允，毋庸再议。

八月二十七日

台抚邵友濂致总署据税务司称英售与日运货之船虽未换旗亦应充公请询英使电

据税务司马士面称：西国新报英国巴山船系已售与日本，船价已付，惟尚未换旗，此船应扣留者一；两国失和，各国商船均应有并无济敌之据，该船无之，应扣留者二；商船必有提货单、日记簿，该船不肯呈验，显有情弊，应扣留者三；于货单外搜出炮弹一箱，船主未先声明，应扣留者四；该船主见我搜出炮弹，潜封舱口，不准查验，应扣留者五。看此情形，与昨日大不相同，敝税司已照电请总税司核办等语。查英国金领事明白事理，税务司相观而化，故前后易辙，亦未可知。领事云，此船大有可疑，并不敢认为英船。倘欧大臣顾全睦谊，说明系英国售与日本之船，则断无释放之理。可请钧署向其密询明确，奏明请旨，若实系日船，得而复失，岂不贻笑？伏候钧裁。

八月二十八日

台抚邵友濂致总署报拿获接济敌船名巴山电

奉截拿接济敌人船只之旨，当即悬十万金重赏，并许以越级保升，故南琛、斯美等船均踊跃用命。台洋险阔，并值风飓大作。该船尽三昼夜之力，巡至白犬山前，始拿到此船，名巴山。特再电闻。

八月二十八日

旨寄吴大澂准令余虎恩募兵办理防务电

电吴大澂：据奏，令余虎恩添募勇营，着准该总兵随同吴大澂办理防务。至募勇，可派员办理，无须该总兵亲往。所请募营合魏光焘之兵共成二十营，饷需由户部拨给，议购哈乞开司枪一万杆，均准行。

八月二十八日

直督李鸿章奏平壤之战各将领互有功过及日本现储枪枝数目电

总兵贾起胜前饬募勇八营，新募之众，必须该镇亲练。现移扎洋河口要防，未可轻动。前奉饬赴前敌分统盛军，自恐卫汝贵一人难以胜任。迭据叶志超电，平壤十三、四日之战，卫汝贵督军深为得力，现责以收集溃勇，从新整顿。若遽派分统，转涉推诿，似宜稍缓察办。广乙管带官林国祥，前在牙山口外，以孤船当劲敌，战阵颇勇，虽力竭被沉，功不掩过，应请暂行革职，委令接署济远管带，以观后效。其首先逃回之方伯谦，遵旨正法。日本十年以来，迭开三厂造枪，其储备快枪实有二十余万，宜其操必胜之权也。

八月二十八日电李鸿章：广乙管带林国祥，前在牙山海口，以孤轮当劲敌，力竭船沉，暂行革职，委署济远管带，以观后效。大东沟之战，日船偏重济远、定远，将士苦战甚力，着李鸿章酌保数员，以作士气。

八月二十九日

直督李鸿章致枢垣戴宗骞报日兵船过威北口山嘴测量电

威海戴宗骞电：日兵船二艘，八点钟过威北口山嘴测量，相距二十里以外，未令开炮。至山后，即开慢轮游弋一点钟开驶。据侦者云，仍是二十四所来两船云。

八月二十九日

直督李鸿章致枢垣沪电日出兵三队每队三万来华乞分饬闽浙台粤严防电

赫德来言：接沪电，日兵三队，每队三万，来华。头队指黄海，即旅顺、营口、金州、大连湾一带。其两队何往，却无地名。昨已开船，日内南、北洋恐有战事云云。祈分饬闽、浙、台、粤严防。

八月二十九日

清季外交史料卷九十六终

清季外交史料卷九十七

光绪二十年九月上

盛京将军裕禄奏遵旨复陈现在驻防马步兵数电

奉电旨：裕禄等前电所计营数虽多，率指招募足额后而言。究竟该省分驻各处，现在实有之兵若干名，着再详细电闻。现共驻防各处马步兵六千五百二十名，续调及现在开拨未齐兵数，合马步兵一万四千七百名。谨电奏。

九月初一日

鄂督张之洞奏谨陈管见四条请采择电①

津防、关防、辽防情形紧急，上劳圣廑，谨陈管见四条：

一、就近募勇。魏光焘、程文炳及陈湜添募之军，均九月起行，到防尚早。天津已多战勇，可先募津勇十余营，以习战营官领之，可为官军之助，将来易于遣撤。又宋庆之军，久扎边外，与土人相习，既派帮办，不如即令宋就地添募十营、八营。营归宋募，调度顺手。又东抚李秉衡已到任，李朴实不欺，深知营弊，可令在东募勇十余营，听调较速。

一、饬诸军坚守，稳扎稳打。日氛狂悍，又恃械精，利速战，不利耐久。平壤一役，万众遽溃，由诸军未经洋战之故。查二三年来外洋各国陆战，因军火太猛，专用地营。沪译讲地营诸书，如《营垒图说》等，天津皆有，请敕发此书于各营，并饬北洋大臣派通晓地营洋弁，分往教练数日即解。果能据险坚持两月，敌畏寒，必不支，但能自固，日决不能越之深入。

一、海军断日后路。海军十八日一战，日势顿绌。我船宜游行旅顺至鸭绿江一带，日无船接济，彼陆兵亦难深入。

① 所陈内容实有五条。

一、设法购船。此时添船为最急，洋人言，美洲如秘、墨、智诸国，不尽守公法。拟请敕出使各大臣及赫德，设法密购，令他国人出名，到津再换中国旗。不惜重价，必可商购。

一、联络各国。英忌日，实忌俄，颇袒中国。闻德因开战时，日漏，未知会，亦不悦日，似宜设法借助。日不允上海为局外，如英能力阻日扰吴淞，沪局造军火不绝，沪关税项不减，此两事已有大益，其余可随事获助。俄虽与日亲，日据朝鲜，亦非所愿，宜加意联络。如俄稍掣其肘，日兵力自分，即不得力，亦免暗中为患。时事万急，谨献愚诚，伏乞圣明采择。

九月初一日

旨寄李鸿章营口紧要置办军火着准提关税电

电李鸿章：据电奏，善联添募勇营，请提洋税积余银两，为置办军火之需等语。现在营口防务紧要，着准在本关税项内，提银十万两应用。户部知道。

九月初一日

旨寄李鸿章据赫德电日兵分三队来华着饬严防电

电李鸿章：昨据赫德据沪关密电，日兵分三队来华，当经谕该大臣严防。昨，威海见日船三只，东沟见日船九只，测量探水，旋即驶去，难保非头队所遣前来探信。威、旅及内海各口防务十分紧急，海军备补之船，赶催派令护口迎敌，扼守台岸之兵，尤须联络声势，昼夜严防。

九月初一日

懿旨着恭亲王奕䜣管理各国事务衙门兼会办军务

懿旨：恭亲王奕䜣，着在内廷行走，管理各国事务衙门，并添派总理海军事务，会同办理军务。

九月初一日

直督李鸿章致枢垣报日兵船在海洋岛严搜民船电

旅顺龚照玙电：顷，探得东沟口外有日兵船二只，雷艇四只。海洋岛有日兵船六只，雷艇八只。凡东去民船，过即严搜。连日彼船去无定向，来无定时云。

九月初一日

旨寄张之洞着催魏光焘熊铁生及余虎恩所部北上购办枪炮并来京陛见电　五件

电张之洞：据电奏，请饬余虎恩先调所部振字三营速行，并添募两营；刘树元亦令添募一营等语。所称振字三营系属现成，即着速调此军北来。其余各营，吴大澂仍令余虎恩、刘树元次第招募，随后继进。

九月初一日

电张之洞：催魏光焘迅速北上。

初二日

电张之洞：即派铁字五营，饬提督熊铁生统带北上，听候调遣。

九月初三日

电张之洞：户部遵议，张之洞奏，请暂借宜昌关税，并筹捐购枪炮，已依议行，张之洞速行设法购办，拨运各军营。

九月初十日

电张之洞：着来京陛见。湖广总督着谭继洵兼护。

九月初十日

旨寄刘坤一北洋防务紧急本须调舰惟据称南洋现仅五船着毋庸派拨电　二件

电刘坤一：北洋各船修理需时，防务紧急，暂调南洋南瑞、开济、寰泰三船迅速北来助剿，务须连樯齐进，不可远离，致遭截击。

九月初一日

电刘坤一：据电奏，南洋现仅五船，分防吴淞、江阴等处，实嫌单薄，请免赴北洋等语。所奏亦系实情，即着毋庸派拨。程文炳所部各营，催令驰赴天津。

九月初四日

旨寄刘坤一防日袭台湾严查济敌米粮勿信沪作局外说并令程文炳北上电 四件

电刘坤一：有人奏，马建忠近闻日本米贵，该员与洋商交通，收买苏浙米粮，载往接济，着严查电复。

九月初一日

电刘坤一：着程文炳迅速北上。

九月初二日

电刘坤一：邵友濂探闻，日船八只，初八日在成山游弋，至夜直向南开去，恐往台湾等语。着速严密防范。

九月初十日

电刘坤一：电悉。沪上虽为各国通商口岸，惟洋人狡诈难信，未必肯守局外之议，着严防。

九月二十日

直督李鸿章致枢垣宋庆派帮办前奉总统之命应奏请撤销电

宋提督谢帮办折已缮发，叶志超现已溃退，又有宋帮办前谕原奉总统之命，似应奏请撤销。

九月初二日

旨着吴大澂总司稽查并查李经迈是否得贿丁汝昌有无重伤着具奏电 二件

电吴大澂：沿海各口防务紧要，着吴大澂总司稽察。

九月初二日

寄吴大澂：有人奏，卫汝贵与贾起胜从前分统盛军，李鸿章之子李经迈，以私函向卫汝贵、贾起胜各索银三万两，许以总统盛军，贾起胜置之不理，卫汝贵照数致送，即委总统，因而克扣军饷，此次领到饷银，扣除八万寄家，以致人心不服。海军提督丁汝昌，大东沟接战，并非伤重。着吴大澂确查具奏。

九月十一日

使美杨儒奏通筹寓美华民善后事宜并派员赴墨西哥察看情形折

出使美、日、秘国大臣杨儒奏，为通筹寓美华民善后事宜，并派员赴墨西哥察看情形事。

窃奴才于本年二月间，曾将与美外部订定限禁华工、保护华民续约情形，奏报在案。伏查，华工赴美，始自咸丰年间。其初，价廉力勤，洋人乐于雇用，由是一志招徕者近二十年。迨后麇集愈多，良莠不一，时值内地戡定粤匪，漏网奸人以海外为逋逃渊薮，洋人觉其风气日坏，渐萌憎恶之心。而埃利士党工人，又以华工攘夺其利，寻仇启衅，斗杀时闻，美国政府深以为患。光绪六年，始有限制工人之约。自此苛禁迭设，一意拒绝者，迄今已十五年。华民生计日绌，中外邦交渐暌。此次续约甫定，外人疑沮之见尚未尽捐。

奴才筹思数月，目前应办事宜，只有于因势利导之中，寓正本清源之意，但使洋人憎恶之念日减而渐轻，则华民资生之途不扩而自广，盖取信殊俗，即所以保卫侨氓，事非两歧。惟病根既深，未易奏效，然要不外标本并治之法。治本者宽筹以岁月，治标者速决于目前，二者兼营，不难起膏肓而愈久疾！

请言治本之法：查华人寓美，洋人指为风俗之害者约有三端，一曰鸦片，一曰赌博，一曰械斗。金山、纽约等埠烟馆林立栉比，初只华人自吸，近则洋人亦有染其习者。赌馆出售白鸽票，每日早晚开彩两次，输赢以千万计。工商经营所积，半耗于此，恒有丧资沦落不归，以致流为窃盗者。粤俗强悍，睚眦之怨，锥刀之利，动辄忿争。自来海外狃其故智，各帮创立堂号，小有嫌隙，呼群啸侣，开枪轰击，酿成人命。金山一埠，堂号多至七十余所，前华领事官禀请拆毁，迄未肯从，近日纽约又踵而为之。凡此数端，实遍地球诸国寓居人民之所无。美国缘是设为厉禁，冀拒绝华人，只因碍于约章，姑即限制工人为词，实则以上各弊，华商亦在所不免。今欲为正本清源之计，惟有将此诸弊力图革除。革除之道：一在申明律例。查赌博、械斗二事，绳以中国法纪固所难宽，即按之西国科条，亦无可免。现拟饬领事官会商美国地方，将此二事有犯必惩，其始姑以西律治之，如屡犯不悛，准其驱逐出境，或解回中国治罪。鸦片一物，按照中美条约，美商不准贩运来华，华商亦不准贩运至美。现鸦片之得入美境，皆华商托名英商为之。此事应听美国设法禁绝，并声明中国并不袒庇此等莠民。一在详示教条。中国自设官外洋以来，凡所规画，大抵御侮之意多，自治之意少，历久相沿，只有驳辩外人之词，颇鲜告诫吾民之语。烟、赌、械斗各弊，华民习为固然，且疑与目前限制之故毫不相涉，若非详加开导，未易使之悔悟改图。现拟饬领事官，每逢朔望，就各埠会馆宣读圣谕广训，为之讲解，勉其各安生理，毋作非为。因将烟、赌、械斗之害，条分缕析，苦口劝诫，略如内地乡约之法，俾诸工商渐知愧奋，互相规勉，期于去此痼疾，力图自拔。若使行之果效，固足变侨众浇漓之俗，即未克遽效，亦少减洋人厌薄之情。此皆治本之法，宜宽筹以岁月者也。

至于治标之法：一在严禁冒商，一在疏通工路。查美国初议限制，只指工人一面而言，且只指新来之工人而言，即迭次苛设禁例，于商人本无干涉。自华人以工冒商者众，屡经美国税关查出，于是真商亦被留难。然其初仅金山一埠有之，近年粤中新来之工，先由金山假道至日国之古巴，复由古巴冒领商照，至美国东边纽约埠登岸，岁以千计。上年五月以后，美户部严饬纽约税关，不准冒商之人入境。此次与美续约，申明商人得往来自便。若纵容工人仍袭冒商故智，不但恐外人别设禁例，有碍真商，即我于自禁一层，何以取信？查近数年冒给商照之弊，由古巴总领事谭乾初藉口便民，罔利营私，以贻厉阶。事在前任，姑勿追究。奴才现已谆饬新派古巴总领事何彦升，严核发给商照，不得复有前项情弊。但使冒商之风可绝，则真商自无阻碍，即已经在美之工人，亦得享一体优待之利益，于大局所裨实非浅鲜，此事之难缓者，一也。

墨西哥国地居美境西南，其国地广人稀。近十年来，屡有立约招工之请。中国始以美禁过苛，未免前车之鉴，继以华佣被阻，欲其迁地为良，前任使臣崔国因在美时，总理衙门曾函嘱与墨国驻美公使筹商中墨约款。旋值崔国因交卸回华，未及开议。奴才到任后，晤墨使卢美洛，复申前议，并拟约稿十五款送来，当即译送总理衙门察核。近日复由奴才增订五款，交与墨使转送墨国政府，尚未据复。窃维立约之始，不厌精详，即将来遣使设官，办理亦有次第，断非旦夕可期成效。目前寓美华工已经注册之后，新来之工亟宜疏通去路。又闻近日华民潜赴墨境者，已不下数千人，既虞彼族欺凌，复恐日滋流弊。揆度事势，似宜一面与墨使妥慎议约，一面先派员赴墨察看情形，俾将华工赴墨所应取益防损之处，条列以闻，藉资采择。查金山总领事·江苏补用知府黎荣耀，自派驻金山以来，保卫工商，颇著成效。古巴总领事·分省补用知府余思诒，近驻古巴，尚得民心。该两员平日因所驻之地距墨不远，于墨国政事、风俗粗知梗概，现已札饬交卸总领事任，分途赴墨察看，预筹开办事宜。其中墨约款仍由奴才与墨使商妥，咨呈总理衙门核准后，应由总理衙门具奏，请旨允行，以符历届办理成案。墨国有可去之路，即美境无续招之工，庶于自禁之约既可践言，而谋食之氓不虞觖望，此事之难缓者，又一也。

以上各条，虽治有标本之不同，但使行之有序，守之以恒，纵积年久病，而方药和平，针砭应节，不出数年，客感消而元气复矣！不独华民生计可纾，即中外邦交从此愈固矣！谨奏。

光绪二十年九月初二日奉朱批：该衙门知道。

旨寄宋庆节制北洋各军妥筹鸭绿江大东沟等处防务叶志超总统着即撤销电　二件

电宋庆：北洋派往各军，着归宋庆节制。

九月初三日

电宋庆：宋庆现帮办军务，叶志超总统着即撤销。鸭绿江一带及大东沟等处防军若干，目前如何布置防守，将来如何设法进剿，着妥筹具奏。刘盛休电，吕本元派人过江，侦探贼中如何情形，向何处侦探，即奏闻。

九月初三日

湘抚王之春奏遵旨选调湘军迅图进取电

谨遵旨选调湘军，拟再募勇营，迅图进取。

九月初三日

旨寄李鸿章着将关内外粮台安设何处电奏并令张佩纶回籍电　二件

电李鸿章：电奏悉。奉天粮台拟分设山海关等处，妥为转运。周馥等不日可抵九连城会商等语。关内外粮运紧要，周馥如何定议？安设何处？李鸿章迅即电奏。

九月初二日

旨：张佩纶获咎甚重，李鸿章何得再为剖辩？着饬令回籍，不准在督署居住。

九月初三日

旨着邵友濂速复包镑借款事并饬刘永福北上电　二件

电邵友濂：前准包镑借款，是否定议？速电复。

九月初三日

电邵友濂：据奏，刘永福请回粤募勇，现在防务紧急，刘永福仍遵前旨，带现有营勇北上。回粤募勇，可派员前往。

九月初四日

旨寄李鸿章着饬曹克忠迅招津勇扼扎山海关电

电李鸿章：在籍提督曹克忠带兵勇往，现在防务紧要，饬令迅招津勇数营，于山海关一带扼扎。程之伟所带大同马步二千人，已抵通州，应令驻扎何处，妥筹复奏。

九月初四日

直督李鸿章致总署伦敦电英国拟增兵赴香港电

伦敦电：英国公爵会同兵部尚书，拟增派陆兵前赴香港。

九月初四日

黑龙江将军增祺致总署俄员测量兴安岭听阻两难乞示遵电

前库伦咨：据俄领事照会，有海滨总督差员，拟由蒙古渔湖地方回省。该俄员行自呼伦贝尔，拦阻不回，比到省城，行逾一月。询我差员沿路何事，据称：每日以镜测量，于兴安岭及大河尤留连，到省在江干住宿，派人密察，见以测向仪测记云云。此等事包藏祸心，且该员仍拟往吉林、珲春等处，阻之不听，从之则我要害尽为所知，亦非疆圉之利。伏乞速示遵行。

九月初四日

旨寄宋庆江防益紧着悉心调度并查复平壤退回各军驻处电　二件

电宋庆：现据刘盛休探报，贼离义州六十里，江防益形吃紧。宋庆不日可到防所，须趁贼踪大队未到之时，一鼓作气，迎头痛击。铭军四千系生力军，马玉昆素隶宋庆部下，着宋庆悉心调度，何人可膺前敌，何人可充后劲，毋得徒恃株守，致落后着。并将现办情形，随时电闻。

九月初四日

旨〈电〉宋庆：闻统带盛军卫汝贵声名甚劣，屡被参劾，着宋庆严密确查，不得回护。平壤退回各军，现均分扎何处？现存兵勇实数若干？即查明电复。

九月初四日

旨寄谭钟麟饬派廖得胜等渡台并据奏甘肃可调马队缓不济急着毋庸议电　三件

电谭钟麟：邵友濂电奏，请调总兵廖得胜、副将佘敬廷赴台，着谭钟麟饬该二员迅即渡台。

九月初五日

电杨昌濬：据谭钟麟奏，甘肃可抽调马步队各四营，着杨昌濬迅饬各营，取道草地，限四十日内到京。

九月初六日

电谭钟麟：电奏悉。请拨甘肃马步各营来京，缓不济急，着无庸议。

九月初七日

旨寄李鸿章叶志超着赏假一月并令刘铭传来京陛见电　二件

电李鸿章：叶志超着赏假一个月，假期内遇有警报，仍着实力防剿。

九月初六日

电李鸿章：前台湾巡抚刘铭传驭军有法，卓著勋劳，六月间特旨起用。据电奏，因病未能赴台。现在军事日棘，统驭乏人，着李鸿章传谕刘铭传，即行来京陛见，仍将起程日期奏闻。

九月初六日

旨寄李鸿章着饬程之伟等分驻旅顺山海关并购发营垒图说电　二件

电李鸿章：据李秉衡奏，旅顺防务紧要，请饬程之伟前往分扎。即着传谕该总兵，迅带所部，绕赴旅顺、金州一带，与姜桂题扼要分扎。山海关地方尤关紧要，吴凤柱带队抵津，即饬往驻扎。

九月初六日

电李鸿章：据张之洞奏，各国陆战专恃地营，上海译有《营垒图说》等书，请分发各营等语。李鸿章即将此书购买，迅发各营。

九月初六日

旨寄裕禄着就地招募土勇不必拘定猎户电

电裕禄：依克唐阿请招募猎户，以辅兵力。现闻奉天一带土勇亦多可用，着裕禄就地募练，不必拘定猎户，即将遵办情形，先行复奏。

九月初六日

直督李鸿章致枢垣东海关报大同江有日船多艘满装陆兵电 附旨

东海关道电：昨，英船自大同江回，见有日轮二十六艘，装满陆兵，在彼候信，不知开往何处。

九月初六日奉旨电李鸿章：大同江既有日船多只，难保不即日扑犯。李鸿章迅饬沿海各口加紧严防，遇有日船近岸，迎头奋击，毋稍松劲。据刘盛休电，贼离义州三十里，忙牛哨、长甸口均能渡江，贼迹逼近，军情紧急。着严饬刘盛休督率所部，扼守沿江一带，勿任窜越。并电饬前敌各军，多发侦探，奋力抵御，不得令一军接仗，诸军束手。倘贼踪窜过江岸，惟该大臣是问！宋庆计尚在途，着探明飞催到防。

旨派王文锦曹克忠张梦元邓启元办理天津团练电

旨：派侍郎王文锦，会同在籍提督曹克忠、布政使张梦元、总兵邓启元办理天津团练事宜。

九月初七日

直督李鸿章致枢垣刘盛休电敌已到义州长甸无兵防守电 附旨二件

刘盛休辰正来电：贼已到义州。查上游忙牛哨离义州三十里，人马均能过江。长甸离九连城九十里，亦有渡船，均无兵防守云。

九月初七日奉旨电定安：据刘盛休电，贼离义州三十里，人马均能渡江。定安、裕禄严饬奉军各营，加意防范。忙牛哨、长甸口等处均无防守，尤为可虑。张锡銮添募之营，曾否已齐？依克唐阿计已驰抵九连城，着与各军会齐，酌派马队为游击之师，于江岸上下游严密梭巡，遇有贼踪半渡击之，方可得手。宋庆尚未到防，李鸿章饬令刘盛休各军合力防剿，毋得各存意见，致误戎机。

电裕禄：刘盛休电称，贼已抵义州，则江防吃紧。鸭绿江渡船，前有旨撤归西岸，今电云均有船可渡，是否遗漏未撤之船，抑系朝鲜彼岸之船？即查复，一面将各船撤尽。金山湾各处有险可守，着裕禄赶紧派兵扼扎，勿令偷越。鸭绿江一带口岸，有无可以安设水雷之处？着查明办理。贼踪已至义州，该将军竟无电奏，岂安坐省城，绝无侦探耶？着明白回奏。

九月初八日

旨寄邵友濂着询刘永福能否率偏师捣长崎电

电邵友濂：刘永福前在滇粤，颇着威声。近言事诸臣，多请饬其统率偏师，直捣长崎各岛。着邵友濂询问刘永福，能否确有见地？如能直捣日本，以奇兵制胜，亦是一策。着与该总兵详细筹度，电复。

九月初八日

直督李鸿章致枢垣成山头报复有日船八只游弋电

成山头电：日船八只，复由西北向东南驶，距成山四五里游弋。

九月初八日

定安裕禄奏遵饬营队赴长甸河防守并报日兵已入义州电

定安、裕禄初七、初八日接奉电旨，遵查，长甸河口一带，先饬倭恒额前往防守，现饬加意梭巡，遇有敌船来渡，即行迎击。其宽甸以上，原拟令张锡銮会同聂桂林分段防守，现该二员原带人数无多，募勇未到。依克唐阿亦未到。日氛逼近，上游紧要，现饬聂桂林抽调两营，同张道现到之兵，会合倭恒额，先顾宽甸各河口扼守。仍严催该道募兵到防，赶为分布。金山湾、唐木城二处，现派富林布督军分防。摩天岭在辽阳南，东边各军不能兼顾，拟在省练拨营队驻防。至沿江渡船，前已通饬各县撤过西岸，现饬倭、张两员详细查复。江岸情形，似与海口不同。奉军三省练军营内均无雷具，有无可以安设水雷之处，查明由各营就近禀商宋庆，酌量办理。初六、初七据报，日兵已入义州，当以奉军与三省练军均在大东沟电商筹调，以致电奏稽迟。

九月初八日

统领湘军陈湜奏率队抵津伏候谕旨电 附旨

陈湜约十月初方可带队到津。奉电旨：陈湜将抵天津，所带勇队尚需操练，着李鸿章谕该臬司，即在天津整齐队伍，听候调遣，毋庸来京。钦此。遵将已到之营择地驻扎。一切下情，应否详细具奏，伏候谕旨遵行。

九月初九日奉旨：电奏已悉。该臬司已带队抵津，准将详细情形据实具奏。

直督李鸿章致枢垣报日兵约万人到安州定州电

据探：日兵约有万人，已到安州一带。东路元山亦有兵，不知数目云。

九月初九日

直督李鸿章致总署龚使报日欲由大连湾登岸水陆夹攻电

龚使齐电：日欲由大连湾登岸，水陆夹攻，图扰各口。英外部前言，有因英议备印度兵，暂不调，已添调兵轮四只到华，防日扰，保商民。日有借洋债议，尚未定云。

九月九初日

直督李鸿章致枢垣海参崴电图们江对岸来有日兵俄亦添兵电 附旨

海参崴电：探得图们江对岸有日兵四千，俄界亦添兵五千，预备相机行事云。

九月初九日奉旨电李鸿章：据海参崴委员探报，图们江口各村〔对〕岸有日兵四千，俄界亦添兵五千，拟相机行事等语。所称相机行事，辞意含糊，着再密探，电复。

旨寄宋庆着严申禁令相机策应并查复叶卫两军败北情形电 二件

电宋庆：来电，初九可到边，即赴九连城，察看前敌各营，相机策应。该提督既膺帮办之任务，须不避嫌怨，严申军令。卫汝贵参款，着迅速复奏。鸭绿江地段绵长，一切防务妥慎办理。

九月初九日

寄宋庆：有人奏，叶志超退军，本无战功，捏称大胜，及统率诸军各将领，皆不受节制，此次败北，身先士卒而奔。卫汝贵驻军平壤，奸淫掳掠，无所不至。八月十七日，该军哗溃，盛宣怀之弟为该军营务处，出而弹压，竟被营勇杀毙。次日，日人来攻，卫汝贵先逃，器械军装全行抛失等语。着宋庆将以上各情查明复奏，毋得代为隐匿。

五〔九〕月十一日

旨着李鸿章查报调到兵数并饬各军慎重交涉电　二件

电李鸿章：近来调集各处兵勇甚多，即着电明，现在已到若干，先行电复。

九月初十日

旨寄李鸿章：严饬边界各军，遇有交涉事件，开诚联络电。

九月十一日

直督李鸿章致枢垣宋庆报驰抵九连城防地电

宋庆凤凰厅电：庆轻骑绕至队前，于今午到凤，队伍尚须三日方能到齐，稍为整顿，仍驰赴沙河、九连城察看情形，与各将领面商机宜，再行详达。

九月十一日

旨寄李鸿章洋员汉纳根打仗得力着赏给宝星并酌量重其职位电　二件

电李鸿章：洋员汉纳根，大东沟之战奋勇效力，着赏给二等第一宝星。

九月十二日

寄李鸿章：据文廷式奏，洋员汉纳根此次打仗出力，身受重伤，该洋员在北洋当差有年，若令统率师船，出洋攻剿，重其职位，必能报效等语。着李鸿章妥筹具奏。又有人奏：盛宣怀承办转运，采办兵米，浮冒数十万金。招商局兵米被焚，难保无侵蚀欺饰之事，并着确查具奏。

九月二十日

台抚邵友濂致枢垣据刘永福咨直捣长崎未敢曰能乞代奏电 附旨

据刘永福咨称：永福渡台，仅新募二营，未经训练，奉旨北上，恐难得力。前拟回粤招集旧部，求粤借饷八万两，洋枪三千杆。请代奏。奉旨饬酌带现有营勇先行北上，余令派员回粤添募数营，自应钦遵。接连内渡，惟艰难下情无可控告，只合冒陈。粤勇赴北，服食异宜，险夷异地，骤闻北上，一军皆惊。在南尚可竭力，赴北适形其短，其难一。现带两营，闽督奏定，闽给饷四个月后归台给。兹将去台，台窘且隔海，势难供饷，以后无从取资，何敢开招？现在两营扉屦之资，已属无门呼吁，何论多营？其难二。永福起自草莽，孤根无援。粤军气味迥异湘淮，避祸不遑，功于何有？其难三。惟念受恩深重，遥闻此警，恨不奋飞，勉强成行，顶踵何足惜？只恐于事无济。如不以永福为不才，惟有吁恳天恩，准令回粤迅集旧部，饬下粤省，速筹饷械，俾得开招，并指定以后饷械何省接济。成军之后，由粤而沪而北，沿路舟车，乞饬南、北洋大臣准永福得以呼吁，始可成行。正拟电间，伏读本月初九电旨，垂询御日之策，能否确有见地？回粤多招旧部，能否直赴日本，以奇兵制胜等因，闻命益切悚惶！伏惟兵事胜负互见，御敌之策不可以一挫而馁。今日北路军情，惟坚守要害，备足饷械，始可议进取。至直捣长崎，非有多只兵轮断难得手，亟谋上策，未敢曰能。现在台北候旨。不胜屏营之至！乞代奏等因。请钧处裁夺，代奏。

九月十二日奉旨：邵友濂电奏，刘永福沥陈带勇北上一切为难情形，尚非饰词。刘永福即着毋庸北上，仍留台湾帮办军务。

旨寄廖寿丰着督饬各营严防定海洋面日船游弋电

据奏，称定海洋面时有日人兵船游弋，着督饬各营严密防守。

九月十二日

旨寄李鸿章日船图登岸滋扰事机万紧着饬海陆各军严密堵剿电

旨：日船运兵驶赴北洋海防，意图登岸滋扰，事机万紧，亟应加意严防。丁汝昌所带兵舰现在何处，着李鸿章严饬，令速赴山海关一带，遇贼截击。若能毁其数船，亦足以逭前愆。至山海关陆路，尤应速添重兵扼守，并着遴派大员，驰赴山海关等处，驻扎巡阅，相机堵剿。畿疆门户，关系尤要。着李鸿章调派宣化练军、正定马队，并分电河南、山西添调嵩武各军，及大同练军，一并驰赴通州驻扎。并已谕令神机营，派马步队赴通驻防，以卫京畿。前任提督曹克忠籍隶天津，着饬速募津勇数营，在天津后路驻扎，以资策应。初十日夜，经过旅顺之日船，现在驶往何处？着随时侦探电闻。李鸿章所称南米接济军食，未便概禁出洋，已电刘坤一照办。本日，张之洞等请派吴凤柱带兵五百赴津填扎，已照所请矣！

九月十二日

总兵田在田致枢垣在济宁募成六营并李鸿章报该镇北上日期电　二件附旨

在田现在济宁已募成六营，一俟南京饷械到，即电奏起程。

九月十二日

田镇在田于昨二十二日，率队由济南北上。李鸿章。

九月二十三日奉旨：传谕田在田，即行来京。所有通州驻扎六营，月饷二万，在户部支领。

直督李鸿章致总署龚照瑗电怡和行有兵轮七只可购乞请旨电　附旨二件

顷，龚使电，据怡和行东克锡云，智利有兵轮七只，现决意出卖，阿厂新造大快轮在内。如能办到，日患早除，必省兵费。各国现有我赔日兵费了事之议，实不忍听。顷，克锡属代寄暗码，伊已电该行，带书至钧署面译等语。鸿按来单，并查各国刊行海军全表，七船皆坚大而炮位整齐。如全买，可自成一队。否则，买其最佳者四船，亦足张吾军势。惟购价及包送费必甚巨。可否电饬龚使，密速妥议，再以四五厘轻息借洋债偿之。乞代奏请旨。

九月十二日奉旨电李鸿章：据龚照瑗电，现有快船七艘可购，炮位、子药、鱼雷一切俱全，可自成一队等语。添船制胜，自系目前急务，惟价值多寡，亦应询明，必须克日驶到，方足济事。着李鸿章电询龚照瑗，果否坚利适用？价值若干？何时可到？着即电复候旨。

旨：李鸿章电，均悉。定购三快船，拨款尚不敷用，着李鸿章电询龚照瑗，核明实需用款若干，再由户部添拨。俄有动兵逐日之意，此非我所能阻，然亦不可联彼为援，致他日藉词要索。总须由我兵攻剿得胜，则俄虽派兵续出，亦落我后着。着李鸿章饬催水陆各将，奋迅图功，慎勿虚恃强援，转疏本计。

台藩唐景崧致枢垣乞恩销去帮办台防带营北上电 附旨二件

景崧奉命帮办台防，而抚臣邵友濂以杨岐珍统基沪各军、刘永福赴台南、现调总兵廖得胜等一切军事，不令与闻。伏恳天恩，销去帮办台防差使，情愿带营北上效命何恨。乞代奏。

九月十二日奉旨电邵友濂：据唐景崧电称，以杨岐珍统基沪各军、刘永福赴台南、现调总兵廖得胜，抚臣于此等要务，事前皆不使知等语。前有旨派唐景崧帮办台湾军务，凡邵友濂所有布置，自应与该司和衷商办，岂有不使与闻之理？唐景崧此电，语多不平，所指各节，该抚曾否告知？着邵友濂据实具奏。

电谭钟麟：据唐景崧奏，邵友濂诸事把持，语多激切，显与该抚意见不合，恐致误事。着谭钟麟将该藩司所陈各节，据实电复。台湾孤悬海外，久为外人垂涎。究竟邵、唐二人，孰为得力？秉公察度具奏。

九月十三日

旨寄吴大澂着订购奥国快枪款由湖北划汇电

电吴大澂：据电奏，铁字各营北来。代订奥国快枪三千杆，每杆带弹一千，价银请由湖北息借商款划汇等语，即电张之洞照办。

九月十三日

旨寄宋庆着会商依克唐阿添拨兵勇扼扎蒲石河电

电宋庆：据电奏，九连城上游蒲石河等处，皆通兴京之腹，请饬依克唐阿移防该处等语。前因九连城地方扼要，特命依克唐阿驻守，未便移驻他处。现据电称，蒲石河防务紧要，宋庆着即会商依克唐阿，添拨兵勇扼扎，毋稍疏懈。

九月十三日

旨寄宋庆依克唐阿据周馥报日大队有扎筏西渡意着防范电

电宋庆、依克唐阿：据周馥电，近探，日人大队均在长甸河、小蒲石等处，似有扎筏西渡之意等语。着宋庆、依克唐阿通饬各军将士，加意防范，遇有日兵，迎头截击。

九月十四日

旨着李秉衡催令总兵王莲三率部北上电

电李秉衡：前据电奏，王连三统率所部，先行北上。该总兵何日起程，即催令前进，毋许迟滞。本日田在田奏，募勇六营，饷尚不敷。该总兵行粮一切，由李秉衡筹拨，到津后所需粮饷，李鸿章拨给。

九月十四日

旨寄各省督抚着加意保护教堂电

旨：现值日人滋事，深虑地方匪徒肆闹，各直省教堂，着加意保护。

九月十四日

台抚邵友濂奏请简大员迅接抚篆以一事权电　附旨二件

军情瞬息千变，必须事权归一，方可一力主持。历来全省事务悉听命于督抚。凡遇军务，无论督办、帮办，而尊非督抚，则呼应不灵，故办理军务，非授以督抚实缺不可。请旨另简知兵大员，迅接抚篆，以一事权。臣仍请留台效力。

九月十五日奉旨：邵友濂调署湖南巡抚，福建台湾巡抚着唐景崧署理。

电唐景崧：本日已明降谕旨，邵友濂调署湖南巡抚，唐景崧署理福建台湾巡抚。台湾防务极关紧要，唐景崧既经署理巡抚，责任甚重，一切防守事宜，即责成该署抚妥为筹备，并与杨岐珍、刘永福会商布置，不得意气用事，自以为是。倘与僚属动辄龃龉，以致贻误事机，该大臣当任其咎！

九月十五日

闽督谭钟麟致枢垣请旨饬邵友濂唐景崧不可各存意见电

尊电谨悉。邵友濂本不知兵，师心自用。唐景崧帮办军务，布置略有头绪，迹近张皇。且帮办仍是藩司，自宜委婉就商，以济公事，乃以意见之私，辄行讦奏，亦属不顾大体。日人不得逞志于东北，必扰台湾以泄其愤，事机甚迫。此时求一实心实力者接替，颇难其人，且来不及。请严旨申饬该抚、藩，以防务为主，不可各存意见，麟亦当致书婉劝，毋误戎机。

九月十五日

总署致李鸿章希令前敌各将领多设马探防日分兵包抄电

据德武员论，日饷内绌，人不习寒，惟觊悉锐速战。中国宜先守后攻，以待久困，尤应多设马探，防日分兵包抄。

九月十五日

旨着宋庆令聂士成统带叶志超卫汝贵所部各军电

电宋庆：叶志超驻军平壤，漫无布置，以致临敌溃退。卫汝贵所统盛军全行溃退，枪械尽失，且劣迹甚多，屡被参劾。卫汝贵着先撤去统领，听候查办。聂士成向来带兵尚属勇往，叶志超、卫汝贵所部各军，即着宋庆传旨，派令聂士成统带。

九月十五日

旨寄李鸿章吴大澂李秉衡着于各海岸多伏地雷电

电李鸿章、吴大澂、李秉衡：现闻日人密谋，欲于各海岸平时无人之处，为攻瑕之计。所谋者，山海关外荒岸，关内小河口地方，又芦台近岸盐滩，与山东利津海岸，欲乘大雾大雨，日暗兵偷上，不可不预为防备。着李鸿章、吴大澂、李秉衡于各该处分驻兵勇，多伏地雷，略树旗帜，使敌知我有备。

九月十五日

直督李鸿章致枢垣宋庆报布置沙河九连城防务电

宋提督咸电：十二日，轻骑到沿江查看。十三日，到沙河。十四日，到九连城。此处无城，面江之渡口与义州对岸，铭军八营沿岸已筑土墙，令其专防，量可放心。沙河即安东县江之西岸，有爱河一道，水浅可涉，卫镇盛军分扎各山头，已令归并沙河，仿做土墙，专守一隅。马玉昆军，除伤亡、疾病外，可用者约二千人，枪械亦敷用，拟令归并，与宋得胜二千四百人合力。以吕本元马队五营并作游兵，择适中之地勤加侦探，策应各路，以免疏虞。至上游长甸河、蒲石河，倭、永两总统及聂桂林所拨两营，将次到彼。依将军今日可到边门，俟晤商，如有步队可再拨续进，以厚兵力。总之，沿江地段绵长，节节可虑，庆惟有督率各兵，以战为守云。

九月十六日①

直督李鸿章致枢垣宋庆报日兵到安州业已布防请饬依将军移驻蒲石长甸等处电　附旨

宋提督电：法将谓，须防包抄，所见甚是！顷，据各路电报，大鸟已到安州，大队约二万人。义州城所据三四千人，分搜村庄亦约数千。又据吕本元报称，见有日骑二三百匹，亦由义州东岸北窜，马皆壮大。日人无此大马，其为西人无疑。大队渐次北来，不久必有战事。只此兵力，均已分布，惟莆石、长甸上游各口，只有倭恒额及聂桂林两营，而该营为奉天防军，未经大敌，殊不可恃。昨虽转请裕帅饬富林布一军前来协助，与倭恒额皆系东省练兵，每军四起，不足千人，且马队防江，必不得力，又无大炮，何以为守？逼近陵寝，尤为重要。依将军今日面见，但云奉旨防九连城，其分位较崇，庆亦未便商请移防。而沙河一带盛军所防，前者各军离心，庆驻此两日，以鼓其气，兵心稍稳，战守似有把握。如帮办、将军同驻于此，兵勇参半，恐又蹈平壤之辙。其不能展布情形，伏乞代奏。请饬依将军专顾北面长甸河口一带。否则，惟有庆率游兵北顾，以中南各段请依策应，方免疏虞。至奉旨着宋庆与依添拨兵勇前往，同力防剿，如仅挑队，无主将，亦难得力。庆不敢避重就轻，惟偏于一隅，未遑兼顾。而九连城、沙河一带，庆一移动，不但军心再摇，亦虑百姓惶惑。用特密陈，望乞酌裁云云。顷奉电旨，饬依将军移防上游长甸各处，已转电饬遵，并催伊速发，请电闻。

① 原刊目录标为“十五日”。

九月十七日奉旨电依克唐阿、宋庆：据宋庆电称，各路探报，日兵已到安州，约二万人，义州城乡各有数千人，并有日骑二三百匹，由义州东岸北码头上岸。九连城沙河一带，已经宋庆布置防守，惟蒲石、长甸各口兵力太单，昨谕依克唐阿移军驻扎，着即迅往，督同倭恒额等严密巡防。聂士成接统叶、卫两军，实存兵数若干，着宋庆确查电复。

提督宋庆致枢垣长甸宽河尚觉空虚依将军移防北路为宜电 附旨

庆昨遣人确探，义州日人无蠢动信，虽有数十人，散在四方，而长甸河亦无大股。庆新旧各队，整饬合并，益以吕本元马队作为游击之师，铭军八营专防九连城。该寇若由九连城、沙河而来，断不能任其飞越。下游大东沟一带，富、聂两军设防，游兵策应尚易。其上游长甸、蒲石两口略远，山径崎岖，止倭恒额与聂桂林所分两营在彼。今日依将军到，据云，奉旨饬扎九连城。庆初次见面筹商，恐难见听用。今九连城、沙河兵集如云，而马队向不扎营，散处村庄，似太拥挤。一遇贼至，政令不一，亦颇棘手。似依将军移防北路为宜，纵兵力不逮，庆必亲督策应，义不容辞。恳求电奏饬遵，是所至祷！

九月十七日奉旨电依克唐阿、宋庆：宋庆现已抵九连城，诸军云集，惟长甸、宽河一带尚觉空虚，聂桂林两军兵力过单，依克唐阿于长甸、蒲河一带，酌度地势移军，倭恒额、聂桂林均归节制。依克唐阿、宋庆仍会商布置。①

附注：

清制，东三省长官，专用旗人。中日战事初起，以定安为东三省练兵大臣。盛京将军初为裕禄，嗣为依克唐阿及增祺。吉林将军初为长顺，嗣恩泽及延茂。黑龙江将军初为依克唐阿，嗣为增祺及恩泽。因战事关系，署理为多。迨二十六年，拳匪变后，参用汉人矣！

清季外交史料卷九十七卷终

① 原刊目录标为“十六日”。

清季外交史料卷九十八

光绪二十年九月下

旨寄裕禄等金州复州等处着各派兵严密布置电

旨电裕禄：旅顺后路空虚，金州、复州等处宜分兵扼扎，着李鸿章、裕禄各派防军严密布置。

九月十七日

旨寄李鸿章战舰受伤谅已修好何时出巡着迅复电

旨电李鸿章：海军受伤轮船二只，前谕加工修理，现在谅已修好，各船何时出巡洋面，守护炮台？迅即复奏。

九月十七日

直督李鸿章奏大连湾为旅顺后路宜互为犄角电

奉旨防旅顺后路，前已调姜桂题、程允和七营填扎宋庆原防，嗣以旅顺附近各岛有可登岸包抄之处，又奏调程之伟晋军马步二营前往协防，现尚未到。又迭接龚使电称，英、法水师电，日欲由大连湾登岸抄旅顺。而大连湾仅有赵怀业六营填扎刘盛休原防，殊嫌单薄，因饬正定镇总兵徐邦道添募三营，及原带马队炮队合为一营，乘轮船东渡，会同赵怀业妥为布置。盖大连湾尤为旅顺紧要后路，互为犄角，湾防不守，则旅防可危，不得不并力于此，实无余力分扼他处也。

九月十七日

旨寄李鸿章有人奏请修复山海关过关铁路各节着复奏电

电李鸿章：有人奏，铁路开至关东，已将关门东边平为坦途，请将过关铁路拆卸各节修复。着体察复奏。

九月十八日

直督李鸿章致总署李家鏊密探俄情所言似非影响电　附旨

李家鏊海参崴电：前奉饬密探，初二电奉就机行事，似防日人越江界而言。窥俄举动及当道辞意，民间议论，似无与我为难之意。但俄人诡秘，难得实据。惟彼深知我政府疑俄日甚，恐反激变。窃窥近情，宜密饬边界各防暂释疑忌，阳与联络，暗为之防，或暂与密约。既可察其肺肝，又得释其疑窦，似有裨益。缘俄蓄谋韩地海口，似在悉毕利俄路告成之后，现在彼邦东力未足，西顾不暇，不致妄动。所惧者，日人过于猖獗，使人难耐云。该员熟悉俄语，俄官多旧交，所言似非影响。

九月十九日奉旨电李鸿章：李家鏊密探各节已悉。中、俄素敦睦谊，中国并无疑俄之心。李家鏊电中，何以有政府疑俄日甚，反致激变之语？李鸿章电知吉林、黑龙江将军，严饬边界各军，遇有交涉事件，开诚联络。

直督李鸿章奏遵谕撤去叶志超卫汝贵统领令聂士成吕本元接统电

上谕查办叶志超被参各节，并由鸿章转奉电旨：叶志超、卫汝贵均着先行撤去统领，听候查办。聂士成向来带兵尚属勇往，叶志超、卫汝贵所部各军，即着宋庆传旨，派令聂士成统带，以专责成。钦此。当即钦遵传旨，撤去该二员差使，听候查办。遵查，聂士成带兵勇往，办事认真，惟该镇先奉李鸿章派招淮勇十营，将次到来。现在接统叶志超一军，诸须整顿，已极费力。若令再统卫汝贵步队二营，该营疮痍未复，整顿非易，现交盛军统带总兵吕本元、孙显寅分统，饬令汰弱留强，方于军事有济。

九月二十日

旨寄李鸿章鸭绿江防兵单弱着饬宋庆派队赴长甸蒲石等处严防电

电李鸿章：昨因鸭绿江防兵单弱，特饬蒋尚钧带豫军赴长甸各口协防，归依克唐阿节制。本日又据宋庆电奏，请以蒋尚钧、刘世俊两军，均归该提督调遣。惟上游兵少，亦须兼顾。蒋尚钧、刘世俊到防后，着宋庆分拨得力兵队，前赴长甸、蒲石等处，会同严防。

九月二十日

直督李鸿章致枢垣宋庆电日兵来义州万数千人火炮地雷粮米甚多欲扑犯虎耳山已严密防范电

宋提督电：顷，接报，自九月初至二十日，日人马步陆续北来，日聚日多，义州城乡，约万五六千人，火炮、地雷、粮米等物，运来无数。大鸟圭介现到龙川，日兵分布四山，该酋所带约二三千人。又探，日寇欲在义州水门外修桥，扑犯虎耳山。查义州西门临鸭绿江，中为中江，水最深。西岸为爱河，河西即虎耳山，离九连城十五里。庆惟督率各军，勤慎严密布置雷具，昼夜防范云。

九月二十二日

直督李鸿章致总署报严饬各电局慎密底稿码号电

查电局通例，收报皆照纸条点画，抄出码号，再行转报。所存码号底稿，无论明密码，皆不译字，向归局员管理。总署、北洋往返电报，皆属密码，外间无此字本，无从译抄，与招商局无干，更无钞送该局之事。津电官局，系佘道昌宇驻局总办，商局系盛道宣怀总办，另有驻局委员·知县朱宝奎专管，现又严饬各局，将底稿码号格外慎密。

九月二十三日

提督宋庆致枢垣虎耳山界江河之间日有造桥扑犯意现与马玉昆各部分布爱河两岸严防扑渡电　三件

昨探闻日有造桥扑犯之意，今早轻骑赴虎耳山四面查看形势，山在西门偏北四五里，爱河由此发汉，宽及二里，水深过于马腹，江环山东，河绕山西。登巅测以远镜，对岸有船三只，堆积木板，似有造桥之势。惟西山隔一土山，未能尽见。查鸭绿江紧靠义州，而西岸皆浮沙，不能筑墙，旱雷亦无所施。倘敌人果由此扑渡，惟有迎头痛击，以剿为防。已令聂士成、马金叙步队四营移扎九连城以北，接连铭军，令宋得胜移驻聂军之后，专为应援。庆督同马玉昆，前后策应。其上游一带，商请定安、裕禄，将富林布步马七起调赴长甸，已据报，由唐三城拔队，计将到防。设有大股由彼扑渡，庆即亲督马步援应，以顾全局。

九月二十三日

查虎耳山在九连城东北十五里，纡折稍远。东离义州五六里，中隔鸭绿江，东为义州，西即虎耳山。爱河两股皆环山之西面，每股宽七十余丈，水深没马腹，河底皆圆石，人马不易涉。是山独立一峰，在江河之间，山巅圆，可筑土炮台。山下皆浮沙，不能扎营，而且背水。若由西路接应，须涉二水。边地早寒，涉水百四五十丈，人先冻倒，犯兵家忌。惟有就爱河两岸屯扎游兵，以备截击。现派聂士成、马金叙之步队四营，专防爱河。令宋得胜游兵四营，以继其后。敌果由此抄我后路，刘盛休尚可拨出五成，会合痛剿。如其扑犯九连城，则刘盛休坚垒固守，聂、宋两军为之应援，庆督同马玉昆所部，居中策应。其安平河口但见零星贼踪，尚无大股扑犯之信，自当轮派侦探，分队应援，不致疏忽。祈代奏。

九月二十三日

虎耳山界江河之间，势高抗占形胜。昨派各军凭爱河为守，固可迎头痛击。惟虑敌兵扑渡，一面别渡抢山，占我形势。必须先据此山，凭高临下，便可夺贼气而利守御。传集各将领，谓能膺此险要者受上赏，马金叙愿选奋勇五、六百人，登山为守。聂士成愿率精锐驻扎山边，宋得胜继其后，为游兵策应。并悬重赏，募土人设法搭造浮桥，以便接应之兵往来。又令刘盛休于江西岸挑挖地沟，密布旱雷，以防水西门日人造桥分犯之路。庆居中调度，何路吃紧，即率同马玉昆之军，为之应援。布置既密，军心遂奋。上游一带仍随时咨商依克唐阿，加意严防，互为策应。

九月二十四日

直督李鸿章致枢垣袁世凯电凤凰厅军粮赶办就绪又该处已开仗电线忽断电　二件

袁世凯电：前敌军粮均已运交，可敷用。凤凰厅军粮，已由转运局员赶办就绪。惟凤至辽阳，山水层叠，各村店为过兵所搅，多闭歇。现运车络绎，殊未便与周臬司商派员分踮照料，并协修桥路。凯赴各站查看路店，督饬各员赶设店栈，以利速运。周臬司昨抵辽阳，前后事现可通筹商办云。

九月二十三日

凤凰厅局报：昨晚前敌闻已开仗。今午，凤城至九连城电线忽断，不知何故，已派人赶修。

九月二十七日

旨寄李鸿章据刘盛休电日人在义州搭桥倭恒额系守上游今云探至下游不甚明白着饬复电

电李鸿章：据刘盛休电称，日人在义州西水门外修搭浮桥，又安平河口见贼，距我军仅四十里等语。着宋庆督饬各军，严加扼守。其北路安平河口，系倭恒额防守之境，着该副都统统率所部堵御，并着宋庆督饬游击之师策应。来电修搭浮桥五十丈，过江即是虎耳山等语，不甚明白。倭恒额系守上游，何以此电云探至下游？着饬刘盛休电复。

九月二十三日

旨寄长顺着挑选吉林兵赴奉归依克唐阿节制并速往东省助剿电　二件

电长顺：现日人麇聚义州，昨来鸭绿江上游窥探。依克唐阿兵力尚单，着长顺于吉林兵内挑选三四千人，派弁绕赴奉省，归依克唐阿节制。

九月二十三日

寄长顺：奉省危急，着长顺带兵星夜赶赴奉省助剿，吉林将军着恩泽署理。

九月三十日

旨寄李鸿章着传谕汉纳根同德璀琳北上电　二件

电李鸿章：洋员汉纳根果敢性成，训练有方，总理衙门现有面询事件，着李鸿章传谕该员，即行来京。

九月二十三日

旨：着洋员汉纳根即行来京，有面询事件。即传谕该员，同税司德璀琳北上。

九月二十七日

旨着谭钟麟查明浙台两抚能否胜任电

寄谭钟麟：有人奏，浙、台两省防务紧要，抚臣均难胜任。两省为东南全局所关，朝廷实深廑系，着谭钟麟查明具奏。

九月二十三日

直督李鸿章致总署伦敦电日兵已由广岛起身电

伦敦电：日本兵勇已由广岛起身，未闻前往何处，系派提督大山岩统领。又日本政院已准借款一百兆云。

九月二十四日

直督李鸿章奏北洋备日饷需及定购快船各款不敷甚巨请添拨备用折

直隶总督李鸿章奏，为通筹北洋备日饷需及定购快船各款，不敷甚巨，吁请添拨备用事。

窃查，东日肇衅，战守兼筹，北洋备日经费，于本年六月间，经海军衙门及户部各奏拨银一百五十万两，续由臣奏准借拨广东海防捐输银六十万两，又长芦盐运司筹拨正课及复价银二十万两，各商借垫帑利银四十万两，共银四百二十万两。旋于七月间，奉旨添购快船，由海军衙门及户部各奏拨银一百万两，均经臣饬由海防支应局分别收领咨报各在案。

兹据该局司道详称：备日经费一款，部拨银一百五十万两，已如数收齐。海军巨款，本银一百五十万两，现收过银一百八万二千九百两，截至年底，约可收银四十余万两。广东海防捐输银，已解到四十万两，下余二十万两，业经电催，即可汇到。长芦盐运司所拨正课及复价银二十万两，亦已解局。其各商借垫银四十万两，约计年内当可解收。以上共计收过银三百十八万余两，未收银一百余万两。支款则自本年六月间起，至九月中旬止，共支过新募各军正杂饷需、长途转运经费、并租用轮船、购备料物等项银一百十九万余两。又先后订购西洋各项快炮五十六尊，各项快枪二万八千三百二十余支，大小各项枪炮子弹一千五百二十余万颗，以及炮架、雷网等项，事在急需，包商密运，水脚、保险均照寻常加倍，约合银二百二十三万余两。现已先付过定银一百四十八万余两，而货尚未到。年内外各项枪炮到齐，尚需找付银七十四万余两。又续购海军各船需用大小开花炮弹三万余颗，价脚等项估需银十余万两。新购洋商爱仁轮船，以供运解，价银十四万两，除付尚应找给银九万两。威海各处筹办堵口工料，并添设水雷营、建设房屋等工，约银七八万两。又自本年九月分起，截至明年正月底开河时止，新募各军六十余营，月需饷杂等项银二十万两，预筹五个月饷银约一百余万两。前敌诸军转运各费，约五十万两。备购各项料械、赏恤、杂支，约二十万两以上。已支及待支各款，合共银五百四十余万两。除将奉拨已收、未收各银四百五十万两尽数抵支外，仍短银一百二十余万两。此外如再添购大批军火，加募勇营，尚须另行筹拨。此备日经费一款，收支不敷，急待添拨之情形也。定购快船一款，业经遵旨筹垫英金三十万镑，合银一百九十四万余两，汇付伦敦，交驻英使臣龚照瑗备拨。此项船价，原由部拨各省银一百万两，现已收过银六十三万九千余两，下短银三十六万余两，年内冀可收齐。另拨海军巨款之一百万两，年内所收计银八万两有奇。查原存海军巨款，本银二百六十万两分存生息，自奉拨后陆续提还，计汇丰银行存银一百七万二千九百两，已全数收齐。德华银行存银四十四万两，年内到期，应补缴银十一万二千五百两。怡和洋行存银五十五万九千五百两，年内到期，应补缴银二十万两。其余均须于明后年期满方能催收。至开平矿局领存五十二万七千五百两，迭经饬提，据称，前领存款，均为该局添购运船、接开新矿之用。刻下战事一开，海道难通，煤销顿滞，海军各营局需煤正急，加工赶采，年内尚可运交块煤四万余吨，约抵还银二十万两。余容设法陆续措缴，势难强逼。以上各存款，共计年内应收银一百五十八万五千四百余两，除拨一百五十万两归入备日经费支用外，其船价仅存银八万五千四百两，连部拨一百万两并计，核与原拨二百万之数，尚短银九十余万两。所汇外洋船价，均在备日各款内挪垫凑付。而库空如洗，实已顾此失彼。此购船经费一款，收支不敷，急待请拨之情形也。现当封河伊迩，陆运尤艰，费用尤巨，若不亟为预筹，迅请拨款接济，深恐贻误军需等情，由该司道等详请具奏前来。

臣查，北洋常年额支各款，皆仰给他省，随到随用，毫无积蓄。一旦有事，征兵购械，无非临时猝办，事难费增，数倍于平日。海军衙门及户部原拨各款，经臣督同司道等通盘筹画，自本年九月起，至明年正月底止，收支相抵，委实不敷甚巨。所有定购快船一款下短银九十余万两。既因原拨海军巨款，约定期限未能骤提，暂在备日饷款内挪垫，不得不另请拨补，免误饷需。查光绪十年六月，因法人肇衅，筹购大批军火，曾经臣奏准借拨出使经费银四十余万两，现在出使经费积存尚多，而筹购快船尤关紧要，银已照数垫汇，可否仰恳天恩，俯准仍在出使经费内，借拨银九十万两，饬江海关道，于封河前，汇津应用，以补海署原拨之数。即以奉拨之海军巨款本银抵还，俟各存款到期，陆续提缴，俾得移缓就急，藉济要需。至备日经费通盘预计，所短银一百二十万两，待用万紧，拟请旨饬下户部，迅行照数添拨，由臣赶即派员分批赴领，撙节动支，俾免庚癸之呼，以收饱腾之效。大局幸甚！谨奏。

光绪二十年九月廿五日奉朱批：该衙门速议具奏。

提督宋庆致枢垣据倭恒额称日于东洋河踹渡堵遏不及请饬依克唐阿由北路会剿电 附旨三件

二十六酉刻，据倭恒额专差报称：二十五日晚，有日寇二三百人，由安平河口潜渡，当即击退。又有日寇多人，由鼓楼子踹过。该副都统督队迎击，至河边，该逆凭江岸施放枪炮。正战间，又据驻蒲石口之双统领飞报，自东洋河至蒲石河小口四五处，日人纷纷踹渡，遏堵不及，已过三千人。倭恒额现退至红石磊子，收合队伍，急求救援。依克唐阿在其上游，路亦断绝等语。并据探马报称，约共千余人，探其意，似见虎耳山我兵已据形势，冀由上游分股牵制官军，并图扰后。查红石磊子距九连城三十余里，庆先派吕本元往援，与倭恒额会同剿办。而日之大股，仍据义州一带，意在扑渡虎耳山。九连城益形吃紧，诚如圣谕，声东击西。此间防兵一动，深虞乘机来扑，势难抽拨防兵。惟有一面先派马队前往救援，一面整顿步队，以待迎击。随时侦探具报。请饬依克唐阿由北路会剿，以收夹击之效。请代奏。

九月二十七日奉旨电宋庆：东洋河至蒲石河小口四五处，日人纷纷踹渡，倭恒额退至红石磊子等语。依克唐阿迅饬所部剿洗。宋庆一面严扼江防，一面派队会剿。

电李鸿章、吴大澂：据宋庆电，日人自东洋河至蒲石口等处，纷纷渡江，又于义州抢渡虎耳山，我军接仗，未能击退。后无援军，势甚危急，恐其乘虚内犯。山海关一带防守尤关紧要，吴大澂速将该处布置情形，及应如何添兵募勇扼防之处，妥议以闻。

九月二十九日

旨寄裕禄：日由东洋河踹渡，倭恒额堵遏不及，惧怯无能，着先行革职。

九月三十日

提督宋庆致枢垣报虎耳山战败自请严议电 附旨三件

昨，日兵由东洋河等逾过，正在分兵接应，乃夜间大雾，虎耳山布置尚未就绪，该逆造桥三道抢渡，各军坚垒固守，庆督领宋得胜、马玉昆迎头痛剿，刘盛休亦分兵接应，击退数次。乃续有后股，尽命上扑，我军枪炮不及敌人之利，兵勇伤亡甚多，抵敌不退。庆只有新练生力四营，及马玉昆疮痍之兵二千人，新军未能即到，虽竭力抵御，而后无接应，莫可如何！惟有尽此心力，以报两朝知遇之隆。年老才庸，贻误大局，自应检举，请交部严议。乞代奏。

九月二十七日奉旨电宋庆：本日据电，日贼渡江，抵御不退，伤亡甚多，亟盼接应不至，惟有竭尽心力等语，览奏焦急万分！日贼扩兵更战，我军强弱不敌，以致败退。该提督当以全局为念，择地驻扎，相机痛剿，毋得株守一隅，不思变计。顷，已催蒋尚钧、刘世俊八营三哨，飞速前进，以助兵力。

电定安、裕禄：据宋庆电奏，二十五日，日贼千余渡江等语。兴京重地，相距甚近，定安、裕禄迅派兵队，前往驻守。

九月二十七日

电李鸿章：据宋庆电，日人渡江猛扑，力御不退，伤亡甚多，亟盼接应，情形万分紧急！前已饬蒋尚钧、刘世俊所部八营三哨，由营口驰赴东省，归宋庆调遣，谅已在途，着迅催前赴九连城一带防守。

九月二十九日

定安裕禄致枢垣遵旨派生力军驻扎兴京等处电

钦奉二十七日电旨，遵查。前因日氛逼近奉边，宽、通、怀三县设防，碱厂门为兴京门户，原商拟抽拨三省生力军二营往扎。二十六夜，接探电，日由安平、东洋两河口渡江，与官兵接仗，地在宽甸境内，与兴京地界相近，防务更紧。现已派往奉军马队一营，并将派驻怀仁路过兴京之奉军前队二营，即先留于该处，择要扼守。至怀仁防营，再与依克唐阿商拨。奉天道路四通八达，所派之兵只能扎守一隅。统筹全局，似宜于兴京、凤凰城及辽阳、海城连界之处，各扎重兵一枝，以为游击策应之师，方能前后贯注。惟兵力太单，闻尚有续调出关之军，可否请旨分派扎营各该处，俾臻周密？

九月二十八日

旨寄杨儒着派员赴巴西查验带甲艟艨并迅复电

电杨儒：据张之洞电奏，巴西有带甲快艟艨二只，共价美银一百八十五万六千元等语。着杨儒派员前往查验船身长短、炮械多寡、道里迟速是否相符，其船是否可用，定购后何时可到华？迅即复奏。

九月二十八日

直督李鸿章致枢垣徐邦道电日兵在皮子窝上岸请饬裕定两军迎剿并韩王次子赴日报聘电 二件

接大连湾守将赵怀业、徐邦道电称，探得现有日兵二千余人在皮子窝上岸云。查皮子窝在金州以北，复州以东，濒临黄海，西南可扰大连湾后路，已饬湾、旅各营，饬属严探云云。请电饬裕、定两将军，派兵迎头堵剿。

九月二十八日

探闻：日人欲往旅顺一带登陆。韩王次子已赴日报聘，在日目为最重要之事，以为继袭韩位云。查日兵现分由皮子沟之皮口登岸，北可抄连、旅后路，似与义州过江一股为犄角之势。

九月二十九日

直督李鸿章致枢垣刘盛休电倭恒额在蒲石河口与日战败及宋聂各军抵敌不住豫军道远难到电

刘盛休咸电：昨夜电报，蒲石河口日人过江，与倭恒额接仗。今晨探报，倭恒额败退，不知何往。蒲石、安平两河过江之贼，大股一万余。今晨我军宋、聂两军接仗，死伤甚多，实难抵敌。虎耳山前派马金叙带八哨人驻扎。该贼在薛礼庙前搭桥过江，又有两万数千，三股齐来，计有四万之多。马总兵迎头痛剿，休即派三营前往接应。自辰至午，抵敌不住，退至九连城，已成孤军，只可坚守二三日，万难支持云。查豫军刘世俊五营三哨，今早乘轮赴营口登陆。蒋尚钧二千人，今日由临榆起旱前进，道远急切难到，此外无可调拨之队，甚焦灼云。

九月二十八日

直督李鸿章致枢垣宋庆报日兵已过江西凤凰城无险可守应令宋庆督守摩天岭电 附旨

宋提督勘电：日寇已过江西，凤凰城无险可守，现已退至边门辽阳之摩天岭，可遏窜往盛京之路。臬司周馥电，闻日渡江后，在苇子沟扎营，溃勇四散，拟带小队同辽阳州徐庆璋带乡勇，往摩天岭驻扎。请催蒋尚钧、刘世俊前进，至岭驻守等语。蒋、刘两军，到尚需时。届时应令宋庆督守摩天岭，以遏贼氛。陈湜六营已到山海关，刘树元湘勇四营亦到关，略敷布置，已电商吴抚，就近妥筹。吴凤柱添军四营，亦催到关协防。

九月二十九日奉旨电李鸿章：前令蒋尚钧带所部四营赴奉，陈湜已到四营驰往山海关。又据李鸿章奏，吴凤柱马队五百，暂扎芦台，俟添募成军，再赴山海关。现日氛已逼山海关，防务更紧，陈湜六营何日到关？即电复。吴凤柱募营，无论已未成军，着先带马队驰往驻守，不得延误。东边业经开仗，宋庆亟须派兵助剿。蒋尚钧、刘世俊八营三哨，何日由营口一路赴防，于何时可到？着李鸿章一面饬催，一面复奏。

黑龙江将军依克唐阿致枢垣闻日兵三万余人在岫岩界上岸分股窜扰请援电

探：日贼数千人，于岫岩界花园口下船登岸，占据萧家坡一带。拿获奸细，日来轮船三十余只，兵数连匠人三万余人，内马队五六百名，余均枪队、炮队。二十六，日在花园口上岸，一万多人，分两股，一向东沟，一向皮子窝湾旅一带等语。查花园口在大东沟西南，相距三百余里，为丰升阿派盛字营马队分防处所。日人之分兵窜扰，明系包抄前敌各军后路。目下九连城既被抢渡，确系合谋北犯。此处最近金州，现仅赵怀业、徐邦道数营，连顺兵更无多，恐由岫岩直趋辽海，将徐、赵等营隔截在前，兵力单甚，仰恳天恩，速派大兵前来接应。

九月二十九日

直督李鸿章奏迭奉谕旨据实复陈折

直隶总督李鸿章奏，为迭奉谕旨，据实复陈事。

窃奉九月十八日寄谕：有人奏，铁路开至关东，已将关门东边平为坦途，恐日以海轮装兵，由牛庄、金州等处乘间登陆，强劫火车驾驶，应将过关一段铁路折卸，将关城照旧修复等语。山海关防务紧要，似应修守严整，预杜狡谋。着李鸿章按照折内所陈各节，体察情形，将如何筹备之处，即行复奏等因。钦此。臣查，山海关在临榆县之东门，县城包跨长城一段，城南北相距里许，原各有缺口一道，为山外水道总汇之地，向无砖石基址，并非近日始行开通。关南缺口之东，即为防营炮台屯扎处所。铁路取道于此，既非穿墉，而又有炮台防护，无虑其从此直入。至火车来往，事前预定时刻，临时又可电告。若有警信，道中拆去一节，则进退俱穷。车内短少一物，则顷刻成废。原折所称敌人驾驶内犯，毫无阻隔，似于铁路情事尚未深知。现在铁路仅至山海关而止，关外尚未通行。原折虑其由牛庄、金州登陆劫车，及拟关内外行车之法，亦于现造工程未能详悉。山海关防兵云集，断无纵令敌船驶近、驶渡浅滩、从容登车之理。此查明山海关铁路之情形也。

又奉上谕：有人奏，该大臣于前敌各军电报，往往改易增损字句，然后入告等语。着据实复奏等因。钦此。臣查，前敌电报关系紧要军情，均系据各统将来电，随时电达总署，代为转奏，本无所用其隐饰。至各将领于文理未尽精通，同时电到，间有重复粗率讹写之处，偶有删易，并无增添，于事实毫无出入。平日往来各报，俱臣亲自经理，从不假手他人。且军情瞬息变迁，稍有不实不尽，必有疏漏可指，断难始终隐匿。臣历次电奏，原牍具在，可以复按。此前敌各电并无改饰之情形也。

又奉寄谕：洋员汉纳根在北洋当差有年，若令统带师船，出洋攻剿，是否相宜，并如何重其职守，授以实官之处，均着妥筹具奏等因。钦此。臣查，汉纳根系德国陆军千总出身，颇谙韬略。臣招致来津，派筑炮台已逾十年，临阵甚有胆识。前委赴海军总查，八月十八日大鹿岛之战，受伤尚未全愈。目下海军战舰仅修成六艘，力量过单，只可为北洋各要口防守之用，势难遽令出洋攻剿。该员已蒙特旨，赏给宝星，又经臣奏请赏加提督衔，足资鼓励。窃以目前战船过少，仍无庸遽授洋员实职。若将来购得大快船，及鱼雷猎艇全到时，或参用洋将，仿照从前琅威理之例，授以副提督，会同督率，互相稽核，庶于军事有裨。此汉纳根宜请暂缓授官之情形也。

又奉上谕：有人奏，盛宣怀承办转运，采买兵米，浮冒多至数十万金。天津招商局突被火焚，兵米已付之一炬，难保无侵蚀后希图掩饰之弊等语。着严查复奏等因。钦此。臣查，前敌各营兵米，饬由周馥、袁世凯在奉省采买，前经电奏有案。畿防各营兵米，向由各统将自行购买。现因军食不敷，蒙恩准留南漕，以资接济。盛宣怀但司转运，向未经手采买，无从浮冒。至天津招商局北栈，已于光绪十六年租与金宝源商号，订期五年。本年九月初七夜，被火所毁，只有商米、棉花、羊毛、杂货，均系客商寄顿〔囤〕之件，并无官米存储在内。该栈房产，本属洋商保险，业已照数赔修，盛宣怀无从侵蚀，更无可掩饰。此查明盛宣怀被参之情形也。谨奏。

光绪二十年九月二十九日。

旨寄李鸿章刘坤一近畿防务吃紧着派敢战将领分扎京通一带电　二件

电李鸿章：现在日氛已越奉边，近畿防务更形吃重。转瞬北洋冰冻，海口各防稍松，着李鸿章于通省练兵内筹拨五六千名，遣派敢战将弁统领，赴京通一带，听候谕旨分扎，不得延误。

九月二十九日

电刘坤一：现日人已越奉边，近畿吃紧，着刘坤一悉心酌援，在辖境三省防军内，筹拨五六千名，带足枪弹，派敢战将弁统带，附搭商轮来京。朝廷明知江防重要，难以轻调，但近畿尤为切近，不得不移缓就急。该督当仰体此意，赶紧筹画，不得稍有诿卸，致误事机。

九月二十九日

旨寄李鸿章京师需米甚殷着斟酌办理电

电李鸿章：现在日氛不靖，商运多阻，京师需米甚殷，应如何招商采买之处，着李鸿章斟酌办理。

九月二十九日

旨寄裕禄定安鸭绿江军情万紧着调军迅剿并派丰绅泰会同宋庆助剿电　二件

电裕禄、定安：日人猖獗，分渡鸭绿江口，我军未能击退，后无援兵，深恐长驱直入。裕禄、定安就奉省现有兵力，迅速调往帮剿。现在军情万紧，惟有合全省之力，捍卫东南。倘有疏虞，惟该将军是问！

九月二十九日

电定安、裕禄：着派丰绅泰驰赴奉天东边一带，由定安、裕禄酌拨兵勇，会同宋庆助剿。

九月二十日

直督李鸿章致枢垣吴抚电遵旨复奏布置山海关情形并饬各军在关外巡哨电

吴抚电：奉旨，命将山海关布置情形电奏。适陈湜来营晤商，一面将蒋尚钧原扎营垒，由该臬司派营填扎。刘树元所统四营，亦就关墙近地驻扎，互相联络。并饬刘树元抽调数哨，在关外数十里各河口巡哨，勿任日船黑夜窥伺。

九月三十日

旨寄李鸿章传谕胡燏棻坐办后路粮饷军械电

寄李鸿章：传谕胡燏棻，着克日驰往天津，随同李鸿章坐办后路粮饷、军械。

九月三十日

旨着唐仁廉克日赴津商李鸿章前往山海关驻扎电

寄唐仁廉：现在日寇渡江肆扰，畿疆吃紧。唐仁廉着克日驰往天津，面商李鸿章，即拨给勇营，前赴山海关一带驻扎。

九月三十日

清季外交料卷九十八终